Schmidt · Bilanztraining

Bilanztraining

Bilanzen sicher im Griff

von Dr. Harald Schmidt
Steuerberater und Rechtsanwalt

10., völlig neu bearbeitete Auflage

Haufe Mediengruppe
Freiburg · Berlin · München · Zürich

> Die Deutsche Bibliothek – CIP-Einheitsaufnahme
> Schmidt, Harald:
> Bilanztraining: Bilanzen sicher im Griff / von Harald Schmidt.
> - 10., völlig neu bearbeitete Aufl. – Freiburg i. Br.: Haufe, 2002
> ISBN: 3-448-04934-4

ISBN 3-448-04934-4   Bestell-Nr. 01109-003

1. Auflage 1979 (ISBN 3-448-00971-7)
2., durchgesehene Auflage 1980 (ISBN 3-448-01112-6)
3., völlig neubearbeitete und erweiterte Auflage 1986
   (ISBN 3-448-01619-5)
4., überarbeitete und erweiterte Auflage 1987 (ISBN 3-448-01758-2)
5., überarbeitete Auflage 1990 (ISBN 3-448-02101-4)
6., überarbeitete Auflage 1992 (ISBN 3-448-02519-4)
7., überarbeitete Auflage 1995 (ISBN 3-448-03181-X)
8., überarbeitete Auflage 1997 (ISBN 3-448-03581-5)
9., völlig neu bearbeitete Auflage 2000 (ISBN 3-448-04216-1)
10., völlig neu bearbeitete Auflage 2002

© 2002, Rudolf Haufe Verlag GmbH & Co. KG, Niederlassung Planegg/München
Postanschrift: Postfach, 82142 Planegg
Hausanschrift: Fraunhoferstraße 5, 82152 Planegg
Telefon (089) 8 95 17-0, Telefax (089) 8 95 17-250
E-Mail: online@haufe.de, Internet: http://www.haufe.de
Redaktion: Dipl.-Kffr. Kathrin Menzel-Salpietro

Alle Rechte, auch die des auszugsweisen Nachdrucks, der fotomechanischen Wiedergabe (einschließlich Mikrokopie) sowie der Auswertung durch Datenbanken oder ähnliche Einrichtungen vorbehalten.
Zur Herstellung der Bücher wird nur alterungsbeständiges Papier verwendet.

Umschlaggestaltung: Agentur Buttgereit & Heidenreich, 45721 Haltern am See
Druck: Bosch Druck GmbH, 84030 Ergolding

Vorwort

Durch Steuerentlastungsgesetz 1999/2000/2002, Steuerbereinigungsgesetz 1999, Steuersenkungsgesetz und Steuersenkungsergänzungsgesetz sind für die Steuerbilanz Spezialvorschriften ergangen.

War es bis zu diesen Steueränderungen möglich, eine so genannte Einheitsbilanz aufzustellen, eine Handelsbilanz und auf deren Grundlage die steuerlichen Abweichungen in Ausgleichsposten darzustellen oder gar nur eine die steuerlichen Besonderheiten berücksichtigende Bilanz für handelsrechtliche und steuerliche Zwecke zu erstellen, so ist das nach diesen letzten einschneidenden Gesetzesänderungen nicht mehr möglich.

Es gibt zwingende gesetzliche Bestimmungen, die handelsrechtlich zu beachten sind, die aber den neuen Sondervorschriften des Bilanzsteuerrechts entgegenstehen. Daher sind Handelsbilanzen und daneben selbstständige Steuerbilanzen aufzustellen.

Beide mögen zwar auf einer Buchführung beruhen. Diese ist aber nach den speziellen Bilanzierungs- und Bewertungsvorschriften des Handels- und des Steuerrechts zur Handelsbilanz und zur Steuerbilanz abzuschließen. Daher ist es erforderlich, die handelsrechtlichen und die steuerrechtlichen Vorschriften für Bilanzierung und Bewertung zu kennen und zu beherrschen.

Zu den auf dem Bilanzrichtlinien-Gesetz beruhenden handelsrechtlichen Vorschriften für den Jahresabschluss gibt es gesicherte Kommentierung, die in diesem Buch für die Praxis aufgearbeitet ist. Zu den neuen bilanzsteuerrechtlichen Bestimmungen gibt es Äußerungen der gesetzgebenden Organe und des Schrifttums. Verwaltungsanweisungen fehlen noch weitgehend.

Hier will „Bilanztraining" einen Leitfaden geben für den Weg zur richtigen Steuerbilanz. Ebenso werden die Abweichungen des Handelsrechts dargestellt, die im Interesse der Anteilseigner und Gläubiger zu beachten sind, um selbst im denkbar schlimmsten Fall, der Insolvenz, bestehen zu können.

Konzernunternehmen, die einen organisierten Markt für die Ausgabe von Wertpapieren in Anspruch nehmen, können ihren Konzernabschluss abweichend vom deutschen Handelsrecht nach international

Vorwort

anerkannten Rechnungslegungsgrundsätzen aufstellen (§ 292a HGB). Nach einem Vorschlag der EU-Kommission ist für an einem geregelten Markt notierte Unternehmen die Bilanzierung nach International Accounting Standards (IAS) ab dem Jahr 2005 vorgesehen. Es soll auch den Mitgliedstaaten freigestellt werden, die Aufstellung von Konzernabschlüssen nicht börsennotierter Unternehmen nach IAS zuzulassen. Die Anwendung der IAS soll sogar auch auf Einzelabschlüsse ausgedehnt werden.

Zur Zeit gilt aber noch das nationale Handelsrecht für alle Unternehmen, die nicht unter die Rechnungslegung für Konzerne fallen. Die Steuerbilanzen richten sich ohnehin nach dem deutschen Bilanzsteuerrecht. Daher werden in diesem Buch nur die Bestimmungen des HGB und des deutschen Steuerrechts behandelt.

Paderborn, im April 2002   Harald Schmidt

Anleitung

Lernmethode:

1. Lesen Sie zunächst sorgfältig die angeführten Gesetzestexte.
2. Arbeiten Sie gewissenhaft die einzelnen Abschnitte durch.
3. Die Übersichten in den Kästen prägen Sie sich bitte gut ein.
4. Die Fälle lösen Sie bitte schriftlich. Decken Sie aber vorher die Musterlösung ab und vergleichen Sie dann Ihre Lösung hiermit.
5. Prüfen Sie Ihr Wissen anhand der Testfragen. Sind Sie nicht sicher, arbeiten Sie bitte die betreffenden Rdn. nochmals durch.
6. Von Zeit zu Zeit, anfangs etwa alle zwei bis drei Monate, später in größeren Abständen, sollten Sie die Testfragen als Repetitorium im Schnellgang bearbeiten. So erwerben Sie sich ein stets präsentes Wissen für Ihre praktische Arbeit und für Prüfungen.
7. In Seminaren und Übungen können die Testfragen auch als Grundlage für Diskussionen dienen.

Zur Vorbereitung auf Prüfungen sollten Sie zunächst nur die Testfragen beantworten, entweder schriftlich, wenn Sie sich allein vorbereiten, oder mündlich, falls Sie sich mit Kollegen zu einer Arbeitsgruppe zusammengeschlossen haben.

Praxiseinsatz:

In der Praxis ist „Bilanztraining" ein sicherer Ratgeber, da Sie alle für den Jahresabschluss wichtigen Fragen nachschlagen können.

Inhaltsverzeichnis

Seiten

Abkürzungsverzeichnis 23

A Inventur und Inventar 25

1 Begriffe 25

2 Stichtage 25

3 Aufnahme des Betriebsvermögens 27
   3.1 Wirtschaftliches Eigentum 27
   3.2 Betriebsvermögen 28
      3.2.1 Handelsbilanz 28
      3.2.2 Steuerbilanz 28
      3.2.3 Notwendiges Betriebsvermögen 29
      3.2.4 Notwendiges Privatvermögen 29
      3.2.5 Gewillkürtes Betriebsvermögen 29
      3.2.6 Abgrenzung Betriebsvermögen zum Privatvermögen 30
      3.2.7 Gemischt genutzte Wirtschaftsgüter 30
      3.2.8 Besonderheiten bei Grundstücken 31
      3.2.9 Besonderheiten bei Personengesellschaften 34

4 Festwert 36

5 Zusammenfassung in Gruppen 40

6 Aufnahme der Anlagegegenstände 43
   6.1 Bestandsverzeichnis 43
   6.2 Gesamtanlagen 44
   6.3 Gegenstände der gleichen Art 45
   6.4 Geringwertige Anlagegegenstände 45

7 Stichprobeninventur 46

8 Permanente Inventur 48

9 Einlagerungsinventur 50

10 Zeitverschobene Inventur 51

11 Nichtanwendbarkeit der permanenten und der zeitverschobenen Inventur 53

12 Testfragen zu Inventur und Inventar 54

B Jahresabschluss 57

1 Pflicht zur Aufstellung 57
   1.1 Eröffnungsbilanz 57
   1.2 Schlussbilanz 58
   1.3 Geschäftserfolg 58

2 Grundsätze ordnungsmäßiger Buchführung für den Jahresabschluss 59
   2.1 Aufgabe der GoB 59
   2.2 Geltung für die Steuerbilanz 60
   2.3 GoB für Bilanzierung und Bewertung 60
   2.4 Grundsatz der Wahrheit 61
   2.5 Grundsatz der Klarheit 61
   2.6 Abgrenzung Wahrheitsgrundsatz vom Klarheitsgrundsatz 63
   2.7 Grundsatz der Vollständigkeit 64
   2.8 Realisationsprinzip 65
   2.9 Imparitätsprinzip 68
   2.10 Grundsatz der Periodenabgrenzung 71
   2.11 Abgrenzungen nach GoB 73
   2.12 Grundsatz der Stetigkeit 74
   2.13 Grundsatz der Vorsicht 75

3 Aufstellungsfrist 76

4 Sprache und Währung 78
   4.1 Sprache 78
   4.2 Währung 78

5 Unterschrift 79

6 Testfragen zum Jahresabschluss 80

Inhaltsverzeichnis

C Bilanzierung 82

1 Aktivierung und Passivierung 82
2 Vollständigkeit und Verrechnungsverbot 84
   2.1 Vollständigkeit 84
   2.2 Verrechnungsverbot 85
3 Bilanzierung in Handels- und Steuerbilanz 86
   3.1 Bilanzierungsgebote und Bilanzierungsverbote 86
      3.1.1 Kodifizierte GoB 86
      3.1.2 Maßgeblichkeit für die Steuerbilanz 87
      3.1.3 Bilanzierungsgebote 88
      3.1.4 Bilanzierungsverbote 89
   3.2 Bilanzierungswahlrechte 90
      3.2.1 Handelsrechtliche Bilanzierungswahlrechte 90
      3.2.2 Auswirkung handelsrechtlicher Bilanzierungswahlrechte auf die Steuerbilanz 91
      3.2.3 Sonderposten mit Rücklageanteil 92
      3.2.4 Bilanzierungshilfen 92
4 Testfragen zur Bilanzierung 93

D Bilanzierung der Vermögensgegenstände 95

1 Bilanzierung des Anlagevermögens 95
   1.1 Unterschied zum Umlaufvermögen 95
   1.2 Materielle und immaterielle Anlagegegenstände 98
      1.2.1 Immaterielle Anlagegegenstände 98
      1.2.2 Materielle Anlagegegenstände 101
      1.2.3 Unterschiede zwischen materiellen und immateriellen Anlagegegenständen 101
      1.2.4 Aktivierung 101
   1.3 Abnutzbare und nicht abnutzbare Anlagen 102
   1.4 Bewegliche und unbewegliche Anlagegegenstände 103
      1.4.1 Unterteilung 103
      1.4.2 Betriebsvorrichtungen 104
      1.4.3 Gebäude 105
      1.4.4 Bestandteile und Anlagen innerhalb eines Bauwerks 116
      1.4.5 Gebäudeteile 118

1.5 Anlagen im Bau 125
1.6 Anzahlungen auf Anlagen 125
1.7 Finanzanlagen 126

2 Bilanzierung des Umlaufvermögens 128
2.1 Vorräte 128
2.2 Geleistete Anzahlungen auf Vorräte 130
2.3 Forderungen 132
2.4 Sonstige Vermögensgegenstände 133
2.5 Wertpapiere des Umlaufvermögens 134
2.6 Flüssige Mittel 134

3 Testfragen zur Bilanzierung der Vermögensgegenstände 135

E Bilanzierung der Rückstellungen 137

1 Begriff 137

2 Abgrenzungen 137
2.1 Rücklagen 137
2.2 Sonderposten mit Rücklageanteil 138
2.3 Verbindlichkeiten 139
2.4 Eventualverbindlichkeiten 139

3 Rückstellungsgründe 140

4 Ungewisse Verbindlichkeiten 140
4.1 Abgrenzung zu den Rückstellungen für drohende Verluste
    aus schwebenden Geschäften 140
    4.1.1 Handels- und Steuerbilanz 140
    4.1.2 Schuldverhältnis 141
    4.1.3 Erfüllungsrückstand oder Verpflichtungsüberschuss 141
    4.1.4 Abgrenzung bei Verträgen 142
4.2 Passivierungsgebot 143
4.3 Voraussetzungen 144
    4.3.1 Verpflichtung gegenüber einem Dritten oder öffentlich-
          rechtliche Verpflichtung 144
    4.3.2 Wirtschaftliche Verursachung vor dem Bilanzstichtag .. 147
    4.3.3 Ungewissheit 149
    4.3.4 Wahrscheinlichkeit der Inanspruchnahme 149

4.4 Steuerrechtliche Sondervorschriften 151
    4.4.1 Aus künftigen Einnahmen oder Gewinnen zu erfüllende Verpflichtungen 151
    4.4.2 Patentverletzungen 152
    4.4.3 Jubiläumsverpflichtungen 153
    4.4.4 Anschaffungs- oder Herstellungskosten für ein Wirtschaftsgut 160
    4.4.5 Entsorgungsverpflichtungen der Betreiber von Kernkraftwerken 161
    4.4.6 Pensionsrückstellungen 162

5 Drohende Verluste aus schwebenden Geschäften 166
    5.1 Handelsbilanz 166
        5.1.1 Passivierungsgebot 166
        5.1.2 Schwebende Geschäfte 166
        5.1.3 Drohender Verlust 168
        5.1.4 Schwebende Anschaffungsgeschäfte 168
        5.1.5 Schwebende Veräußerungsgeschäfte 169
        5.1.6 Schwebende Dauerrechtsverhältnisse 171
    5.2 Steuerbilanz 172
        5.2.1 Passivierungsverbot 172
        5.2.2 Übergangsregelung 173
        5.2.3 Teilwertabschreibung 174

6 Aufwendungen 174
    6.1 Passivierung 174
    6.2 Unterlassene Instandhaltung 175
    6.3 Unterlassene Abraumbeseitigung 177
    6.4 Sonstige Aufwendungen 178

7 Gewährleistungen 180
    7.1 Voraussetzungen 180
    7.2 Bildung der Rückstellung 183
    7.3 Pauschalrückstellung 183
    7.4 Auswirkungen der Schuldrechtsreform 186

8 Auflösung von Rückstellungen 188
    8.1 Auflösungsverbot 188
    8.2 Auflösungsgebot 188
    8.3 Abgrenzung zur Wertaufholung 189

9 Testfragen zur Bilanzierung der Rückstellungen 190

F Bilanzierung der Verbindlichkeiten **192**

1 Voraussetzungen 192

2 Einreden des Verpflichteten 192
   2.1 Zerstörende Einreden 192
   2.2 Aufschiebende Einreden 193

3 Bedingungen 194
   3.1 Aufschiebende Bedingungen 194
   3.2 Auflösende Bedingungen 194

4 Bilanzierung 195
   4.1 Bilanzierungsgebot 195
   4.2 Betriebsvermögen 195

5 Abgrenzungen 197

6 Gliederung 198

7 Verbindlichkeiten aus Lieferungen und Leistungen 198

8 Sonstige Verbindlichkeiten 199

9 Testfragen zur Bilanzierung der Verbindlichkeiten 200

G Bilanzierung der Rechnungsabgrenzungsposten **202**

1 Begriff 202

2 Arten der Rechnungsabgrenzungsposten 203
   2.1 Transitorische Posten 203
   2.2 Antizipative Posten 204
   2.3 Gesetzliche Rechnungsabgrenzungsposten 205

3 Transitorische Rechnungsabgrenzungsposten 206
   3.1 Transitorische Rechnungsabgrenzungsposten im engeren Sinne 206
   3.2 Ausgaben und Einnahmen vor dem Bilanzstichtag 209
   3.3 Aufwand und Ertrag für eine bestimmte Zeit nach dem Bilanzstichtag 210

3.4 Bilanzierungsgebot ... 213
4 Abgrenzung bestimmter als Aufwand berücksichtigter Steuern ... 213
    4.1 Zölle und Verbrauchsteuern auf Vorräte ... 214
    4.2 Umsatzsteuer auf empfangene Anzahlungen ... 215
5 Damnum/Disagio ... 218
    5.1 Aktivum ... 218
        5.1.1 Rechtsnatur ... 218
        5.1.2 Bilanzierung ... 220
        5.1.3 Abschreibung ... 220
        5.1.4 Fälligkeitsdarlehen ... 222
        5.1.5 Tilgungsdarlehen ... 222
        5.1.6 Annuitätsdarlehen ... 225
    5.2 Passivum ... 226
        5.2.1 Rechtsnatur ... 226
        5.2.2 Fälligkeitsdarlehen ... 226
        5.2.3 Tilgungsdarlehen ... 228
6 Testfragen zu den Rechnungsabgrenzungsposten ... 230

H Bilanzierung besonderer Bilanzposten ... 232

1 Geschäfts- oder Firmenwert ... 232
    1.1 Wesen des Geschäfts- oder Firmenwerts ... 232
        1.1.1 Verkehrsfähigkeit ... 232
        1.1.2 Aktivierbarkeit ... 233
    1.2 Berechnung des Geschäfts- oder Firmenwerts ... 235
    1.3 Immaterielles Wirtschaftsgut ... 238
    1.4 Bilanzierung ... 238
        1.4.1 Handelsbilanz ... 238
        1.4.2 Steuerbilanz ... 243
    1.5 Testfragen zur Bilanzierung des Geschäfts- oder Firmenwerts ... 244
2 Sonderposten mit Rücklageanteil ... 244
    2.1 Bilanzierungs- und Bewertungswahlrechte in der Steuerbilanz ... 244
        2.1.1 Umgekehrte Maßgeblichkeit ... 244
        2.1.2 Steuerfreie Rücklagen ... 245

2.1.3 Grund für die handelsrechtliche Passivierung 245
2.2 Funktion der Sonderposten 246
    2.2.1 Stundungseffekt 246
    2.2.2 Rücklage 247
2.3 Auflösung der Sonderposten 249
    2.3.1 Versteuerung 249
    2.3.2 Keine Rückstellung 249
2.4 Testfragen zu den Sonderposten mit Rücklageanteil 250

3 Gründungs- und Kapitalbeschaffungskosten 250
3.1 Begriff 250
3.2 Gründungskosten 251
3.3 Kapitalbeschaffungskosten 252
3.4 Testfragen zu den Gründungs- und Kapitalbeschaffungskosten 253

4 Eventualverbindlichkeiten 253
4.1 Ausweis der Eventualverbindlichkeiten 253
4.2 Wesen der Eventualverbindlichkeiten 254
4.3 Abgrenzung 254
4.4 Testfragen zu den Eventualverbindlichkeiten 255

I Gliederung der Bilanz 256

1 Gesonderter Ausweis und hinreichende Aufgliederung 256

2 Grundsätze ordnungsmäßiger Buchführung für die Gliederung ... 256
2.1 Vollständigkeit 256
2.2 Klarheit 257

3 Mindestgliederung 257

4 Testfragen zur Bilanzgliederung 258

J Bewertung 259

1 Allgemeine Bewertungsgrundsätze 259
1.1 Formelle Bilanzkontinuität 259
1.2 Going-Concern-Concept 260
1.3 Einzelbewertung 260
1.4 Vorsichtige Bewertung 261

1.5 Berücksichtigung von Aufwendungen und Erträgen 264
    1.5.1 Gewinnausweis 264
    1.5.2 Erträge und Aufwendungen 264
1.6 Beibehaltung der Bewertungsmethoden 265
1.7 Testfragen zu den allgemeinen Bewertungsgrundsätzen 266

2 Bewertung der Vermögensgegenstände 267
  2.1 Höchstwerte 267
    2.1.1 Handelsbilanz 267
    2.1.2 Künftiges Handelsrecht 269
    2.1.3 Steuerbilanz 271
    2.1.4 Wertobergrenzen 272
  2.2 Wertansätze 272
    2.2.1 Abschreibungsgebote 273
    2.2.2 Abschreibungswahlrechte und sonstige Bewertungswahlrechte 275
    2.2.3 Beibehaltung des niedrigeren Werts/Zuschreibung auf den höheren Wert 276
    2.2.4 Übersicht über die Wertansätze 278
  2.3 Anschaffungskosten 281
    2.3.1 Begriff 281
    2.3.2 Anschaffungspreis 282
    2.3.3 Gesamtpreis 282
    2.3.4 Fremde Währung 283
    2.3.5 Retrograde Ermittlung 283
    2.3.6 Vorsteuer 284
    2.3.7 Erwerb 288
    2.3.8 Betriebsbereitschaft 289
    2.3.9 Einzelkosten 291
    2.3.10 Nebenkosten 292
    2.3.11 Nachträgliche Anschaffungskosten 294
    2.3.12 Preisminderungen 295
    2.3.13 Zuschuss 297
    2.3.14 Sacheinlagen 300
  2.4 Herstellungskosten 305
    2.4.1 Begriff 305
    2.4.2 Abgrenzung der Herstellungskosten von den Erhaltungsaufwendungen 306
    2.4.3 Herstellungseinzelkosten 307

2.4.4 Herstellungsgemeinkosten 309
2.4.5 Zinsen für Fremdkapital 315
2.4.6 Vorsteuer 316
2.4.7 Bauaufwendungen 318
2.5 Testfragen zur Bewertung der Vermögensgegenstände 331

3 Abschreibung der Anlagegegenstände 333
3.1 Planmäßige Abschreibung der Anlagegegenstände 333
    3.1.1 Planmäßigkeit 333
    3.1.2 Bemessungsgrundlage 334
    3.1.3 Beginn der Abschreibung 339
    3.1.4 Abschreibung im Jahr der Anschaffung, Herstellung
         oder Einlage 339
    3.1.5 Abschreibung im Jahr der Veräußerung oder Entnahme 340
    3.1.6 Nutzungsdauer 340
    3.1.7 Erinnerungswert 341
    3.1.8 Schrottwert 342
    3.1.9 Abschreibungsmethoden 343
    3.1.10 Lineare Abschreibung 349
    3.1.11 Degressive Abschreibung 351
    3.1.12 Abschreibung nach Maßgabe der Leistung 356
    3.1.13 Wechsel der Abschreibungsmethoden 358
    3.1.14 Abschreibung nachträglicher Herstellungskosten 360
    3.1.15 Unterlassene oder überhöhte Abschreibungen 365
3.2 Außerplanmäßige Abschreibung der Anlagegegenstände 367
    3.2.1 Handelsrechtliche außerplanmäßige Abschreibung 367
    3.2.2 Steuerrechtliche außerplanmäßige Abschreibung 374
    3.2.3 Absetzung für außergewöhnliche technische oder
         wirtschaftliche Abnutzung 376
    3.2.4 Teilwertabschreibung 383
3.3 Testfragen zur Abschreibung der Anlagegegenstände 392

4 Bewertung des Geschäfts- oder Firmenwerts 394
4.1 Handelsrecht 394
    4.1.1 Ausgangswert für die Abschreibung 394
    4.1.2 Abschreibung 395
    4.1.3 Mindestabschreibung 395
    4.1.4 Planmäßige Abschreibung 397

4.1.5 Außerplanmäßige Abschreibung 398
4.2 Steuerrecht 399
    4.2.1 Abschreibung 399
    4.2.2 Lineare Abschreibung 399
    4.2.3 Teilwertabschreibung 401
4.3 Testfragen zum Geschäfts- oder Firmenwert 404

5 Bewertung der Umlaufgegenstände 404
5.1 Handelsrecht 404
    5.1.1 Wertansätze 404
    5.1.2 Börsenpreis, Marktpreis, beizulegender Wert 406
    5.1.3 Niedrigerer Wert zur Vermeidung von Änderungen
          wegen Wertschwankungen 408
    5.1.4 Lifo- und Fifo-Verfahren und Durchschnitts-
          bewertung 408
    5.1.5 Andere Bewertungserleichterungen 415
5.2 Steuerrecht 415
    5.2.1 Wertansätze 415
    5.2.2 Teilwertabschreibung 416
    5.2.3 Retrograde Wertermittlung 420
    5.2.4 Nachweis 423
    5.2.5 Teilfertige Bauten 423
    5.2.6 Unfertige Erzeugnisse und fertige Erzeugnisse 425
    5.2.7 Einzelbewertung und Durchschnittsbewertung 426
    5.2.8 Gruppenbewertung 427
    5.2.9 Lifo-Verfahren 427
5.3 Testfragen zur Bewertung der Umlaufgegenstände 430

6 Abschreibungen im Rahmen vernünftiger kaufmännischer
   Beurteilung 431
6.1 Ziel der Abschreibung 431
6.2 Vernünftige kaufmännische Beurteilung 432
6.3 Steuerbilanz 434

7 Steuerrechtliche Abschreibungen 434
7.1 Handelsrechtliches Abschreibungswahlrecht 434
    7.1.1 „Umgekehrte Maßgeblichkeit" 434
    7.1.2 Steuerrechtliche Abhängigkeit von der Abschreibung
          in der Handelsbilanz 435
7.2 Fälle steuerrechtlicher Abschreibungen 435

7.3 Testfragen zu den steuerrechtlichen Abschreibungen 436

8 Bewertung der Verbindlichkeiten 437
  8.1 Wertansätze 437
    8.1.1 Handelsrecht 437
    8.1.2 Steuerrecht 437
    8.1.3 Unterschiede der Wertansätze in Handels- und Steuerbilanz 438
  8.2 Werterhöhung 439
    8.2.1 Handelsbilanz 439
    8.2.2 Steuerbilanz 440
  8.3 Zinsen 443
    8.3.1 Unterverzinslichkeit und Unverzinslichkeit 443
    8.3.2 Überverzinslichkeit 449
  8.4 Wechselkursänderung 450
    8.4.1 Währung außerhalb des Euro 450
    8.4.2 Euro-Teilnehmerland 451
  8.5 Skonto 451
  8.6 Testfragen zur Bewertung der Verbindlichkeiten 453

9 Bewertung der Rückstellungen 453
  9.1 Bewertung in der Handelsbilanz 453
    9.1.1 Wertmaßstab 453
    9.1.2 Vernünftige kaufmännische Beurteilung 454
    9.1.3 Ersatzansprüche 455
    9.1.4 Sach- und Dienstleistungsverpflichtungen 455
    9.1.5 Abzinsung 455
  9.2 Bewertung in der Steuerbilanz 456
    9.2.1 Bewertung ab 1999 456
    9.2.2 Gleichartige Verpflichtungen 457
    9.2.3 Sachleistungsverpflichtungen 458
    9.2.4 Vorteile 459
    9.2.5 Ansammlungsrückstellungen 461
    9.2.6 Stilllegung eines Kernkraftwerkes 464
    9.2.7 Abzinsung 465
  9.3 Testfragen zur Bewertung der Rückstellungen 468

10 Wertbeibehaltung und Wertaufholung 469
  10.1 Vermögensgegenstände 469
    10.1.1 Handelsbilanz 469

19

10.1.2 Steuerbilanz 473
10.2 Verbindlichkeiten 480
   10.2.1 Handelsbilanz 480
   10.2.2 Steuerbilanz 481
10.3 Rückstellungen 483
   10.3.1 Handelsbilanz 483
   10.3.2 Steuerbilanz 484
   10.3.3 Steuermindernde Rücklage 484
10.4 Testfragen zur Wertbeibehaltung und Wertaufholung 486

K Kapitalgesellschaften und bestimmte Personengesellschaften ... 488

1 Ergänzende Vorschriften 488

2 Kapitalgesellschaften 489

3 Bestimmte Personengesellschaften 489

4 Größenklassen 490
   4.1 Bedeutung der Größenklassen 490
   4.2 Größenmerkmale 491
      4.2.1 Schwellenwerte 491
      4.2.2 Bilanzsumme abzüglich Fehlbetrag 492
      4.2.3 Umsatzerlöse 494
      4.2.4 Zahl der Arbeitnehmer 495

5 Aufstellungspflicht 496

6 True and fair view 497
   6.1 Grundsätze ordnungsmäßiger Buchführung 497
   6.2 Stille Reserven 497
   6.3 Einblick in die Finanzlage 499

7 Gliederung des Jahresabschlusses 500
   7.1 Allgemeine Gliederungsgrundsätze 500
      7.1.1 Beibehaltung der Gliederung 500
      7.1.2 Angabe der entsprechenden Beträge des Vorjahres
             bei den einzelnen Posten 501
      7.1.3 Vermerk der Mitzugehörigkeit zu anderen Posten ... 502
      7.1.4 Ausweis eigener Anteile 503
      7.1.5 Gliederung bei mehreren Geschäftszweigen 504

Inhaltsverzeichnis

7.1.6 Abweichende Gliederungen 505
7.1.7 Leerposten 506
7.2 Bilanz 506
  7.2.1 Gliederungsschema 506
  7.2.2 Sonderposten 510
  7.2.3 Anlagenspiegel 510
  7.2.4 Bilanzvermerke und gesonderte Bilanzausweise 515
7.3 Gewinn- und Verlustrechnung 520
  7.3.1 Gesamtkostenverfahren 522
  7.3.2 Umsatzkostenverfahren 527
  7.3.3 Umsatzerlöse 529
  7.3.4 Sonstige und außerordentliche Erträge und Aufwendungen 534
  7.3.5 Bestandsveränderungen 535

8 Eigenkapital 540
  8.1 Bestandteile des Eigenkapitals 540
  8.2 Gezeichnetes Kapital 540
  8.3 Ausstehende Einlagen 541
  8.4 Kapitalrücklage 542
  8.5 Gewinnrücklagen 543
    8.5.1 Zuführung zu den Gewinnrücklagen 543
    8.5.2 Gesetzliche Rücklage 543
    8.5.3 Rücklage für eigene Anteile 544
    8.5.4 Satzungsmäßige Rücklagen 544
    8.5.5 Andere Gewinnrücklagen 544
  8.6 Verwendung des Jahresergebnisses 545
    8.6.1 Jahresüberschuss/Jahresfehlbetrag 545
    8.6.2 Gewinnvortrag 547
    8.6.3 Verlustvortrag 547
    8.6.4 Bilanzgewinn 548
    8.6.5 Nicht durch Eigenkapital gedeckter Fehlbetrag 548

9 Besonderheiten bei der Bilanzierung 549
  9.1 Ingangsetzungs- und Erweiterungsaufwendungen 549
    9.1.1 Abgrenzungen 550
    9.1.2 Ingangsetzungsaufwendungen 551
    9.1.3 Erweiterungsaufwendungen 551
    9.1.4 Grund für die Aktivierbarkeit 552

Inhaltsverzeichnis

9.1.5 Behandlung bei Aktivierung 553
9.1.6 Ausschüttungssperre 553
9.1.7 Steuerbilanz 554
9.2 Latente Steuern 554
    9.2.1 Bilanzierung nur in der Handelsbilanz 554
    9.2.2 Aktive Steuerabgrenzung 555
    9.2.3 Passive Steuerabgrenzung 559
9.3 Sonderposten mit Rücklageanteil 564

10 Besonderheiten bei der Bewertung 564
  10.1 Abschreibungen 564
    10.1.1 Abschreibungen im Rahmen vernünftiger kaufmännischer Beurteilung 564
    10.1.2 Außerplanmäßige Abschreibung 565
    10.1.3 Steuerrechtliche Abschreibungen 565
  10.2 Wertaufholung 567
    10.2.1 Wertaufholungsgebot 567
    10.2.2 Ausnahmen vom Wertaufholungsgebot 567

11 Testfragen zum Jahresabschluss der Kapitalgesellschaften 569

Literaturverzeichnis **572**

Stichwortverzeichnis **574**

Abkürzungsverzeichnis

a. F.	Alte Fassung
Abs.	Absatz
Abschn.	Abschnitt
AktG	Aktiengesetz
Anm.	Anmerkung
AO	Abgabenordnung
Art.	Artikel
BB	Der Betriebsberater (Zeitschrift)
Bd.	Band
BFH	Bundesfinanzhof
BGB	Bürgerliches Gesetzbuch
BiRiLiG	Bilanzrichtlinien-Gesetz
BMF	Bundesministerium der Finanzen
BStBl	Bundessteuerblatt
BT-Drucks.	Bundestags-Drucksache
DB	Der Betrieb (Zeitschrift)
DStR	Deutsches Steuerrecht (Zeitschrift)
EGHGB	Einführungsgesetz zum HGB
EStDV	Einkommensteuer-Durchführungsverordnung
EStG	Einkommensteuergesetz
EStH	Amtliches Einkommensteuer-Handbuch/Einkommensteuer-Hinweise
EStR	Einkommensteuerrichtlinien
Fifo	First in, first out
FinMin	Finanzminister
FR	Finanz-Rundschau (Zeitschrift)
GmbHR	GmbH-Rundschau (Zeitschrift)
GoB	Grundsätze ordnungsmäßiger Buchführung
H	Hinweis (im EStH)
HdJ	Handbuch des Jahresabschlusses
HdR	Handbuch der Rechnungslegung

HGB	Handelsgesetzbuch
IAS	International Accounting Standards
KontraG	Gesetz zur Kontrolle und Transparenz im Unternehmensbereich
Lifo	Last in, first out
OFH	Oberster Finanzhof
PublG	Publizitätsgesetz
R	Richtlinie (im EstH)
Rn/Rdn.	Randnummer
Rspr.	Rechtsprechung
StBp	Steuerliche Betriebsprüfung (Zeitschrift)
StEK	Steuererlasse in Karteiform
StLex	Steuer-Lexikon (Loseblattwerk)
Tz	Textziffer
u. Ä.	und Ähnliches
u. a.	unter anderem
USt	Umsatzsteuer

A Inventur und Inventar

1 Begriffe

§ 240 Abs. 1 HGB
... seine Grundstücke, seine Forderungen und Schulden, den Betrag seines baren Geldes sowie seine sonstigen Vermögensgegenstände genau zu verzeichnen und dabei den Wert der einzelnen Vermögensgegenstände und Schulden anzugeben.

Inventar ist das genaue Verzeichnis aller Vermögensgegenstände und Schulden des Kaufmanns mit Angabe der Werte. 1

Zuvor werden die Vermögensgegenstände und Schulden bestandsmäßig aufgenommen. Das ist die **Inventur**. Grundsätzlich werden die Vermögensgegenstände und Schulden einzeln und körperlich aufgenommen. Hierzu gibt es aber Erleichterungen. 2

Auch in der Fassung des Bilanzrichtlinien-Gesetzes verwendet das Handelsgesetzbuch den Begriff „**Vermögensgegenstand**". Dieser wurde also nicht durch den steuerrechtlichen Begriff „**Wirtschaftsgut**" ersetzt. Die Vereinheitlichung der handelsrechtlichen und steuerrechtlichen Begriffe wurde nicht für erforderlich gehalten. Soweit es die Aktivseite angeht, haben beide Begriffe den gleichen Inhalt. Handelsrechtlich wird für Wirtschaftsgüter der Passivseite grundsätzlich der Begriff „**Schulden**" oder „**Verbindlichkeiten**" verwendet. 3

2 Stichtage

§ 240 Abs. 1 und 2 HGB
... zu Beginn seines Handelsgewerbes ...
... demnächst für den Schluss eines jeden Geschäftsjahrs ...

Inventur und Inventar

Die Aufstellung des Inventars ist innerhalb der einem ordnungsmäßigen Geschäftsgang entsprechenden Zeit zu bewirken.

4 **Inventurstichtag** ist der Zeitpunkt, für den die Vermögensgegenstände und Schulden mengen- und wertmäßig festzustellen sind. Inventurstichtage sind der Zeitpunkt des Beginns des Handelsgewerbes und der Schluss jedes Geschäftsjahrs. Es wird durch Inventur festgestellt und durch das Inventar belegt, welche, wie viel und zu welchem Wert Vermögensgegenstände und Schulden zu diesen Zeitpunkten im Betrieb vorhanden sind.

5 **Inventuraufnahmetag** ist der Zeitpunkt, an dem die Bestandsaufnahme der Vermögensgegenstände und Schulden durchgeführt wird.

6 Die Aufnahme der Wirtschaftsgüter, mit denen das Handelsgewerbe begonnen wird, hat der Kaufmann „zu **Beginn seines Handelsgewerbes**" durchzuführen. Das bedeutet, das Inventar ist zu Beginn der Buchführungspflicht zu errichten.[1]

7 Das Inventar für den **Schluss eines jeden Geschäftsjahrs** ist „innerhalb der einem ordnungsmäßigen Geschäftsgang entsprechenden Zeit" aufzustellen. Die Vorräte müssen nicht bereits am Bilanzstichtag aufgenommen werden. Die Aufnahme muss aber zeitnah durchgeführt werden. Das ist in der Regel innerhalb einer Frist von zehn Tagen vor oder nach dem Inventurstichtag. Bestandsveränderungen zwischen Stichtag und Aufnahmetag müssen anhand von Belegen oder Aufzeichnungen ordnungsgemäß berücksichtigt werden. Können die Bestände aus besonderen Gründen nicht innerhalb dieser Frist aufgenommen werden, z. B. im Freien lagernde Bestände sind wegen Schneefalls nicht zugänglich, so werden an die Aufzeichnungen der zwischenzeitlichen Bestandsveränderungen strenge Anforderungen gestellt.[2]

---

1 Baumbach/Hopt, HGB § 240 Rdn. l.
2 R 30 Abs. 1 Satz 4 EStR.

3 Aufnahme des Betriebsvermögens

3.1 Wirtschaftliches Eigentum

Der Kaufmann muss „seine" Vermögensgegenstände und Schulden aufnehmen. Die Vermögensgegenstände müssen also dem Kaufmann gehören, die Schulden ihm zuzurechnen sein. Die Vermögensgegenstände müssen dem Kaufmann nicht bürgerlich-rechtlich, sondern **wirtschaftlich** gehören.[3] In der Regel stimmen bürgerlich-rechtliches und wirtschaftliches Eigentum überein. Dann weist der Kaufmann die Vermögensgegenstände aus, die ihm bürgerlich-rechtlich gehören.

8

Übt aber ein anderer als der bürgerlich-rechtliche Eigentümer die tatsächliche Herrschaft über einen Vermögensgegenstand in der Weise aus, dass er den bürgerlich-rechtlichen Eigentümer im Regelfall für die gewöhnliche Nutzungsdauer von der Einwirkung auf den Vermögensgegenstand ausschließen kann, so ist ihm der Vermögensgegenstand zuzurechnen (§ 39 Abs. 2 Nr. 1 Satz 1 AO). Der Vermögensgegenstand steht in seinem wirtschaftlichen Eigentum. Hier weist nicht der bürgerlich-rechtliche, sondern der wirtschaftliche Eigentümer den Vermögensgegenstand aus.

Beispiel

Wirtschaftlicher Eigentümer ist bei Treuhandverhältnissen der Treugeber, beim Sicherungseigentum der Sicherungsgeber, beim Eigenbesitz der Eigenbesitzer, bei der Einkaufskommission der Kommittent. Beim Grundstückskauf ist das Grundstück beim Käufer schon vor der Eintragung des Eigentumsübergangs zu aktivieren, wenn Besitz, Gefahr, Nutzung und Lasten auf ihn übergegangen sind und die Auflassung dem Grundbuchamt vorliegt.

Befinden sich Vorräte im Unternehmensbereich eines **Spediteurs**, **Lagerhalters** oder **Frachtführers** und sind Konnossemente, Ladescheine, indossable Lagerscheine oder Frachtbriefe an den Käufer aus-

9

---

3 Budde/Kunz in: Beck Bil-Komm. HGB § 240 Rdn. 20 f.

gehändigt worden oder hat dieser Mitteilung bekommen, dass die Vorräte zu seiner Verfügung stehen, so sind sie von ihm zu bilanzieren. Das Gleiche gilt, wenn ein **Einkaufskommissionär** für den Käufer handelt, sobald die Vorräte beim Kommissionär eingegangen sind.

10 Unterwegs befindliche, sog. **rollende oder schwimmende Ware**, ist vom Käufer zu bilanzieren, sobald die Gefahr des zufälligen Untergangs oder der zufälligen Verschlechterung gemäß §§ 445, 446 BGB auf ihn übergegangen ist.

3.2 Betriebsvermögen

3.2.1 Handelsbilanz

11 **Handelsrechtlich** sind nur die Vermögensgegenstände und Schulden zu bilanzieren, die zum Betriebsvermögen des Kaufmanns gehören, also nicht die zum Privatvermögen rechnenden Vermögensgegenstände und Schulden. Hierzu gehört auch nicht einem anderen Handelsgeschäft des Kaufmanns gewidmetes Vermögen.[4]

3.2.2 Steuerbilanz

Steuerrechtlich werden ebenso wie in der Handelsbilanz die zum Betriebsvermögen rechnenden Wirtschaftsgüter bilanziert.
Die durch die Wirtschaftsgüter erwirtschafteten Betriebsergebnisse und damit auch die Verluste wirken sich auch auf die Ertragsteuern aus. Daher ist der Zugang der Wirtschaftsgüter zum Betriebsvermögen steuerrechtlich enger bemessen als im Handelsrecht. Siehe hierzu die Abschnitte

- Notwendiges Betriebsvermögen (Rdn. 12)
- Gewillkürtes Betriebsvermögen (Rdn. 14)
- Besonderheiten bei Grundstücken (Rdn. 19 ff.)
- Besonderheiten bei Personengesellschaften (Rdn. 25 ff.)

---

[4] Baumbach/Hopt, HGB § 246 Rdn. 21.

3.2.3 Notwendiges Betriebsvermögen

Wirtschaftsgüter, die ausschließlich und unmittelbar für eigenbetriebliche Zwecke genutzt werden oder dazu bestimmt sind, gehören immer zum Betriebsvermögen. Hierbei kommt es nicht darauf an, ob sie als Betriebsvermögen in der Buchführung und in den Bilanzen ausgewiesen werden. Geschieht das nicht, ist die Buchführung insoweit fehlerhaft und der Bilanzausweis unrichtig. Werden solche Wirtschaftsgüter nach Aufdeckung dieses Bilanzierungsfehlers in die Buchführung aufgenommen, handelt es sich lediglich um eine Berichtigung. Da diese Wirtschaftsgüter notwendigerweise zum Betriebsvermögen gehören, spricht man hier von dem **notwendigen Betriebsvermögen**.[5]

12

3.2.4 Notwendiges Privatvermögen

Im Gegensatz zu den zum notwendigen Betriebsvermögen gehörenden Wirtschaftsgütern (→Rdn. 12) rechnen Wirtschaftsgüter zum **notwendigen Privatvermögen**[6], die

13

- ausschließlich oder nahezu ausschließlich der privaten Lebensführung des Unternehmers dienen oder
- die der Unternehmer ausschließlich oder nahezu ausschließlich einem Familienangehörigen aus privaten Gründen unentgeltlich zur Nutzung überlässt.

3.2.5 Gewillkürtes Betriebsvermögen

Wirtschaftsgüter, die weder zum notwendigen Betriebsvermögen noch zum notwendigen Privatvermögen gehören, kann der Unternehmer, wenn er den Gewinn durch Betriebsvermögensvergleich ermittelt, als Betriebsvermögen behandeln. Hierzu ist aber erforderlich, dass diese Wirtschaftsgüter

14

- in einem gewissen objektiven Zusammenhang mit dem Betrieb stehen und
- bestimmt und geeignet sind, ihn zu fördern.
- Die Behandlung als Betriebsvermögen geschieht durch Buchung und Bilanzierung.

---

5   R 13 Abs. 1 Sätze 1 und 2 EStR.
6   BFH, Urt. v. 11.10.1979 IV R 125/76, BStBl 1980 II S. 40.

Inventur und Inventar

Da hier die Aufnahme in das Betriebsvermögen von einer Willensentscheidung des Unternehmers abhängt, rechnen diese Wirtschaftsgüter zum **gewillkürten Betriebsvermögen**.[7]

3.2.6 Abgrenzung Betriebsvermögen zum Privatvermögen

15 Die Abgrenzung des Betriebsvermögens vom Privatvermögen geschieht daher in der Steuerbilanz nach folgenden Maßstäben:

Abgrenzungen		
notwendiges Betriebsvermögen	notwendiges Privatvermögen	gewillkürtes Betriebsvermögen
■ Nutzung oder Bestimmung ausschließlich und unmittelbar für eigenbetriebliche Zwecke	■ Nutzung oder Bestimmung ausschließlich oder nahezu ausschließlich für private Zwecke des Unternehmers oder ■ einem Familienangehörigen unentgeltlich überlassen	■ Weder notwendiges Betriebsvermögen noch notwendiges Privatvermögen, ■ objektiver Zusammenhang zum Betrieb, ■ bestimmt und geeignet, den Betrieb zu fördern und ■ Gewinnermittlung durch Betriebsvermögensvergleich
Buchung und Bilanzierung <u>nicht</u> ausschlaggebend	Buchung und Bilanzierung <u>nicht</u> ausschlaggebend	Buchung und Bilanzierung ausschlaggebend

3.2.7 Gemischt genutzte Wirtschaftsgüter

16 Es gibt Wirtschaftsgüter, die sowohl eigenbetrieblich als auch privat genutzt werden. Das sind sog. **gemischt genutzte Wirtschaftsgüter**.

17 Handelt es sich um **Grundstücke** oder **Grundstücksteile**, werden sie nach dem Anteil ihrer Nutzung in betriebliche und private Wirtschaftsgüter aufgeteilt.

18 **Andere Wirtschaftsgüter** können nur entweder voll zum Betriebsvermögen oder voll zum Privatvermögen gerechnet werden. Das richtet sich nach dem Anteil ihrer betrieblichen und privaten Nut-

---

7 R 13 Abs. 1 Satz 3 EStR.

zung. Wird ein Wirtschaftsgut in mehreren Betrieben des Unternehmers genutzt, ist die gesamte eigenbetriebliche Nutzung maßgebend.[8]

Gemischt genutzte Wirtschaftsgüter außer Grundstücken und Grundstücksteilen		
eigenbetriebliche Nutzung	private Nutzung	Zurechnung
mehr als 50 %	weniger als 50 %	notwendiges Betriebsvermögen
weniger als 10 %	mehr als 90 %	notwendiges Privatvermögen
10 bis 50 %	50 bis 90 %	gewillkürtes Betriebsvermögen bei Bilanzierung

3.2.8 Besonderheiten bei Grundstücken

Notwendiges Betriebsvermögen

Zum **notwendigen Betriebsvermögen** gehören Grundstücke und Grundstücksteile, die ausschließlich und unmittelbar für eigenbetriebliche Zwecke des Unternehmers genutzt werden. Bei bebauten Grundstücken ist die Gebäudenutzung für die Zurechnung des dazu gehörenden Grund und Bodens maßgebend. Wird ein Teil des Gebäudes eigenbetrieblich genutzt, gehört der zum Gebäude gehörende Grund und Boden anteilig zum notwendigen Betriebsvermögen.[9]

19

Untergeordneter Wert

Beträgt der Wert eines ausschließlich und unmittelbar für eigenbetriebliche Zwecke genutzten Grundstücksteils nicht mehr als ein Fünftel des gemeinen Werts des gesamten Grundstücks und nicht mehr als 20.500 €[10], so braucht er nicht als Betriebsvermögen behan-

20

---

8 R 13 Abs. 1 Sätze 4 bis 7 EStR.
9 R 13 Abs. 7 EStR.
10 40.000 DM betragen umgerechnet 20.451,68 Euro. Für die Veranlagungszeiträume bis einschließlich 2001 ist auf diesen Wert umzurechnen, falls das Unternehmen seiner Buchführung und seinen Jahresabschlüssen Euro zu Grunde legt. Es darf daher nicht bereits vom Euro-Wert 20.500 ausgehen. Sonst würde das Unternehmen gegenüber den Unternehmen, die noch in Deutschen Mark bilanzieren, besser gestellt.

delt zu werden.[11] Den Voraussetzungen nach gehört der Grundstücksteil zwar zum notwendigen Betriebsvermögen. Da er aber **von untergeordnetem Wert** ist, wird er wie gewillkürtes Betriebsvermögen behandelt. Es steht dem Unternehmer frei, ihn zu bilanzieren oder davon abzusehen. Ist er aber bilanziert, so kann er nicht mit dem Buchwert ausgebucht, sondern nur zum Teilwert entnommen werden.[12]

Wird ein für eigenbetriebliche Zwecke genutzter Grundstücksteil von untergeordneter Bedeutung nicht bilanziert, so sind gleichwohl die hierauf entfallenden Aufwendungen einschließlich der Absetzungen für Abnutzung Betriebsausgaben. Handelt es sich hierbei um ein häusliches Arbeitszimmer, so ist für den Abzug der Aufwendungen als Betriebsausgaben die Sondervorschrift von § 4 Abs. 5 Satz 1 Nr. 6b EStG zu beachten.[13]

Gewillkürtes Betriebsvermögen

21   Zum gewillkürten Betriebsvermögen können Grundstücke unter den bereits in Rdn. 14 aufgeführten allgemeinen Voraussetzungen gehören.

Zum notwendigen Privatvermögen rechnen Grundstücke dann und können daher nicht gewillkürtes Betriebsvermögen werden, wenn sie eigenen Wohnzwecken dienen oder Dritten zu Wohnzwecken unentgeltlich überlassen werden.

Wie bei zum notwendigen Betriebsvermögen gehörenden Grundstücken (→Rdn. 19) folgt bei bebauten Grundstücken der Grund und Boden der Behandlung des Gebäudes oder Gebäudeteils als gewillkürtes Betriebsvermögen.[14]

22   Zur Bilanzierung der Gebäudeteile → Rdn. 211 ff.

---

11 Siehe im Einzelnen R 13 Abs. 8 EStR.
12 R 13 Abs. 8 Satz 6 EStR.
13 R 13 Abs. 8 Satz 7, R 18 Abs. 2 Satz 4 EStR.
14 R 13 Abs. 9 EStR.

Einheitliche Behandlung

Soweit ein Grundstück oder Gebäude vor dem 1.1.1999 angeschafft, hergestellt oder in das Betriebsvermögen eingelegt worden ist, und das Grundstück zu mehr als der Hälfte die Voraussetzungen für die Behandlung als notwendiges (→Rdn. 19) und/oder gewillkürtes (→Rdn. 21) Betriebsvermögen erfüllt, können auch solche Grundstücksteile, die zu fremden Wohnzwecken oder zu fremdbetrieblichen Zwecken vermietet sind, bei denen für sich betrachtet aber die Voraussetzungen für die Behandlung als gewillkürtes Betriebsvermögen nicht vorliegen, als Betriebsvermögen behandelt werden. Ausgeschlossen von dieser Möglichkeit sind aber Grundstücksteile, die nicht nur vorübergehend eigenen Wohnzwecken dienen oder unentgeltlich zu Wohnzwecken an Dritte überlassen werden.[15] Wenn diese weiteren Grundstücksteile also nicht in einem gewissen objektiven Zusammenhang mit dem Betrieb stehen und nicht bestimmt und geeignet sind, ihn zu fördern, können sie gleichwohl als Betriebsvermögen behandelt werden unter dem Gesichtspunkt der einheitlichen Behandlung des Grundstücks. 23

Für die Wertermittlung der einzelnen Grundstücksteile ist das Verhältnis der Nutzflächen maßgebend. Führt das zu einem unangemessenen Wertverhältnis, ist das Verhältnis der Rauminhalte oder ein anderer im Einzelfall zu einem angemessenen Ergebnis führender Maßstab zu Grunde zu legen.[16]

Diese Möglichkeit besteht aber nicht mehr für Anschaffungen, Herstellungen und Einlagen nach dem 31.12.1998. Auch wenn hier ein Grundstück zu mehr als der Hälfte die Voraussetzungen für die Behandlung als Betriebsvermögen erfüllt (→Rdn. 23), können weitere Grundstücksteile, bei denen die Voraussetzungen für die Behandlung als gewillkürtes Betriebsvermögen nicht erfüllt sind, nicht als Betriebsvermögen behandelt werden.[17] 24

---

15 R 13 Abs. 10 EStR 1999.
16 R 13 Abs. 10 Satz 3 EStR.
17 R 13 Abs. 10 EStR 2001.

Inventur und Inventar

3.2.9 Besonderheiten bei Personengesellschaften

25 Der Einkommensteuer sind nicht die Personengesellschaften, sondern die Gesellschafter unterworfen. Hieraus erklärt sich bei den Personengesellschaften die Sonderbehandlung der Wirtschaftsgüter als Betriebsvermögen.[18]

26 Zum **Gesamthandsvermögen** einer Personengesellschaft gehörende Wirtschaftsgüter sind nicht bereits aus diesem Grund Betriebsvermögen. Es müssen die allgemeinen in Rdn. 12 für notwendiges Betriebsvermögen oder in Rdn. 14 für gewillkürtes Betriebsvermögen aufgeführten Voraussetzungen erfüllt sein.

Fall

Die A & B OHG erwirbt ein Grundstück und errichtet hierauf ein Einfamilienhaus, das der Gesellschafter A mit seiner Familie bewohnen soll. Wie ist das Grundstück und das Gebäude in der Handels- und Steuerbilanz zu behandeln?

Lösung

Grundstück und Gebäude gehören zum Gesamthandsvermögen der Gesellschaft und werden daher von dieser in der Handelsbilanz ausgewiesen.

Sie werden aber weder ausschließlich und unmittelbar für eigenbetriebliche Zwecke genutzt noch sind sie hierzu bestimmt. Daher gehören sie nicht zum notwendigen Betriebsvermögen. Sie dienen eigenen Wohnzwecken des Gesellschafters A und rechnen somit zum notwendigen Privatvermögen Sie dürfen daher nicht in der Steuerbilanz als Betriebsvermögen ausgewiesen werden.

---

27 Nicht zum Gesamthandsvermögen gehörende Wirtschaftsgüter, die einem, mehreren oder allen Gesellschaftern gehören, können zum Betriebsvermögen gehören, wenn die Voraussetzungen für notwendiges Betriebsvermögen (→Rdn. 12) oder gewillkürtes Betriebsvermögen (→Rdn. 14) erfüllt sind.

Solche nicht der Gesellschaft gehörenden Wirtschaftsgüter, die also nicht in ihrem Gesamthandsvermögen stehen, werden nicht in der

---

18 R 13 Abs. 2 EStR.

Aufnahme des Betriebsvermögens

Handelsbilanz ausgewiesen. Steuerrechtlich gehören sie zum **Sonderbetriebsvermögen** der Gesellschafter, denen sie gehören. Unterschieden werden:

- Sonderbetriebsvermögen I
- Sonderbetriebsvermögen II

Zum **Sonderbetriebsvermögen I** gehören die einem Gesellschafter (Mitunternehmer) gehörenden Wirtschaftsgüter, die mit dem Betrieb der Personengesellschaft zusammenhängen. Dienen sie unmittelbar dem Betrieb der Personengesellschaft, rechnen sie zum notwendigen Sonderbetriebsvermögen I. Sind sie objektiv geeignet und subjektiv dazu bestimmt, den Betrieb der Gesellschaft zu fördern, gehören sie zum gewillkürten Sonderbetriebsvermögen I. 28

Zum **Sonderbetriebsvermögen II** gehören die Wirtschaftsgüter, die mit der Gesellschafterbeteiligung zusammenhängen. Dienen sie unmittelbar der Begründung oder Stärkung der Beteiligung, rechnen sie zum notwendigen Sonderbetriebsvermögen II. Sind sie objektiv geeignet und subjektiv dazu bestimmt, die Beteiligung zu fördern, gehören sie zum gewillkürten Sonderbetriebsvermögen II. 29

Zum Sonderbetriebsvermögen gehörende Wirtschaftsgüter werden in einer **Ergänzungsbilanz** oder **Sonderbilanz** des Gesellschafters aufgeführt, dem das betreffende Wirtschaftsgut gehört. Die mit dem Wirtschaftsgut zusammenhängenden Aufwendungen und Erträge werden entsprechend in einer **Ergänzungs-** bzw. **Sonder-Gewinn- und Verlustrechnung** des Gesellschafters erfasst. 30

Steuerlich **buchführungspflichtig** für das Sonderbetriebsvermögen ist die Personengesellschaft.[19] 31

Fall

An der A & B OHG sind A und B Gesellschafter. A vermietet an die Gesellschaft sein Grundstück und die Gesellschaft nutzt es für betriebliche Zwecke. B hat ein Darlehen bei seiner Bank aufgenommen und damit seine Beteiligung finanziert.

Wie werden das Grundstück und das Darlehen in Handels- und Steuerbilanz behandelt?

---

19 BFH, Urt. v. 23.10.1990 VIII R 142/85, BStBl 1991 II S. 401; 11.3.1992 XI R 38/89, BStBl 1992 II S. 797; H 12 (Aufzeichnungs- und Buchführungspflichten) EStH.

Inventur und Inventar

> Lösung
>
> Handelsrechtlich gehört das Grundstück dem A und ist das Schulddarlehen dem B zuzurechnen. Beide werden daher von der Gesellschaft nicht im Inventar und in der Bilanz erfasst.
>
> Das Grundstück des A dient unmittelbar dem Betrieb der Gesellschaft und rechnet daher steuerrechtlich zu seinem notwendigen Sonderbetriebsvermögen I. Das Darlehen des B wurde von ihm unmittelbar zur Begründung seiner Beteiligung verwendet. Es rechnet daher steuerrechtlich zu dessen notwendigem Sonderbetriebsvermögen II. Beide Wirtschaftsgüter werden in steuerlichen Ergänzungs- oder Sonderbilanzen erfasst. Die hiermit zusammenhängenden Einnahmen und Ausgaben sind steuerrechtlich Betriebseinnahmen und Betriebsausgaben des A und des B. Hierfür werden gesonderte Konten in der Buchführung der Personengesellschaft geführt.
>
> Für die Erfassung und Entwicklung in den Ergänzungs- und Sonderbilanzen und die Buchung der den Gesellschaftern zuzurechnenden Betriebseinnahmen und Betriebsausgaben ist die Personengesellschaft buchführungspflichtig.

4 Festwert

§ 240 Abs. 3 HGB
Vermögensgegenstände des Sachanlagevermögens sowie Roh-, Hilfs- und Betriebsstoffe können, wenn sie regelmäßig ersetzt werden und ihr Gesamtwert für das Unternehmen von nachrangiger Bedeutung ist, mit einer gleich bleibenden Menge und einem gleich bleibenden Wert angesetzt werden, sofern ihr Bestand in seiner Größe, seinem Wert und seiner Zusammensetzung nur geringen Veränderungen unterliegt. Jedoch ist in der Regel alle drei Jahre eine körperliche Bestandsaufnahme durchzuführen.

32 **Festwert** bedeutet: Ansatz
- mit einer gleich bleibenden Menge und
- mit einem gleich bleibenden Wert.

33 Zulässig ist die Festwertbildung nur für bestimmte **Vermögensgegenstände**:

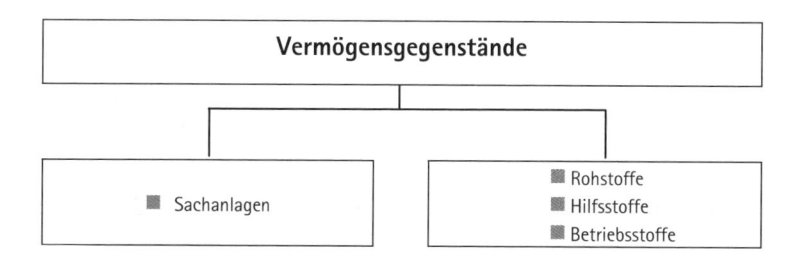

Festwert   **A**

```
┌─────────────────────────────┐
│   Vermögensgegenstände      │
└─────────────────────────────┘
         │
    ┌────┴─────────┐
┌─────────────┐  ┌──────────────┐
│ ■ Sachanlagen│  │ ■ Rohstoffe  │
│             │  │ ■ Hilfsstoffe│
│             │  │ ■ Betriebsstoffe│
└─────────────┘  └──────────────┘
```

Von den Vermögensgegenständen des Anlagevermögens dürfen nur die Sachanlagen, also nicht die immateriellen Anlagegegenstände und die Finanzanlagen, in einem Festwert angesetzt werden. Bei den Wirtschaftsgütern des Umlaufvermögens kommen nur bestimmte Gruppen der Vorräte, nämlich die Rohstoffe, die Hilfsstoffe und die Betriebsstoffe, für einen Ansatz zum Festwert infrage. Von den Vorräten scheiden also für die Festwertbildung die unfertigen und fertigen Erzeugnisse und die Handelswaren aus.

Steuerrechtlich besteht insoweit Übereinstimmung. Eine Differenz besteht bei den Sachanlagen. Hier kommen nur die **beweglichen Anlagegegenstände** für einen Festwert infrage.[20] Das ist aber nur ein äußerlicher Unterschied. Unbewegliche Sachanlagen scheiden von vornherein für den Festwert aus, weil es bei ihnen an der Voraussetzung „von nachrangiger Bedeutung" fehlt.

Sachanlagen sind die materiellen Anlagegegenstände. Anlagegegenstände sind die Vermögensgegenstände, die am Abschlussstichtag bestimmt sind, dauernd dem Geschäftsbetrieb zu dienen (§ 247 Abs. 2 HGB). Von diesen Vermögensgegenständen rechnen zu den materiellen Anlagegegenständen die Gegenstände, denen ein kaufmännisch relevanter Wert bereits nach ihrer Herstellung beigemessen werden kann, deren Wert also schon nach der Herstellung messbar, wägbar oder schätzbar ist.   34

Roh-, **Hilfs-** und **Betriebsstoffe** sind die Vorräte, aus denen das Unternehmen Erzeugnisse herstellt. Bei der Herstellung gehen die Roh- und die Hilfsstoffe unmittelbar in das Erzeugnis ein, die Rohstoffe als Hauptbestandteil, die Hilfsstoffe als Nebenbestandteil. Die Betriebsstoffe werden bei der Herstellung des Erzeugnisses verbraucht.   35

---

20 R 31 Abs. 4 Satz 1 EStR.

> **Beispiel**
>
> Rohstoffe sind Holz bei der Möbelherstellung, Blech bei der Autoproduktion. Hilfsstoffe sind Nägel, Leim, Farbe. Betriebsstoffe sind Brennstoffe, Reinigungsmaterial, Schmierstoffe.

36 Für die Festwertbildung müssen folgende **Voraussetzungen** erfüllt sein:
1. Regelmäßiger Ersatz der Wirtschaftsgüter des Festwerts
2. nachrangige Bedeutung des Gesamtwerts der im Festwert erfassten Wirtschaftsgüter für das Unternehmen
3. geringe Veränderungen des Bestands in Größe, Wert und Zusammensetzung
4. regelmäßige Bestandsaufnahme

37 Die Voraussetzung „**regelmäßiger Ersatz**" geht davon aus, dass sich Zugänge und Abgänge, Abschreibungen oder Verbrauch in etwa entsprechen. Daher werden, solange der Festwert gleich bleibt, die Zugänge als Aufwendungen gebucht. Da hierbei die Anschaffungskosten angesetzt werden, trägt die Festbewertung bei steigenden Einstandspreisen in gewissem Rahmen zur Substanzerhaltung bei.

> **Beispiel**
>
> Ein Unternehmen benötigt zur Aufrechterhaltung seines Geschäftsbetriebs ständig einen Bestand von etwa 40.000 l Heizöl. Es setzt hierfür einen Festwert an. Wenn die Heizölpreise steigen, wirken sich bei Zukäufen die Preissteigerungen als Aufwand aus, sodass diese „Scheingewinne" nicht als Erträge ausgewiesen werden.

Ein Festwert darf nur der Erleichterung der Inventur und der Bewertung, nicht jedoch dem Ausgleich von Preisschwankungen, insbesondere von Preissteigerungen, dienen.[21] Da Bestandsaufnahmen aber nur alle drei Jahre durchzuführen sind, wirken sich die Preissteigerungen bis zur nächsten im Rahmen einer Bestandsaufnahme erforderlichen Bestandserhöhung voll als Aufwand aus.

38 **Nachrangig** ist der Gesamtwert der für einen einzelnen Festwert in Betracht kommenden Wirtschaftsgüter für das Unternehmen, wenn

---

21 H 36 (Festwert) EStH.

er an den dem Bilanzstichtag vorangegangenen fünf Bilanzstichtagen im Durchschnitt 10 % der Bilanzsumme nicht überstiegen hat.[22] Hiernach kommt es also auf den einzelnen Festwert an, nicht auf den Gesamtwert aller Festwerte.

Weil der Bestand nach seinem Wert und seiner Zusammensetzung nur **geringen Veränderungen** unterliegen darf, dürfen solche Rohstoffe nicht mit einem Festwert angesetzt werden, die erfahrungsgemäß erheblichen Wertschwankungen unterliegen, z. B. Kaffee, Kakao, Kupfer, Blei. Beim Sachanlagevermögen dürfen Gegenstände mit erheblich unterschiedlichen Nutzungsdauern nicht zusammengefasst werden.[23]

Wird ein Festwert **erstmalig gebildet**, sind die hierin zusammengefassten Wirtschaftsgüter mit ihren Anschaffungs- oder Herstellungskosten aufzunehmen. Bei beweglichen Anlagegegenständen sind zunächst Abschreibungen vorzunehmen, bis ein sog. Anhaltewert von 40 bis 50 % der Anschaffungs- oder Herstellungskosten erreicht ist.[24] Der Anhaltewert ist steuerlich anhand der zulässigen linearen oder degressiven Absetzungen für Abnutzung nach § 7 EStG zu ermitteln. Erhöhte Absetzungen oder Sonderabschreibungen dürfen hierbei nicht berücksichtigt werden.[25]

Nach dem Gesetz ist in der Regel alle drei Jahre eine **körperliche Bestandsaufnahme** durchzuführen. Dem folgen auch die Einkommensteuerrichtlinien, bestimmen aber eine Höchstdauer von fünf Jahren. Wird bei einer Bestandsaufnahme eine Wertänderung des Festwertes ermittelt, kommt eine **Wertanpassung** in Betracht.[26]

---

22 BMF, Schr. v. 8.3.1993 IV B 2 – S 2174a – 1/93, BStBl 1993 I S. 276.
23 Budde/Kunz in: Beck Bil-Komm. § 240 Rdn. 90.
24 Budde/Kunz in: Beck Bil-Komm. § 240 Rdn. 100.
25 BMF, Schr. v. 8.3.1993 IV B 2 – S 2174a – 1/93, BStBl 1993 I S. 276.
26 R 31 Abs. 4 EStR.

Wertänderung des Festwerts			
Werterhöhung		Wertminderung	
bis 10 %	mehr als 10 %	Steuerrecht	Handelsrecht
bisheriger Festwert kann beibehalten bleiben	neuer Festwert muss angesetzt werden	neuer Festwert kann angesetzt werden	neuer Festwert muss angesetzt werden

Bei einer **Werterhöhung** sind die handelsrechtliche und die steuerrechtliche Behandlung also gleich. Bei einer **Wertminderung** besteht steuerrechtlich ein Beibehaltungswahlrecht,[27] während handelsrechtlich ein Abwertungsgebot besteht.[28]

Der Festwert wird **erhöht**, indem er so lange um die Anschaffungs- oder Herstellungskosten der im abgelaufenen Geschäftsjahr angeschafften oder hergestellten Vermögensgegenstände aufgestockt wird, bis der neue Festwert erreicht ist.[29]

5 Zusammenfassung in Gruppen

§ 240 Abs. 4 HGB
Gleichartige Vermögensgegenstände des Vorratsvermögens sowie andere gleichartige oder annähernd gleichwertige bewegliche Vermögensgegenstände und Schulden können jeweils zu einer Gruppe zusammengefasst und mit dem gewogenen Durchschnittswert angesetzt werden.

42 Bei der inventurmäßigen Bestandsaufnahme können in Gruppen zusammengefasst werden:
- Vorratsgegenstände, die gleichartig sind,
- andere bewegliche Vermögensgegenstände, die gleichartig oder annähernd gleichwertig sind,
- Schulden, die gleichartig oder annähernd gleichwertig sind.

43 **Vorratsgegenstände** sind Rohstoffe, Hilfsstoffe, Betriebsstoffe, Erzeugnisse und Waren. Es sind also die in Rdn. 35 beschriebenen

---
27 R 31 Abs. 4 Sätze 2 bis 5 EStR.
28 Budde/Kunz in: Beck Bil-Komm. HGB § 240 Rdn. 106.
29 R 31 Abs. 4 Satz 3 EStR.

Wirtschaftsgüter und die für den Umsatz bestimmten Erzeugnisse und Waren.

Diese Wirtschaftsgüter können zu einer Gruppe zusammengefasst werden, wenn sie **gleichartig** sind. Gleichartig sind Gegenstände, wenn sie gattungs- oder funktionsgleich sind.[30] Sie müssen nicht auch gleichwertig sein. Es muss aber für sie ein Durchschnittswert bekannt sein. Ein Durchschnittswert ist bekannt, wenn bei der Bewertung der gleichartigen Wirtschaftsgüter ein ohne weiteres feststellbarer, nach den Erfahrungen der betreffenden Branche sachgemäßer Durchschnittswert verwendet wird.[31]

44

Als **bewegliche Vermögensgegenstände** kommen insbesondere die beweglichen Anlagegegenstände in Betracht. Bewegliche Anlagegegenstände sind Maschinen, maschinelle Anlagen und sonstige Betriebsvorrichtungen, Geschäftseinrichtungsgegenstände, Werkzeuge und Schiffe.

45

Hier kommt eine Zusammenfassung zu Gruppen in Betracht, wenn die Wirtschaftsgüter entweder, wie es in Rdn. 44 beschrieben worden ist, **gleichartig** sind, oder wenn sie annähernd gleichwertig sind.

Annähernd gleichwertig sind Vermögensgegenstände, wenn ihre Werte nicht wesentlich voneinander abweichen. Haben sie einen geringen Wert, ist ein Spielraum von 20 % zwischen dem höchsten und dem niedrigsten Einzelwert noch vertretbar, wenn die Zusammensetzung der Zugänge und des Bestandsvortrags in etwa der Zusammensetzung des Gruppenbestandes entspricht.[32]

46

Auch **Schulden,** wozu auch die **Rückstellungen** gerechnet werden, können zu einer Gruppe zusammengefasst werden. Voraussetzung ist hier die annähernde Gleichwertigkeit. Sie ist auf die Risikoarten zu beziehen.[33]

47

48

---

30 Budde/Kunz in: Beck Bil-Komm. § 240 Rdn. 136.
31 R 36 Abs. 4 Sätze 3 bis 5 EStR.
32 ADS 6. Auflage, § 240 Rdn. 128.
33 Budde/Kunz in: Beck Bil-Komm. § 240 Rdn. 137.

A Inventur und Inventar

Die vorstehend genannten Wirtschaftsgüter werden mit dem **gewogenen Durchschnittswert** angesetzt. Dieser ergibt sich, indem der Gesamtwert durch die Menge der Einzelstücke dividiert wird.

Beispiel

Im Laufe des Geschäftsjahres wurden von einer bestimmten Warengattung folgende Posten eingekauft:

Datum	Menge in Ztr.	Preis pro Ztr.	Rechnungsbetrag
5.1.	300	4,50 €	1.350,00 €
20.4.	1.200	3,70 €	4.440,00 €
15.5.	800	4,20 €	3.360,00 €
10.7.	2.000	3,30 €	6.600,00 €
5.9.	1.500	3,50 €	5.250,00 €
12.11.	700	4,40 €	3.080,00 €
20.12.	500	4,80 €	2.400,00 €
	7.000	28,40 €	26.480,00 €

26.480 € : 7.000 = 3,78 €
28,40 € : 7 = 4,06 €

Am Bilanzstichtag sind 800 Zentner vorhanden. Wird die Summe der Einzelbeträge durch die Zahl der Posten geteilt, so ergibt sich der einfache Durchschnitt von 4,06 €. Hierbei wird nicht berücksichtigt, welche Mengen zu dem jeweiligen Einzelpreis gekauft worden sind. Dieser Betrag darf deshalb nicht beim Ansatz des Warenpostens in der Inventur zu Grunde gelegt werden. In Betracht kommt der gewogene Durchschnittswert in Höhe von 3,78 €. Es ist also der Bestand bei der Gruppenbewertung in Höhe von 3,78 € × 800 = 3.024 € auszuweisen.

49 Kann **glaubhaft gemacht** werden, dass in dem Betrieb in der Regel die zuletzt beschafften Vorräte zuerst verbraucht oder veräußert werden, also „last in – first out", so kann das bei der Ermittlung der Anschaffungs- oder Herstellungskosten berücksichtigt werden.[34]

---

34 R 36 Abs. 4 Satz 6 EStR.

Beispiel

In einem Holz verarbeitenden Betrieb werden Bretter bei der Einlagerung aufeinander gestapelt. Die zuletzt eingelagerten Bretter liegen oben im Stapel. Beim Verbrauch werden die Bretter von oben aus den Stapeln entnommen. Die zuletzt eingelagerten Bretter werden daher zuerst verbraucht. Aus der Art der Lagerung folgt also eine Verbrauchsfolge „last in, first out".

Hier folgt die Verbrauchsfolge aus den Umständen. Hiervon ist die Bewertung nach unterstellten, also fiktiven, Verbrauchs- und Veräußerungsfolgen zu unterscheiden.[35]

6 Aufnahme der Anlagegegenstände

6.1 Bestandsverzeichnis

Sämtliche **beweglichen Anlagegegenstände**, auch die am Bilanzstichtag bereits voll abgeschriebenen, sind in ein Bestandsverzeichnis aufzunehmen. Es bedarf aber keiner körperlichen Bestandsaufnahme zum Bilanzstichtag, wenn die Gegenstände bei ihrem Zu- und Abgang in dem Bestandsverzeichnis ein- und ausgetragen werden und ihr Wert fortgeschrieben wird, sodass sich die Höhe und die Zusammensetzung der beweglichen Anlagegegenstände zum Bilanzstichtag aus dem Bestandsverzeichnis ergeben. Zu diesem Zweck muss das **Bestandsverzeichnis** für jeden Gegenstand folgende Angaben enthalten:

50

- Genaue Bezeichnung des Gegenstandes,
- Tag der Anschaffung oder Herstellung,
- Höhe der Anschaffungs- oder Herstellungskosten,
- Bilanzwert am Bilanzstichtag,
- Tag des Abgangs.[36]

---

35 S. zur Bewertung nach fiktiven Verbrauchs- und Veräußerungsfolgen Rdn. 825 ff.
36 R 31 Abs. 5 Satz 1 EStR.

Es können entweder alle beweglichen Anlagegegenstände im Bestandsverzeichnis aufgeführt oder für jeden einzelnen Gegenstand oder für jede Gruppe gleichartiger Gegenstände **Karteiblätter** geführt werden, aus denen die genannten Angaben hervorgehen. Das ist zweckmäßig, wenn eine Vielzahl von Anlagegegenständen vorhanden ist. Dann wird für jeden einzelnen Anlagegegenstand eine Karteikarte geführt. Der Bilanzansatz für alle zu einem Bilanzposten gehörenden Einzelanlagen ergibt sich hier aus der Summe der Werte der einzelnen zu diesem Bilanzposten gehörenden Anlagekarteikarten.

Bestandsverzeichnis oder Anlagekartei werden also nach folgendem Muster geführt:

Tag der Anschaffung oder Herstellung	Bezeichnung des Gegenstandes	Anschaffungs- oder Herstellungskosten	Abschreibungsmethode, Nutzungsdauer, Abschreibungssatz	1. Jahr, 2. Jahr usw.		Abgang am	Verkaufserlös (ohne USt)
				Abschreibungsbetrag	Bilanzwert am 31.12.		

51 Die **Sachkonten** der Buchführung können Bestandsverzeichnis oder Anlagekartei ersetzen, wenn sie nach diesem Muster geführt werden und hierdurch die Übersichtlichkeit der Konten nicht beeinträchtigt wird.[37]

Die zulässigerweise in einem **Festwert** angesetzten Anlagegegenstände (→Rdn. 32 ff.)[38] und die **geringwertigen Anlagegegenstände** (→Rdn. 54 f.) brauchen nicht in das Bestandsverzeichnis aufgenommen zu werden.[39]

6.2 Gesamtanlagen

52 Gegenstände, die eine **geschlossene Anlage** bilden, brauchen nicht in ihren einzelnen Teilen im Bestandsverzeichnis oder in der Anlagekartei (→Rdn. 50) aufgeführt zu werden, sondern können auch als

---

37 R 31 Abs. 5 Satz 5 EStR.
38 R 31 Abs. 3 Satz 2 EStR.
39 R 31 Abs. 3 Satz 2 EStR.

Gesamtanlage eingetragen werden. Voraussetzung ist, dass die Gesamtanlage einheitlich abgeschrieben wird.[40]

Beispiel

Die einzelnen Teile eines Hochofens einschließlich Zubehör, die einzelnen Teile einer Breitbandstraße einschließlich Zubehör, die Überlandleitungen einschließlich der Masten eines Elektrizitätswerkes, die Rohrleitungen innerhalb eines Fabrikationsbetriebs.

6.3 Gegenstände der gleichen Art

Gegenstände der gleichen Art können unter Angabe der Stückzahl im Bestandsverzeichnis oder in der Anlagekartei zusammengefasst werden, wenn folgende Voraussetzungen erfüllt sind:[41]
- Anschaffung in demselben Geschäftsjahr,
- gleiche Anschaffungskosten,
- gleiche Nutzungsdauer,
- Abschreibung nach der gleichen Abschreibungsmethode.

53

6.4 Geringwertige Anlagegegenstände

Bewegliche Anlagegegenstände können im Jahr der Anschaffung oder Herstellung in voller Höhe abgeschrieben werden, wenn folgende Voraussetzungen erfüllt sind:
1. selbstständige Nutzbarkeit,
2. Anschaffungs- oder Herstellungskosten abzüglich eines darin enthaltenen Vorsteuerbetrags (§ 9b Abs. 1 EStG) nicht höher als 410 €,
3. Buchung auf besonderem Konto oder Erfassung in einem besonderen Verzeichnis (§ 6 Abs. 2 EStG).
4. Dann brauchen sie nicht im Bestandsverzeichnis oder in der Anlagekartei (→Rdn. 50) aufgeführt zu werden.

54

---

40 R 31 Abs. 2 Sätze 1 und 2 EStR.
41 R 31 Abs. 2 Satz 3 EStR.

55 Betragen die Anschaffungs- oder Herstellungskosten abzüglich Vorsteuern nicht mehr als 60 €, muss die Voraussetzung 3 nicht erfüllt sein.[42] Die Anschaffungs- oder Herstellungskosten werden im Jahr der Anschaffung oder Herstellung voll als Aufwand gebucht, wenn die genannten Voraussetzungen erfüllt sind.[43]

7 Stichprobeninventur

§ 241 Abs. 1 HGB
Bei der Aufstellung des Inventars darf der Bestand der Vermögensgegenstände nach Art, Menge und Wert auch mithilfe anerkannter mathematisch-statistischer Methoden auf Grund von Stichproben ermittelt werden. Das Verfahren muss den Grundsätzen ordnungsmäßiger Buchführung entsprechen. Der Aussagewert des auf diese Weise aufgestellten Inventars muss dem Aussagewert eines auf Grund einer körperlichen Bestandsaufnahme aufgestellten Inventars gleichkommen.

56 Bei der Stichprobeninventur wird von einem aufzunehmenden Lagerbestand eine Stichprobe entnommen. Die Werte der in der Stichprobe enthaltenen Vermögensgegenstände werden genau ermittelt. Hiervon wird der Mittelwert errechnet. Dieser wird als Mittelwert aller im Lager vorhandenen Vermögensgegenstände zu Grunde gelegt. Er wird daher mit der Gesamtzahl der Positionen des Lagers multipliziert.

57 Die Stichprobeninventur ist unter folgenden **Voraussetzungen** nach § 241 Abs. 1 HGB zulässig:

---

42 R 31 Abs. 3 Satz 1 EStR.
43 R 31 Abs. 3 Satz 1 EStR.

Stichprobeninventur   **A**

Voraussetzungen der Stichprobeninventur

1. Ermittlung der Bestände nach Art, Menge und Wert mithilfe anerkannter mathematisch-statistischer Methoden.
2. Das Verfahren muss den Grundsätzen ordnungsmäßiger Buchführung entsprechen.
3. Der Aussagewert der Stichprobeninventur muss dem Aussagewert einer körperlichen Bestandsaufnahme gleichkommen.

Es muss gewährleistet sein, dass bei der Auswahl der Stichprobe jeder einzelne Vermögensgegenstand des Lagerbestandes die gleiche Chance hat, ausgewählt zu werden.
Wird der Stichprobeninventur das **einfache Mittelwertverfahren** zu Grunde gelegt, so wird die Stichprobe aus dem gesamten Lager entnommen.

58

Beispiel

Ein Lager hat 200 Einzelpositionen. Die Stichprobe enthält zehn Positionen mit folgenden Werten:

Position	Wert
1	11,00 €
2	15,00 €
3	19,00 €
4	26,00 €
5	37,00 €
6	42,00 €
7	66,00 €
8	72,00 €
9	81,00 €
10	96,00 €
Gesamtwert	465,00 €

Der Durchschnittswert der Stichprobe beträgt also: 465,00 € : 10 = 46,50 €. Das Lager hat deshalb einen Wert von: 46,50 € × 200 = 9.300,00 €

59 Beim **geschichteten Mittelwertverfahren** wird das Lager zunächst in Schichten aufgeteilt. Jede Schicht enthält Vorräte innerhalb bestimmter Wertgrenzen.

Beispiel

Im vorstehenden Beispiel werden folgende Schichten gebildet:

Schicht 1	0 bis 30 €
Schicht 2	31 bis 60 €
Schicht 3	61 bis 100 €

Aus Vereinfachungsgründen werden bei der Bildung der Schichten die Buchwerte zu Grunde gelegt. Aus jeder Schicht wird eine Stichprobe entnommen. Deren Mittelwert wird bestimmt. Durch Multiplikation des Mittelwerts mit der Anzahl der Positionen der Schicht wird der Wert der Schicht gefunden. So werden die Werte aller Schichten aufgenommen. Deren Summe ergibt den Wert des Lagers. Da beim geschichteten Mittelwertverfahren die Einzelwerte der Stichprobe nahe um den Mittelwert liegen, kann eine zahlenmäßig geringe Stichprobe entnommen werden. Das Verfahren ist wegen der geringeren Streuung der Einzelwerte der Stichprobe genauer als das einfache Mittelwertverfahren.[44]

8 Permanente Inventur

§ 241 Abs. 2 HGB
Bei der Aufstellung des Inventars für den Schluss eines Geschäftsjahrs bedarf es einer körperlichen Bestandsaufnahme der Vermögensgegenstände für diesen Zeitpunkt nicht, soweit durch Anwendung eines den Grundsätzen ordnungsmäßiger Buchführung entsprechenden anderen Verfahrens gesichert ist, dass der Bestand der Vermögensgegenstände nach Art, Menge und Wert auch ohne die körperliche Bestandsaufnahme für diesen Zeitpunkt festgestellt werden kann.

---

44 Zur Durchführung der Stichprobeninventur s. Wittmann, StBp 1980 S. 25 ff.

Bei der permanenten Inventur müssen die Bestände **einmal im Geschäftsjahr körperlich aufgenommen** werden. Das kann an einem beliebigen Tag im Laufe des Geschäftsjahrs geschehen. Zweckmäßigerweise erfolgt die Aufnahme zu einem Zeitpunkt, an dem die Läger nur geringe Bestände haben. Die Inventurarbeiten brauchen nicht für alle Läger zum gleichen Zeitpunkt durchgeführt zu werden. Sie können daher auf das Jahr verteilt werden, damit nicht zu viel Arbeitskräfte durch Inventurarbeiten gebunden werden.

60

Die **Zugänge** und **Abgänge** im einzelnen Lager zwischen dem Inventuraufnahmetag und dem Bilanzstichtag müssen einzeln nach Tag, Art und Menge in **Lagerbüchern** oder **Lagerkarteien** erfasst werden, sodass sich der genaue Bestand am Bilanzstichtag mengen-, art- und wertmäßig ergibt. Die Fortschreibungen werden über den Bilanzstichtag hinaus bis zur nächsten körperlichen Bestandsaufnahme fortgeführt. Ergeben sich dann Differenzen zwischen dem fortgeschriebenen und dem festgestellten Bestand, so sind die Lagerbücher und Lagerkarteien zu **berichtigen**. Über das Ergebnis der jeweiligen körperlichen Bestandsaufnahme ist ein Protokoll zu fertigen und von den aufnehmenden Personen zu unterzeichnen. Der Tag der Aufnahme ist in den Lagerbüchern oder Lagerkarteien zu vermerken.[45]

61

Die Überprüfung bei der **körperlichen Bestandsaufnahme** darf sich nicht auf Stichproben oder die Verprobung eines repräsentativen Querschnitts beschränken. Die körperliche Bestandsaufnahme kann aber durch eine Stichprobeninventur (→Rdn. 56 ff.) durchgeführt werden.[46]

62

Treten **unkontrollierbare Abgänge** durch Schwund, Verdunsten, Verderb, leichte Zerbrechlichkeit oder ähnliche Vorgänge ein, die ins Gewicht fallen, so sind hiervon betroffene Bestände nicht durch permanente Inventur aufzunehmen, wenn keine Erfahrungssätze bestehen, nach denen diese Abgänge annähernd zutreffend geschätzt werden können. **Besonders wertvolle** Wirtschaftsgüter für den Betrieb dürfen ebenfalls nicht durch permanente Inventur erfasst werden.[47]

63

---

45 H 30 (Permanente Inventur) EStH.
46 H 30 (Permanente Inventur) EStH.
47 R 30 Abs. 3 EStR.

64 Eine permanente Inventur zeigt zu jedem Zeitpunkt, wie hoch die jeweiligen Lagerbestände sind. Muss der Unternehmer aus Gründen wirtschaftlicher Lagerhaltung wissen, wie hoch die jeweiligen Bestände der Vorräte sind, ist eine permanente Inventur empfehlenswert. Hierdurch ist es möglich, die Lagerbestände möglichst niedrig zu halten, wodurch Kapital in einem möglichst geringen Umfang gebunden wird.

9 Einlagerungsinventur

65 Die permanente Inventur hat den Nachteil, dass die Einzelläger einmal im Jahr körperlich aufgenommen werden müssen. In modernen Industriebetrieben werden vielfach vollautomatisch gesteuerte **Hochregallager** verwendet. Die Vorräte werden durch EDV-Anlagen bei dem Eingang in das Lager erfasst und durch automatisch gesteuerte Arbeitsgeräte an einen freien Lagerplatz im Hochregallager gebracht.

66 Werden Vorräte aus dem Lager zum Verbrauch, zur Verwertung oder Veräußerung entnommen, ist jeweils der volle Posten zu entfernen. Das wird in der EDV-Anlage erfasst und geschieht vollautomatisch. Wird nur eine Teilmenge eines einzelnen Lagerpostens benötigt, so wird zunächst der volle Posten entnommen und anschließend die nicht benötigte Teilmenge wieder als Neuzugang eingelagert.

67 Vom Zeitpunkt der Zuführung zum Lager bis zur Entnahme aus dem Lager muss ein Zugriff ausgeschlossen sein. So ist gewährleistet, dass der Lagerbestand die Differenz zwischen Eingängen und Ausgängen ist.

68 Die **körperliche Bestandsaufnahme** wird bei diesem Inventursystem auf den Zeitpunkt der Zuführung zum Lager vorgezogen. Bestände, die im Laufe des Jahres als Neuzugänge oder als Zugänge nach einer Teilentnahme dem Lager zugeführt worden sind, werden also einmal im Jahr körperlich erfasst.

Nur die Bestände werden nicht körperlich aufgenommen, die im Laufe des Jahres nicht neu oder nach einer Teilentnahme zugeführt worden sind. Diese Bestände müssen zum Bilanzstichtag körperlich aufgenommen werden. Ihre Zahl kann durch sinnvolle Organisation des Hochregallagers gering gehalten werden, indem darin nur Vorräte gelagert werden, auf die der Betrieb erfahrungsmäßig häufig zurückgreifen muss. Außerdem kann die körperliche Bestandsaufnahme der unbewegten Restbestände durch die Anwendung von Stichprobenverfahren (→Rdn. 56 ff.) erleichtert werden.

10 Zeitverschobene Inventur

§ 241 Abs. 3 HGB
In dem Inventar für den Schluss eines Geschäftsjahrs brauchen Vermögensgegenstände nicht verzeichnet zu werden, wenn
1. *der Kaufmann ihren Bestand auf Grund einer körperlichen Bestandsaufnahme oder auf Grund eines nach Absatz 2 zulässigen anderen Verfahrens nach Art, Menge und Wert in einem besonderen Inventar verzeichnet hat, das für einen Tag innerhalb der letzten drei Monate vor oder der ersten beiden Monate nach dem Schluss des Geschäftsjahrs aufgestellt ist, und*
2. *auf Grund des besonderen Inventars durch Anwendung eines den Grundsätzen ordnungsmäßiger Buchführung entsprechenden Fortschreibungs- oder Rückrechnungsverfahrens gesichert ist, dass der am Schluss des Geschäftsjahrs vorhandene Bestand der Vermögensgegenstände für diesen Zeitpunkt ordnungsgemäß bewertet werden kann.*

Merkmale der Bestandsaufnahme durch Vor- oder Rückrechnung vom Aufnahmetag zum Bilanzstichtag sind: 69
1. Innerhalb der letzten drei Monate vor oder der beiden ersten Monate nach dem Bilanzstichtag sind die Bestände **körperlich** einzeln aufzunehmen oder durch **permanente Inventur** (→Rdn. 60 ff.) zu ermitteln.
2. Der Bestand ist zu bewerten.
3. Der Gesamtwert wird **wertmäßig** vom Aufnahmetag auf den folgenden Bilanzstichtag fortgeschrieben oder vom Aufnahmetag auf den zurückliegenden Bilanzstichtag zurückgerechnet.

A Inventur und Inventar

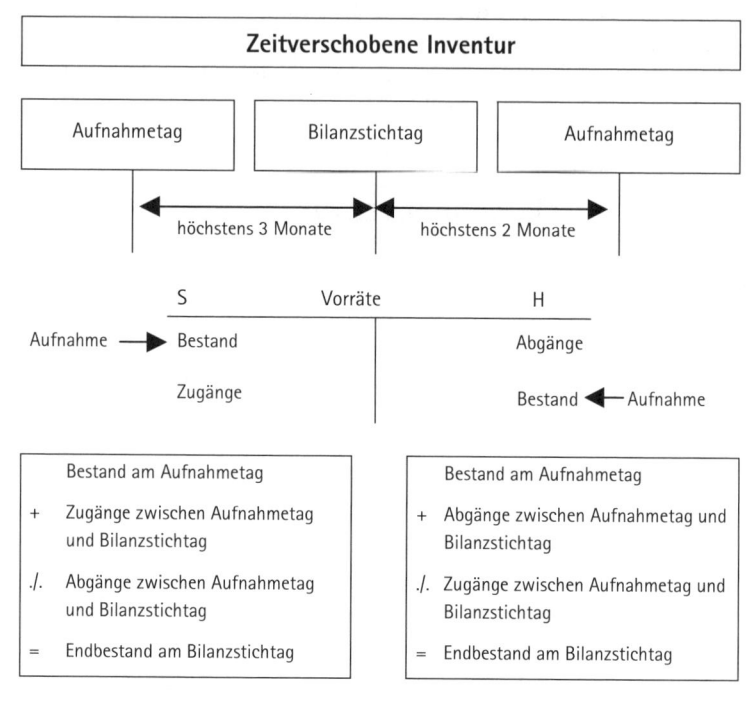

```
                    Zeitverschobene Inventur

    Aufnahmetag          Bilanzstichtag          Aufnahmetag
         ◄────────────────►◄────────────────►
           höchstens 3 Monate   höchstens 2 Monate

                     S        Vorräte        H
    Aufnahme ──► Bestand              Abgänge

                  Zugänge              Bestand ◄── Aufnahme
```

	Bestand am Aufnahmetag		Bestand am Aufnahmetag
+	Zugänge zwischen Aufnahmetag und Bilanzstichtag	+	Abgänge zwischen Aufnahmetag und Bilanzstichtag
./.	Abgänge zwischen Aufnahmetag und Bilanzstichtag	./.	Zugänge zwischen Aufnahmetag und Bilanzstichtag
=	Endbestand am Bilanzstichtag	=	Endbestand am Bilanzstichtag

70   Auf den Konten Rohstoffe, Hilfsstoffe und Betriebsstoffe werden die Abgänge jeweils zu Anschaffungskosten gebucht. Auf dem **Warenkonto** werden hingegen die Abgänge nicht mit Anschaffungskosten gebucht, sondern auf dem Verkaufskonto zu Verkaufspreisen als Umsatz erfasst. Als Abgänge kann hier der Umsatz abzüglich des durchschnittlichen Rohgewinns eingesetzt werden.

Beispiel

Bei einem Warenposten betragen

Einkaufspreis	98,00 €
Gewinnspanne	67,00 €
Verkaufspreis	165,00 €

A Nichtanwendbarkeit der permanenten und der zeitverschobenen Inventur

Die Gewinnspanne beträgt, bezogen auf den Verkaufspreis, 67/165 = 0,406. Sind Verkaufspreis und Gewinnspanne bekannt, kann der Einkaufspreis errechnet werden: 165,00 € × 0,406 = 67,00 €.

Einkaufspreis: 165,00 € - 67,00 € = 98,00 €.

Die **Formel für die Fortschreibung** vom Aufnahmetag auf den Bilanzstichtag lautet nach den Verwaltungsanweisungen[48], wenn die Zusammensetzung des Bestandes am Inventurstichtag und am Bilanzstichtag nicht wesentlich voneinander abweichen:

    Wert des Bestandes am Inventurstichtag
    + Eingang*
    - Einsatz* (Umsatz - durchschnittlicher Rohgewinn)
    = Wert des Bestandes am Bilanzstichtag

71

Entsprechend ist die **Formel für die Rückrechnung**:

    Wert des Bestandes am Inventurstichtag
    - Eingang*
    + Einsatz* (Umsatz - durchschnittlicher Rohgewinn)
    = Wert des Bestandes am Bilanzstichtag

72

(* Eingang und Einsatz beziehen sich jeweils auf die Zeit zwischen Inventur- und Bilanzstichtag. Unter Umsatz wird der wirtschaftliche Umsatz verstanden.)

Ebenso wie die permanente Inventur ist dieses Verfahren zur **Rationalisierung der Inventurarbeiten** sehr geeignet. Die Läger können zu verschiedenen Zeiten innerhalb des gesetzlichen Zeitraums aufgenommen werden. Das kann jeweils geschehen, wenn die Bestände im einzelnen Lager gering sind.

73

11 Nichtanwendbarkeit der permanenten und der zeitverschobenen Inventur

Folgende Bestände dürfen nicht durch permanente Inventur oder zeitverschobene Inventur aufgenommen werden:[49]

74

---

48 R 30 Abs. 2 Satz 9 EStR.
49 R 30 Abs. 3 EStR.

A Inventur und Inventar

- Bestände, bei denen durch **Schwund, Verdunsten, Verderb, leichte Zerbrechlichkeit** oder ähnliche Vorgänge ins Gewicht fallende unkontrollierbare Abgänge eintreten, es sei denn, diese Abgänge können auf Grund von Erfahrungssätzen schätzungsweise annähernd zutreffend berücksichtigt werden.
- Wirtschaftsgüter, die, abgestellt auf die Verhältnisse des Betriebs, **besonders wertvoll** sind.

12 Testfragen zu Inventur und Inventar

Nr.	Frage	Rdn.
1.	Was ist das Inventar?	1
2.	Was ist die Inventur und nach welchen Maßstäben wird hierbei grundsätzlich verfahren?	2
3.	Was ist der Inventurstichtag?	4
4.	Was ist der Inventuraufnahmetag?	5
5.	Zu welchem Zeitpunkt hat der Kaufmann sein erstes Inventar aufzustellen?	6
6.	Zu welchen Zeitpunkten und innerhalb welcher Fristen sind die folgenden Inventare aufzustellen?	7
7.	Was bedeutet „wirtschaftliches Eigentum" für die Bilanzierung?	8 ff.
8.	Wie wird das Betriebsvermögen zum Privatvermögen in der Steuerbilanz abgegrenzt?	15
9.	Was sind „gemischt genutzte Wirtschaftsgüter"?	16
10.	Wie werden gemischt genutzte Grundstücke oder Grundstücksteile bilanziert?	17
11.	Wie werden gemischt genutzte andere Wirtschaftsgüter als Grundstücke oder Grundstücksteile bilanziert?	18
12.	Wann werden Grundstücke und Grundstücksteile als notwendiges Betriebsvermögen behandelt?	19
13.	Was sind Grundstücksteile von untergeordnetem Wert und wie ist ihre steuerliche Bilanzierung geregelt?	20

Testfragen zu Inventur und Inventar A

Nr.	Frage	Rdn.
14.	Welche Besonderheiten für die Behandlung als gewillkürtes Betriebsvermögen gelten für die Grundstücke?	21
15.	Aus welchen Besonderheiten der Einkommensteuer ist bei den Personengesellschaften die abweichende steuerliche Behandlung als Betriebsvermögen gegenüber der Handelsbilanz zu erklären?	25
16.	Wann werden zum Gesamthandsvermögen einer Personengesellschaft gehörende Wirtschaftsgüter in der Steuerbilanz bilanziert?	26
17.	Unter welchen Voraussetzungen können nicht zum Gesamthandsvermögen einer Personengesellschaft gehörende Wirtschaftsgüter steuerlich zum Betriebsvermögen gehören und wie wird dieses steuerliche Betriebsvermögen genannt?	27
18.	Welche Wirtschaftsgüter gehören zum Sonderbetriebsvermögen I?	28
19.	Welche Wirtschaftsgüter gehören zum Sonderbetriebsvermögen II?	29
20.	Wie werden zum Sonderbetriebsvermögen gehörende Wirtschaftsgüter bilanziert?	30
21.	Wer ist buchführungspflichtig für das Sonderbetriebsvermögen?	31
22.	Was bedeutet „Ansatz mit einem Festwert"?	32
23.	Welche Vermögensgegenstände dürfen mit einem Festwert angesetzt werden?	33
24.	Was sind Sachanlagen?	34
25.	Was sind Roh-, Hilfs- und Betriebsstoffe?	35
26.	Welche Voraussetzungen müssen für die Festwertbildung erfüllt sein?	36
27.	Wie werden die Zugänge zum Festwert gebucht, solange der Festwert gleich bleibt?	37
28.	Was bedeutet das Merkmal „Nachrangigkeit" bei der Festwertbildung?	38
29.	Welche Rohstoffe und welche Sachanlagen dürfen nicht in einem Festwert ausgewiesen werden?	39
30.	Wie ist ein Festwert erstmalig zu bilden?	40
31.	Unter welchen Voraussetzungen und wann kommt eine Wertänderung eines Festwerts infrage?	41

A Inventur und Inventar

Nr.	Frage	Rdn.
32.	Welche Vermögensgegenstände können bei der Inventur in Gruppen zusammengefasst werden und wie werden sie bewertet?	42 ff.
33.	Welche Vermögensgegenstände rechnen zum Vorratsvermögen?	43
34.	Welche Vermögensgegenstände sind gleichartig?	44
35.	Was sind bewegliche Anlagegegenstände?	45
36.	Wann sind Gegenstände annähernd gleichwertig?	46
37.	Wie werden die beweglichen Anlagegegenstände in der Regel aufgenommen?	50
38.	Was sind Gesamtanlagen und wie werden sie aufgenommen?	52
39.	Was ist eine Stichprobeninventur?	56 ff.
40.	Was ist eine permanente Inventur?	60 ff.
41.	Was ist eine Einlagerungsinventur?	65 ff.
42.	Was ist eine zeitverschobene Inventur?	69 ff.
43.	Welche Bestände dürfen nicht durch permanente und zeitverschobene Inventur aufgenommen werden?	74

B Jahresabschluss

1 Pflicht zur Aufstellung

§ 242 HGB
(1) Der Kaufmann hat zu Beginn seines Handelsgewerbes und für den Schluss eines jeden Geschäftsjahrs einen das Verhältnis seines Vermögens und seiner Schulden darstellenden Abschluss (Eröffnungsbilanz, Bilanz) aufzustellen. Auf die Eröffnungsbilanz sind die für den Jahresabschluss geltenden Vorschriften entsprechend anzuwenden, soweit sie sich auf die Bilanz beziehen.
(2) Er hat für den Schluss eines jeden Geschäftsjahrs eine Gegenüberstellung der Aufwendungen und Erträge des Geschäftsjahrs (Gewinn- und Verlustrechnung) aufzustellen.
(3) Die Bilanz und die Gewinn- und Verlustrechnung bilden den Jahresabschluss.

1.1 Eröffnungsbilanz

Zu Beginn seines Handelsgewerbes, möglichst bevor er seine Geschäfte aufnimmt, macht der Kaufmann Inventur für seine Vermögensgegenstände und Schulden und verzeichnet sie im Inventar (→Rdn. 1 ff.). Hieraus erstellt er die Eröffnungsbilanz, indem er die Vermögensgegenstände und die Schulden systematisch geordnet einander gegenüberstellt, die Vermögensgegenstände auf der Aktivseite und die Schulden auf der Passivseite der Bilanz. Der Saldo beider Bilanzseiten ist das Kapital.

75

1.2 Schlussbilanz

76 Anschließend übernimmt der Kaufmann die Bilanzposten seiner Eröffnungsbilanz als Anfangsbestände der **Sachkonten** in seine laufende Buchführung. Die Veränderungen der Bestände durch die einzelnen Geschäfte im Laufe des Geschäftsjahrs werden auf den Sachkonten der Buchführung dargestellt. Zum Schluss des Geschäftsjahrs bildet der Kaufmann auf jedem Sachkonto den Saldo. Zuvor werden die Bestände durch Inventur aufgenommen und mit den Salden der Sachkonten abgestimmt. Die Salden der Sachkonten werden über das **Schlussbilanzkonto** abgeschlossen durch die Buchungen:
→ Schlussbilanzkonto an Aktivkonto
→ Passivkonto an Schlussbilanzkonto
Die Aktiv- und Passivbestände des Schlussbilanzkontos werden nach einem bestimmten Gliederungsschema geordnet in der Schlussbilanz zusammengestellt. Es ergeben also die Salden der Sachkonten in Übereinstimmung mit den Beständen des Inventars die Posten der Bilanz zum **Schluss des Geschäftsjahrs**. So bildet die Bilanz einen Teil des Jahresabschlusses.

1.3 Geschäftserfolg

77 Das Endkapital, der Saldo der Schlussbilanz, wird mit dem Anfangskapital verglichen. Der Unterschiedsbetrag wird um die privat veranlassten Kapitalveränderungen, die Entnahmen und die Einlagen, korrigiert. Das Ergebnis ist der **Geschäftserfolg** des abgelaufenen Geschäftsjahrs, ermittelt durch **Betriebsvermögensvergleich**. Die Bilanz gehört daher zur Buchführung. In ihr wird der Buchungsstoff zusammengefasst. Mit ihr gibt der Kaufmann Rechenschaft.

78 Bei der doppelten Buchführung werden betrieblich veranlasste Kapitalveränderungen auf **Erfolgskonten** gegengebucht, Kapitalerhöhungen auf Ertragskonten und Kapitalminderungen auf Aufwandskonten. Diese Konten werden über Gewinn- und Verlustkonto abgeschlossen. Der Saldo des Gewinn- und Verlustkontos ist die betrieblich bedingte Veränderung des Kapitals, der **Geschäftserfolg**.

So wird der **Geschäftserfolg doppelt ausgewiesen**, als betrieblich veranlasster Unterschied zwischen Anfangs- und Endkapital und als Saldo des Gewinn- und Verlustkontos. 79

Die auf dem Gewinn- und Verlustkonto zusammengetragenen Erfolgssalden werden zu Posten zusammengefasst. Diese werden systematisch geordnet in der **Gewinn- und Verlustrechnung** zusammengestellt. Diese ist wie die Bilanz Teil des Jahresabschlusses. 80

Der **Jahresabschluss** besteht daher aus Bilanz und Gewinn- und Verlustrechnung. Das ergibt sich bereits aus dem Zusammenhang zwischen Buchführung und Bilanz. Es wird im Gesetz ausdrücklich hervorgehoben (§ 242 Abs. 3 HGB). Das gilt für Einzelunternehmen und Personenhandelsgesellschaften. Bei Kapitalgesellschaften tritt noch der Anhang hinzu (§ 264 Abs. 1 Satz 1 HGB). 81

2 Grundsätze ordnungsmäßiger Buchführung für den Jahresabschluss

§ 243 Abs. 1 HGB
Der Jahresabschluss ist nach den Grundsätzen ordnungsmäßiger Buchführung aufzustellen.

2.1 Aufgabe der GoB

Die **Grundsätze ordnungsmäßiger Buchführung** (GoB) haben die Aufgabe, eine Richtschnur für die Behandlung aller Sachverhalte in Buchführung und Jahresabschluss zu bieten. Sie ergänzen die Rechnungslegungsvorschriften und enthalten übergreifende, allgemein geltende Anforderungen, denen Buchführung und Jahresabschluss entsprechen müssen.[50] 82

Ohne Beachtung der GoB kann der Zweck der Buchführung und des Jahresabschlusses nicht erreicht werden. Daher wären die GoB auch dann zu beachten, wenn gesetzlich nicht auf sie verwiesen wäre. 83

---

50 Baetge/Apelt, HdJ Abt. 1/2, Rdn. 3.

Durch die gesetzliche Verweisung wird die den GoB zu Grunde liegende Ordnungsvorstellung zum unmittelbaren **Normbefehl**.[51]

2.2 Geltung für die Steuerbilanz

§ 5 Abs. 1 Satz 1 EStG
Bei Gewerbetreibenden, die auf Grund gesetzlicher Vorschriften verpflichtet sind, Bücher zu führen und regelmäßig Abschlüsse zu machen, oder die ohne eine solche Verpflichtung Bücher führen und regelmäßig Abschlüsse machen, ist für den Schluss des Wirtschaftsjahrs das Betriebsvermögen anzusetzen (§ 4 Abs. 1 Satz 1), das nach den handelsrechtlichen Grundsätzen ordnungsmäßiger Buchführung auszuweisen ist.

84 Gewerbetreibende sind verpflichtet, ihre Steuerbilanzen nach den Grundsätzen ordnungsmäßiger Buchführung aufzustellen, wenn sie zur Buchführung verpflichtet sind oder freiwillig Bücher führen. Daher haben Kaufleute auch in ihren Steuerbilanzen die nachstehend besprochenen Grundsätze ordnungsmäßiger Buchführung zu beachten.

2.3 GoB für Bilanzierung und Bewertung

85 Für **Bilanzierung** und **Bewertung** gelten insbesondere folgende GoB:
- Grundsatz der Wahrheit,
- Grundsatz der Klarheit,
- Grundsatz der Vollständigkeit,
- Realisationsprinzip,
- Imparitätsprinzip,
- Grundsatz der Periodenabgrenzung,
- Grundsatz der Stetigkeit,
- Grundsatz der Vorsicht.

---

51 Baetge/Apelt, HdJ Abt. 1/2, Rdn. 2.

2.4 Grundsatz der Wahrheit

Einen absolut wahren Jahresabschluss gibt es nicht. Ein Jahresabschluss kann nur im Verhältnis zu den Bilanzierungsregeln, also relativ, wahr sein. Dieser Bestandteil der Bilanzwahrheit ist die **Richtigkeit**.[52]
Ein Posten ist hiernach inhaltlich wahr, wenn durch seine Bezeichnung sein Inhalt richtig wiedergegeben wird. Er ist wertmäßig wahr, wenn er in der richtigen Höhe ausgewiesen wird. Es müssen also folgende Übereinstimmungen bestehen:
- Postenbezeichnung = Posteninhalt,
- Postenhöhe = Postenwert.

Neben der Richtigkeit hat der Begriff „Bilanzwahrheit" den Bestandteil der **Willkürfreiheit**. Dieses Erfordernis besagt, dass der Bilanzierende bei Schätzungen keine Werte ansetzen darf, die er selber nicht für zutreffend hält, und dass er durch Ausnutzung der gesetzlichen Wahlrechte den Geschäftserfolg nicht willkürlich schönen oder verschlechtern darf.[53]

86

87

2.5 Grundsatz der Klarheit

§ 243 Abs. 2 HGB
Er muss klar und übersichtlich sein.

Der Jahresabschluss muss **klar** und **übersichtlich** sein (§ 243 Abs. 2 HGB). Das ist der kodifizierte Grundsatz der Klarheit für den Jahresabschluss. Ihn haben alle Unternehmen zu beachten, gleich welche Rechtsform sie haben. Für den Jahresabschluss ergibt sich aus dem Grundsatz der Klarheit:
- Die einzelnen Posten sind ihrer Art nach **eindeutig** zu bezeichnen.
- Die Posten sind **übersichtlich** zu ordnen.

Da der **Jahresabschluss** die Bilanz und die Gewinn- und Verlustrechnung umfasst (§ 242 Abs. 3 HGB), müssen die Posten sowohl in der Bilanz als auch in der Gewinn- und Verlustrechnung diesen Anforderungen entsprechen.

88

---

52 Leffson, GoB, S. 197.
53 Leffson, GoB, S. 199, 201.

B Jahresabschluss

89 Für die **Bilanz** folgt aus dem Grundsatz der Klarheit:
- Die Posten sind eindeutig so zu bezeichnen, wie es ihrem Inhalt entspricht.
- Gegenstände, die ihrer Art nach verschieden sind, dürfen nicht unter einem Bilanzposten zusammengefasst werden. Die Bilanz muss daher entsprechend tief gegliedert werden.
- Passiva sind in Eigen- und Fremdkapital gesondert auszuweisen.
- Zwecks zutreffenden Ausweises der Liquidität muss das Fremdkapital nach Fristigkeit gegliedert werden.[54]

Außerdem bestimmt § 247 Abs. 1 HGB noch ausdrücklich, dass Anlagevermögen, Umlaufvermögen, Eigenkapital, Schulden und Rechnungsabgrenzungsposten gesondert auszuweisen und hinreichend aufzugliedern sind.

90 Für die **Gewinn- und Verlustrechnung** ergibt sich aus dem Grundsatz der Klarheit:
- Die Posten sind eindeutig ihrem Inhalt entsprechend zu bezeichnen.
- Es ist sachgerecht, nach Aufwands- und Ertragsarten, zu gliedern.
- Die periodenfremden und die außerordentlichen Aufwendungen und Erträge sind gesondert auszuweisen.[55]

91 Bestimmte **Mindestgliederungsschemata** sind nur für Kapitalgesellschaften (→Rdn. 1001 f.) und bestimmte Personengesellschaften (→Rdn. 1003 f.) vorgeschrieben (§§ 264a, 266, 275 HGB). Sie entsprechen der Forderung nach Klarheit und Übersichtlichkeit.

Wenn sie auch nicht für Einzelkaufleute und Personengesellschaften bindend sind, können sie ihnen aber doch als Anhalt dienen, den gesetzlichen Anforderungen nach Aufstellung eines klaren und übersichtlichen Jahresabschlusses zu genügen.

---

54 Leffson, GoB, S. 210 ff.
55 Leffson, GoB, S. 215 ff.

2.6 Abgrenzung Wahrheitsgrundsatz vom Klarheitsgrundsatz

Nach dem Grundsatz der Wahrheit hat der Jahresabschluss **materiell**, nach dem Grundsatz der Klarheit **formell** richtig zu sein.[56] Der Klarheitsgrundsatz ist daher gegenüber dem Wahrheitsgrundsatz abzugrenzen:

92

Wahrheitsgrundsatz	Klarheitsgrundsatz
Die Posten sind so zu bezeichnen, dass Inhalt und Wert	
richtig wiedergegeben werden	eindeutig wiedergegeben werden

Eindeutig sind Posten bezeichnet, wenn der bilanzkundige Leser sich unter der Postenbezeichnung etwas Bestimmtes vorstellen kann und wenn unter der Postenbezeichnung nur artgleiche Posten ausgewiesen werden. Daher muss die Bilanz so tief gegliedert sein, dass nach Herkunft und Art unterschiedliche Bilanzposten getrennt ausgewiesen werden.[57]

93

Eine **Postenbezeichnung** kann sein

94

- richtig und klar (Beachtung des Wahrheits- und des Klarheitsgrundsatzes),
- falsch und unklar (Verstoß gegen den Wahrheits- und den Klarheitsgrundsatz),
- falsch, aber klar (Verstoß gegen den Wahrheitsgrundsatz),
- unklar, aber richtig (Verstoß gegen den Klarheitsgrundsatz).

Nur im ersten Fall liegt kein Verstoß gegen die Grundsätze ordnungsmäßiger Buchführung vor. Auch wenn in den beiden letzten Fällen jeweils ein GoB beachtet worden ist, sind die GoB verletzt, weil gegen einen der GoB verstoßen worden ist.

Beispiele

Der Wechselbestand wird als Kassenbestand ausgewiesen. Unter „Kassenbestand" kann sich der bilanzkundige Leser etwas Bestimmtes

---

56 Leffson, GoB, S. 207.
57 Leffson, GoB, S. 211.

vorstellen. Die Postenbezeichnung ist daher klar und eindeutig. Die Bezeichnung des Postens entspricht aber nicht seinem Inhalt. Es wird daher gegen den Wahrheitsgrundsatz verstoßen.

Der Kassenbestand wird zusammen mit dem Wechselbestand unter der Bezeichnung „Kassen- und Wechselbestand" in der richtigen Höhe ausgewiesen. Die Postenbezeichnung ist Inhalts- und wertmäßig richtig. Es wird aber in dem Posten Nichtzusammengehöriges zusammengefasst. Das ist ein Verstoß gegen den Klarheitsgrundsatz.

In beiden Fällen sind die Grundsätze ordnungsmäßiger Buchführung verletzt.

2.7 Grundsatz der Vollständigkeit

95 **Vollständigkeit** bedeutet in der Bilanzierung: Alle Aktiven und Passiven sind der Menge nach ohne Ausnahme zu erfassen. Auch Güter, denen kein Wertbetrag zukommt, z. B. voll abgeschriebene Anlagegegenstände, sind mindestens mit einem Erinnerungswert festzuhalten.[58] Der Vollständigkeitsgrundsatz wurde für den Jahresabschluss in § 246 Abs. 1 HGB gesetzlich verankert. Hiernach hat der Jahresabschluss sämtliche Vermögensgegenstände, Schulden, Rechnungsabgrenzungsposten, Aufwendungen und Erträge zu enthalten (→Rdn. 145 ff.).

96 Ausgewiesen werden dürfen diese Posten aber nur soweit, wie sie dem Kaufmann personell und sachlich zuzuordnen sind.

- Personelle Zuordnung bedeutet, die Gegenstände sind **wirtschaftliches Eigentum** (→Rdn. 8 ff.) des Kaufmanns.
- Sachliche Zuordnung heißt: Es dürfen nur die zum **Betriebsvermögen** (→Rdn. 11 ff.) rechnenden Posten ausgewiesen werden, also nicht Gegenstände des Privatvermögens.

---

[58] Leffson, GoB, S. 220.

2.8 Realisationsprinzip

Das Realisationsprinzip ist der Maßstab für den zeitgerechten Ausweis von Erträgen und Aufwendungen und damit das grundlegende Aktivierungs- und Passivierungsprinzip.[59]

Das Realisationsprinzip ist ein **Grundsatz ordnungsmäßiger Buchführung** und gilt damit bereits nach den allgemeinen Aufstellungsvorschriften für den handelsrechtlichen Jahresabschluss (§ 243 Abs. 1 HGB) und die Steuerbilanz (§ 5 Abs. 1 Satz 1 EStG). Im HGB in der Fassung des Bilanzrichtlinien-Gesetzes wird es besonders in den allgemeinen Bewertungsgrundsätzen genannt. Gewinne sind hiernach nur zu berücksichtigen, wenn sie am Abschlussstichtag realisiert sind (§ 252 Abs. 1 Nr. 4, 2. Halbsatz HGB).

Das Realisationsprinzip hat zwei Komponenten:
1. Regelung der Ertragsrealisierung,
2. Bestimmung, zu welchen Werten die noch nicht realisierungsfähigen Erzeugnisse und Leistungen auszuweisen sind.[60]

Ausgewiesen werden **Erträge** erst dann, wenn der zur Lieferung oder Leistung Verpflichtete die von ihm nach dem Vertrag geschuldete Leistung erbracht hat. Eine Forderung mit Ertragsausweis wird also erst dann bilanziert, wenn der Liefernde oder Leistende das zur Erfüllung des Vertrags Erforderliche getan hat und die Gefahr des zufälligen Untergangs und der zufälligen Verschlechterung auf den Vertragspartner übergegangen ist.

Solange der aus einem Vertrag Verpflichtete noch nicht geliefert oder geleistet hat, stehen sich Leistung und Gegenleistung gleichwertig gegenüber und stehen damit in der Schwebe. Deshalb nennt man diesen Zustand ein **schwebendes Geschäft**. Aus einem schwebenden Geschäft dürfen nach dem Realisationsprinzip Erträge nicht ausgewiesen werden.

Rechtlich hat der zur Lieferung oder Leistung Verpflichtete bereits mit Abschluss des Vertrags einen Anspruch auf Zahlung, z. B. der Verkäufer auf Zahlung des Kaufpreises, der Handwerker auf Leistung des Werklohns. Jedoch kann der Vertragspartner vor der Erfüllung des Vertrags durch den zur Lieferung oder Leistung Verpflichteten

---
59 Schmidt/Weber-Grellet, EStG § 5 Rn 77.
60 Baetge/Apelt, HdJ Abt. 1/2 Rdn. 80 ff.

dem Zahlungsanspruch die **Einrede des nicht erfüllten Vertrags** entgegenhalten (§ 320 BGB). Das bedeutet, er kann die Zahlung bis zur Bewirkung der Gegenleistung verweigern. Auch bürgerlich-rechtlich kann daher der Lieferer oder Leistungsschuldner seinen Anspruch auf Zahlung erst nach eigener Vorleistung durchsetzen.

103 Mit der Lieferung oder Leistung findet ein „**Realisationssprung**" statt. Die abgehende Leistung wird mit den vom Leistenden erbrachten Aufwendungen erfasst und der Ertrag gegengerechnet. Die Differenz hiervon ist der Erfolg aus diesem Geschäft. Die Aufwendungen des Lieferers wirken sich also erst bei der Lieferung aus. Das bedingt, dass sie zum Bilanzstichtag aktiviert werden, wenn Anlieferung von Waren und von Roh-, Hilfs- und Betriebsstoffen sowie die Herstellung von Erzeugnissen vor dem Bilanzstichtag und die Auslieferung der Waren und Erzeugnisse erst nach diesem Zeitpunkt erfolgen.

104 Die Aufwendungen des Liefernden oder Leistenden sind daher vor dem Realisationszeitpunkt mit den Beschaffungspreisen anzusetzen. Dieser Grundsatz wird als **Anschaffungspreisprinzip** bezeichnet. Ergänzend legt das Realisationsprinzip fest, dass das Wirtschaftsgut bis zu seinem Ausscheiden aus dem Betriebsvermögen oder seinem Verbrauch mit diesen Beschaffungspreisen fortgeführt und seine Anschaffungs- oder Herstellungskosten erst in der Periode in den Aufwand eingestellt werden, in der das Wirtschaftsgut ausscheidet.[61]

Beispiel

Das Maschinenbauunternehmen M erhält vom Fertigungsunternehmen U am 15.10.00 den Auftrag, eine bestimmte Maschine zu liefern. M liefert am 3.2.01 und stellt U 200.000 € zuzüglich USt in Rechnung. Die Herstellungskosten betrugen 170.000 €. Bis zum 31.12.00 sind hiervon 150.000 € angefallen. Bei Lieferung der Maschine tritt ein „Wertsprung" in Höhe der Differenz zwischen der Netto-Forderung von 200.000 € und dem Herstellungsaufwand von 170.000 €, also in Höhe von 30.000 €, ein. Seine Aufwendungen bucht M zunächst als betrieblichen Aufwand. In Höhe des bis zum Bilanzstichtag angefallenen Herstellungsaufwandes wird die zu diesem Zeitpunkt teilfertige Maschine mit den Herstellungskosten in Höhe von 150.000 € aktiviert, wodurch die im Jahr 00 angefallenen Aufwen-

---

61 Budde/Geißler in: Beck Bil-Komm. § 252 Rdn. 43 ff.

dungen neutralisiert werden. Bei Ausscheiden der Maschine wird dieser Betrag als Aufwand erfasst. Die außerdem noch im Jahr 01 bis zur Fertigstellung der Maschine angefallenen Herstellungskosten in Höhe von 20.000 € bleiben laufender Aufwand dieses Jahres. Hierdurch werden also die eigenen Aufwendungen des M in Höhe von insgesamt 170.000 € dem Ertrag von 200.000 € gegengerechnet. Im Ergebnis wird ein Geschäftserfolg in Höhe von 30.000 € im Zeitpunkt der Erfolgsrealisierung ausgewiesen.

Nach dem Realisationsprinzip ist also der **Erfolg** und damit die Forderung auszuweisen, wenn der zur Lieferung oder Leistung Verpflichtete vertragsgemäß geleistet hat. Das hat auch zu geschehen, wenn noch unwesentliche Nebenleistungen ausstehen. Gehört zur Leistung die Verschaffung des Eigentums, so genügt in der Regel die Verschaffung wirtschaftlichen Eigentums. 105

Buchhalterisch wird der Gewinn durch Einbuchung der Ausgangsrechnung realisiert. Sie darf erst dann gebucht werden, wenn nach den vorstehenden Maßstäben der Gewinn realisiert ist. Wird daher **vorfakturiert**, sind Abschläge für Gewinn, Vertriebskosten und sonstige, nicht aktivierbare Kostenbestandteile zu berücksichtigen, die Vorfakturierungen also nicht in die Umsatzerlöse und Forderungen einzubeziehen. 106

Durch **verspätete Rechnungserteilung** darf andererseits der Gewinnausweis auch nicht hinausgeschoben werden. In diesem Fall ist die Forderung bereits vor Erteilung der Ausgangsrechnung mit Gewinnausweis zu buchen, sobald die Leistung erbracht und (bei einem Werkvertrag) vom Empfänger abgenommen worden ist.[62] 107

Fälligkeit der Forderung ist nicht Voraussetzung für ihre Aktivierung.[63] Ist daher eine Forderung erst nach dem Bilanzstichtag fällig, steht das ihrer Bilanzierung nicht entgegen. 108

Nach dem Realisationsprinzip sind auch **künftige Ausgaben** zu passivieren, die im abgelaufenen Wirtschaftsjahr wirtschaftlich verursacht worden sind. Voraussetzung für eine Passivierung künftiger Ausgaben ist ihre Zugehörigkeit zu bereits realisierten Erträgen.[64] 109

---

62 ADS, HGB § 252 Rdn. 83.
63 Schmidt/Weber-Grellet EStG § 5 Rz. 270 (Forderungen).
64 'Schmidt/Weber-Grellet, EStG § 5 Rz. 79, 311.

> **Beispiel**
>
> Unternehmer U hat auf Grund von Umsätzen im Jahr 00 gegenüber seinem Kunden K Forderungen aus Lieferungen und Leistungen in Höhe von 150.000 €. In den Vorjahren hat U dem K einen Umsatzbonus in Höhe von 3 % eingeräumt. Die Bonusverpflichtung hängt mit bereits realisierten Erträgen zusammen. U hat daher nach dem Realisationsprinzip eine Verpflichtung gegenüber K in Höhe von 4.500 € (150.000 € × 3 %) auszuweisen.

2.9 Imparitätsprinzip

110 **Unternehmen** sollen **fortgeführt** werden. Das bedingt, dass negative Erfolgsbeiträge bereits berücksichtigt werden, wenn sie am Bilanzstichtag auf Grund abgeschlossener Verträge zu erwarten sind. Negative Erfolgsbeiträge aus noch unerfüllten Verträgen werden also nicht erst dann ausgewiesen, wenn sie eingetreten sind.

111 Das Imparitätsprinzip zielt darauf ab, im Interesse der **Kapitalerhaltung** und des **Gläubigerschutzes** künftige Rechnungsperioden von vorhersehbaren Risiken und Verlusten freizuhalten, die am Bilanzstichtag zwar noch nicht realisiert, aber (z. B. durch Abschluss für das Unternehmen nachteiliger Verträge) bereits verursacht sind.[65] Geschieht das nämlich nicht, so wird Gewinn besteuert, ausgeschüttet und entnommen, der noch nicht sicher dem Geschäftsergebnis zugerechnet werden kann. Tritt später der am Bilanzstichtag vorhersehbare Verlust ein, fehlen dem Unternehmen Mittel für Investitionen. Hierdurch wird der Fortbestand des Unternehmens gefährdet.

112 Aus dem kaufmännischen Vorsichtsdenken folgt also, dass **drohende Verluste** aus vom Unternehmen noch nicht erfüllten Verträgen erfolgsmindernd zu berücksichtigen sind. Das ist ein Grundsatz ordnungsmäßiger Buchführung. Er wurde durch das Bilanzrichtlinien-Gesetz in die allgemeinen Bewertungsgrundsätze des § 252 HGB wie folgt aufgenommen: Es sind alle vorhersehbaren Risiken und Verluste zu berücksichtigen, die bis zum Abschlussstichtag entstanden sind (§ 252 Abs. 1 Nr. 4, 1. Halbsatz HGB).

---

65 BFH, Beschl. v. 23.6.1997 GrS 2/93, BStBl 1997 II S. 735.

Grundsätze ordnungsmäßiger Buchführung für den Jahresabschluss B

Im Unterschied zu den positiven Erfolgsbeiträgen (Erträgen), die erst dann ausgewiesen werden dürfen, wenn sie realisiert worden sind, müssen negative Erfolgsbeiträge (Aufwendungen) bereits berücksichtigt werden, wenn sie
1. aus Geschäften des abgelaufenen Geschäftsjahrs herrühren (bis zum Abschlussstichtag entstanden sind)
2. und am Abschlussstichtag vorhersehbar sind.[66]

Aufwendungen werden also gegenüber den Erträgen ungleich (impar) behandelt. Der Grundsatz, nach dem das geschieht, heißt deshalb **Imparitätsprinzip**.

113

Fall

Unternehmer U kauft am 20.12.00 Rohstoffe ein
20000 kg zu 17,90 €/kg   358.000 €

Der Marktpreis am Abschlussstichtag (31.12.00)
beträgt 16,80 €/kg, 16,80 € × 20000   336.000 €

Differenz   22.000 €

U verkauft den Rohstoffposten am 22.12.00
zum Festpreis von 21 €/kg, 21 € × 20.000   420.000 €

U liefert am 10.1.01.

Die Rohstoffe werden U angeliefert
a) am 5.1.01,
b) am 23.12.00.

Wie muss U die Differenz aus Einkaufspreis und dem Marktpreis zum 31.12.00 in der Bilanz ausweisen?

Lösung

Am Abschlussstichtag hat U noch nicht geliefert. Es besteht also für ihn ein schwebendes Geschäft. Gewinne aus schwebenden Geschäften dürfen nach dem Realisationsprinzip nicht ausgewiesen werden. U darf deshalb noch nicht die Forderung aus dem Verkaufsgeschäft aktivieren.

Im Fall a ist am Bilanzstichtag vorhersehbar, dass U die Rohstoffe zu um 22.000 € niedrigeren Anschaffungskosten hätte erwerben können. Bezogen

---

66 Leffson, GoB, S. 339 ff.

auf den Bilanzstichtag ist daher ein Verlust in Höhe von 22.000 € erkennbar und in der Bilanz auszuweisen.

Im Fall b hat U Rohstoffe angeschafft, deren Wert am Bilanzstichtag gegenüber den Anschaffungskosten 22.000 € niedriger ist. Nach Vorsichtsgrundsätzen sind die Rohstoffe mit diesem niedrigeren Wert anzusetzen.

Zwar hat U die Waren am Abschlussstichtag bereits fest zu einem die Aufwendungen einschließlich der Wertverluste deckenden Preis verkauft. Dieser Ertrag wird aber erst mit Auslieferung nach dem Bilanzstichtag realisiert und darf deshalb nach dem Realisationsprinzip auch nicht verlustausgleichend berücksichtigt werden.

Aus dem vorstehenden Fall wird der Inhalt des Imparitätsprinzips und sein Unterschied zum Realisationsprinzip deutlich.

Inhalt des Imparitätsprinzips

1. Verluste aus schwebenden Geschäften sind auszuweisen.
2. Vermögensgegenstände des Umlaufvermögens sind mit den sich für sie am Bilanzstichtag ergebenden niedrigeren Werten auszuweisen.

114 Zu 1.: Für **drohende Verluste aus schwebenden Geschäften** sind Rückstellungen zu bilden (§ 249 Abs. 1 Satz 1 HGB).[67]

Zu 2.: **Vermögensgegenstände des Umlaufvermögens** sind mit dem niedrigeren Wert anzusetzen, der sich aus einem Börsen- oder Marktpreis am Abschlussstichtag ergibt. Ist ein Börsen- oder Marktpreis nicht festzustellen, so sind sie mit dem niedrigeren Wert anzusetzen, der sich aus den Verhältnissen am Abschlussstichtag ergibt (§ 253 Abs. 3 Satz 1 und 2 HGB).[68]

---

67 Siehe Rdn. 331 ff.
68 Siehe Rdn. 809 ff.

Unterschied zwischen Imparitäts- und Realisationsprinzip	
Imparitätsprinzip	Realisationsprinzip
Negative Erfolgsbeiträge (Aufwendungen)	Positive Erfolgsbeiträge (Erträge)
aus Geschäften des abgelaufenen Geschäftsjahrs sind zu berücksichtigen, wenn sie am Bilanzstichtag	
vorhersehbar sind	realisiert sind

Anders ausgedrückt:
- Voraussichtlich **Verlust bringende Geschäfte** müssen Gewinn mindernd behandelt werden (Imparitätsprinzip).
- Voraussichtlich **Gewinn bringende Geschäfte** dürfen nicht Gewinn erhöhend behandelt werden (Realisationsprinzip).

2.10 Grundsatz der Periodenabgrenzung

Aufwendungen und Erträge des Geschäftsjahrs sind unabhängig von den Zeitpunkten der entsprechenden **Zahlungen** im Jahresabschluss zu berücksichtigen (§ 252 Abs. 1 Nr. 5 HGB). Hierin kommt ein alter Grundsatz deutschen Bilanzrechts zum Ausdruck.[69] Auch nach dem Realisations- (→Rdn. 97 ff.) und dem Imparitätsprinzip (→Rdn. 110 ff.) werden Aufwendungen und Erträge unabhängig von den Zahlungen erfasst. Zur Periodenabgrenzung rechnet daher nur, was nicht zur Abgrenzung nach dem Realisationsprinzip und dem Imparitätsprinzip gehört. Realisationsprinzip und Imparitätsprinzip sind Grundsätze, nach denen Erträge und Aufwendungen unter Gesichtspunkten der **Vorsicht** abgegrenzt werden.

115

Die Erträge und Aufwendungen sind daher nach § 252 Abs. 1 Nr. 5 HGB nach einem anderen Maßstab abzugrenzen, als es nach dem Realisationsprinzip und dem Imparitätsprinzip geschieht. Es ist der Grundsatz der Abgrenzung nach der Sache und der Zeit.[70] Hierbei ist das **Verursachungsprinzip** maßgebend.[71]

116

---

69 ADS, HGB § 252 Rdn. 94.
70 Leffson, GoB, S. 188 ff., 299 ff.
71 ADS, HGB § 252 Rdn. 97 ff.

Bei der Abgrenzung **der Sache nach** werden Zahlungen nach ihrer wirtschaftlichen Verursachung erfolgsmäßig abgegrenzt. Da Erträge bereits durch das Realisationsprinzip zutreffend erfasst werden, und zwar durch Aktivierung von Forderungen aus Lieferungen und Leistungen und Ertragsausweis, fällt unter die Abgrenzung der Sache nach die Erfassung von Ausgaben als Aufwendungen in den Geschäftsjahren ihrer wirtschaftlichen Verursachung.

Beispiele

Ausgaben vor dem Bilanzstichtag für Sachanlagen werden der Sache nach Aufwendungen als Abschreibungen während der betriebsgewöhnlichen Nutzungsdauer.

Nach dem Realisationsprinzip werden Teile dieser Aufwendungen durch Aktivierung als Herstellungskosten der Erzeugnisse den Erträgen zugeordnet.

Erfassung von Ausgaben nach dem Bilanzstichtag, für die am Bilanzstichtag eine gewisse oder ungewisse Verpflichtung besteht, durch Passivierung einer Verbindlichkeit[72] oder einer Rückstellung für ungewisse Verbindlichkeiten.[73]

117 Bei der Abgrenzung **der Zeit nach** werden Einnahmen und Ausgaben periodengerecht zugeordnet, die ihrer Natur nach zeitraumbezogen anfallen. So werden abgegrenzt
- Ausgaben des abgelaufenen Geschäftsjahrs, soweit sie als Aufwand in die Zeit nach dem Bilanzstichtag gehören, und
- Einnahmen des abgelaufenen Geschäftsjahrs, soweit sie als Ertrag in die Zeit nach dem Bilanzstichtag gehören.

Die Abgrenzung erfolgt durch die Bilanzierung von Rechnungsabgrenzungsposten.[74]

---

72 Siehe Rdn. 385 ff.
73 Siehe Rdn. 275 ff.
74 Siehe Rdn. 406 ff.

Grundsätze ordnungsmäßiger Buchführung für den Jahresabschluss **B**

Beispiel

V hat dem M Geschäftsräume für jährlich 60.000 € vermietet. Das Mietverhältnis beginnt am 1.10.00. Die Miete ist jährlich im Voraus zu zahlen. In beiden Unternehmen stimmen Geschäftsjahr und Kalenderjahr überein. Wenn M am 1.10.00 die fällige Miete in Höhe von 60.000 € zahlt, buchen

V: Bank an Mietertrag 60.000 € und
M: Mietaufwand an Bank 60.000 €.

Am 31.12.00 buchen

V: Mietertrag an Rechnungsabgrenzungsposten 45.000 € und
M: Rechnungsabgrenzungsposten an Mietaufwand 45.000 €.

Im Jahr 01 lösen V und M den jeweiligen Rechnungsabgrenzungsposten erfolgswirksam auf:

V: Rechnungsabgrenzungsposten an Mietertrag 45.000 € und
M: Mietaufwand an Rechnungsabgrenzungsposten 45.000 €.

So werden Einnahmen des V und Ausgaben des M erfolgsmäßig zutreffend zeitlich abgegrenzt.

2.11 Abgrenzungen nach GoB

Es sind also folgende Abgrenzungen nach GoB zu unterscheiden: 118

Abgrenzungen nach der		
Vorsicht	Sache	Zeit
■ Realisationsprinzip ■ Imparitätsprinzip	■ Aktivierung und Abschreibung von Anlagen ■ Passivierung von Verbindlichkeiten und Rückstellungen für ungewisse Verbindlichkeiten	■ Rechnungsabgrenzungsposten

2.12 Grundsatz der Stetigkeit

119 Die auf den vorhergehenden Jahresabschluss angewandten Bewertungsmethoden sollen beibehalten werden (§ 252 Abs. 1 Nr. 6 HGB). Hierdurch soll die Vergleichbarkeit aufeinander folgender Jahresabschlüsse sichergestellt und verhindert werden, dass die Darstellung der Ertragslage durch Änderungen von Bewertungsmethoden nach der einen oder anderen Seite hin beeinflusst wird. Damit wird die Auswahl unter mehreren an sich möglichen Bewertungsmethoden bei sonst gleichen Bedingungen auf die des Vorjahrs beschränkt.[75] Gleiche Tatbestände sind in aufeinander folgenden Jahresabschlüssen eines Unternehmens gleich zu behandeln. Die Abschlussgrundsätze und -methoden sollen selbst dann beibehalten werden, wenn die Verhältnisse des einzelnen Jahres es zweckmäßig erscheinen lassen, bestimmte Positionen einmal in anderer Weise als in den Vorjahren abzugrenzen.[76]

> **Beispiele**
>
> Vorräte sind, wenn sie im Jahresabschluss eines Geschäftsjahrs nach der Lifo-Methode bewertet worden sind, auch in den folgenden Geschäftsjahren nach dieser Methode zu bewerten.
>
> Bei Rückstellungen sind dieselben Rückstellungsgründe immer in gleicher Weise zu berücksichtigen.
>
> Verfahren zur Ermittlung der Herstellungskosten sind von Jahr zu Jahr beizubehalten.

120 Im Unterschied zu den anderen gesetzlichen Bewertungsgrundsätzen des § 252 HGB ist der Grundsatz der Bewertungsstetigkeit als **Sollvorschrift** gefasst worden. Hieraus ist aber nicht abzuleiten, dass für die Bewertungsstetigkeit ein weniger strenger Maßstab gilt als für die anderen in § 252 Abs. 1 HGB als Mussvorschriften gefassten Bewertungsgrundsätze. Abweichungen vom Stetigkeitsgebot sind nur in begründeten Ausnahmefällen zulässig (§ 252 Abs. 2 HGB).[77] Sie liegen vor, wenn ohne Änderung einer Bewertungsmethode der Jahresab-

---

75 ADS, HGB § 252 Rdn. 103.
76 Leffson, GoB, S. 433.
77 ADS, HGB § 252 Rdn. 109; Budde/Geißler in: Beck Bil-Komm. § 252 Rdn. 57.

schluss kein klares und richtiges Bild von der Lage und Entwicklung des Unternehmens mehr geben würde.[78]

Die Ausübung **steuerrechtlicher Bewertungswahlrechte** ist durch § 252 Abs. 1 Nr. 6 HGB nicht eingeschränkt. Steuerrechtliche Bewertungswahlrechte, z. B. Sonderabschreibungen, können daher von Jahr zu Jahr unterschiedlich ausgeübt werden.[79]

Kapitalgesellschaften müssen im Anhang die Abweichungen von Bilanzierungs- und Bewertungsmethoden angeben und begründen. Ferner haben sie deren Einfluss auf die Vermögens-, Finanz- und Ertragslage gesondert darzustellen (§ 284 Abs. 2 Nr. 3 HGB). Den Betrag der nach steuerrechtlichen Vorschriften vorgenommenen Abschreibungen, Wertminderungen und Rücklagen haben sie im Anhang anzugeben und zu begründen (§ 281 Abs. 2 HGB).

2.13 Grundsatz der Vorsicht

Nach dem **Realisationsprinzip** dürfen Erträge erst dann ausgewiesen werden, wenn der zur Lieferung oder Leistung Verpflichtete die ihm nach dem Vertrag obliegende Leistung ausgeführt hat (→Rdn. 105).

Nach dem **Imparitätsprinzip** müssen negative Erfolgsbeiträge bereits in dem Geschäftsjahr berücksichtigt werden, in dem sie erkennbar verursacht worden sind (→Rdn. 112). Hierin kommt bereits ein gewisses Vorsichtsdenken zum Ausdruck.

Da aber Realisationsprinzip und Imparitätsprinzip eigenständige Grundsätze ordnungsmäßiger Buchführung sind, ist der Grundsatz der Vorsicht hiervon abzugrenzen. Er regelt, dass im Fall des Bestehens mehrerer unsicherer Werte in einer gewissen Bandbreite von der ungünstigsten Möglichkeit auszugehen ist. Der Grundsatz der Vorsicht kommt daher zum Tragen bei **Schätzungen** und bei der **Bewertung**.[80]

---

[78] Leffson, GoB S. 439.
[79] Ausschussbericht S. 100.
[80] Leffson, GoB, S. 465 ff.

3 Aufstellungsfrist

§ 243 Abs. 3 HGB
Der Jahresabschluss ist innerhalb der einem ordnungsmäßigen Geschäftsgang entsprechenden Zeit aufzustellen.

124 **Kapitalgesellschaften** müssen den Jahresabschluss innerhalb einer gesetzlichen Höchstfrist aufstellen (§ 264 Abs. 1 HGB).

125 Für die **übrigen Kaufleute** wurde davon abgesehen, eine Höchstfrist zu bestimmen. Aber auch eine Höchstfrist hätte die Problematik nicht entschärft. Es muss auch dann im Einzelfall bestimmt werden, welche Aufstellungsfrist im Rahmen der Höchstfrist einem ordnungsmäßigen Geschäftsgang entspricht.

126 Der Jahresabschluss ist jedenfalls dann nicht mehr innerhalb der einem ordnungsmäßigen Geschäftsgang entsprechenden Zeit aufgestellt, wenn seit dem Bilanzstichtag eine **Frist von einem Jahr oder länger** vergangen ist. Der Jahresabschluss soll dem Kaufmann, den Gläubigern und, falls vorhanden, den Gesellschaftern Rechenschaft über den Stand des Unternehmens geben. Diesem Zweck läuft es zuwider, wenn die Bilanz für ein Geschäftsjahr nicht innerhalb eines Jahres nach dem Ende dieses Geschäftsjahrs aufgestellt wird. Bei späterer Bilanzaufstellung besteht die Gefahr, dass Wertansätze nicht nach den Verhältnissen am Bilanzstichtag, sondern unzulässigerweise nach dem Ergebnis mehrerer inzwischen abgelaufener Wirtschaftsjahre gebildet werden.[81]

> **Beispiel**
>
> Der Jahresabschluss für das Jahr 01 wird am 30.6.03 aufgestellt. Es sind die Ergebnisse der Geschäftsjahre 01 und 02 bekannt. Daher besteht die Gefahr, dass die Wertansätze den gewünschten Ergebnissen angepasst werden.

127 Hieraus folgt aber weder, dass für Einzelkaufleute und Personengesellschaften eine Höchstfrist von einem Jahr für die Aufstellung des Jahresabschlusses anzunehmen ist noch dass bei ihnen eine Aufstellung des Jahresabschlusses innerhalb eines Jahres nach dem Bilanz-

---

81 BFH, Urt. v. 6.12.1983 VIII R 110/79, BStBl 1984 II S. 227.

stichtag in jedem Fall einem ordnungsmäßigen Geschäftsgang entspricht.
Für Einzelunternehmer und Personengesellschaften gibt es keine Höchstfrist für die Aufstellung des Jahresabschlusses. Ein Jahr nach dem Bilanzstichtag ist jeder Jahresabschluss zu spät aufgestellt. Für Kapitalgesellschaften ist die Verspätung nach dem Gesetz in jedem Fall mit Ablauf der kürzeren Aufstellungsfrist gegeben. Welche **Aufstellungsfrist** aber einem ordnungsgemäßen Geschäftsgang entspricht, ist im Einzelfall zu ermitteln. Das hängt nicht von der Unternehmensform, sondern von den betriebsindividuellen Umständen ab.

Der Jahresabschluss ist für den Kaufmann ein Instrument, seine Vermögens- und Ertragslage festzustellen. Innerhalb des Geschäftsjahres stehen ihm Informationen auf Grund der laufenden Buchführung zur Verfügung. Ein umfassendes Bild gibt aber nur der Jahresabschluss, da ihm auch die Inventurbestände zu Grunde liegen. Wenn der Kaufmann schon während des laufenden Geschäftsjahres seine Entscheidungen auf Grund unsicherer Buchführungszahlen treffen muss, so ist es unumgänglich, so bald wie möglich genaue Informationen zu erhalten, um die Geschäfte evtl. korrigieren zu können, um gar einen drohenden Konkurs noch rechtzeitig zu vermeiden.[82] Der Jahresabschluss ist daher aufzustellen, **sobald es die Geschäftslage zulässt**.

Bei einem normalen Geschäftsgang kann von einer **Frist** von 6 bis 9 Monaten ausgegangen werden. In Ausnahmefällen, z. B. bei unvorhergesehenen Ereignissen, kann die Frist bis zu 12 Monaten reichen. In Krisensituationen ist jedoch ein deutlich früherer Zeitpunkt für die Aufstellung geboten. Besteht der Verdacht auf eine Krise, sollte der Jahresabschluss innerhalb von 2 bis 3 Monaten aufgestellt werden, damit der Kaufmann und alle anderen Adressaten unverzüglich einen gesicherten Einblick in die wirtschaftliche Situation des Unternehmens erhalten.[83]

Die Buchführung ist bei Überschreiten der Aufstellungsfrist nicht mehr ordnungsmäßig. Damit ist § 243 Abs. 1 verletzt, was eine **Ordnungswidrigkeit** nach § 334 Abs. 1 Nr. 1 Buchst. a HGB darstellt. Steuerlich kann das zu einer **Schätzung** der Besteuerungsgrundlagen

---

82 Leffson, GoB, S. 55 f.
83 ADS, HGB § 243 Rdn. 43 f.

nach § 162 AO führen. Bei Überschuldung oder drohender oder eingetretener Zahlungsunfähigkeit kann die verspätete Aufstellung des Jahresabschlusses zu einer **Bestrafung** nach § 283 Abs. 1 Nr. 7 StGB führen. Auch das bloße Unterlassen der Bilanzaufstellung innerhalb der Aufstellungsfrist kann bereits eine Bestrafung nach § 283 b Abs. 1 Nr. 3 StGB auslösen.[84]

4 Sprache und Währung

§ 244 HGB
Der Jahresabschluss ist in deutscher Sprache und in Euro aufzustellen.

4.1 Sprache

131 Weil zunehmend Unternehmen von ausländischen Kaufleuten betrieben werden, wird klargestellt, dass der Jahresabschluss in deutscher **Sprache** aufzustellen ist.

4.2 Währung

132 Für nach dem 31.12.1998 endende Geschäftsjahre ist der Jahresabschluss grundsätzlich in **Euro** aufzustellen. Der Jahresabschluss durfte letztmals für das im Jahr 2001 endende Geschäftsjahr auch in **Deutscher Mark** aufgestellt werden (Art. 42 Abs. 1 EGHGB n. F.).

133 In der **Umstellungszeit** konnten die Buchführung oder Teile davon in Euro bzw. DM geführt werden, während im Gegensatz dazu der Jahresabschluss in DM bzw. Euro erfolgte.

134 Die Wahlfreiheit galt auch für die Rechnungslegungspflicht nach dem **Publizitätsgesetz** und für die **Steuerbilanz** der Unternehmen. Durch die Umstellung auf Euro wurden die Posten des Jahresabschlusses lediglich von DM in Euro umgeschrieben. Die Werte der Posten änderten sich nicht, nur die Währungsangaben. Die Posten wurden nicht neu bewertet, sondern durch **Umrechnung** nach dem

---

84 ADS, HGB § 243 Rdn. 45 ff.

festgelegten Umrechnungskurs wurden die DM-Werte in Euro-Werte überführt.

5 Unterschrift

§ 245 HGB
Der Jahresabschluss ist vom Kaufmann unter Angabe des Datums zu unterzeichnen. Sind mehrere persönlich haftende Gesellschafter vorhanden, so haben sie alle zu unterzeichnen.

Mit der **Unterschrift** übernimmt der Kaufmann die Verantwortung für die Rechnungslegung. Die Angabe des Datums ist für die Feststellung wichtig, wann der Kaufmann den Jahresabschluss als für ihn nach außen hin bindend festgestellt hat. Hieraus ergibt sich auch, ob die Aufstellung innerhalb der einem ordnungsmäßigen Geschäftsgang entsprechenden Zeit (§ 243 Abs. 3 HGB) geschehen ist. Sind mehrere persönlich haftende Gesellschafter vorhanden, so haben sie alle zu unterzeichnen (§ 245 HGB).

135

Die Unterschrift ist an der **Stelle** des Jahresabschlusses zu leisten, an der sie ihn, und zwar im Original, räumlich abschließt.[85]
Da der Jahresabschluss bei Einzelunternehmen und Personengesellschaften aus Bilanz und Gewinn- und Verlustrechnung besteht (§ 242 Abs. 3 HGB), erfolgt die Unterschrift hier im Allgemeinen unter der Gewinn- und Verlustrechnung. Der Jahresabschluss der Kapitalgesellschaften ist um einen Anhang erweitert (§ 264 Abs. 1 Satz 1 HGB). Daher sollte hier die Unterschrift unter dem Anhang platziert werden. Die Reihenfolge der einzelnen Teile des Jahresabschlusses ist aber nicht vorgeschrieben. Deshalb ist es zweckmäßig, die einzelnen zum Jahresabschluss gehörenden Teile miteinander zu verbinden. Geschieht das nicht, sollte jeder einzelne Teil unterschrieben werden.[86]

136

Zu unterzeichnen ist „vom Kaufmann". **Unterzeichnungspflichtig** sind

137

- beim Einzelunternehmen der Einzelkaufmann,
- bei der OHG alle Gesellschafter,

---

85 Budde/Kunz in: Beck Bil-Komm. § 245 Rdn. 1.
86 ADS, HGB § 245 Rdn. 6.

- bei der KG alle Komplementäre,
- bei der AG oder Genossenschaft alle Mitglieder des Vorstands,
- bei der KGaA alle persönlich haftenden Gesellschafter,
- bei der GmbH alle Geschäftsführer,
- bei der GmbH & Co. KG die vertretungsberechtigten Geschäftsführer.

138 Die Unterzeichnung muss **persönlich** erfolgen. Eine faksimilierte Unterschrift genügt also nicht. Eine Vertretung bei der Unterzeichnung ist nicht möglich. Mit dem beigefügten Datum wird der Tag der Unterzeichnung nachgewiesen. Zu unterzeichnen ist eigentlich der aufgestellte Jahresabschluss. Es ist aber nicht zu beanstanden, wenn der festgestellte und damit der für den Kaufmann verbindliche Jahresabschluss unterschrieben wird.[87]

6 Testfragen zum Jahresabschluss

Nr.	Frage	Rdn.
44.	Aus welchen beiden Teilen besteht der Jahresabschluss bei Einzelunternehmen und Personenhandelsgesellschaften?	81
45.	Nach welchen Regeln ist der Jahresabschluss aufzustellen?	82 ff.
46.	Nennen Sie die wichtigsten Grundsätze ordnungsmäßiger Buchführung.	85
47.	Was fordert der Grundsatz der Wahrheit?	86 f.
48.	Was fordert der Grundsatz der Klarheit?	88 ff.
49.	Was ergibt sich aus dem Grundsatz der Klarheit für die Bilanz?	89
50.	Was ergibt sich aus dem Grundsatz der Klarheit für die Gewinn- und Verlustrechnung?	90
51.	Was fordert der Grundsatz der Vollständigkeit?	95 ff.
52.	Was fordert das Realisationsprinzip?	97 ff.
53.	Wann werden Forderungen aktiviert?	105 ff.
54.	Was fordert das Imparitätsprinzip?	110 ff.
55.	Was fordert der Grundsatz der Periodenabgrenzung?	115 ff.

---

[87] Budde/Kunz in: Beck Bil-Komm. § 245 Rdn. 3.

Testfragen zum Jahresabschluss B

Nr.	Frage	Rdn.
56.	Was fordert der Grundsatz der Stetigkeit?	119 ff.
57.	Was fordert der Grundsatz der Vorsicht?	123
58.	Innerhalb welcher Frist ist nach den allgemein für Kaufleute geltenden Vorschriften der Jahresabschluss aufzustellen?	125 ff.
59.	Was können die Folgen sein, wenn ein Jahresabschluss nicht rechtzeitig aufgestellt worden ist?	130
60.	In welcher Sprache und in welcher Währung ist der Jahresabschluss aufzustellen?	131 ff.
61.	Was gilt für die Unterzeichnung des Jahresabschlusses?	135 ff.

C Bilanzierung

1 Aktivierung und Passivierung

139 **Bilanzierung** ist das Ansetzen des Betriebsvermögens in der Bilanz. Es wird dort in einzelnen Posten aufgeführt. Die Bilanz hat zwei Seiten, die Aktiv- und die Passivseite. Je nachdem, auf welcher Seite die Bilanzposten stehen, werden sie in Aktiv- und Passivposten oder Aktiva und Passiva unterschieden. Entsprechend unterteilt sich die Bilanzierung.

Bilanzierung	
Aktivierung	Passivierung

140 Das Betriebsvermögen auf der **Aktivseite** gliedert sich in
- Anlagevermögen,
- Umlaufvermögen und
- aktive Rechnungsabgrenzungsposten.

141 Das Betriebsvermögen auf der **Passivseite** besteht aus
- Eigenkapital,
- Rückstellungen,
- Verbindlichkeiten und
- passiven Rechnungsabgrenzungsposten.

142 Im Laufe des Geschäftsjahrs werden die Bestandsposten durch Geschäftsvorfälle geändert. Da es unwirtschaftlich ist, nach jedem Geschäftsvorfall eine neue Bilanz aufzustellen, werden zu Anfang des Geschäftsjahrs die Bestände auf einzelne Konten übernommen und die Veränderungen der Bestände durch die laufenden Geschäfte auf diesen Konten gebucht. Diese Konten heißen entsprechend ihrer Funktion „**Bestandskonten**" oder Herkunft „**Bilanzkonten**". Die

Aktivierung und Passivierung **C**

Bestandskonten für die Aktivbestände sind die Aktivkonten, die Bestandskonten für die Passivbestände die Passivkonten.
Die Konten haben, wie auch die Bilanz, zwei Seiten: Soll (linke Seite) und Haben (rechte Seite). Auf den **Aktivkonten** werden die Anfangsbestände und die Zugänge im Soll, die Abgänge im Haben gebucht. Auf den **Passivkonten** werden die Anfangsbestände und die Zugänge im Haben, die Abgänge im Soll gebucht.
Beim Abschluss der Buchführung zum Ende des Geschäfts- oder Wirtschaftsjahrs werden die Salden der Konten auf das **Schlussbilanzkonto** übernommen durch die Buchungen:
- Aktivkonten: Schlussbilanzkonto an Aktivkonten,
- Passivkonten: Passivkonten an Schlussbilanzkonto.

Die Bestände auf dem Schlussbilanzkonto werden in Bilanzposten zusammengefasst und sinnvoll gegliedert zur **Schlussbilanz** zusammengestellt.

143

144

Vom Konto zur Schlussbilanz

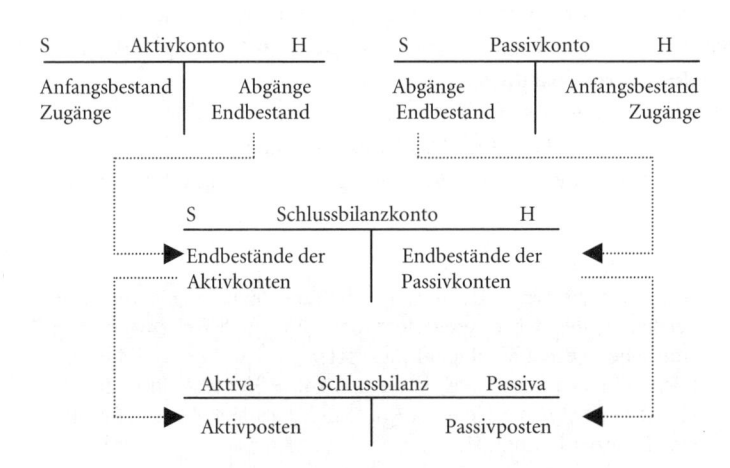

S	Aktivkonto	H		S	Passivkonto	H
Anfangsbestand		Abgänge		Abgänge		Anfangsbestand
Zugänge		Endbestand		Endbestand		Zugänge

S	Schlussbilanzkonto	H
Endbestände der Aktivkonten		Endbestände der Passivkonten

Aktiva	Schlussbilanz	Passiva
Aktivposten		Passivposten

2 Vollständigkeit und Verrechnungsverbot

2.1 Vollständigkeit

§ 246 Abs. 1 HGB
Der Jahresabschluss hat sämtliche Vermögensgegenstände, Schulden, Rechnungsabgrenzungsposten, Aufwendungen und Erträge zu enthalten, soweit gesetzlich nichts anderes bestimmt ist. Vermögensgegenstände, die unter Eigentumsvorbehalt erworben oder an Dritte für eigene oder fremde Verbindlichkeiten verpfändet oder in anderer Weise als Sicherheit übertragen worden sind, sind in die Bilanz des Sicherungsgebers aufzunehmen. In die Bilanz des Sicherungsnehmers sind sie nur aufzunehmen, wenn es sich um Bareinlagen handelt.

145　Vermögensgegenstände, Schulden und Rechnungsabgrenzungsposten sind in der Bilanz enthalten. Aufwendungen und Erträge stehen in der Gewinn- und Verlustrechnung. Sämtliche dieser Posten, die im Unternehmen vorhanden sind, müssen im Jahresabschluss aufgeführt werden. Die Vorschrift enthält also den **Vollständigkeitsgrundsatz für den Jahresabschluss**.

146　Der Ansatz der Vermögensgegenstände und Schulden setzt voraus, dass sie **bilanzierbar** sind. Das Vollständigkeitsgebot bezieht sich daher nur auf bilanzierbare Vermögensgegenstände und Schulden.

> **Beispiel**
>
> Nicht bilanzierbar sind selbst geschaffene immaterielle Anlagegegenstände, der selbst geschaffene Geschäfts- und Firmenwert, transitorische Rechnungsabgrenzungsposten im weiteren Sinne und Rückstellungen für andere als die in § 249 HGB aufgeführte Zwecke. Für sie besteht daher nicht auf Grund des Vollständigkeitsgrundsatzes eine Bilanzierungspflicht.

147　Die Posten sind nur insoweit anzusetzen, als gesetzlich nicht etwas anderes bestimmt ist. Das bedeutet: Bestehen **Bilanzierungswahlrechte**, so folgt nicht ein Bilanzierungszwang aus dem Vollständigkeitsgebot für die Handelsbilanz. Für die Steuerbilanz kann sich allerdings hier-

Vollständigkeit und Verrechnungsverbot C

aus ein Aktivierungsgebot oder ein Passivierungsverbot ergeben. Das folgt aber nicht aus dem Vollständigkeitsgebot, sondern aus besonderen für die Steuerbilanz geltenden Grundsätzen (→Rdn. 166 ff.).

Aus dem Vollständigkeitsgrundsatz ergibt sich also für den Jahresabschluss: 148

- In der **Bilanz** sind alle im Betriebsvermögen vorhandenen bilanzierbaren Vermögensgegenstände, Schuldposten und Rechnungsabgrenzungsposten zu bilanzieren, es sei denn, es besteht ein gesetzliches Bilanzierungswahlrecht.
- In der **Gewinn- und Verlustrechnung** müssen alle Aufwendungen und Erträge ausgewiesen werden.

Wie sich bereits aus dem allgemeinen Vollständigkeitsgrundsatz (→Rdn. 95 f.) ergibt, dürfen nur die dem Kaufmann **wirtschaftlich gehörenden** (Rdn. 8 ff.) und zu seinem **Betriebsvermögen** (→Rdn. 11 ff.) rechnenden Posten ausgewiesen werden, nicht also seinem Privatvermögen oder einem anderen Unternehmen gewidmete Gegenstände. 149

Personenhandelsgesellschaften dürfen handelsrechtlich nur die zum Gesamthandsvermögen gehörenden Vermögensgegenstände bilanzieren. In der Steuerbilanz werden aber abweichend hiervon die Gesellschaftern gehörenden und zu deren notwendigem oder gewillkürtem Sonderbetriebsvermögen rechnenden Wirtschaftsgüter ausgewiesen (→Rdn. 25 ff.). 150

In § 246 Abs. 1 Satz 2 HGB wird die Zurechnung unter dem Gesichtspunkt wirtschaftlicher Zugehörigkeit ausdrücklich für den Erwerb unter **Eigentumsvorbehalt**, die **Verpfändung** und die **Sicherungsübereignung** hervorgehoben. 151

2.2 Verrechnungsverbot

§ 246 Abs. 2 HGB
Posten der Aktivseite dürfen nicht mit Posten der Passivseite, Aufwendungen nicht mit Erträgen, Grundstücksrechte nicht mit Grundstückslasten verrechnet werden.

C Bilanzierung

152 Das **Verrechnungsverbot** ergibt sich aus dem Grundsatz der Vollständigkeit, wonach die Posten unverkürzt im Jahresabschluss auszuweisen sind (→Rdn. 95 f.).

153 Eine Verrechnung ist aber zulässig, wenn gegenüber demselben Schuldner eine Forderung und eine Verbindlichkeit bestehen, die bis zum Bilanzstichtag durch **Aufrechnung** getilgt werden können. Ist nur die Forderung am Bilanzstichtag fällig, die gegenüberstehende Verbindlichkeit zwar nicht fällig aber erfüllbar, kann der Forderungsgläubiger aufrechnen (§ 387 BGB). Hier ist die Saldierung vertretbar, da der Forderungsgläubiger Forderung und Verbindlichkeit einseitig durch Aufrechnung tilgen könnte. Sind weder Forderung noch Verbindlichkeit am Bilanzstichtag fällig, sind aber beide Fälligkeitstermine identisch oder weichen sie nicht unwesentlich voneinander ab, ist eine Verrechnung ebenfalls vertretbar, weil bei wirtschaftlicher Betrachtung die Forderung keinen frei verfügbaren Vermögensgegenstand und die Verbindlichkeit keine echte Last darstellen.[88]

3 Bilanzierung in Handels- und Steuerbilanz

154 Für die Bilanzierung gibt es im **Handelsrecht**
- Gebote,
- Verbote und
- Wahlrechte.

3.1 Bilanzierungsgebote und Bilanzierungsverbote

3.1.1 Kodifizierte GoB

155 Bilanzierungsgebote und -verbote sind teilweise besonders gesetzlich geregelt. Vielfach gibt es keine ausdrücklichen Vorschriften hierfür. Sie folgen dann aus den Grundsätzen ordnungsmäßiger Buchführung. Bei Bilanzierungsvorschriften im HGB ist davon auszugehen, dass sie den Grundsätzen ordnungsmäßiger Buchführung entsprechen. In

---

88 Budde/Karig in: Beck Bil-Komm. § 246 Rdn. 80 ff.

Bilanzierung in Handels- und Steuerbilanz C

§ 243 Abs. 1 HGB ist bestimmt, dass der Jahresabschluss nach den Grundsätzen ordnungsmäßiger Buchführung aufzustellen ist. Der Gesetzgeber wird bei der gesetzlichen Regelung der Bilanzierung nicht gegen sein eigenes Gebot verstoßen, sondern hierbei die Grundsätze ordnungsmäßiger Buchführung beachtet haben. Die **Bilanzierungsvorschriften** im HGB sind daher kodifizierte Grundsätze ordnungsmäßiger Buchführung.

3.1.2 Maßgeblichkeit für die Steuerbilanz

Gewerbetreibende, die buchführungspflichtig sind oder freiwillig Bücher führen, haben in ihrer Steuerbilanz nach den handelsrechtlichen Grundsätzen ordnungsmäßiger Buchführung zu bilanzieren (§ 5 Abs. 1 Satz 1 EStG). Wer daher Gewerbetreibender und entweder buchführungspflichtig ist oder freiwillig Bücher führt, muss in seiner Steuerbilanz **aktivieren** und **passivieren**, wozu er nach den Grundsätzen ordnungsmäßiger Buchführung verpflichtet ist. Das ist der sog. **Maßgeblichkeitsgrundsatz**. 156

Was aber nach den handelsrechtlichen Grundsätzen ordnungsmäßiger Buchführung **nicht bilanziert werden darf**, ist auch in der Steuerbilanz nicht zu bilanzieren. 157

Da die Bilanzierungsgebote und Verbote für die Steuerbilanz bereits auf Grund Gesetzes oder der Grundsätze ordnungsmäßiger Buchführung maßgebend sind, kommt es nicht auf den **Bilanzausweis** in der Handelsbilanz an. Ist dort nicht so bilanziert, wie es im HGB oder nach den Grundsätzen ordnungsmäßiger Buchführung zu geschehen hat, ist die Handelsbilanz unrichtig. Eine unrichtige Handelsbilanz ist für die Steuerbilanz nicht maßgebend. 158

Es gilt daher für die Bilanzierung in der Steuerbilanz allgemein: 159

C Bilanzierung

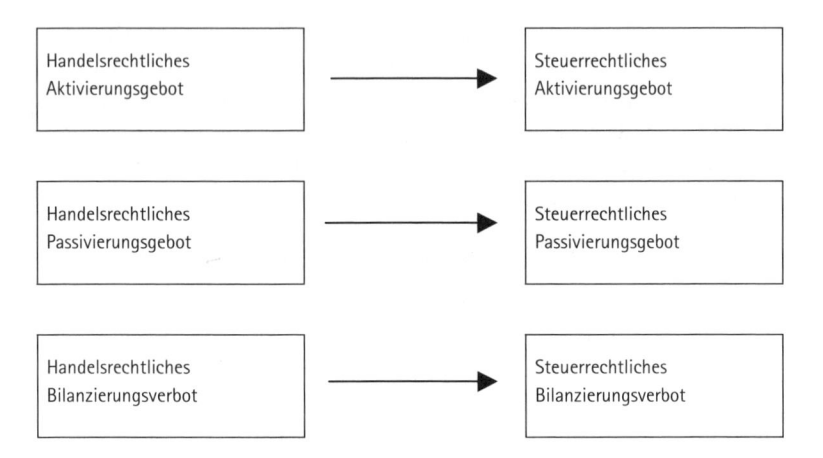

| Handelsrechtliches Aktivierungsgebot | → | Steuerrechtliches Aktivierungsgebot |

| Handelsrechtliches Passivierungsgebot | → | Steuerrechtliches Passivierungsgebot |

| Handelsrechtliches Bilanzierungsverbot | → | Steuerrechtliches Bilanzierungsverbot |

3.1.3 Bilanzierungsgebote

160 Folgende **Grundsätze ordnungsmäßiger Buchführung** schreiben die Aktivierung oder Passivierung vor:
- Vollständigkeitsgrundsatz (→Rdn. 95 f.)
- Realisationsprinzip (→Rdn. 97 ff.)
- Imparitätsprinzip (→Rdn. 110 ff.)
- Grundsatz der Periodenabgrenzung (→Rdn. 115 ff.)

161 **Gesetzliche Bilanzierungsgebote** gibt es im HGB für folgende Bilanzposten:
- Rückstellungen für ungewisse Verbindlichkeiten (§ 249 Abs. 1 Satz 1 HGB, →Rdn. 275 ff.)
- Rückstellungen für drohende Verluste aus schwebenden Geschäften (§ 249 Abs. 1 Satz 1 HGB, →Rdn. 331 ff.)
- Rückstellungen für im Geschäftsjahr unterlassene Aufwendungen für Instandhaltung, die im folgenden Geschäftsjahr innerhalb von drei Monaten nachgeholt werden (§ 249 Abs. 1 Satz 2 Nr. 1 HGB, →Rdn. 351)
- Rückstellungen für im Geschäftsjahr unterlassene Aufwendungen für Abraumbeseitigung, die im folgenden Geschäftsjahr nachgeholt werden (§ 249 Abs. 1 Satz 2 Nr. 1 HGB, →Rdn. 356 f.)

- Rückstellungen für Gewährleistungen, die ohne rechtliche Verpflichtung erbracht werden (§ 249 Abs. 1 Satz 2 Nr. 2 HGB, →Rdn. 363 ff.)
- Rückstellungen für voraussichtliche Steuerbelastungen nachfolgender Geschäftsjahre (§ 274 Abs. 1 HGB, →Rdn. 1157 ff.)
- aktive Rechnungsabgrenzungsposten für Ausgaben vor dem Abschlussstichtag, soweit sie Aufwand für eine bestimmte Zeit nach diesem Tag darstellen (§ 250 Abs. 1 Satz 1 HGB, →Rdn. 425)
- passive Rechnungsabgrenzungsposten für Einnahmen vor dem Abschlussstichtag, soweit sie Ertrag für eine bestimmte Zeit nach diesem Tag darstellen (§ 250 Abs. 2 HGB, →Rdn. 425)

Es gibt ausdrückliche Vorschriften im Steuerrecht, welche die Bilanzierung bestimmter der genannten Posten in der Steuerbilanz einschränken oder sogar ausschließen. Da der Gesetzgeber im Steuerrecht eher einen höheren Gewinnausweis bevorzugt, betreffen die **steuerrechtlichen Einschränkungen** oder **Ausschlüsse Passivposten:**

- Rückstellungen für Verpflichtungen, die nur zu erfüllen sind, soweit künftig Einnahmen oder Gewinne anfallen (§ 5 Abs. 2a EStG, →Rdn. 299)
- Rückstellungen wegen Verletzung fremder Patent-, Urheber- oder ähnlicher Schutzrechte (§ 5 Abs. 3 EStG, →Rdn. 300 ff.)
- Jubiläumsrückstellungen (§ 5 Abs. 4 EStG, →Rdn. 304 ff.)
- Rückstellungen für drohende Verluste aus schwebenden Geschäften (§ 5 Abs. 4a EStG, →Rdn. 343 ff.)
- Rückstellungen für Aufwendungen, die Anschaffungs- oder Herstellungskosten für ein Wirtschaftsgut sind (§ 5 Abs. 4b Satz 1 EStG, →Rdn. 316 ff.)
- Rückstellungen für die Verpflichtung zur schadlosen Verwertung radioaktiver Reststoffe und ausgebauter oder abgebauter radioaktiver Anlageteile (§ 5 Abs. 4b Satz 2 EStG, →Rdn. 318 ff.)

3.1.4 Bilanzierungsverbote

Handelsrechtliche Bilanzierungsverbote ergeben sich aus **Einzelvorschriften**.

Handelsrechtliche gesetzliche Bilanzierungsverbote	
Aktivierung	Passivierung
■ Aufwendungen für die Gründung des Unternehmens und für die Beschaffung des Eigenkapitals (§ 248 Abs. 1 HGB, →Rdn. 490 ff.) ■ nicht entgeltlich erworbene immaterielle Vermögensgegenstände des Anlagevermögens (§ 248 Abs. 2 HGB, →Rdn. 174 ff.) ■ Rechnungsabgrenzungsposten, die nicht in § 250 Abs. 1 HGB genannt sind	■ Rückstellungen für andere als die in § 249 HGB genannten Zwecke (§ 249 Abs. 3 Satz 1 HGB) ■ Rechnungsabgrenzungsposten, die nicht in § 250 Abs. 2 HGB genannt sind

164 Handelsrechtlich ergeben sich aber auch aus den **GoB** Bilanzierungsverbote, z. B. Grundsatz der Nichtbilanzierung ausgeglichener schwebender Geschäfte, Verbot des Ausweises nicht realisierter Gewinne nach dem Realisationsprinzip.

3.2 Bilanzierungswahlrechte

3.2.1 Handelsrechtliche Bilanzierungswahlrechte

165 Es gibt im Handelsrecht Aktivierungs- und Passivierungswahlrechte. Sie sind gesetzlich besonders geregelt. Sie beruhen nicht auf Grundsätzen ordnungsmäßiger Buchführung.

Bilanzierungswahlrechte	
Aktivierung	**Passivierung**
■ Rechnungsabgrenzungsposten für als Aufwand berücksichtigte Zölle und Verbrauchsteuern, soweit sie auf am Abschlussstichtag auszuweisende Vermögensgegenstände des Vorratsvermögens entfallen (§ 250 Abs. 1 Satz 2 Nr. 1 HGB, →Rdn. 427) ■ Rechnungsabgrenzungsposten für als Aufwand berücksichtigte Umsatzsteuer auf am Abschlussstichtag auszuweisende oder von den Vorräten offen abgesetzte Anzahlungen (§ 250 Abs. 1 Satz 2 Nr. 2 HGB, →Rdn. 431) ■ Damnum (§ 250 Abs. 3 HGB, →Rdn. 435 ff.) ■ Entgeltlich erworbener (so genannter derivativer) Geschäfts- oder Firmenwert (§ 255 Abs. 4 HGB, →Rdn. 454 ff.)	■ Rückstellungen für unterlassene Instandhaltungsaufwendungen, die im folgenden Geschäftsjahr später als drei Monate nach dem Abschlussstichtag nachgeholt werden (§ 249 Abs. 1 Satz 3 HGB, →Rdn. 351) ■ Rückstellungen für ihrer Eigenart nach genau umschriebene, dem Geschäftsjahr oder einem früheren Geschäftsjahr zuzuordnende Aufwendungen, die am Abschlussstichtag wahrscheinlich oder sicher, aber hinsichtlich ihrer Höhe oder des Zeitpunkts ihres Eintritts unbestimmt sind (§ 249 Abs. 2 HGB, →Rdn. 358 f.) ■ Sonderposten mit Rücklageanteil (→Rdn. 481 ff.)

3.2.2 Auswirkung handelsrechtlicher Bilanzierungswahlrechte auf die Steuerbilanz

Nach der Rechtsprechung des Bundesfinanzhofs entspricht es dem Sinn und Zweck der steuerrechtlichen Gewinnermittlung, den **vollen Gewinn** zu erfassen. Es könne daher nicht im Belieben des Kaufmanns stehen, sich durch Nichtaktivierung von Wirtschaftsgütern, die handelsrechtlich aktiviert werden dürfen, oder durch Ansatz eines Passivpostens, der handelsrechtlich nicht geboten ist, ärmer zu machen, als er ist. Das stünde auch nicht im Einklang mit dem verfassungsrechtlichen Grundsatz der Gleichheit der Besteuerung (Art. 3 GG).[89]

Es ergeben sich daher aus handelsrechtlichen **Bilanzierungswahlrechten** in der Steuerbilanz:

---

89 BFH, Beschl. v. 3.2.1969 GrS 2/68, BStBl 1969 II S. 291.

Bilanzierungswahlrechte

| Handelsrechtliches Aktivierungswahlrecht | → | Steuerrechtliches Aktivierungsgebot |

| Handelsrechtliches Passivierungswahlrecht | → | Steuerrechtliches Passivierungsverbot |

Daher gilt für die in Rdn. 165 aufgeführten Bilanzposten:
- Die aktiven Bilanzposten müssen in der Steuerbilanz aktiviert werden.
- Die passiven Bilanzposten dürfen in der Steuerbilanz nicht passiviert (Ausnahme: Sonderposten mit Rücklageanteil, →Rdn. 168).

3.2.3 Sonderposten mit Rücklageanteil

168 Für **Sonderposten mit Rücklageanteil** gilt der Grundsatz, dass aus einem handelsrechtlichen Aktivierungswahlrecht ein Aktivierungsgebot in der Steuerbilanz folgt (→Rdn. 167), nicht. Sie sollen ermöglichen, dass steuerrechtliche Passivierungswahlrechte für steuerfreie Rücklagen ausgeübt werden können. Steuerrechtliche Wahlrechte bei der Gewinnermittlung sind nämlich in Übereinstimmung mit der handelsrechtlichen Jahresbilanz auszuüben (§ 5 Abs. 1 Satz 2 EStG). Wird daher in der Handelsbilanz der Sonderposten mit Rücklageanteil ausgewiesen, dann darf das steuerrechtliche Passivierungswahlrecht in der Steuerbilanz ausgeübt werden. Wird in der Handelsbilanz der Passivposten nicht angesetzt, darf er auch in der Steuerbilanz nicht bilanziert werden.

3.2.4 Bilanzierungshilfen

169 Es gibt handelsrechtliche Aktivierungswahlrechte für **Bilanzierungshilfen**. Bilanzierungshilfen sind:
- Aktivierbarkeit der Aufwendungen für die Ingangsetzung und Erweiterung des Geschäftsbetriebs (§ 269 HGB, →Rdn. 1140 ff.)

- Aktive Abgrenzungsposten in Höhe der voraussichtlichen Steuerentlastung nachfolgender Geschäftsjahre (§ 274 Abs. 2 HGB, →Rdn. 1152 ff.)

Bilanzierungshilfen werden lediglich aus handelsrechtlichen Gründen gewährt. Es handelt sich nicht um Vermögensgegenstände. Nur aus einem Aktivierungswahlrecht für einen Vermögensgegenstand ergibt sich für die Steuerbilanz ein Aktivierungsgebot. Da Bilanzierungshilfen nur spezifisch für das Handelsrecht sind, dürfen sie auch dann nicht in der Steuerbilanz ausgewiesen werden, wenn sie in der Handelsbilanz aktiviert sind.

170

4 Testfragen zur Bilanzierung

Nr.	Frage	Rdn.
62.	Was ist Bilanzierung?	139
63.	Wie gliedert sich das Betriebsvermögen auf der Aktivseite der Bilanz?	140
64.	Wie gliedert sich das Betriebsvermögen auf der Passivseite der Bilanz?	141
65.	Wie heißen die Konten, welche die Bestände der Bilanz aufnehmen und auf denen deren Veränderungen gebucht werden?	142
66.	Wie werden die Bestandskonten unterteilt und wie werden auf ihnen die Bestände und die Zu- und Abgänge gebucht?	143
67.	Wie werden die Bestandskonten abgeschlossen?	144
68.	Was ergibt sich aus dem Vollständigkeitsgrundsatz für den Jahresabschluss?	145 ff.
69.	Was besagt das Verrechnungsverbot?	152 f.
70.	Woraus ergeben sich handelsrechtlich allgemein Bilanzierungsgebote und Bilanzierungsverbote?	155
71.	Aus welchem allgemeinen Grundsatz gelten handelsrechtliche Bilanzierungsgebote und Bilanzierungsverbote auch für die Steuerbilanz?	156 ff.
72.	Wie wirken sich handelsrechtliche Bilanzierungsgebote und Bilanzierungsverbote grundsätzlich in der Steuerbilanz aus?	159
73.	Welche Grundsätze ordnungsmäßiger Buchführung schreiben die Aktivierung und Passivierung in der Handelsbilanz vor?	160

Bilanzierung

Nr.	Frage	Rdn.
74.	Welche gesetzlichen Bilanzierungsgebote gibt es im HGB für welche Bilanzposten?	161
75.	Welche der vorstehend genannten Bilanzposten sind nach steuerlichen Vorschriften ausgeschlossen oder eingeschränkt?	162
76.	Welche handelsrechtlichen gesetzlichen und außergesetzlichen Bilanzierungsverbote gibt es?	163 f.
77.	Welche handelsrechtlichen Bilanzierungswahlrechte gibt es?	165
78.	Was ergibt sich aus handelsrechtlichen Aktivierungswahlrechten und Passivierungswahlrechten jeweils für die steuerliche Gewinnermittlung und was ist die Begründung des BFH hierfür?	166 f.
79.	Was gilt handelsrechtlich und steuerrechtlich für die Sonderposten mit Rücklageanteil?	168
80.	Welche Auswirkungen haben handelsrechtliche Bilanzierungshilfen auf die Steuerbilanz?	169 f.

D Bilanzierung der Vermögensgegenstände

1 Bilanzierung des Anlagevermögens

1.1 Unterschied zum Umlaufvermögen

§ 247 Abs. 2 HGB
Beim Anlagevermögen sind nur die Gegenstände auszuweisen, die bestimmt sind, dauernd dem Geschäftsbetrieb zu dienen.

Durch das Merkmal „**dauernd**" unterscheiden sich die Anlagegegenstände von den Umlaufgegenständen. Das ist nicht zeitlich zu verstehen. Umlaufgegenstände dienen nur einmal dem Betrieb, indem sie veräußert, verbraucht oder verwertet werden. Anlagegegenstände hingegen werden mehrmals betrieblich genutzt.[90] Entscheidend für die Abgrenzung ist also nicht die Zeitdauer, sondern die Häufigkeit der Nutzung.

171

Anlagegegenstände	Umlaufgegenstände
Mehrmalnutzung durch Gebrauch	Einmalnutzung durch Verbrauch, Verwertung, Veräußerung
Gebrauchsgüter	Verbrauchsgüter

Bei manchen Vermögensgegenständen ergibt sich die Zugehörigkeit zum Anlagevermögen oder zum Umlaufvermögen erst daraus, welchem betrieblichen Zweck sie vom Kaufmann gewidmet werden. So können Vermögensgegenstände, die zunächst **Vorführ- und Aus-**

172

---

90 BFH, Urt. v. 13.1.1972 V R 47/71, BStBl 1972 II S. 744.

D Bilanzierung der Vermögensgegenstände

stellungszwecken dienen und dann veräußert werden, Anlage- oder Umlaufgegenstände sein. Stehen sie von vornherein jederzeit zum Verkauf bereit, gehören sie zum Umlaufvermögen.[91] Dienen sie aber zunächst nur dem Zweck, das Verkaufsprogramm dem Publikum vorzuführen und sollen sie erst später verkauft werden, rechnen sie während der Zeit, in der sie Vorführzwecken dienen, zum Anlagevermögen.[92]

Fall 1

Ein Textilwareneinzelhändler stellt in seinen Schaufenstern Waren aus. Wenn Kunden sich für deren Kauf entscheiden, werden sie aus dem Schaufenster entnommen und verkauft.

Fall 2

Ein Händler stellt Waren auf einer Verkaufsausstellung aus. Sie werden bereits während der Ausstellung an Interessenten verkauft. Die Lieferung an die Käufer erfolgt aber erst nach Beendigung der Ausstellung.

Fall 3

Ein Kraftfahrzeughändler schafft eine Anzahl Pkw an. Hiervon nutzt er fünf für Vorführzwecke. Sie werden nach einer Zugehörigkeit zum Betriebsvermögen von drei bis zwanzig Monaten verkauft.

Rechnen die Vermögensgegenstände in den Fällen 1 bis 3 zum Anlagevermögen oder zum Umlaufvermögen?

Lösung

In den Fällen 1 und 2 stehen die Vermögensgegenstände jederzeit zum Verkauf
bereit. Im Fall 2 werden sie zwar erst nach der Ausstellung an die Käufer geliefert. Verkauft werden sie aber, sobald jemand für sie Kaufinteresse zeigt. Die Ausstellungsstücke rechnen daher in beiden Fällen zum Umlaufvermögen.

Im Fall 3 dienen aber die Vorführ-Pkw zunächst nur dazu, dem Publikum das Verkaufsprogramm vorzuführen. Während dieser Zeit werden sie

---

91 BFH, Urt. v. 31.3.1977 V R 44/73, BStBl 1977 II S. 684.
92 BFH, Urt. v. 17.11.1981 VIII R 86/78, BStBl 1982 II S. 344.

mehrmals im Betrieb genutzt, rechnen sie also zum Anlagevermögen. Erst beim Verkauf erfüllt sich der Zweck der Einmalnutzung. Dann werden sie zu Umlaufgegenständen.

Fall

U betreibt eine Fahrschule und handelt mit Pkw. Er kauft 10 neue Pkw. Zwei davon will er als Fahrschulwagen verwenden, die übrigen will er weiterverkaufen. Die Fahrschulwagen werden von einer Autowerkstatt für Fahrschulzwecke umgerüstet.
Rechnen die Fahrzeuge zum Anlagevermögen oder zum Umlaufvermögen?

Lösung

Die für Fahrschulzwecke bestimmten Pkw rechnen zum Anlagevermögen. Sie sollen durch Gebrauch im Unternehmen mehrmals genutzt werden. Ihnen wurde eine bestimmte Funktion im Unternehmen zugewiesen, die der subjektiven Bestimmung durch den Unternehmer entspricht. Hier bestimmen zusätzlich objektive Merkmale die Einordnung in die Gruppe des Anlagevermögens: die Umrüstung für Fahrschulzwecke.

Die zum Verkauf bestimmten Fahrzeuge sollen nur einmal für betriebliche Zwecke durch Veräußerung genutzt werden. Sie rechnen daher zum Umlaufvermögen.

Die Vermögensgegenstände der Aktivseite der Bilanz werden also in zwei Hauptgruppen eingeteilt:
A. Anlagevermögen
B. Umlaufvermögen

173

1.2 Materielle und immaterielle Anlagegegenstände

1.2.1 Immaterielle Anlagegegenstände

§ 248 Abs. 2 HGB
Für immaterielle Vermögensgegenstände des Anlagevermögens, die nicht entgeltlich erworben wurden, darf ein Aktivposten nicht angesetzt werden.

Entgeltlicher Erwerb

174 **Immaterielle Anlagegegenstände** sind nach ihrer Herstellung oder nach ihrem sonstigen Entstehen weder mess- noch wägbar. Ihr Wert kann nicht einmal annähernd zutreffend geschätzt werden. Ihr Wert tritt kaufmännisch relevant erst bei der Zahlung eines Entgelts hierfür in Erscheinung. Daher dürfen sie nur dann bilanziert werden, wenn sie entgeltlich erworben worden sind.

175 Entgeltlicher Erwerb ist[93]

- Übergang oder Einräumung durch **Rechtsgeschäft** gegen Hingabe einer bestimmten Gegenleistung,
- Einräumung durch **Hoheitsakt** gegen Hingabe einer bestimmten Gegenleistung.

Hierbei muss der immaterielle Anlagegegenstand als solcher Objekt des Erwerbsvorgangs sein.

Fall

Der Leiter der Entwicklungsabteilung eines Unternehmens hat eine Erfindung gemacht. Sein Arbeitgeber zahlt ihm nach dem Gesetz über Arbeitnehmererfindungen vom 25.7.1957 (BGBl I S. 756) eine Vergütung dafür und trägt die Kosten für den Patentanwalt und die Patentgebühren für die Erlangung des Patents.

Können die Aufwendungen als Entgelt für den Erwerb eines immateriellen Anlagegegenstandes aktiviert werden?

---

93 R 31a Abs. 2 Satz 2 EStR.

| Lösung

Die Zahlung einer Erfindervergütung an Arbeitnehmer ist Entgelt für den Erwerb eines immateriellen Anlagegegenstandes. Die Vergütung bemisst sich zwar nach verschiedenen Komponenten. Sie hängt aber in einem solchen Umfang vom Wert der Erfindung für den Betrieb ab, dass sie als Entgelt angesehen werden kann.

Werden Honorare an Patentanwälte gezahlt und Patentgebühren entrichtet, so beziehen diese sich nicht auf den Erwerb des Patents als immateriellen Anlagegegenstand. Ein Patent ist nur der staatliche Schutz einer Erfindung. Immaterieller Anlagegegenstand ist die Erfindung. Sie ist Gegenstand des abgeleiteten Erwerbs. Honorare an Patentanwälte und Patentgebühren können also nicht als Entgelte für den Erwerb von immateriellen Anlagegegenständen aktiviert werden.

Es ist nicht erforderlich, dass das Wirtschaftsgut bereits vor Abschluss des Rechtsgeschäfts bestanden hat. Es reicht aus, wenn es erst durch den Abschluss des Rechtsgeschäfts entsteht.[94]

176

Beispiel

Gastwirt G räumt der Brauerei B entgeltlich ein Bierbelieferungsrecht ein.

Einlage

Bei einer **Einlage** wird der Wert des eingelegten Wirtschaftsguts nicht kaufmännisch relevant bestimmt, sondern geschätzt.
Bei Erwerben von einem **verbundenen Unternehmen** oder einem **Gesellschafter** besteht die Gefahr, dass das Entgelt willkürlich festgesetzt wird. Bei einem Erwerb von einem durch Beherrschungs- oder Gewinnabführungsvertrag verbundenen Unternehmen ist daher eine Aktivierung nur zulässig, wenn das verkaufende Konzernunternehmen seinerseits das immaterielle Anlagegut entgeltlich von einem Konzernfremden erworben hat. Werden immaterielle Anlagegegenstände als Sacheinlage eingebracht, werden sie daher handelsrechtlich

177

---

94 R 31a Abs. 2 Satz 3 EStR.

nur dann als entgeltlich erworben behandelt, wenn im Rahmen des Einbringungsvorgangs ein Wert für sie festgesetzt wurde.[95] **Handelsrechtlich** wird daher aus Vorsichtsgesichtspunkten ein immaterielles Wirtschaftsgut des Anlagevermögen bei einer Einlage nur unter den genannten Voraussetzungen aktiviert.

178 **Steuerrechtlich** ist nach den Verwaltungsanweisungen generell die Einlage eines immateriellen Wirtschaftsguts einem entgeltlichen Erwerb gleichgestellt.[96] Hiernach ist also ein immaterielles Wirtschaftsgut, das in ein Betriebsvermögen eingelegt worden ist, mit dem Teilwert zu bewerten.

Beispiel

U ist angestellter Programmierer bei einem Softwarehaus. Außerdem betreibt er mit Einverständnis seines Arbeitgebers einen Handel mit Möbeln. In seiner Freizeit hat er für sein Unternehmen ein Kalkulations- und Buchführungsprogramm entwickelt. Er nutzt diese Software in seinem Unternehmen.

Auch nach der **Rechtsprechung** des BFH werden Einlagen immaterieller Anlagegegenstände als entgeltlicher Erwerb behandelt, weil die Trennung des Privatbereichs vom betrieblichen Bereich dem Aktivierungsverbot von § 5 Abs. 2 EStG vorgehe. Selbst geschaffene oder unentgeltlich erworbene immaterielle Wirtschaftsgüter des Anlagevermögens seien daher bei der Überführung aus dem Privatvermögen in das Betriebsvermögen grundsätzlich mit dem Teilwert anzusetzen.[97] Das ist auch mit dem Zweck des Gesetzes zu rechtfertigen, nur die im Betriebsvermögen entstandenen stillen Reserven zu erfassen. Würde nämlich im vorstehenden Beispiel die Software nicht mit dem Teilwert bilanziert, könnten den durch ihren betrieblichen Einsatz erwirtschafteten Erträgen keine Aufwendungen in Form von Abschreibungen gegengerechnet werden. Bei einer Veräußerung der Software würde dem Erlös nicht der Buchwert als Aufwand gegengerechnet. So würden die im Privatvermögen durch Herstellung der Software entstandenen stillen Reserven im Betriebsvermögen erfasst.

---

95 Hoyos/Schmidt-Wendt in: Beck Bil-Komm. § 247 Rdn. 394.
96 R 31a Abs. 2 Satz l, R 14 Abs. l EStR.
97 BFH, Urt. v. 22.1.1980 VIII R 74/77, BStBl 1980 S. 244.

1.2.2 Materielle Anlagegegenstände

Materiellen Anlagegegenständen ist bereits nach ihrer Herstellung ein kaufmännisch relevanter Wert beimessbar. Ihr Wert ist daher nicht erst nach einem entgeltlichen Erwerb von einem Dritten, sondern schon nach ihrer Herstellung bestimmbar.

1.2.3 Unterschiede zwischen materiellen und immateriellen Anlagegegenständen

Aus den vorstehenden Ausführungen ergeben sich folgende Unterschiede zwischen den materiellen und den immateriellen Anlagegegenständen:

Materielle Anlagegegenstände	Immaterielle Anlagegegenstände
Anlagegegenstände, die messbar, wägbar oder wenigstens schätzbar sind	Anlagegegenstände, die nicht messbar, wägbar oder schätzbar sind und nur Aussichten oder Chancen darstellen, die den künftigen Geschäftserfolg verbessern können
Aktivierung nach Herstellung oder Anschaffung	Aktivierung nur nach Anschaffung gegen Entgelt oder Einlage
Bemessungsgrundlage der Aktivierung: Anschaffungs- oder Herstellungskosten	Bemessungsgrundlage der Aktivierung: Anschaffungskosten oder Teilwert (nach Einlage)

1.2.4 Aktivierung

Die Bilanzierungspflicht sowohl der materiellen als auch der entgeltlich erworbenen immateriellen Anlagegegenstände ergibt sich aus dem **Vollständigkeitsgrundsatz**. Es müssen daher auch die entgeltlich erworbenen immateriellen Anlagen aktiviert werden, und zwar in voller Höhe.

Die Anlagegegenstände werden also eingeteilt in materielle und immaterielle Anlagegegenstände:

A. Anlagevermögen
I. Materielle Anlagegegenstände
II. Immaterielle Anlagegegenstände

1.3 Abnutzbare und nicht abnutzbare Anlagen

182 **Handelsrechtlich** werden die Anlagegegenstände unterschieden in
- Vermögensgegenstände, deren Nutzung zeitlich begrenzt ist (§ 253 Abs. 2 Satz 1 HGB) und
- Vermögensgegenstände, deren Nutzung nicht zeitlich begrenzt ist (§ 253 Abs. 2 Satz 3 HGB).

183 **Steuerrechtlich** unterscheiden sich die Anlagegegenstände in
- Wirtschaftsgüter des Anlagevermögens, die der Abnutzung unterliegen (§ 6 Abs. 1 Nr. 1 EStG) und deren Absetzung sich nach der betriebsgewöhnlichen Nutzungsdauer bemisst (§ 7 Abs. 1 Satz 2 EStG) und
- andere Wirtschaftsgüter des Anlagevermögens (§ 6 Abs. 1 Nr. 2 EStG).

184 Der handelsrechtlichen und der steuerrechtlichen Unterteilung der Anlagegegenstände in abnutzbare und nicht abnutzbare ist also das Abgrenzungsmerkmal der **zeitlichen Nutzungsbeschränkung** gemeinsam. Die Zeitdauer der Nutzung kann vom technischen Verschleiß (materielle Anlagegegenstände) oder von der wirtschaftlichen Abnutzung (materielle und immaterielle Anlagegegenstände) abhängen.
Die zeitliche Beschränkung besteht von vornherein. Die Nutzungsdauer ist also bestimmbar, i. d. R. durch Schätzung anhand der betrieblichen oder außerbetrieblichen Erfahrungen.

Abnutzbare Anlagegegenstände	Nicht abnutzbare Anlagegegenstände
Die betriebliche Nutzung ist zeitlich beschränkt wegen technischen und/oder wirtschaftlichen Verschleißes	Die betriebliche Nutzung ist nicht zeitlich begrenzt

185 Beide Merkmale – Abnutzbarkeit und Nichtabnutzbarkeit – können sowohl auf materielle als auch auf immaterielle Anlagegegenstände zutreffen.

Beispiele

Materielle abnutzbare Anlagegegenstände: Gebäude, Maschinen, Kraftfahrzeuge.
Materielle nicht abnutzbare Anlagegegenstände: Grund und Boden.

Immaterielle abnutzbare Anlagegegenstände: Software, Patente.

Immaterielle nicht abnutzbare Anlagegegenstände: Fernverkehrskonzessionen.

Die materiellen und die immateriellen Anlagegegenstände werden also unterteilt:
I. Materielle Anlagegegenstände
  1. Nicht abnutzbare Anlagegegenstände
  2. Abnutzbare Anlagegegenstände
II. Immaterielle Anlagegegenstände
  1. Nicht abnutzbare Anlagegegenstände
  2. Abnutzbare Anlagegegenstände

186

1.4 Bewegliche und unbewegliche Anlagegegenstände

1.4.1 Unterteilung

Bei der Unterteilung in bewegliche und unbewegliche Anlagegegenstände ist zu beachten, dass **immaterielle Anlagegegenstände** nicht bewegliche Wirtschaftsgüter sein können.[98] Für diese Unterteilung kommen daher nur die materiellen Anlagegegenstände in Betracht.

187

Materielle abnutzbare Anlagegegenstände (abnutzbare Sachanlagen)	
Unbewegliche	Bewegliche
■ Gebäude ■ selbstständig bewertbare Gebäudeteile (Ausnahme: Betriebsvorrichtungen) ■ abnutzbare Bestandteile des Grund und Bodens	■ Maschinen, maschinelle Anlagen und sonstige Betriebsvorrichtungen ■ Geschäftseinrichtungsgegenstände ■ Werkzeuge ■ Schiffe

Bewegliche Anlagegegenstände sind
- materielle Anlagegegenstände, die

---

98 H 42 (Bewegliche Wirtschaftsgüter) EStH.

D Bilanzierung der Vermögensgegenstände

- nicht im Nutzungs- oder Funktionszusammenhang stehen zum Grund und Boden, zu Gebäuden, selbstständigen Gebäudeteilen oder zu Außenanlagen.

1.4.2 Betriebsvorrichtungen

188 Betriebsvorrichtungen sind Anlagegegenstände, mit denen das Gewerbe unmittelbar betrieben wird. Sie stehen nicht in einem einheitlichen Nutzungs- und Funktionszusammenhang mit einem Gebäude. Sie sind auch dann bewegliche Anlagegegenstände, wenn sie wesentliche Bestandteile eines Grundstücks i. S. von § 94 BGB sind.[99]
Sie rechnen nicht zu den Geschäfts-, Fabrik- und anderen Bauten, sondern zu den Maschinen und maschinellen Anlagen, auch wenn sie selbstständige Bauwerke oder Teile davon sind. Handelsrechtlich geht im Zweifel der Ausweis als maschinelle Anlagen vor.[100]

189 Bei **Bauwerken** oder Teilen von Bauwerken ist also zu prüfen, ob es sich um Betriebsvorrichtungen oder um Gebäude oder Gebäudeteile handelt. Richtschnur hierfür können die Erlasse der obersten Finanzbehörden der Länder vom 31.3.1992 für die Abgrenzung des Grundvermögens von den Betriebsvorrichtungen[101] sein. Sie sind auch maßgebend für die einkommensteuerrechtliche Abgrenzung der Betriebsvorrichtungen von den Betriebsgrundstücken.[102]

---

99 R 42 Abs. 3 EStR.
100 Richter, HdJ Abt. II/1, Rdn. 77.
101 BStBl 1992 I S. 342 ff.
102 H 42 (Betriebsvorrichtungen) EStH.

1.4.3 Gebäude

Ein **Gebäude** ist ein Bauwerk, das bestimmte Merkmale hat[103]:

190

Gebäude
Bauwerk auf eigenem oder fremdem Grund und Boden mit folgenden Merkmalen:
■ Feste Verbindung mit dem Grund und Boden ■ von einiger Beständigkeit ■ Standfestigkeit ■ Schutz gegen äußere Einflüsse für Menschen oder Sachen durch räumliche Umschließung ■ Eignung zum Aufenthalt von Menschen

Zu den einzelnen Merkmalen des Gebäudebegriffs:

Feste Verbindung mit dem Grund und Boden

Als feste Verbindung mit dem Grund und Boden ist zumindest ein Fundament Voraussetzung. Es genügt, wenn das Bauwerk hierauf infolge seiner eigenen Schwere ruht. Besondere Haltevorrichtungen zwischen Bauwerk und Fundament sind nicht erforderlich. Bauwerke ohne Fundamente, die lediglich auf dem Grund und Boden aufliegen, sind keine Gebäude.

191

Es reicht aus, wenn ein selbstständiges Bauwerk auf einem anderen selbstständigen Bauwerk steht und das andere Bauwerk mit dem Grund und Boden fest verbunden ist. Das andere Bauwerk braucht kein Gebäude zu sein.

Beispiel

Bahnanlage mit Warteraum sind zwei selbstständige Bauwerke. Der Warteraum ist ein Gebäude. Die Bahnanlage ist eine Betriebsvorrichtung. Der Warteraum ist mit der Betriebsvorrichtung und diese mit dem Grund und Boden fest verbunden. Die Betriebsvorrichtung vermittelt dem Warteraum die Standfestigkeit. Der Warteraum ist deshalb ein Gebäude.

---

103 R 42 Abs. 5 Satz 2 EStR.

D Bilanzierung der Vermögensgegenstände

Bahnanlage mit Warteraum

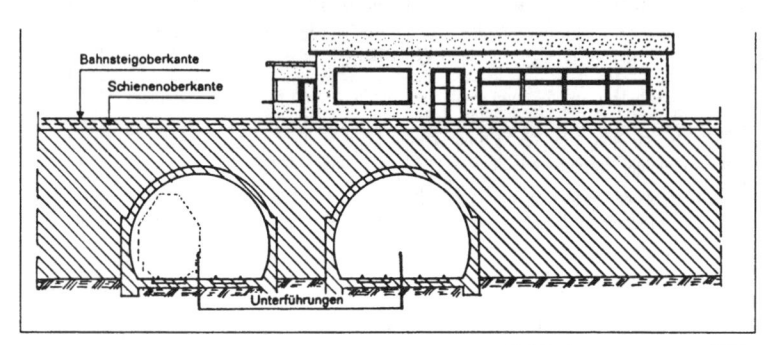

[Abbildung: Bahnsteigoberkante, Schienenoberkante, Unterführungen — Gebäude / Betriebsvorrichtung]

Beständigkeit

192 Beständigkeit bedeutet, dass die Errichtung nicht zeitlich beschränkt ist. Ob ein Bauwerk beständig ist, richtet sich nach seiner objektiven Beschaffenheit. Es ist ohne Bedeutung, ob das Bauwerk behelfsmäßig oder nur zu einem vorübergehenden Zweck errichtet wurde.

> **Beispiel**
>
> Für die Dauer eines Jahres wird eine Fertighausausstellung durchgeführt. Es stellen mehrere Fertighaushersteller ihre Fertighäuser aus. Nach Beendigung der Ausstellung sollen sie entfernt werden. Nach ihrer objektiven Beschaffenheit sind die Fertighäuser beständig und daher Gebäude.

Standfestigkeit

193 Ein Bauwerk ist standfest, wenn es aus eigener Kraft stehen kann. Es muss so gebaut sein, dass es nicht einstürzt, wenn die als Betriebsvorrichtungen anzusehenden Teile des Bauwerks entfernt werden.

Bilanzierung des Anlagevermögens D

Beispiel

Bei einem Kesselhaus trägt die Betriebsvorrichtung nicht zur Standfestigkeit der Umschließung bei. Die Umschließung ist für sich standfest. Das Kesselhaus ist daher ein Gebäude.

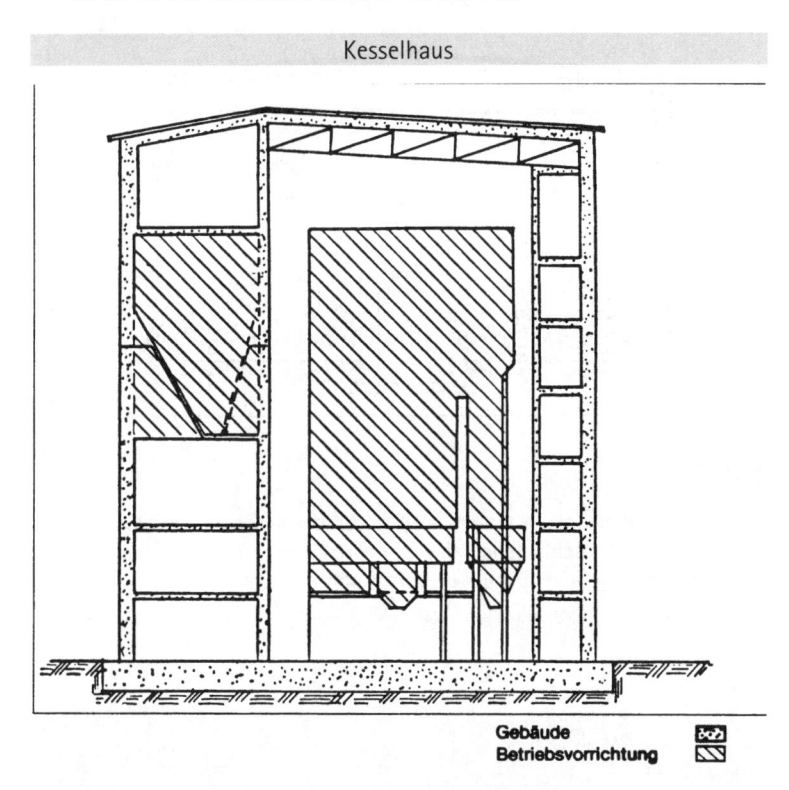

Kesselhaus

Gebäude
Betriebsvorrichtung

Erhalten Umschließungen ihre Standfestigkeit durch Fundamente, Stützen, Mauervorlagen und Verstrebungen, die auch einer Betriebsvorrichtung dienen, so rechnen solche einem doppelten Zweck dienenden Bauteile zum Gebäude.

194

Beispiel

Bei einem Braunkohlenbunker tragen die Grundmauern zur Standfestigkeit der Umschließung bei und tragen außerdem die Krananlage

(Betriebsvorrichtung). Sie sind Bauteile, die nicht ausschließlich zu einer Betriebsanlage gehören und damit Gebäude.

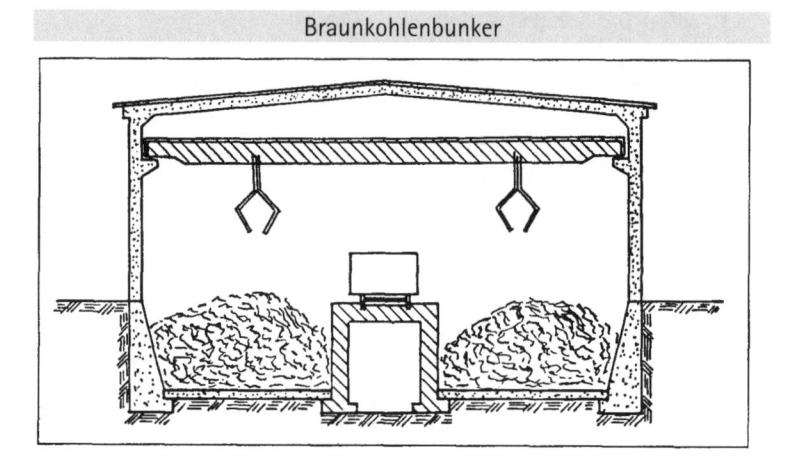

Braunkohlenbunker

Beispiel

Bei einer Pressenhalle tragen die Stützen der Kranbahn zur Standfestigkeit der Umschließung bei. Sie gehören daher nicht ausschließlich zu einer Betriebsanlage und rechnen somit zum Gebäude.

Bilanzierung des Anlagevermögens   D

Pressenhalle

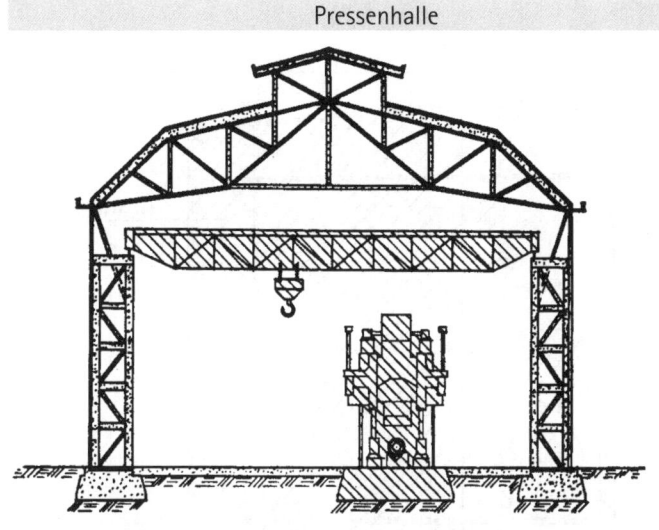

Sind die Außenwände eines Bauwerks zum Teil auch die Umwandungen einer Betriebsvorrichtung und lässt sich die Betriebsvorrichtung **vertikal abgrenzen**, so teilt sich das Bauwerk in Gebäude und Betriebsvorrichtung.

Beispiel

> Ein Kesselhaus lässt sich vertikal in den Schwerbau, der Personen zum Aufenthalt dient, und in das eigentliche Kesselhaus einteilen. Es hat daher einen Gebäude- und einen Betriebsvorrichtungsteil.

195

Kesselhaus

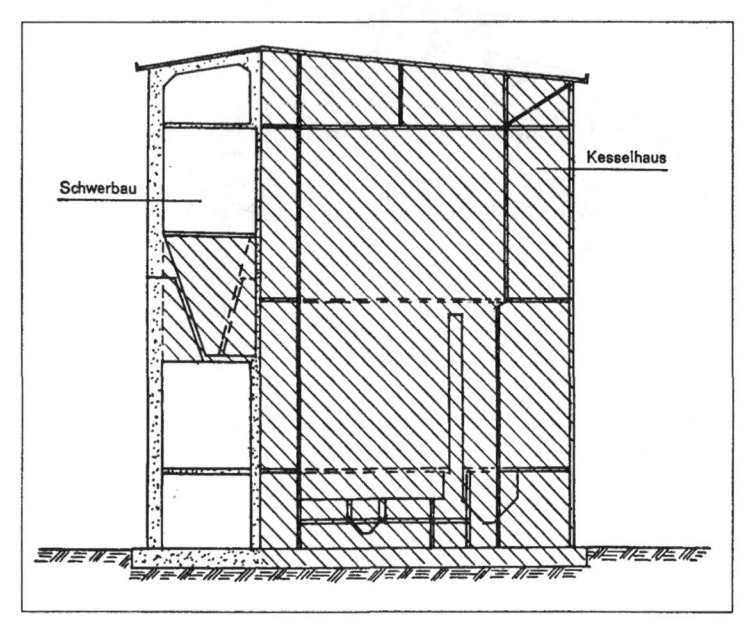

Schwerbau — *Kesselhaus*

196 Lässt sich ein Bauwerk **horizontal** einteilen, so entstehen dabei nur dann Betriebsvorrichtung und Gebäude, wenn der Gebäudeteil den unteren Teil des Bauwerks bildet. Ist der untere Teil eines einheitlichen Bauwerks eine Betriebsvorrichtung, ruht also die Umschließung auf der Betriebsvorrichtung, so ist das ganze Bauwerk eine Betriebsvorrichtung.

Beispiel

Bei einem Zickzackofen ruht die Überdachung auf dem Betriebsvorrichtungsteil des einheitlichen Bauwerks. Sie ist nicht standfest und daher Teil der Betriebsvorrichtung.

Zickzackofen

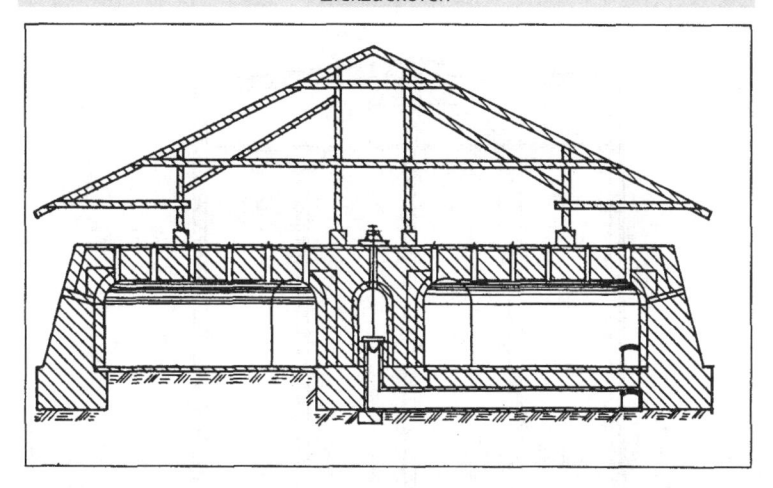

Anders ist es, wenn Betriebsvorrichtung und Umschließung selbstständige Bauwerke sind, wie es bei einer Bahnanlage mit Warteraum der Fall ist (→Rdn. 191).
Werden die Außenwände eines Bauwerks aus Teilen von Betriebsvorrichtungen gebildet und liegt keiner der vorstehend behandelten Fälle vor, so kommt es darauf an, ob die Außenwandflächen überwiegend zum Gebäude oder zur Betriebsvorrichtung rechnen. Bestehen die Außenwände überwiegend aus Umwandungen der Betriebsvorrichtung, ist das Bauwerk insgesamt als Betriebsvorrichtung anzusehen.

197

Beispiel

Ein Getreidesilo ist insgesamt eine Betriebsvorrichtung, weil die Außenwände gleichzeitig Umwandungen der Betriebsvorrichtung sind.

D Bilanzierung der Vermögensgegenstände

Getreidesilo

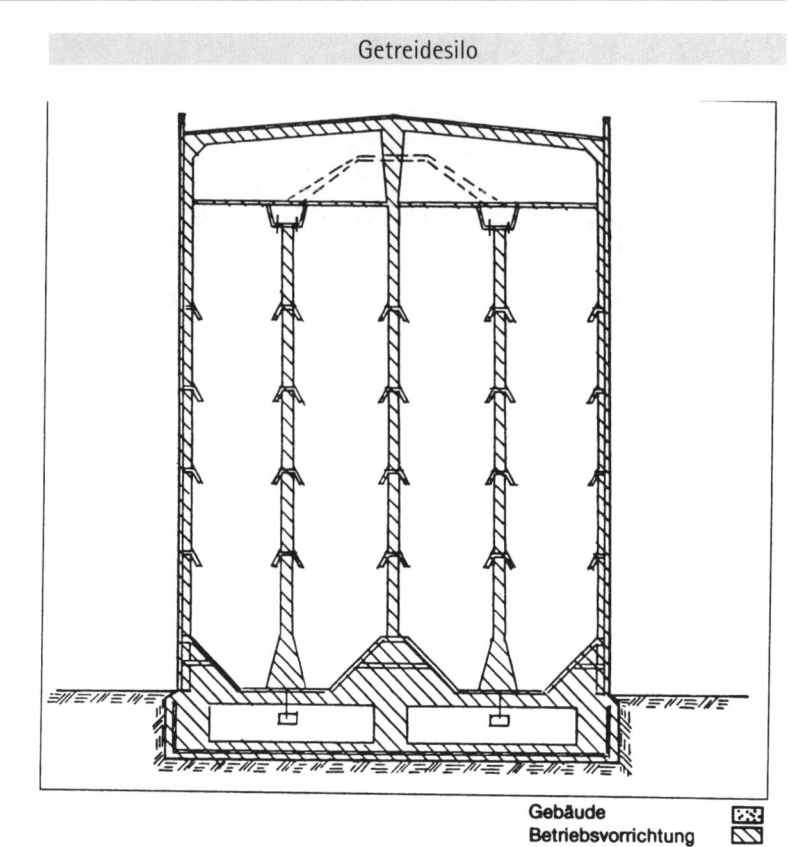

Gebäude
Betriebsvorrichtung

Beispiel

Eine Sumpfanlage ist insgesamt eine Betriebsvorrichtung, weil die Außenwand ebenso Umwandung der Betriebsvorrichtung ist.

Bilanzierung des Anlagevermögens D

Sumpfanlage

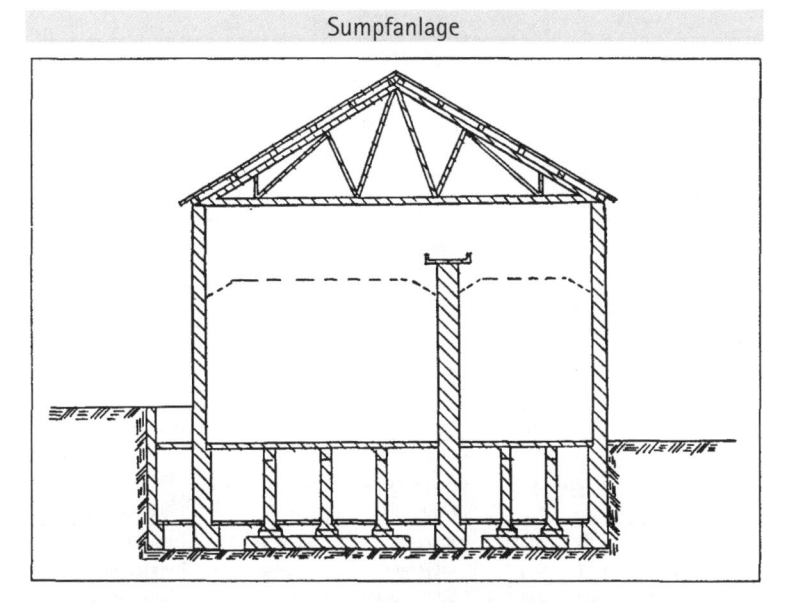

Die Standfestigkeit ist also ein wichtiges Merkmal eines Gebäudes. 198
Nach den vorstehenden Darstellungen sind drei Merkmale bei der
Prüfung der Standfestigkeit und damit der Gebäudeeigenschaft zu
unterscheiden:
1. Verbindung von Betriebsvorrichtung und Umschließung
2. Fundamente, Stützen, Mauervorlagen, Verstrebungen, Decken- oder Wandverstärkungen
3. Gemeinsame Außenwände für Umschließung und Betriebsvorrichtung

1. Merkmal:	Umschließung und Betriebsvorrichtung stehen in enger baulicher Verbindung
Bei Entfernung der als Betriebsvorrichtung anzusehenden Teile des Bauwerks	
stürzt das Bauwerk ein	stürzt das Bauwerk nicht ein
Das Bauwerk ist insgesamt eine Betriebsvorrichtung	Das Bauwerk besteht aus Gebäude (Umschließung) und Betriebsvorrichtung

2. Merkmal:	Fundamente, Stützen, Mauervorlagen, Verstrebungen, Decken- oder Wandverstärkungen	
Sie dienen ausschließlich der Betriebsvorrichtung		Sie stärken auch die Standfestigkeit des Gebäudes
Teile der Betriebsvorrichtung		Teile des Gebäudes

3. Merkmal:	Gemeinsame Außenwände für Umschließung und Betriebsvorrichtung bei einem einheitlichen Bauwerk				
Das Bauwerk ist abgrenzbar in Gebäude und Betriebsvorrichtung				Das Bauwerk ist nicht abgrenzbar	
vertikal abgrenzbar	horizontal abgrenzbar		Außenflächen, die Gebäude sind, überwiegen	Außenflächen, die Betriebsvorrichtung sind, überwiegen
	unterer Teil ist Gebäude	unterer Teil ist Betriebsvorrichtung		
Aufteilung in Gebäude und Betriebsvorrichtung	Aufteilung in Gebäude und Betriebsvorrichtung	Bauwerk insgesamt Betriebsvorrichtung	Bauwerk insgesamt Gebäude	Bauwerk insgesamt Betriebsvorrichtung

Schutz gegen äußere Einflüsse

199 Ein Bauwerk bietet Schutz gegen äußere Einflüsse und ist damit Gebäude, wenn es nach der Verkehrsauffassung einen Raum umschließt und dadurch Schutz gegen die äußere Witterung bietet. Es genügt ein teilweiser Schutz, z. B. nur gegen Regen und Schnee. Daher ist ein Bauwerk auch dann ein Gebäude, wenn es nicht an allen Seiten Außenwände hat. Es genügt eine offene Überdachung, wenn diese so groß ist, dass sie wirksam Schutz gegen Regen und Schnee bietet.

Beispiel

Eine allseitig offene Markt-, Industrie- oder Bahnsteighalle ist ein Gebäude, wenn die übrigen Gebäudemerkmale erfüllt sind.

Allseitig offene Halle

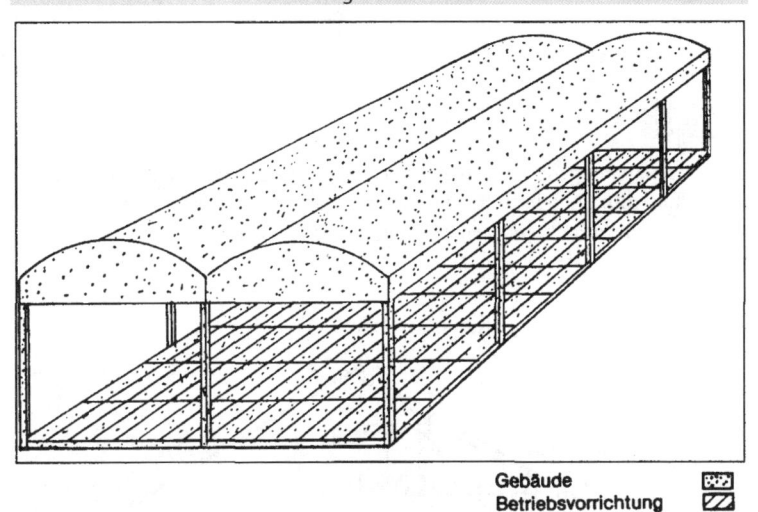

Gebäude
Betriebsvorrichtung

Frei stehende schmale Überdachungen und ähnliche Schutzdächer sind keine Gebäude, da sie nach der Verkehrsauffassung keinen Schutz gegen Witterungseinflüsse bieten.
Überdachungen von Verladerampen, die an einem Lagergebäude befestigt sind, sind Teile des Gebäudes.

Eignung zum Aufenthalt von Menschen

Ein Bauwerk ist zum Aufenthalt von Menschen geeignet, wenn es durch normale Eingänge betreten werden kann und Menschen sich in ihm nicht nur vorübergehend aufhalten können.

200

> **Beispiel**
>
> Transformatorenhäuschen und ähnliche kleine Bauwerke, die Betriebsvorrichtungen enthalten und nicht mehr als 30 qm Grundfläche haben, gestatten allenfalls einen nur vorübergehenden Aufenthalt von Menschen und sind daher Betriebsvorrichtungen.

Voraussetzung ist, dass Menschen in dem Bauwerk arbeiten können, auch wenn das auf die Dauer zu gesundheitlichen Schäden führen kann. Bei Bauwerken, in denen eine besonders hohe oder niedrige

201

Temperatur herrscht, kommt es darauf an, ob die Temperatur während des Betriebsvorgangs einen Aufenthalt von Menschen zulässt oder ausschließt.

Beispiel

Eine Kammertrockenanlage ist eine Betriebsvorrichtung, weil die Temperatur in den Trockenkammern während des Trockenvorgangs einen Aufenthalt von Menschen unmöglich macht.

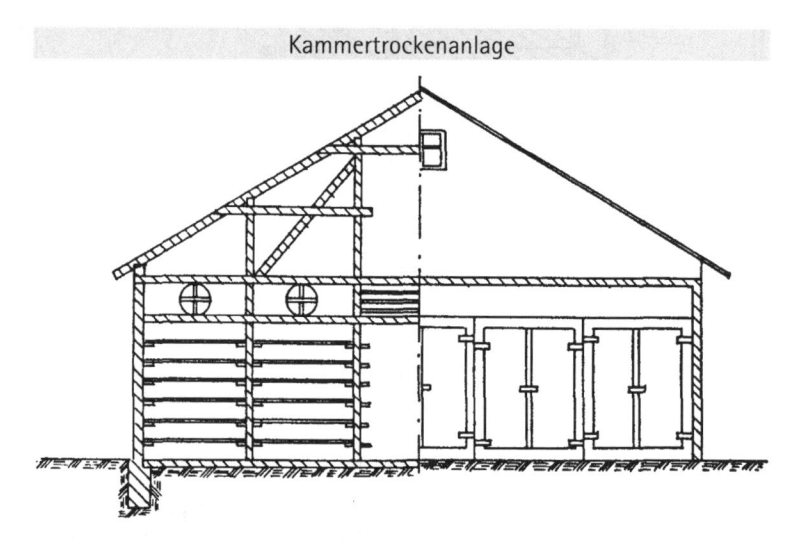

1.4.4 Bestandteile und Anlagen innerhalb eines Bauwerks

202 Für die Zurechnung von Bestandteilen und Anlagen innerhalb eines Bauwerks zum Gebäude oder zu den Betriebsvorrichtungen kommt es darauf an, ob sie der Benutzung des Gebäudes ohne Rücksicht auf den gegenwärtig ausgeübten Betrieb dienen, oder ob sie in einer besonderen Beziehung zum Betrieb stehen und ihm unmittelbar dienen.

Bilanzierung des Anlagevermögens

Wände innerhalb von Bauwerken			203
Wände umschließen Räume, die zum dauernden Aufenthalt von Menschen geeignet sind	Wände umschließen Räume, die in einem einheitlichen Nutzungs- und Funktionszusammenhang zum Betrieb stehen und nicht zum dauernden Aufenthalt von Menschen geeignet sind		
Gebäudeteile	Soweit es sich um tragende Wände für das Gebäude handelt, sind es Teile des Gebäudes	Soweit es Wände sind, die für das Gebäude keine tragende Funktion haben, sind es Betriebsvorrichtungen	

Verstärkungen und Fundamente				204
Deckenverstärkungen	Wand- und Fundamentverstärkungen		Einzelfundamente für Maschinen	
	nicht ausschließlich für Betriebsvorrichtung bestimmt	ausschließlich für Betriebsvorrichtung bestimmt		
stets Gebäudeteile, auch wenn sie zum Tragen einer Maschine verstärkt sind	Gebäudeteile	Betriebsvorrichtungen	Betriebsvorrichtungen	

Heizungs-, Warmwasser- und Klimaanlagen		205
Sie gestalten den Aufenthalt für Menschen angenehmer	Sie dienen ganz oder überwiegend betrieblichen Zwecken	
Gebäudeteile	Betriebsvorrichtungen	

Bäder und Wascheinrichtungen		206
Sie dienen der Körperpflege	Sie dienen Heilzwecken oder mit ihnen wird das Gewerbe betrieben	
Gebäudeteile	Betriebsvorrichtungen	

207

Fahrstühle, Rolltreppen und Förderbänder	
Personenaufzüge und Rolltreppen dienen der raschen und sicheren Abwicklung des Personenverkehrs	Lastenaufzüge und Förderbänder dienen unmittelbar den Betriebsvorgängen
Gebäudeteile	Betriebsvorrichtungen

208

Be- und Entwässerungsanlagen	
Im Allgemeinen stehen sie mit der Gebäudenutzung im Nutzungs- und Funktionszusammenhang	Soweit sie unmittelbar den Betriebsvorgängen dienen
Gebäudeteile	Betriebsvorrichtungen

209

Beleuchtungsanlagen	
Im Allgemeinen dienen sie dem Aufenthalt von Personen und dem sicheren Personenverkehr	Spezialbeleuchtungen zur Darstellung von Auslagen, z. B. in Schaufenstern und Vitrinen
Gebäudeteile	Betriebsvorrichtungen

210

Sonstige Anlagen	
Unmittelbarer Zusammenhang mit der Gebäudenutzung, z. B. Sprinkleranlagen	Unmittelbarer Nutzungs- und Funktionszusammenhang mit dem Betrieb, z. B. Kühleinrichtungen, Absaugvorrichtungen, Bewetterungsanlagen, Entstaubungsanlagen, Stahltüren, Stahlkammern, Stahlfächer, Alarmanlagen von Tresoranlagen
Gebäudeteile	Betriebsvorrichtungen

1.4.5 Gebäudeteile

211 Rechtlich gesehen ist ein Gebäude ein wesentlicher Bestandteil eines Grundstücks (§ 94 Abs. 1 BGB) und mit diesem eine einheitliche

Sache. Wirtschaftlich ist aber zwischen dem Grund und Boden als einem nicht abnutzbaren Wirtschaftsgut und dem Gebäude als einem abnutzbaren Wirtschaftsgut zu unterscheiden.

Ein Gebäude kann aus mehreren Gebäudeteilen bestehen. Jeder Gebäudeteil ist, wenn er gegenüber dem Gebäude selbstständig ist, für sich ein besonderer Vermögensgegenstand, ein besonderes Wirtschaftsgut. Handelsrechtlich und bilanzsteuerrechtlich ist jeder selbstständige Gebäudeteil gesondert zu bilanzieren.[104] Demgegenüber gibt es unselbstständige Gebäudeteile. Sie sind Bestandteile des Gebäudes und gehen hierin auf.

212

Gebäudeteile sind daher zu unterscheiden in selbstständige und unselbstständige Gebäudeteile. Hierbei kommt es darauf an, ob zwischen Gebäudeteil und Gebäude ein Nutzungs- und Funktionszusammenhang besteht.

213

Selbstständige Gebäudeteile	Unselbstständige Gebäudeteile
Einheitlicher Nutzungs- und Funktionszusammenhang zwischen Gebäude und Gebäudeteil	
besteht nicht	besteht

Selbstständige Gebäudeteile

Selbstständige Gebäudeteile dienen besonderen von der Gebäudenutzung unterschiedlichen Zwecken. Sie stehen daher in einem von der eigentlichen Gebäudenutzung verschiedenen Nutzungs- und Funktionszusammenhang. Hierzu gehören:[105]

214

- Betriebsvorrichtungen (→Rdn. 188 f.)
- Scheinbestandteile (→Rdn. 217)
- einem schnellen Wandel des modischen Geschmacks unterliegende Einbauten (→Rdn. 219)
- sonstige Mietereinbauten (→Rdn. 223)
- sonstige selbstständige Gebäudeteile (→Rdn. 225)

Von diesen selbstständigen Gebäudeteilen gehören zu den beweglichen Anlagegegenständen die Betriebsvorrichtungen und die Scheinbestandteile. Zu den unbeweglichen Anlagegegenständen rechnen die sonstigen selbstständigen Gebäudeteile.

215

---

104 Hoyos/Schramm/Ring in: Beck Bil-Komm. § 253 HGB Rdn. 334 ff.
105 R 13 Abs. 3 EStR.

216 Bei den einem schnellen Wandel des modischen Geschmacks unterliegenden Einbauten und den sonstigen Mietereinbauten ist im Einzelnen zu prüfen, ob sie bewegliche oder unbewegliche Vermögensgegenstände/Wirtschaftsgüter sind oder ob sie zu anderen Bilanzposten gehören.

Scheinbestandteile

217 Werden bewegliche Wirtschaftsgüter in ein Gebäude eingefügt, können sie unselbstständige Bestandteile des Gebäudes werden oder selbstständige Wirtschaftsgüter bleiben. Für diese Einteilung ist nicht maßgebend, ob sie wesentliche Bestandteile (§§ 93, 94 BGB) des Gebäudes im rechtlichen Sinne geworden sind.
Werden bewegliche Wirtschaftsgüter in ein Gebäude eingefügt
- zu einem nicht vorübergehenden Zweck, werden sie Bestandteile des Gebäudes,
- zu einem vorübergehenden Zweck, bleiben sie bewegliche Wirtschaftsgüter und damit selbstständig. Man nennt sie dann „Scheinbestandteile".

218 Zu einem **vorübergehenden Zweck** werden bewegliche Wirtschaftsgüter eingefügt, wenn
1. ihre **Nutzungsdauer** länger als die Nutzungsdauer ist, für die sie eingebaut werden,
2. sie auch nach ihrem Ausbau einen beachtlichen **Wiederverwendungswert** haben und
3. mit ihrer späteren **Wiederentfernung** nach den Umständen, insbesondere nach Art und Zweck der Verbindung, gerechnet werden kann.[106]

Einbauten zu einem vorübergehenden Zweck sind auch
- vom Unternehmer für seine eigenen Zwecke vorübergehend eingefügte Anlagen,
- von einem Vermieter oder Verpächter zur Erfüllung besonderer Bedürfnisse des Mieters oder Pächters eingefügte Anlagen, deren Nutzungsdauer nicht länger als die Laufzeit des Vertragsverhältnisses ist.[107]

---

106 H 42 (Scheinbestandteile) EStH.
107 R 42 Abs. 4 EStR.

Schnellem Wandel des modischen Geschmacks unterliegende Einbauten

Einem schnellen Wandel des modischen Geschmacks unterliegende Einbauten sind
- Ladeneinbauten
- Schaufensteranlagen
- Gaststätteneinbauten
- Schalterhallen von Kreditinstituten

Hierzu gehören nur die Einbauten, die statisch für das gesamte Gebäude unwesentlich sind.[108]

Beispiele

Trennwände, nicht tragende Wände und Decken, Fassaden und Passagen.

Diese Einbauten stehen in einem von der eigentlichen Gebäudenutzung gesonderten Nutzungszusammenhang und werden daher gesondert bilanziert.

Die Schaufensteranlagen dienen unmittelbar dem Gewerbebetrieb und sind damit als Betriebsvorrichtungen bewegliche Wirtschaftsgüter. Andere Ladeneinbauten sind daraufhin zu prüfen, ob es Einbauten für vorübergehende Zwecke sind. Dann sind es Scheinbestandteile und damit bewegliche Wirtschaftsgüter. Die übrigen einem schnellen Wandel des modischen Geschmacks unterliegenden Einbauten sind unbewegliche Wirtschaftsgüter.

Mietereinbauten

Mietereinbauten sind Baumaßnahmen, die der Mieter auf seine Rechnung durchführt. Es kann sich handeln um
- Scheinbestandteile (→Rdn. 217 f.),
- Betriebsvorrichtungen (→Rdn. 188 f.) und
- sonstige Mietereinbauten.[109]

---

108 R 13 Abs. 3 Satz 3 Nr. 3 EStR.
109 BMF-Schreiben vom 15.1.1976 IV B 2 – S 2133 – 1/76, BStBl 1976 I S. 66.

222 **Scheinbestandteile** und **Betriebsvorrichtungen** aktiviert der Mieter als eigene materielle bewegliche Wirtschaftsgüter.

223 **Sonstige Mietereinbauten** und **Mieterumbauten** sind dem Mieter als eigene materielle unbewegliche Wirtschaftsgüter zuzurechnen, wenn
- die eingebauten Sachen während der voraussichtlichen Mietdauer technisch oder wirtschaftlich verbraucht werden oder
- der Mieter bei Beendigung des Mietvertrags vom Eigentümer mindestens die Erstattung des noch verbliebenen gemeinen Werts des Einbaus oder Umbaus verlangen kann oder
- die Mietereinbauten oder Mieterumbauten unmittelbar den besonderen betrieblichen oder beruflichen Zwecken des Mieters dienen und mit dem Gebäude nicht in einem einheitlichen Nutzungs- und Funktionszusammenhang stehen. Besteht eine sachliche Beziehung zum Betrieb des Mieters, so ist ein daneben bestehender Zusammenhang mit dem Gebäude ohne Bedeutung.

Die sonstigen Mietereinbauten und Mieterumbauten werden nach den für Gebäude geltenden Grundsätzen (→Rdn. 690, 706) abgeschrieben.[110] Insoweit bestimmt sich die Abschreibung abweichend von Nr. 10 des BMF-Schreibens vom 15.1.1976 (s. FN 109).[111]

224 Entstehen durch die Aufwendungen des Mieters **keine Scheinbestandteile, Betriebsvorrichtungen, sonstigen Mietereinbauten oder Mieterumbauten**, handelt es sich insbesondere um Baumaßnahmen, die auch unabhängig von der vom Mieter vorgesehenen betrieblichen oder beruflichen Nutzung hätten vorgenommen werden müssen, z. B. der Mieter baut anstelle des Eigentümers eine Zentralheizung ein, so ist zu unterscheiden:
- Es ist vereinbart, dass der Mieter die Aufwendungen mit der Miete verrechnen kann: Der Mieter aktiviert einen Rechnungsabgrenzungsposten (→Rdn. 406 ff.) und schreibt ihn auf die Laufzeit der Miete ab.
- Die Aufwendungen dürfen nicht mit der Miete verrechnet werden: Es ist ein immaterielles Wirtschaftsgut des Anlagevermögens entstanden, das der Mieter nicht aktivieren darf, weil es für ihn ein originärer immaterieller Anlagegegenstand ist (→Rdn. 163). Der

---

110 BFH, Urt. v. 15.10.1996 VIII R 44/94, BStBl 1997 II S. 533.
111 H 44 (Mietereinbauten) EStH.

Mieter setzt in diesem Fall die Aufwendungen sofort als Betriebsausgaben ab.[112]

Sonstige selbstständige Gebäudeteile

Wird ein Gebäude im Übrigen vom Unternehmer teils eigenbetrieblich, teils fremdbetrieblich, teils zu eigenen und teils zu fremden Wohnzwecken genutzt, so ist jeder dieser vier unterschiedlich genutzten Gebäudeteile ein besonderes Wirtschaftsgut, weil das Gebäude in verschiedenen Nutzungs- und Funktionszusammenhängen steht.[113] Das Gebäude kann daher zusätzlich zu den in den Rdn. 217 bis 224 behandelten Gebäudeteilen noch in die Gebäudeteile aufgeteilt werden: 225

- eigenbetrieblich genutzter Gebäudeteil
- fremdbetrieblich genutzter Gebäudeteil
- zu fremden Wohnzwecken genutzter Gebäudeteil
- zu eigenen Wohnzwecken genutzter Gebäudeteil

Voraussetzung für die Bilanzierung dieser Gebäudeteile ist, dass der jeweilige Gebäudeteil wirtschaftlich dem Unternehmer gehört (→ Rdn. 8 ff.) und zu seinem Betriebsvermögen zählt (→Rdn. 11 ff.).

Gebäude und Gebäudeteile können im Einzel-, Gesamt- oder Miteigentum stehen. Nur soweit sie einem Einzelunternehmer oder Mitunternehmer als Eigentum oder Miteigentum zuzurechnen sind, kann dieser sie bilanzieren. 226

Ein **eigenbetrieblich genutzter Gebäudeteil** wird ausschließlich und unmittelbar für eigenbetriebliche Zwecke genutzt, und gehört daher zum notwendigen Betriebsvermögen. Anteilig rechnet auch der Grund und Boden dazu.[114] Vermietet ein Unternehmer in seinem Gebäude Wohnräume an seine Arbeitnehmer, so rechnet dieser fremden Wohnzwecken dienende Gebäudeteil zu seinem notwendigen Betriebsvermögen und deshalb ebenfalls zum eigenbetrieblich genutzten Gebäudeteil.[115] 227

Wird ein Gebäude oder ein Gebäudeteil eigenbetrieblich genutzt, handelt es sich auch dann um ein einheitliches Wirtschaftsgut, wenn

---

112 BMF, Schr. v. 15.1.1976 IV B 2 – S 2133 – 1/76, Nr. 9, BStBl 1976 I S. 66.
113 R 13 Abs. 4 Satz 1 EStR.
114 R 13 Abs. 7 EStR.
115 R 13 Abs. 4 Satz 2 EStR.

der Unternehmer es im Rahmen mehrerer selbstständiger eigener Betriebe nutzt[116].

228 Ein **fremdbetrieblich genutzter Gebäudeteil** ist ein Gebäudeteil, den ein Unternehmer in seinem Gebäude an einen anderen Unternehmer vermietet hat. Hier kommt die Bilanzierung als gewillkürtes Betriebsvermögen in Betracht (→Rdn. 14, 21). Auch wenn zu hoheitlichen, gemeinnützigen oder zu Zwecken eines Berufsverbandes vermietet ist, gilt das als fremdbetriebliche Nutzung.[117]
Handelt es sich um eine wesentliche Betriebsgrundlage im Rahmen einer Betriebsaufspaltung oder Betriebsverpachtung, rechnet der Gebäudeteil mit dem zugehörigen Teil des Grund und Bodens zum notwendigen Betriebsvermögen des Betriebsunternehmens bei der Betriebsaufspaltung oder Verpachtungsunternehmens bei der Betriebsverpachtung[118].

229 Ein zu **fremden Wohnzwecken genutzter Gebäudeteil** kann bilanziert werden, wenn die Voraussetzungen als gewillkürtes Betriebsvermögen vorliegen (→Rdn. 14, 21).
Ein zu **eigenen Wohnzwecken genutzter Gebäudeteil** rechnet zum notwendigen Privatvermögen und kann deshalb nicht bilanziert werden. Eigenen Wohnzwecken dient ein Gebäudeteil, der nicht nur vorübergehend eigenen Wohnzwecken dient oder der unentgeltlich zu Wohnzwecken an Dritte überlassen wird.[119] Ausnahmen gelten nur für eine Übergangszeit (§ 52 Abs. 21 EStG).[120]

230 Soweit ein Gebäudegrundstück **vor dem 1.1.1999** angeschafft, hergestellt oder in das Betriebsvermögen eingelegt worden ist und **zu mehr als der Hälfte** die Voraussetzungen für die Behandlung als Betriebsvermögen erfüllt, können weitere Grundstücksteile, für die nicht die Voraussetzungen als gewillkürtes Betriebsvermögen vorliegen, etwa weil sie nicht in einem gewissen objektiven Zusammenhang mit dem Betrieb stehen und/oder nicht bestimmt und geeignet sind ihn zu fördern, als Betriebsvermögen behandelt werden. Diese Regelung gilt

---

116 H 13 Abs. 4 (Nutzung im Rahmen mehrerer Betriebe) EStH.
117 R 13 Abs. 4 Satz 3 EStR.
118 Stöcker in Korn, § 4 EStG Rz. 241.
119 R 13 Abs. 10 Satz 2 EStR.
120 R 13 Abs. 10 Satz 2, 2. Halbsatz EStR; H 13 (10) Ausnahmen EStH; BMF 12.11.1986 IV B 4 – S 2236 – 15/86, BStBl 1986 I S. 528.

nicht mehr bei Anschaffungen, Herstellungen oder Einlagen **nach dem 31.12.1998**[121].

1.5 Anlagen im Bau

Anlagen, an denen noch gebaut wird, sind noch nicht nutzbar. Sie werden noch **nicht abgeschrieben**. Sie unterscheiden sich daher in einem für die Bewertung wesentlichen Merkmal von den fertigen und bereits betriebenen Anlagen. Ein Ausweis bei den einzelnen Anlageposten ist nicht zulässig, weil dann Nichtzusammengehöriges unter einem Posten ausgewiesen sein würde. Das wäre ein Verstoß gegen den Klarheitsgrundsatz (→Rdn. 88 ff.).

231

Als Anlagen im Bau werden die bis zum Bilanzstichtag durchgeführten Investitionen für alle Gegenstände des Sachanlagevermögens aufgeführt. Voraussetzung für die Bilanzierung als Anlage im Bau ist, dass die Anlage nach der Fertigstellung **aktivierbar** ist.[122] Da Herstellungskosten auf immaterielle Anlagegegenstände nicht aktivierbar sind (→Rdn. 174 ff.), dürfen immaterielle Anlagen im Bau nicht aktiviert werden.

232

Nach ihrer Fertigstellung werden die Anlagen im Bau auf die einzelnen Posten des Anlagevermögens **umgebucht**.

233

1.6 Anzahlungen auf Anlagen

Ein auf Lieferung oder Leistung einer Sachanlage gerichteter Vertrag ist für den Unternehmer, dem die Sachanlage zu liefern ist oder an den geleistet werden soll, bis zur Lieferung oder Leistung ein schwebendes Geschäft. Für ihn ist es eine Vorleistung im Rahmen des Vertrags mit dem Vertragspartner. Erbringt der Unternehmer eine Geldleistung an den zur Lieferung oder Leistung Verpflichteten, so ist diese Geldleistung als „Geleistete Anzahlung auf Sachanlagen" zu buchen:

234

→ Geleistete Anzahlungen auf Sachanlagen
an Bank

---

121 R 13 Abs. 10 EStR.
122 Hoyos/Gutike in: Beck Bil.-Komm. § 247 Rdn. 561.

235 Ist die Sachanlage geliefert, bucht der Unternehmer zunächst auf Sonstige Verbindlichkeiten:
→ Sachanlage
an Sonstige Verbindlichkeit
Dann saldiert er Geleistete Anzahlungen auf Sachanlagen mit Sonstigen Verbindlichkeiten:
→ Sonstige Verbindlichkeiten
an Geleistete Anzahlungen auf Sachanlagen

236 Liefert aber der zur Lieferung Verpflichtete nicht, etwa auf Grund einer Leistungsstörung, entfällt also die Buchung zu Rdn. 235 und ist daher mit der Rückforderung der Anzahlung zu rechnen oder ist die Rückforderung bereits erklärt worden, so bucht der Unternehmer um:
→ Sonstige Vermögensgegenstände
an Geleistete Anzahlungen auf Sachanlagen
Damit verbleibt, in Verbindung mit der Ausgangsbuchung in Rdn. 234:
→ Sonstige Vermögensgegenstände
an Bank
Überweist der Geschäftspartner den vom Unternehmer angezahlten Betrag, so bucht der Unternehmer:
→ Bank
an Sonstige Vermögensgegenstände

1.7 Finanzanlagen

237 Finanzanlagen entstehen durch Kapitalüberlassung an andere Unternehmen. Aus ihnen sollen Zinsen oder Gewinnbeteiligungen erzielt werden.
Finanzanlagen sind:
- Anteile an verbundenen Unternehmen
- Ausleihungen an verbundene Unternehmen
- Beteiligungen
- Ausleihungen an Unternehmen, mit denen ein Beteiligungsverhältnis besteht
- Wertpapiere des Anlagevermögens
- sonstige Ausleihungen

Auch im **Umlaufvermögen** befinden sich Wirtschaftsgüter, die durch Kapitalüberlassung an andere Unternehmen entstanden sind:
- Forderungen gegen verbundene Unternehmen
- Forderungen gegen Unternehmen, mit denen ein Beteiligungsverhältnis besteht
- Anteile an verbundenen Unternehmen
- sonstige Vermögensgegenstände und Wertpapiere

238

Wird Kapital zur Nutzung überlassen, i. d. R. gegen Zinsen, Gewinnbeteiligung oder andere Nutzungsentgelte, so handelt es sich um Finanzanlagen. Beabsichtigt hingegen der Anleger bei der Kapitalüberlassung oder behält er sich dabei vor, die Kapitalanlage jederzeit zu veräußern und sie damit zu versilbern, rechnet sie zum Umlaufvermögen.

239

Abgrenzungen	
Finanzanlagen	Umlaufgegenstände
Mehrmalige Nutzung:	Einmalige Nutzung:
Nachhaltige Erzielung von Zinserträgen, Gewinnbeteiligung, längerfristige geschäftliche Verbindung zu anderen Unternehmen	Verwertung oder Veräußerung ist der eigentliche Zweck, nicht die Erzielung von Zinserträgen oder Beteiligung am Gewinn, auch wenn kurzfristig Zinsen „mitgenommen werden"

Erträge aus der Nutzung von materiellen und immateriellen Anlagegegenständen realisieren sich in Erlösen aus den Umsätzen der mit den Anlagen hergestellten Erzeugnisse und bei der Veräußerung der Anlagen in sonstigen Erträgen. Die Abschreibungen bemessen sich in der Regel nach der betriebsgewöhnlichen Nutzungsdauer oder dem wirtschaftlichen Wert für das Unternehmen. Die positiven und negativen Erfolgsbeiträge aus diesen Anlagegegenständen werden also im eigenen Unternehmen erwirtschaftet.

240

Erträge aus Finanzanlagen sind Zinsen aus Kapitalanlagen oder Gewinnbeteiligungen an fremden Unternehmen. Die Abschreibungen richten sich nach dem wirtschaftlichen Wert eines fremden Unternehmens. Das in einem fremden Unternehmen eingesetzte Kapital kann die Wirtschaftskraft des eigenen Unternehmens stärken, indem es seinen Einflussbereich erweitert.

241 Die Finanzanlagen sind daher gegenüber den übrigen Anlagegegenständen wesensverschieden und nach dem Klarheitsgrundsatz getrennt von den übrigen Gegenständen des Anlagevermögens zu bilanzieren.

2 Bilanzierung des Umlaufvermögens

242 Zur Abgrenzung des Umlaufvermögens vom Anlagevermögen →Rdn. 171.
Zum Umlaufvermögen gehören:
- Vorräte
- Geleistete Anzahlungen auf Vorräte
- Forderungen
- Sonstige Vermögensgegenstände
- Wertpapiere des Umlaufvermögens
- Flüssige Mittel

2.1 Vorräte

243 Die **Vorräte** dienen dem eigentlichen Geschäftszweck des Unternehmens, also unmittelbar der Produktion oder dem Handel. Zu den Vorräten gehören:
- Rohstoffe,
- Hilfsstoffe,
- Betriebsstoffe,
- unfertige Erzeugnisse,
- fertige Erzeugnisse und
- Waren.

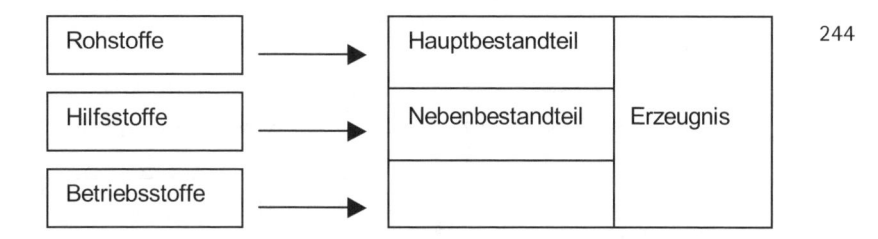

Rohstoffe	→	Hauptbestandteil		244
Hilfsstoffe	→	Nebenbestandteil	Erzeugnis	
Betriebsstoffe	→			

Die **Roh-, Hilfs- und Betriebsstoffe** werden angeschafft und unter Einsatz von Maschinen und Arbeitskraft zu Erzeugnissen verarbeitet. Rohstoffe werden Hauptbestandteil, Hilfsstoffe Nebenbestandteil der Erzeugnisse, Betriebsstoffe werden bei der Herstellung der Erzeugnisse verbraucht.

Beispiele

Rohstoffe: Holz, Blech.
Hilfsstoffe: Nägel, Leim, Farbe.
Betriebsstoffe: Brennstoff, Reinigungsmaterial, Schmiermittel.

Am Bilanzstichtag sind die **Erzeugnisse** entweder fertig oder noch unfertig. 245

Fertige Erzeugnisse	Unfertige Erzeugnisse
Am Bilanzstichtag	
auslieferungsfähig	noch nicht auslieferungsfähig

Im Unterschied zu den Roh-, Hilfs- und Betriebsstoffen werden die **Waren** nicht zu Erzeugnissen verarbeitet, sondern selbstständig oder als Zubehör zu eigenen Erzeugnissen weiterveräußert. 246

Im Unternehmen haben die Vorräte je nachdem, zu welcher Gruppe sie gehören, einen unterschiedlichen Durchlauf. Waren, Roh-, Hilfs- und Betriebsstoffe gehen in den Anschaffungsbereich. Waren bleiben unverändert und gelangen so in den Umsatz. Roh-, Hilfs- und Betriebsstoffe gehen in den Produktionsbereich und gelangen nach der Verarbeitung zu Erzeugnissen in den Umsatz. 247

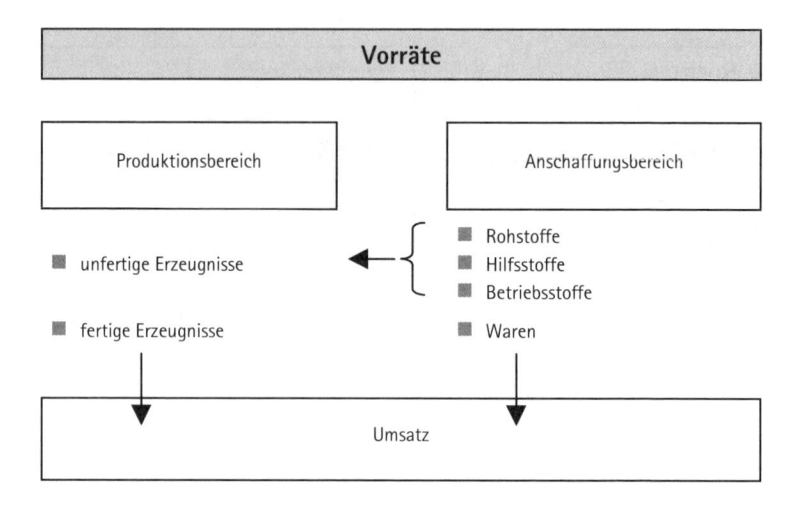

```
┌─────────────────────────────────────────────────────────┐
│                         Vorräte                         │
└─────────────────────────────────────────────────────────┘

┌──────────────────────┐        ┌──────────────────────┐
│  Produktionsbereich  │        │  Anschaffungsbereich │
└──────────────────────┘        └──────────────────────┘

                                    ■ Rohstoffe
  ■ unfertige Erzeugnisse    ◀─{   ■ Hilfsstoffe
                                    ■ Betriebsstoffe
  ■ fertige Erzeugnisse             ■ Waren

┌─────────────────────────────────────────────────────────┐
│                         Umsatz                          │
└─────────────────────────────────────────────────────────┘
```

248 Die Vorräte werden zum Bilanzstichtag durch Inventur aufgenommen und im Inventar erfasst (→Rdn. 1 ff.), nachdem sie bewertet worden sind. Mit diesen Werten werden sie in der Bilanz ausgewiesen.

2.2 Geleistete Anzahlungen auf Vorräte

249 Geleistete Anzahlungen auf Vorräte sind Vorleistungen des Unternehmers auf die Leistung des zur Lieferung oder Leistung von Waren, Roh-, Hilfs- oder Betriebsstoffen, Erzeugnissen, Werk- oder Dienstleistungen verpflichteten Vertragspartners.

250 Als „geleistete Anzahlungen auf Vorräte" kommen nur in Betracht:
- Anzahlungen auf künftige Lieferungen von Vorräten,
- Anzahlungen auf mit dem Produktionsprozess zusammenhängenden Dienstleistungen.

251 Als „geleistete Anzahlung auf Vorräte" wird die **Zahlung** gebucht und ausgewiesen. Kommt die Lieferung der Vorräte nicht zustande, entsteht ein **Rückforderungsanspruch**. Die Anzahlungen haben daher Forderungscharakter.

Es wird gebucht:

➔ geleistete Anzahlungen auf Vorräte
  an flüssige Mittel

Bei Lieferung der Vorräte wird gebucht:
→ Roh-, Hilfs- und Betriebsstoffe
  an geleistete Anzahlungen auf Vorräte

Nach der sog. **Mindest-Istbesteuerung** entsteht die **Umsatzsteuerschuld** bei der Besteuerung nach vereinbarten Entgelten bereits mit Ablauf des Voranmeldungszeitraums, in dem das Entgelt oder Teilentgelt vor Ausführung der Lieferung/Leistung bzw. Teillieferung/Teilleistung vereinnahmt worden ist (§ 13 Abs. 1 Nr. 1a Satz 4 UStG). 252

Der die Anzahlung Leistende kann auf der anderen Seite die **Vorsteuer** abziehen, wenn ihm eine Rechnung mit Umsatzsteuerausweis vorliegt und er die Anzahlung geleistet hat (§ 15 Abs. 1 Nr. 1 Satz 2 UStG). Er bucht dann: 253
→ geleistete Anzahlungen auf Vorräte
  Vorsteuer
  an flüssige Mittel

Beispiel

Unternehmer U bestellt beim Lieferanten L für 25.000 € Rohstoffe. L schickt U am 1.4.01 eine Rechnung, mit der er eine Anzahlung anfordert:

Auf Ihre Bestellung vom 20.3.01 bitte ich um		
eine Anzahlung in Höhe von	10.000 €	
zuzüglich 16 % USt	1.600 €	
Insgesamt	11.600 €	

U überweist L 11.600 € und bucht:

Geleistete Anzahlungen auf Vorräte	10.000 €	
Vorsteuer	1.600 €	
an Bank	11.600 €	

Nach Lieferung der Vorräte am 20.5.01 schickt L dem U folgende Rechnung:

Auf Ihre Bestellung vom 20.3.01 lieferten wir
X-Rohstoffe	25.000 €
16 % USt	4.000 €
Insgesamt	29.000 €
abzüglich Anzahlung	11.600 €
Restforderung	17.400 €

U bucht:

Rohstoffe	25.000 €
Vorsteuer	4.000 €
an Verbindlichkeiten aus Lieferungen und Leistungen	29.000 €
Verbindlichkeiten aus Lieferungen und Leistungen	11.600 €
an Vorsteuer	1.600 €
an Geleistete Anzahlungen	10.000 €
Verbindlichkeiten aus Lieferungen und Leistungen	17.400 €
an Bank	17.400 €

2.3 Forderungen

254 Zum Umlaufvermögen gehören
- Forderungen aus Lieferungen und Leistungen
- sonstige Vermögensgegenstände
- Forderungen gegen Unternehmen, mit denen ein Beteiligungsverhältnis besteht
- Forderungen gegen verbundene Unternehmen

255 **Lieferungen und Leistungen** sind die Geschäfte, die für das Unternehmen typisch sind. Den Lieferungen und Leistungen liegen **gegenseitige Verträge** zu Grunde. Hierbei stehen Leistung und Gegenleistung in einem Abhängigkeitsverhältnis zueinander. Die Leistung des einen Vertragspartners wird nur um der Leistung des anderen Vertragspartners willen erbracht.

Beispiele

Ein Verkäufer verpflichtet sich zur Lieferung, um den Kaufpreis zu bekommen. Ein Bauunternehmer verpflichtet sich zur Herstellung des Gebäudes, um den Werklohn zu erhalten. Ein Vermieter verpflichtet sich zur Gebrauchsüberlassung, um den Mietzins zu erlangen.

Rechte und Pflichten der Vertragspartner eines gegenseitigen Vertrags sind grundsätzlich gleichwertig und halten sich somit die Waage. Solange beide Partner nicht geleistet haben, stehen Anspruch und Verpflichtung in der Schwebe und bilden ein so genanntes **schwebendes Geschäft**. Der zur Lieferung oder sonstigen Leistung Verpflichtete darf den Erfolg aus dem Geschäft noch nicht ausweisen (→Rdn. 101) und daher die Forderung aus Lieferungen oder Leistungen nicht bilanzieren. 256

Hat der Unternehmer seine Verpflichtung zur Lieferung oder Leistung erfüllt, bucht er: 257

➔ Forderungen aus Lieferungen und Leistungen
   an Umsatzerlöse
   an Umsatzsteuer

2.4 Sonstige Vermögensgegenstände

Forderungen aus Geschäften, die für das Unternehmen nicht typisch sind, werden auf dem Konto „Sonstige Vermögensgegenstände" gebucht. Die Gegenbuchung erfolgt auf Konto „Sonstige betriebliche Erträge". 258

Buchung:

➔ Sonstige Vermögensgegenstände
   an Umsatzsteuer
   an Sonstige betriebliche Erträge

Auf diese Weise werden die Umsatzgeschäfte, die gelegentlich vorkommen, streng getrennt von den Umsatzgeschäften, die für den Geschäftsbetrieb des Unternehmens typisch sind.

D Bilanzierung der Vermögensgegenstände

> **Beispiel**
>
> Unternehmen U verkauft ein betriebliches Kraftfahrzeug, das noch einen Buchwert von 8.000 € hat, für 15.000 € zuzüglich Umsatzsteuer an den Unternehmer K. Er bucht:
>
> | | |
> |---|---:|
> | Sonstige Vermögensgegenstände | 17.400 € |
> | an Umsatzsteuer | 2.400 € |
> | an Fuhrpark | 8.000 € |
> | an Sonstige betriebliche Erträge | 7.000 € |

2.5 Wertpapiere des Umlaufvermögens

259 Zur Abgrenzung der Wertpapiere des Umlaufvermögens von denen des Anlagevermögens →Rdn. 239. Wertpapiere des Umlaufvermögens sind:
- Anteile an verbundenen Unternehmen,
- eigene Anteile,
- sonstige Wertpapiere.

2.6 Flüssige Mittel

260 Flüssige bzw. liquide Mittel sind:
- Schecks,
- Kassenbestand,
- Bundesbankguthaben,
- Guthaben bei Kreditinstituten.

261 Unter den **Schecks** sind Inhaber- und Orderschecks, Bar- und Verrechnungsschecks, Schecks in Euro und in Fremdwährung, Reise- und Tankschecks auszuweisen. Im **Kassenbestand** werden das in- und aus-
262 ländische Bargeld und die Brief-, Steuer- und Beitragsmarken ausgewiesen. **Guthaben bei Kreditinstituten** sind alle Forderungen gegen-
263 über in- und ausländischen Kreditinstituten. Es sind sowohl täglich fällige Guthaben als auch Festgelder auszuweisen. Bausparguthaben werden unter den sonstigen Vermögensgegenständen ausgewiesen. Gleichartige Guthaben und Verbindlichkeiten gegenüber demselben Kreditinstitut sind zu saldieren.

3 Testfragen zur Bilanzierung der Vermögensgegenstände

Nr.	Frage	Rdn.
81.	Wie unterscheiden sich die Anlagegegenstände von den Umlaufgegenständen?	171
82.	Wie unterscheiden sich die materiellen von den immateriellen Anlagegegenständen?	180
83.	Wie unterscheiden sich die abnutzbaren von den nicht abnutzbaren Anlagegegenständen?	184
84.	Welche Anlagegegenstände rechnen zu den beweglichen und welche zu den unbeweglichen Anlagen?	187
85.	Was sind Betriebsvorrichtungen?	188
86.	Was sind Gebäude?	190
87.	Was bedeutet feste Verbindung mit dem Grund und Boden?	191
88.	Was bedeutet Beständigkeit?	192
89.	Was bedeutet Standfestigkeit?	193
90.	Was bedeutet Schutz gegen Witterungseinflüsse?	199
91.	Wann ist ein Bauwerk zum Aufenthalt von Menschen geeignet?	200
92.	Wie werden Wände innerhalb eines Bauwerks Gebäude und Betriebsvorrichtungen zugerechnet?	203
93.	Wie werden Verstärkungen und Fundamente innerhalb eines Bauwerks Gebäude und Betriebsvorrichtungen zugerechnet?	204
94.	Wie werden Heizungs-, Warmwasser- und Klimaanlagen innerhalb eines Bauwerks Gebäude und Betriebsvorrichtungen zugerechnet?	205
95.	Wie werden Bäder und Wascheinrichtungen innerhalb eines Bauwerks Gebäude und Betriebsvorrichtungen zugerechnet?	206
96.	Wie werden Fahrstühle, Rolltreppen und Förderbänder innerhalb eines Bauwerks Gebäude und Betriebsvorrichtungen zugerechnet?	207
97.	Wie werden Be- und Entwässerungsanlagen innerhalb eines Bauwerks Gebäude und Betriebsvorrichtungen zugerechnet?	208
98.	Wie werden Beleuchtungsanlagen innerhalb eines Bauwerks Gebäude und Betriebsvorrichtungen zugerechnet?	209

D Bilanzierung der Vermögensgegenstände

Nr.	Frage	Rdn.
99.	Wie werden sonstige Anlagen innerhalb eines Bauwerks Gebäude und Betriebsvorrichtungen zugerechnet?	210
100.	Wie werden selbstständige Gebäudeteile von den unselbstständigen Gebäudeteilen abgegrenzt?	212
101.	Welche selbstständigen Gebäudeteile gibt es?	213
102.	Welche dieser selbstständigen Gebäudeteile gehören zu den beweglichen und welche zu den unbeweglichen Anlagegegenständen?	214
103.	Was sind Scheinbestandteile?	216 f.
104.	Welche Einbauten unterliegen einem schnellen Wandel des modischen Geschmacks?	218
105.	Wie werden Baumaßnahmen von Mietern bilanziert?	221 ff.
106.	Welche Gebäudeteile sind „sonstige Gebäudeteile" und wie werden sie bilanziert?	225 ff.
107.	Wie unterscheiden sich Anlagen im Bau von den übrigen Anlagegegenständen?	231
108.	Wie werden Anzahlungen des Unternehmers auf Anlagen gebucht und bilanziert?	234
109.	Was sind „Finanzanlagen" und wie unterscheiden sie sich von Kapitalüberlassungen im Umlaufvermögen?	237 ff.
110.	Welche Vermögensgegenstände gehören zum Umlaufvermögen?	242
111.	Welche Umlaufgegenstände gehören zu den Vorräten?	243
112.	Wie unterscheiden sich die Roh-, Hilfs- und Betriebsstoffe untereinander?	244
113.	Wie unterscheiden sich die fertigen von den unfertigen Erzeugnissen?	245
114.	Wie unterscheiden sich die Waren von den Erzeugnissen?	246
115.	Wie werden geleistete Anzahlungen auf Vorräte gebucht und bilanziert?	249 ff.
116.	Welche Arten von Forderungen gehören zum Umlaufvermögen?	254
117.	Was sind Forderungen aus Lieferungen und Leistungen und wann werden sie bilanziert?	255
118.	Was sind „sonstige Vermögensgegenstände" und wie werden sie gebucht?	258
119.	Welche Wertpapiere gehören zum Umlaufvermögen?	259

E Bilanzierung der Rückstellungen

1 Begriff

Rückstellungen sind Passivposten der Bilanz, durch die Aufwendungen erfolgsmäßig berücksichtigt werden, die
- im abgelaufenen Geschäftsjahr wirtschaftlich verursacht worden sind,
- in einem späteren Geschäftsjahr zu Ausgaben oder Mindereinnahmen führen, die
- nach Höhe und Fälligkeit unbestimmt sind,
- für die aber eine Wahrscheinlichkeit der Inanspruchnahme des Unternehmens besteht.[123]

264

2 Abgrenzungen

Nach dem Grundsatz der Wahrheit (→Rdn. 86 f.) sind die Rückstellungen abzugrenzen von den
- Rücklagen,
- Sonderposten mit Rücklageanteil,
- Verbindlichkeiten und
- Eventualverbindlichkeiten.

265

2.1 Rücklagen

Rücklagen sind wie die Rückstellungen Passivposten. Im Gegensatz zu diesen mindern sie aber nicht den Geschäftserfolg. Sie werden da-

---

[123] Wöhe, Bilanzierung und Bilanzpolitik, S. 537.

E Bilanzierung der Rückstellungen

266 her nicht bei ihrer Entstehung auf einem Aufwandskonto gegengebucht.
Werden sie aus dem im Unternehmen erwirtschafteten Gewinn gebildet, stellen sie Gewinnverwendung dar. Hierdurch wird im laufenden Geschäftsjahr erwirtschafteter Gewinn von der Verteilung in diesem Jahr ausgeschlossen um für bestimmte Finanzierungszwecke verwendet zu werden. Bei diesen so genannten **Gewinnrücklagen** handelt es sich daher um Innenfinanzierung.
Rückstellungen sind, weil sie künftige Ausgaben finanzieren, zwar ebenfalls Mittel zur Innenfinanzierung. Sie finanzieren die künftigen Ausgaben jedoch durch Verlagerung des Gewinns des abgelaufenen Geschäftsjahrs in die Perioden der künftigen Ausgaben. Bei Gewinnrücklagen werden hingegen als Gewinn im abgelaufenen Geschäftsjahr erfasste Einnahmen als Ausgaben in eine spätere Periode übertragen.

267 Im Gegensatz zu den Gewinnrücklagen werden **Kapitalrücklagen** durch Außenfinanzierung gebildet. Sie mindern aber wie die Gewinnrücklagen nicht den Geschäftserfolg und unterscheiden sich in diesem Punkt wie diese von den Rückstellungen.

2.2 Sonderposten mit Rücklageanteil

268 Sonderposten mit Rücklageanteil stehen nicht nur äußerlich in der Gliederung der Bilanz (§ 273 Satz 2 HGB), sondern auch ihrem Gehalt und ihrer Bedeutung nach zwischen Rücklagen und Rückstellungen.
Wie die Rücklagen, hier ist aber nur an die Gewinnrücklagen zu denken, dienen sie der Eigenfinanzierung. Im Unterschied zu diesen mindern sie aber bei ihrer Bildung den Gewinn.
Da die Sonderposten mit Rücklageanteil in späteren Perioden Gewinn erhöhend aufzulösen sind, entsteht zugleich mit ihrer Bildung eine latente Steuerschuld. Unter wirtschaftlichen Gesichtspunkten wäre daher an eine Rückstellung zu denken.
Wegen dieser Vermischung aus Eigenkapital und Fremdkapital wird der Sonderposten mit Rücklageanteil betriebswirtschaftlich als Mischposten angesehen. Aus dieser Eigenart ergibt sich aber keine besonde-

re Abgrenzungsschwierigkeit gegenüber den Rückstellungen. Denn die Voraussetzungen für die Bilanzierung sind eindeutig.

2.3 Verbindlichkeiten

Rückstellungen und Verbindlichkeiten ist gemeinsam, dass sie für künftige Ausgaben gebildet werden. Bei Rückstellungen sind diese der Höhe und/oder dem Grunde nach noch nicht gewiss. Bei Verbindlichkeiten stehen aber die künftigen Ausgaben dem Grunde und der Höhe nach fest. 269

Diese Abgrenzung bezieht sich in erster Linie auf die Rückstellungen für ungewisse Verbindlichkeiten. Sie betrifft teilweise auch die übrigen Rückstellungen. Bei diesen ergeben sich in diesem Punkt aber keine Abgrenzungsschwierigkeiten gegenüber den Verbindlichkeiten, da sie sich hierzu durch eindeutige Merkmale abgrenzen lassen. Daher ist das Merkmal der Bestimmtheit der Verpflichtung in der Praxis nur bei der Abgrenzung von Rückstellungen für ungewisse Verbindlichkeiten von den Verbindlichkeiten von Bedeutung.

2.4 Eventualverbindlichkeiten

Besonders sorgfältig ist abzugrenzen zwischen Rückstellungen, Verbindlichkeiten und Eventualverbindlichkeiten. Eventualverbindlichkeiten sind lediglich unter der Passivseite der Bilanz zu vermerken, während Rückstellungen und Verbindlichkeiten in der Bilanz auszuweisen sind (§ 251 HGB). Sind daher die Voraussetzungen für die Bilanzierung als Rückstellungen oder Verbindlichkeiten erfüllt, sind diese Posten auszuweisen und eine Eventualverbindlichkeit darf nicht vermerkt werden. 270

Bei Eventualverbindlichkeiten besteht die rechtliche Grundlage für die Verpflichtung bereits zum Bilanzstichtag. Diese Voraussetzung haben sie mit den Verbindlichkeiten gemeinsam. Im Unterschied zu den Rückstellungen für ungewisse Verbindlichkeiten, bei denen die Verpflichtung dem Grunde nach ungewiss sein kann, steht bei Eventualverbindlichkeiten die Verpflichtung dem Grunde nach fest. Lediglich die Bedingung hierfür ist noch nicht eingetreten. Zur Abgrenzung →Rdn. 499. 271

3 Rückstellungsgründe

272 Nach § 249 HGB sind Rückstellungsgründe:
- ungewisse Verbindlichkeiten,
- drohende Verluste aus schwebenden Geschäften,
- im Geschäftsjahr unterlassene Aufwendungen für Instandhaltung und Abraumbeseitigung,
- Gewährleistungen ohne rechtliche Verpflichtung,
- am Abschlussstichtag wahrscheinliche oder sichere Aufwendungen, die hinsichtlich ihrer Höhe oder des Zeitpunkts ihres Eintritts unbestimmt sind.

273 Diese Aufzählung ist abschließend. Für andere Zwecke dürfen keine Rückstellungen gebildet werden (§ 249 Abs. 3 Satz 1 HGB), besteht also ein Passivierungsverbot.

274 **Pensionszusagen** sind keine besonderen Rückstellungsgründe mehr. Sie rechnen, wenn sie am 1.1.1987 oder später erteilt wurden, zu den ungewissen Verbindlichkeiten.

4 Ungewisse Verbindlichkeiten

4.1 Abgrenzung zu den Rückstellungen für drohende Verluste aus schwebenden Geschäften

4.1.1 Handels- und Steuerbilanz

275 Für Rückstellungen für ungewisse Verbindlichkeiten besteht in der Handels- und in der Steuerbilanz ein Passivierungsgebot. In der Handelsbilanz besteht auch für die Rückstellungen für drohende Verluste aus schwebenden Geschäften, kurz „Drohverlustrückstellungen" genannt, ein Passivierungsgebot. Für Wirtschaftsjahre, die vor dem 31.12.1997 endeten, bestand hierfür auch in der Steuerbilanz ein Passivierungsgebot.

276 Steuerrechtlich dürfen aber für drohende Verluste aus schwebenden Geschäften für nach dem 31.12.1996 endende Wirtschaftsjahre keine

Rückstellungen mehr gebildet werden (→Rdn. 343 ff.). Daher ist schon aus diesem Grund sorgfältig abzugrenzen zwischen Rückstellungen für ungewisse Verbindlichkeiten und für drohende Verluste aus schwebenden Geschäften.

4.1.2 Schuldverhältnis

Eine **ungewisse Verbindlichkeit** kann sich aus jedem Schuldverhältnis ergeben. Grundlage hierfür kann sein: 277
- Gegenseitiger Vertrag
- einseitig verpflichtendes Rechtsgeschäft
- einseitige Verpflichtung aus einem gegenseitigen Vertrag, z. B. eine Schadensersatzpflicht
- Verpflichtung aus unerlaubter Handlung
- Verpflichtung aus Verletzung allgemeiner Geschäftsbedingungen
- Verpflichtung aus der Verletzung öffentlich-rechtlicher Bestimmungen
- u. dgl.

Grundlage einer **Drohverlustrückstellung** kann aber nur ein schwebendes Geschäft sein. Schwebende Geschäfte ergeben sich i. d. R. aus gegenseitigen Verträgen. 278

4.1.3 Erfüllungsrückstand oder Verpflichtungsüberschuss

Bei einer ungewissen Verbindlichkeit wird nur die eigene Verpflichtung daraufhin untersucht, inwieweit sie im abgelaufenen Wirtschaftsjahr oder früher hätte erfüllt werden müssen und noch nicht erfüllt worden ist. Es wird also bewertet, inwieweit hier noch ein **Erfüllungsrückstand** besteht. 279

Ob ein Erfüllungsrückstand besteht, ist eng von dem Zeitpunkt aus zu beurteilen, zu dem die Erfüllung geboten ist. Es kommt darauf an, ob Vergangenes abgegolten wird. Wegen einer vom Vertragspartner erbrachten Vorleistung ist die Gegenleistung des Unternehmers rückständig[124].

Bei einem drohenden Verlust aus schwebendem Geschäft werden aber die aus einem gegenseitigen Vertrag beiderseitig bestehenden Verpflichtungen einander gegenübergestellt. Hierbei wird der **Verpflich-**

---
124 BFH, Urt. v. 27.6.2001 I R 11/00, DB 2001 S. 1969.

tungsüberschuss der eigenen Verpflichtung gegenüber der Verpflichtung des Vertragspartners bewertet.

Rückstellungen für ungewisse Verbindlichkeiten	Rückstellungen für drohende Verluste aus schwebenden Geschäften
■ Es besteht ein Erfüllungsrückstand des Unternehmens, eine Verbindlichkeit, die im abgelaufenen Wirtschaftsjahr oder früher hätte erfüllt werden müssen.	■ Es besteht aus einem schwebenden Geschäft ein Verpflichtungsüberschuss des Unternehmens.

280 Für einen **drohenden Verlust** kann bei einem gegenseitigen Vertrag nur so lange eine Rückstellung für drohende Verluste ausgewiesen werden, wie der Vertrag noch ein schwebendes Geschäft, also nicht erfüllt ist. Ist der Vertrag erfüllt, kann ein Passivposten nur noch bei einem Erfüllungsrückstand ausgewiesen werden:
- bei ungewisser Verbindlichkeit als Rückstellung für ungewisse Verbindlichkeit,
- bei einer dem Grunde und der Höhe nach bestimmten Verpflichtung als Verbindlichkeit.

4.1.4 Abgrenzung bei Verträgen

281 Abgrenzungsschwierigkeiten können sich also nur bei gegenseitigen Verträgen ergeben, da nur dann auch Drohverlustrückstellungen in Betracht kommen. Bei allen anderen Verpflichtungsgründen kommen nur Rückstellungen für ungewisse Verbindlichkeiten in Betracht. Daher sollte bei der **Prüfung**, ob eine Rückstellung aus ungewisser Verbindlichkeit oder für drohende Verluste infrage kommt, wie folgt vorgegangen werden:

Abgrenzung bei Verträgen
1. Handelt es sich bei dem zu Grunde liegenden Rechtsgeschäft um einen gegenseitigen Vertrag?

Ja:	Nein:
Es kann sowohl eine Verbindlichkeitsrückstellung als auch eine Drohverlustrückstellung infrage kommen.	Es kann nur eine Verbindlichkeitsrückstellung infrage kommen. Nr. 3 prüfen
Nr. 2 prüfen	

2. Ergibt sich bei den gegenseitigen Verpflichtungen ein Wertüberhang Ihrer Leistung gegenüber der Gegenleistung?

Ja:	Nein:
Insoweit Drohverlustrückstellung Aber noch Nr. 3 prüfen.	Nr. 3 prüfen.

3. Besteht ein Erfüllungsrückstand hinsichtlich der eigenen Verpflichtung?

Ja:	Nein:
Rückstellung wegen ungewisser Verbindlichkeit prüfen.	Keine Rückstellung.

4.2 Passivierungsgebot

§ 249 Abs. 1 Satz 1 HGB
Rückstellungen sind für ungewisse Verbindlichkeiten ... zu bilden.

Für ungewisse Verbindlichkeiten „sind" Rückstellungen zu bilden. Es besteht also ein handelsrechtliches **Passivierungsgebot**. Dieses Bilanzierungsgebot ist grundsätzlich auch für die Steuerbilanz maßgebend (→Rdn. 156 ff.).

4.3 Voraussetzungen

283 Die Passivierung von Rückstellungen für ungewisse Verbindlichkeiten setzt voraus, dass jedes der folgenden **Merkmale** erfüllt ist:[125]
1. Verpflichtung gegenüber einem Dritten oder eine öffentlich-rechtliche Verpflichtung.
2. Wirtschaftliche Verursachung der Verpflichtung vor dem Bilanzstichtag.
3. Ungewissheit hinsichtlich des Entstehens und/oder der Höhe der Verpflichtung.
4. Mit der Inanspruchnahme muss ernsthaft zu rechnen sein.

4.3.1 Verpflichtung gegenüber einem Dritten oder öffentlich-rechtliche Verpflichtung

Verpflichtung gegenüber einem Dritten

284 Bei einer **Verpflichtung gegenüber einem Dritten** genügt ein tatsächliches Verhältnis, das nach Treu und Glauben verpflichtet oder ein faktischer Leistungszwang, dem sich der Unternehmer trotz rechtlicher Ungebundenheit nicht entziehen kann. Der faktische Leistungszwang kann auf geschäftlichen, moralischen oder sittlichen Erwägungen oder auf Treu und Glauben beruhen.[126]

> **Fall**
>
> Ein Unternehmen vergütet seinen Kunden während mehrerer Jahre Umsatzprovisionen. Eine rechtliche Verpflichtung besteht hierzu nicht.
> Muss eine Rückstellung gebildet werden?

> **Lösung**
>
> Auf Grund langjähriger Übung kann sich das Unternehmen nicht der Zahlung der Umsatzprovisionen entziehen. Es besteht daher eine faktische Verpflichtung des Unternehmens. Die Provisionen werden für die Umsätze ge-

---

125 R 31c Abs. 2 EStR.
126 ADS 6. Aufl., HGB § 249 Rdn. 52.

Ungewisse Verbindlichkeiten E

zahlt, die mit den Kunden im abgelaufenen Geschäftsjahr ausgeführt wurden. Sie sind daher im abgelaufenen Geschäftsjahr verursacht worden. Es ist eine Rückstellung zu bilden.

Erhält ein Unternehmen von seinen Kunden Zuschüsse zu den Herstellungskosten für Werkzeuge, die es bei der Preisgestaltung für die von ihm mittels dieser Werkzeuge herzustellenden und zu liefernden Produkte preismindernd berücksichtigen muss, so sind einerseits die Zuschüsse im Zeitpunkt ihrer Vereinnahmung Gewinn erhöhend zu erfassen und andererseits in derselben Höhe eine Gewinn mindernde Rückstellung für ungewisse Verbindlichkeiten zu bilden. Diese Rückstellung ist über die voraussichtliche Dauer der Lieferverpflichtung Gewinn erhöhend aufzulösen. Das gilt auch dann, wenn die genannten Verpflichtungen des Zuschussempfängers sich nicht aus einem am Bilanzstichtag bestehenden Vertrag, sondern nur aus einer Branchenübung ergeben (faktischer Leistungszwang)[127]. 285

Beispiel

Unternehmen U produziert für verschiedene Automobilhersteller Serienteile für Kfz. Hierbei verwendet U selbst hergestellte, kundenspezifische Werkzeuge, die nur für Bestellungen des jeweiligen Kunden verwendet werden dürfen. U erhält vom Kunden X einen Werkzeugkostenbeitrag in Höhe von 100.000 €, der die Herstellungskosten für die Werkzeuge teilweise abdeckt. Die Werkzeuge bleiben zwar im Eigentum von U, U muss X die Kfz-Serienteile aber zu einem entsprechend billigeren Preis liefern. Die Lieferverpflichtung besteht voraussichtlich für 5 Jahre.

U bucht:

→ Bank 100.000 €
   an Rückstellung 100.000 €

→ Rückstellung 20.000 €
   an Ertrag aus Rückstellungsauflösung 20.000 €

---

127 BFH, Urt. v. 29.11.2000 I R 87/99, BFH/NV 2001 S. 687.

286 Die Verpflichtung muss immer **gegenüber einem Dritten** bestehen. Es reicht nicht aus, dass der Unternehmer sich selbst, also seinem eigenen Unternehmen gegenüber, verpflichtet ist. Eine interne betriebswirtschaftliche Verpflichtung zur Substanzerhaltung ist also keine Verpflichtung, die den Ausweis einer Rückstellung für eine ungewisse Verbindlichkeit erfordert, sondern die nur den Ausweis einer Rückstellung für unterlassenen Instandhaltungsaufwand (→Rdn. 350 ff.) begründen kann.

Die Verbindlichkeit gegenüber dem Dritten muss so weit gehen, dass sich der Kaufmann ihr nicht entziehen kann. Das ist i. d. R. nicht der Fall bei **aufschiebend bedingten Verpflichtungen** oder bei **Widerrufsvorbehalt**[128]. Aber auch bei aufschiebend bedingten Verpflichtungen kann der Verpflichtete bereits gebunden sein. Eine Rückstellung ist in diesem Fall dann anzusetzen, wenn nach vorsichtiger und vernünftiger kaufmännischer Beurteilung mit dem Eintritt der Bedingung zu rechnen ist[129].

Öffentlich rechtliche Verpflichtung

287 Eine **öffentlich-rechtliche Verpflichtung** kann Grundlage für eine Rückstellung wegen ungewisser Verbindlichkeit sein. Voraussetzung ist, dass die Verpflichtung hinreichend konkretisiert ist. Das ist der Fall, wenn ein inhaltlich genau bestimmtes Handeln innerhalb eines bestimmten Zeitraums durch Gesetz oder Verwaltungsakt vorgeschrieben ist und an die Verletzung der Verpflichtung Sanktionen geknüpft sind. Ist die öffentlich-rechtliche Verpflichtung nicht in diesem Sinne hinreichend konkretisiert, handelt es sich um eine reine Aufwandsrückstellung,[130] für die handelsrechtlich ein Passivierungswahlrecht, steuerrechtlich hingegen ein Passivierungsverbot besteht. Es bestehen z. B. öffentlich-rechtliche Verpflichtungen zur

- Aufstellung des Jahresabschlusses,
- Buchung laufender Geschäftsvorfälle des Vorjahres,
- Prüfung des Jahresabschlusses,
- Veröffentlichung des Jahresabschlusses,

---

128 Kupsch, DB 1989 S. 53.
129 ADS, HGB § 249 Rdn. 47.
130 R 31c Abs. 3 EStR.

- Erstellung des Geschäftsberichts,
- Steuererklärung für die Betriebssteuern.[131]

4.3.2 Wirtschaftliche Verursachung vor dem Bilanzstichtag

Wirtschaftlich verursacht ist die ungewisse Verbindlichkeit, wenn der Tatbestand, an den das Gesetz oder der Vertrag die Verpflichtung knüpft, im Wesentlichen verwirklicht ist. Die künftigen Ereignisse, die zum unbedingten Entstehen der Verpflichtung führen, müssen wirtschaftlich dem abgelaufenen Geschäftsjahr zuzurechnen sein[132]. Ist eine Verbindlichkeit am Bilanzstichtag rechtlich entstanden, aber nur der Höhe nach ungewiss, ist eine Rückstellung für ungewisse Verbindlichkeit auszuweisen. Nur bei erst zukünftig entstehenden Verpflichtungen ist für ihre Passivierung zusätzlich erforderlich, dass ihr wirtschaftlicher Bezugspunkt zeitlich vor dem jeweiligen Bilanzstichtag liegt[133].

288

Der Zeitpunkt, wann Zukunftsausgaben wirtschaftlich verursacht sind, kann aus dem **Realisationsprinzip** (→Rdn. 97 ff.) abgeleitet werden. Zusätzlich müssen sie sich aber nach den Verhältnissen des Bilanzstichtags in einer Verbindlichkeit gegenüber Dritten konkretisiert haben. Das setzt voraus, dass der Kaufmann sich der Verpflichtung gegenüber dem Dritten praktisch nicht entziehen kann.

289

Es genügt nicht, dass die Aufwendungen im abgelaufenen Geschäftsjahr wirtschaftlich verursacht worden sind, wenn der Anspruch des Vertragspartners zusätzlich von einem Erfolg oder von sonstigen Voraussetzungen abhängt, die erst nach dem Bilanzstichtag eintreten.

290

Fall

Ein Unternehmen beschäftigt eine Anzahl von Handelsvertretern. In der Jahresbilanz bildet es eine Rückstellung für die Verpflichtung zur Zahlung eines Ausgleichs nach § 89b HGB, weil die Grundlage der Ausgleichsansprüche der Handelsvertreter die von diesen im abgelaufenen Geschäftsjahr geschaffenen Geschäftsverbindungen mit Kunden seien.
Kann eine Rückstellung bilanziert werden?

---

131 H 31c (3) EStH.
132 BFH, Urt. v. 20.1.1983 IV R 168/81, BStBl 1983 II S. 375.
133 BFH, Urt. v. 27.6.2001 I R 45/97, DB 2001 S. 1698, BFH/NV 2001, 1334.

§ 89b Abs. 1 Satz 1 HGB

Der Handelsvertreter kann von dem Unternehmer nach Beendigung des Vertragsverhältnisses einen angemessenen Ausgleich verlangen, wenn und soweit

1. *der Unternehmer aus der Geschäftsverbindung mit neuen Kunden, die der Handelsvertreter geworben hat, auch nach Beendigung des Vertragsverhältnisses erhebliche Vorteile hat,*
2. *der Handelsvertreter infolge der Beendigung des Vertragsverhältnisses Ansprüche auf Provision verliert, die er bei Fortsetzung desselben aus bereits abgeschlossenen oder künftig zustande kommenden Geschäften mit den von ihm geworbenen Kunden hätte, und*
3. *die Zahlung eines Ausgleichs unter Berücksichtigung aller Umstände der Billigkeit entspricht.*

Lösung

Der Ausgleichsanspruch des Handelsvertreters nach § 89b HGB hängt nicht nur von der Tätigkeit des Handelsvertreters, sondern dem Grunde und der Höhe nach vor allem auch von den Vorteilen ab, die der Unternehmer nach der Vertragsbeendigung aus der von dem Handelsvertreter geworbenen Stammkundschaft zieht.[134]

Der Ausgleichsanspruch ist gesetzlich dem Grund und der Höhe nach davon abhängig, dass dem Unternehmer aus neuen Geschäften mit den vom Handelsvertreter geworbenen Kunden erhebliche Vorteile erwachsen und dass der Handelsvertreter durch die Beendigung des Vertragsverhältnisses Provisionen verliert.

Vorteil i. S. von § 89b HGB ist nicht der geworbene Stammkunde als solcher, sondern erst das künftige Geschäft mit diesem Kunden. Wirtschaftlich handelt es sich um eine Einmalvergütung für alle künftigen von alten Kunden hereingeholten Aufträge. Daher darf eine Rückstellung erst nach Beendigung des Vertragsverhältnisses gebildet werden.[135]

---

134 BFH, Beschl. v. 4.12.1980 IV B 35/80, BStBl 1981 II S. 266.
135 BFH, Urt. v. 20.1.1983 IV R 168/81, BStBl 1983 II S. 375.

4.3.3 Ungewissheit

Es muss eine Ungewissheit bestehen hinsichtlich
- des Bestehens oder Entstehens der Verbindlichkeit,
- der Höhe der Verbindlichkeit oder
- sowohl des Bestehens oder Entstehens als auch der Höhe der Verbindlichkeit.

Hierdurch unterscheiden sich die Rückstellungen für ungewisse Verbindlichkeiten von den Verbindlichkeiten.

Rückstellungen für ungewisse Verbindlichkeiten	Verbindlichkeiten
Verbindlichkeit ist unbestimmt ■ dem Grunde nach und/oder ■ der Höhe nach	Verbindlichkeit ist bestimmt ■ dem Grunde nach und ■ der Höhe nach

Beispiel

Wird eine Schadensersatzforderung gegen ein Unternehmen geltend gemacht, die von diesem bestritten wird, so ist bis zur Anerkennung der Forderung durch das Unternehmen oder bis zur rechtskräftigen Entscheidung über sie durch das Gericht ungewiss, ob und in welcher Höhe die Forderung besteht, das Unternehmen also verpflichtet ist. Es kommt also die Passivierung einer Rückstellung infrage.

4.3.4 Wahrscheinlichkeit der Inanspruchnahme

Es muss ein so hoher Grad der Wahrscheinlichkeit für die Inanspruchnahme des Unternehmens bestehen, dass dieses ernsthaft mit der Inanspruchnahme rechnen muss. Das ist nach den Verwaltungsanweisungen der Fall,[136] wenn
- nach objektiven Tatsachen,
- die am Bilanzstichtag vorliegen und spätestens bei Bilanzaufstellung erkennbar sind,
- aus der Sicht eines sorgfältigen und gewissenhaften Kaufmanns mehr Gründe für als gegen die Inanspruchnahme sprechen.

Nach der Rechtsprechung des BFH ist zu unterscheiden zwischen

---

136 R 31c Abs. 5 EStR.

- vertraglichen Verpflichtungen,
- einseitigen Verpflichtungen, insbesondere Verpflichtungen zum Schadensersatz wegen unerlaubter Handlung,
- öffentlich-rechtlichen Verpflichtungen.

295 Bei den **vertraglichen Verpflichtungen** ist hiernach ohne weiteres davon auszugehen, dass der Gläubiger von seinen Rechten Gebrauch macht, weil er seine Rechte kennt.

296 Anders ist es aber bei den **einseitigen Verpflichtungen**, z. B. Schadensersatzverpflichtungen aus unerlaubter Handlung. Hier kennt der geschädigte Gläubiger seine Berechtigung frühestens dann, wenn er Kenntnis von dem Schaden hat. Eine einseitige Verpflichtung ist daher einer vertraglichen Verpflichtung erst dann gleichzustellen und damit eine Inanspruchnahme für den Verpflichteten wahrscheinlich, wenn der Gläubiger seine Berechtigung kennt oder seine Kenntnisnahme nachweisbar unmittelbar bevorsteht.

297 Das gilt auch für **öffentlich-rechtliche Verbindlichkeiten**. Daher dürfen für einseitig begründete öffentlich-rechtliche Verbindlichkeiten Rückstellungen erst dann ausgewiesen werden, wenn die die Verpflichtung begründenden Tatsachen der zuständigen Fachbehörde bekannt geworden sind oder dies unmittelbar bevorsteht.[137]

> **Beispiel**
>
> In einem Galvanikunternehmen treten aus undichten Leitungen einer Anlage gelegentlich Schadstoffe aus und sickern in das Erdreich. Die betreffende Anlage hat noch eine Restbetriebszeit von sechs Jahren und ist dann stillzulegen. Im Rahmen dieser Stilllegung ist der Erlass polizei- und ordnungsrechtlicher Verfügungen zur Beseitigung der Kontamination zu erwarten. Nach einer betriebsinternen Schätzung über den Umfang und die Konzentration der Schadstoffbelastung des Grundstücks können die voraussichtlichen Sanierungskosten ermittelt werden. Solange die Fachbehörde keine Kenntnis hat und eine Kenntnis auch nicht unmittelbar bevorsteht, darf eine Rückstellung nach der BFH-Rechtsprechung in der Steuerbilanz nicht gebildet werden.

---

137 BFH, Urt. v. 19.10.1993 VIII R 14/92, BStBl 1993 II S. 891.

4.4 Steuerrechtliche Sondervorschriften

Es gibt die folgenden steuerrechtlichen Sonderregelungen für die Bilanzierung der Rückstellungen für ungewisse Verbindlichkeiten:
- Rückstellungen für Verpflichtungen, die nur zu erfüllen sind, soweit künftig Einnahmen oder Gewinne anfallen (§ 5 Abs. 2a EStG)
- Rückstellungen wegen Verletzung fremder Patent-, Urheber- oder ähnlicher Schutzrechte (§ 5 Abs. 3 EStG)
- Jubiläumsrückstellungen (§ 5 Abs. 4 EStG)
- Rückstellungen für Aufwendungen, die Anschaffungs- oder Herstellungskosten für ein Wirtschaftsgut sind (§ 5 Abs. 4b Satz 1 EStG)
- Rückstellungen für die Verpflichtung zur schadlosen Verwertung radioaktiver Reststoffe und ausgebauter oder abgebauter radioaktiver Anlageteile (§ 5 Abs. 4b Satz 2 EStG)
- Pensionsrückstellungen (§ 6a EStG)

298

4.4.1 Aus künftigen Einnahmen oder Gewinnen zu erfüllende Verpflichtungen

§ 5 Abs. 2a EStG

Für Verpflichtungen, die nur zu erfüllen sind, soweit künftig Einnahmen oder Gewinne anfallen, sind Verbindlichkeiten oder Rückstellungen erst anzusetzen, wenn die Einnahmen oder Gewinne angefallen sind.

§ 5 Abs. 2a EStG war erstmals für das Wirtschaftsjahr anzuwenden, das nach dem 31. Dezember 1998 begann. Sind in Wirtschaftsjahren, die vor dem 1. Januar 1999 begonnen haben, in den Fällen des § 5 Abs. 2a Verbindlichkeiten oder Rückstellungen angesetzt worden, waren diese zum Schluss des ersten nach dem 31. Dezember 1998 beginnenden Wirtschaftsjahrs Gewinn erhöhend aufzulösen (§ 52 Abs. 12a EStG i. d. F. des StBereinG 1999).

299

Nach Auffassung des Gesetzgebers ist der Schuldner nicht belastet, wenn der Gläubiger nur auf künftige Einnahmen oder Gewinne des Schuldners Anspruch hat. Dessen Anspruch beschränke sich auf die künftigen Vermögenswerte des Schuldners[138].

---

138 BT-Drucks. 14/2070 S. 18.

4.4.2 Patentverletzungen

300 Bei **Patentverletzungen** kann als Schadensersatz verlangt werden
- eine angemessene Lizenzgebühr,
- der entgangene Gewinn oder
- der tatsächlich durch den Patentverletzer erzielte Gewinn (sog. Verletzergewinn).

Der Anspruch auf den Verletzergewinn ist am weitgehendsten. Steuerrechtlich sind Rückstellungen für Patentverletzungen gesetzlich besonders geregelt.

§ 5 Abs. 3 EStG
¹Rückstellungen wegen Verletzung fremder Patent-, Urheber- oder ähnlicher Schutzrechte dürfen erst gebildet werden, wenn
1. der Rechtsinhaber Ansprüche wegen der Rechtsverletzung geltend gemacht hat oder
2. mit einer Inanspruchnahme wegen der Rechtsverletzung ernsthaft zu rechnen ist.

²Eine nach Satz 1 Nr. 2 gebildete Rückstellung ist spätestens in der Bilanz des dritten auf ihre erstmalige Bildung folgenden Wirtschaftsjahrs Gewinn erhöhend aufzulösen, wenn Ansprüche nicht geltend gemacht worden sind.

301 Ansprüche wegen einer Rechtsverletzung werden **geltend gemacht**, indem der Rechtsinhaber mündlich oder schriftlich wenigstens Unterlassung verlangt. Erhebung der Klage ist nicht erforderlich.

Fall

Unternehmen U entwickelt bestimmte Arzneimittel, stellt sie her und vertreibt sie. Mit Schreiben vom 25.9.01 verlangt die X-AG Schadensersatz, da bestimmte, von U hergestellte und vertriebene Arzneimittel durch ihre Patente geschützt seien.

Kann U zum 31.12.01 eine Rückstellung bilanzieren und, falls das geschehen kann, in welcher Höhe ist sie auszuweisen?

| Lösung

Der Rechtsinhaber hat Ansprüche wegen Patentverletzung geltend gemacht. Es ist daher eine Rückstellung zu bilanzieren.

Der Anspruch auf den Verletzergewinn ist am weitgehendsten. Nach dem Grundsatz der Vorsicht[139] muss die Höhe der Rückstellung nach dem ungünstigsten Ergebnis bemessen werden. Es ist also hierbei vom Verletzergewinn auszugehen, es sei denn, der Geschädigte kann voraussichtlich wegen der bestehenden Beweisschwierigkeiten nur eine geringere Schadensersatzforderung durchsetzen.[140]

Auch wenn der Unternehmer eine offen gelegte, aber noch **nicht patentgeschützte Erfindung** verletzt hat, darf er in seiner Steuerbilanz nur unter den Voraussetzungen eine Rückstellung bilden, die für patentgeschützte Erfindungen gelten. Das **Auflösungsgebot** gilt für alle Rückstellungsbeträge, die wegen der Verletzung ein und desselben Schutzrechtes passiviert worden sind. Wird dieses Schutzrecht in späteren Wirtschaftsjahren wieder verletzt und wird deshalb die Rückstellung in den folgenden Jahren erhöht, so läuft für die Zuführungsbeträge keine neue Dreijahresfrist. Nach Ablauf der Dreijahresfrist darf daher wegen Verletzung desselben Schutzrechts keine weitere Rückstellung gebildet werden, solange Ansprüche nicht geltend gemacht worden sind.[141]

302

Handelsrechtlich ist die einengende Regelung des § 5 Abs. 3 EStG nicht maßgeblich.[142]

303

4.4.3 Jubiläumsverpflichtungen

§ 5 Abs. 4 EStG

Rückstellungen für die Verpflichtung zu einer Zuwendung anlässlich eines Dienstjubiläums dürfen nur gebildet werden, wenn das Dienstverhältnis mindestens zehn Jahre bestanden hat, das Dienstjubiläum das Bestehen eines Dienstverhältnisses von mindestens 15 Jahren voraussetzt, die Zusage schriftlich erteilt ist und soweit der Zuwendungsberechtigte seine Anwartschaft nach dem 31. Dezember 1992 erwirbt.

---

139 Siehe Rdn. 123.
140 BFH, Urt. v. 24.6.1970 I R 6/68, BStBl 1970 II S. 802.
141 R 31c Abs. 7 EStR.
142 ADS, HGB § 253 Rdn. 231.

304 In Betriebsvereinbarungen werden den Arbeitnehmern anlässlich ihres Dienstjubiläums einmalige Zuwendungen neben dem Arbeitslohn und anderen sonstigen Bezügen zugesagt. Scheidet der Arbeitnehmer vor dem Zeitpunkt seines Dienstjubiläums aus, verfällt der Anspruch auf die Zuwendung. Diese Jubiläumszuwendungen betreffen die persönlichen Dienstjubiläen der Arbeitnehmer. Hierunter fallen also nicht besondere Geburtstage oder sonstige Jubiläen des Arbeitnehmers.

305 Nicht um ein Dienstjubiläum in diesem Sinne handelt es sich nach dem Regelungswortlaut von § 5 Abs. 4 EStG bei einem Arbeitgeberjubiläum (Firmen- oder Geschäftsjubiläum), und zwar auch dann nicht, wenn den Arbeitnehmern anlässlich eines derartigen Jubiläums Zuwendungen versprochen werden, die sich ihrer Höhe nach ebenfalls an der Betriebszugehörigkeit der Arbeitnehmer ausrichten. Insoweit handelt es sich lediglich um die Bestimmung der Bemessungsgrundlage[143].

306 **Handelsrechtlich** sind für Jubiläumszuwendungen an Arbeitnehmer Rückstellungen für ungewisse Verbindlichkeiten nach § 249 Abs. 1 Satz 1 HGB auszuweisen. Die Einschränkung der Passivierung im Steuerrecht hat auf die handelsrechtliche Bilanzierung keine Auswirkung.

307 **Steuerrechtlich** handelt es sich ebenfalls um eine ungewisse Verbindlichkeit, für die eine entsprechende Rückstellung in Betracht kommt. Aber es dürfen nach der Sondervorschrift des § 5 Abs. 4 EStG Jubiläumsrückstellungen nur gebildet werden, wenn
1. das Dienstverhältnis mindestens 10 Jahre bestanden hat,
2. das Dienstjubiläum das Bestehen eines Dienstverhältnisses von mindestens 15 Jahren voraussetzt,
3. die Zusage schriftlich erteilt ist und
4. soweit der Zuwendungsberechtigte seine Anwartschaft nach dem 31.12.1992 erwirbt.

308 Rückstellungen für die Verpflichtung zu einer Jubiläumszuwendung dürfen nur gebildet werden, soweit der Berechtigte seine Anwartschaft nach dem 31.12.1992 erworben hat. Hat das Dienstverhältnis vor dem

---

143 BFH-Urteil 29.11.2000, IR 31/00, DStR 2001 S. 523.

Ungewisse Verbindlichkeiten

1.1.1993 begonnen, so ist der auf den 31.12.1992 entfallende Teilbetrag der Rückstellung zu kürzen.

Der BFH hat diese einschränkende Regelung für verfassungswidrig angesehen und das Bundesverfassungsgericht im Normenkontrollverfahren nach Art. 100 GG durch Beschluss vom 10.11.1999[144] angerufen. In diesem Vorlagebeschluss geht es um die grundsätzliche Frage, ob der Gesetzgeber eine Verpflichtung, die alle Voraussetzungen von § 249 Abs. 1 Satz 1 HGB für die Bilanzierung als Rückstellung für ungewisse Verbindlichkeit erfüllt, deshalb einschränkend regeln darf, weil es sich um eine besondere Art der Verpflichtung handelt. Weil für andere ungewisse Verpflichtungen, die nicht diese Besonderheiten haben, Rückstellungen gebildet werden können, sei das ein Verstoß gegen den Gleichheitsgrundsatz von Art. 3 Abs. 1 GG. Für die Verfassungsprüfung sei auch von der noch immer geltenden Grundsatzentscheidung des Gesetzgebers in § 5 Abs. 1 Satz 1 i. V. m. § 249 Abs. 1 Satz 1 HGB auszugehen, wonach alle Rückstellungen aus ungewissen Verbindlichkeiten, die den hierfür geltenden handelsrechtlichen Anforderungen entsprechen, steuerrechtlich zu berücksichtigen sind.

309

Diese Fragen betreffen alle gegenüber dem Handelsrecht und den Grundsätzen ordnungsmäßiger Buchführung einschränkenden Regelungen der Bilanzierung in § 5 EStG. Insbesondere erscheint durch den Vorlagebeschluss des BFH der völlige Ausschluss der Drohverlustrückstellungen in der Steuerbilanz entgegen der handelsrechtlichen Regelung als bedenklich.

310

Das Dienstverhältnis muss mindestens 10 Jahre bestanden haben, ehe steuerrechtlich mit der Rückstellungsbildung begonnen werden kann. Die 10-Jahresfrist betrifft den Beginn der Rückstellungsbildung. Sie bezieht sich auf das Dienstverhältnis zu dem betreffenden Arbeitgeber. Dienstzeiten des Arbeitnehmers zu anderen Arbeitgebern zählen daher bei dieser Frist nicht.

311

Beispiel

Das Geschäftsjahr des Unternehmens U stimmt mit dem Kalenderjahr überein. Arbeitnehmer A hat am 1.4.00 seinen Dienst angetreten. Handelsrechtlich ist bereits zum 31.12.00 mit der Bildung der Jubilä-

---

144 BFH, Beschl. v. 10.11.1999 X R 60/95, DStR 2000 S. 233, BStBl 2000 II S. 131.

umsrückstellung zu beginnen. Das Arbeitsverhältnis besteht am 31.3.10 zehn Jahre. Erstmals zum 31.12.10 darf daher steuerrechtlich mit der Bildung der Jubiläumsrückstellung begonnen werden.

312 Das Dienstjubiläum muss das Bestehen eines Dienstverhältnisses von mindestens 15 Jahren voraussetzen. Der Jubiläumszeitpunkt muss also mindestens 15 Jahre nach Beginn des Dienstverhältnisses liegen. Diese Frist betrifft daher den Jubiläumstag. Im vorstehenden Beispiel darf daher steuerrechtlich erstmals für eine Jubiläumszuwendung zum 15. Dienstjubiläum, das A am 31.3.15 begeht, eine Rückstellung gebildet werden. Andere zeitliche Beschränkungen enthält die Vorschrift für die steuerrechtliche Bildung der Jubiläumszuwendung nicht. Es könnten daher nebeneinander z. B. für das 15., 20. und 25. Dienstjubiläum Rückstellungen in der Steuerbilanz gebildet werden.

313 Ein Dienstjubiläum ist steuerlich nur zu berücksichtigen, wenn die Jubiläumsarbeitszeit, das ist die Dauer des Dienstverhältnisses, für die eine Jubiläumsleistung zugesagt ist, durch fünf Jahre ohne Rest teilbar ist. Hiernach sind also nur Jubiläumsversprechen rückstellbar, die für das Erreichen des 15., 20., 25., 30. etc. Dienstjahres zugesagt worden sind.[145] Hiervon ist die Voraussetzung zu unterscheiden, dass das Dienstverhältnis 10 Jahre lang bestanden haben muss, ehe eine Jubiläumsrückstellung steuerrechtlich gebildet werden darf.

Beispiel

Arbeitnehmer A tritt am 1.1.01 bei U in ein Dienstverhältnis. Nach dem Dienstvertrag ist eine Jubiläumszuwendung in Höhe von 1.000 € nach 25-jähriger Betriebszugehörigkeit vereinbart. U kann in seiner Steuerbilanz erst nach 10 Jahren, also erstmals zum 31.12.10, hierfür eine Rückstellung ausweisen. Von dann ab schreibt er jährlich die sich nach der Tabelle in Rdn. 314 ergebenden Beträge der Rückstellung zu. Er führt also zum 31.12.10 der Rückstellung 82 € zu.

314 Die Rückstellung kann alternativ nach dem **Teilwertverfahren** oder nach dem **Pauschalwertverfahren** bemessen werden. Beim Teilwertverfahren werden die anerkannten Regeln der Versicherungsmathe-

---

145 BMF-Schreiben vom 29.10.1993 - IV B 2 - S 2175 - 47/93, DB 1993 S. 2208, BStBl 1993 I S. 898.

matik angewendet. Der Wert der Verpflichtung ist nach einem Zinssatz von mindestens 5,5 % abzuzinsen. Beim Pauschalwertverfahren sind für Wirtschaftsjahre, die nach dem 31.12.1998 enden, zwingend die Werte der folgenden Tabelle zu Grunde zu legen.[146]

Abgeleistete Dienstjahre (gerundet)	Leistung der Jubiläumszuwendung nach									
	15	20	25	30	35	40	45	50	55	60
	Dienstjahren									
1	15	8	5	3	2	1	1	1	0	0
2	31	17	10	6	4	2	2	1	0	0
3	51	27	16	10	6	4	3	2	1	0
4	73	38	22	14	9	6	4	2	1	0
5	98	51	30	18	11	7	5	3	1	0
6	128	66	38	23	15	9	6	4	1	0
7	163	83	47	29	18	12	8	5	2	0
8	204	101	58	35	22	14	9	6	2	0
9	254	123	69	42	26	17	11	7	2	1
10	314	147	82	49	31	20	13	9	3	1
11	390	176	97	58	36	23	15	10	3	1
12	487	209	113	67	42	27	18	12	4	1
13	612	248	132	78	49	31	20	14	4	1
14	778	296	153	90	56	36	23	16	5	1
15	1000	354	177	103	64	41	27	18	6	1
16		426	204	117	72	46	30	20	6	1
17		518	237	134	82	52	34	23	7	2
18		636	275	152	93	59	38	26	8	2
19		792	321	173	104	66	43	29	9	2

---

146 BMF, Schr. v. 12.4.1999 IV C 2 – S 2175 – 3/99, BB 1999 S. 838.

Bilanzierung der Rückstellungen

Abgeleistete Dienstjahre (gerundet)	Leistung der Jubiläumszuwendung nach								
	15	20	25	30	35	40	45	50	55	60
	Dienstjahren								
20	1000	377	196	117	74	48	32	10	2
21		447	224	132	83	54	36	11	3
22		536	255	148	93	60	40	12	3
23		650	293	167	104	67	44	14	3
24		800	338	187	115	74	49	15	4
25		1000	393	210	128	82	54	17	4
26			461	237	143	91	60	19	4
27			548	269	159	101	66	21	5
28			659	306	177	112	73	23	5
29			805	350	198	124	81	25	6
30			1000	404	221	137	89	28	6
31				472	248	152	98	30	7
32				557	279	168	108	33	8
21				666	315	186	119	37	9
34				809	359	206	131	41	9
35				1000	413	229	144	45	10
36					479	256	158	49	11
37					563	286	175	54	13
38					671	323	193	60	14
39					812	366	213	66	15
40					1000	419	236	73	17
41						485	262	81	19
42						568	293	91	21
43						675	329	102	24

Abgeleistete Dienstjahre (gerundet)	Leistung der Jubiläumszuwendung nach Dienstjahren									
	15	20	25	30	35	40	45	50	55	60
44							815	372	115	27
45							1000	424	132	31
46								490	152	35
47								572	177	41
48								678	210	49
49								817	253	59
50								1000	310	72
51									384	89
52									480	111
53									607	141
54									775	180
55									1000	232
56										303
57										400
58										535
59										725
60										1000

Die Tabelle berücksichtigt bereits die Wahrscheinlichkeit des Ausscheidens und die Abzinsung. In der Tabelle wird eine Verpflichtung zur Leistung einer Jubiläumszuwendung in Höhe von 1.000 € zu Grunde gelegt. Ist im Einzelfall die Jubiläumszuwendung höher, ist entsprechend umzurechnen.

E Bilanzierung der Rückstellungen

Beispiel

Das Unternehmen U leistet an den Arbeitnehmer A eine Jubiläumszuwendung nach 40 Dienstjahren in Höhe von einem Monatsgehalt. Das Monatsgehalt von A beträgt zum 31.12.2001 2.500 €. A ist zum 1.4.1987 in das Unternehmen eingetreten. Das ist also der Zeitpunkt des Beginns der Jubiläumsarbeitszeit. Die Rückstellung ist zum 31.12.2001 nach dem Pauschalwertverfahren zu bilden.

Zunächst ist der Vervielfältiger umzurechnen: 2.500 € : 1.000 € = 2,5. Vom 1.4.1987 bis zum 31.12.2001 sind es 14 Dienstjahre (gerundet). Bis zum 31.12.1992 darf eine Rückstellung nicht gebildet werden. Dienstjahre vom 1.4.1987 bis zum 31.12.1992: 5 Jahre (gerundet).

Berechnung:

Rückstellungswert zum 31.12.2001 für 14 Dienstjahre 2,5 × 36 € = 90 €. Rückstellungswert zum 31.12.1992 für 5 Dienstjahre 2,5 × 7 = 17,50 €.
90 € - 17,50 € = 72,50 €. Rückstellung zum 31.12.1999: 72,50 €.

4.4.4 Anschaffungs- oder Herstellungskosten für ein Wirtschaftsgut

§ 5 Abs. 4b Satz 1 EStG

*Rückstellungen für Aufwendungen, die **in künftigen Wirtschaftsjahren** als Anschaffungs- oder Herstellungskosten **eines Wirtschaftsguts zu aktivieren sind (bisher:** für ein Wirtschaftsgut sind), dürfen nicht gebildet werden.*

316 Durch § 5 Abs. 4b Satz 1 EStG i. d. F. des Steuerentlastungsgesetzes 1999/2000/2002 wurde gesetzlich die Bildung von Rückstellungen in der Steuerbilanz für Anschaffungs- oder Herstellungskosten eines Wirtschaftsguts ausgeschlossen. Durch das Steueränderungsgesetz 2001 vom 20.12.2001 wurden die im Gesetzestext fett gedruckten Stellen eingefügt. Diese geänderte Fassung gilt ab 23.12.2001.

317 Nach der neueren BFH-Rechtsprechung darf für die Verpflichtung zum Einbau eines Anlagegegenstands eine Rückstellung nicht bilanziert werden, wenn die zukünftigen Aufwendungen hierfür Anschaf-

fungs- oder Herstellungskosten für ein Wirtschaftsgut wären.[147] Diese Rechtsprechung wurde durch die neue Vorschrift lediglich aufgegriffen. Daher handelt es sich, wie es auch in der Begründung zum Entwurf des Gesetzes heißt, lediglich um eine Klarstellung. Gemäß § 52 Abs. 14 dieses Gesetzes sind daher bereits gebildete Rückstellungen im ersten Wirtschaftsjahr, für das die Veranlagung noch nicht bestandskräftig ist, aufzulösen.

Beispiel

U betreibt eine Schank- und Speisewirtschaft. Die Gemeinde forderte ihn im Oktober 01 auf, in den Abwasserabfluss einen Fettabscheider einzubauen. U kann zum 31.12.01 keine Rückstellung bilanzieren. Die künftigen Aufwendungen zum Einbau des Fettabscheiders sind Anschaffungs- oder Herstellungskosten für ein Wirtschaftsgut und als solche zu aktivieren. Erst im Wege der Abschreibung entstehen auf den Zeitraum der Nutzung verteilte Aufwendungen. Daher darf nicht im Jahr der Entstehung der Verpflichtung zum Einbau der künftige Aufwand für den Einbau durch Passivierung einer Rückstellung in voller Höhe als Aufwand gebucht werden.

4.4.5 Entsorgungsverpflichtungen der Betreiber von Kernkraftwerken

§ 5 Abs. 4b Satz 2 EStG
Rückstellungen für die Verpflichtung zur schadlosen Verwertung radioaktiver Reststoffe sowie ausgebauter oder abgebauter radioaktiver Anlagenteile dürfen nicht gebildet werden, soweit Aufwendungen im Zusammenhang mit der Bearbeitung oder Verarbeitung von Kernbrennstoffen stehen, die aus der Aufarbeitung bestrahlter Kernbrennstoffe gewonnen worden sind und keine radioaktiven Abfälle darstellen.

Die Betreiber von Kernkraftwerken sind verpflichtet, abgebrannte Brennelemente zu entsorgen. Das geschieht durch deren Wiederaufarbeitung. Die verwertbaren Reststoffe werden zu so genannten MOX-Brennelementen verarbeitet. Diese werden wieder als Brennelemente verwendet. Die bei der Wiederaufarbeitung entstehenden Abfälle müssen wegen der Strahlungsgefahr sicher endgelagert werden.

318

---

147 BFH, Urt. v. 19.8.1998 XI R 8/96, BB 1998 S. 2632, BStBl 1999 II S. 18.

Für die gesamten durch die Wiederaufbereitung und Endlagerung anfallenden Aufwendungen bilden die Kernkraftwerkbetreiber Rückstellungen für ungewisse Verbindlichkeiten.

319 Im Gegensatz zu den Rückstellungen für Anschaffungs- oder Herstellungskosten (→Rdn. 316 f.) ist das Verbot der Entsorgungsrückstellungen keine Klarstellung, die lediglich die Rechtsprechung des BFH aufgegriffen hat, sondern eine Neuregelung. Daher dürfen lediglich in Wirtschaftsjahren, die nach dem 31.12.1998 enden, Entsorgungsrückstellungen nicht mehr neu gebildet werden. In Bilanzen von vor dem 1.1.1999 endenden Wirtschaftsjahren angesetzte Entsorgungsrückstellungen müssen daher nicht aufgelöst, sondern können fortgeführt werden. Ihre Aufstockung richtet sich aber nach § 5 Abs. 4b Satz 2 EStG.

320 Handelsrechtlich ist zu berücksichtigen, dass die mit der Entsorgung zusammenhängenden Aufwendungen nicht in voller Höhe vermögensumschichtend kompensiert werden. Der wirtschaftliche Vorteil für den Kraftwerkbetreiber besteht im Zugang der MOX-Brennelemente. Diese liegen wirtschaftlich unter dem Marktwert neuer Uran-Brennelemente. In Höhe der Differenz zwischen den Gesamtaufwendungen für die Entsorgung und diesem Marktwert ist daher in der Handelsbilanz eine Rückstellung auszuweisen.

4.4.6 Pensionsrückstellungen

321 Die Pensionsrückstellungen werden, anders als in den früheren handelsrechtlichen Bestimmungen, nach denen hierfür ein Passivierungswahlrecht bestand, im HGB in der Fassung des Bilanzrichtlinien-Gesetzes nicht mehr gesondert aufgeführt. Sie rechnen daher zu den **Rückstellungen für ungewisse Verbindlichkeiten**. Nach geltendem Handelsrecht besteht hierfür also ein Passivierungsgebot (→Rdn. 282).

322 Für Pensionsverpflichtungen und Pensionsanwartschaften, die
- **vor dem 1.1.1987 begründet** worden sind, besteht handels- und steuerrechtlich ein Wahlrecht, eine Rückstellung zu bilden (Artikel 28 Einführungsgesetz zum HGB),
- **am 1.1.1987 oder später begründet** worden sind, besteht handelsrechtlich und damit auch steuerrechtlich ein Passivierungsgebot.

Steuerrechtlich darf nach § 6a Abs. 1 EStG eine Rückstellung nur 323
gebildet werden, wenn und soweit
1. der Pensionsberechtigte einen Rechtsanspruch auf einmalige oder laufende Pensionsleistungen hat,
2. die Pensionszusage schriftlich erteilt ist und
3. die Pensionszusage nicht durch einen schädlichen Vorbehalt eingeschränkt ist.[148]

Handelsrechtlich ist eine Pensionsrückstellung erstmals in der 324
Schlussbilanz des Jahres auszuweisen, in dem die Pensionszusage erteilt worden ist. **Steuerrechtlich** darf aber eine Pensionsrückstellung frühestens für das Wirtschaftsjahr gebildet werden, bis zu dessen Mitte der Pensionsberechtigte das 28. Lebensjahr vollendet oder für das Wirtschaftsjahr, in dessen Verlauf die Pensionsanwartschaft gemäß den Vorschriften des Gesetzes zur Verbesserung der betrieblichen Altersversorgung unverfallbar wird (§ 6a Abs. 2 Nr. 1 EStG).

Beispiel

Arbeitnehmer A hat am 10.12.01 eine schriftliche Pensionszusage seines Arbeitgebers, des Unternehmers U, erhalten. A vollendet das 28. Lebensjahr am 1.7.03. In seiner Handelsbilanz kann U bereits zum 31.12.01 die Pensionszusage an A in der Pensionsrückstellung berücksichtigen. Da A erst zur Mitte des Jahres 04 das 28. Lebensjahr vollendet hat, kann U die A erteilte Pensionszusage in seiner Steuerbilanz erst zum 31.12.04 berücksichtigen.

Eine Pensionsrückstellung darf höchstens mit dem Teilwert der Pen- 325
sionsverpflichtung angesetzt werden (§ 6a Abs. 3 Satz 1 EStG). Bei dessen Ermittlung sind ein Rechnungszinsfuß von 6 % und die anerkannten Regeln der Versicherungsmathematik anzuwenden (§ 6a Abs. 3 Satz 3 EStG).
Zuführungen zur Pensionsrückstellung werden gebucht:
→ Freiwillige soziale Aufwendungen
   an Pensionsrückstellung

---

148 Zur Frage, wann Vorbehalte schädlich oder noch unschädlich sind, s. § 6a Abs. 1 Nr. 2 EStG und R 41 Abs. 3 bis 6 EStR.

Durch die Zuführung wird also der Gewinn in dem Geschäftsjahr der Zuführung gemindert.

326 Eine Pensionsrückstellung darf in einem Wirtschaftsjahr höchstens um den Unterschied zwischen dem Teilwert der Pensionsverpflichtung am Schluss des Wirtschaftsjahrs und am Schluss des vorangegangenen Wirtschaftsjahrs erhöht werden (§ 6a Abs. 4 Satz 1 EStG). Wird daher in einem Wirtschaftsjahr nicht in Höhe dieses Unterschiedsbetrages zugeführt, ist eine spätere **Nachholung** nicht mehr zulässig.

Beispiel

In der Steuerbilanz zum 31.12.01 ist eine Pensionsrückstellung in Höhe von 40.000 € ausgewiesen. Die Teilwerte der Pensionsverpflichtungen betragen zum 31.12.01 57.000 € und zum 31.12.02 62.000 €.

Zur Pensionsrückstellung darf höchstens der Unterschied zwischen den Teilwerten der Pensionsverpflichtungen zugeführt werden, also 5.000 €. Die Pensionsrückstellung wird daher in der Steuerbilanz zum 31.12.02 in Höhe von 45.000 € ausgewiesen, also nicht in Höhe des Teilwerts von 62.000 €.

327 Die Pensionsrückstellungen werden nach den Grundsätzen der **Versicherungsmathematik** berechnet. Der Berechnung liegen statistische Untersuchungen über die Lebenserwartung der Menschen in der Bundesrepublik zu Grunde, die in den Sterbetafeln erfasst werden. Diese Richttafeln ändern sich jeweils nach neuen Untersuchungen. Da die Lebenserwartung im Allgemeinen steigt, beruht hierauf ein Teil der Teilwerterhöhung einer Pensionszusage zum Bilanzstichtag, wenn im vorangegangenen Geschäftsjahr eine neue **Richttafel** herausgekommen ist.

328 Soweit der Unterschiedsbetrag der Teilwerte der Pensionszusagen zum Bilanzstichtag und dem vorangegangenen Bilanzstichtag auf der erstmaligen Anwendung neuer oder geänderter biometrischer Rechnungsgrundlagen beruht, kann er nur auf mindestens drei Wirtschaftsjahre gleichmäßig verteilt der Pensionsrückstellung zugeführt werden. Entsprechendes gilt beim Wechsel auf andere biometrische

Ungewisse Verbindlichkeiten   E

Rechnungsgrundlagen (§ 6a Abs. 4 Satz 2 EStG i. d. F des Steueränderungsgesetzes 1998). Das gilt erstmals für das Wirtschaftsjahr, das nach dem 30.9.1998 endet. Jedoch sind im Jahr 1998 veröffentlichte neue oder geänderte biometrische Rechnungsgrundlagen erstmals für das Wirtschaftsjahr anzuwenden, das nach dem 31.12.1998 endet. Auch bei der Bewertung anderer Rückstellungen, bei denen ebenfalls anerkannte Grundsätze der Versicherungsmathematik zu berücksichtigen sind, kann die hierauf erstmals beruhende Teilwerterhöhung nur auf mindestens drei Wirtschaftsjahre gleichmäßig verteilt werden (§ 52 Abs. 17 i. d. F. des Steuerentlastungsgesetzes vom 4.3.1999, der übereinstimmt mit § 52 Abs. 7a EStG i. d. F. der Steueränderungsgesetzes 1998).

Sieht eine Pensionszusage vor, dass die Pensionsverpflichtung bei Eintritt des Versorgungsfalls auf eine **außerbetriebliche Versorgungseinrichtung** übertragen wird, ist nach den Verwaltungsanweisungen eine Rückstellung nicht zulässig.[149] Nach dem Urteil des BFH vom 19.8.1998[150] ist aber auch in diesem Fall bis zum Eintritt des Versorgungsfalls eine Pensionsrückstellung zu bilden, da bis dann eine unmittelbare Verpflichtung besteht. Dieses Urteil ist aber nach einer Verwaltungsanweisung über den bestehenden Einzelfall hinaus nicht allgemein anzuwenden.[151]

329

Zur Bewertung von Pensionsrückstellungen bei einem Übergang auf neue oder geänderte biometrische Rechnungsgrundlagen s. BMF-Schreiben vom 13.4.1999.[152]

330

---

149 R 41 Abs. 3 Satz 7 EStR.
150 BFH, Urt. v. 19.8.1998 IR 92/95, DStRE 1999 S. 7, BStBl 1999 II S. 387.
151 BMF, Schr. v. 2.7.1999 IV C 2 - S 2176 – 61/99, DStR 1999 S. 1151, BStBl 1999 I S. 594.
152 BMF, Schr. v. 13.4.1999 – IV C 2 – S 2176 – 33/99, BB 1999 S. 953, BStBl 1999 I S. 436.

5 Drohende Verluste aus schwebenden Geschäften

5.1 Handelsbilanz

5.1.1 Passivierungsgebot

§ 249 Abs. 1 Satz 1 HGB
Rückstellungen sind ... für drohende Verluste aus schwebenden Geschäften zu bilden.

331 Für drohende Verluste aus schwebenden Geschäften „sind" Rückstellungen zu bilden. Aus dem Gesetzeswortlaut ergibt sich also ein **Passivierungsgebot** für Rückstellungen für drohende Verluste in der Handelsbilanz. Das folgt auch aus dem Imparitätsprinzip (→Rdn. 110 ff.) und damit aus den Grundsätzen ordnungsmäßiger Buchführung.

332 Zur Abgrenzung von den Rückstellungen für ungewisse Verbindlichkeiten →Rdn. 275 ff.

5.1.2 Schwebende Geschäfte

333 Schwebende Geschäfte sind
- mindestens zwei Parteien verpflichtende Verträge, die
- auf einen Leistungsaustausch gerichtet und
- von keiner Seite erfüllt sind.

334 Es muss sich nicht um schuldrechtliche Austauschverpflichtungen handeln. Es können auch z. B. gesellschaftsrechtliche oder öffentlich-rechtliche Rechtsverhältnisse hierzu gehören. Aus dem Merkmal „schwebend" folgt, dass es sich um ein gegenseitig verpflichtendes Rechtsgeschäft handeln muss.[153]

---

153 ADS, HGB § 249 Rdn. 139 bis 141.

Schwebendes Geschäft

Zweiseitig verpflichtendes Rechtsgeschäft   335

|———————————|

vom Zeitpunkt	bis zum Zeitpunkt
• der Abgabe eines verbindlichen Vertragsangebots oder • des Abschlusses eines Vorvertrags oder • des Vertragsabschlusses	• der Erfüllung des Vertrags durch den zur Lieferung oder Leistung verpflichteten Vertragspartner

In der Regel ist ein **zweiseitig verpflichtendes Rechtsgeschäft** im engeren Sinne, ein gegenseitiger Vertrag, Grundlage eines schwebenden Geschäfts.[154] Ein **gegenseitiger Vertrag** ist ein Rechtsgeschäft, in dem jeder Partner dem anderen gegenüber so verpflichtet ist, dass die Leistung des einen Partners um der Leistung des anderen willen geschuldet wird.

Beispiele

Kaufvertrag: Der Verkäufer schuldet die Lieferung der Kaufsache gegen Zahlung des Kaufpreises durch den Käufer.

Mietvertrag: Der Vermieter überlässt den Gebrauch der vermieteten Sache gegen Zahlung des Mietzinses durch den Mieter.

Arbeitsvertrag: Der Arbeitnehmer ist zur Leistung der Dienste gegen Zahlung der vereinbarten Vergütung durch den Arbeitgeber verpflichtet.

---

154 BFH, Urt. v. 25.1.1984 I R 7/80, BStBl 1984 II S. 344; v. 3.2.1993 I R 37/91, BStBl 1993 II S. 441.

336 Die gegenseitigen Ansprüche stehen sich gleichgewichtig gegenüber und halten sich in der Schwebe, solange nicht ein Vertragspartner die von ihm geschuldete Leistung erbracht hat. Erst wenn der zur Lieferung oder Leistung Verpflichtete geliefert oder geleistet hat, der Schwebezustand also beendet ist, wird der Anspruch auf Zahlung als Forderung bilanziert. Ein **Ertrag** aus einem schwebenden Geschäft wird also nicht ausgewiesen. Das würde gegen das Realisationsprinzip (→Rdn. 97 ff.) verstoßen.

5.1.3 Drohender Verlust

337 Umgekehrt müssen aber **drohende Verluste** aus schwebenden Geschäften nach dem Imparitätsprinzip (→Rdn. 110 ff.) ausgewiesen werden.

Verlust ist die Differenz zwischen dem Wert der eigenen Verpflichtung und dem Wert des Anspruchs auf die Gegenleistung (Verpflichtungsüberschuss).[155]

Ein **Verlust droht,** wenn Tatsachen vorliegen, die es nach vernünftiger kaufmännischer Beurteilung wahrscheinlich machen, dass voraussichtlich der Wert der eigenen Leistung höher ist als der Wert der Gegenleistung. Der Differenzbetrag ist der drohende Verlust.

5.1.4 Schwebende Anschaffungsgeschäfte

338 Bei schwebenden Anschaffungsgeschäften droht ein Verlust, wenn am Bilanzstichtag aus der Sicht des Käufers

- die Wiederbeschaffungskosten der bestellten, aber noch nicht erhaltenen Wirtschaftsgüter niedriger sind als die Kaufpreisschuld oder
- wenn der zu erwartende Erlös unter den zu erwartenden Selbstkosten liegt.[156]

---

155 Schmidt/Weber-Grellet, EStG § 5 Rz. 451.
156 Schmidt/Weber-Grellet EStG § 5 Rz. 466.

Drohende Verluste aus schwebenden Geschäften E

Rückstellung bei Anschaffungsgeschäften

Eigene Verbindlichkeit > Wiederbeschaffungskosten → drohender Verlust

Eigene Verbindlichkeit ./. Wiederbeschaffungskosten = Rückstellung

Selbstkosten > zu erwartender Erlös → drohender Verlust

Selbstkosten ./. zu erwartender Erlös = Rückstellung

Fall

Unternehmer U kauft am 15.12.01 3.000 kg Rohstoffe zum Festpreis von 9 € pro kg. Geliefert wird am 10.1.02. Am Bilanzstichtag betrug der Marktpreis für die Rohstoffe 8,60 € pro kg.

Ist eine Rückstellung wegen drohenden Verlustes auszuweisen und, wenn das zu geschehen hat, wie hoch ist die Rückstellung?

Lösung

Eigene Verbindlichkeit 3.000 × 9 € = 27.000 €.

Wiederbeschaffungskosten am Bilanzstichtag: 3.000 × 8,60 € = 25.800 €.

Die eigene Verbindlichkeit ist also höher als die Wiederbeschaffungskosten am Bilanzstichtag. Es droht ein Verlust.

Rückstellung: 27.000 € ./. 25.800 € = 1.200 €.

5.1.5 Schwebende Veräußerungsgeschäfte

Bei schwebenden Veräußerungsgeschäften droht ein Verlust, wenn die Selbstkosten den vereinbarten Verkaufspreis übersteigen.

Selbstkosten
Anschaffungs- oder Herstellungskosten
+ anteilige Verwaltungs- und Vertriebskosten
= Selbstkosten

Zu den Herstellungskosten sind bei der Errechnung der Selbstkosten auch die Aufwendungen zu zählen, für die nach R 33 EStR ein Aktivierungswahlrecht besteht. Ist das verkaufte Wirtschaftsgut bereits bilanziert, so kann eine Rückstellung für drohende Verluste nur in Höhe des Betrages gebildet werden, um den die Summe aus aktiviertem Betrag und der am Bilanzstichtag noch zu erwartenden Selbstkosten den Verkaufspreis übersteigt.[157]

Rückstellung bei Veräußerungsgeschäften

Selbstkosten > vereinbarter Verkaufspreis → drohender Verlust

Selbstkosten ./. vereinbarter Verkaufspreis = Rückstellung

aktivierter Betrag des verkauften Gegenstandes	+	noch zu erwartende Selbstkosten	>	vereinbarter Verkaufspreis	→	drohender Verlust
aktivierter Betrag des verkauften Gegenstandes	+	noch zu erwartende Selbstkosten	./.	vereinbarter Verkaufspreis	=	Rückstellung

Fall

Unternehmer U hat sich gegenüber K verpflichtet, eine Spezialmaschine für 150.000 € zu liefern. Er berechnete die Selbstkosten wie folgt:

Herstellungskosten	120.000 €
Verwaltungs- und Vertriebskosten	+ 10.000 €
Kalkulierte Selbstkosten	130.000 €

a) Die Maschine ist am Bilanzstichtag noch nicht fertig gestellt. Es ist aber bereits abzusehen, dass die Herstellungskosten 140.000 € und die Verwaltungs- und Vertriebskosten 20.000 € betragen werden.

b) Die Maschine ist am Bilanzstichtag hergestellt. U bilanziert die Maschine in Höhe der Herstellungskosten von 140.000 €.

Wie hoch ist eine Rückstellung wegen drohenden Verlustes anzusetzen?

---

157 BMF, Schreiben v. 14.6.1974, DB 1974 S. 1195.

E Drohende Verluste aus schwebenden Geschäften

Lösung

a) Herstellungskosten am Bilanzstichtag   120.000 €
noch ausstehende Herstellungskosten   + 20.000 €
Verwaltungs- und Vertriebskosten   + 20.000 €
Selbstkosten   160.000 €
Vereinbarter Verkaufspreis   − 150.000 €
Rückstellung   10.000 €

b) aktivierter Betrag   140.000 €
Verwaltungs- und Vertriebskosten   + 20.000 €
Summe   160.000 €
vereinbarter Verkaufspreis   − 150.000 €
Rückstellung   10.000 €

5.1.6 Schwebende Dauerrechtsverhältnisse

Bei schwebenden Dauerrechtsverhältnissen kann nur dann eine Drohverlustrückstellung ausgewiesen werden, wenn aus dem gesamten Dauerrechtsverhältnis ein Verlust droht. Verluste in einzelnen Geschäftsjahren führen daher nicht zu einer Rückstellung, wenn der Gesamtsaldo des Dauerrechtsverhältnisses positiv ist. Droht daher aus einem Dauerschuldverhältnis in einem Geschäftsjahr ein Verlust, ist aber abzusehen, dass Gewinne in späteren Geschäftsjahren den Verlust ausgleichen werden, darf keine Rückstellung gebildet werden.

Soweit ein zu einer Leistung Verpflichteter seine Leistung erbracht hat, besteht für ihn kein schwebendes Geschäft mehr (→Rdn. 336). Er weist insoweit eine Forderung aus Lieferung oder Leistung aus. Gewinne aus Zeiträumen, für die eine aus einem schwebenden Dauerschuldverhältnis obliegende Leistung erbracht worden ist, dürfen daher nicht zum Ausgleich mit drohenden Verlusten herangezogen werden.[158]

Zur Rückstellung eines Verlustes aus schwebendem Dauerschuldverhältnis dürfen also nur die zukünftigen, d. h. die noch nicht durch Erfüllung ausgeglichenen Ansprüche und Verpflichtungen gegenübergestellt werden. Ist ein Dauerschuldverhältnis in der Vergangenheit für den Unternehmer günstig gewesen, droht ihm aber künftig ein

---

158 Clemm/Erle in: Beck Bil-Komm., § 249 Rz. 76.

Verlust hieraus, so muss er handelsrechtlich eine Rückstellung bilanzieren (**Stichtags- oder Restwertbetrachtung**).

342 Für die Entscheidung, ob ein Verlust droht, kommt es auf die **Verhältnisse am Bilanzstichtag** an. Droht aus einem Vertrag am Bilanzstichtag ein Verlust, so ist eine Rückstellung zu bilden. Werden am Bilanzstichtag Verhandlungen zur Aufhebung des Verlust bringenden Vertrags und seine Ersetzung durch einen günstigen Vertrag geführt, so ist dennoch eine Rückstellung zu bilanzieren. Erst wenn der Vertrag geändert oder aufgehoben ist, darf vom Ansatz einer Rückstellung abgesehen werden.[159]

5.2 Steuerbilanz

5.2.1 Passivierungsverbot

§ 5 Abs. 4a EStG
Rückstellungen für drohende Verluste aus schwebenden Geschäften dürfen nicht gebildet werden.

343 In der Handelsbilanz besteht für Rückstellungen für drohende Verluste aus schwebenden Geschäften ein Bilanzierungsgebot (→Rdn. 331). Nach dem Maßgeblichkeitsgrundsatz (§ 5 Abs. 1 Satz 1 EStG) folgt hieraus auch für die Steuerbilanz ein Passivierungsgebot (→Rdn. 156 ff.). Das galt nur bis zum In-Kraft-Treten der neu durch das Gesetz zur Fortsetzung der Unternehmenssteuerreform eingeführten Vorschrift des § 5 Abs. 4a EStG.

344 In der Steuerbilanz durften daher Rückstellungen für drohende Verluste aus schwebenden Geschäften nur noch in den Schlussbilanzen von Wirtschaftsjahren bilanziert werden, die vor dem 1.1.1997 endeten (§ 5 Abs. 4a, § 52 Abs. 13 Satz 1 EStG).
Soweit nach der Neuregelung Unterschiede in Handels- und Steuerbilanz bestehen, ist eine so genannte **Einheitsbilanz** nicht mehr zulässig. Das heißt: Bestehen die Voraussetzungen für eine Rückstellung für drohende Verluste aus schwebenden Geschäften in der Handelsbilanz, sind zwingend eine Handelsbilanz und eine Steuerbilanz aufzustellen. Wird nur eine Bilanz aufgestellt, in der die gesetzlichen Än-

---

159 BFH, Urt. v. 17.11.1987 VIII R 348/82, BB 1988 S. 731, BStBl 1988 II S. 430.

derungen hinsichtlich der Drohverlustrückstellung zu Grunde gelegt werden, ist diese Bilanz handelsrechtlich unrichtig.

5.2.2 Übergangsregelung

§ 52 Abs. 13 EStG

§ 5 Abs. 4a ist erstmals für das Wirtschaftsjahr anzuwenden, das nach dem 31. Dezember 1996 endet. Rückstellungen für drohende Verluste aus schwebenden Geschäften, die am Schluss des letzten vor dem 1. Januar 1997 endenden Wirtschaftsjahrs zulässigerweise gebildet worden sind, sind in den Schlussbilanzen des ersten nach dem 31. Dezember 1996 endenden Wirtschaftsjahrs und der fünf folgenden Wirtschaftsjahre mit mindestens 25 vom Hundert im ersten und jeweils mindestens 15 vom Hundert im zweiten bis sechsten Wirtschaftsjahr Gewinn erhöhend aufzulösen.

Es besteht für die Steuerbilanzen folgende Übergangsregelung: 345

	Übergangsregelung	
	Handelsbilanz	Steuerbilanz
Geschäfts-/Wirtschaftsjahre, die vor dem 1.1.1997 enden	Gebot, Rückstellungen für drohende Verluste aus schwebenden Geschäften zu passivieren	
Geschäfts-/Wirtschaftsjahre, die nach dem 31.12.1996 enden	Gebot, Rückstellungen für drohende Verluste aus schwebenden Geschäften zu passivieren	Verbot, Rückstellungen für drohende Verluste aus schwebenden Geschäften zu passivieren
		Gebot, vor dem 1.1.1997 zulässigerweise gebildete Rückstellungen Gewinn erhöhend aufzulösen: ■ im ersten folgenden Wirtschaftsjahr mit mindestens 25 % ■ im zweiten bis sechsten folgenden Wirtschaftsjahr mit jeweils mindestens 15 %

5.2.3 Teilwertabschreibung

346 Es ist aber zu beachten, dass bei einem schwebenden Geschäft, das die Herstellung von Bauten auf fremdem Grund zum Gegenstand hat, bei der Bilanzierung und Bewertung teilfertiger Bauten sich ein zum jeweiligen Bilanzstichtag aufgelaufener Verlust auswirken kann. Steuerrechtlich geschieht das durch eine Teilwertabschreibung (→Rdn. 851 ff.).

347 Soweit es sich um künftigen Verlust im Rahmen eines schwebenden Geschäfts handelt, der auf noch zu erbringende Leistungen entfällt, kann dieser nur durch Drohverlustrückstellung berücksichtigt werden. Insoweit kann der Verlust in der Steuerbilanz nicht mehr ausgewiesen werden[160].

348 Diese Grundsätze gelten auch bei der Bilanzierung und Bewertung von unfertigen und fertigen Erzeugnissen im Zusammenhang mit schwebenden Geschäften (→Rdn. 854 ff.)[161].

6 Aufwendungen

6.1 Passivierung

349 Für die Aufwandsrückstellungen besteht in der Handelsbilanz

- zum Teil ein **Passivierungsgebot**:
  - Rückstellungen für im Geschäftsjahr unterlassene Aufwendungen für Instandhaltungen, die im folgenden Geschäftsjahr innerhalb von drei Monaten nachgeholt werden (§ 249 Abs. 1 Satz 2 Nr. 1 HGB),
  - Rückstellungen für im Geschäftsjahr unterlassene Aufwendungen für Abraumbeseitigung, die im folgenden Geschäftsjahr nachgeholt werden (§ 249 Abs. 1 Satz 2 Nr. 1 HGB).

- zum Teil ein **Passivierungswahlrecht**:

---

160 BMF, Schr. v. 14.11.2000 IV A 6 – S 2174 – 5/00, BStBl 2000 I S. 1514.
161 BMF, Schr. v. 27.4.2001 IV A 6 – S 2174 – 15/01, DB 2001 S. 2018.

- Rückstellungen für im Geschäftsjahr unterlassene Instandhaltungen, die im folgenden Geschäftsjahr nach drei Monaten nachgeholt werden (§ 249 Abs. 1 Satz 3 HGB),
- Rückstellungen für am Abschlussstichtag dem Grunde nach wahrscheinliche oder sichere hinsichtlich der Höhe oder des Zeitpunkts ihres Eintritts unbestimmte Aufwendungen des Geschäftsjahrs oder früherer Geschäftsjahre (§ 249 Abs. 2 HGB).

6.2 Unterlassene Instandhaltung

§ 249 Abs. 1 Sätze 2 und 3 HGB
Ferner sind Rückstellungen zu bilden für
1. im Geschäftsjahr unterlassene Aufwendungen für Instandhaltung, die im folgenden Geschäftsjahr innerhalb von drei Monaten ... nachgeholt werden,
2. ...

Rückstellungen dürfen für unterlassene Aufwendungen für Instandhaltung auch gebildet werden, wenn die Instandhaltung nach Ablauf der Frist nach Satz 2 Nr. 1 innerhalb des Geschäftsjahrs nachgeholt wird.

Unterlassene Instandhaltungsaufwendungen sind Aufwendungen für Erhaltungsarbeiten, die bis zum Bilanzstichtag erforderlich gewesen wären, die aber erst nach dem Bilanzstichtag durchgeführt werden. Es darf sich also nicht um Erhaltungsaufwendungen handeln, die erfahrungsgemäß in etwa im gleichen Umfang und in gleichen Zeitabständen anfallen.[162]

Es ist zu unterscheiden:

- **In den ersten 3 Monaten** des folgenden Geschäftsjahrs nachgeholte Instandhaltungsaufwendungen: Handelsrechtlich (§ 249 Abs. 1 Nr. 1, 1. Alternative HGB) und damit auch steuerrechtlich (→Rdn. 159) besteht ein Passivierungsgebot.
- **Später als 3 Monate** nach dem Bilanzstichtag im folgenden Geschäftsjahr nachgeholte Instandhaltungsaufwendungen: Es besteht für sie handelsrechtlich ein Passivierungswahlrecht und deshalb steuerrechtlich ein Passivierungsverbot (→Rdn. 167).

---

162 R 31c Abs. 11 EStR, H 31c (11) EStH.

352 **Nachgeholt** sind die Instandhaltungsaufwendungen nur dann, wenn die Arbeiten innerhalb der Frist abgeschlossen worden sind. Sie müssen also bei Ablauf der Frist beendet sein.[163]

353 **Unterlassen** sind Aufwendungen im Geschäftsjahr auch dann, wenn sie bereits in einem früheren Geschäftsjahr hätten ausgeführt werden können oder gar müssen. Auch solche Aufwendungen sind im Geschäftsjahr noch erforderlich und geboten. Das Gesetz spricht nicht von dem Geschäftsjahr „zuzuordnenden", sondern von im Geschäftsjahr „unterlassenen" Aufwendungen.[164]

354 Unter diese Rückstellung fallen nur solche Instandhaltungsaufwendungen, für die am Bilanzstichtag keine Verpflichtung gegenüber einem Dritten und auch keine öffentlich-rechtliche Verpflichtung bestand. Bestand eine solche Verpflichtung, ist eine Rückstellung wegen einer **ungewissen Verbindlichkeit** auszuweisen (→Rdn. 282).

355 Bei unterlassener Instandhaltung kann auch eine außerplanmäßige Abschreibung auf den niedrigeren Wert bzw. eine Teilwertabschreibung infrage kommen (→Rdn. 732 ff.). Dann scheidet aber eine Rückstellung für unterlassenen Instandhaltungsaufwand aus.[165]

Fall

Tiefbauunternehmen T, dessen Wirtschaftsjahr mit dem Kalenderjahr übereinstimmt, führt überwiegend Straßenarbeiten aus. Auftraggeber sind insbesondere der Bund und Bundesländer. Da diese die Arbeiten erst nach Aufstellung des Etats vergeben können, werden die Arbeiten meist erst im Frühsommer begonnen. Die erforderlichen Reparaturarbeiten an den Baumaschinen und Baufahrzeugen werden aufgeschoben und nachgeholt, wenn Straßenbauarbeiten nicht mehr durchgeführt werden können.

Kann eine Rückstellung für unterlassene Instandhaltungsaufwendungen in der Handels- und in der Steuerbilanz gebildet werden und für welche Aufwendungen kann das geschehen?

---

163 ADS, HGB § 249 Rdn. 178.
164 ADS, HGB § 249 Rdn. 177.
165 Clemm/Erle in: Beck Bil-Komm. § 249 Rdn. 102.

> Lösung
>
> Die Aufwendungen für Reparaturarbeiten, die bis Ende März abgeschlossen und nicht laufender Erhaltungsaufwand sind, müssen in Handels- und Steuerbilanz zurückgestellt werden. Darüber hinaus dürfen sie in der Handelsbilanz auch noch zurückgestellt werden, soweit sie das abgelaufene Geschäftsjahr betreffen und bis zum Bilanzstichtag des folgenden Geschäftsjahrs nachgeholt werden.

6.3 Unterlassene Abraumbeseitigung

§ 249 Abs. 1 Satz 2 Nr. 1, 2. Alternative HGB
Ferner sind Rückstellungen zu bilden für
8. im Geschäftsjahr unterlassene Aufwendungen ... für Abraumbeseitigung, die im folgenden Geschäftsjahr nachgeholt werden, ...

Abraumrückstände kommen z. B. in Steinbrüchen vor. Vor dem Ausbrechen des Gesteins muss nicht nur die auf der Steinschicht lagernde Erdschicht abgeräumt werden. Vom anschließenden Deckgebirge muss stufenweise soviel abgeräumt werden, dass hiervon nichts nachrutschen kann.

In Zeiten der Hochkonjunktur werden diese Abraumarbeiten vor dem Wintereinbruch auf das Allernötigste beschränkt. Wenn die Arbeiten im Steinbruch nach Beendigung des Winters im folgenden Jahr wieder aufgenommen werden, müssen zunächst die Abraumbeseitigungsarbeiten nachgeholt werden, die im vergangenen Geschäftsjahr erforderlich gewesen wären. Das sind die rückständigen Abraumbeseitigungsaufwendungen.

Abraumbeseitigungsrückstand ist also der Rückstand an Aufwendungen, die eigentlich im vergangenen Geschäftsjahr für die Beseitigung des Abraums erforderlich gewesen wären.

Soweit die auf das vergangene Jahr entfallenden Abraumbeseitigungsarbeiten **im folgenden Jahr nachgeholt** werden, sind die Aufwendungen hierfür zurückzustellen (§ 249 Abs. 1 Nr. 1, 2. Alternative HGB). Es besteht sowohl in der Handels- als auch in der Steuerbilanz ein **Passivierungsgebot**.

Eine in einem Geschäftsjahr unterlassene Abraumbeseitigung, die im Folgejahr nicht nachgeholt wird, ist auch im darauf folgenden Geschäftsjahr als im Vorjahr unterlassen anzusehen. Einen Rückstellungsgrund gibt es daher für alle im Geschäftsjahr nach dem Bilanzstichtag nachgeholten Abraumbeseitigungsaufwendungen, die vor dem Bilanzstichtag erforderlich gewesen wären.[166]

6.4 Sonstige Aufwendungen

§ 249 Abs. 2 HGB
Rückstellungen dürfen außerdem für ihrer Eigenart nach genau umschriebene, dem Geschäftsjahr oder einem früheren Geschäftsjahr zuzuordnende Aufwendungen gebildet werden, die am Abschlussstichtag wahrscheinlich oder sicher, aber hinsichtlich ihrer Höhe oder des Zeitpunkts ihres Eintritts unbestimmt sind.

358

Aufwandsrückstellungen	
Voraussetzungen	
Aufwendungen, die	
1. dem Geschäftsjahr oder einem früheren Geschäftsjahr zuzuordnen sind,	
2. ihrer Eigenart nach genau umschrieben sind,	
3. am Abschlussstichtag wahrscheinlich oder sicher sind,	
4. hinsichtlich ihrer Höhe oder des Zeitpunkts ihres Eintritts unbestimmt sind.	
Handelsbilanz	Steuerbilanz
Passivierungswahlrecht	Passivierungsverbot

359 Die Vorschrift geht auf Artikel 20 Abs. 2 der Vierten EG-Richtlinie zurück. Die deutschen Kaufleute sollten die Möglichkeit erhalten, im gleichen Umfang wie die übrigen Kaufleute in der Europäischen Gemeinschaft Rückstellungen zu bilden.
Außerdem glaubte der Gesetzgeber, die Verhältnisse eines Unternehmens, insbesondere seine Ertragslage, würden nicht mit der wünschenswerten Klarheit dargestellt, wenn zukünftig Aufwendungen, die für die Erhaltung der Betriebsfähigkeit vorhandener Anlagegegenstände erforderlich sind, nicht durch Rückstellung den einzelnen

---

166 ADS, HGB § 249 Rdn. 181.

Geschäftsjahren in dem Verhältnis zugeordnet werden, wie diese Geschäftsjahre zu den zukünftigen Aufwendungen beigetragen haben. Eine Beeinträchtigung der Darstellung sei aber nicht zu befürchten, wenn es sich um Aufwendungen handle, die das Ergebnis einzelner Jahre nicht unverhältnismäßig belasten, weil sie nicht ins Gewicht fallen oder weil sie in vergleichbarer Höhe jährlich anfallen.[167]

Es muss sich daher um konkrete künftige Aufwendungen handeln, die dem Geschäftsjahr oder einem früheren Geschäftsjahr zuzuordnen sind und denen sich der Kaufmann nicht entziehen kann, wenn er seinen Geschäftsbetrieb unverändert fortführen will. Die Rückstellung hat also die Aufgabe, Ausgaben auf mehrere Perioden zu verteilen, weil der ihnen zu Grunde liegende Aufwand in diesen zurückliegenden Perioden verursacht worden ist, z. B. Aufwendungen für Großreparaturen.[168]

360

Diese Aufwandsrückstellungen sind von den Rückstellungen für unterlassene Instandhaltungsaufwendungen (→Rdn. 350 ff.) abzugrenzen.

361

Abgrenzung der Aufwandsrückstellungen von den Instandhaltungsrückstellungen	
Aufwandsrückstellungen	Instandhaltungsrückstellungen
Alle Aufwendungen	Nur Instandhaltungsaufwendungen
Passivierungswahlrecht in der Handelsbilanz	Passivierungsgebot bei Nachholung innerhalb von 3 Monaten in Handels- und Steuerbilanz
Passivierungsverbot in der Steuerbilanz	Passivierungswahlrecht bei späterer Nachholung innerhalb eines Jahres in der Handelsbilanz und Passivierungsverbot in der Steuerbilanz

Die Aufwandsrückstellungen „dürfen" gebildet werden. Handelsrechtlich besteht also für sie ein Passivierungswahlrecht. Hieraus ergibt sich für die Steuerbilanz ein Bilanzierungsverbot (→Rdn. 167).

362

---

[167] Regierungsentwurf, S. 83 f.
[168] Ausschussbericht, S. 99.

7 Gewährleistungen

§ 249 Abs. 1 Satz 2 Nr. 2 HGB
Ferner sind Rückstellungen zu bilden für
1. ...
2. Gewährleistungen, die ohne rechtliche Verpflichtung erbracht werden.

7.1 Voraussetzungen

363 **Gewährleistungen** sind
- kostenlose Nacharbeiten,
- Ersatzlieferungen,
- Minderungen oder
- Schadensersatzleistungen wegen Nichterfüllung.

Diese müssen einen vom Unternehmen ausgeführten Umsatz betreffen. Eine Gewährleistung liegt daher nur dann vor, wenn ein Zusammenhang mit voraufgegangenen eigenen Lieferungen oder Leistungen besteht.[169]

364 Werden Gewährleistungen in einem anderen Geschäftsjahr als der zugehörige Umsatz ausgeführt, so werden positive und negative Erfolgsbeiträge aus einem Geschäftsvorfall in verschiedenen Geschäftsjahren ausgewiesen. Durch eine Rückstellung der Gewährleistungen im Geschäftsjahr des zugehörigen Umsatzes wird erreicht, dass die positiven und negativen Erfolgsbeiträge eines Geschäftsvorfalls sich in demselben Geschäftsjahr auswirken.

365 Für eine Rückstellung wegen ungewisser Verbindlichkeit reicht eine **Verpflichtung nach Treu und Glauben** oder ein **faktischer Leistungszwang** aus (→Rdn. 284). Werden daher Gewährleistungen erbracht, denen sich der Unternehmer nicht entziehen kann, obwohl er rechtlich nicht gebunden ist, so handelt es sich bereits um Leistungen auf Grund einer ungewissen Verbindlichkeit. Es ist dann eine Rückstellung für eine ungewisse Verbindlichkeit und nicht eine Rück-

---

169 ADS, HGB § 249 Rdn. 183.

stellung für eine Gewährleistung ohne rechtliche Verpflichtung zu bilanzieren.
Da faktische Verpflichtungen ohnehin zu den nach § 249 Abs. 1 S. 1 HGB zu passivierenden ungewissen Verpflichtungen gehören, hätte es eigentlich einer besonderen Regelung einer Gewährleistungsrückstellung für die Handelsbilanz nicht bedurft. Die Vorschrift wurde lediglich aufgenommen, um die steuerliche Anerkennung der Rückstellung sicherzustellen.[170]

Nach der BFH-Rechtsprechung ist zu unterscheiden, ob mit den Arbeiten nur ein Mangel der zuvor erbrachten Leistung behoben wird, oder ob die Arbeiten auch und ausschlaggebend durch künftige Umstände wirtschaftlich verursacht wurden und damit zukunftsbezogen sind. Im zweiten Fall kann keine Rückstellung bilanziert und der Aufwand erst im Wirtschaftsjahr der Ausführung der Leistung berücksichtigt werden.[171]

Beispiele

Garantierückstellung: Kostenlose Reparatur- oder Ersatzleistungen wegen Material- und Funktionsfehler der erbrachten Leistungen. Nachbesserungsarbeiten nach Ablauf der Garantiefrist aus Kulanz.

Keine Garantierückstellung: Übernahme von zukünftigen Reinigungs- und Instandhaltungsarbeiten im Zusammenhang mit dem Erwerb eines Wirtschaftsgutes.

---

170 ADS, HGB § 249 Rdn. 182.
171 BFH, Urt. v. 10.12.1992 XI R 34/91, BStBl 1994 II S. 158.

Gewährleistungen		
Zusammenhang mit einem früheren Rechtsgeschäft besteht		Reine Gefälligkeitsleistung, die nicht eine frühere Lieferung oder Leistung betrifft
rechtliche oder wenigstens faktische Verpflichtung	aus freien Stücken erbrachte Gewährleistung	
Rückstellungsgebot für ungewisse Verbindlichkeit	Rückstellungsgebot für Gewährleistung	Rückstellungsverbot

Fall

U hat K im Jahr 01 eine Maschine geliefert. Im März 02 fällt die Maschine wegen eines Bedienungsfehlers der Arbeitnehmer des K aus. U lässt die Maschine durch seine Monteure kostenlos reparieren. Kann U in der Bilanz zum 31.12.01 für die Reparaturaufwendungen eine Gewährleistungsrückstellung bilden?

Lösung

Die Reparaturleistung hängt zwar mit einem früheren Umsatz des Unternehmens zusammen. Es ist aber fraglich, ob sie nicht auch und ausschlaggebend durch künftige Umstände wirtschaftlich verursacht worden ist. Die Maschine fiel durch einen Bedienungsfehler der Arbeitnehmer des K aus. Der Bedienungsfehler lag in der Zukunft und war für den Ausfall der Maschine ausschlaggebend. Damit scheidet hier eine Rückstellung aus.

Die Beweislastfrage kann aber so komplex sein, dass der leistende Unternehmer sich faktisch nicht einer Kulanzleistung entziehen kann. Das kann im Einzelfall auch bei einer unsachgemäßen Behandlung oder nicht zwecksentsprechenden Verwendung im Bereich des Leistungsempfängers der Fall sein.[172] In diesem Fall käme daher eine Rückstellung infrage.

7.2 Bildung der Rückstellung

Es können 367
- Einzelrückstellungen oder
- Pauschalrückstellungen

gebildet werden.[173]

Es reicht nicht aus, dass die Besonderheiten eines Auftrags ein erhöhtes Risiko bedingen. Die Neuartigkeit etwa einer Brückenkonstruktion und sonstige Schwierigkeiten rechtfertigen lediglich den Schluss, dass die Möglichkeit von Garantieleistungen, nicht aber die Wahrscheinlichkeit hierzu besteht.[174] 368

Bildung der Garantierückstellungen			
Aus bestimmten Aufträgen sind Garantieleistungen am Bilanzstichtag erkennbar.	Es sind noch keine bestimmten Einzelaufträgen zuzuordnenden Garantieleistungen erkennbar.		
		Auf Grund der Erfahrungen des Betriebs oder Geschäftszweigs ist mit Gewährleistungen in bestimmter Höhe, bezogen auf den Umsatz, zu rechnen.	Der Unternehmer rechnet wegen der Besonderheit des Auftrags (z. B. Neuartigkeit einer Brückenkonstruktion) oder der Ausführung im Ausland mit einem erhöhten Risiko.
Einzelrückstellung		Pauschalrückstellung	Keine Rückstellung

7.3 Pauschalrückstellung

Die Höhe der Rückstellung richtet sich nach der wahrscheinlichen Zahl der Garantiefälle und den im einzelnen Fall entstehenden Aufwendungen. Sie wird auf Grund der tatsächlichen Inanspruchnahme in der Vergangenheit geschätzt. 369

---

172 ADS, HGB § 149 Rdn. 184.
173 H 31c (4) EStH.
174 BFH, Urt. v. 26.3.1968 IV R 94/67, BStBl 1968 II S. 533.

370 Es gibt keine einheitlichen Richtsätze für die Bemessung von Garantieverpflichtungen in den einzelnen Wirtschaftszweigen. Die Höhe der Rückstellung ist daher nach den besonderen Verhältnissen des einzelnen Betriebs zu bemessen. Branchenübliche Garantiesätze konnten bisher nach den Verwaltungsanweisungen ohne Überprüfung anerkannt werden, wenn der Rückstellungsbetrag 0,5 % des garantiebefangenen Sollumsatzes des Geschäftsjahrs nicht überstieg.[175] Nach den Änderungen durch das Steuerentlastungsgesetz 1999/2000/2002 erscheint es zwar zweifelhaft, ob diese Regelung noch in Zukunft angewendet wird.

371 Die Bildung von Pauschalrückstellungen kann nach Auffassung des EuGH nicht mit der Begründung versagt werden, sie stehe mit dem Grundsatz der Einzelbewertung im Widerspruch.[176] Vielmehr ist eine Pauschalrückstellung geboten, wenn eine Einzelbewertung kein den tatsächlichen Verhältnissen entsprechendes Bild der Finanzlage vermitteln würde. In diesem Fall stünde ein Absehen von einer Pauschalrückstellung im Widerspruch zum Grundsatz der Bilanzwahrheit. Daher sollten zur Begründung des betriebsindividuellen Garantiesatzes die Aufwendungen für Garantiearbeiten innerhalb eines repräsentativen Zeitraumes aufgezeichnet werden. Auf der so gefundenen Grundlage kann der Garantiesatz des Unternehmens ermittelt werden. Bemessungsgrundlage für die Garantierückstellung ist der garantiebefangene Sollumsatz.

Garantiebefangener Sollumsatz
Umsatz mit Kunden aus Lieferungen und Leistungen ./. Rücksendungen der Kunden ./. Preisnachlässe an Kunden = garantiebefangener Sollumsatz

372 Garantiearbeiten fallen laufend an. Werden sie auf einem besonderen Aufwandskonto gebucht, so ist in der Höhe, in der Garantiearbeiten als Aufwendungen erfasst worden sind, Garantieaufwand nicht mehr

---

175 FinMin NRW, Erlass vom 4.3.1980, S 1540 - 25 - VA 1, BB 1982 S. 39.
176 EuGH, Urt. v. 14.9.1999, Rs. C-275/97, DE + ES Bauunternehmung GmbH (Vorabentscheidungsverfahren vorgelegt vom FG Köln), DStR 1999 S. 1645.

für dieses Jahr mit einer Rückstellung zu berücksichtigen. Es würden sich sonst Garantieaufwendungen doppelt auswirken.

Es gibt zwei Möglichkeiten:
- Laufende Buchung der Garantieaufwendungen auf einem besonderen Konto. Wird dann eine Garantierückstellung anhand des für das Unternehmen festgestellten Garantiesatzes auf der Grundlage des garantiebefangenen Sollumsatzes ermittelt, so ist das Konto „Garantieaufwand" über das Konto Garantierückstellung aufzulösen.
- Die laufenden Garantieaufwendungen werden nicht auf einem besonderen Konto erfasst. Garantiearbeiten sind aber laufend angefallen, sodass der hierauf beruhende Aufwand auf verschiedenen Aufwandskonten erfasst worden ist. Um diesen nicht mühsam aus den vielen betroffenen Aufwandskonten herausfiltern zu müssen, kann dieser Umstand pauschal bei der Bildung der Rückstellung berücksichtigt werden.

In der Praxis werden die Garantiearbeiten in der Regel nicht auf einem besonderen Aufwandskonto laufend erfasst. Daher wird im folgenden Fall die zweite der vorstehend genannten Möglichkeiten zu Grunde gelegt.

> **Fall**
>
> Bauunternehmer B ist verpflichtet, innerhalb von 3 Jahren nach Bauabnahme Mängel an von ihm errichteten Bauten zu beseitigen. B hat für einen repräsentativen Zeitraum die Garantiearbeiten aufgezeichnet. Hieraus ergibt sich, dass der Garantiesatz 1 % des garantiebefangenen Sollumsatzes beträgt. Die garantiepflichtigen Sollumsätze der Jahre 01 bis 03 betrugen:
>
> Jahr 01   6.000.000 €
> Jahr 02   7.500.000 €
> Jahr 03   9.000.000 €
>
> Wie hoch ist die Garantierückstellung zum 31.12.03 auszuweisen?

E Bilanzierung der Rückstellungen

Lösung
Es wird unterstellt, dass die laufenden Nacharbeiten in den einzelnen Monaten gleichmäßig angefallen sind. Die Garantierückstellung zum 31.12.03 setzt sich zusammen aus den Resten der Rückstellungen aus den Vorjahren des Garantiezeitraums, also der Jahre 01 und 02, und der neu zum 31.12.03 zu bildenden Rückstellung. Die Selbstkosten der bereits ausgeführten Nacharbeiten dürfen nicht mehr zurückgestellt werden, da sonst die Aufwendungen doppelt berücksichtigt würden. Wird daher in jedem Jahr 1 % des garantiepflichtigen Sollumsatzes zurückgestellt, so ist die Rückstellung in Höhe der ausgeführten Nacharbeiten wieder aufzulösen. Bei einem hier angenommenen Garantiezeitraum von 3 Jahren muss das also in jedem Jahr in Höhe von 1/3 der Rückstellung geschehen. Im Jahr der erstmaligen Bildung der Rückstellung wird diese mit 1/6 aufgelöst.

	Jahr 01	Jahr 02	Jahr 03
Rückstellungsneubildung	60.000 €	75.000 €	90.000 €
./. Auflösung im Jahr 01	10.000 €		
./. Auflösung im Jahr 02	20.000 €	12.500 €	
./. Auflösung im Jahr 03	20.000 €	25.000 €	15.000 €
Rückstellungsrestbeträge	10.000 €	37.500 €	75.000 €
Rückstellung zum 31.12.03:			
Restbetrag 01			10.000 €
Restbetrag 02			37.500 €
Restbetrag 03			75.000 €
Rückstellung zum 31.12.03			122.500 €

373 Da handelsrechtlich eine Rückstellung für auf Grund rechtlicher oder faktischer Verpflichtung oder aus freien Stücken erbrachter Gewährleistungen bilanziert werden muss, besteht hierfür auch in der **Steuerbilanz** ein Passivierungsgebot (→Rdn. 159).

7.4 Auswirkungen der Schuldrechtsreform

374 Zum 1.1.2002 trat neues Schuldrecht in Kraft. Es gilt grundsätzlich nur für ab 1.1.2002 geschlossene Schuldverhältnisse. Sie können ab diesem Zeitpunkt durch Rechtsgeschäft oder durch Erfüllung von Gesetzestatbeständen begründet sein. Für Dauerschuldverhältnisse, z. B.

Gewährleistungen E

Miet- oder Pachtverträge, die bereits vor dem 1.1.2002 bestanden, gelten die neuen Vorschriften ab dem 1.1.2003. Im Übrigen sind die bisherigen Vorschriften anzuwenden.

Zu den Verkäuferpflichten gehört nach §§ 433, 453 BGB n. F. auch, Sachen, Rechte und sonstige Gegenstände (z. B. Unternehmen, freiberufliche Praxen, Elektrizität, Fernwärme) frei von Sach- und Rechtsmängeln zu verschaffen. Auch in Verträgen, welche die Lieferung noch herzustellender oder zu erzeugender beweglicher Sachen zum Gegenstand haben, rechnet die mangelfreie Verschaffung zu den Hauptpflichten (§ 651 BGB n. F.). 375

Der Verkäufer verstößt gegen seine Erfüllungspflicht, wenn der Kaufgegenstand im Zeitpunkt des Gefahrübergangs nicht mangelfrei ist. Mangelhaft ist auch die Lieferung eines Aliuds oder die Lieferung einer zu geringen Menge. Zeigt sich innerhalb von sechs Monaten seit Gefahrübergang ein Sachmangel, so wird gemäß § 476 BGB n. F. vermutet, dass die Sache bereits bei Gefahrübergang mangelhaft war, es sei denn, diese Vermutung ist mit der Art der Sache oder des Mangels unvereinbar. Hiernach wird also die Beweislast zum Nachteil des Verkäufers umgekehrt. 376

Grundsätzlich verjähren die Ansprüche des Käufers erst in zwei Jahren, beim Verkauf von Bauwerken in fünf Jahren (§ 438 BGB n. F.). Diese neuen Verjährungsregeln finden auch auf am 1.1.2002 bereits bestehende und noch nicht verjährte Ansprüche Anwendung. Bis zum 1.1.2002 regeln sich aber Beginn, Hemmung, Ablaufhemmung und Neubeginn der Verjährung nach den bisherigen Vorschriften. Ist die neue Verjährungsfrist allerdings länger als die alte Verjährungsfrist, dann finden auf die am 1.1.2002 schon bestehenden Ansprüche noch die alten Verjährungsfristen Anwendung. Ist hingegen die neue Verjährungsfrist kürzer als die alte, läuft ab 1.1.2002 die neue Verjährungsfrist, es sei denn, das Ende der alten Frist liegt vor dem Ende der neuen Frist. 377

Die neuen Vorschriften verschärfen i. d. R. die Gewährleistungspflichten des Verkäufers gegenüber den bisherigen. Soweit neues Recht zum Zuge kommt, ist das bei der Bemessung der Gewährleistungsrückstellung zu berücksichtigen. 378

8 Auflösung von Rückstellungen

8.1 Auflösungsverbot

§ 249 Abs. 3 Satz 2 HGB
Rückstellungen dürfen nur aufgelöst werden, soweit der Grund hierfür entfallen ist.

379 Mit dieser Vorschrift soll klargestellt werden, dass Rückstellungen nur aufgelöst werden dürfen, soweit der Grund hierfür entfallen ist. Dies gilt auch für Rückstellungen, die lediglich auf Grund eines Wahlrechts gebildet worden sind.[177]

380 Wenn Rückstellungen gebildet werden müssen, dürfen sie so lange nicht aufgelöst werden, wie der Rückstellungsgrund besteht. Im Fall der Auflösung müssten sie auf Grund des Passivierungsgebots sofort wieder gebildet werden. Für Rückstellungen, für die ein Passivierungsgebot besteht, ergibt es sich daher aus der Natur der Sache, dass sie nur dann aufgelöst werden dürfen, wenn der Rückstellungsgrund entfallen ist.

381 Besteht für die Rückstellung ein **Wahlrecht,** so ist die Bilanz nicht unrichtig, wenn eine Rückstellung nicht gebildet wird. Ist aber eine Rückstellung auf Grund eines Passivierungswahlrechts bilanziert worden, dann darf sie nur aufgelöst werden, wenn der Grund, aus dem sie gebildet worden ist, fortgefallen ist. Eine grundlose Auflösung der Rückstellung wäre willkürlich. Wäre sie zulässig, könnten in Geschäftsjahren mit schlechtem Betriebsergebnis die Geschäftserfolge durch Auflösung der Rückstellungen, für die ein Passivierungswahlrecht besteht, geschönt werden.

8.2 Auflösungsgebot

382 Aus der Vorschrift ergibt sich kein Auflösungsgebot. Ein Auflösungsgebot folgt aus den Grundsätzen ordnungsmäßiger Buchführung, wenn der Rückstellungsgrund nicht mehr besteht. Wird eine Rück-

---

177 Ausschussbericht, S. 99.

stellung gebildet, obwohl die Voraussetzungen dafür nicht gegeben sind, so ist der Bilanzausweis unrichtig. Eine Rückstellung ohne Rückstellungsgrund verstößt daher gegen den Grundsatz der Bilanzwahrheit (→Rdn. 86 f.). Ebenso ist eine Bilanzierung unrichtig, wenn der Grund hierfür nicht mehr gegeben ist.

Steuerlich hat die Auflösung einer Rückstellung zur Folge, dass in Höhe der Auflösung ein außerordentlicher Ertrag zu versteuern ist. Die Rückstellung kann im Laufe mehrerer Jahre angewachsen sein. Das hindert es aber nicht, dass der Ertrag aus der Auflösung der Rückstellung zusammengeballt in einem Jahr besteuert wird.[178] Die Rückstellung ist zum frühestmöglichen Zeitpunkt aufzulösen, wenn bei einer früheren Veranlagung eine Rückstellung zu Unrecht anerkannt worden ist.[179] Fällt später der Grund für eine Rückstellung fort, so ist sie aufzulösen, wenn bis zum Zeitpunkt der Bilanzaufstellung bekannt wird, dass mit einer Inanspruchnahme nicht mehr zu rechnen ist.[180]

383

8.3 Abgrenzung zur Wertaufholung

Von der Auflösung der Rückstellung ist ihre Wertaufholung zu unterscheiden.

384

- Auflösung bedeutet, die Bilanzierung der Rückstellung wird im vollen Umfang rückgängig gemacht.
- Bei der Wertaufholung ist die Rückstellung zu hoch bewertet. Es wird der zutreffende niedrigere Wert angesetzt.

Beispiel

Unternehmer U stellt fest, dass eine Rückstellung für Instandhaltung auf Grund neuer Erkenntnisse um 20.000 EUR zu hoch bemessen ist. Er muss sie entsprechend auflösen. U bucht:

Rückstellung für Instandhaltung 20.000 €
an Periodenfremde Erträge 20.000 €

---

178 BFH, Urt. v. 16.3.1967 IV R 280/66, BStBl 1967 III S. 389.
179 BFH, Urt. v. 7.2.1969 VI R 174/67, BStBl 1968 II S. 314.
180 BFH, Urt. v. 17.1.1973 I R 204/70, BStBl 1973 II S. 320; H 31c (13) EStH.

E Bilanzierung der Rückstellungen

Zur Wertaufholung bei Rückstellungen →Rdn. 993 ff.

9 Testfragen zur Bilanzierung der Rückstellungen

Nr.	Frage	Rdn.
120.	Welche Rückstellungsgründe gibt es?	272
121.	Wie unterscheiden sich Rückstellungen für ungewisse Verbindlichkeiten von den Rückstellungen für drohende Verluste aus schwebenden Geschäften?	275 ff.
122.	Besteht für Rückstellungen für ungewisse Verbindlichkeiten ein Passivierungswahlrecht oder ein Passivierungsgebot?	282
123.	Was sind die Voraussetzungen für die Bilanzierung von Rückstellungen für ungewisse Verbindlichkeiten?	283 ff.
124.	Wann besteht eine Verpflichtung gegenüber Dritten?	283.
125.	Wann besteht eine öffentlich-rechtliche Verpflichtung?	287
126.	Wann ist eine ungewisse Verbindlichkeit wirtschaftlich verursacht?	288 ff.
127.	Auf was muss sich die Ungewissheit bei den Rückstellungen für ungewisse Verbindlichkeiten beziehen?	291
128.	Worin unterscheiden sich die Verbindlichkeiten von den Rückstellungen für ungewisse Verbindlichkeiten?	292
129.	Wie hoch muss der Grad der Wahrscheinlichkeit für die Inanspruchnahme des Unternehmens sein als Voraussetzung für die Bilanzierung einer Rückstellung für ungewisse Verbindlichkeiten und was ergibt sich hieraus für die Bilanzierung für vertragliche und einseitige Verpflichtungen, z. B. zu Schadensersatzleistungen aus unerlaubter Handlung und für öffentlich-rechtliche Verpflichtungen?	293 ff.
130.	In welchen Fällen von Rückstellungen für ungewisse Verbindlichkeiten sind steuerrechtlich hinsichtlich der Bilanzierung Abweichungen gegenüber der Handelsbilanz zu beachten?	298 ff.
131.	Besteht für Rückstellungen für drohende Verluste aus schwebenden Geschäften handelsrechtlich ein Passivierungswahlrecht oder ein Passivierungsgebot?	331

Testfragen zur Bilanzierung der Rückstellungen

Nr.	Frage	Rdn.
132.	Wie ist die Bilanzierbarkeit der Rückstellungen für drohende Verluste steuerlich geregelt?	343 ff.
133.	Wann droht ein Verlust aus einem schwebenden Geschäft allgemein?	337
134.	Wie werden Verluste aus Herstellung von teilfertigen Bauten auf fremdem Grund und von unfertigen und fertigen Erzeugnissen im Rahmen von schwebenden Geschäften berücksichtigt?	346 ff.
135.	Was sind unterlassene Instandhaltungsaufwendungen?	337
136.	Wann besteht für unterlassene Instandhaltungsaufwendungen handelsrechtlich ein Rückstellungsgebot und wann ein Rückstellungswahlrecht und was folgt hieraus für die Steuerbilanz?	351
137.	Wie sind Rückstellungen für unterlassene Abraumbeseitigungsaufwendungen geregelt?	356 f.
138.	Wie sind Rückstellungen für sonstige Aufwendungen geregelt?	358 ff.
139.	Was sind Gewährleistungen?	363
140.	Wie sind Rückstellungen für Gewährleistungen geregelt?	364 ff.
141.	Wann müssen Rückstellungen aufgelöst werden?	382 f.

F Bilanzierung der Verbindlichkeiten

1 Voraussetzungen

385 Die Verbindlichkeiten gehören zum Fremdkapital eines Unternehmens. Sie dienen der langfristigen oder kurzfristigen Finanzierung von Vermögensgegenständen.

386 Verbindlichkeiten haben folgende **Merkmale:**
- Sie sind erzwingbar,
- richten sich auf eine dem Inhalt und der Höhe nach bestimmte Leistung und
- stellen eine wirtschaftliche Belastung dar.

Eine **Leistung ist erzwingbar,** wenn sie im Klageweg durchsetzbar ist. Auf die Fälligkeit kommt es nicht an.

2 Einreden des Verpflichteten

2.1 Zerstörende Einreden

387 Kann der Verpflichtete eine **zerstörende Einrede** erheben, z. B. die Einrede der Verjährung, darf die Verbindlichkeit dann nicht mehr passiviert werden, wenn die Einrede erhoben wurde oder anzunehmen ist, dass sich der Verpflichtete auf die Verjährung berufen wird.[181] Wurde die Einrede noch nicht erhoben, ist die Verbindlichkeit unter dem Gesichtspunkt des faktischen Leistungszwangs weiterhin zu pas-

---

181 BFH, Urt. v. 9.2.1993 VIII R 21/92, BStBl 1993 II S. 543.

sivieren, wenn sich der Verpflichtete der Leistungsverpflichtung aus wirtschaftlichen Gründen nicht entziehen kann und mit der Inanspruchnahme rechnen muss.[182]

2.2 Aufschiebende Einreden

Hat der Verpflichtete eine **aufschiebende Einrede,** ist die Verbindlichkeit auszuweisen, da hierdurch wirtschaftlich nur die Fälligkeit hinausgeschoben wird. Z. B. Einrede des Zurückbehaltungsrechts, des nicht erfüllten gegenseitigen Vertrags, der Vorausklage beim Bürgen oder der Stundung (§§ 273, 320, 771 BGB).[183] Im Gegensatz zu einer Forderung aus einem gegenseitigen Vertrag, die erst auszuweisen ist, wenn der Berechtigte seinerseits den Vertrag erfüllt hat (→Rdn. 256), ist also die Verpflichtung aus einem gegenseitigen Vertrag bereits vor der Leistung des zur Lieferung oder Leistung verpflichteten Vertragspartners zu passivieren.

388

Beispiele

a) Der Anspruch des Gläubigers ist verjährt und der Kaufmann beabsichtigt, die Einrede der Verjährung zu erheben. Die Einrede der Verjährung ist eine zerstörende Einrede. Da der Kaufmann sie erheben will, ist die Verbindlichkeit nicht auszuweisen.

Der Lieferant hat Waren am 25.12.01 verkauft. Er liefert sie erst am 20.01.02. Am 28.12.01 hat er bereits den Kaufmann zur Zahlung aufgefordert. Dieser kann dem Zahlungsanspruch die aufschiebende Einrede des nichterfüllten Vertrags entgegensetzen, da er erst zahlen muss, nachdem der Lieferant geliefert hat. Gleichwohl hat er die Verbindlichkeit zu bilanzieren, da die aufschiebende Einrede wirtschaftlich nur die Wirkung des Hinausschiebens der Fälligkeit hat.

---

182 Clemm/Erle in: Beck Bil-Komm. § 247 Rdn. 221.
183 ADS, HGB § 246 Rdn. 111.

3 Bedingungen

3.1 Aufschiebende Bedingungen

389 Eine Verbindlichkeit unter einer **aufschiebenden Bedingung** ist erst mit dem Eintritt der Bedingung zu passivieren. Sind aber die künftigen Ausgaben bereits wirtschaftlich verursacht und ist der Eintritt der Bedingung hinreichend wahrscheinlich, ist handelsrechtlich eine Rückstellung zu bilden.[184] (→Rdn. 283 ff.).
Ist eine Verbindlichkeit nur zu erfüllen, soweit künftig Einnahmen oder Gewinne anfallen, so ist sie steuerrechtlich erst anzusetzen, wenn die Einnahmen oder Gewinne angefallen sind (§ 5 Abs. 2a EStG). Diese Vorschrift ist erstmals für nach dem 31.12.1998 beginnende Wirtschaftsjahre anzuwenden. Verbindlichkeiten, die in früheren Wirtschaftsjahren angesetzt worden sind und die Voraussetzungen von § 5 Abs. 2a EStG erfüllen, sind zum Schluss des ersten nach dem 31.12.1998 beginnenden Wirtschaftsjahrs Gewinn erhöhend aufzulösen (§ 52 Abs. 12a EStG).

3.2 Auflösende Bedingungen

390 Verbindlichkeiten unter einer **auflösenden Bedingung** sind bis zum Eintritt der Bedingung nicht als Verbindlichkeiten anzusetzen. Wegen der auflösenden Bedingung sind sie nicht gewiss, sondern dem Grunde nach ungewiss. Auch hier kommt daher nur die Passivierung einer Rückstellung für ungewisse Verbindlichkeiten unter den in Rdn. 283 ff. genannten Voraussetzungen infrage.[185]

---

184 Clemm/Erle in: Beck Bil-Komm. § 247 Rdn 224.
185 Clemm/Erle in: Beck Bil-Komm. § 247 Rdn 225.

4 Bilanzierung

4.1 Bilanzierungsgebot

Liegen die Voraussetzungen für eine Verbindlichkeit vor (→ Rdn. 385 f.) und stehen ihr keine Einreden (→Rdn. 387 f.) oder Bedingungen (→Rdn. 389 f.) entgegen, so besteht für den Ausweis der Verbindlichkeit auf Grund des Vollständigkeitsgrundsatzes ein **Bilanzierungsgebot** sowohl für die Handelsbilanz als auch für die Steuerbilanz.

391

4.2 Betriebsvermögen

Es dürfen nur zum **Betriebsvermögen** (→Rdn. 11 ff.) gehörende Verbindlichkeiten passiviert werden. Die Frage, ob steuerrechtlich eine Verbindlichkeit zum Betriebsvermögen oder zum Privatvermögen gehört, ist nach objektiven Gesichtspunkten zu beurteilen. Daher gibt es bei Verbindlichkeiten kein **gewillkürtes Betriebsvermögen** (→Rdn. 14). Verbindlichkeiten gehören zum Betriebsvermögen, wenn sie mit dem Betrieb in wirtschaftlichem Zusammenhang stehen oder zu dem Zweck übernommen wurden, dem Betrieb Mittel zuzuführen. Die Zuordnung einer Verbindlichkeit zum Betriebs- oder Privatvermögen hängt daher von dem Anlass ihrer Entstehung ab.

392

Eine Verbindlichkeit ist dann betrieblich veranlasst, wenn der sie auslösende Vorgang im betrieblichen Bereich liegt.[186]

393

- Wird zur Anschaffung oder Herstellung eines Wirtschaftsguts des Anlagevermögens eine Verbindlichkeit aufgenommen, so rechnet diese Verbindlichkeit zum notwendigen Betriebsvermögen und ist daher zu bilanzieren. Wird der Anlagegegenstand entnommen, so wird die zur Finanzierung des Wirtschaftsguts aufgenommene betriebliche Verbindlichkeit zu einer privaten Verbindlichkeit.[187]
- Wird umgekehrt ein im privaten Bereich fremdfinanzierter Anlagegegenstand in das Betriebsvermögen eingelegt, so wird die pri-

---

186 BFH, Urt. v. 12.09.1985 VIII R 336/82, BStBl 1986 II S. 255.
187 R 13 Abs. 15 Satz 1 EStR.

vate Verbindlichkeit zu einer betrieblichen Verbindlichkeit. Sie muss daher bilanziert werden.[188]

- Wird ein betrieblich genutztes, fremdfinanziertes Wirtschaftsgut veräußert oder scheidet es aus anderen Gründen aus dem Betriebsvermögen aus, wird die zur Finanzierung des Wirtschaftsguts aufgenommene Verbindlichkeit insoweit zu einer privaten Verbindlichkeit, als der Veräußerungserlös oder eine andere für das Ausscheiden des Wirtschaftsguts erhaltene Leistung entnommen wird.[189] Das gilt ebenso bei einer Betriebsveräußerung im Ganzen. In diesem Fall bleiben Verbindlichkeiten nur insoweit Betriebsschulden, als der erzielte Veräußerungserlös nicht zur Tilgung der betrieblichen Verbindlichkeiten ausreicht.[190]

394 Hat eine **Personengesellschaft** oder eine **Kapitalgesellschaft** eine Verbindlichkeit unter ihrem Namen aufgenommen, so ist sie handelsrechtlich von ihr zu bilanzieren, da Personengesellschaften oder Kapitalgesellschaften keine private Sphäre haben.

Auch steuerrechtlich rechnet die Verbindlichkeit nach dem Maßgeblichkeitsgrundsatz grundsätzlich zum Betriebsvermögen. Die Maßgeblichkeit der Handelsbilanz für die Steuerbilanz hat aber ihre Grenze dort, wo steuerliche Besonderheiten es erfordern. Hiernach rechnet eine Verbindlichkeit nicht zum Betriebsvermögen einer Personengesellschaft, wenn ihre Übernahme nicht betrieblich veranlasst war. Das ist der Fall, wenn es als ausgeschlossen anzusehen ist, dass die Gesellschaft die Verbindlichkeit auch zugunsten eines Fremden übernommen hätte.[191]

Beispiel

Eine Personengesellschaft nimmt bei ihrer Hausbank ein Darlehen über 200.000 € auf, das durch eine Grundschuld an einem Betriebsgrundstück der Gesellschaft gesichert wird. Die Darlehenssumme wird dem Gesellschafter A zur Verfügung gestellt, der sie zur Errichtung eines privaten Einfamilienhauses verwendet.

---

188 R 13 Abs. 15 Satz 2 EStR.
189 R 13 Abs. 15 Satz 3 EStR.
190 H 13 (15) Betriebsaufgabe oder -veräußerung im Ganzen EStH.
191 BFH, Urt. v. 2.6.1976 I R 136/74, BStBl 1976 II S. 668.

Auf der anderen Seite rechnet ein Darlehen, das ein Gesellschafter zur Aufstockung seines Gesellschaftsanteils oder für die Anschaffung eines Wirtschaftsguts verwendet, das er der Gesellschaft zur Nutzung überlässt, zwar handelsrechtlich zum Privatvermögen, steuerrechtlich aber zum **Sonderbetriebsvermögen** des Gesellschafters (→Rdn. 27 ff.).

395

5 Abgrenzungen

Durch das Merkmal „bestimmte Leistung" unterscheiden sich die Verbindlichkeiten von den Rückstellungen für ungewisse Verbindlichkeiten.

396

Verbindlichkeiten	Rückstellungen für ungewisse Verbindlichkeiten
Verpflichtung ist bestimmt	Verpflichtung ist unbestimmt
■ dem Grunde und ■ der Höhe nach	■ dem Grunde und/oder ■ der Höhe nach

Bei der Unterscheidung der Verbindlichkeiten von den Rückstellungen für drohende Verluste aus schwebenden Geschäften ist zu beachten, dass schwebende Geschäfte nur bei zweiseitig verpflichtenden Rechtsgeschäften bestehen können. Daher sind die Unterschiede zwischen Verbindlichkeiten und Rückstellungen für drohende Verluste aus schwebenden Geschäften nur dann zu beachten, wenn ein zweiseitig verpflichtendes Rechtsgeschäft zu Grunde liegt (→Rdn. 333 ff.).

397

Verbindlichkeiten	Rückstellungen für drohende Verluste aus schwebenden Geschäften
Zweiseitig verpflichtendes Rechtsgeschäft, bei dem die Leistung des zur Lieferung oder Leistung Verpflichteten erbracht ist	Zweiseitig verpflichtendes Rechtsgeschäft, bei dem die Leistung des zur Lieferung oder Leistung verpflichteten Geschäftspartners nicht erbracht ist und dem Unternehmer ein Verlust droht

6 Gliederung

398 Zur Gliederung der Verbindlichkeiten bestimmt § 247 HGB nur allgemein, dass sie gesondert auszuweisen und hinreichend aufzugliedern sind (→Rdn. 89). Einzelkaufleute und Personengesellschaften, für die nicht die ergänzenden Rechnungslegungsvorschriften für Kapitalgesellschaften gelten (→Rdn. 1003 ff.) und die auch nicht unter das PublG fallen, müssen nur diese allgemeine Gliederungsbestimmung beachten.

399 Je nach Größe des Unternehmens und Bedeutung der verschiedenen Verbindlichkeiten kann nach dem Grundsatz der Klarheit eine weitere Aufgliederung geboten sein. Hiernach kann sich eine Gliederung ergeben in
- Verbindlichkeiten gegenüber Kreditinstituten,
- erhaltene Anzahlungen,
- Verbindlichkeiten aus Lieferungen und Leistungen,
- Wechselverbindlichkeiten,
- Verbindlichkeiten gegenüber Gesellschaftern bei Personengesellschaften (gesonderter Ausweis oder Kenntlichmachung durch Vermerk).

400 Außerdem sollten Verbindlichkeiten, die dem Eigenkapital angenähert sind, z. B. Einlagen stiller Gesellschafter oder Verbindlichkeiten mit Rangrücktritt, gesondert ausgewiesen werden.[192]

7 Verbindlichkeiten aus Lieferungen und Leistungen

401 Verbindlichkeiten aus Lieferungen und Leistungen sind Verbindlichkeiten aus solchen Lieferungen und Leistungen, die mit den zum eigentlichen Unternehmenszweck gehörenden Umsätzen zusammenhängen.

402 Verbindlichkeiten aus Lieferungen und Leistungen sind **auszuweisen**:

---

192 Clemm/Erle in: Beck Bil-Komm. § 247 Rdn. 241 f.

- **Grundsätzlich**, sobald der Liefernde oder Leistende die nach dem Vertrag geschuldete Lieferung oder Leistung erbracht hat, wobei es auf die Fälligkeit der Verbindlichkeit oder den Rechnungseingang nicht ankommt;
- Verbindlichkeiten aus Lieferungen **unterwegs befindlicher Vorräte** nach Gefahrübergang;
- Verbindlichkeiten aus **Dauerschuldverhältnissen** (z. B. Miete, Pacht, Leasing) nach Ablauf der Abrechnungsperiode.

Geleistete Anzahlungen werden mit den entsprechenden Verbindlichkeiten aus Lieferungen und Leistungen verrechnet.
Verbindlichkeiten aus Lieferungen und Leistungen behalten ihren Charakter auch bei **langfristiger Stundung**.

8 Sonstige Verbindlichkeiten

Zu den sonstigen Verbindlichkeiten gehören alle Verbindlichkeiten, die nicht unter einer anderen Bezeichnung gesondert auszuweisen sind. Sie stellen daher einen Auffangposten für alle nicht unter einem anderen Posten auszuweisenden Verbindlichkeiten dar.[193]

Hierzu gehören insbesondere folgende Verbindlichkeiten:
- Steuerschulden des Unternehmens, z. B. Körperschaftsteuer, Umsatzsteuer,
- einbehaltene und noch abzuführende Steuern, z. B. Lohnsteuer, Kapitalertragsteuer,
- rückständige Löhne, Gehälter, Tantiemen, Gratifikationen, Auslagenerstattungen,
- einbehaltene und noch abzuführende vom Unternehmen selbst zu tragende Sozialabgaben und Versicherungsprämien,
- Verbindlichkeiten aus Zusagen im Rahmen der betrieblichen Altersversorgung gegenüber Arbeitnehmern und Pensionären und gegenüber betrieblichen Unterstützungseinrichtungen, die keine verbundenen Unternehmen sind, einschließlich Darlehen von Unterstützungseinrichtungen,
- Beiträge an den Pensions-Sicherungsverein VVaG,

---

193 Clemm/Erle in: Beck Bil-Komm. § 266 HGB Rdn. 246.

- antizipative Zinsabgrenzungen auf Verbindlichkeiten, außer Bankschulden, und nicht abgehobene Dividenden,
- Verbindlichkeiten gegenüber Kunden,
- Schuldscheindarlehen und andere Darlehensverbindlichkeiten mit Ausnahme von solchen gegenüber Kreditinstituten,
- Einlagen von stillen Gesellschaftern, die Fremdkapital sind,
- antizipativ abgegrenzte Miet- und Pachtzinsen,
- Kapitaleinzahlungsverpflichtungen gegenüber anderen Gesellschaften,
- Aufsichtsrats- und Beiratsvergütungen,
- erhaltene Optionsprämien,
- nicht rückzahlbare Zuschüsse zur Deckung zukünftiger Aufwendungen, sofern nicht als passive Rechnungsabgrenzungsposten auszuweisen.

9 Testfragen zur Bilanzierung der Verbindlichkeiten

Nr.	Frage	Rdn.
142.	Welche Merkmale haben Verbindlichkeiten?	386
143.	Wie wirkt eine zerstörende Einrede auf die Bilanzierung einer Verbindlichkeit?	387
144.	Wie wirkt eine aufschiebende Einrede auf die Bilanzierung einer Verbindlichkeit?	388
145.	Wie wirkt eine aufschiebende Bedingung auf die Bilanzierung einer Verbindlichkeit?	389
146.	Wie wirkt eine auflösende Bedingung auf die Bilanzierung einer Verbindlichkeit?	390
147.	Besteht für die Bilanzierung von Verbindlichkeiten, wenn die Voraussetzungen hierfür erfüllt sind, ein Wahlrecht oder ein Gebot?	391
148.	Inwieweit spielt die Zugehörigkeit zum Betriebsvermögen für die Bilanzierung der Verbindlichkeiten eine Rolle?	392

Testfragen zur Bilanzierung der Verbindlichkeiten

Nr.	Frage	Rdn.
149.	Inwieweit besteht ein Zusammenhang zwischen der Zugehörigkeit einer zur Finanzierung der Anschaffung oder Herstellung eines Wirtschaftsguts aufgenommenen Verbindlichkeit zum Betriebsvermögen und der Zugehörigkeit des Wirtschaftsguts zum Betriebsvermögen?	393
150.	Wann und wie werden Verbindlichkeiten von Personen- und Kapitalgesellschaften in der Handelsbilanz und in der Steuerbilanz bilanziert?	394 f.
151.	Wie unterscheiden sich Verbindlichkeiten von den Rückstellungen für ungewisse Verbindlichkeiten und den Rückstellungen für drohende Verluste aus schwebenden Geschäften?	396 f.
152.	Wie werden die Verbindlichkeiten in der Bilanz untergliedert?	398
153.	Wann werden Verbindlichkeiten aus Lieferungen und sonstigen Leistungen bilanziert?	401
154.	Welche Verbindlichkeiten gehören zu den sonstigen Verbindlichkeiten?	404 f.

G Bilanzierung der Rechnungsabgrenzungsposten

1 Begriff

406 Es gibt **Ausgaben** des abgelaufenen Geschäftsjahrs, die als Aufwendungen gebucht worden sind, aber Aufwand für eine bestimmte Zeit nach dem Bilanzstichtag darstellen. Diese Aufwendungen werden für das abgelaufene Geschäftsjahr erfolgsmäßig neutralisiert durch die Buchung
→ Rechnungsabgrenzungsposten
   an Aufwand.

Nach dem Bilanzstichtag wird der Rechnungsabgrenzungsposten in der Zeit, in der die Ausgaben Aufwand darstellen, aufgelöst durch die Buchung
→ Aufwand
   an Rechnungsabgrenzungsposten.

407 Entsprechend werden **Einnahmen** des abgelaufenen Geschäftsjahrs behandelt, die Ertrag für eine bestimmte Zeit nach dem Bilanzstichtag darstellen. Sie werden im abgelaufenen Geschäftsjahr durch den Ansatz eines passiven Rechnungsabgrenzungspostens erfolgsmäßig neutralisiert durch die Buchung
→ Ertrag
   an Rechnungsabgrenzungsposten.

Durch Auflösung dieses Postens in der Zeit nach dem Abschlussstichtag, für die die Einnahmen Erträge sind, werden die Einnahmen zutreffend als Erfolg verteilt. Buchung:
→ Rechnungsabgrenzungsposten
   an Ertrag.

Durch den Ansatz von Rechnungsabgrenzungsposten auf der Aktiv- und der Passivseite der Bilanz werden also Ausgaben und Einnahmen zeitlich zutreffend als Geschäftserfolge abgegrenzt. Rechnungsabgrenzungsposten werden daher nach dem Grundsatz der **Periodenabgrenzung** (→Rdn. 150 f.) angesetzt.

408

2 Arten der Rechnungsabgrenzungsposten

2.1 Transitorische Posten

Es gibt Ausgaben und Einnahmen des abgelaufenen Geschäftsjahrs, die als Geschäftserfolg in eine spätere Periode gehören. Sie müssen daher als Geschäftserfolg in eine spätere Periode hinübergehen. Von dem lateinischen Wort transire (hinübergehen) abgeleitet heißen diese Posten „transitorische Posten".

409

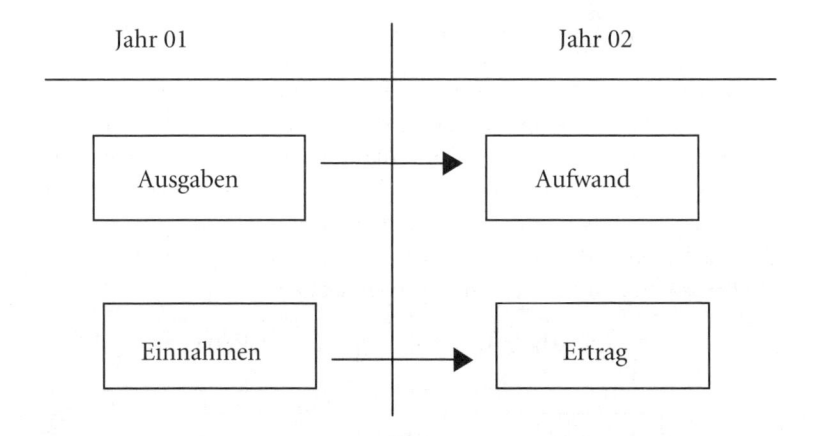

Jahr 01	Jahr 02
Ausgaben	⟶ Aufwand
Einnahmen	⟶ Ertrag

Beispiel

Unternehmer M hat von V ein Ladenlokal für monatlich 2.000 € ab 1.11.01 gemietet. Die Miete ist vierteljährlich im Voraus zu zahlen. M überweist an V am 2.11.01 6.000 € für November 01 bis Januar 02.

Auch V ist Unternehmer. Beide ermitteln den Gewinn durch Betriebsvermögensvergleich. Die Mietzahlung ist für M ein Mietaufwand. Daher bucht er:
Mietaufwand an Bank 6.000 €
Für V ist die Zahlung Mietertrag. Er bucht:
Bank an Mietertrag 6.000 €

In Höhe von 2.000 € entfällt die Zahlung als Geschäftserfolg auf das Jahr 02. Insoweit geht also die Ausgabe des M als Aufwand und die Einnahme des V als Ertrag in das Jahr 02.

Die Abgrenzung geschieht, indem in der Höhe, in der Ausgaben oder Einnahmen als Aufwand oder Ertrag der Periode nach dem Bilanzstichtag zuzurechnen sind, ein Bilanzposten gegengerechnet und in der Periode, in der die Ausgaben oder Einnahmen wirtschaftlich Aufwand oder Ertrag sind, erfolgswirksam aufgelöst wird. Im vorstehenden Beispiel bilanzieren daher zum 31.12.01 der M einen Aktivposten und V einen Passivposten in Höhe von je 2.000 €, den im Jahr 02 M über Aufwand und V über Ertrag auflösen.

2.2 Antizipative Posten

410 Umgekehrt gibt es Ausgaben und Einnahmen in Perioden nach dem Bilanzstichtag, die als Geschäftserfolg dem abgelaufenen Geschäftsjahr zuzurechnen sind. Hier müssen daher im Wege der Periodenabgrenzung Ausgaben und Einnahmen der Zeit nach dem Bilanzstichtag als Geschäftserfolg in das abgelaufene Geschäftsjahr vorgezogen, in der abgelaufenen Periode antizipiert werden. Daher spricht man hier betriebswirtschaftlich von antizipativen Posten.

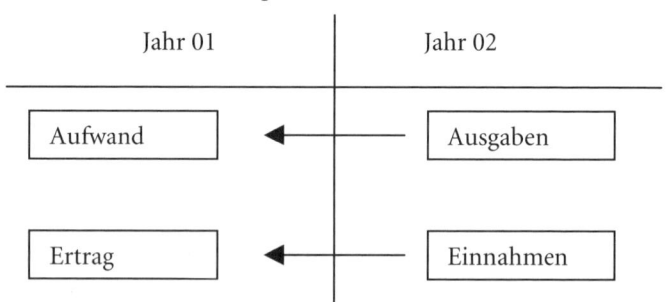

Jahr 01	Jahr 02
Aufwand	← Ausgaben
Ertrag	← Einnahmen

Beispiel

M hat wie im vorstehenden Beispiel von V ein Ladenlokal für 2.000 € monatlich ab 1.11.01 gemietet und die Mietzinsen vierteljährlich zu zahlen, aber nach Ablauf des Vierteljahres. M überweist am 31.1.02 6.000 € an V. Diese Zahlung ist in Höhe von 4.000 €, für die Monate November und Dezember 01, für M Aufwand und für V Ertrag. M bucht daher zum Abschluss des Jahres 01:
Mietaufwand an sonstige Verbindlichkeit 4.000 €
V bucht zum 31.12.01:
Sonstige Forderung an Mietertrag 4.000 €.
Wenn M im folgenden Jahr 6000 € für das erste Quartal überweist, bucht er:
Sonstige Verbindlichkeit 4.000 €
Mietaufwand 2.000 €
an Bank 6.000 €.
V bucht dann:
Bank 6.000 €
an Sonstige Forderung 4.000 €

an Mietertrag 2.000 €

Antizipative Posten werden daher in der Bilanz als Sonstige Verbindlichkeiten und Sonstige Forderungen ausgewiesen.

2.3 Gesetzliche Rechnungsabgrenzungsposten

Gesetzlich werden folgende Rechnungsabgrenzungsposten auf der Aktivseite der Bilanz ausgewiesen:
1. Transitorische Rechnungsabgrenzungsposten (§ 250 Abs. 1 Satz 1 HGB, § 5 Abs. 5 Satz 1 Nr. 1 EStG),
2. Damnum (§ 250 Abs. 3 HGB),
3. Zölle und Verbrauchsteuern auf Vorräte (§ 250 Abs. 1 Satz 2 Nr. 1 HGB, § 5 Abs. 5 Satz 2 Nr. 1 EStG),
4. Umsatzsteuer auf empfangene Anzahlungen (§ 250 Abs. 1 Satz 2 Nr. 2 HGB, § 5 Abs. 5 Satz 2 Nr. 2 EStG).

Auf der Passivseite der Bilanz werden nur transitorische Rechnungsabgrenzungsposten bilanziert (§ 250 Abs. 2 HGB, § 5 Abs. 5 Satz 1 Nr. 2 EStG).

411

3 Transitorische Rechnungsabgrenzungsposten

§ 250 Abs. l Satz l, Abs. 2 HGB
(1) Als Rechnungsabgrenzungsposten sind auf der Aktivseite Ausgaben vor dem Abschlussstichtag auszuweisen, soweit sie Aufwand für eine bestimmte Zeit nach diesem Tag darstellen.
(2) Auf der Passivseite sind als Rechnungsabgrenzungsposten Einnahmen vor dem Abschlussstichtag auszuweisen, soweit sie Ertrag für eine bestimmte Zeit nach diesem Tag darstellen.

Der vorstehenden handelsrechtlichen Vorschrift entspricht im Steuerrecht:

§ 5 Abs. 5 EStG
Als Rechnungsabgrenzungsposten sind nur anzusetzen
  1. auf der Aktivseite Ausgaben vor dem Abschlussstichtag, soweit sie Aufwand für eine bestimmte Zeit nach diesem Tag darstellen;
  2. auf der Passivseite Einnahmen vor dem Abschlussstichtag, soweit sie Ertrag für eine bestimmte Zeit nach diesem Tag darstellen.

412 Es gehen also Ausgaben und Einnahmen vor dem Abschlussstichtag in Geschäftsjahre nach dem Abschlussstichtag hinüber, soweit sie Aufwand und Ertrag für eine bestimmte Zeit nach dem Abschlussstichtag darstellen.

3.1 Transitorische Rechnungsabgrenzungsposten im engeren Sinne

413 Die Zeit, für die Ausgaben Aufwand und Einnahmen Ertrag nach dem Bilanzstichtag darstellen, muss **bestimmt** sein. Durch das Merkmal „bestimmte Zeit" werden die transitorischen Rechnungsabgrenzungsposten unterteilt.

Transitorische Rechnungsabgrenzungsposten	
Im engeren Sinne	Im weiteren Sinne
Zeit, für die Ausgaben Aufwand und Einnahmen Aufwand und Ertrag nach dem Abschlussstichtag darstellen, ist	
bestimmt	nicht bestimmt

Nur **transitorische Rechnungsabgrenzungsposten im engeren Sinne** dürfen bilanziert werden. Ist also die Zeit, für die Ausgaben und Einnahmen Aufwand und Ertrag nach dem Abschlussstichtag darstellen, nicht bestimmt, dürfen Rechnungsabgrenzungsposten nicht ausgewiesen werden.

Die Zeit nach dem Abschlussstichtag ist nur dann bestimmt, wenn Anfang und Ende des Zeitraums **eindeutig festliegen**, d. h. kalendermäßig bestimmt oder anderweitig genau bestimmbar sind. Die Ausgaben oder Einnahmen müssen von vornherein einem bestimmten Zeitabschnitt nach dem Abschlussstichtag erfolgsmäßig zuzuordnen sein.[194]

414

Beispiel

Unternehmer U führt im Jahr 01 einen „Werbefeldzug" vor der Einführung eines Produkts auf dem Markt durch. Obwohl das Produkt voraussichtlich mehrere Jahre lang verkauft wird, die Werbeausgaben für die Einführung des Produkts in den folgenden Geschäftsjahren noch nachwirken und dann nur noch laufende und wesentlich geringere Ausgaben für die Werbung anfallen, müssen die Ausgaben im Jahr 01 in voller Höhe als Aufwand behandelt werden. Denn die Zeit, für welche die Ausgaben nach dem Bilanzstichtag Aufwand darstellen, ist unbestimmt.

Hauptsächliches Anwendungsgebiet der Rechnungsabgrenzungsposten sind gegenseitige Verträge, bei denen der zur Leistung Verpflichtete kontinuierlich leistet und der zur Zahlung Verpflichtete an bestimmten Terminen jeweils für bestimmte Zeitabschnitte zahlt.

415

---

194 ADS, HGB § 250 Rdn. 32.

G Bilanzierung der Rechnungsabgrenzungsposten

Beispiele

Mietverhältnis: Der Vermieter gewährt kontinuierlich die Nutzung des Mietobjekts. Der Mieter zahlt Miete jeweils für bestimmte Zeitabschnitte.

Darlehen: Der Darlehensgeber stellt den Darlehensbetrag während einer bestimmten Zeitdauer zur Verfügung. Der Darlehensnehmer zahlt Zinsen für bestimmte Zeitabschnitte.

416 In den Beispielen sind die Mietzahlungen für den Mieter Aufwendungen und für den Vermieter Erträge, die Zinsen für den Darlehensnehmer Aufwendungen und für den Darlehensgeber Erträge. Sind die Zahlungen im Voraus fällig, wird im Voraus gezahlt und betrifft die Zahlung auch einen Zeitraum nach dem Abschlussstichtag, so müssen Ausgaben durch einen aktiven Rechnungsabgrenzungsposten und Einnahmen durch einen passiven Rechnungsabgrenzungsposten insoweit erfolgsmäßig neutralisiert werden, als sie erfolgsmäßig einer bestimmten Zeit nach dem Abschlussstichtag zuzurechnen sind.

$$\text{RAP} = \text{Betrag} \times \frac{\text{Zeit nach dem Bilanzstichtag}}{\text{Zeit der Abrechnungsperiode}}$$

Beispiel

U hat ein Ladenlokal von V gemietet. Die Miete ist jährlich im Voraus zu zahlen. Beginn des Mietverhältnisses am 1.10.01. Am 10.10.01 zahlt U die Miete in Höhe von 12.000 € für das erste Mietjahr. U bucht: Mietaufwand an Bank. V bucht: Bank an Mieterertrag.

Rechnungsabgrenzungsposten:

$$\text{RAP} = 12.000 \text{ €} \times \frac{9 \text{ Monate}}{12 \text{ Monate}}$$

RAP = 9.000 €

Buchungen

<u>Jahr 01</u>

U:

1) Mietaufwand an Bank 12.000 €
2) Rechnungsabgrenzung an Mietaufwand 9.000 €

V:

1) Bank an Mietertrag 12.000 €
2) Mietertrag an Rechnungsabgrenzung 9.000 €

Jahr 02

U:

3) Mietaufwand an Rechnungsabgrenzung 9.000 €

V:

3) Rechnungsabgrenzung an Mietertrag 9.000 €

3.2 Ausgaben und Einnahmen vor dem Bilanzstichtag

Unter „Ausgaben" und „Einnahmen" sind nicht nur Zahlungen zu verstehen. Es rechnen hierzu auch Verbindlichkeiten und Forderungen, wenn diese bei vertragsmäßiger Abwicklung vor dem Abschlussstichtag erloschen wären.[195]

417

Beispiel

Im vorstehenden Beispielsfall (Rdn. 416) zahlt U nicht bei Fälligkeit am 1.10.01, sondern erst am 5.2.02. Es buchen im Jahr 01

U: Mietaufwand an sonstige Verbindlichkeit 12.000 €
Rechnungsabgrenzungsposten an Mietaufwand 9.000 €

V: Sonstige Forderung an Mietertrag 12.000 €,

Mietertrag an Rechnungsabgrenzungsposten 9.000 €.

„Vor dem Abschlussstichtag" bedeutet vor Ablauf des Abschlussstichtags. Es werden daher auch die Ausgaben und Einnahmen abgegrenzt, die am Abschlussstichtag bis 24 Uhr gezahlt werden.[196]

418

---

195 ADS, HGB § 250 Rdn. 27.
196 ADS, HGB § 250 Rdn. 28.

3.3 Aufwand und Ertrag für eine bestimmte Zeit nach dem Bilanzstichtag

419 Die Zeit ist **bestimmt**, wenn die abzugrenzenden Ausgaben und Einnahmen für einen bestimmten nach dem Kalenderjahr bemessenen Zeitraum bezahlt oder vereinnahmt werden. Das ist bei Zahlungen, die für bestimmte Zeiträume gezahlt werden, stets der Fall, z. B. monatliche, vierteljährliche, halbjährliche oder jährliche Mietvorauszahlungen.[197] Das wurde im vorstehenden Beispiel deutlich. Hier war der Zeitraum, für den die Mietzahlungen vor dem Bilanzstichtag als Aufwand oder Ertrag auf die Zeit nach dem Bilanzstichtag entfielen, ohne weiteres zu ermitteln.

420 Es gibt Entgelte für Dauerleistungen, bei denen der Zeitraum, für den das Entgelt gezahlt worden ist, nicht im Vertrag genannt ist.

Beispiel

Das Versorgungsunternehmen E-AG zahlt an den Unternehmer V im Jahr 01 eine Entschädigung in Höhe von 500.000 € dafür, dass es durch das Betriebsgrundstück des V in einer Tiefe von 2 m eine Versorgungsleitung legen darf. Eine Zeitdauer wird vertraglich nicht festgelegt.

In Verträgen, die einen Grundstückseigentümer gegen Entschädigung verpflichten, die Verlegung eines Kabels oder eines Versorgungsrohrs durch sein Grundstück zu dulden, werden bestimmte Zeiträume für die Duldungspflicht bewusst nicht genannt. Sonst könnte der Duldungspflichtige nach Ablauf der Zeit eine neue Entschädigung verlangen. Der Berechtigte müsste diesem Verlangen entsprechen, da das Kabel oder Rohr Teil eines Versorgungsnetzes geworden ist und nicht mehr verlegt werden kann.

Wäre ein Rechnungsabgrenzungsposten im vorstehenden Beispiel nicht zulässig, weil der Zeitraum nach dem Abschlussstichtag nicht bestimmt ist, für den die Zahlung im Jahr 01 für die E-AG Aufwand und für V Ertrag ist, so wäre die Gesamtzahlung im Jahr 01 für die E-AG eine Betriebsausgabe und für V eine Betriebseinnahme. Das

---

197 H 31b (Bestimmte Zeit nach dem Abschlussstichtag) EStH.

würde besonders für V wegen der Steuerprogression bei der Einkommensteuer zu einer erheblichen Belastung führen. Auf der anderen Seite steht es aber nach den Umständen fest, dass die Zahlung nicht das Nutzungsentgelt nur für das Jahr 01 sein soll. Vielmehr soll die E-AG das Grundstück für unbegrenzte Zeit nutzen dürfen.

In solchen Fällen von zeitlich nicht begrenzten Dauerleistungen sind nach der Rechtsprechung und den Verwaltungsanweisungen Rechnungsabgrenzungsposten zu bilden, wenn sich ein Mindestzeitraum bestimmen lässt.[198]

Die Vergütung im vorstehenden Beispiel ist Gegenleistung für eine immerwährende Nutzung des Grundstücks. Eine solche Einmalvergütung kann als Kapitalwert einer sog. ewigen Rente erfasst werden. Ewige Renten sind rechnerisch wie auf bestimmte Zeit gezahlte Renten zu behandeln.[199] Entsprechend ist die Einmalvergütung passiv abzugrenzen, wobei der passive Rechnungsabgrenzungsposten über mehrere Wirtschaftsjahre verteilt gleichmäßig aufzulösen ist.[200]

Die Formel für den Kapitalwert einer ewigen Rente lautet:

$$\text{Kapitalwert} = \frac{\text{jährlicher Rentenbetrag} \times 100}{\text{Zinssatz}}$$

Der jährliche Rentenbetrag ergibt sich durch Umrechnung:

$$\text{Jährlicher Rentenbetrag} = \frac{\text{Kapitalwert} \times \text{Zinssatz}}{100}$$

Setzt man die vom Versorgungsunternehmen an den Grundstückseigentümer gezahlte Entschädigung als Kapitalwert an, ist nur noch der Zinssatz offen. In diesen Fällen ist üblicherweise von 5,5 % auszugehen. Dann ergibt sich im vorstehenden Beispiel der jährliche Kapitalbetrag:

$$\text{Jährlicher Rentenbetrag} = \frac{500.000\ \text{€} \times 5{,}5}{100}$$

$$\text{Jährlicher Rentenbetrag} = \frac{2.750.000\ \text{€}}{100}$$

Jährlicher Rentenbetrag = 27.500 €

---

198 H 31b (Bestimmte Zeit nach dem Abschlussstichtag) EStH; BFH, Urt. v. 9.12.1993 IV R 130/91 BStBl 1995 II S. 202; BMF, Schr. v. 15.3.1995 IV B 2 - S 2133 - 5/95, BStBl 1995 I S. 183.
199 BFH, Urteil v. 17.10.1968 IV 84/65, BStBl 1969 II S. 180.
200 BFH, Urt. v. 24.3.1982 IV R 96/78, BStBl 1982 II S. 643.

Auf jedes Jahr der Laufzeit entfällt daher ein Betrag von 27.500 €. Bei einem Kapital von 500.000 € ergibt sich eine Laufzeit:

Laufzeit = 500.000 : 27.500
= 18,18 Jahre

Im vorstehenden Beispiel ist daher der Rechnungsabgrenzungsposten von V über 18 Jahre verteilt gleichmäßig über Ertrag aufzulösen: 500.000 € : 18 = 27.778 €.

Im vorstehenden Beispiel bucht daher der Nutzungsverpflichtete V im Jahr 01:

1) Bei Zahlung der Entschädigung
→ Bank 500.000 €
   an Mietertrag 500.000 €
2) Zum Abschluss des Wirtschaftsjahrs 01
   Mietertrag 500.000 €
   an Rechnungsabgrenzung 500.000 €
→ Rechnungsabgrenzung 27.778 €
   an Mietertrag 27.778 €

In den folgenden Jahren bucht V ebenso zum Jahresabschluss bis zur Auflösung des Rechnungsabgrenzungspostens:

→ Rechnungsabgrenzung 27.778 €
   an Mietertrag 27.778 €.

423 Es kann nach dem Vorsichtsprinzip geboten sein, bei der Auslegung des Merkmals „bestimmte Zeit" für passive Rechnungsabgrenzungsposten zu anderen Ergebnissen zu kommen als bei den aktiven Rechnungsabgrenzungsposten. Würde die E-AG die Zahlung auf 15 Jahre verteilen, hätte sie im Jahr der Zahlung einen Aufwand von 33.333 €. Ihr Gewinn wäre also geringer als er im vorstehenden Beispiel ermittelt wurde. Umgekehrt hätte V in jedem Jahr der Laufzeit einen Ertrag in Höhe von 33.333 €. Sein Gewinn wäre also gegenüber dem Gewinn bei einer Laufzeit von 18 Jahren höher.

424 Die Verteilungsfrist wird auch unter Zugrundelegung der Formel für eine ewige Rente nur im Wege der Schätzung ermittelt. Bei jeder Schätzung gibt es einen Schätzrahmen mit einem Höchst- und einem Niederstwert. Aus Sicht des Zahlungsverpflichteten ist daher eher von einem höheren auf das einzelne Jahr entfallenden Betrag auszugehen, also von einem eher kürzeren Verteilungszeitraum. Der Zahlungsempfänger muss aber aus Gründen der Vorsicht im Zweifel von ei-

nem längeren Verteilungszeitraum ausgehen, da dann die auf das einzelne Jahr entfallenden Erträge geringer werden.
Ist es also unsicher, für welche Frist Ausgaben oder Einnahmen Aufwand oder Ertrag sind, ist bei Ausgaben von einer Höchstfrist, bei Einnahmen von einer Mindestfrist auszugehen.[201]

3.4 Bilanzierungsgebot

Durch die Bildung eines Rechnungsabgrenzungspostens im Jahr der Zahlung und die Auflösung des Rechnungsabgrenzungspostens in dem Jahr, dem die Zahlung als Geschäftserfolg zuzurechnen ist, wird also eine Ausgabe oder Einnahme erfolgsmäßig **periodengerecht abgegrenzt**. Die Bildung von Rechnungsabgrenzungsposten entspricht daher dem Grundsatz der Periodenabgrenzung (→Rdn. 115 ff.) und ist damit nach den Grundsätzen ordnungsmäßiger Buchführung geboten, wenn die Voraussetzungen hierfür erfüllt sind. Ein **Bilanzierungsgebot** ergibt sich zudem auch aus dem Gesetzeswortlaut.

425

Aus dem handelsrechtlichen Bilanzierungsgebot folgt auch für die **Steuerbilanz** ein **Bilanzierungsgebot** für die Rechnungsabgrenzungsposten (→Rdn. 159 ff.). Außerdem ist das ausdrücklich in § 5 Abs. 5 EStG bestimmt.

426

4 Abgrenzung bestimmter als Aufwand berücksichtigter Steuern

§ 250 Abs. 1 Satz 2 HGB
Ferner dürfen ausgewiesen werden
1. als Aufwand berücksichtigte Zölle und Verbrauchsteuern, soweit sie auf am Abschlussstichtag auszuweisende Vermögensgegenstände des Vorratsvermögens entfallen,
2. als Aufwand berücksichtigte Umsatzsteuer auf am Abschlussstichtag auszuweisende oder von den Vorräten offen abgesetzte Anzahlungen.

---

201 So auch Herzig, N./Söffing, A., BB 1993 S. 465.

4.1 Zölle und Verbrauchsteuern auf Vorräte

427 Die Vorschrift des § 250 Abs. 1 Satz 2 Nr. 1 HGB hat einen steuerlichen Entstehungsgrund. Früher wurde von der Finanzverwaltung die Auffassung vertreten, **Zölle** und **Verbrauchsteuern** auf Vorräte seien als Herstellungskosten oder Rechnungsabgrenzungsposten bei ihrer Entstehung zu aktivieren und nicht als Aufwendungen abzusetzen. Durch Urteil vom 26.2.1975[202] entschied aber der BFH, die auf Lagerbeständen einer Brauerei lastende Biersteuer (eine Verbrauchsteuer) dürfe weder als Herstellungskosten noch als Rechnungsabgrenzungsposten aktiviert werden.

428 Auf den Vorräten lasten oft erhebliche Beträge an Verbrauchsteuern. Werden sie als Herstellungskosten aktiviert, so wirken sie sich erst dann als Aufwand aus, wenn die Vorräte umgesetzt werden. Sie erhöhen so den Wareneinsatz bzw. den Einsatz an Fertigerzeugnissen. Im Jahr der Entstehung der Steuerschuld werden sie durch die Aktivierung bei den Herstellungskosten als Aufwand neutralisiert. Das gleiche Ergebnis wird erreicht, wenn in Höhe der auf den vorhandenen Vorräten lastenden Verbrauchsteuern ein Rechnungsabgrenzungsposten aktiviert und dieser über Aufwand aufgelöst wird, wenn die Vorräte umgesetzt werden.

429 Die allgemeine Anwendung des in Rdn. 427 zitierten BFH-Urteils hätte eine erhebliche zeitliche Verschiebung des Ertragsteueraufkommens zur Folge gehabt. Deshalb wurde durch Einfügung von Satz 2 in Absatz 5 von § 5 EStG die Aktivierung eines Rechnungsabgrenzungspostens für als Aufwand berücksichtigte Zölle und Verbrauchsteuern auf am Abschlussstichtag zu bilanzierende Vorratsgegenstände vorgeschrieben.

§ 5 Abs. 5 Satz 2 EStG
Auf der Aktivseite sind ferner anzusetzen
1. als Aufwand berücksichtigte Zölle und Verbrauchsteuern, soweit sie auf am Abschlussstichtag auszuweisende Wirtschaftsgüter des Vorratsvermögens entfallen, ...

---

202 BFH, Urt. v. 26.2.1975 I R 72/73, BStBl 1976 II S. 13.

Es wurde also vom Gesetzgeber wieder in Kraft gesetzt, was früher von der Finanzverwaltung praktiziert wurde, aber nach dem BFH-Urteil vom 26.2.1975 nicht mehr zulässig war.
Um eine Übereinstimmung der Handelsbilanz mit der Steuerbilanz zu ermöglichen, wurde in § 250 Abs. 1 Satz 2 HGB ein Aktivierungswahlrecht gewährt.

430

4.2 Umsatzsteuer auf empfangene Anzahlungen

Bei der Berechnung der **Umsatzsteuer nach vereinbarten Entgelten** entsteht die Umsatzsteuer auf Anzahlungen bereits mit Ablauf des Voranmeldungszeitraums, in dem Anzahlungen vereinnahmt worden sind (§ 13 Abs. 1 Nr. 1 Buchstabe a Satz 4 UStG). Die Umsatzsteuer, die der Unternehmer an das Finanzamt zu entrichten hat (§ 18 Abs. 1 UStG), ist eine Betriebsausgabe und darf weder als Wirtschaftsgut noch als transitorischer Rechnungsabgrenzungsposten aktiviert werden.[203]

431

Insbesondere im Baugewerbe werden laufend hohe Anzahlungen gewährt. Um hier nicht das steuerliche Ergebnis zu belasten, wurde in § 5 Abs. 5 Satz 2 Nr. 2 EStG bestimmt, dass als Aufwand berücksichtigte Umsatzsteuer auf am Abschlussstichtag auszuweisende Anzahlungen aktiv abzugrenzen ist.

432

§ 5 Abs. 5 Satz 2 Nr. 2 EStG
Auf der Aktivseite sind ferner anzusetzen
2. als Aufwand berücksichtigte Umsatzsteuer auf am Abschlussstichtag auszuweisende Anzahlungen.

Um eine Übereinstimmung zwischen Steuerbilanz und Handelsbilanz zu ermöglichen, wurde in § 250 Abs. 1 Satz 2 HGB ein Aktivierungswahlrecht zugelassen.

Beispiel

Bauunternehmer B berechnet seine Umsatzsteuer nach vereinbarten Entgelten. Da seine Umsatzsteuerschuld für das Vorjahr mehr als 12.000 DM betragen hat, ist der Kalendermonat für ihn Voranmeldungszeitraum (§ 18 Abs. 2 Satz 2 UStG). Er hat den Auftrag, für den

---

203 BFH, Urt. v. 26.6.1979 VIII R 145/78, BStBl 1979 II S. 625.

Unternehmer U eine Fabrikhalle zu bauen. Im Jahr 01 hat B bereits Arbeiten ausgeführt, die aber noch nicht als Teilleistungen abgerechnet werden können. Er fordert von U eine Anzahlung in Höhe von 580.000 € an. U überweist den Betrag am 10.12.01.

Bei Eingang der Anzahlung am 10.12.01 bucht B:

→ Bank 580.000 €
 an Erhaltene Anzahlungen auf Bestellg. 580.000 €

 Umsatzsteueraufwand 80.000 €
 an Umsatzsteuerschuld 80.000 €

Das abgelaufene Wirtschaftsjahr ist daher durch den auf die erhaltene Anzahlung entfallenden Umsatzsteueraufwand belastet. Um nicht das steuerliche Ergebnis zu belasten, wurde in § 5 Abs. 5 Satz 2 Nr. 2 EStG bestimmt, dass als Aufwand berücksichtigte Umsatzsteuer auf am Abschlussstichtag auszuweisende Anzahlungen aktiv abzugrenzen ist. In seinem steuerlichen Jahresabschluss des Wirtschaftsjahrs 01 hat daher B zu buchen:

→ RAP als Aufwand berücksichtigte
 Umsatzsteuer auf Anzahlungen 80.000 €
 an Umsatzsteueraufwand 80.000 €

Handelsrechtlich besteht keine Verpflichtung, den Rechnungsabgrenzungsposten zu aktivieren. Es kann daher bei der Aufwandsbuchung verbleiben. Um aber dem Unternehmer in der Handelsbilanz eine mit der Steuerbilanz übereinstimmende Bilanzierung zu ermöglichen, gewährt § 250 Abs. 1 Nr. 2 HGB ein Wahlrecht, einen mit der Steuerbilanz übereinstimmenden Rechnungsabgrenzungsposten auszuweisen. Wird in der Steuerbilanz ein aktiver Rechnungsabgrenzungsposten ausgewiesen, braucht hierfür in der Handelsbilanz kein Rechnungsabgrenzungsposten aktiviert zu werden.

Anfang des Jahres 02 ist der Rechnungsabgrenzungsposten aufzulösen. U bucht daher:

→ Umsatzsteueraufwand 80.000 €
 an RAP als Aufwand berücksichtigte
 Umsatzsteuer auf Anzahlungen 80.000 €

Beispiel

Der vorstehende Beispielfall setzt sich wie folgt fort:

Im März 02 ist der Bau ausgeführt und wird von U abgenommen. B schickt U folgende Rechnung:

Bauleistungen	800.000 €
16 % USt	128.000 €
Summe	928.000 €
abzüglich Anzahlungen	580.000 €
noch zu zahlen	348.000 €
Hiervon entfallen auf	
Entgelt	300.000 €
Umsatzsteuer (16/116 von 348.000 €)	48.000 €

Die Leistung des B ist erst im Jahr 02 mit der Abnahme durch U erbracht. Erst dann ist die Forderung aus Lieferung und Leistung des B realisiert und der Erlös auszuweisen.
B bucht:
→ Forderungen aus Lieferungen und Leistungen 348.000 €
  Erhaltene Anzahlungen auf Bestellungen 580.000 €
  an Umsatzerlöse 800.000 €
  an Umsatzsteuerschuld 48.000 €
  an Umsatzsteueraufwand 80.000 €

Da B seine Umsatzsteuer nach vereinbarten Entgelten berechnet, ist nach der allgemeinen Regelung in § 13 Abs. 1 Nr. 1 Buchst. a UStG die Umsatzsteuer für diese Leistung mit Ablauf des Voranmeldungszeitraums entstanden, in dem die Leistung ausgeführt worden ist, also mit Ablauf des März 02.

B hat bereits im Dezember 01 einen Teil des Entgelts vereinnahmt, bevor die Leistung ausgeführt worden ist. Insoweit entstand die Umsatzsteuer mit Ablauf des Voranmeldungszeitraums, in dem das Entgelt vereinnahmt worden ist (§ 13 Abs. 1 Nr. 1 Buchst. a Satz 4 UStG), hier also mit Ablauf des Dezember 01. Das ist eine Sonderregelung im Umsatzsteuerrecht, durch die der Unternehmer nur für den vereinnahmten Teilbetrag des Entgelts, nicht aber insgesamt, praktisch zum Istversteuerer wird. Da er mindestens den auf den vereinnahmten Teilbetrag entfallenden Umsatzsteuerbetrag beim Eingang der Zahlung zu versteuern hat, spricht man hier auch von der „Mindest-Istversteuerung.

5 Damnum/Disagio

5.1 Aktivum

5.1.1 Rechtsnatur

§ 250 Abs. 3 HGB

Ist der Rückzahlungsbetrag einer Verbindlichkeit höher als der Ausgabebetrag, so darf der Unterschiedsbetrag in den Rechnungsabgrenzungsposten auf der Aktivseite aufgenommen werden. Der Unterschiedsbetrag ist durch planmäßige jährliche Abschreibungen zu tilgen, die auf die gesamte Laufzeit der Verbindlichkeit verteilt werden können.

435 Bei einem **Schulddarlehen** ist der ausgezahlte oder auf dem Bankkonto gutgeschriebene Geldbetrag in der Regel geringer als der Betrag, der zurückzuzahlen ist.

Beispiel

Unternehmer U nimmt bei seiner Bank ein Darlehen in Höhe von 200.000 € auf, das in 5 gleichen Jahresraten zurückzuzahlen ist, beginnend 12 Monate nach der Auszahlung. Auf seinem Bankkonto werden dem U 190.000 € gutgeschrieben.

Rückzahlungsbetrag	200.000 €
Ausgabebetrag	190.000 €
Unterschiedsbetrag	10.000 €

436 **Der Unterschiedsbetrag** zwischen dem Ausgabebetrag (Verfügungsbetrag) und dem Rückzahlungsbetrag (Nennbetrag) ist das Damnum (Disagio, Abgeld).

Damnum/Disagio
Rückzahlungsbetrag (Nennbetrag)
- Ausgabebetrag (Verfügungsbetrag)
= Damnum (Disagio, Abgeld)

Das Damnum ist zusätzliches Entgelt für die Nutzung des Darlehens. Wirtschaftlich gesehen erhält U im vorstehenden Beispiel 200.000 € ausgezahlt und zahlt sofort 10.000 € an die Bank für die Gewährung des Kredits. Es handelt sich daher um Ausgaben vor dem Bilanzstichtag für eine bestimmte Zeit nach dem Bilanzstichtag, nämlich für die Laufzeit des Darlehens. Soweit das Damnum auf die Zeit nach dem Bilanzstichtag entfällt, handelt es sich um Aufwand späterer Geschäftsjahre. Wäre die Behandlung des Damnums nicht besonders geregelt, müsste ein transitorischer Rechnungsabgrenzungsposten aktiviert und innerhalb der Laufzeit des Darlehens aufgelöst werden.
Wird ein Darlehen vorzeitig gekündigt, so sind vorausgezahlte Zinsen auf Grund des Darlehensvertrags vom Darlehensgeber an den Darlehensnehmer zurückzuzahlen. Ein solcher Rückzahlungsanspruch ergibt sich für den Darlehensnehmer hinsichtlich des einbehaltenen Damnums nicht ohne weiteres aus dem Darlehensvertrag.
Das Damnum ist entweder ein Mittel zur Feinabstimmung des Zinses, um gebrochene Zinssätze zu vermeiden, oder eine zusätzliche Vergütung für die Kapitalüberlassung, welche die in Form laufender Zinsen gewährte Vergütung ergänzt. Die Summe aus laufendem Zins und Damnum ist das Gesamtentgelt für die Kapitalnutzung.[204] Das Damnum kann also nicht unmittelbar in eine Beziehung zur Kapitalnutzung gebracht werden, sondern nur gemeinsam mit den Zinsen. Es ist ein laufzeitabhängiger Ausgleich für einen niedrigeren Nominalzins. Es kann bei vorzeitiger Vertragsbeendigung vom Darlehensnehmer gemäß § 812 BGB anteilig zurückverlangt werden.[205]
Das Damnum ist also nicht Entgelt wie der Zins, sondern hat lediglich Ausgleichsfunktion. Bei vorzeitiger Vertragsbeendigung muss erst der Teil des Damnums, dessen Ausgleichsfunktion nicht mehr zum Tra-

---

204 BFH, Urt. v. 21.4.1988 IV R 47/85, BStBl 1989 II S. 722.
205 BGH, Urt. v. 29.5.1990 XI ZR 231/89, BB 1990 S. 1441.

gen kommt, ermittelt werden. Insoweit besteht für den Darlehensnehmer also eine gewisse Unsicherheit.

5.1.2 Bilanzierung

438 Aus diesem Grund besteht **handelsrechtlich** für das Damnum ein **Bilanzierungswahlrecht,** im Gegensatz zu den transitorischen Rechnungsabgrenzungsposten, die bilanziert werden müssen. Unter dem Gesichtspunkt der kaufmännischen Vorsicht kann die Aktivierung eines Damnums auch unterbleiben oder das Damnum nur teilweise aktiviert werden. Wenn aber aktiviert wird, erfordert der Grundsatz der Vorsicht, dass der aktivierte Betrag abgeschrieben wird. Das Damnum verbraucht sich als Nutzungsentgelt im Laufe der Darlehensnutzung und ist spätestens mit Zurückzahlung des Darlehens verbraucht. Als handelsrechtlicher Sonderposten bezeichnet das Gesetz das Damnum nicht als Rechnungsabgrenzungsposten. Es heißt im HGB nur, der Betrag dürfe in den Rechnungsabgrenzungsposten aufgenommen werden.

Das Aktivierungswahlrecht kann nur im Ausgabejahr ausgeübt und nicht in späteren Geschäftsjahren nachgeholt werden. Wird im Ausgabejahr nicht aktiviert, ist die Bilanz nicht unrichtig.

439 Für die **Steuerbilanz** folgt aus dem handelsrechtlichen Aktivierungswahlrecht ein Aktivierungsgebot (→Rdn. 167). Das Damnum ist in der Steuerbilanz in voller Höhe zu aktivieren.[206]

5.1.3 Abschreibung

440 Der in der **Handelsbilanz** als Disagio aktivierte Betrag ist durch **planmäßige jährliche Abschreibungen** zu tilgen, die auf die gesamte Laufzeit der Verbindlichkeit verteilt werden können (§ 250 Abs. 3 Satz 2 HGB). Handelsrechtlich besteht die Besonderheit, dass für das Damnum die Bilanzierung und die Abschreibung und damit die Bewertung in einer Vorschrift behandelt sind. Eigentlich ist die Abschreibung des Damnums kein Bewertungselement. Die Bewertung wird daher vom Gesetz nicht in den Bewertungsvorschriften behandelt, sondern gemeinsam mit der Bilanzierung in einer Vorschrift. Im Grunde bedeutet das Aktivierungswahlrecht handelsrechtlich für den

---

206 H 37 (Damnum) EStH.

Kaufmann eine Bilanzierungshilfe. Er soll die Möglichkeit haben, nicht den vollen Unterschiedsbetrag zwischen Auszahlung und Rückzahlung des Darlehens im Auszahlungsjahr als Aufwand zu behandeln, sondern auf eine Zeit nach dem Bilanzstichtag erfolgsmindernd zu verteilen.

Handelsrechtlich ist daher für die Abschreibung des Damnums bestimmt: 441

- Wird das Disagio in Ausübung des Aktivierungswahlrechts aktiviert, ist es planmäßig abzuschreiben (**Abschreibungsgebot**).
- Als Abschreibungszeitraum kann die Laufzeit der Verbindlichkeit oder ein kürzerer Zeitraum gewählt werden (**Wahlrecht des Abschreibungszeitraums**).

Planmäßige Abschreibung bedeutet, dass zu Beginn der Abschreibung ein Abschreibungsplan aufzustellen ist, nach dem das Damnum abgeschrieben wird. Für die Dauer des Bestehens des Postens ist jährlich mindestens eine Abschreibung vorzusehen, die der entspricht, die sich bei einer Verteilung entsprechend der Kapitalinanspruchnahme ergibt. Tilgungsmaßstab ist daher das Verhältnis der auf die einzelnen Jahre entfallenden Zinsen zu den Gesamtzinsen. Dass es sich hierbei nicht um eine Abschreibung im technischen Sinne handelt, folgt äußerlich auch aus der Tatsache, dass die Kontenrahmen die Abschreibung des Damnums nicht der Kontenklasse für Abschreibungen, sondern der Kontenklasse für Zinsen und ähnliche Aufwendungen zurechnen.

Steuerrechtlich ist das Disagio als Rechnungsabgrenzungsposten auf 442 die Laufzeit des Darlehens zu verteilen.[207] Es darf also kein kürzerer Abschreibungszeitraum gewählt werden. Sind aber die Zinsen des Darlehens für einen bestimmten Zeitraum festgeschrieben, so besteht ein wirtschaftlicher Zusammenhang zwischen dem Zinssatz und dem Disagio. Ein niedrigerer Zins steht mit einem höheren, ein höherer Zins mit einem niedrigeren Disagio im Zusammenhang. Rechnerisch ist das Disagio der Barwert der Differenz zwischen dem Zinssatz bei 100 %-iger Darlehensauszahlung und dem gewünschten niedrigeren Zinssatz. Bei Ablauf des Festschreibungszeitraums werden die Darlehenskonditionen der dann gegebenen Lage am Geldmarkt angepasst.

---

207 H 37 (Damnum) EStH.

Daher ist das Disagio ein zusätzliches Entgelt für die Kapitalüberlassung während des Festschreibungszeitraums, sodass es grundsätzlich über diesen, nicht über die vorgesehene Gesamtlaufzeit des Darlehens, zu verteilen ist.[208]
Die Abschreibung richtet sich danach, ob es sich um ein Fälligkeits- oder um ein Tilgungsdarlehen handelt.

5.1.4 Fälligkeitsdarlehen

443 Bei einem **Fälligkeitsdarlehen** ist der Rückzahlungsbetrag bei Fälligkeit in einer Summe zu zahlen. Während der Laufzeit steht das Darlehen dem Schuldner stets in voller Höhe zur Verfügung. Daher ist das Disagio als Entgelt für die Nutzung des Darlehens auch in gleichen Beträgen auf die Abschreibungsdauer abzuschreiben. Bei einem Fälligkeitsdarlehen kommt deshalb als planmäßige Abschreibung die lineare Abschreibung infrage.

5.1.5 Tilgungsdarlehen

444 Bei einem **Tilgungsdarlehen** verringert sich die Darlehenssumme laufend um die Tilgungsbeträge. Entsprechend nimmt auch das Damnum als Nutzungsentgelt ab. Nimmt das Darlehen jährlich um den gleichen Tilgungsbetrag ab, verringert sich das Damnum ebenfalls jährlich um gleiche Differenzbeträge. Der jährliche Differenzbetrag errechnet sich nach folgender Formel:

$$\text{Differenzbetrag} = \frac{\text{Disagio}}{\text{Summe der Jahre}}$$

Beispiel

Unternehmer U hat mit Wirkung vom 1.1.01 ein Darlehen in Höhe von 100.000 € aufgenommen, das beginnend am 1.1.02 in jährlichen Raten von je 25.000 € zu tilgen ist. Die Bank schreibt U auf seinem betrieblichen Bankkonto mit Wirkung zum 1.1.01 95.000 € gut.
Disagio: 5.000 €
Summe der Jahre: 1+2+3+4 = 10
Differenzbetrag 5.000 € : 10 = 500 €

---

[208] BFH, Urt. v. 21.4.1988 IV R 47/85, BStBl 1989 II S. 722.

Abschreibungsbeträge: Jahr 01: 500 € × 4 =   2.000 €
Jahr 02: 500 € × 3 =   1.500 €
Jahr 03: 500 € × 2 =   1.000 €
Jahr 04: 500 € × 1 =   500 €

Summe   5.000 €

Es kann auch nach folgender Formel abgeschrieben werden:

$s = \frac{n \times (n+1)}{2}$

Es bedeuten:
n = Zahl der Abschreibungsraten
s = Nenner des anzuwendenden Bruches
Die einzelnen Abschreibungsraten betragen:

1. Rate: $\frac{n}{s}$ × Damnum

2. Rate: $\frac{n-1}{s}$ × Damnum

3. Rate: $\frac{n-2}{s}$ × Damnum

usw.

Im vorstehenden Beispiel ergeben sich hiernach folgende Abschreibungsraten:

$s = \frac{4 \times (4+1)}{2}$

$s = \frac{4 \times 5}{2}$

$s = 10$

1. Rate (Jahr 01): $\frac{4}{10}$ × 5.000 € = 2.000 €

2. Rate (Jahr 02): $\frac{3}{10}$ × 5.000 € = 1.500 €

3. Rate (Jahr 03): $\frac{2}{10}$ × 5.000 € = 1.000 €

4. Rate (Jahr 04): $\frac{1}{10}$ × 5.000 € =   500 €

Diese Abschreibungsformel sollte insbesondere angewendet werden, wenn jährlich mehrere Tilgungen anfallen, etwa monatliche, vierteljährliche oder halbjährliche Tilgungen.

Beispiel

Unternehmer U nimmt am 1.7.01 ein Darlehen in Höhe von 120.000 € auf. Das Damnum beträgt 5 %, also 6.000 €. Das Darlehen ist in 24 monatlichen Raten zu tilgen, erstmals zum 1.8.01.

$$s = \frac{24 \times (24 + 1)}{2}$$

$$s = \frac{24 \times 25}{2}$$

$$s = \frac{600}{2}$$

$$s = 300$$

Es fallen in den Jahren 01 bis 03 folgende Raten des Disagios an:
Jahr 01 von August bis Dezember 5 Raten
Jahr 02 von Januar bis Dezember 12 Raten
Jahr 03 von Januar bis Juli 7 Raten
Für die Laufzeit des Darlehens ergeben sich also folgende Abschreibungsraten für das Disagio:

Jahr 01: $\frac{24 + 23 + 22 + 21 + 20}{300} \times 6.000\ € = 2.200\ €$

Jahr 02: $\frac{19 + 18 + 17 + 16 + 15 + 14 + 13 + 12 + 11 + 10 + 9 + 8}{300} \times 6.000\ € = 3.240\ €$

Jahr 03: $\frac{7 + 6 + 5 + 4 + 3 + 2 + 1}{300} \times 6.000\ € = 560\ €$

5.1.6 Annuitätsdarlehen

Handelt es sich um ein **Annuitätsdarlehen**, ist also über die gesamte Laufzeit ein gleich bleibender Jahresbetrag zu zahlen, so erhöht sich die jährliche Tilgung um den Betrag der ersparten Zinsen. Der Abschreibungsbetrag des Disagios errechnet sich nach folgender Formel:

445

$$A = \frac{D \times Z}{G}$$

Es bedeuten:
D = Nominalzins des Disagios
Z = Jahreszinsaufwand
G = Gesamtzinsbelastung (Summe der Annuitäten abzüglich Nominalbetrag der Verbindlichkeit)

Beispiel

U nimmt bei seiner Hausbank ein Tilgungsdarlehen in Höhe von 200.000 € mit einer Laufzeit von 3 Jahren auf. Das Darlehen wird in Höhe von 190.000 € am 2.1.01 ausgezahlt. Das Disagio beträgt also 5 % oder 10.000 €. Die Zinsen betragen 6 %, im ersten Jahr der Laufzeit also 12.000 €.

Das Darlehen entwickelt sich wie folgt:

Jahr	Schuldstand	Zinsbetrag	Tilgung	Annuität	Restschuld
01	200.000	12.000	62.822	74.822	137.178
02	137.178	8.231	66.591	74.822	70.587
03	70.587	4.235	70.587	74.822	0
Summe		24.466	200.000	224.466	

Abschreibungen auf das Disagio:

Jahr 01: $A = \frac{10.000 \times 12.000}{24.466}$ € = 4.904,76 €

Jahr 02: $A = \frac{10.000 \times 8.231}{24.466}$ € = 3.364,26 €

Jahr 03: $A = \frac{10.000 \times 4.235}{24.466}$ € = 1.730,97 €

5.2 Passivum

5.2.1 Rechtsnatur

446 Auch bei einem **Forderungsdarlehen,** einer Ausleihung, kann ein Damnum vorkommen.

> **Beispiel**
>
> G gewährt N am 2.1.01 ein Darlehen über 200.000 € zu einem Auszahlungskurs von 95 %. Das Darlehen soll in 4 Jahren in einem Betrag zurückgezahlt werden. Am 2.1.01 zahlt daher G 190.000 € aus und vereinnahmt zum 31.12.04 200.000 €. Bemessungsgrundlage für die laufenden Zinsen ist der Betrag von 200.000 €.

Bei einem Forderungsdarlehen ist ein Damnum ebenso wie bei einem Schulddarlehen wirtschaftlich ein zusätzlicher Zins und damit Entgelt für die Kapitalüberlassung. Nach Ablauf der Laufzeit des Darlehens hat der Darlehensnehmer den vollen Betrag zurückzuzahlen, im Beispiel also 200.000 €. Wirtschaftlich gesehen zahlt G 200.000 € aus und erhält gleichzeitig 10.000 € von N als zusätzliches Nutzungsentgelt für das Darlehen.

Soweit die Zahlung auf die Laufzeit des Darlehens nach dem Bilanzstichtag entfällt, handelt es sich um eine Einnahme vor dem Bilanzstichtag für eine bestimmte Zeit nach dem Bilanzstichtag. Es ist daher insoweit ein Rechnungsabgrenzungsposten auf der Passivseite der Bilanz zu bilden (§ 250 Abs. 2 HGB, § 5 Abs. 5 Satz 1 Nr. 2 EStG). Anders als für das Damnum auf der Aktivseite gibt es für das Damnum auf der Passivseite keine besondere handelsrechtliche Vorschrift.

5.2.2 Fälligkeitsdarlehen

447 Die Bilanzierung richtet sich daher nach den allgemein für Rechnungsabgrenzungsposten geltenden Vorschriften. Hiernach besteht sowohl handelsrechtlich als auch steuerrechtlich ein Bilanzierungsgebot. G bucht daher:

→ Ausleihung 200.000 €
  an Bank 190.000 €
  an Passive Rechnungsabgrenzung 10.000 €

Der passive Rechnungsabgrenzungsposten ist ebenso wie das Damnum bei einem Schulddarlehen (→Rdn. 440 ff.) auf die Laufzeit des Darlehens erfolgswirksam zu verteilen. In jedem Jahr der Laufzeit ist daher zu buchen:

→ Passive Rechnungsabgrenzung 2.500 €
  an Sonstige Zinsen und ähnliche Erträge 2.500 €

Streng genommen kann man auch die Auffassung vertreten, Gläubiger G dürfe nicht 200.000 € aktivieren, sondern nur 190.000 €. Denn er könne im ersten Jahr der Laufzeit nur diesen Betrag zurückfordern. Erst am Ende der Laufzeit betrage seine Forderung 200.000 €. Bei dieser Betrachtungsweise sind die auf das jeweilige Jahr entfallenden Teilbeträge als nachträgliche Anschaffungskosten zu aktivieren, sodass am Ende der Laufzeit das Darlehen mit dem Rückzahlungsbetrag ausgewiesen wird. Die jährlichen nachträglichen Anschaffungskosten sind in jedem Jahr als Zugang zu behandeln.[209] In diesem Fall bucht G bei Auszahlung des Darlehensbetrags:

→ Ausleihung 190.000 €
  an Bank 190.000 €

Zum Ende eines jeden Jahres der Laufzeit des Darlehens muss G buchen:

→ Zugang zur Darlehensforderung 2.500 €
  an Zinsertrag 2.500 €

In beiden Fällen, der Aktivierung der Ausleihung mit dem späteren Rückzahlungsbetrag und gleichzeitiger Passivierung eines Rechnungsabgrenzungspostens und der Aktivierung der Ausleihung mit dem Auszahlungsbetrag verbunden mit Zuschreibungen in jedem Jahr, entspricht die Bilanzierung den Grundsätzen ordnungsmäßiger Buchführung.

Würde der Gläubiger im Jahr der Auszahlung des Darlehens 200.000 € als Forderung buchen, ohne einen passiven Rechnungsabgrenzungsposten zu bilanzieren, wären sein Kapital und sein Ertrag

---
209 Schäfer, GoB für Forderungen, S. 58 ff.

um diesen Betrag zu hoch ausgewiesen. Entsprechendes würde im Jahr der Rückzahlung gelten, wenn dann das Damnum voll als Zugang zum Forderungsdarlehen und damit als Ertrag ausgewiesen würde. Der Ausweis eines passiven Rechnungsabgrenzungspostens im Jahr der Auszahlung bzw. der Nichtausweis als Zugang im Jahr der Rückzahlung entspricht daher dem Vorsichtsprinzip. Die Verteilung als Ertrag auf die Laufzeit berücksichtigt den Grundsatz der Periodenabgrenzung.

450 Im Beispiel handelt es sich um ein **Fälligkeitsdarlehen**. Das Darlehen ist bei Fälligkeit in einem Betrag zurückzuzahlen. Während der Laufzeit steht es dem Schuldner stets in voller Höhe zur Verfügung. Als Entgelt für die Kapitalüberlassung entfällt vom Damnum auf jedes Jahr der Laufzeit des Darlehens ein gleicher Betrag. Daher ist das Damnum linear auf die Laufzeit zu verteilen.

5.2.3 Tilgungsdarlehen

Beispiel

Wie das vorstehende Beispiel. Der Schuldner soll aber das Darlehen in 4 gleichen Jahresbeträgen zu je 50.000 € am 31.12.01, 31.12.02, 31.12.03 und 31.12.04 zurückzahlen.

451 Es handelt sich um ein **Tilgungsdarlehen**. 200.000 € sind in 4 Jahresbeträgen von je 50.000 € vom Darlehensschuldner N zu überweisen. Die Darlehenssumme verringert sich um die Tilgungsbeträge. Während des Jahres 01 beträgt die Darlehensforderung 200.000 €, während des Jahres 02 150.000 €, während des Jahres 03 100.000 € und während des Jahres 04 50.000 €. Proportional zur Ausleihung verhält sich das Damnum als Entgelt hierzu.

452 Da der Darlehensbetrag durch die Tilgungsbeträge abnimmt, fallen entsprechend auch die jährlichen Zuschreibungsbeträge auf die Tilgung des Damnums. Mit anderen Worten: Nimmt das Darlehen jährlich um den gleichen Tilgungsbetrag ab, verringern sich die Zuschreibungsbeträge auf das Damnum ebenfalls jährlich um gleiche Differenzbeträge. Der jährliche Differenzbetrag errechnet sich nach folgender Formel:

$$\text{Differenzbetrag} = \frac{\text{Damnum}}{\text{Summe der Jahre}}$$

$$\text{Differenzbetrag} = \frac{10.000\,€}{1+2+3+4}$$

$$\text{Differenzbetrag} = \frac{10.000\,€}{10}$$

Differenzbetrag = 1.000 €

Jahr 01	1.000	× 4	= 4.000
Jahr 02	1.000	× 3	= 3.000
Jahr 03	1.000	× 2	= 2.000
Jahr 04	1.000	× 1	= 1.000
			10.000

Unter dem Gesichtspunkt, dass bei Auszahlung des Darlehens die Forderung des Gläubigers gleich dem Auszahlungsbetrag ist und in jedem Jahr der Laufzeit auf den späteren Rückzahlungsbetrag zugeschrieben wird, bucht Gläubiger G bei Auszahlung des Darlehens:

→ Darlehensforderung 190.000 €
   an Bank 190.000 €

Zum 31.12.01 bucht G:

→ Bank 50.000 €
   an Darlehensforderung 50.000 €
→ Darlehensforderung 4.000 €
   an Zinsertrag 4.000 €

Am 31.12.02 bucht G:

→ Bank 50.000 €
   an Darlehensforderung 50.000 €
→ Darlehensforderung 3.000 €
   an Zinsertrag 3.000 €

usw.

G bucht daher in den Jahren 01 bis 04:

S	Ausleihung	H	S	Bank	H	S	Zinsertrag	H
1) 190.000		2) 50.000	2) 50.000		1) 190.000			3) 4.000
3) 4.000		4) 50.000	4) 50.000					5) 3.000
5) 3.000		6) 50.000	6) 50.000					7) 2.000
7) 2.000		8) 50.000	8) 50.000					9) 1.000
9) 1.000								

G Bilanzierung der Rechnungsabgrenzungsposten

453 Wird umgekehrt das Forderungsdarlehen bei seiner Auszahlung mit dem späteren Rückzahlungsbetrag aktiviert, bucht G im vorstehenden Beispiel bei der Auszahlung:
→ Ausleihungen 200.000 €
  an Bank 190.000 €
  an Passiver Rechnungsabgrenzungsposten 10.000 €
Der Rechnungsabgrenzungsposten ist hier in jedem Jahr über Ertrag aufzulösen durch die Buchungen:
→ 31.12.01
  Passiver Rechnungsabgrenzungsposten 4.000 €
  an Zinsertrag 4.000 €
→ 31.12.02
  Passiver Rechnungsabgrenzungsposten 3.000 €
  an Zinsertrag 3.000 €
→ 31.12.03
  Passiver Rechnungsabgrenzungsposten 2.000 €
  an Zinsertrag 2.000 €
→ 31.12.04
  Passiver Rechnungsabgrenzungsposten 1.000 €
  an Zinsertrag 1.000 €
Die Rückzahlungen bucht G zum 31.12.01, 31.12.02, 31.12.03 und 31.12.04 jeweils:
→ Bank 50.000 €
  an Ausleihung 50.000 €

6 Testfragen zu den Rechnungsabgrenzungsposten

Nr.	Frage	Rdn.
155.	Was bewirken die Rechnungsabgrenzungsposten und welchem Grundsatz ordnungsmäßiger Buchführung entsprechen sie?	406 ff.
156.	Was wird durch transitorische Rechnungsabgrenzungsposten bewirkt?	409
157.	Was wird durch antizipative Posten bewirkt und welche Bilanzposten sind das?	410

Testfragen zu den Rechnungsabgrenzungsposten G

Nr.	Frage	Rdn.
158.	Welche gesetzliche Rechnungsabgrenzungsposten gibt es auf der Aktivseite und der Passivseite der Bilanz?	411
159.	Durch welches Merkmal werden die transitorischen Rechnungsabgrenzungsposten im engeren Sinne von denjenigen im weiteren Sinne abgegrenzt und dürfen beide Arten bilanziert werden?	413
160.	Wie wird die Höhe des Rechnungsabgrenzungspostens bestimmt?	415
161.	Können Zahlungen für Dauerleistungen abgegrenzt werden, wenn der Zeitraum der Dauerleistung nicht im Vertrag angegeben ist?	420 ff.
162.	Besteht für transitorische Rechnungsabgrenzungsposten ein Bilanzierungswahlrecht oder ein Bilanzierungsgebot?	425
163.	Welche als Aufwand berücksichtigten Steuern und Abgaben können handelsrechtlich und müssen steuerrechtlich aktiv abgegrenzt werden?	427 ff.
164.	Wie ist die Aktivierung eines Damnums/Disagios handelsrechtlich und steuerrechtlich geregelt?	438 ff.
165.	Wie entsteht ein Disagio auf der Passivseite und wie wird es behandelt?	446 ff.

H Bilanzierung besonderer Bilanzposten

1 Geschäfts- oder Firmenwert

1.1 Wesen des Geschäfts- oder Firmenwerts

1.1.1 Verkehrsfähigkeit

454 Ein Geschäfts- oder Firmenwert kann nur beim **Erwerb eines Unternehmens** aktiviert werden. Er kann also nicht als von einem Unternehmen isolierter Vermögensgegenstand gehandelt werden, wie es bei den immateriellen Einzelwirtschaftsgütern der Fall ist. Unternehmen ist hier ein am Wirtschaftsverkehr teilnehmendes selbstständiges Gebilde, i. d. R. also ein Einzelunternehmen oder eine Personenhandelsgesellschaft. Auch bei der entgeltlichen Veräußerung eines Teils eines Unternehmens kann für den Erwerber die Aktivierung eines Geschäfts- oder Firmenwerts in Betracht kommen. Entscheidend ist, dass der einzelne Teil auch für sich allein als Unternehmen geführt werden und selbstständig am Wirtschaftsleben teilnehmen kann.[210]

455 Der Geschäfts- oder Firmenwert ist unmittelbar mit dem Betrieb als solchem verwoben, sodass er grundsätzlich nicht ohne diesen veräußert oder entnommen werden kann.[211]

Er verkörpert Gewinnaussichten, die in geschäftswertbildenden Faktoren verkörpert sind. Gehen solche geschäftswertbildenden Faktoren bei der Übertragung auf ein anderes Unternehmen über, dann folgt

---

210 ADS, HGB § 255 Rdn. 260.
211 BFH, Urt. v. 24.11.1982 I R 123/78, BStBl 1983 II S. 113.

der Geschäftswert den geschäftswertbildenden Faktoren, die durch ihn verkörpert werden. Das gilt
- im Fall der Übertragung eines Betriebs, eines Teilbetriebs oder eines Mitunternehmeranteils,[212]
- im Fall der Realteilung,[213]
- bei der Aufspaltung und Veräußerung eines für sich lebensfähigen Betriebsteils,[214]
- bei der Begründung einer Betriebsaufspaltung.[215]

Bei einer **Betriebsaufspaltung** werden wesentliche Betriebsgrundlagen, i. d. R. das Betriebsgrundstück, von dem bisherigen Unternehmen, dem Besitzunternehmen, an ein anderes Unternehmen, das Betriebsunternehmen, vermietet oder verpachtet.

456

In diesem Fall kann auch der Geschäfts- oder Firmenwert auf die Betriebsgesellschaft übergehen, wenn er nicht allein auf bestimmten Eigenschaften des zurückbehaltenen Betriebsgrundstücks beruht. Es kommt darauf an, dass Gewinnaussichten des bisherigen Unternehmens auf das Betriebsunternehmen übergegangen sind, die in geschäftswertbildenden Faktoren ihre Grundlage haben. Solche Faktoren können z. B. sein: Geschäftsbeziehungen, eine besonders qualifizierte Arbeitnehmerschaft, eine spezielle betriebliche Organisation. Diese geschäftswertbildenden Faktoren können dem Betriebsunternehmen zur Nutzung überlassen sein. Sie können aber auch an das Betriebsunternehmen gegen Entgelt veräußert worden sein. Hat das Betriebsunternehmen ein Entgelt für die Übertragung geschäftswertbildender Faktoren und damit für einen Geschäfts- oder Firmenwert gezahlt und ist das Entgelt angemessen, handelt es sich nicht um eine verdeckte Gewinnausschüttung (→FN 215).

457

1.1.2 Aktivierbarkeit

Aktiviert wird der Geschäfts- oder Firmenwert nur bei einem entgeltlichen Erwerb eines Unternehmens. Das hat er mit den immateriellen Vermögensgegenständen (→Rdn. 174) gemeinsam. Bei einem entgeltlichen Erwerb wird für den Geschäfts- oder Firmenwert aber nicht

458

---

212 BFH, Urt. v. 30.3.1994 I R 52/93, BStBl 1994 II S. 903.
213 BFH, Urt. v. 1.12.1992 VIII R 57/90, BStBl 1994 II S. 607.
214 BFH, Urt. v. 27.3.1996, I R 60/95, BStBl 1996 II S. 576.
215 BFH, Urt. v. 27.3.2001 I R 42/00, DB 2001 S. 2229.

459 ein gesondertes Entgelt ausgewiesen, sondern nur der Restbetrag vom für das Unternehmen entrichteten Gesamtkaufpreis, der nach dessen Verteilung auf die einzelnen Vermögensgegenstände übrig bleibt.

Wird ein Unternehmen neu gegründet, so werden zunächst nur geringe Gewinne, oft in den Anfangsjahren auch Verluste, erzielt. Wenn das Unternehmen die Anfangszeit überstanden hat, werden die Geschäftserfolge besser, auch wenn sich das Betriebsvermögen mengen- und qualitätsmäßig nicht wesentlich verändert hat. Diese Mehrerträge beruhen nicht auf der betrieblichen Substanz, dem Substanzwert des Unternehmens.

Die Mehrgewinne, die nicht auf dem Substanzwert beruhen, gehen auf einen immateriellen Wert zurück, der einem Unternehmen zuwächst. Die Rechtsprechung spricht hier von einem Inbegriff von Gewinnchancen, die einem Unternehmen über seine Substanz hinaus innewohnen und die ein Erwerber des Unternehmens auch vergüten würde.[216] Dieser Wert, auf dem die vermehrten Gewinnchancen beruhen, wird unter dem Begriff „Geschäfts- oder Firmenwert" zusammengefasst.

460 Die Erträge eines Unternehmens beruhen daher auf dem Substanzwert und dem Geschäfts- oder Firmenwert. Substanzwert und Geschäfts- oder Firmenwert ergeben daher in ihrer Summe den Ertragswert eines Unternehmens.

Ertragswert	
	Substanzwert
+	Geschäfts- oder Firmenwert
=	Ertragswert

461 Die Substanz eines Unternehmens ergibt sich aus den Vermögensgegenständen abzüglich der Schulden. Zu den Vermögensgegenständen rechnen hierbei auch die selbst geschaffenen immateriellen Anlagegegenstände, auch wenn sie nicht aktiviert werden dürfen. Hinzu kommen auch die aktiven Rechnungsabgrenzungsposten.

Auf der anderen Seite sind die passiven Rechnungsabgrenzungsposten und die Rückstellungen zu mindern.

---

216 BFH, Urt. v. 27.3.1968 I 224/64, BStBl 1968 II S. 520.

Der Substanzwert eines Unternehmens ist daher die Summe der Zeitwerte aller Vermögensgegenstände einschließlich der selbst geschaffenen immateriellen Anlagewerte und der aktiven Rechnungsabgrenzungsposten abzüglich der Schuldposten.
Durch Umstellung der Rechnung in Rdn. 460 ergibt sich der Geschäfts- oder Firmenwert:

462

Geschäfts- oder Firmenwert	
	Ertragswert
./.	Substanzwert
=	Geschäfts- oder Firmenwert

Der Geschäfts- oder Firmenwert ist daher der Betrag, um den der Ertragswert eines Unternehmens die Summe der Zeitwerte der Vermögensgegenstände vermindert um die Schulden übersteigt.[217] Er ist, der Inbegriff der Gewinnchancen, die der Erwerber eines Unternehmens über die Teilwerte der übrigen Wirtschaftsgüter hinaus dem Veräußerer vergüten würde.[218]

1.2 Berechnung des Geschäfts- oder Firmenwerts

Gewährt ein Unternehmer ein Darlehen, so bezieht er als Nutzungsentgelt Zinsen. Sind Zinssatz und Zinsbetrag bekannt, kann hieraus auf die Höhe des Darlehens geschlossen werden.

463

Beispiel

Unternehmer U gewährt S ein Darlehen in Höhe von 100.000 € für jährlich 7 % Zinsen. Der jährliche Zins beträgt also 7.000 €. Sind der jährliche Zinsbetrag und der Zinssatz bekannt, kann das Darlehen errechnet werden:

Zinsbetrag = Kapital × Zinssatz

$\text{Kapital} = \frac{\text{Zinsbetrag}}{\text{Zinssatz}}$ Kapital = $\frac{7.000\ €}{0,07}$ = 100.000 €

---

217 ADS, HGB § 255 Rdn. 257.
218 BFH, Urt. v. 27.3.1968 I 224/64, BStBl 1968 II S. 520.

464　Der Ertrag eines Unternehmens ist gewissermaßen die Verzinsung seines Ertragswerts, also des Substanzwerts und des Geschäfts- oder Firmenwerts. Legt man eine bestimmte Verzinsung zu Grunde, so lässt sich anhand der Erträge eines Unternehmens sein Ertragswert ermitteln. Das geschieht wie in dem vorstehenden Beispiel, in dem aus Zinsbetrag und Zinssatz auf die Höhe des Darlehens geschlossen werden konnte.

Es sind nur die in der Vergangenheit erzielten Erträge bekannt. Es ist daher von den durchschnittlichen zurückliegenden Erträgen auf den Ertragswert zu schließen. Nach der Rechtsprechung des BFH ist bei der Verzinsung ein Zinssatz von 10 % zu Grunde zu legen.[219] Das ist für die Unternehmen günstig. Je niedriger der Zinssatz angenommen wird, desto höher wird der Ertragswert. Umgekehrt wird der Ertragswert mit steigendem Zinssatz niedriger. Das wird im vorstehenden Beispiel deutlich. Wird dort von einem Zinssatz von 10 % ausgegangen, so beträgt das Kapital nur 70.000 €.

Beispiel

Die materiellen Vermögensgegenstände eines Unternehmens betragen insgesamt 800.000 €. Die immateriellen Anlagegegenstände einschließlich der selbst geschaffenen immateriellen Anlagegegenstände haben einen Zeitwert von insgesamt 400.000 €. Die Schulden betragen insgesamt 700.000 €. Das Unternehmen hat daher einen Substanzwert in Höhe von 500.000 €.

Aktiva		Passiva	
Materielle Vermögensgegenstände	800.000 €	Schulden	700.000 €
Immaterielle Vermögensgegenstände	400.000 €	Substanzwert	500.000 €
	1.200.000 €		1.200.000 €

219　BFH, Urt. v. 8.12.1979 I R 215/73, BStBl 1977 II S. 409.

Geschäfts- oder Firmenwert

In den letzten 5 Jahren wurden folgende Gewinne erzielt:

Jahr 01	100.000 €
Jahr 02	150.000 €
Jahr 03	120.000 €
Jahr 04	90.000 €
Jahr 05	130.000 €
Insgesamt	590.000 €

Der Durchschnittsgewinn der letzten 5 Jahre betrug also

590.000 € : 5 = 118.000 €.

Bei einer Verzinsung des Ertragswerts von 10 % beträgt der Ertragswert das Zehnfache des Ertrags. Geht man hier vom Durchschnittsgewinn der letzten 5 Jahre als dem nachhaltig erzielbaren Ertrag des Unternehmens aus, beträgt sein Ertragswert (EW):

EW = 118.000 € × 10 = 1.180.000 €.

Die Erträge eines Unternehmens beruhen z. T. auch auf der persönlichen Tüchtigkeit des Unternehmers. Der Geschäfts- oder Firmenwert ist losgelöst hiervon zu ermitteln. Daher ist vom Durchschnittsertrag noch der sog. Unternehmerlohn zu kürzen. Seine Höhe ist nach den Umständen des Einzelfalls zu schätzen. Im vorstehenden Beispiel soll der jährliche Unternehmerlohn auf 50.000 € geschätzt werden. Der Ertragswert beträgt daher:

EW = (118.000 € − 50.000 €) × 10 = 680.000 €

Wie ausgeführt wurde, ist der Geschäfts- oder Firmenwert der um den Substanzwert geminderte Ertragswert. Da es sich um einen sehr unsicheren Wert handelt, wird nach der Rechtsprechung des BFH hiervon nur die Hälfte als Geschäfts- oder Firmenwert angesetzt. Voraussetzung hierbei ist, dass der Unterschiedsbetrag zwischen Ertragswert und Substanzwert positiv ist.[220] Der Geschäfts- oder Firmenwert errechnet sich daher wie folgt:

GW = (EW − SW) : 2
EW = (dRE − UL) × 100 : z

465

---

220 BFH, Urt. v. 11.10.1960 I 229/59 U, BStBl 1960 III S. 509.

Zeichenerklärung: GW = Geschäfts- oder Firmenwert
EW = Ertragswert
dRE = durchschnittlicher Reinertrag
UL = Unternehmerlohn
z = Zinssatz

Der Geschäfts- oder Firmenwert im vorstehenden Beispiel beträgt daher: GW = (680.000 € – 500.000 €) : 2 = 90.000 €

1.3 Immaterielles Wirtschaftsgut

466 Der Geschäfts- oder Firmenwert beinhaltet nur gewisse Aussichten und Chancen auf künftige Erträge. Er ist nicht einmal hinreichend sicher schätzbar, da die künftigen Betriebsergebnisse auch von Umständen abhängen, die durch die betrieblichen Möglichkeiten nicht beherrscht werden. Er ist daher ein **immaterielles Wirtschaftsgut** (→Rdn. 180).

467 Der Geschäfts- oder Firmenwert wohnt dem Unternehmen als Ganzem inne. Er ist nicht wie die immateriellen Einzelwirtschaftsgüter für sich veräußerbar. Er kann nur **mit dem Unternehmen insgesamt übertragen** werden (→Rdn. 455).

468 Es werden unterschieden:
- **Selbst geschaffener** (originärer) Geschäfts- oder Firmenwert, der im Laufe der Zeit im Unternehmen entsteht,
- **erworbener** (derivativer) Geschäfts- oder Firmenwert, der beim entgeltlichen Erwerb eines Unternehmens gesondert vergütet wird.

1.4 Bilanzierung

1.4.1 Handelsbilanz

§ 255 Abs. 4 Satz 1 HGB

Als Geschäfts- oder Firmenwert darf der Unterschiedsbetrag angesetzt werden, um den die für die Übernahme eines Unternehmens bewirkte Gegenleistung den Wert der einzelnen Vermögensgegenstände des Unternehmens abzüglich der Schulden im Zeitpunkt der Übernahme übersteigt.

Geschäfts- oder Firmenwert

Aktivierungswahlrecht

Da der Geschäfts- oder Firmenwert ein immaterielles Wirtschaftsgut des Anlagevermögens ist, darf er nur dann bilanziert werden, wenn er entgeltlich erworben worden ist (§ 248 Abs. 2 HGB, →Rdn. 174 ff.). Ein **selbst geschaffener** (originärer) Geschäfts- oder Firmenwert darf also nicht bilanziert werden. Hierfür besteht ein Bilanzierungsverbot. 469

Aus § 255 Abs. 4 Satz 1 HGB ergibt sich ein **Aktivierungswahlrecht** für den in dieser Vorschrift als Geschäfts- oder Firmenwert genannten Posten. Er wird allgemein „derivativer" Geschäfts- oder Firmenwert genannt. 470

Unterschiedsbetrag

Als Geschäfts- oder Firmenwert darf aber nur der sich bei einem entgeltlichen Erwerb ergebende „Unterschiedsbetrag" aktiviert werden. Das ist der Betrag, „um den die für die Übernahme eines Unternehmens bewirkte Gegenleistung den Wert der einzelnen Vermögensgegenstände des Unternehmens abzüglich der Schulden im Zeitpunkt der Übernahme übersteigt". 471

Es ist also bei der Berechnung des derivativen Geschäfts- oder Firmenwerts von zwei Größen auszugehen:
- Gegenleistung für die Übernahme des Unternehmens,
- Wert der einzelnen Vermögensgegenstände abzüglich der Schulden im Zeitpunkt der Übernahme.

Der Unterschiedsbetrag zwischen diesen beiden Größen ist der Betrag, der als derivativer Geschäfts- oder Firmenwert aktiviert werden darf.

Es sind daher zunächst die tatsächlichen Werte der einzelnen Vermögensgegenstände einschließlich der immateriellen Anlagegegenstände im Zeitpunkt der Übernahme zu ermitteln. Davon werden die Schulden gemindert. Der verbleibende Betrag wird von der Gegenleistung abgezogen. Die Differenz ist das Entgelt für den Geschäfts- oder Firmenwert. 472

Derivativer Geschäfts- oder Firmenwert

I	Gegenleistung für das Unternehmen
II	Tatsächliche Werte der einzelnen materiellen und immateriellen Vermögensgegenstände (einschließlich der vom Veräußerer selbst geschaffenen und daher von ihm nicht bilanzierbaren immateriellen Vermögensgegenstände) und der aktiven Rechnungsabgrenzungsposten
III	Schulden (Verbindlichkeiten und Rückstellungen einschließlich der nicht vom Veräußerer bilanzierten Schuldposten) und der passiven Rechnungsabgrenzungsposten
IV	II – III
I –IV	Als derivativer Geschäfts- oder Firmenwert aktivierbar

Posten IV in der Tabelle ist der Betrag, der in den vorstehenden Ausführungen (→Rdn. 461) „Substanzwert" genannt wurde.

473 Aus dem Wahlrecht für den derivativen Geschäfts- oder Firmenwert ergibt sich, dass der „Unterschiedsbetrag" nicht voll aktiviert werden muss, wenn sich der Erwerber eines Unternehmens für die Aktivierung entscheidet. Er kann auch teilweise aktiviert werden. Ein im Jahr des Erwerbs nicht aktivierter „Unterschiedsbetrag" kann aber später nicht nachaktiviert werden.

Restgröße

474 Derivativer Geschäfts- oder Firmenwert ist lediglich eine Restgröße, die verbleibt, wenn der Saldo der tatsächlichen Werte der Aktiva und der Passiva vom Gesamtkaufpreis abgezogen wird. Wird für ein Unternehmen ein Betrag gezahlt, der unter der Summe von Substanzwert und dem Geschäfts- oder Firmenwert, wie er in dem Beispiel in Rdn. 464 ermittelt wurde, liegt, so wird das Entgelt nicht anteilig bei allen Vermögensgegenständen gekürzt. Das Entgelt wird vielmehr zuerst auf die Vermögensgegenstände so verteilt, wie es deren Werten entspricht. Erst der nach Abzug der übernommenen Schulden verbleibende Betrag ist das Entgelt für den Geschäfts- oder Firmenwert.

Geschäftswertbildende Faktoren

Bei der Verteilung der Gegenleistung auf übernommene immaterielle Anlagegegenstände ist zu unterscheiden zwischen
- immateriellen Einzelvermögensgegenständen und
- geschäftswertbildenden Faktoren.

Fall

U zahlt ein Gesamtentgelt für ein übernommenes Unternehmen. Nach dem Kaufvertrag entfällt ein Teilbetrag auf ein Wettbewerbsverbot.

a) Es ist nach den Umständen davon auszugehen, dass der Veräußerer nicht mehr unternehmerisch tätig sein wird.

b) Der Veräußerer hat die Möglichkeit, ein gleiches Unternehmen wieder zu gründen. Das Wettbewerbsverbot ist

   aa) befristet

   bb) unbefristet

c) U hat das Unternehmen erworben, um es sofort stillzulegen. Es ist nicht damit zu rechnen, dass der Veräußerer wieder unternehmerisch tätig sein wird.

Wie ist das Entgelt für das Wettbewerbsverbot bilanziell zu behandeln?

Lösung

Zu a) Wird ein Unternehmen erworben, so ist es für den Erwerber kein Konkurrent mehr. Eine ausdrückliche Verpflichtung des Veräußerers im Übertragsvertrag, auf weiteren Wettbewerb zu verzichten, bedeutet also in der Regel nicht mehr, als sich ohnehin bereits aus der Übertragung ergibt. Das Wettbewerbsverbot rechnet daher im Allgemeinen zu den geschäftswertbildenden Faktoren. Bei der Verteilung des Entgelts auf die einzelnen Vermögensgegenstände ist also ein Wettbewerbsverbot als immaterieller Einzelanlagegegenstand nicht zu berücksichtigen.

Zu b) Hat der Veräußerer die Möglichkeit, ein gleiches Unternehmen wieder zu gründen, mit dem er zu dem Erwerber erneut in Wettbewerb treten kann, dann hat ein im Übertragsvertrag besonders vereinbartes Wettbewerbsverbot für den Erwerber eine besondere wirtschaftliche Bedeutung. Es ist als immaterieller Einzelvermögensgegenstand zu aktivieren.[221] Ist in diesem Fall das Wettbewerbsverbot befristet, ist es innerhalb der verein-

---

221 BFH, Urt. v. 26.7.1972 I R 146/70, BStBl 1972 II S. 937.

barten Frist abzuschreiben.[222] Ist es unbefristet, so erlischt es im Zweifel mit dem Tod des Verpflichteten und muss daher auf dessen mutmaßliche Lebensdauer abgeschrieben werden.[223]

Zu c) Wird ein Unternehmen gegen Entgelt erworben, um es sofort stillzulegen, und führt der Erwerber diese Absicht auch aus, so kann die Zahlung eines Mehrbetrages weder für ein Einzelwirtschaftsgut noch für einen Geschäfts- oder Firmenwert erfolgt sein. Es wird nur der Geschäfts- oder Firmenwert des eigenen Unternehmens verbessert. Die hierauf entfallenden Aufwendungen sind als Herstellungsaufwand zur Verbesserung des eigenen Geschäfts- oder Firmenwerts nicht aktivierbar.[224]

Bilanzierungshilfe

476 **Handelsrechtlich** soll der Erwerber die Möglichkeit haben, den Teil des Kaufpreises, der nicht auf Einzelvermögensgegenstände und andere Bilanzposten aktiviert werden kann, als Geschäfts- oder Firmenwert zu aktivieren. Wie eingangs als Wesen des Geschäfts- oder Firmenwerts herausgestellt worden ist, wird mit diesem der Mehrwert eines im Markt eingeführten Unternehmens verkörpert. Die hierauf beruhenden Chancen, höhere Gewinne als ein neues Unternehmen zu erzielen, werden mit dem entsprechend höheren Kaufpreis abgegolten.

Könnte dieser Mehrpreis nicht aktiviert werden, müsste der Erwerber im Geschäftsjahr des Erwerbs einen unverhältnismäßig hohen Aufwand ausweisen. Ein im Markt eingeführtes Unternehmen weist auf der anderen Seite von Anfang des Erwerbs an höhere Gewinne aus als ein neu gegründetes Unternehmen, das den gleichen Substanzwert hat. Das hält auch noch einige Zeit nach dem Bilanzstichtag an, sodass diesen Mehrgewinnen keine Aufwendungen gegengerechnet werden könnten, müsste der Mehrpreis bereits im Jahr des Kaufes als Aufwand behandelt werden. So gesehen ist handelsrechtlich der Geschäfts- oder Firmenwert zu Recht als Wert eigener Art bezeichnet und ihm der Charakter einer Bilanzierungshilfe beigemessen worden.[225]

---

222 BFH, Urt. v. 14.2.1973 IR 89/71, BStBl 1973 II S. 580.
223 BFH, Urt. v. 25.1.1979 IV R 21/75, BStBl 1979 II S. 369.
224 Wie FN 223.
225 ADS, HGB § 255 Rdn. 271 f.

Wie in Rdn. 181 ausgeführt worden ist, müssen immaterielle Einzelwirtschaftsgüter aktiviert werden, wenn sie entgeltlich erworben worden sind. Ein entgeltlich erworbener Geschäfts- oder Firmenwert braucht aber handelsrechtlich nicht aktiviert zu werden. Es besteht hier auch die Möglichkeit, ihn nur zum Teil zu aktivieren. Das ist ein wesentlicher Unterschied zu den immateriellen Einzelwirtschaftsgütern. 477

Im Gegensatz zu den Ingangsetzungsaufwendungen (→Rdn. 1142) und den aktivierten latenten Steuern (→Rdn. 1151) handelt es sich bei den Ausgaben für einen Geschäfts- oder Firmenwert um Aufwendungen, die zum Teil eine Zeit nach dem Bilanzstichtag betreffen. Deshalb können sie aktiviert und in der Zeit nach dem Bilanzstichtag abgeschrieben werden. Es bedarf nicht einer Ausschüttungssperre wie bei den aktivierten Ingangsetzungskosten und latenten Steuern, weil davon ausgegangen werden kann, dass in Höhe der Aktivierung ein Mehrwert erworben worden ist. Bei den beiden anderen genannten Aktivposten handelt es sich um Aufwendungen des abgelaufenen Geschäftsjahrs, die zum Teil durch einen Aktivposten als Bilanzierungshilfe neutralisiert werden dürfen. Hier gibt es keinen Mehrwert in dieser Höhe. Daher darf insoweit nicht ausgeschüttet werden, besteht also insoweit eine gesetzliche Ausschüttungssperre. 478

1.4.2 Steuerbilanz

Steuerrechtlich ist der Geschäfts- oder Firmenwert ebenso wie handelsrechtlich ein immaterieller Gegenstand. Er darf nur dann aktiviert werden, wenn er entgeltlich erworben worden ist (§ 5 Abs. 2 EStG). Für den originären Geschäfts- oder Firmenwert besteht also ebenso wie im Handelsrecht ein Bilanzierungsverbot. 479
Aus dem handelsrechtlichen Aktivierungswahlrecht für den derivativen Geschäfts- oder Firmenwert folgt steuerrechtlich ein Aktivierungsgebot (→Rdn. 167). Es wird auch hier von der Restgröße ausgegangen (→Rdn. 474).

H Bilanzierung besonderer Bilanzposten

480   Auch der **Praxiswert** eines freien Berufs ist ein immaterielles Wirtschaftsgut. Er ist daher ebenso wie der Firmenwert bei einem entgeltlichen Erwerb zu aktivieren.

1.5 Testfragen zur Bilanzierung des Geschäfts- oder Firmenwerts

Nr.	Frage	Rdn.
166.	Was ist das Wesen eines Geschäfts- oder Firmenwerts?	454 ff.
167.	Wie kann man den Geschäfts- oder Firmenwert berechnen?	463 ff.
168.	Welche Arten des Geschäfts- oder Firmenwerts gibt es und wie ist ihre Aktivierbarkeit handelsrechtlich geregelt?	469 ff.
169.	Wie ist die Bilanzierung des Geschäfts- oder Firmenwerts handels- und steuerrechtlich geregelt?	479

2 Sonderposten mit Rücklageanteil

§ 247 Abs. 3 HGB
Passivposten, die für Zwecke der Steuern vom Einkommen und vom Ertrag zulässig sind, dürfen in der Bilanz gebildet werden. Sie sind als Sonderposten mit Rücklageanteil auszuweisen und nach Maßgabe des Steuerrechts aufzulösen. Einer Rückstellung bedarf es insoweit nicht.

§ 5 Abs. 1 Satz 2 EStG
Steuerrechtliche Wahlrechte bei der Gewinnermittlung sind in Übereinstimmung mit der handelsrechtlichen Jahresbilanz auszuüben.

2.1 Bilanzierungs- und Bewertungswahlrechte in der Steuerbilanz

2.1.1 Umgekehrte Maßgeblichkeit

481   **Steuerrechtliche Bilanzierungs- und Bewertungswahlrechte** dürfen in der Steuerbilanz nur dann ausgeübt werden, wenn in der Handels-

bilanz in gleicher Weise bilanziert und bewertet worden ist (§ 5 Abs. 1 Satz 2 EStG).
Steuerrechtlich gibt es Rücklagen, die lediglich aus steuerpolitischen Gründen gewährt werden. Sie entsprechen nicht den Grundsätzen ordnungsmäßiger Buchführung und können daher nicht ohne weiteres in der Handelsbilanz ausgewiesen werden. Aber auch für diese Passivierungswahlrechte, die lediglich aus steuerlichen Gründen in der Steuerbilanz zugelassen sind, besteht die Abhängigkeit von der handelsrechtlichen Bilanzierung.
Der Grund für den Ansatz dieser Passivposten in der Handelsbilanz ergibt sich also aus § 5 Abs. 1 Satz 2 EStG und damit aus dem Steuerrecht. Man spricht daher von der „umgekehrten Maßgeblichkeit" und meint damit eine Maßgeblichkeit der Steuerbilanz für die Handelsbilanz. In Wahrheit handelt es sich aber auch hier um einen Ausfluss des allgemeinen Maßgeblichkeitsgrundsatzes, wonach die Bilanzierung in der Steuerbilanz grundsätzlich von der Bilanzierung in der Handelsbilanz abhängt.

2.1.2 Steuerfreie Rücklagen

Um die Passivierung in der Steuerbilanz zu ermöglichen, wird die Bilanzierung in der Handelsbilanz entsprechend steuerrechtlichen Passivierungswahlrechten zugelassen.
Diese Passivposten heißen handelsrechtlich „Sonderposten mit Rücklageanteil". Steuerrechtlich heißen die Passivierungswahlrechte „steuerfreie Rücklagen".
Zu den steuerfreien Rücklagen rechnen:
- Rücklage für Ersatzbeschaffung (R 35 EStR),
- Re-Investitionsrücklage (§ 6b EStG),
- Rücklage für Zuschüsse (R 34 Abs. 4 EStR),
- Ansparrücklage nach § 7g Abs. 3 ff. EStG,
- Rücklage nach § 6 Fördergebietsgesetz.

2.1.3 Grund für die handelsrechtliche Passivierung

Die übereinstimmende Ausübung der steuerrechtlichen Wahlrechte in der Handelsbilanz hat einen besonderen Grund. Wäre das nicht erforderlich, könnte der steuerliche Gewinn mit der Folge der Steuerersparnis gemindert werden, ohne dass auch gleichzeitig der Gewinn in der Handelsbilanz gemindert würde. In Höhe der Steuerersparnis wäre Liquidität gewonnen, die als handelsrechtlicher Mehrgewinn für Ausschüttungen zur Verfügung stehen würde. Das würde aber dem Sinn der Steuervergünstigungen zuwiderlaufen. Sie werden gewährt, um z. B. die bei der Entfernung von Wirtschaftsgütern aus dem Betrieb aufgedeckten stillen Reserven im Betriebsvermögen zu belassen und die durch Sonderabschreibungen oder erhöhte Abschreibungen ersparten Steuern wieder im Betrieb zu investieren. Ist der Handelsbilanzgewinn dem Steuerbilanzgewinn gleichgeschaltet, wie es durch § 5 Abs. 1 Satz 2 EStG geschieht, kann in Höhe des Unterschieds zwischen dem so ermittelten Handelsbilanzgewinn und dem Gewinn, der sich ohne diese Vorschrift ergäbe, Gewinn nicht ausgeschüttet werden.

2.2 Funktion der Sonderposten

2.2.1 Stundungseffekt

484 Durch die Bildung des Sonderpostens wird die Ertragsteuerlast nicht endgültig aufgehoben, sondern im Ergebnis nur gestundet.

Beispiel

Die Lagerhalle eines Unternehmens wird durch Brand zerstört. Der Buchwert betrug 30.000 €. Die Feuerversicherung erkennt einen Versicherungsanspruch in Höhe von 500.000 € für das Gebäude an. Es wird eine neue Lagerhalle errichtet, deren Herstellungskosten 600.000 € betragen.

Die Versicherungsentschädigung ist eine Betriebseinnahme. In Höhe des Unterschieds zwischen Buchwert der durch den Brand ausgeschiedenen Lagerhalle und der Versicherungssumme entsteht daher ein steuerpflichtiger Gewinn.

→ Bank 500.000 €
    an Gebäude alt 30.000 €
    an Sonstige betriebliche Erträge 470.000 €

Bei einer Versteuerung im Jahr des Zuflusses wird infolge der Steuerprogression ein erheblicher Teil der Entschädigung wegbesteuert, sodass eine Neuinvestition erschwert oder sogar unmöglich wird. Daher können die durch das Ausscheiden des Gebäudes aufgedeckten stillen Reserven auf ein Ersatzwirtschaftsgut übertragen werden.[226] In diesem Fall wird gebucht:

→ Bank   500.000 €
   an Gebäude alt   30.000 €
   an Gebäude neu   470.000 €

In beiden Fällen wird der Zugang der neuen Lagerhalle gebucht:
→ Gebäude   600.000 €
   an Bank   600.000 €

Wird die Entschädigung im Jahr des Zuflusses versteuert, kann von der vollen Summe der Herstellungskosten des neuen Gebäudes abgeschrieben werden. Werden aber die stillen Reserven auf das Ersatzwirtschaftsgut übertragen und die Entschädigung nicht im Jahr des Zuflusses versteuert, wird insoweit die Bemessungsgrundlage für die Abschreibungen gemindert. Im vorstehenden Beispiel mindern die beim ausgeschiedenen Gebäude in Höhe von 470.000 € aufgedeckten stillen Reserven die Bemessungsgrundlage für die Abschreibung des Ersatzwirtschaftsguts. In Zukunft kann daher die neue Lagerhalle nur von 130.000 € abgeschrieben werden. Entsprechend erhöhen sich die Ertragsteuern im Laufe des Abschreibungszeitraums des Ersatzwirtschaftsguts. Die Versteuerung der Betriebseinnahme wird also auf den Zeitraum der Abschreibung des Ersatzwirtschaftsguts verteilt und damit im Ergebnis über diesen Zeitraum gestundet.

2.2.2 Rücklage

Wird das Ersatzwirtschaftsgut nicht im Jahr des Ausscheidens des ersetzten Wirtschaftsguts angeschafft oder hergestellt, so kann in der Höhe, in der die stillen Reserven aufgedeckt wurden, eine steuerfreie „Rücklage für Ersatzbeschaffung" in der Schlussbilanz des Wirtschaftsjahrs, in dem das Wirtschaftsgut ausgeschieden ist, bilanziert

---

226 R 35 EStR.

werden. Voraussetzung ist, dass zu diesem Zeitpunkt eine Ersatzbeschaffung ernstlich geplant und zu erwarten ist.[227]
Es wird daher im Jahr des Ausscheidens des Gebäudes im vorstehenden Beispiel gebucht:

→ Bank   500.000 €
  an Gebäude alt   30.000 €
  an Sonderposten mit Rücklageanteil   470.000 €

Wird später ein Ersatzwirtschaftsgut angeschafft oder hergestellt, wird durch die Buchung Rücklage für Ersatzbeschaffung an Anlagekonto die Rücklage für Ersatzbeschaffung auf das Ersatzwirtschaftsgut übertragen und damit aufgelöst, indem die Anschaffungs- oder Herstellungskosten des Ersatzwirtschaftsguts in Höhe der Rücklage für Ersatzbeschaffung gemindert werden. Es wird also im vorstehenden Beispiel gebucht:

→ Gebäude neu   600.000 €
  an Bank   600.000 €
→ Sonderposten mit Rücklageanteil   470.000 €
  an Gebäude neu   470.000 €

Damit wird das gleiche Ergebnis erzielt, wie wenn das Ersatzwirtschaftsgut im Jahr des Ausscheidens des ersetzten Wirtschaftsguts angeschafft oder hergestellt wird.

487 Ähnlich wie bei der „Rücklage für Ersatzbeschaffung" tritt auch bei den übrigen Sonderposten mit Rücklageanteil nur ein Steuerstundungseffekt ein. Bei abnutzbaren Anlagegegenständen wird die Steuerzahlung auf die Nutzungsdauer des Ersatzwirtschaftsguts verteilt. Kommt der Unternehmer bei der Einkommensteuer dadurch in eine niedrigere Progressionsstufe, kann er im Ergebnis sogar eine Steuerersparnis erzielen.

---

227 R 35 Abs. 4 Satz 1 EStR.

2.3 Auflösung der Sonderposten

2.3.1 Versteuerung

Eine Rücklage für Ersatzbeschaffung ist bei einem beweglichen Wirtschaftsgut am Schluss des ersten, bei einem Gebäude am Schluss des zweiten auf ihre Bildung folgenden Wirtschaftsjahrs Gewinn erhöhend aufzulösen, wenn bis dahin ein Ersatzwirtschaftsgut weder angeschafft oder hergestellt noch bestellt worden ist und die Ersatzbeschaffung auch nicht mehr ernstlich geplant und zu erwarten ist.[228]

488

Beispiel

Ein Betriebsgebäude hat einen Buchwert von 20.000 €. Es wird im Jahr 01 durch Brand zerstört. Die Feuerversicherung zahlt im Jahr 01 400.000 €. Der Unternehmer hat in der Schlussbilanz zum 31.12.01 eine steuerfreie Rücklage für Ersatzbeschaffung gebildet. Die Ersatzbeschaffung ist ernstlich geplant, wird aber im Jahr 03 aufgegeben.

Bei Auflösung der Rücklage entsteht ein Gewinn, der in dem Beispiel 380.000 € beträgt. Angenommen, der Steuersatz beträgt 43 %, dann beträgt die steuerliche Belastung 163.400 €.

2.3.2 Keine Rückstellung

Auch in der Handelsbilanz sind Sonderposten mit Rücklageanteil nach Maßgabe des Steuerrechts aufzulösen. Einer Rückstellung bedarf es insoweit nicht (§ 247 Abs. 3 Sätze 2 und 3 HGB). Wenn Handels- und Steuerbilanz einander entsprechen, in beiden also ein gleich lautender Passivposten ausgewiesen wird, ist die Gewinnminderung hierdurch in Steuer- und Handelsbilanz gleich hoch. Es sind daher die Voraussetzungen für eine Rückstellung nach § 274 Abs. 1 HGB nicht erfüllt (→Rdn. 1157 ff.), sodass in der Handelsbilanz eine Rückstellung nicht ausgewiesen werden darf. Das soll durch § 247 Abs. 3 Satz 3 HGB lediglich klargestellt werden.[229]

489

---

228 R 35 Abs. 4 Sätze 3 bis 5 EStR.
229 Hoyos/Gutike in: Beck Bil-Komm. § 247 Rdn. 602; Hoyos/Fischer in: Beck Bil-Komm. § 274 Rdn. 22.

Als Klarstellung müsste die Vorschrift als Rückstellungsverbot gefasst sein, etwa so: „eine Rückstellung ist insoweit in der Handelsbilanz nicht zu bilden". Da das aber selbstverständlich ist, stiftet die Vorschrift nur Verwirrung und sollte daher ignoriert werden.

2.4 Testfragen zu den Sonderposten mit Rücklageanteil

Nr.	Frage	Rdn.
170.	Was ist die Aufgabe von Sonderposten mit Rücklageanteil in der Handelsbilanz?	483
171.	Nennen Sie die wichtigsten steuerrechtlichen Passivierungswahlrechte.	482
172.	Was ist das Ergebnis der Sonderposten mit Rücklageanteil für die Besteuerung?	484 f.
173.	Wann sind Rücklagen für Ersatzbeschaffung in der Steuerbilanz aufzulösen und welche Auswirkung hat das auf die Handelsbilanz?	488

3 Gründungs- und Kapitalbeschaffungskosten

3.1 Begriff

§ 248 Abs. 1 HGB
Aufwendungen für die Gründung des Unternehmens und für die Beschaffung des Eigenkapitals dürfen in die Bilanz nicht als Aktivposten aufgenommen werden.

490 **Gründungs- und Kapitalbeschaffungskosten** sind Aufwendungen, damit ein Unternehmen überhaupt ins Leben tritt. Durch sie entsteht daher nicht ein besonderer Vorteil, der über den Gründungszeitpunkt hinaus fortwirkt. Es sind Ausgaben, die Aufwand des abgelaufenen Geschäftsjahrs darstellen, nicht einer bestimmten Zeit nach dem Bilanzstichtag.

H Gründungs- und Kapitalbeschaffungskosten

Die Gründungs- und Kapitalbeschaffungskosten führen daher weder zu einem aktivierbaren Vermögensgegenstand, noch kann hierfür ein Rechnungsabgrenzungsposten aktiviert werden. Dass Gründungs- und Kapitalbeschaffungskosten nicht aktiviert werden dürfen, ist also selbstverständlich. Das Gesetz stellt das nur klar.
Das Aktivierungsverbot gilt auch für die Ermittlung des steuerlichen Gewinns (→Rdn. 159).[230]

3.2 Gründungskosten

Die Gründungskosten sind von den Ingangsetzungsaufwendungen (→Rdn. 1142 ff.) abzugrenzen.

491

Abgrenzung	
Gründungskosten	Ingangsetzungsaufwendungen
Aufwendungen für das rechtliche Entstehen des Unternehmens	Aufwendungen für die Errichtung und Einrichtung des technischen und kaufmännischen Betriebs

Zu den Gründungskosten gehören insbesondere

492

- Notariatskosten und Gerichtsgebühren, die mit der Gründung im Zusammenhang stehen,
- Genehmigungskosten,
- Kosten der Gründungsprüfung,
- Gutachterkosten für die Bewertung von Sacheinlagen,
- Beratungskosten für den Gründungsvorgang, die Abfassung des Gesellschaftsvertrages, der Satzung oder des Statuts,
- Vermittlungsprovisionen,
- Veröffentlichungskosten,
- Gründerlohn, Reisekosten der Gründer u. Ä.[231]

Das Bilanzierungsverbot bezieht sich nur auf die Aktivseite, nicht auf die Passivseite der Bilanz. Gründungskosten, die angefallen sind, aber

493

---

230 Budde/Karig in: Beck Bil-Komm. § 248 Rdn. 5.
231 ADS, HGB § 248 Rdn. 5.

innerhalb des Gründungsjahrs noch nicht beglichen worden sind, werden als Verbindlichkeiten oder Rückstellungen erfasst.[232] Gründungskosten können bereits vor dem Stichtag der Eröffnungsbilanz anfallen. Sie müssen als Aufwendungen des ersten Geschäftsjahrs erfasst werden.[233]

3.3 Kapitalbeschaffungskosten

494 Unter das Aktivierungsverbot von § 248 Abs. 1 HGB fallen nur die Aufwendungen zur Beschaffung von **Eigenkapital**. Hierzu gehören insbesondere
- die Aufwendungen im Zusammenhang mit der Ausgabe von Gesellschaftsanteilen,
- die Kosten der Börseneinführung, z. B. Bankgebühren, Druckkosten für Aktienurkunden und Börsenprospekte,
- die Kosten der Bewertung von Sacheinlagen,
- alle Kosten einer Kapitalerhöhung.

495 Kosten für die Beschaffung von **Fremdkapital** fallen nicht unter das Aktivierungsverbot. Sie werden durch § 248 Abs. 1 HGB weder positiv noch negativ geregelt. Es ist bei ihnen daher nach anderen Vorschriften zu prüfen, ob sie zu aktivieren sind, etwa als Rechnungsabgrenzungsposten, ob sie aktivierbar sind als Disagio/Damnum oder Herstellungskosten nach § 255 Abs. 3 HGB, oder ob sie sofort als Aufwendungen abgezogen werden können.[234]

---

232 ADS, HGB § 248 Rdn. 6.
233 ADS, HGB § 248 Rdn. 6a.
234 Budde/Karig in: Beck Bil-Komm. § 248 Rdn. 4.

Eventualverbindlichkeiten **H**

3.4 Testfragen zu den Gründungs- und Kapitalbeschaffungskosten

Nr.	Frage	Rdn.
174.	Was sind Gründungs- und Kapitalbeschaffungskosten und wie ist ihre Bilanzierung geregelt?	490
175.	Wie unterscheiden sich die Gründungskosten von den Ingangsetzungsaufwendungen?	491
176.	Welche Aufwendungen gehören insbesondere zu den Gründungskosten?	492
177.	Welche Aufwendungen fallen unter die Kapitalbeschaffungskosten?	494

4 Eventualverbindlichkeiten

§ 251 HGB
Unter der Bilanz sind, sofern sie nicht auf der Passivseite auszuweisen sind, Verbindlichkeiten aus der Begebung und Übertragung von Wechseln, aus Bürgschaften, Wechsel- und Scheckbürgschaften und aus Gewährleistungsverträgen sowie Haftungsverhältnisse aus der Bestellung von Sicherheiten für fremde Verbindlichkeiten zu vermerken; sie dürfen in einem Betrag angegeben werden. Haftungsverhältnisse sind auch anzugeben, wenn ihnen gleichwertige Rückgriffsforderungen gegenüberstehen.

4.1 Ausweis der Eventualverbindlichkeiten

Eventualverbindlichkeiten beruhen auf bestimmten Haftungsverhältnissen.   496

Eventualverbindlichkeiten
1. Verbindlichkeiten aus der Begebung und Übertragung von Wechseln,
2. Verbindlichkeiten aus Bürgschaften, Wechsel- und Scheckbürgschaften,
3. Verbindlichkeiten aus Gewährleistungsverträgen,
4. Haftungsverhältnisse aus der Bestellung von Sicherheiten für fremde Verbindlichkeiten.

497 Nach § 251 HGB müssen die sog. Eventualverbindlichkeiten „unter der Bilanz" vermerkt werden.

4.2 Wesen der Eventualverbindlichkeiten

498 Eventualverbindlichkeiten sind aufschiebend bedingte Verbindlichkeiten. Durch den Vermerk soll der Bilanzleser über außergewöhnliche wirtschaftliche Belastungen unterrichtet werden, die auf Grund der am Bilanzstichtag bestehenden Rechtsbeziehungen auf das Unternehmen zukommen können.[235]

4.3 Abgrenzung

499 Die Eventualverbindlichkeiten sind von den sonst infrage kommenden Passivposten, den Verbindlichkeiten und Rückstellungen für ungewisse Verbindlichkeiten, abzugrenzen.

Unterschied zu Verbindlichkeiten und Rückstellungen		
Verbindlichkeit	Rückstellung	Eventualverbindlichkeit
Bedingung, von der die Wirksamkeit des Schuldverhältnisses abhängt, ist		
eingetreten	nicht eingetreten, aber wahrscheinlich	nicht eingetreten und nicht wahrscheinlich, aber möglich

500 Sind die Voraussetzungen für Rückstellungen oder Verbindlichkeiten erfüllt, sind Rückstellungen oder Verbindlichkeiten auszuweisen. Dann entfällt der Vermerk. Bestehen andererseits Haftungsverhält-

---

[235] Hüttemann, GoB für Verbindlichkeiten, S. 23.

nisse der genannten Arten und ist mit einer Inanspruchnahme hieraus nicht oder noch nicht zu rechnen, so sind diese Eventualverbindlichkeiten „unter der Bilanz", also außerhalb des eigentlichen Bilanzschemas, zu vermerken. Das hat auch dann zu geschehen, wenn der Unternehmer gleichwertige Rückgriffsforderungen hat.
Die verschiedenen Eventualverbindlichkeiten dürfen in einem Betrag vermerkt werden. Sie können aber auch je nach Haftungsgrund gesondert angegeben werden.

4.4 Testfragen zu den Eventualverbindlichkeiten

Nr.	Frage	Rdn.
178.	Aus welchen Rechtsgeschäften entstehen Eventualverbindlichkeiten?	496
179.	Wo sind die Eventualverbindlichkeiten auszuweisen?	497
180.	Was sind Eventualverbindlichkeiten?	498
181.	Wie sind Eventualverbindlichkeiten von Verbindlichkeiten und Rückstellungen abzugrenzen?	499

I Gliederung der Bilanz

§ 247 Abs. 1 HGB
In der Bilanz sind das Anlage- und das Umlaufvermögen, das Eigenkapital, die Schulden sowie die Rechnungsabgrenzungsposten gesondert auszuweisen und hinreichend aufzugliedern.

1 Gesonderter Ausweis und hinreichende Aufgliederung

501 In § 247 Abs. 1 wird nur umrissen, welche Posten grundsätzlich in der Bilanz ausgewiesen werden. Die Vorschrift regelt also nicht die Gliederung. Ein Gliederungsschema wurde bewusst nicht in die für alle Kaufleute geltenden Vorschriften aufgenommen, weil die Entscheidung über die Gliederung dem Kaufmann vorbehalten bleiben soll.

502 Allgemein ist nur bestimmt: Die Bilanzposten sind
1. **gesondert auszuweisen** und
2. **hinreichend aufzugliedern.**

Was gesondert auszuweisen ist und wieweit aufzugliedern ist, ergibt sich aus den Grundsätzen ordnungsmäßiger Buchführung.

2 Grundsätze ordnungsmäßiger Buchführung für die Gliederung

2.1 Vollständigkeit

503 Nach dem Grundsatz der Vollständigkeit (→Rdn. 95 f.) müssen **alle** Vermögensgegenstände, Schulden und Rechnungsabgrenzungsposten

in der Bilanz ausgewiesen werden, die im Betriebsvermögen des Kaufmanns vorhanden sind).

2.2 Klarheit

Dabei sind nach dem Grundsatz der Klarheit (→Rdn. 88 ff.) die Posten ihrer Art nach eindeutig zu bezeichnen. Es darf also Nichtzusammengehöriges, d. h. der Art nach Verschiedenes, nicht in einem Posten ausgewiesen werden.
Ihrer Art nach wesensverschiedene Vermögensgegenstände, Schulden und sonstige Bilanzposten sind also voneinander abzugrenzen und unter besonderen Bilanzposten auszuweisen. Dann sind die Bilanzposten noch hinreichend aufzugliedern.

504

3 Mindestgliederung

Auf Grund der Grundsätze ordnungsmäßiger Buchführung ergibt sich nach den vorstehenden Ausführungen in diesem Kapitel folgende Mindestgliederung für die Bilanz.

505

Bilanzgliederung	
Aktiva	Passiva

A. Anlagevermögen
  I. Immaterielle Anlagegegenstände
  II. Materielle Anlagegegenstände
    1. Grundstücke, Gebäude und selbstständige unbewegliche Gebäudeteile
    2. Bewegliche Anlagegegenstände
    3. Anzahlungen
    4. Anlagen im Bau
  III. Finanzanlagen
	A. Eigenkapital
	B. Sonderposten mit Rücklageanteil
	C. Sonderposten aus der Währungsumstellung auf den Euro
	D. Rückstellungen
	E. Verbindlichkeiten
	F. Rechnungsabgrenzungsposten

B. Umlaufvermögen
  I. Vorräte
     1. Roh-, Hilfs- und Betriebsstoffe
     2. Unfertige Erzeugnisse
     3. Fertige Erzeugnisse
     4. Waren
     5. Anzahlungen
  II. Sonstige Umlaufgegenstände
     1. Forderungen aus Lieferungen und Leistungen
     2. Sonstige Forderungen
     3. Wertpapiere
     4. Bankguthaben
     5. Sonstige Vermögensgegenstände
C. Rechnungsabgrenzungsposten

4 Testfragen zur Bilanzgliederung

Nr.	Frage	Rdn.
182.	Nach welchen gesetzlichen Maßstäben ist die Bilanz grundsätzlich zu gliedern?	502
183.	Welche Grundsätze ordnungsmäßiger Buchführung sind für die Gliederung der Bilanz von Bedeutung?	503 f.
184.	Welche Posten sind mindestens in der Bilanz auszuweisen?	505

J Bewertung

1 Allgemeine Bewertungsgrundsätze

1.1 Formelle Bilanzkontinuität

§ 252 Abs. 1 Nr. 1 HGB
Die Wertansätze in der Eröffnungsbilanz des Geschäftsjahrs müssen mit denen der Schlussbilanz des vorhergehenden Geschäftsjahrs übereinstimmen.

Die Bilanz hat die Funktion, die einzelnen Posten der vorangegangenen Rechnungsperiode zu übernehmen und in die neue Rechnungsperiode zu überführen. Daher müssen die Posten der Bilanz, die eine Rechnungsperiode abschließt, identisch sein mit den entsprechenden Posten der Eröffnungsbilanz der folgenden Rechnungsperiode. Materiell handelt es sich um dieselbe Bilanz. Nur buchungstechnisch unterscheidet man eine **Schlussbilanz** und eine **Eröffnungsbilanz** beim Übergang von einer abgeschlossenen zu einer neu zu eröffnenden Periode.[236]

506

Das Gesetz schreibt also etwas vor, das sich aus der Funktion der Bilanz von selbst ergibt. Wird hiergegen verstoßen, kann die Bilanz nicht mehr ihre Aufgabe erfüllen, das Betriebsvermögen von Stichtag zu Stichtag zum Vergleich gegenüberzustellen.

- **Handelsrechtlich** spricht man hier von der formellen Bilanzkontinuität oder Bilanzidentität.
- **Steuerrechtlich** heißt der Vorgang Bilanzenzusammenhang.

---

[236] ADS, HGB § 225 Rdn. 9.

1.2 Going-Concern-Concept

§ 252 Abs. 1 Nr. 2 HGB
Bei der Bewertung ist von der Fortführung der Unternehmenstätigkeit auszugehen, sofern dem nicht tatsächliche oder rechtliche Gegebenheiten entgegenstehen.

507 Bei der Bewertung der Vermögensgegenstände ist davon auszugehen, dass das Unternehmen auch in Zukunft fortgeführt wird. Das ist das sog. Going-Concern-Concept. Dieser Grundsatz steht mit folgender Formulierung in Artikel 31 Abs. 1 Buchstabe a der 4. EG-Richtlinie: Solange erwartet werden kann, dass eine Unternehmung auf unbestimmte Zeit fortgeführt wird, ist der Jahresabschluss unter dieser Prämisse aufzustellen.

In die Jahresbilanz sind also, solange mit einer Fortführung des Unternehmens zu rechnen ist, **keine Liquidationswerte** einzustellen. **Bei der Bewertung wird somit eine dem steuerrechtlichen Teilwertgedanken** ähnliche Betrachtung zu Grunde gelegt. Es wird nicht eine ewige Dauer des Unternehmens unterstellt. Es genügt, wenn das Unternehmen auf unbestimmte Zeit fortgeführt wird.

Das Prinzip der Unternehmensfortführung ist so lange der Bewertung zu Grunde zu legen, wie tatsächliche oder rechtliche Gegebenheiten dem nicht entgegenstehen. Solche Gegebenheiten sind z. B. eine bevorstehende Liquidation des Unternehmens oder die Absicht der alsbaldigen Veräußerung des zu bewertenden Vermögensgegenstandes.[237]

1.3 Einzelbewertung

§ 252 Abs. 1 Nr. 3 HGB
Die Vermögensgegenstände und Schulden sind zum Abschlussstichtag einzeln zu bewerten.

508 Durch die Einzelbewertung der Vermögensgegenstände wird sichergestellt, dass notwendige Abschreibungen oder Wertabschläge nicht etwa deshalb unterbleiben, weil anderen Vermögensgegenständen ein höherer Wert beizulegen ist. Es wird also ein **Wertausgleich verhindert**. Allerdings findet bei der **Gruppenbewertung** (→Rdn. 42 ff.)

---

237 ADS, HGB § 225 Rdn. 23 ff.; Leffson, GoB, S. 187 f.

und der **Festbewertung** (→Rdn. 32 ff.) ein Ausgleich der Einzelwerte statt.[238]

Aus dem Grundsatz der Einzelbewertung ergibt sich die Unzulässigkeit der Verrechnung zwischen **ungleichartigen Bilanzposten.** Daher sind z. B. die abnutzbaren Anlagegegenstände von den nicht abnutzbaren Anlagegegenständen zu trennen. Da für ungleichartige Bilanzposten ungleiche Bewertungsgrundsätze gelten, würde eine Verrechnung zwischen den Bilanzposten die gesetzestreue Anwendung der Bewertungsvorschriften infrage stellen. 509

Werden **gleichartige Posten** nach unterschiedlichen Bewertungsregeln bewertet, z. B. nach unterschiedlichen Abschreibungsmethoden abgeschrieben, so dürfen auch sie nicht verrechnet werden. Sonst wäre die Einhaltung der unterschiedlichen Bewertungsverfahren nicht gesichert. 510

Allerdings können die im Wege der Einzelbewertung ermittelten Beträge in der Bilanz wieder in **Bilanzposten** zusammengefasst werden, wenn es sich um gleichartige Vermögensgegenstände handelt. 511

Der Grundsatz der Einzelbewertung beinhaltet auch die **einheitliche Bewertung.** Das bedeutet: Ein Vermögensgegenstand darf nicht in Teilbeträgen bewertet werden. Auf der anderen Seite verlangt der Grundsatz der Einzelbewertung aber nicht, dass der Vermögensgegenstand bei der Bewertung gedanklich aus dem betrieblichen Funktionszusammenhang gelöst wird. Solange ein Vermögensgegenstand seine Funktion im Betrieb erfüllt, ist sein Wert als Teil des gesamten lebenden Betriebs zu ermitteln. 512

Der Grundsatz der Einzelbewertung ergibt sich für das **Steuerrecht** aus dem Einleitungssatz von § 6 Abs. 1 EStG: „Für die Bewertung der einzelnen Wirtschaftsgüter ..." 513

1.4 Vorsichtige Bewertung

§ 252 Abs. 1 Nr. 4, 1. Halbsatz HGB
Es ist vorsichtig zu bewerten, namentlich sind alle vorhersehbaren Risiken und Verluste, die bis zum Abschlussstichtag entstanden sind, zu be-

---

238 ADS, HGB § 252 Rdn. 48 f., 58.

rücksichtigen, selbst wenn diese erst zwischen dem Abschlussstichtag und dem Tag der Aufstellung des Jahresabschlusses bekannt geworden sind.

514 Bei der Bewertung müssen die Bilanzansätze oft geschätzt werden. Geschieht das zu optimistisch, so werden die Werte zu hoch ausgewiesen. Das führt zu einer überhöhten Ausschüttung. Hierdurch werden dem Unternehmen Mittel entzogen, die eventuell zur Befriedigung der Gläubiger fehlen. Auf der anderen Seite dürfen aber auch solche Risiken nicht zum Ausgangspunkt der Bewertung gemacht werden, die nicht begründet sind oder nur in der Vorstellung des Bilanzierenden bestehen. Bei der Bewertung ist vielmehr auf die Würdigung eines ordentlichen Kaufmanns, auf eine vernünftige kaufmännische Beurteilung, abzustellen.[239]

515 Werden durch eine zu pessimistische Bewertung stille Reserven gelegt, so besteht die Gefahr, dass diese später willkürlich aufgedeckt werden, um Selbstfinanzierung zu betreiben.[240]

516 Der Grundsatz der vorsichtigen Bewertung ist vom Realisationsprinzip (→Rdn. 97 ff.) und vom Imparitätsprinzip (→Rdn. 110 ff.) abzugrenzen. Nur wenn diese Grundsätze nicht zum Zuge kommen, wird nach dem Vorsichtsprinzip bewertet.

517 Bei der Bewertung sind besonders zu berücksichtigen: Risiken und Verluste, die
- bis zum Abschlussstichtag entstanden sind,
- auch wenn sie erst bis zum Tag der Aufstellung des Jahresabschlusses bekannt geworden sind.

518 Die Risiken und Verluste beruhen auf Tatsachen. Es ist nach der Rechtsprechung des BFH[241] zu unterscheiden:

---

239 ADS, HGB § 252 Rdn. 65 ff.
240 Leffson, GoB, S. 84 ff., 465 ff.
241 BFH, Urt. v. 4.4.1973 I R 130/71, BStBl 1973 II S. 485.

Allgemeine Bewertungsgrundsätze J

Wertaufhellung	
Wertaufhellende Tatsachen	Wertbeeinflussende Tatsachen
Sie zeigen die für den Wert maßgebenden Verhältnisse so, wie sie am Bilanzstichtag objektiv bestanden	Sie verändern die für den Wert maßgebenden Verhältnisse
Bei der Bewertung zum Bilanzstichtag des abgelaufenen Geschäftsjahrs zu berücksichtigen	Bei der Bewertung erst zum folgenden Bilanzstichtag zu berücksichtigen

Fall

U hat gegen seinen Kunden K eine Forderung über 100.000 € zum Bilanzstichtag des Jahres 01. Am 20.3.02 meldet K Konkurs an. Am 25.6.02 stellt U seine Bilanz zum 31.12.01 auf.

a) K befand sich bereits am 31.12.01 in einer wirtschaftlich ausweglosen Lage.

b) K wurde zahlungsunfähig auf Grund von Umständen, die am Bilanzstichtag weder bestanden noch vorhersehbar waren.

Ist der Konkurs des K bei der Bewertung der Forderung des U zum 31.12.01 zu berücksichtigen?

Lösung

Im Fall a befand sich K bereits am Bilanzstichtag in einer Lage, die die Abschreibung der Forderung zu diesem Zeitpunkt rechtfertigte. Das war U aber zu diesem Zeitpunkt nicht bekannt. Durch den Konkurs des K wurde die Wertminderung der Forderung zum 31.12.01 offensichtlich. Es handelt sich daher um eine wertaufhellende Tatsache. Da sie zwischen Bilanzstichtag und Zeitpunkt der Bilanzaufstellung eingetreten ist, muss sie bei der Bewertung der Forderung zum 31.12.01 berücksichtigt werden.

Im Fall b handelt es sich um den Wert der Forderung beeinflussende Tatsachen. Sie traten erst nach dem Bilanzstichtag 31.12.01 ein. Sie wirken sich daher nicht auf den Wert zum 31.12.01 aus, können somit bei der Bewertung zu diesem Stichtag nicht berücksichtigt werden.

1.5 Berücksichtigung von Aufwendungen und Erträgen

§ 252 Abs. 1 Nr. 4, 2. Halbsatz, Nr. 5 HGB
Gewinne sind nur zu berücksichtigen, wenn sie am Abschlussstichtag realisiert sind.
Aufwendungen und Erträge des Geschäftsjahrs sind unabhängig von den Zeitpunkten der entsprechenden Zahlungen im Jahresabschluss zu berücksichtigen.

1.5.1 Gewinnausweis

519 Nach dem Gesetz rechnet es zu einer vorsichtigen Bewertung, wenn **Gewinne** erst nach ihrer Realisierung berücksichtigt werden. Das ist zwar Ausdruck eines Vorsichtsdenkens. Es beruht aber auf einem eigenständigen Grundsatz ordnungsmäßiger Buchführung, dem **Realisationsprinzip** (→Rdn. 97 ff.). Soweit es den Ausweis von Gewinnen, besser Erträgen, betrifft, sind sie nur dann in Rechnung zu stellen, wenn der Liefernde oder Leistende alles getan hat, wozu er vertraglich verpflichtet ist. Er muss also vertragsgemäß geliefert oder geleistet haben. Dann wird eine Forderung, bei Bargeschäften eine Kasseneinnahme, mit Gewinn ausgewiesen.

1.5.2 Erträge und Aufwendungen

520 Der Ausweis von **Erträgen** hängt nicht vom Zahlungseingang ab. Erträge sind vielmehr bereits zu berücksichtigen, wenn die betreffenden Forderungen entstanden sind, die Erträge also realisiert sind. Sind Einnahmen im abgelaufenen Geschäftsjahr erfolgt, die Erträge für eine bestimmte Zeit nach dem Bilanzstichtag sind, so ist ein Rechnungsabgrenzungsposten zu passivieren und über Ertrag in der betreffenden Zeit nach dem Bilanzstichtag aufzulösen (→Rdn. 407).

521 Der Ausweis von **Aufwendungen** hängt ebenfalls nicht davon ab, dass gezahlt worden ist. Wurde im abgelaufenen Wirtschafsjahr gezahlt oder ein Betrag für eine bestimmte Zeit nach dem Abschlussstichtag überwiesen, ist zum Abschlussstichtag ein Rechnungsabgrenzungsposten zu aktivieren, der nach dem Abschlussstichtag über Aufwand aufzulösen ist (→Rdn. 406). Aufwendungen sind im abgelaufenen Wirtschaftsjahr zu berücksichtigen, wenn eine sonstige Verbindlich-

keit (→Rdn. 404 f.) oder eine Rückstellung (→Rdn. 264 ff.) zu passivieren ist.

Anschaffungs- oder Herstellungskosten werden i. d. R. nicht bei ihrer Ausgabe als Aufwand behandelt. Bei abnutzbaren Anlagegegenständen werden sie aufwandsmäßig im Wege der planmäßigen Abschreibung auf die voraussichtliche Nutzungsdauer verteilt. Bei den abnutzbaren und nicht abnutzbaren Anlagegegenständen und den Umlaufgegenständen werden sie ganz oder teilweise Aufwand bei einer Abschreibung auf den niedrigeren Wert oder Teilwert. Schließlich werden die von ihnen als Buchwerte verbliebenen Beträge Aufwand beim Ausscheiden von Anlage- oder Umlaufgegenständen aus dem Betriebsvermögen.

1.6 Beibehaltung der Bewertungsmethoden

§ 252 Abs. 1 Nr. 6 HGB
Die auf den vorhergehenden Jahresabschluss angewandten Bewertungsmethoden sollen beibehalten werden.

Das Gebot, die **Bewertungsmethoden** von Jahresabschluss zu Jahresabschluss beizubehalten, beruht auf dem Grundsatz der Bewertungsstetigkeit. Der Jahreserfolg ist nicht nur als Messgröße des Geschäftsergebnisses eines Geschäftsjahrs bedeutsam. Der Kaufmann und die anderen Interessierten – Lieferanten, Banken und andere Geldgeber, Arbeitnehmer usw. – wollen auch wissen, ob und inwieweit der Geschäftserfolg des abgelaufenen Geschäftsjahrs von dem der früheren Geschäftsjahre abweicht. Es kommt den Interessierten darauf an, ob die Geschäftstätigkeit des Kaufmanns auf längere Sicht Erfolg oder Misserfolg zeitigt. Hiervon machen sie ihr weiteres geschäftliches Verhalten gegenüber dem Kaufmann abhängig.

Die Feststellung, ob und wie die Geschäftserfolge der einzelnen Geschäftsjahre voneinander abweichen, setzt einen **Vergleich** der Geschäftserfolge miteinander voraus. Vergleichen kann man aber Messgrößen nur dann miteinander, wenn sie nach gleichen Maßstäben ermittelt worden sind. Hieraus ergibt sich das Gebot der Bewertungsstetigkeit. Es verlangt die Einhaltung der gleichen Bewertungsgrundsätze von Bilanz zu Bilanz.[242]

525 Aus dieser sog. Grundsatzstetigkeit, im steuerlichen Schrifttum auch als **Bewertungszusammenhang** bezeichnet, ergibt sich, dass gleiche Tatbestände in aufeinander folgenden Jahresabschlüssen eines Unternehmens gleich zu behandeln sind. Die Abschlussgrundsätze und -methoden sollen auch dann beibehalten werden, wenn die Verhältnisse eines einzelnen Jahres es zweckmäßig erscheinen lassen, bestimmte Positionen in anderer Weise als in den Vorjahren zu bewerten. Nur wenn sachliche Gründe, die voraussichtlich auch in den Folgejahren gelten, für die Änderung eines Abschlussgrundsatzes sprechen, sollte die Stetigkeit durchbrochen werden. Das soll dann geschehen, wenn ohne die Änderung des Abschlussgrundsatzes der Jahresabschluss kein klares und richtiges Bild von der Lage und Entwicklung des Unternehmens geben würde.[243]

526 Im Regierungsentwurf war die Beibehaltung der Bewertungsmethoden als Mussvorschrift gefasst. In das HGB wurde sie als **Sollvorschrift** übernommen. Hierdurch ist es dem Kaufmann möglich, steuerrechtliche Bewertungswahlrechte, z. B. Sonderabschreibungen, von Jahr zu Jahr unterschiedlich auszuüben.[244] Der Kaufmann wird außerdem nicht gehindert, Bewertungsmethoden zu ändern. Das darf aber nach den Grundsätzen ordnungsmäßiger Buchführung nur geschehen, wenn andernfalls der Jahresabschluss kein klares und richtiges Bild von der Lage und Entwicklung des Unternehmens geben würde.

1.7 Testfragen zu den allgemeinen Bewertungsgrundsätzen

Nr.	Frage	Rdn.
185.	Was bedeutet „formelle Bilanzkontinuität" und welche anderen Bezeichnungen gibt es dafür?	506
186.	Welchen Inhalt hat das „Going-Concern-Concept"?	507

---

242 ADS, HGB § 252 Rdn. 103.
243 Leffson, GoB, S. 432 f., 437 ff.
244 Ausschussbericht, S. 100.

Nr.	Frage	Rdn.
187.	Was ergibt sich aus dem Grundsatz der „Einzelbewertung"?	508 ff.
188.	Was ergibt sich aus dem Vorsichtsgrundsatz für die Bewertung?	514 ff.
189.	Was bedeutet „Wertaufhellung"?	518
190.	Wann sind Aufwendungen und Erträge im Jahresabschluss zu berücksichtigen?	520 ff.
191.	Was bedeutet „Beibehaltung der Bewertungsmethoden"?	523 ff.

2 Bewertung der Vermögensgegenstände

2.1 Höchstwerte

2.1.1 Handelsbilanz

§ 253 Abs. 1 Satz 1 HGB
Vermögensgegenstände sind höchstens mit den Anschaffungs- oder Herstellungskosten, vermindert um Abschreibungen nach den Absätzen 2 und 3 anzusetzen.

Vermögensgegenstände, steuerrechtlich Wirtschaftsgüter, sind die Anlagegegenstände und die Umlaufgegenstände. Sie dürfen **handelsrechtlich** höchstens mit den Anschaffungs- oder Herstellungskosten, bei abnutzbaren Anlagegegenständen vermindert um Abschreibungen, angesetzt werden. 527

Sind die **Wiederbeschaffungskosten** höher als die Anschaffungs- oder Herstellungskosten, wird der Wertansatz der Höhe nach durch die Anschaffungs- oder Herstellungskosten beschränkt. Beim Ansatz mit den gegenüber den Anschaffungs- oder Herstellungskosten gestiegenen Wiederbeschaffungskosten würden Erträge ausgewiesen, die sich aus der allgemeinen wirtschaftlichen Lage ergäben und sich noch nicht durch ein Absatzgeschäft am Markt realisiert hätten. Das würde dem Realisationsprinzip (→Rdn. 97 ff.) widersprechen.[245] 528

---

245 Kropff, in: Geßler u. a., AktG § 149 Tz. 80.

529 Der Ansatz der Vermögensgegenstände unter Berücksichtigung der höheren Wiederbeschaffungskosten würde allerdings der **Substanzerhaltung** der Unternehmen dienen.

Beispiel

Ein Unternehmen hat für 100.000 € Waren eingekauft und hierfür 130.000 € erlöst. Der Rohgewinn beträgt also 30.000 €. Im nächsten Jahr sind die Preise um 10 % gestiegen. Will das Unternehmen im Jahr 02 die gleiche Warenmenge einkaufen und umsetzen, muss es beim Einkauf 10 % mehr aufwenden als im Jahr 01. Es muss also für 110.000 € Waren einkaufen. Es darf daher nicht den vollen Rohgewinn in Höhe von 30.000 € ausschütten, sondern es muss hiervon 10.000 € zum Ankauf neuer Waren zurückbehalten

Würde der Unternehmer die verkauften Waren mit den höheren Wiederbeschaffungskosten, also mit 110.000 €, ansetzen und damit den durch den Verkauf erzielten Erlösen von 130.000 € Aufwendungen in Gestalt des Wareneinsatzes in Höhe von 110.000 € gegenrechnen, so betrüge der Rohgewinn nur 20.000 €. Der Unternehmer hätte also nach der Ausschüttung den Betrag behalten, der zur Anschaffung derselben Warenmenge erforderlich ist. Dieses Ergebnis wird erreicht, wenn der Warenbestand zum 31.12.01 um 10.000 € **niedriger bewertet** wird.

530 Bei **abnutzbaren Anlagegegenständen** würde die Unternehmenssubstanz erhalten, wenn von den gestiegenen Wiederbeschaffungskosten abgeschrieben würde.

Beispiel

Ein Unternehmen hat im Jahr 01 eine Maschine für 100.000 € angeschafft, die eine Nutzungsdauer von 5 Jahren hat. Nach 5 Jahren wird die Maschine ausgesondert und eine neue Maschine gleicher Kapazität angeschafft. Wegen der gestiegenen Preise sind die Anschaffungskosten gegenüber denen der alten Maschine um 10 % auf 110.000 € gestiegen. Schreibt das Unternehmen in jedem Jahr der Nutzungsdauer 1/5 der Anschaffungskosten, also je 20.000 €, ab, so schüttet es in jedem Jahr 20.000 € weniger aus. Nach Ablauf der Nutzungsdauer hat es also 100.000 € für die Neuanschaffung „angespart". Wegen der gestiegenen Wiederbeschaffungskosten fehlen dem Unternehmen zum Ankauf der Maschine 10.000 €. Hätte es von den gestiegenen Wiederbeschaffungskosten abgeschrieben, stünden ihm jetzt wieder 110.000 € zur Verfügung.

Bereits bei der Beratung des Aktiengesetzes von 1965 im Wirtschafts- und Rechtsausschuss wurden Anträge abgelehnt, von den gestiegenen Wiederbeschaffungskosten abzuschreiben. Das würde sich in einem unübersehbaren Maß auf die Steuereinnahmen auswirken und habe unter Umständen preissteigernde Wirkung. Außerdem sei es unmöglich, die Wiederbeschaffungskosten hinreichend sicher zu ermitteln.[246] Bei den Beratungen des Bilanzrichtlinien-Gesetzes gab es in diesem Punkt keine Diskussionen mehr. Die Substanzerhaltung kann daher nicht durch Bewertung, sondern nur durch eine Substanzerhaltungsrücklage erreicht werden.

531

Vermögensgegenstände des Anlage- und des Umlaufvermögens, sind also **handelsrechtlich** höchstens mit den Anschaffungs- oder Herstellungskosten, vermindert um Abschreibungen anzusetzen (§ 253 Abs. 1 Satz 1 HGB).

532

2.1.2 Künftiges Handelsrecht

Nach einem Vorschlag der EU-Kommission sollen Unternehmen, die an einem geregelten Markt notiert sind, spätestens ab 2005 nach IAS[247] bilanzieren. Es soll ferner den Mitgliedstaaten freigestellt werden, die Anwendung der IAS auf Einzelabschlüsse auszudehnen. Es wird daher als konsequent angesehen, dass ab 2005 von allen Unternehmen nur noch nach IAS bilanziert wird.[248]

533

Als Vorteil der Bilanzierung nach IAS wird gesehen, dass der Gewinn periodengerecht ermittelt wird. Das Vorsichtsprinzip, das bei der Rechnungslegung nach HGB vorrangig ist, trete demgegenüber zurück. Die Anschaffungs- oder Herstellungskosten seien hiernach nicht Obergrenze der Bewertung. Handelsrechtlich ist durch diese Begrenzung als Ausfluss des Vorsichtsprinzips der ausschüttungsfähige Gewinn begrenzt. Das sei aber nicht zwingend erforderlich. Die Ausschüttbarkeit des auf einer die Anschaffungs- oder Herstellungskosten

---

246 Kropff, AktG S. 141 f.
247 International Accounting Standards.
248 Andreßen, R. DB 2001 S. 2561 ff. (2565).

übersteigenden Bewertung beruhenden Gewinns könne auch wie bei den Ingangsetzungsaufwendungen (→Rdn. 1147) und den aktiven latenten Steuern (→Rdn. 1154) durch eine Ausschüttungssperre verhindert werden.[249]

534 Sachanlagen und immaterielle Vermögenswerte können nach dem erstmaligen Ansatz angesetzt werden
- entweder zu ihren Anschaffungskosten abzüglich der kumulierten Abschreibungen (IAS 16.28, IAS 38.63)
- oder zu einem Neubewertungsbetrag, der seinem beizulegenden Zeitwert am Tage der Neubewertung abzüglich nachfolgender kumulierter planmäßiger Abschreibungen entspricht (IAS 16.29, IAS 38.64).

Bei der Bewertung nach der zweiten Alternative können diese Vermögensgegenstände also mit einem höheren Wert als den um die Abschreibungen geminderten Anschaffungskosten bewertet werden. Wird der Buchwert durch die Neubewertung erhöht, so wird die Erhöhung im Eigenkapital als Neubewertungsrücklage erfasst (IAS 16.37, IAS 38.76).

Beispiel

Die Herstellungskosten eines am 15.1.01 errichteten Betriebsgebäudes haben 900.000 € betragen. Es wird mit 3 % jährlich abgeschrieben. Zum Bilanzstichtag 31.12.05 erfolgt eine Neubewertung. Die bis dahin aufgelaufenen Abschreibungen haben betragen 900.000 € × 3 % × 5 = 135.000 €. Der Buchwert beträgt daher zum 31.12.05 900.000 € - 135.000 € = 765.000 €. Der Marktwert des Gebäudes zum 31.12.05 wird nach einem Bausachverständigengutachten auf 1.200.000 € geschätzt. Zum 31.12.05 ist zu buchen:

Gebäude	435.000 €
an Neubewertungsrücklage	435.000 €

535 Durch die Neubewertungsrücklage wird verhindert, dass in dieser Höhe Gewinn ausgeschüttet wird. Ausschüttungen können insoweit erst geschehen, als Zuführungen zur Gewinnrücklage erfolgen. Die gesamte Rücklage wird bei Stilllegung des Unternehmens oder bei der

---

[249] Lüdenbach, S. 36.

Veräußerung des Vermögensgegenstands realisiert. Ein Teil der Rücklage wird durch die Nutzung im Unternehmen realisiert. In diesem Fall ist die realisierte Rücklage die Differenz zwischen der Abschreibung auf den neu bewerteten Buchwert und der Abschreibung auf Basis der historischen Anschaffungs- oder Herstellungskosten (IAS 16.39, IAS 38.78).

Eine Abschreibung auf den auf der Neubewertung beruhenden Teil kommt erst in Betracht, wenn sich bei einer späteren Neubewertung eine Wertminderung ergibt. Eine Neubewertung erfolgt aber erst, wenn Buchwert und Zeitwert wesentlich voneinander abweichen (IAS 16.32, IAS 38.68). In der Praxis wird daher eine Abschreibung auf den durch Neubewertung beruhenden Teil nur selten erfolgen, sodass die Neubewertung i. d. R. kein neues Abschreibungsvolumen schafft. Diese Art der Bewertung kann nur dazu dienen, die Vermögenswerte mit den zeitnahen Werten auszuweisen. Sie wird daher vorwiegend zur Darstellung des zutreffenden Unternehmenswerts als Sicherheit für Kapitalgeber infrage kommen.

2.1.3 Steuerbilanz

§ 6 Abs. 1 Satz 1 Nr. 1 Satz 1, Nr. 2 Satz 1 EStG

Wirtschaftsgüter des Anlagevermögens, die der Abnutzung unterliegen, sind mit den Anschaffungs- oder Herstellungskosten oder dem an deren Stelle tretenden Wert, vermindert um die Absetzungen für Abnutzung, erhöhte Absetzungen, Sonderabschreibungen, Abzüge nach § 6b und ähnliche Abzüge, anzusetzen.

Andere ... Wirtschaftsgüter des Betriebs (Grund und Boden, Beteiligungen, Umlaufvermögen) sind mit den Anschaffungs- oder Herstellungskosten oder dem an deren Stelle tretenden Wert, vermindert um Abzüge nach § 6b und ähnliche Abzüge, anzusetzen.

Steuerrechtlich sind in Wirtschaftsjahren, die nach dem 31.12.1998 enden (§ 52 Abs. 16 Satz 2 EStG), die Anschaffungs- oder Herstellungskosten oder der an deren Stelle tretende Wert anzusetzen
- bei abnutzbaren Anlagegegenständen vermindert um Absetzungen für Abnutzung, erhöhte Absetzungen, Sonderabschreibungen, Abzüge nach § 6b EStG und ähnliche Abzüge (§ 6 Abs. 1 Nr. 1 Satz 1 EStG),

536

- bei nicht abnutzbaren Anlagegegenständen und allen anderen Wirtschaftsgütern vermindert um Abzüge nach § 6b EStG und ähnliche Abzüge (§ 6 Abs. 1 Nr. 2 Satz 1 EStG).

Steuerrechtlich tritt als Ausgangswert alternativ neben die Anschaffungs- oder Herstellungskosten der „an deren Stelle tretende Wert". Gemeint ist damit der Einlagewert oder der Wert anlässlich einer Betriebseröffnung oder einer Neubewertung (z. B. bei der Währungsreform 1948 oder der Wiedervereinigung 1990).[250]

2.1.4 Wertobergrenzen

537 Handelsrechtlich und steuerrechtlich bestehen also folgende Wertobergrenzen:

Wertobergrenzen		
Handelsrecht	Steuerrecht	
■ Anschaffungs- oder Herstellungskosten vermindert um	■ Anschaffungs- oder Herstellungskosten ■ der an deren Stelle tretende Wert vermindert um	
■ zwingende Abschreibungen	■ bei abnutzbaren Anlagegegenständen: Absetzungen für Abnutzung, erhöhte Absetzungen, Sonderabschreibungen, Abzüge nach § 6b EStG und ähnliche Abschreibungen	■ bei nicht abnutzbaren Anlagegegenständen und anderen Wirtschaftsgütern: Abzüge nach § 6b EStG und ähnliche Abschreibungen

2.2 Wertansätze

538 Die Anschaffungs- oder Herstellungskosten sind Höchst- und Ausgangswerte für die Bewertung. Steuerrechtlich tritt alternativ der „an deren Stelle tretende Wert" hinzu.

---

250 BT-Drucks. 14/443 S. 22.

- Bestehen **Abschreibungsgebote**, sind diese Ausgangswerte entsprechend zu mindern. Steuerrechtlich sind auf Grund des Bewertungsvorbehalts die Sonderbestimmungen für die Abschreibung zu beachten.
- Bestehen **Bewertungswahlrechte**, insbesondere Abschreibungswahlrechte,
  - können handelsrechtlich die niedrigeren Werte in Ausübung der Bewertungs- oder Abschreibungswahlrechte angesetzt werden.
  - Steuerrechtlich dürfen dann im Rahmen von erhöhten Abschreibungen, Sonderabschreibungen, Abzügen nach § 6b EStG und ähnlichen Abschreibungen die niedrigeren Werte angesetzt werden.

2.2.1 Abschreibungsgebote

Handelsrecht

Zwingende Abschreibungen (Abschreibungsgebote) sind **handelsrechtlich**: 539
- Für abnutzbare Anlagegegenstände die planmäßigen Abschreibungen nach § 253 Abs. 2 Satz 1 HGB,
- für abnutzbare und nicht abnutzbare Anlagegegenstände bei voraussichtlich dauernder Wertminderung die außerplanmäßige Abschreibung auf den niedrigeren Wert (§ 253 Abs. 2 Satz 3, zweiter Halbsatz HGB),
- für Umlaufgegenstände die Abschreibung auf den niedrigeren Wert, der sich aus einem Börsen- oder Marktpreis am Abschlussstichtag ergibt und, wenn sich ein solcher nicht feststellen lässt, auf den ihnen am Abschlussstichtag beizulegenden niedrigeren Wert (§ 253 Abs. 3 Satz 1 und 2 HGB).

Steuerrecht

Steuerrechtlich gibt es für die Bewertung der Vermögensgegenstände/Wirtschaftsgüter folgende Abschreibungsgebote: 540
- Allgemein sind abnutzbare Anlagegegenstände mit den Anschaffungs- oder Herstellungskosten, vermindert um Absetzungen für

Abnutzung nach § 7 EStG, anzusetzen (§ 6 Abs. 1 Satz 1 Nr. 1 Satz 1 EStG).
- Gebäude und selbstständige Gebäudeteile sind linear nach § 7 Abs. 4 EStG abzuschreiben.
- Geschäfts- oder Firmenwerte sind linear auf 15 Jahre abzuschreiben (§ 7 Abs. 1 Satz 3 EStG).
- Andere abnutzbare Anlagegegenstände sind linear nach ihrer betriebsgewöhnlichen Nutzungsdauer abzuschreiben (§ 7 Abs. 1 Satz 1 und 2 EStG).

541 Auf Grund gesetzlicher Vorschriften zur Buchführung verpflichtete und freiwillig Bücher führende Gewerbetreibende müssen für den Schluss des Wirtschaftsjahrs das Betriebsvermögen ansetzen, das nach den handelsrechtlichen Grundsätzen ordnungsmäßiger Buchführung auszuweisen ist (§ 5 Abs. 1 Satz 1 EStG). Für die Steuerbilanz sind also die Grundsätze ordnungsmäßiger Buchführung maßgeblich. Das gilt allgemein, also wie für die Bilanzierung (→Rdn. 156 ff.) so auch für die Bewertung.

Soweit handelsrechtliche Abschreibungsgebote bestehen, ist davon auszugehen, dass diese ebenso wie die Bilanzierungsgebote den Grundsätzen ordnungsmäßiger Buchführung entsprechen. Die in Rdn. 539 genannten Abschreibungsgebote sind daher auch in der Steuerbilanz zu beachten.

542 Steuerrechtlich sind aber nach dem Bewertungsvorbehalt gemäß § 5 Abs. 6 EStG die Vorschriften über die Bewertung und über die Absetzung für Abnutzung oder Substanzverringerung zu befolgen. Deshalb gelten steuerrechtlich die handelsrechtlichen Abschreibungsgebote nur insoweit, als steuerrechtliche Vorschriften nicht entgegenstehen. Daher sind die unter Rdn. 540 aufgeführten steuerlichen Sonderregelungen für die Abschreibungsgebote zu beachten.

2.2.2 Abschreibungswahlrechte und sonstige Bewertungswahlrechte

Handelsrecht

Handelsrechtliche Abschreibungswahlrechte sind:
- für abnutzbare und nicht abnutzbare **Anlagegegenstände** bei vorübergehender Wertminderung die außerplanmäßige Abschreibung auf den niedrigeren Wert (§ 253 Abs. 2 Satz 3, erster Halbsatz HGB), für Kapitalgesellschaften nur bei Finanzanlagen zulässig (§ 279 Abs. 1 Satz 2 HGB),
- für **Umlaufgegenstände** nach vernünftiger kaufmännischer Beurteilung notwendige Abschreibungen, um zu verhindern, dass ihr Wertansatz in der nächsten Zukunft auf Grund von Wertschwankungen geändert werden muss (§ 253 Abs. 3 Satz 3 HGB),
- für **Anlagegegenstände** und **Umlaufgegenstände** weitere Abschreibungen im Rahmen vernünftiger kaufmännischer Beurteilung (§ 253 Abs. 4 HGB); diese Abschreibung ist für Kapitalgesellschaften nicht zulässig (§ 279 Abs. 1 Satz 1 HGB).
- für **Anlagegegenstände** und **Umlaufgegenstände** Abschreibung auf den niedrigeren Wert, der auf einer nur steuerrechtlich zulässigen Abschreibung beruht (§ 254 HGB); für Kapitalgesellschaften nur insoweit zulässig, als das Steuerrecht die Anerkennung dieser Abschreibung bei der steuerrechtlichen Gewinnermittlung davon abhängig macht, dass sich diese Abschreibung aus der Handelsbilanz ergibt (§ 279 Abs. 2 HGB).

Steuerrecht

Steuerrechtlich gibt es folgende Abschreibungswahlrechte:
- Abschreibung der Anlagegegenstände und der Umlaufgegenstände auf den **niedrigeren** Teilwert (§ 6 Abs. 1 Satz 1 Nr. 1 und 2 EStG); durch das Steuerentlastungsgesetz 1999/2000/2002 kann mit Wirkung ab 1999 ein niedriger Teilwert nur noch angesetzt werden, wenn die Wertminderung voraussichtlich von Dauer ist;

- Absetzungen für außergewöhnliche technische oder wirtschaftliche Abnutzung bei abnutzbaren Anlagegegenständen (§ 7 Abs. 1 Satz 6 EStG);
- Abschreibung nach Maßgabe der Leistung bei beweglichen Anlagegegenständen (§ 7 Abs. 1 Satz 4 EStG);
- degressive Abschreibung der beweglichen Anlagegegenstände mit der Möglichkeit des Übergangs zur linearen Abschreibung (§ 7 Abs. 2 und 3 EStG);
- degressive Abschreibung bestimmter Gebäude und Gebäudeteile mit bestimmten festen Sätzen (§ 7 Abs. 5 und 5a EStG);
- steuerrechtlich besonders geregelte **erhöhte Absetzungen** und **Sonderabschreibungen**.

Daneben gibt es steuerrechtlich noch weitere **Bewertungswahlrechte**, z. B. das Wahlrecht, einen Zuschuss bei der Anschaffung oder Herstellung eines Anlagegegenstands erfolgsneutral oder als zusätzliche Anschaffungskosten zu behandeln.[251]

545 Die Ausübung der Abschreibungswahlrechte und der sonstigen Bewertungswahlrechte in der Steuerbilanz hängt von einer **gleich lautenden Bewertung in der Handelsbilanz** ab (§ 5 Abs. 1 Satz 2 EStG). Das bedeutet aber nicht, dass in jedem Fall die handelsrechtliche Bewertung steuerrechtlich maßgebend ist. Für die Bewertung gilt steuerrechtlich der Vorbehalt von § 5 Abs. 6 EStG. Hieran hat sich durch § 5 Abs. 1 Satz 2 EStG nichts geändert. Diese Vorschrift betrifft den Fall, dass nach Handels- und Steuerrecht ein inhaltsgleiches Bilanzierungs- bzw. Bewertungswahlrecht besteht.

2.2.3 Beibehaltung des niedrigeren Werts/Zuschreibung auf den höheren Wert

Handelsrecht

546 Handelsrechtlich darf nach einer Abschreibung nach § 253 Abs. 2 Satz 3, Abs. 3 oder 4 und nach § 254 Satz 1 HGB ein niedrigerer Wertansatz beibehalten werden, auch wenn die Gründe dafür nicht mehr bestehen (§ 253 Abs. 5, § 254 Satz 2 HGB). Es besteht also handelsrechtlich ein **Beibehaltungswahlrecht**.

---

251 R 34 Abs. 2 EStR.

Das Beibehaltungswahlrecht umfasst gleichzeitig ein **Zuschreibungswahlrecht** auf den höheren Wert oder auf einen Zwischenwert. **Kapitalgesellschaften** müssen aber grundsätzlich Anlagegegenstände nach einer außerplanmäßigen Abschreibung, Umlaufgegenstände nach einer Abschreibung auf den niedrigeren Wert und Anlagegegenstände und Umlaufgegenstände auch nach einer steuerrechtlichen Abschreibung auf den höheren Wert unter Berücksichtigung inzwischen vorzunehmender Abschreibungen zuschreiben, wenn die Gründe für die Abschreibung in einem späteren Geschäftsjahr nicht mehr bestehen. Davon können sie aber absehen, wenn der niedrigere Wertansatz bei der steuerrechtlichen Gewinnermittlung beibehalten werden kann und hierfür Voraussetzung ist, dass auch in der handelsrechtlichen Bilanz der niedrigere Wertansatz beibehalten wird (§ 280 HGB).

547

Steuerrecht

Steuerrechtlich durfte in den **Wirtschaftsjahren, die vor dem 1.1.1999 endeten**, der höhere Teilwert angesetzt werden, höchstens aber die Anschaffungs- oder Herstellungskosten oder der nach § 6 Abs. 1 Nr. 5 oder 6 an ihre Stelle tretende Wert, bei abnutzbaren Anlagegegenständen vermindert um die Absetzungen für Abnutzung nach § 7 (§ 6 Abs. 1 Nr. 1 Satz 4, Nr. 2 Satz 3 EStG a. F.).
Der höhere Teilwert darf angesetzt werden bedeutet, der niedrigere Teilwert darf auch beibehalten bleiben. Es bestand daher bis einschließlich 1998 steuerrechtlich ein Beibehaltungs- und Zuschreibungswahlrecht.

548

Dieses Beibehaltungs-/Zuschreibungswahlrecht wurde mit Wirkung **ab 1.1.1999** durch das Steuerentlastungsgesetz 1999/2000/2002 aufgehoben. Steuerrechtlich gilt daher ab dem Veranlagungszeitraum 1999 ein Wertaufholungsgebot bzw. Zuschreibungsgebot in den Fällen, in denen in der Vergangenheit Teilwertabschreibungen wegen Wertminderungen vorgenommen worden sind und bei denen die Wertminderung inzwischen ganz oder teilweise entfallen ist oder Teilwertabschreibungen deshalb nicht mehr begründet sind, weil es sich nicht um eine voraussichtlich dauernde Wertminderung handelt (§ 6 Abs. 1 Nr. 1 Satz 4, Nr. 2 Satz 3 EStG).

549

550 Höchstwert für die Zuschreibungen sind die Anschaffungs- oder Herstellungskosten oder der bei einer Einlage, Betriebseröffnung oder einer Neubewertung an deren Stelle tretende Wert, vermindert um die Absetzungen für Abnutzung, erhöhte Absetzungen, Sonderabschreibungen, Abzüge nach § 6b EStG und ähnliche Abzüge (→Rdn. 537).

551 Soweit am 1.1.1999 noch Wirtschaftsgüter vorhanden waren, auf die in früheren Wirtschaftsjahren nach damals geltendem Recht Teilwertabschreibungen vorgenommen worden sind, die aber auf Grund des Steuerentlastungsgesetzes 1999/2000/ 2002 nicht mehr zulässig waren, mussten auch diese Teilwertabschreibungen in der Bilanz des nach dem 31.12.1998 endenden Wirtschaftsjahrs durch Zuschreibungen rückgängig gemacht werden.[252]

2.2.4 Übersicht über die Wertansätze

552

Wertansätze	
Handelsbilanz	Steuerbilanz
Höchstwerte, zugleich Ausgangswerte für die Bewertung:	
■ Anschaffungs- oder Herstellungskosten	■ Anschaffungs- oder Herstellungskosten ■ der an deren Stelle tretende Wert
vermindert um zwingende Abschreibungen (Gebot)	
■ Planmäßige Abschreibung der abnutzbaren Anlagegenstände (Gebot) Die planmäßige Abschreibung schließt auch die Abschreibung nach Maßgabe der Leistung und die degressive Abschreibung ein.	Absetzung für Abnutzung der abnutzbaren Anlagegenstände: ■ Gebäude und Gebäudeteile linear nach § 7 Abs. 4 EStG (Gebot), degressiv nach § 7 Abs. 5 EStG (Wahlrecht) ■ Geschäfts- und Firmenwerte linear nach § 7 Abs. 1 Satz 3 EStG (Gebot) ■ Andere Anlagegenstände: linear nach § 7 Abs. 1 Satz 1 und 2 EStG (Gebot) ■ Bewegliche Anlagegenstände nach Maßgabe der Leistung nach § 7 Abs. 1 Satz 4 EStG (Wahlrecht)

---

252 S. Rdn. 968 ff.

Wertansätze	
Handelsbilanz	Steuerbilanz
	■ Bewegliche Anlagegegenstände degressiv nach § 7 Abs. 2 und 3 EStG (Wahlrecht) Bei Wahlrechten ist § 5 Abs. 1 Satz 2 EStG zu beachten.
Außerplanmäßige Abschreibung der Vermögensgegenstände des Anlagevermögens auf den niedrigeren Wert ■ bei voraussichtlich dauernder Wertminderung: Gebot ■ bei vorübergehender Wertminderung: Wahlrecht.	■ Abnutzbare Anlagegegenstände: Absetzung für außergewöhnliche technische oder wirtschaftliche Abnutzung (Wahlrecht) ■ Abnutzbare und nicht abnutzbare Anlagegegenstände: Teilwertabschreibung (Wahlrecht). Mit Wirkung ab 1999 nur bei einer voraussichtlich dauernden Wertminderung. Bei voraussichtlich dauernder Wertminderung wandelt das handelsrechtliche Abschreibungsgebot die Wahlrechte in der Steuerbilanz in Abschreibungsgebote um. Bei vorübergehender Wertminderung (bis einschließlich Veranlagungszeitraum 1998) ist § 5 Abs. 1 Satz 2 EStG zu beachten.
■ Vermögensgegenstände des Umlaufvermögens: Abschreibung auf den niedrigeren Wert, der sich aus einem Börsen- oder Marktpreis ergibt oder auf den niedrigeren Stichtagswert ergibt (Gebot).	■ Wirtschaftsgüter des Umlaufvermögens: Abschreibung auf den niedrigeren Teilwert (Wahlrecht). Mit Wirkung ab 1999 nur bei voraussichtlich dauernder Wertminderung. Das handelsrechtliche Abschreibungsgebot wandelt das steuerliche Wahlrecht in ein Gebot um; ab 1999 auf Grund des Bewertungsvorbehalts von § 5 Abs. 6 EStG aber nur bei voraussichtlich dauernder Wertminderung.
■ Für Umlaufgegenstände nach vernünftiger kaufmännischer Beurteilung notwendige Abschreibungen um zu verhindern, dass ihr Wertansatz in der nächsten Zukunft auf Grund von Wertschwankungen geändert werden muss (Wahlrecht).	■ Für Umlaufgegenstände Abschreibung auf den niedrigeren Teilwert, wenn dem der handelsrechtliche Wert entspricht (Wahlrecht). Mit Wirkung ab 1999 nur bei einer voraussichtlich dauernden Wertminde-

Wertansätze

Handelsbilanz	Steuerbilanz
	rung. Das wird in der Praxis kaum vorkommen. § 5 Abs. 1 Satz 2 EStG ist zu beachten.
■ Für Anlagegegenstände und Umlaufgegenstände weitere Abschreibungen im Rahmen vernünftiger kaufmännischer Beurteilung (Wahlrecht) ■ Für Anlagegegenstände und Umlaufgegenstände steuerrechtlich zulässige Abschreibung (Wahlrecht).	■ Teilwert entspricht nicht dem handelsrechtlichen Abschreibungswahlrecht. Daher in der Steuerbilanz nicht zu beachten. ■ Steuerrechtlich besonders geregelte erhöhte Absetzung oder Sonderabschreibung. § 5 Abs. 1 Satz 2 EStG ist zu beachten.
■ Höherer Wert bei Anlagegegenständen und Umlaufgegenständen (Wahlrecht). ■ Beibehaltung des niedrigeren Wertes (Wahlrecht).	■ Höherer Teilwert bei Anlagegegenständen und Umlaufgegenständen (Wahlrecht). ■ Beibehaltung des niedrigeren Teilwerts (Wahlrecht). Letztmals in dem vor dem 1.1.1999 endenden Wirtschaftsjahr. § 5 Abs. 1 Satz 2 EStG ist zu beachten.
■ Zuschreibung auf den höheren Wert oder auf einen Zwischenwert, höchstens bis zu den Anschaffungs- oder Herstellungskosten abzüglich zwingender Abschreibungen.	■ Zuschreibung auf den höheren Teilwert, höchstens bis zu den Anschaffungs- oder Herstellungskosten oder dem nach § 6 Abs. 2 Nr. 5 oder 6 EStG an deren Stelle tretenden Wert, vermindert um die Absetzungen für Abnutzung nach § 7 EStG, Sonderabschreibungen, Abzüge nach § 6b EStG und ähnliche Abzüge (Höchstwert). Bis einschließlich dem vor dem 1.1.1999 endenden Wirtschaftsjahr Zuschreibungswahlrecht, auch auf einen Zwischenwert. ■ In nach dem 31.12.1998 endenden Wirtschaftsjahren Zuschreibungsgebot auf den vorstehend genannten Höchstwert.

2.3 Anschaffungskosten

§ 255 Abs. 1 HGB
Anschaffungskosten sind die Aufwendungen, die geleistet werden, um einen Vermögensgegenstand zu erwerben und ihn in einen betriebsbereiten Zustand zu versetzen, soweit sie dem Vermögensgegenstand einzeln zugeordnet werden können. Zu den Anschaffungskosten gehören auch die Nebenkosten sowie die nachträglichen Anschaffungskosten. Anschaffungspreisminderungen sind abzusetzen.

2.3.1 Begriff

Anschaffung ist
- Erwerb und
- Versetzung des erworbenen Vermögensgegenstandes in einen betriebsbereiten Zustand.

553

Zu den Anschaffungskosten gehören alle Aufwendungen, die geleistet werden, um den Vermögensgegenstand zu erwerben und ihn in den betriebsbereiten Zustand zu versetzen. Hierzu gehören aber nur die Einzelkosten, die hierzu aufgewendet werden. Auch die Nebenkosten und die nachträglichen Anschaffungskosten rechnen zu den Anschaffungskosten. Die Anschaffungspreisminderungen werden von den Anschaffungskosten abgezogen.

554

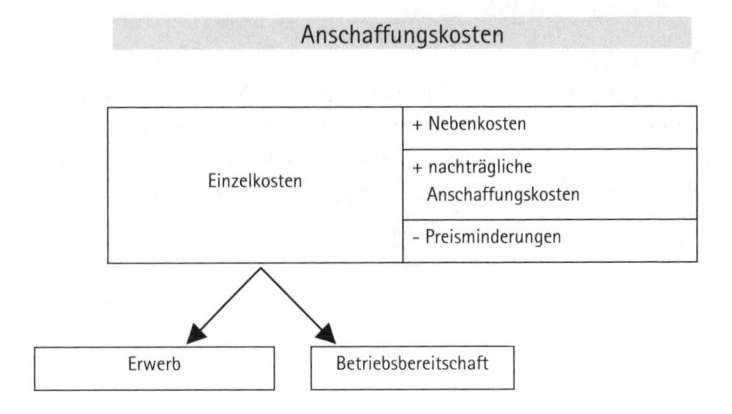

```
                    Anschaffungskosten

          ┌─────────────┬──────────────────────────┐
          │             │  + Nebenkosten           │
          │ Einzelkosten│  + nachträgliche         │
          │             │    Anschaffungskosten    │
          │             │  - Preisminderungen      │
          └─────────────┴──────────────────────────┘
                ↙                    ↘
          ┌─────────┐         ┌──────────────────┐
          │ Erwerb  │         │ Betriebsbereitschaft │
          └─────────┘         └──────────────────┘
```

555 Begriff und Umfang der Anschaffungskosten nach § 255 Abs. 1 HGB sind auch steuerrechtlich maßgebend.[253]

2.3.2 Anschaffungspreis

556 Anschaffungspreis ist der Betrag, der aufzuwenden ist, um die Verfügungsgewalt über den Vermögensgegenstand zu erhalten. Es ist im Regelfall der **Rechnungspreis**.

2.3.3 Gesamtpreis

557 Wird für mehrere Vermögensgegenstände ein **Gesamtanschaffungspreis** gezahlt, ist dieser nach dem Grundsatz der Einzelbewertung (→Rdn. 508 ff.) auf die einzelnen Vermögensgegenstände zu verteilen.

Beispiel

Unternehmer U kauft von E ein Grundstück mit aufstehendem Gebäude. Der Grund und Boden ist ein nicht abnutzbarer Anlagegegenstand. Das Gebäude ist ein abnutzbarer Anlagegegenstand. Beide Anlagegegenstände sind daher einzeln zu bewerten.

---

253 H 32a (Anschaffungskosten) EStH.

Wird der Kaufpreis im Kaufvertrag bereits auf Grund und Boden und Gebäude aufgeteilt, ist dieser Aufteilung grundsätzlich zu folgen. Sie ist aber nur dann maßgebend, wenn sie wirtschaftlich vernünftig und nicht willkürlich erscheint. Ist das nicht der Fall, haben sich die Parteien nur scheinbar auf einen Kaufpreis für Grund und Boden und Gebäude geeinigt. In Wahrheit haben sie sich nur über einen Gesamtpreis für beide Vermögensgegenstände verständigt.[254] Der Gesamtpreis ist dann steuerrechtlich auf die Vermögensgegenstände nach dem Verhältnis ihrer Teilwerte (→Rdn. 765 ff.) zu verteilen. Diese stimmten praktisch mit den Zeitwerten überein[255], sodass auch handelsrechtlich dieser Maßstab zu Grunde gelegt werden kann.

In der Regel besteht ein betriebliches Gebäude aus verschiedenen Gebäudeteilen, von denen jeder ein besonderes Wirtschaftsgut ist. Die auf das Gebäude entfallenden Anschaffungskosten sind daher noch auf die einzelnen selbstständigen Gebäudeteile zu verteilen.

Soweit der Gesamtanschaffungspreis die Summe der Teilwerte der erworbenen Vermögensgegenstände beim Erwerb eines Unternehmens im Ganzen übersteigt, kommt die Aktivierung eines Geschäfts- oder Firmenwerts infrage (→Rdn. 474).

2.3.4 Fremde Währung

Anschaffungspreise in **fremder Währung** sind in Euro umzurechnen. Maßgebend ist der Wechselkurs im Anschaffungszeitpunkt.[256]

558

2.3.5 Retrograde Ermittlung

Waren werden mit ihren Verkaufspreisen ausgezeichnet. Bei der Warenbestandsaufnahme sind die Einstandspreise nicht erkennbar. Daher werden ihre Anschaffungskosten retrograd ermittelt, indem von den ausgezeichneten Preisen die Handelsspanne abgezogen wird (→Rdn. 846 ff.).

559

Dieses Verfahren ist nach den Verwaltungsanweisungen nicht zu beanstanden. Sind am Bilanzstichtag Preise bereits herabgesetzt, darf

---

254 Ellrott/Schmidt-Wendt in: Beck Bil-Komm. § 255 Rdn. 80.
255 Ellrott/Schmidt-Wendt in: Beck Bil-Komm. § 255 Rdn. 82.
256 H 32a (Ausländische Währung) EStH.

nicht von der ursprünglich kalkulierten Handelsspanne, sondern nur von dem verbleibenden Verkaufsaufschlag ausgegangen werden.[257]

2.3.6 Vorsteuer

Keine Anschaffungskosten

560 Wird bei der Anschaffung Vorsteuer in Rechnung gestellt, gehört sie insoweit nicht zu den Anschaffungskosten, als sie bei der Umsatzsteuer abgezogen werden kann (§ 9b Abs. 1 EStG). Unternehmer können die ihnen für Lieferungen oder sonstige Leistungen anderer Unternehmer an sie in Rechnung gestellten und gesondert ausgewiesenen Umsatzsteuerbeträge als Vorsteuern abziehen (§ 15 Abs. 1 Nr. 1 UStG).

Beispiel

U hat auf seinem betrieblichen Grundstück am 15.12.1997 ein Betriebsgebäude errichtet. Der Zeitpunkt der Ausführungen der Bauleistungen lag also vor dem 1.4.1998, dem Zeitpunkt, an dem der Umsatzsteuersatz von 15 % auf 16 % erhöht worden ist. Der Bauunternehmer und die Bauhandwerker stellten insgesamt in Rechnung: 900.000 DM zuzüglich 15 % Umsatzsteuer (900.000 DM × 15 % = 135.000 DM). U zog die in Rechnung gestellten Umsatzsteuerbeträge als Vorsteuern ab. Am 20.12.2000 verkaufte er das Grundstück an den Unternehmer K für 800.000 € (1.564.664 DM), wovon 600.000 € (1.173.498 DM) auf das Gebäude und 200.000 € (391.166 DM) auf den Grund und Boden entfielen. K verwendet das Grundstück ebenfalls als Betriebsgrundstück. U und K haben bereits ab 1.1.1999 ihre Buchführung auf Euro umgestellt.

Da U das Gebäude für Zwecke seines Unternehmens verwendete, konnte er die bei der Errichtung des Gebäudes in Rechnung gestellten Umsatzsteuerbeträge als Vorsteuern abziehen. Sie gehörten daher nicht zu den Anschaffungs- oder Herstellungskosten der Lieferungen und der sonstigen Leistungen, die der Bauunternehmer und die übrigen Bauhandwerker an ihn ausgeführt haben.

---

257 H 32a (Waren) EStH.

Vorsteuerberichtigung

Wird ein gelieferter Gegenstand für steuerfreie Umsätze verwendet, so ist die für die Anlieferung dieses Gegenstands in Rechnung gestellte Umsatzsteuer vom Vorsteuerabzug ausgeschlossen (§ 15 Abs. 2 Nr. 1 UStG). Handelt es sich dabei um ein Grundstück und wird es innerhalb von 10 Jahren seit dem Beginn seiner Verwendung für einen steuerfreien Umsatz verwendet, so ist der **Vorsteuerabzug zu berichtigen** (§ 15a Abs. 1 UStG).

561

Grundstücksverkäufe fallen unter das Grunderwerbsteuergesetz und sind daher umsatzsteuerfrei (§ 4 Abs. 9a UStG). Durch den Verkauf hat U daher das Grundstück für einen steuerfreien Umsatz verwendet. Hierbei ist zwischen zwei Zeitpunkten zu unterscheiden:
- Beginn der Verwendung und
- Verwendung für einen steuerfreien Umsatz.

562

„Beginn der Verwendung" war hier der Beginn der Nutzung nach der Lieferung oder der Leistung, für die der Vorsteuerabzug in Anspruch genommen worden ist, also der 15.12.1997.
Vorsteuer ist hier nur bei der Errichtung des Gebäudes angefallen. Sollte der Vorsteuerabzug für U erhalten bleiben, durfte er das Gebäude vom 15.12.1997 an gerechnet 10 Jahre lang, also bis zum 14.12.2007, nicht für steuerfreie Umsätze verwenden. Ab dem Zeitpunkt der Veräußerung an K (20.12.2000) bis zum 14.12.2007 hat U also das Gebäude für Umsätze verwendet, die den Vorsteuerabzug ausschließen.[258] Für jedes Kalenderjahr ist 1/10 der Vorsteuer zurückzuzahlen (§ 15a Abs. 2 UStG). Der Zeitraum vom 20.12.2000 bis zum 14.12.2007 umfasst 7 Kalenderjahre. U hat daher den Vorsteuerabzug um 7/10 von 135.000 DM = 94.500 DM (48.317 €) mindernd zu berichtigen.

Wird der Vorsteuerabzug berichtigt, so ändern sich hierdurch nicht die Anschaffungs- oder Herstellungskosten. Die Minderungsbeträge sind Betriebsausgaben (§ 9b Abs. 2 EStG).

563

Vermeidung der Vorsteuerberichtigung

Die Vorsteuerberichtigung kann aber auch vermieden werden. Zu diesem Zweck muss Unternehmer U in dem Beispiel bei Rdn. 560 auf

564

---

258 Abschnitt 215 Abs. 1 UStR.

die Umsatzsteuerbefreiung für seinen Umsatz an K verzichten. Diese Möglichkeit hat er nach § 9 Abs. 1 UStG, weil es sich um einen steuerfreien Umsatz nach § 4 Nr. 9a UStG an einen Unternehmer für dessen Unternehmen handelt. U stellt daher dem K die Umsatzsteuer in Rechnung. K kann die Umsatzsteuer gemäß § 15 Abs. 1 UStG als Vorsteuer abziehen. Dem K entsteht also dadurch, dass U ihm die Umsatzsteuer in Rechnung stellt, kein Nachteil.

Da nur bei Errichtung des Gebäudes Vorsteuer angefallen ist, braucht U nur insoweit auf die Umsatzsteuerbefreiung für den Umsatz an K zu verzichten. Für die Lieferung des Gebäudes stellt U dem K also Umsatzsteuer in Rechnung. Hinsichtlich des Grund und Bodens führt U an K eine nach § 4 Nr. 9 Buchst. a UStG umsatzsteuerfreie Lieferung aus.

Zivilrechtlich kann zwar ein Gebäude als wesentlicher Bestandteil des Grund und Bodens, auf dem es errichtet worden ist, nicht Gegenstand besonderer Rechte sein. Umsatzsteuerrechtlich kann aber ein Gebäude als solches geliefert werden. Es können sogar Teile des Gebäudes, z. B. Stockwerke, Gegenstand einer Lieferung i. S. des Umsatzsteuerrechts sein.

Grunderwerbsteuer

565 Der Verkauf des Grundstücks an K ist grunderwerbsteuerpflichtig. Verzichtet U auf die Umsatzsteuerbefreiung und stellt er die Umsatzsteuer dem K gesondert in Rechnung, so gehört die Umsatzsteuer zur Bemessungsgrundlage für die Grunderwerbsteuer.[259]

Da U nur hinsichtlich der auf die Errichtung des Gebäudes entfallenden Umsatzsteuer auf die Steuerbefreiung verzichtet, gehört die Umsatzsteuer nur insoweit zur Bemessungsgrundlage für die Grunderwerbsteuer. Der auf die Veräußerung des Grund und Bodens entfallende Teil der Grunderwerbsteuer wird daher nicht durch die Umsatzsteuer beeinflusst.

566 Um zusätzliche Berechnungen wegen der wechselseitigen Abhängigkeit der Bemessungsgrundlagen für die Grunderwerbsteuer und die Umsatzsteuer zu vermeiden, ist die Umsatzsteuer nur insoweit der grunderwerbsteuerlichen Gegenleistung hinzuzurechnen, als sie in

---

259 BFH, Urt. v. 18.10.1972 II R 124/69, BStBl 1973 II S. 126.

ihrer Höhe noch nicht durch die Grunderwerbsteuer beeinflusst worden ist.[260]

Beispiel

Die Grunderwerbsteuer beträgt also im vorstehenden Beispiel (→Rdn. 560):

Kaufpreis (soweit er auf das Gebäude entfällt)	600.000 €
Umsatzsteuer 16 % x 600.000 €	96.000 €
Bemessungsgrundlage für die Grunderwerbsteuer	696.000 €
Grunderwerbsteuer 696.000 x 3,5 %	24.360 €

Die Grunderwerbsteuer wird von beiden Kaufvertragsparteien geschuldet. In der Regel wird vereinbart, dass der Käufer die Grunderwerbsteuer tragen soll. Das wäre hier K. Soweit er den auf U als Verkäufer entfallenden Anteil zahlt, handelt es sich um zusätzliches Entgelt.[261]

567

Der auf U als Verkäufer entfallende und vom Käufer getragene Grunderwerbsteueranteil ist aber nur insoweit der Umsatzsteuer als zusätzliche Gegenleistung des Käufers zu unterwerfen, als er noch nicht durch die Umsatzsteuer beeinflusst worden ist.[262] Im vorstehenden Beispiel beträgt daher die Umsatzsteuer für den Verkauf des Gebäudes an K:

Kaufpreis	600.000 €
Vom Verkäufer geschuldete und vom Käufer als zusätzliches Entgelt getragene Grunderwerbsteuer 600.000 € x 1,75 %	10.500 €
Bemessungsgrundlage für die Umsatzsteuer	610.500 €
Umsatzsteuer 610.500 € x 16 %	97.680 €

---

260 FinMin. Niedersachsen, Erlass vom 6.6.1984 – S 4521 – 32 – 323 (im Einvernehmen mit den obersten Finanzbehörden der anderen Bundesländer), StLex Teil II, 14, 8–10, Nr. 1004.
261 BFH, Urt. v. 10.7.1980 V R 23/77, BStBl 1980 II S. 620.
262 Abschnitt 149 Abs. 7 Sätze 4 und 5 UStR.

2.3.7 Erwerb

Erlangung der Verfügungsgewalt

568 Bei einem **Erwerb** wird ein Vermögensgegenstand aus einem fremden in den eigenen Verfügungsbereich gebracht. Der Vermögensgegenstand existiert bereits vor dem Erwerb. Er wird so in den eigenen Verfügungsbereich gebracht, dass der Erwerber darüber als Eigentümer verfügen kann.
Entscheidend ist die Erlangung der Verfügungsgewalt. Das ist der Zeitpunkt, in dem das wirtschaftliche Eigentum i. S. des Steuerrechts übergeht. Auf die Bezahlung kommt es nicht an. Eine vor dem Zugang erfolgte Zahlung ist als „geleistete Anzahlung" (→Rdn. 234 ff., 249 ff., 1067 f.) zu behandeln.

Anschaffungszeitpunkt

569 Der Anschaffungszeitpunkt ist maßgebend für die Bilanzierung des Vermögensgegenstandes beim Erwerber und für den Beginn der Abschreibung. Spätere Aufwendungen für Reparaturen sind auch dann keine Anschaffungskosten, wenn sie in einem zeitlichen Zusammenhang zur Anschaffung stehen. Anschaffungskosten sind auf den Erwerb gerichtet und damit zweckbestimmt. Wird ein Vermögensgegenstand in renovierungsbedürftigem aber betriebsbereitem Zustand erworben, sind Aufwendungen des Erwerbers zur Renovierung keine Anschaffungskosten.

570 Anschaffungskosten können vor und nach dem Anschaffungszeitpunkt anfallen. Vor dem Anschaffungszeitpunkt werden beim Grundstückserwerb Notarkosten für Kaufvertrag und Auflassung, Grundbuchgebühren und Grunderwerbsteuer aufgewendet. Nach dem Anschaffungszeitpunkt entstehen Aufwendungen zur Herbeiführung der Betriebsbereitschaft, z. B. Fundamentierungskosten und Aufwendungen für den Anschluss von Maschinen. Man kann deshalb von einem Anschaffungskostenzeitraum sprechen.

Fall

Ein Unternehmer kauft ein Grundstück für den Betrieb und zahlt Grunderwerbsteuer, Notar- und Registerkosten.

Gehören Grunderwerbsteuer, Notar- und Registerkosten zu den Anschaffungskosten?

Lösung

Bevor ein Unternehmer ein ihm noch nicht gehörendes Grundstück in seinen Betrieb als eigenen Anlagegegenstand eingliedern kann, muss er es erwerben. Erwerb ist Erlangung der Befugnis, über einen Vermögensgegenstand als Eigentümer zu verfügen. Bevor der Grundstückskäufer als Eigentümer ins Grundbuch eingetragen wird, muss er die Unbedenklichkeitsbescheinigung des Finanzamts über die Bezahlung der Grunderwerbsteuer vorlegen. Kaufvertrag und Auflassung sind notariell zu beurkunden. Zum Erwerb des Eigentums an einem Grundstück ist die Eintragung im Grundbuch erforderlich. Grunderwerbsteuer, Notar- und Registerkosten sind also zum Erwerb eines Grundstücks erforderlich und daher Anschaffungskosten.

2.3.8 Betriebsbereitschaft

Wann ein Vermögensgegenstand **betriebsbereit** ist, hängt davon ab, ob es sich um einen Anlagegegenstand oder um einen Umlaufgegenstand handelt. Anlagegegenstände werden betrieblich genutzt. Sie sind daher erst dann betriebsbereit, wenn sie genutzt werden können. Umlaufgegenstände werden betrieblich verbraucht, verwertet oder veräußert. Sie sind daher betriebsbereit, wenn sie den Zustand der Verbrauchbarkeit, der Verwertbarkeit oder der Veräußerbarkeit erreicht haben.

Betriebsbereitschaft	
Anlagegegenstände	Umlaufgegenstände
▪ Nutzbarkeit	▪ Verbrauchbarkeit ▪ Verwertbarkeit ▪ Veräußerbarkeit

Außer den Aufwendungen für den Erwerb rechnen die Aufwendungen, um den Vermögensgegenstand **betriebsbereit** zu machen, zu den Anschaffungskosten. Aufwendungen zur Herbeiführung der Betriebsbereitschaft sind

- Montage- und Fundamentierungskosten,
- Stand- und Rollgelder,
- Abladekosten,
- Gebühren für die Erteilung einer Genehmigung zum Bau und Betrieb einer Anlage,
- Kosten der behördlichen Abnahme.

> **Fall**
>
> Unternehmer U kauft eine Maschine von der Maschinenfabrik M. Er lässt durch eigene Arbeitnehmer ein Fundament herstellen. Anhand der Materialscheine ermittelt U den Materialaufwand und anhand der Stundenzettel den Lohnaufwand, die ihm durch die Herstellung des Fundaments entstanden sind. Ein Monteur der Firma M schließt die Maschine an das Stromnetz an.
> Gehören die Fundamentierungs- und die Anschlusskosten zu den Anschaffungskosten der Maschine?

> **Lösung**
>
> Die Maschine ist erst dann betriebsbereit, wenn sie betrieblich nutzbar ist. Das setzt voraus, dass sie auf dem Fundament montiert und an das Stromnetz angeschlossen wird. Die Fundamentierungs- und die Anschlusskosten rechnen daher zu den Anschaffungskosten. Es ist nicht erforderlich, dass das Fundament durch fremde Arbeitnehmer errichtet wird. Die hierauf entfallenden Löhne sind verursacht durch die Nutzbarmachung der Maschine.

573 Eigene Aufwendungen für Versuche, Probeläufe und die Einstellung auf ein bestimmtes Fertigungsprogramm, sog. **Anlaufkosten**, können nicht als Anschaffungskosten aktiviert werden. Es sind laufende Aufwendungen. Werden aber Einstellung und Probelauf einer Maschine vom Lieferanten oder von einem fremden Montagebetrieb gegen besonderes Entgelt durchgeführt, so sind diese Anlaufkosten zusätzliche Anschaffungskosten. Werden Probeläufe durch die Lieferfirma durchgeführt und stellt diese hierfür Kosten in Rechnung, sind das zusätzliche Anschaffungskosten.

Ebenfalls rechnen die **Anschlusskosten** hierzu, wenn die Lieferfirma sie berechnet. Die eigenen Aufwendungen für die Errichtung des **Fundaments** gehören nur dann zu den Anschaffungskosten, wenn es Einzelkosten sind.

574

2.3.9 Einzelkosten

Nur Einzelkosten dürfen als Anschaffungskosten aktiviert werden, nicht aber Gemeinkosten.

575

Unterscheidung Einzelkosten/Gemeinkosten	
Einzelkosten	Gemeinkosten
Die Einzelkosten werden speziell für einen einzelnen Vermögensgegenstand aufgewendet. Sie werden diesem daher direkt zugerechnet.	Gemeinkosten werden gemeinsam für alle oder eine Vielzahl von Vermögensgegenständen aufgewendet. Sie werden diesen Vermögensgegenständen daher indirekt zugerechnet, indem sie auf sie verteilt werden.

Einzelkosten werden direkt, d. h. unmittelbar und ohne Schlüsselung einem Vermögensgegenstand zugerechnet. Es besteht zwischen dem angeschafften Gegenstand und dem durch seine Anschaffung entstandenen Aufwand ein eindeutiger und nachweisbarer mengen-, zeit- und wertmäßiger Zusammenhang. Dem einzelnen Vermögensgegenstand werden die Kosten zugerechnet, die unmittelbar durch seine Anschaffung verursacht worden sind, die also ohne die Anschaffung nicht denkbar wären.

Der Material- und Lohnaufwand, der dem Unternehmen U im vorstehenden Fall durch die Errichtung des Fundaments für die von der Maschinenfabrik M gelieferte Maschine entstanden ist, wäre ohne die Anschaffung der Maschine nicht denkbar. Es handelt sich also hier um Einzelkosten, auch wenn die Aufwendungen im Wege der Zuschlagskalkulation ermittelt worden sind.

Es gibt Einzelkosten, die bei der Kalkulation wie Gemeinkosten behandelt werden. Sie werden den Erzeugnissen nicht direkt zugerechnet, sondern mithilfe von Kostenschlüsseln umgerechnet. Äußerlich erscheinen diese Aufwendungen daher als Gemeinkosten, während sie

576

tatsächlich Einzelkosten sind. Man spricht hier von „unechten Gemeinkosten".

> **Fall**
>
> Unternehmer U lagert seine Rohstoffe in einer Lagerhalle. Die Gebäudeabschreibung beträgt jährlich 10.000 €. An Eingangsfrachten sind für die Rohstoffe im letzten Jahr 30.000 € angefallen. Sind die Gebäudeabschreibung und die Eingangsfrachten, soweit sie auf die Rohstoffe am Bilanzstichtag entfallen, Anschaffungskosten?

> **Lösung**
>
> Die Gebäudeabschreibung entfällt anteilig auf alle in der Lagerhalle enthaltenen Vorräte. Sie rechnet daher zu den Gemeinkosten und ist somit nicht zu den Anschaffungskosten zu zählen. Eingangsfrachten entfallen auf jeden einzelnen Rohstoffeingang. Sie sind daher den Eingängen einzeln zurechenbar. Aus Vereinfachungsgründen werden sie bei der Rohstoffbewertung am Bilanzstichtag pauschaliert. Damit werden sie aber nicht zu Gemeinkosten. Die Eingangsfrachten sind daher Einzelkosten, die als Anschaffungskosten zu aktivieren sind.

577 **Gemeinkosten** können als Herstellungskosten aktiviert werden. Auch im Anschaffungsbereich können Herstellungskosten anfallen. Bestimmte Rohstoffe, z. B. Holz und Wein, steigen durch längere Lagerung im Wert. Die Aus- oder Nachreife ist ein Herstellungsprozess im weiteren Sinne. Die auf die Zeit der Aus- oder Nachreife entfallenden Aufwendungen sind somit Herstellungskosten.[263]

2.3.10 Nebenkosten

578 Nebenkosten der Anschaffung sind z. B.: Provision, Courtage, Kommissionskosten, Eingangsfrachten, Transportkosten, Speditionskosten, Rollgelder, Transportversicherungsprämien, Zoll, Lagergelder, Anfuhrkosten, Abladekosten, Steuern, Abgaben, Notar-, Gerichts- und Registerkosten.

---

263 ADS, HGB § 255 Rdn. 29.

Voraussetzung für die Aktivierung ist, dass die Anschaffungsnebenkosten zu den Einzelkosten rechnen und mit der Anschaffung des Vermögensgegenstands zusammenhängen. Dienen sie lediglich der Finanzierung der Anschaffung, handelt es sich um sog. Finanzierungskosten. Sie gehören nicht zu den Anschaffungskosten und können allenfalls als Herstellungskosten aktiviert werden[264] (→Rdn. 632 ff.).

Beispiel

Unternehmen U kauft am 1.7.01 ein an das betriebliche Grundstück angrenzendes Grundstück, auf dem ein Lagerhaus steht. Zur Finanzierung des Kaufpreises nimmt U eine Hypothek auf. Hierfür fallen noch im Jahr 01 Zinsen an. Ferner zahlt U an den Makler für die Vermittlung des Grundstücks, an einen Architekten für ein Wertgutachten, an den Notar für die Bestellung der Hypothek, den Kaufvertrag und die Auflassung, an das Finanzamt Grunderwerbsteuer und an das Grundbuchamt für die Eintragung der Hypothek und die Eigentumseintragung.

Das Architektenhonorar für das Wertgutachten, das Entgelt an den Makler für die Vermittlung des Grundstückskaufs, die Notargebühr für Kaufvertrag und Auflassung, Grunderwerbsteuer und die Grundbuchgebühr für die Eigentumseintragung sind Aufwendungen, die für den Eigentumsübergang erforderlich sind. Sie rechnen daher zu den Anschaffungskosten. 579

Die Bestellung der Hypothek dient der Sicherung des Darlehens, das zur Finanzierung des Kaufpreises aufgenommen worden ist. Die Notargebühr für die Bestellung der Hypothek und die Grundbuchgebühr für die Eintragung der Hypothek hängen also mit der Finanzierung der Anschaffung zusammen, sind somit Finanzierungskosten und keine Anschaffungskosten des Gegenstandes, dessen Anschaffung finanziert worden ist. 580

---

264 Ellrott/Schmidt/Wendt in: Beck Bil-Komm. § 255 Rdn. 325.

2.3.11 Nachträgliche Anschaffungskosten

581 Nach dem Gesetz gehören auch nachträgliche Anschaffungskosten zu den Anschaffungskosten. Diese Fassung geht auf den Regierungsentwurf zum Bilanzrichtlinien-Gesetz zurück. Es heißt hierzu in der Begründung[265], zu den Aufwendungen, die deshalb zu den Anschaffungskosten rechnen, weil sie einen Vermögensgegenstand in einen betriebsbereiten Zustand versetzen, könnten auch erst längere Zeit nach dem Erwerb entstandene Aufwendungen gehören. Das gelte auch dann, wenn mit den nachträglichen Aufwendungen eine andere als die bisherige Nutzung des Vermögensgegenstandes ermöglicht werde, z. B. Straßenanlieger- und Erschließungsbeiträge.

582 Es muss sich also auch hier um Aufwendungen handeln, um den Vermögensgegenstand in einen betriebsbereiten Zustand zu versetzen.
- Entweder der Vermögensgegenstand wird nach dem Erwerb erstmalig betriebsbereit gemacht
- oder eine ursprüngliche Betriebsbereitschaft wird durch die Aufwendungen geändert.

> **Beispiel**
>
> Unternehmer U erwirbt im Jahre 01 ein unbebautes Grundstück und nutzt es zu Lagerzwecken. Im Jahre 05 wird der Bebauungsplan geändert. Das Grundstück wird als Baugrundstück ausgewiesen. U wird zu Straßenanlieger- und Erschließungsbeiträgen herangezogen. Ursprünglich konnte das Grundstück nur im unbebauten Zustand genutzt werden. Durch den Ausweis als Bauland hat sich die Betriebsbereitschaft geändert. Die Straßenanlieger- und Erschließungsbeiträge sind daher nachträgliche Anschaffungskosten.

583 Aufwendungen im Rahmen von **Baumaßnahmen an Gebäuden** sind Erhaltungs- oder Herstellungsaufwendungen. Anschaffungsnahe Bauaufwendungen sind daher darauf zu prüfen, ob es Herstellungskosten sind (→Rdn. 659 ff.).

---

265 Regierungsentwurf, S. 88.

2.3.12 Preisminderungen

Preisminderungen sind von den Anschaffungskosten abzusetzen. Hierzu gehören Rabatte, Nachlässe, Skonti und Boni.

Skonti werden bei Zahlung des Kaufpreises in Anspruch genommen. Daher ist am Bilanzstichtag noch nicht bezahlte Ware mit dem Bruttopreis zu bewerten.

Boni sind Preisnachlässe, die bei Vorliegen bestimmter Voraussetzungen, z. B. Mindestabnahmemenge in einem bestimmten Zeitraum, nachträglich gewährt werden. Es ist zunächst der ungekürzte Einkaufspreis zu buchen. Sind die Voraussetzungen für die Gewährung des Bonus erfüllt, erteilt der Lieferant eine Gutschrift. Soweit die Vermögensgegenstände am Bilanzstichtag noch im Betriebsvermögen sind, werden die Anschaffungskosten um den Bonus gemindert.

584
585
586

Fall

U erhält am 28.12.01 eine Warenlieferung von L zum Rechnungsbetrag von 10.000 € zuzüglich 1.600 € USt. U überweist am 6.1.02 nach Abzug von 3 % Skonto 11.252 €. Am 20.1.02 erhält U von L eine Gutschrift über einen Bonus von 2 % für die im Jahr 01 bezogenen Waren von insgesamt 600.000 € in Höhe von 12.000 € zuzüglich 1.920 € USt.

Die Anschaffungskosten des Warenbestands zum 31.12.01 haben 30.000 € betragen. Es handelt sich hierbei ausschließlich um Waren, die L geliefert hat.

Welche Buchungen führt U aus beim Wareneinkauf am 28.12.01, beim Jahresabschluss zum 31.12.01 und bei der Überweisung am 6.1.02?

Lösung

Buchungen:
am 28.12.01
→ Wareneinkauf   10.000 €
   Vorsteuer   1.600 €
   an Verbindlichkeiten   11.600 €
am 31.12.01
→ Forderungen   13.920 €
   an Bonusertrag   12.000 €
   an Vorsteuer   1.920 €

am 6.1.02

→ Verbindlichkeiten	11.600 €
an Bank	11.252 €
an Skontoertrag	300 €
an Vorsteuer	48 €

587 Der **Bonus** wird für die Umsätze des Jahrs 01 gewährt und betrifft daher das Jahr 01. Soweit Warenbestände aus dem Jahr 01 noch am 31.12.01 vorhanden sind und im Warenbestand ausgewiesen werden, mindern sich deren Anschaffungskosten um den Bonus: 30.000 € × 2 % = 600 €. Unter Berücksichtigung dieser Minderung wird der Warenbestand zum 31.12.01 in Höhe von 29.400 € ausgewiesen. Hierdurch erhöht sich der Wareneinsatz und damit der Aufwand in 01 um 600 €. Beim Umsatz der Waren im Jahr 02 ist der Wareneinsatz entsprechend niedriger. Auf diese Weise wird der Bonusertrag, soweit er die Anschaffungskosten des Warenbestands zum Schluss des Wirtschaftsjahrs mindert, in die Periode nach dem Bilanzstichtag übertragen.

588 Wird bei der Bezahlung einer Lieferantenrechnung **Skonto** abgezogen, mindert das die Anschaffungskosten der gelieferten Waren erst im Zeitpunkt der Begleichung der Lieferantenrechnung. Die Anschaffungskosten von Warenvorräten mindern sich weder zum Anschaffungszeitpunkt noch zum nachfolgenden Bilanzstichtag um einen möglichen Skontoabzug, wenn nicht bis zum Bilanzstichtag von der Möglichkeit des Skontoabzugs Gebrauch gemacht worden ist.[266] Da im vorstehenden Fall erst nach dem Bilanzstichtag für die im Warenbestand vorhandenen Warenlieferungen Skonto abgezogen worden ist, mindern sich die Anschaffungskosten nicht um Skonto.

589 Bei **Rabatten** wird i. d. R. der Rechnungsbetrag von vornherein gemindert, z. B. bei Barzahlungsrabatten, Mengenrabatten oder Treuerabatten, oder es wird in Form eines Naturalrabatts die gelieferte Warenmenge ohne Berechnung erhöht. Rabatte treten dann in der Buchführung nicht in Erscheinung. Werden Rabatte nachträglich gewährt, werden sie wie Boni behandelt.

---

266 BFH, Urt. v. 27.2.1991 I R 176/84, BStBl 1991 II S. 456.

2.3.13 Zuschuss

Erwirbt ein Unternehmer einen Vermögensgegenstand und leistet er hierfür an den Liefernden einen bestimmten Betrag als Entgelt, so handelt es sich für den Erwerber um Anschaffungskosten. Erhält aber der Erwerber des Vermögensgegenstands von einem Dritten einen Beitrag zu den Anschaffungskosten, indem der Dritte entweder direkt an den Liefernden des Vermögensgegenstands leistet oder dem Erwerber den Betrag zuwendet, mit dem dieser einen Teil des Kaufpreises abdeckt, so fragt es sich, ob dieser Beitrag des Dritten Teil der Anschaffungskosten des Erwerbers ist oder als Zuschuss nicht ohne weiteres zu den Anschaffungskosten rechnet.

590

Bei der Prüfung, ob ein Zuschuss vorliegt oder Anschaffungskosten gegeben sind, ist von folgenden Rechtsbeziehungen auszugehen:

591

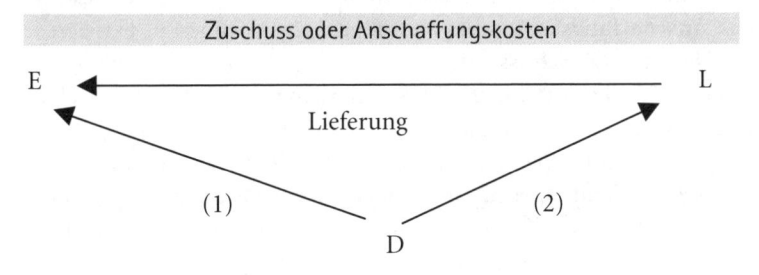

Zuschuss oder Anschaffungskosten

E ◄─────────────── L
         Lieferung
   (1) ╲   ╱ (2)
           D

In dem vorstehenden Bild ist E Erwerber des Vermögensgegenstands. L ist Liefernder des Vermögensgegenstands. D ist Leistender des Betrags. Er leistet entweder an E (1) oder an L (2).

> **Beispiel**
>
> D bestellt bei dem Hersteller E bestimmte Kunststofferzeugnisse. Hierfür verwendet E Werkzeuge und Formen, die er nur für die für D gefertigten Erzeugnisse verwendet. Die Werkzeuge und Formen liefert L an E. Zu ihrer Beschaffung leistet D Zahlungen an E (1) oder direkt an L (2), die mit den späteren Verbindlichkeiten des D aus den Lieferungen des E an ihn verrechnet werden sollen.

Die Zahlung des D an E (1) oder an L (2) zur Beschaffung der Werkzeuge und Formen steht in einem **unmittelbaren Zusammenhang**

592

mit den Leistungen des E an D. Durch die Zahlung mindert sich der von D zu leistende Kaufpreis für die Kunststofferzeugnisse, die E liefern soll. Hätte D nicht die Zahlung geleistet, hätte E an den Hersteller der Werkzeuge und Formen die vollen Anschaffungskosten zahlen müssen und das bei der Kalkulation des Kaufpreises für die Kunststofferzeugnisse berücksichtigt. Die Zahlung des D an E oder L ist von E als Einnahme zu behandeln.[267] Die Zahlungen des D an E oder den Hersteller der Werkzeuge und Formen L sind für E Anschaffungskosten der Werkzeuge und Formen.

In beiden Fällen, bei der direkten Zahlung des D an E oder der Zahlung an L, welche die Verbindlichkeit des E gegenüber L mindert, ist E Zahlungsempfänger. Besteht also ein unmittelbarer Zusammenhang zwischen der Zahlung und der Leistung des Zahlungsempfängers an den Zahlenden, hat der Zahlungsempfänger die Zahlung als zusätzliche **Anschaffungskosten** des Vermögensgegenstandes zu aktivieren. Hier liegt **kein Zuschuss** vor.

593 Besteht **kein unmittelbarer Zusammenhang** der Zahlung mit einer Leistung des Zahlungsempfängers an den Zahlenden, kann es sich bei der Zahlung um einen Zuschuss handeln. Voraussetzung hierzu ist, dass der Zahlende hiermit auch einen in seinem Interesse liegenden Zweck verfolgt. Fehlt ein Eigeninteresse des Leistenden, handelt es sich nicht um einen Zuschuss.[268]

594 **Voraussetzungen** für einen Zuschuss sind also:
1. Kein unmittelbarer wirtschaftlicher Zusammenhang der Zahlung mit einer Leistung des Zuschussempfängers an den Zahlenden.
2. Der Zahlende verfolgt mit der Leistung an den Empfänger einen – zumindest auch – in seinem Interesse liegenden Zweck.

595 Der Empfänger eines Zuschusses hat ein **Wahlrecht**, wie er den Zuschuss behandelt[269]:

---

267 R 34 Abs. 1 Satz 3 EStR.
268 R 34 Abs. 1 Sätze 1 und 2 EStR.
269 R 34 Abs. 2 Sätze 1 bis 3 EStR.

Wahlrecht zur Behandlung eines Zuschusses	
Erfolgswirksam	Erfolgsneutral
Als Anschaffungs- oder Herstellungskosten des mit dem Zuschuss beschafften Anlagegegenstands werden die eigenen Aufwendungen des Zuschussempfängers und der Zuschuss angesetzt.	Als Anschaffungs- oder Herstellungskosten des mit dem Zuschuss beschafften Anlagegegenstands werden nur die eigenen Aufwendungen des Zuschussempfängers, also nicht zusätzlich auch der Zuschuss, angesetzt.

Es handelt sich hier um ein **Bewertungswahlrecht** in der Steuerbilanz. Es ist in Übereinstimmung mit der handelsrechtlichen Jahresbilanz auszuüben (§ 5 Abs. 1 Satz 2 EStG). Voraussetzung für die erfolgsneutrale Behandlung der Zuschüsse in der Steuerbilanz ist also, dass in der Handelsbilanz ebenso verfahren wird. Wurden in der Handelsbilanz die Anschaffungskosten zunächst ohne Zuschuss ausgewiesen und wird später der Zuschuss den Anschaffungskosten zugeschrieben, ist auch in der Steuerbilanz auf den höheren Wert zuzuschreiben.[270] Hierdurch wird gewährleistet, dass eine auf Grund einer erfolgsneutralen Behandlung eines Zuschusses erzielte Steuerersparnis nicht handelsrechtlich für Ausschüttungen verwendet wird. Hinsichtlich der Behandlung der Zuschüsse stimmen also Handels- und Steuerbilanz überein.

Wird der Zuschuss vor oder nach der Anschaffung des Anlagegegenstands gewährt, so hat das keine Auswirkung auf die Bewertung des Anlagegegenstands, wenn der Zuschuss **erfolgswirksam** behandelt wird. Im Zeitpunkt der Vereinnahmung des Zuschusses wird dieser als Betriebseinnahme und damit erfolgswirksam gebucht. Der Anlagegegenstand wird mit den ungekürzten Anschaffungskosten angesetzt.

596

Wird der Zuschuss aber **erfolgsneutral** behandelt und vor oder nach der Anschaffung des Anlagegegenstands gezahlt, so gibt es folgende Varianten.[271]

597

---

270 R 34 Abs. 2 Sätze 4 und 5 EStR.
271 R 34 Abs. 3 und 4 EStR.

Erfolgsneutral behandelte Zuschüsse	
Nach der Anschaffung gewährter Zuschuss	Vor der Anschaffung gewährter Zuschuss
▪ Ansatz des Anlageguts bei der Anschaffung mit den vollen Anschaffungskosten. ▪ Buchung bei Zuschussgewährung: Finanzkonto an Anlagegegen-stand.	▪ Buchung des Zuschusses: Finanzkonto an steuerfreie Rücklage. ▪ Buchung des Anlagegegenstandes: Anlagegegenstand an Finanzkonto. ▪ Übertragung der Rücklage: Steuerfreie Rücklage an Anlagegegenstand.
Ebenso ist zu verfahren, wenn der Anlagegegenstand mithilfe eines Darlehens angeschafft worden ist und der Zuschuss mit dem Darlehen verrechnet oder zu seiner Tilgung verwendet wird.	Für die Bildung der Rücklage in der Steuerbilanz ist Voraussetzung, dass in der handelsrechtlichen Jahresbilanz ein entsprechender Passivposten in mindestens gleicher Höhe ausgewiesen wird.

598 **Investitionszulagen** sind keine Zuschüsse. Sie werden daher nicht erfolgswirksam als Einnahmen behandelt und mindern auch nicht die Anschaffungs- oder Herstellungskosten des angeschafften Wirtschaftsguts (§ 10 InvZulG).[272]

2.3.14 Sacheinlagen

Tatbestände

599 Sacheinlagen gibt es bei folgenden Tatbeständen:
- Einzelkaufleute überführen Gegenstände aus dem Privatvermögen in das Betriebsvermögen,
- Gesellschafter machen eine Sacheinlage gegen Gewährung von Gesellschaftsrechten,
- Sacheinlagen bei der Gründung von Einzelunternehmen oder Gesellschaften.

Handelsrecht

600 **Handelsrechtlich** werden die eingelegten Vermögensgegenstände mit ihren Zeitwerten im Zeitpunkt der Einlage aktiviert. Nach den Gepflogenheiten vorsichtiger Kaufleute wird dabei nicht über die ur-

---

272 H 34 EStH.

sprünglichen Anschaffungskosten, vermindert um planmäßige Abschreibungen, hinausgegangen.
Auch Sacheinlagen in Kapitalgesellschaften werden mit ihren Zeitwerten angesetzt.[273] Ist der Nennwert der hierfür an den Einlegenden ausgegebenen Anteile geringer, so wird der Differenzbetrag der Kapitalrücklage (→Rdn. 1117) zugeführt (§ 272 Abs. 2 HGB).

Steuerrecht

Steuerrechtlich liegt bei der Überführung eines Wirtschaftsguts aus dem Privatvermögen in ein Betriebsvermögen eine **Einlage** vor, die mit dem Teilwert zu bewerten ist (§ 6 Abs. 5 Nr. 5 Satz 1 EStG). 601

Wurde das zugeführte Wirtschaftsgut 602
- **innerhalb der letzten drei Jahre** vor dem Zeitpunkt der Zuführung **angeschafft** oder **hergestellt**, ist die Einlage zwar auch mit dem Teilwert zu bewerten,
- es dürfen aber **höchstens die früheren Anschaffungs- oder Herstellungskosten** angesetzt werden (§ 6 Abs. 1 Nr. 5 Satz 1 Buchst. a EStG).

Beispiel

U kauft am 20.8.01 Wertpapiere und hält sie in seinem Privatvermögen. Die Anschaffungskosten betrugen 5.000 €. Wegen inzwischen gestiegenen Kurses würden die Anschaffungskosten am 15.5.02 6.000 € betragen. U will die Wertpapiere noch im Mai 02 verkaufen.

In diesem Beispiel wäre der Teilwert der Wertpapiere am 15.5.02 vom Tageskurs zu diesem Zeitpunkt abzuleiten. Sie sind aber höchstens mit den Anschaffungskosten anzusetzen. Könnten die Wertpapiere mit dem Teilwert eingelegt werden, könnte U sie mit 6.000 € in sein Betriebsvermögen einlegen und kurze Zeit später für 6.000 € oder zu einem je nach Kursänderung etwas niedrigeren oder höheren Preis verkaufen. So könnte U eine Besteuerung der im Privatvermögen eingetretenen Wertsteigerung vermeiden. Das soll durch die Begrenzung des Einlagewerts mit den Anschaffungs- oder Herstellungskosten verhindert werden.

---

273 Husemann, GoB, S. 106 f.

J Bewertung

603 **Unentgeltlicher Erwerb** ist keine Anschaffung i. S. von § 6 Abs. 1 Nr. 5 Buchst. a EStG. In diesem Fall kommt es darauf an, ob der Rechtsvorgänger das Wirtschaftsgut innerhalb der letzten drei Jahre vor der Einlage des Unternehmers angeschafft oder hergestellt hat. Ist das der Fall, sind die Anschaffungs- oder Herstellungskosten des Rechtsvorgängers maßgebend.

604 Bei abnutzbaren Wirtschaftsgütern sind die Anschaffungs- oder Herstellungskosten um **Absetzungen für Abnutzung** zu kürzen, die auf den Zeitraum zwischen der Anschaffung oder Herstellung des Wirtschaftsguts und der Einlage entfallen (§ 6 Abs. 1 Nr. 5 Satz 2 EStG). Es ist dabei unerheblich, ob sich die Absetzungen während der Zugehörigkeit des Wirtschaftsguts zum Privatvermögen einkommensmindernd ausgewirkt haben. Wurde während der Zugehörigkeit zum Privatvermögen die Bewertungsfreiheit für **geringwertige Wirtschaftsgüter** nach § 9 Abs. 1 Nr. 7 Satz 2 EStG in Anspruch genommen, beträgt der Einlagewert 0 €.[274]

Beispiel

Unternehmer U kaufte am 10.1.01 einen Computer für 3.000 € einschließlich USt. Er nutzte ihn zunächst privat. Am 30.6.02 legte er ihn in sein Betriebsvermögen ein. Der Teilwert betrug zu diesem Zeitpunkt 2.500 €. Die Nutzungsdauer beträgt 5 Jahre. Der Computer war zwar mit dem Teilwert einzulegen. Höchstens durften aber die Anschaffungskosten abzüglich der Absetzungen für Abnutzung angesetzt werden, obwohl im Privatvermögen keine Abschreibungen geltend gemacht werden konnten. U konnte daher nur die um die Abschreibungen für 1 ½ Jahre, also um 750 € gekürzten Anschaffungskosten ansetzen. Der Computer war daher am 30.6.02 mit 1.750 € dem Betriebsvermögen zuzuführen.

605 Wurde das in das Betriebsvermögen eingelegte Wirtschaftsgut vor der Zuführung aus einem anderen Betriebsvermögen des Unternehmers **entnommen**, so tritt an die Stelle

- der Anschaffungs- oder Herstellungskosten der bei der Entnahme angesetzte Wert,

---

274 R 39 EStR; H 39 (Geringwertiges Wirtschaftsgut) EStH.

- des Zeitpunkts der Anschaffung oder Herstellung der Zeitpunkt der Entnahme (§ 6 Abs. 1 Nr. 5 Satz 3 EStG).

Es gilt auch hier der Dreijahreszeitraum, aber für den Zeitraum zwischen der Entnahme aus dem anderen Betriebsvermögen des Unternehmers und dem Zeitpunkt der Zuführung. Ist das Wirtschaftsgut innerhalb dieses Zeitraums vor der Einlage aus dem anderen Betriebsvermögen des Unternehmers entnommen worden, dann ist bei der Einlage der bei der früheren Entnahme angesetzte Wert, also der frühere Teilwert, anzusetzen, wenn dieser niedriger ist als der Teilwert bei der Einlage.

Beispiel

Unternehmer U hat am 1.3.01 ein unbebautes Grundstück für 50.000 € für sein Unternehmen gekauft, das an sein Betriebsgelände angrenzt. Im Jahr 02 erfährt er, dass an diesem Grundstück eine Straße vorbeigeführt werden soll. Er nimmt an, dass hierdurch der Wert des Grundstücks steigen wird, und entnimmt es daher am 10.3.02 zum Teilwert von 60.000 €. Er bebaut es mit einem Miethaus. Die Herstellungskosten betragen 400.000 €, die Absetzungen für Abnutzung 5 % degressiv. Das Haus wird am 15.2.03 fertig gestellt. Am 2.1.04 legt U das Grundstück mit Gebäude wieder in das Betriebsvermögen ein. Zum Zeitpunkt der Einlage betragen der Teilwert für den Grund und Boden 80.000 € und der Teilwert für das Gebäude 450.000 €. Da der Teilwert des Grund und Bodens bei der damaligen Entnahme 60.000 € betrug, ist das der Höchstwert bei der Einlage. Das Gebäude ist bei der Einlage mit den Herstellungskosten abzüglich der auf die Zeit zwischen Herstellung und Einlage entfallenden AfA anzusetzen, also mit 400.000 € abzüglich 20.000 € (400.000 € × 5 %) = 380.000 €.

Buchung:

→ Grund und Boden   60.000 €
  Gebäude   380.000 €
  an Einlage   440.000 €

Ist das eingelegte Wirtschaftsgut ein Anteil an einer Kapitalgesellschaft, die eine **wesentliche Beteiligung** im Sinne von § 17 Abs. 1 EStG darstellt, ist die Einlage ebenfalls höchstens mit den Anschaffungs- oder Herstellungskosten anzusetzen (§ 6 Abs. 1 Nr. 5 Satz 1,

606

Buchstabe b EStG). Hier kommt es aber nicht wie bei den anderen Wirtschaftsgütern (→Rdn. 602) auf einen Dreijahreszeitraum zwischen Anschaffung und Einlage an.

Beispiel

Unternehmer U ist an der X-AG wesentlich beteiligt. Die Anschaffungskosten der Beteiligung haben 600.000 € betragen. U legt die Beteiligung 4 Jahre nach der Anschaffung in sein Betriebsvermögen ein. Auf Grund des gestiegenen Börsenkurses beträgt der Wert der Einlage zum Zeitpunkt der Zuführung zum Betriebsvermögen 700.000 €. U verkauft die Beteiligung für 720.000 €.

Durch die Begrenzung der Einlage einer wesentlichen Beteiligung in Höhe der Anschaffungskosten unabhängig vom Zeitpunkt ihrer Anschaffung soll verhindert werden, dass die Beteiligung vor der Veräußerung mit ihrem gestiegenen Teilwert in das Betriebsvermögen eingelegt wird, um die Wertsteigerung der Besteuerung zu entziehen. Der Veräußerungsgewinn beträgt daher im vorstehenden Beispiel nicht 720.000 € - 700.000 € = 20.000 €, sondern 700.000 € - 600.000 € = 100.000 €.

Bei einer **verdeckten Einlage** eines Wirtschaftsguts in eine Kapitalgesellschaft erhöhen sich die Anschaffungskosten der Beteiligung an der Kapitalgesellschaft um den Teilwert des eingelegten Wirtschaftsguts (§ 6 Abs. 6 Satz 2 EStG).

Beispiel

Unternehmer U hält eine Beteiligung an der X-GmbH. Er verkauft der X-GmbH ein Grundstück für 100.000 €. Der Teilwert des Grundstücks beträgt 150.000 €. Die GmbH bilanziert das Grundstück in Höhe von 150.000 € und führt 50.000 € einer offenen Rücklage (→Rdn. 1117) zu:

→ Grundstückskonto 150.000 €
   an sonstige Verbindlichkeiten 100.000 €
   an offene Rücklagen 50.000 €

Die Anschaffungskosten des U an der Beteiligung erhöhen sich um den Teilwert des Grundstücks. Dieser ist um den „Kaufpreis" zu mindern, sodass die Anschaffungskosten für die Beteiligung um 50.000 € zu erhöhen sind.

2.4 Herstellungskosten

2.4.1 Begriff

§ 255 Abs. 2 Satz 1 HGB
Herstellungskosten sind die Aufwendungen, die durch den Verbrauch von Gütern und die Inanspruchnahme von Diensten für die Herstellung eines Vermögensgegenstandes, seine Erweiterung oder für eine über seinen ursprünglichen Zustand hinausgehende wesentliche Verbesserung entstehen.

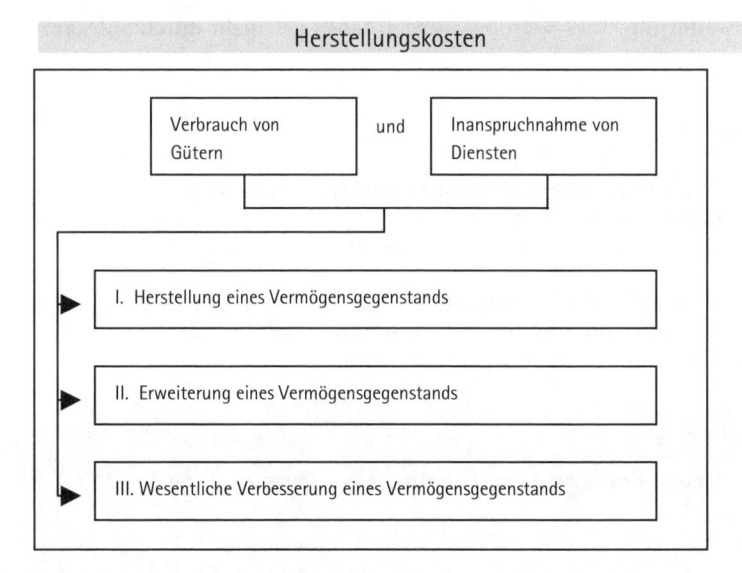

Herstellungskosten 607

```
        Verbrauch von      und    Inanspruchnahme von
        Gütern                    Diensten

    ▶ I. Herstellung eines Vermögensgegenstands

    ▶ II. Erweiterung eines Vermögensgegenstands

    ▶ III. Wesentliche Verbesserung eines Vermögensgegenstands
```

Die Herstellungskosten setzen sich zusammen aus
- Verbrauch von Gütern und
- Inanspruchnahme von Diensten.

Durch den Einsatz dieser Mittel werden Vermögensgegenstände hergestellt, erweitert oder wesentlich verbessert.

608 Der **Verbrauch von Gütern** umfasst sowohl die Roh-, Hilfs- und Betriebsstoffe, die bei der Herstellung der Erzeugnisse verarbeitet werden, als auch die Abschreibungen der bei der Herstellung eingesetzten Maschinen und der Fertigungsbauten, in denen die Maschinen stehen.

609 Bei der Erzeugung werden **Dienstleistungen** der in der Produktion beschäftigten Arbeitnehmer in Anspruch genommen.

610 **Herstellung** im engeren Sinne ist Neuschaffung eines Vermögensgegenstands.

Beispiele
- Neubau von Gebäuden,
- Bau einer Spezialmaschine durch eigene Arbeitnehmer,
- Produktion von Erzeugnissen.

611 **Erweiterung** eines Vermögensgegenstands geschieht durch Substanzvermehrung.

Beispiele
- Gebäudeanbau,
- Einbau eines vorher nicht vorhandenen Personenfahrstuhls,
- Ausbau eines Dachgeschosses,
- Aufteilung eines Großraumbüros in Einzelbüros.

612 Ein Vermögensgegenstand wird über seinen ursprünglichen Zustand hinaus **wesentlich verbessert,** wenn seine Verwendungs- und Nutzungsmöglichkeit deutlich geändert wird.

Beispiel

Umbau eines Lkw durch Aufsetzen eines Tanks zu einem Tankfahrzeug.

2.4.2 Abgrenzung der Herstellungskosten von den Erhaltungsaufwendungen

613 Von den Herstellungskosten sind die **Erhaltungsaufwendungen** zu unterscheiden. Diese bewirken, dass Anlagegegenstände nutzbar bleiben. Sie verhindern also deren vorzeitigen Verschleiß.

Herstellungskosten oder Erhaltungsaufwendungen	
Herstellungskosten	Erhaltungsaufwendungen
Vermögensgegenstand wird ■ neu geschaffen ■ erweitert ■ wesentlich verbessert	Die Substanz oder die Verwendungs- oder Nutzungsmöglichkeit eines Vermögensgegenstands wird ■ erhalten (Instandhaltungsaufwand) oder ■ wiederhergestellt (Instandsetzungsaufwand)
Aktivierung	sofortiger Abzug

Nach der Rechtsprechung des BFH sind Aufwendungen nicht allein deshalb als Herstellungskosten zu behandeln, weil sie im Rahmen einer sog. Generalüberholung angefallen sind.[275]

Ob bei einem **Gebäude** im Rahmen einer Baumaßnahme Herstellungsaufwand vorliegt, ist im Allgemeinen nur bei verhältnismäßig großen Aufwendungen zu prüfen. Betragen die Aufwendungen für die einzelne Baumaßnahme nicht mehr als 2.100 € (Rechnungsbetrag ohne Umsatzsteuer) je Gebäude, so ist nach den Verwaltungsanweisungen der Aufwand auf Antrag als Erhaltungsaufwand zu behandeln. Das gilt aber nicht, wenn es sich um Aufwendungen zur endgültigen Fertigstellung eines neu errichteten Gebäudes handelt.[276]

2.4.3 Herstellungseinzelkosten

§ 255 Abs. 2 Satz 2 HGB
Dazu gehören die Materialkosten, die Fertigungskosten und die Sonderkosten der Fertigung.

Zu den Herstellungskosten gehören
- die Materialkosten,
- die Fertigungskosten und
- die Sonderkosten der Fertigung.

Für diese Aufwendungen besteht also ein **Aktivierungsgebot**. Auch in der **Steuerbilanz** besteht für diese Aufwendungen ein Aktivierungsge-

---

275 BFH, Urteil v. 9.5.1995 IX R 116/92, BStBl 1996 II S. 632 28.4.1998, IX R 66/95, BB 1998, S. 1567.
276 R 157 Abs. 3 Sätze 2 und 3 EStR.

J Bewertung

bot.[277] Insoweit besteht also zwischen Handels- und Steuerbilanz Übereinstimmung.
Materialkosten, Fertigungskosten und Sonderkosten der Fertigung sind **Einzelkosten der Fertigung**. Sie können daher den einzelnen Erzeugnissen direkt zugerechnet werden (→Rdn. 575).

Beispiel

> Eine Möbelfabrik stellt Küchenschränke her. Für jeden einzelnen Schrank eines bestimmten Typs werden einschließlich Verschnitt 4 m^2 einer bestimmten Holzart aufgewendet. Die Rohstoffaufwendungen sind jedem einzelnen hergestellten Küchenschrank direkt zurechenbar. Es sind daher Materialeinzelkosten.

616 **Materialkosten** sind die Aufwendungen für Roh-, Hilfs- und Betriebsstoffe, soweit es sich um Einzelkosten der Fertigung handelt. Auch selbst hergestellte unfertige Erzeugnisse und Abfälle, die bei der Produktion verwertet werden, rechnen hierzu. Auch die Warenumschließung gehört zum Erzeugnis, wenn es später in der Verpackung ausgeliefert wird (z. B. Verpackung bei Nahrungs- und Genussmitteln wie Zigaretten in Schachteln, Schokoladen in Papierumhüllung, Bier und Säfte in Flaschen oder Dosen).[278]

617 **Fertigungskosten** sind die außer den Materialkosten den Erzeugnissen direkt zurechenbaren Herstellungsaufwendungen. Hierzu rechnen insbesondere die Fertigungslöhne. Das sind die den fertigen und unfertigen Erzeugnissen direkt zurechenbaren Löhne der in der Produktion tätigen Arbeitnehmer einschließlich der Werkmeister und Techniker. Zu den Fertigungslöhnen gehören auch die Überstunden- und Feiertagszuschläge, die Entgelte für Ausfallzeiten und die gesetzlichen und tariflichen Sozialaufwendungen.[279]

618 **Sonderkosten der Fertigung** sind insbesondere Kosten für Modelle, Spezialwerkzeuge und Vorrichtungen, Lizenzen u. a.[280]

---

277 H 33 (Herstellungskosten) EStH.
278 ADS, HGB § 255 Rdn. 144.
279 ADS, HGB § 255 Rdn. 147.
280 ADS, HGB § 255 Rdn. 149 ff.

2.4.4 Herstellungsgemeinkosten
§ 255 Abs. 2 Satz 3 bis 5 HGB
Bei der Berechnung der Herstellungskosten dürfen auch angemessene Teile der notwendigen Materialgemeinkosten, der notwendigen Fertigungsgemeinkosten und des Wertverzehrs des Anlagevermögens, soweit er durch die Fertigung veranlasst ist, eingerechnet werden. Kosten der allgemeinen Verwaltung sowie Aufwendungen für soziale Einrichtungen des Betriebs, für freiwillige soziale Leistungen und für betriebliche Altersversorgung brauchen nicht eingerechnet zu werden. Aufwendungen im Sinne der Sätze 3 und 4 dürfen nur insoweit berücksichtigt werden, als sie auf den Zeitraum der Herstellung entfallen.

Gruppen

Herstellungsgemeinkosten	
Gruppe I	**Gruppe II**
▪ angemessene Teile der notwendigen Materialgemeinkosten ▪ angemessene Teile der notwendigen Fertigungsgemeinkosten ▪ angemessene Teile der Abschreibungen des Anlagevermögens, soweit sie durch die Fertigung veranlasst sind	▪ Kosten der allgemeinen Verwaltung ▪ Aufwendungen für soziale Einrichtungen des Betriebs ▪ Aufwendungen für freiwillige soziale Leistungen ▪ Aufwendungen für betriebliche Altersversorgung
Aktivierbar nur insoweit, als die Aufwendungen auf den Zeitraum der Herstellung entfallen.	

619

Die Aufwendungen in der Gruppe I der vorstehenden Tabelle sind nur insoweit den Herstellungskosten zurechenbar, als es sich um **angemessene Teile** handelt. Allerdings stellt das Angemessenheitsprinzip einen allgemeinen Grundsatz dar. Er ist daher bei allen Gemeinkosten zu beachten, also auch bei den in der Gruppe II der Tabelle aufgeführten Gemeinkosten.[281]

620

Um angemessene Teile handelt es sich insoweit, als die Aufwendungen sachlich mit der Produktion in dem betreffenden Betrieb zusam-

---
281 ADS, HGB § 255 Rdn. 156.

menhängen. Die Zurechnung der Gemeinkosten muss vernünftigen betriebswirtschaftlichen Kriterien entsprechen.[282]

Leerkosten

621 Damit scheiden die sog. Leerkosten aus. **Leerkosten** kommen in Betracht, wenn Anlagen nur mit einem Teil ihrer Kapazität genutzt werden. Die Aufwendungen, die sich mangels Vollauslastung der Anlagen nicht in Erzeugnissen niedergeschlagen haben, sind die Leerkosten. Würden sie zu den Herstellungskosten der Erzeugnisse gerechnet, wäre die Rechnungslegung irreführend.[283]

Leerkosten scheiden auch bei der Bewertung der Erzeugnisse in der **Steuerbilanz** als Herstellungskosten aus. Nur wenn die Produktionsanlagen branchen- oder saisonbedingt nicht ausgelastet sind, rechnen auch die auf der zeitweisen Nichtauslastung der Anlagen beruhenden Aufwendungen zu den angemessenen Teilen der betreffenden Gemeinkosten.[284]

622 Haben mit der Produktion zusammenhängende Aufwendungen nicht zu Erzeugnissen geführt ist daher zu unterscheiden:
- **Echte Leerkosten:** Aufwendungen laufen leer, weil der Betrieb wegen teilweiser Stillegung oder mangelnder Aufträge nicht voll ausgenutzt ist. Insoweit sind es keine Herstellungskosten der Erzeugnisse.
- **Unechte Leerkosten:** Die Nichtausnutzung der Produktionsanlagen beruht auf der Art der Produktion. Auch die hierauf beruhenden Aufwendungen sind Herstellungskosten der Erzeugnisse.

Beispiele

Echte Leerkosten, die nicht als Herstellungskosten der Erzeugnisse aktiviert werden dürfen: Ein Betrieb wird infolge teilweiser Stilllegung oder mangelnder Aufträge nicht voll ausgenutzt.

Unechte Leerkosten, die als Herstellungskosten der Erzeugnisse zu aktivieren sind: Eine Zuckerfabrik ist nur in einigen Monaten nach der

---

282 ADS, HGB § 255 Rdn. 157; BFH, Urt. v. 21.10.1993 IV R 87/92, BStBl 1994 II S. 176.
283 Fülling, GoB für Vorräte, S. 145 f.
284 R 33 Abs. 6 EStR, H 33 (Ausnutzung von Produktionsanlagen) EStH.

Zuckerrübenernte im Betrieb. Der Stillstand in der übrigen Zeit ergibt sich aus der Art der Produktion.

Zeitraum der Herstellung

Die Herstellungsgemeinkosten sind nur insoweit als Herstellungskosten aktivierbar, als sie **auf den Zeitraum der Herstellung entfallen.** Damit werden periodenfremde Aufwendungen ausgeschieden, z. B. Sonderabschreibungen auf Anlagen.[285]   623

Teilwertabschreibungen beruhen nicht auf technischer Abnutzung, hängen damit nicht mit der Produktion zusammen und entfallen somit auch nicht auf den Zeitraum der Herstellung. Sie sind daher bei der Berechnung der Herstellungskosten der Erzeugnisse nicht zu berücksichtigen.[286]   624

Bewertungsfreiheiten, Sonderabschreibungen oder **erhöhte Absetzungen**, die für die Produktionsanlagen in Anspruch genommen worden sind, müssen nicht in die Berechnung der Herstellungskosten der Erzeugnisse mit einbezogen werden. Geschieht das nicht, wird bei der Berechnung der Herstellungskosten von der linearen Abschreibung ausgegangen.[287]   625

Ermittlung

Die Herstellungsgemeinkosten der Erzeugnisse können wie folgt ermittelt werden: 626

Ermittlung der Herstellungsgemeinkosten

1. Ermittlung der Material- und Fertigungsgemeinkosten, die sachlich mit der Herstellung der Erzeugnisse zusammenhängen nach der Gewinn- und Verlustrechnung abzüglich der Leerkosten: A.
2. Feststellung der auf das einzelne Erzeugnis entfallenden Produktionszeit: B.
3. Herstellungsgemeinkosten des einzelnen Erzeugnisses: C.

---

285 Kropff, in: Geßler u. a., AktG § 155 Tz. 22.
286 R 33 Abs. 3 Satz 5 EStR.
287 R 33 Abs. 3 Satz 4 EStR.

$$\frac{C}{A} = \frac{B}{\text{Produktive Arbeitszeit im Geschäftsjahr}}$$

$$C = \frac{A \times B}{\text{Produktive Arbeitszeit im Geschäftsjahr}}$$

Beispiel

Die Material- und Fertigungsgemeinkosten abzüglich der Leerkosten betragen (A): 650.000 €. Auf das einzelne Erzeugnis entfallen 30 Minuten Produktionszeit (B). Die produktive Arbeitszeit in dem Betrieb beträgt im Geschäftsjahr 110.000 Minuten.

$$C = \frac{650.000\ \text{€} \times 30}{110.000}$$

C = 177,27 €

627 Die Herstellungskosten wurden im § 255 Abs. 2 HGB anhand der Regelung in Abschnitt 33 der Einkommensteuerrichtlinien definiert. Es sollte so eine Regelung zum Gesetz erhoben werden, die sich in vielen Jahren bewährt hat und deshalb als **Grundsatz ordnungsmäßiger Buchführung** anzusehen ist.[288]

Unterschiedliche Aktivierung in Handels- und Steuerbilanz

628 Zwischen der gesetzlichen Regelung in § 255 Abs. 2 HGB und der Regelung in den Einkommensteuerrichtlinien bestehen zum Teil Unterschiede bezüglich des **Aktivierungsgebots** oder des **Aktivierungswahlrechts** einzelner Herstellungsgemeinkosten.

---

288 Regierungsentwurf, Begründung S. 88; Ausschussbericht, S. 101.

Aktivierung in Handels- und Steuerbilanz

Herstellungsgemeinkosten	Handelsbilanz	Steuerbilanz
Gruppe I	Aktivierungswahlrecht	Aktivierungsgebot
Auf den Zeitraum der Herstellung entfallende angemessene Teile der		
▪ notwendigen Materialgemeinkosten ▪ notwendigen Fertigungsgemeinkosten ▪ Abschreibungen des Anlagevermögens, soweit sie durch die Fertigung veranlasst sind		
Gruppe II	Aktivierungswahlrecht	Aktivierungswahlrecht
▪ Kosten der allgemeinen Verwaltung ▪ Aufwendungen für soziale Einrichtungen des Betriebs ▪ Aufwendungen für freiwillige soziale Leistungen ▪ Aufwendungen für betriebliche Altersversorgung		

Für die in **Gruppe I** der vorstehenden Tabelle aufgeführten Gemeinkosten besteht

- **handelsrechtlich** nach dem Gesetzeswortlaut ein Wahlrecht, sie als Herstellungskosten anzusetzen,
- **steuerrechtlich** im Gegensatz hierzu ein Aktivierungsgebot.[289]

Das handelsrechtliche Wahlrecht kann aber nur im Rahmen der Grundsätze ordnungsmäßiger Buchführung ausgeübt werden. Bei stark schwankenden Lagerbeständen kann ihre Nichteinrechnung in die Herstellungskosten, insbesondere die Nichtberücksichtigung von Abschreibungen der Maschinen und maschinellen Anlagen sowie der Fabrikationsgebäude, zu erheblichen Gewinnsprüngen führen.[290] Aus dem **Grundsatz der Vergleichbarkeit** wird die Aktivierungspflicht für

629

---

289 R 33 Abs. 1 EStR.
290 Kropff, in: Geßler u. a., AktG § 155 Tz. 19, 20.

die vollen Fertigungsgemeinkosten abzüglich der Leerkosten gefolgert.[291]

Beispiel

Ein Automobilwerk kann im Jahr 01 einen erheblichen Teil der hergestellten Pkw nicht absetzen. Es werden daher die Pkw zunächst „auf Halde" produziert. Die auf die Fertigung dieser Pkw entfallenden Abschreibungen betragen 2.000.000 €. Im Jahr 02 können die im Jahr 01 nicht abgesetzten Pkw restlos verkauft werden, weil die Konjunktur sich wieder belebt hat. Die hierauf entfallenden Umsatzerlöse betragen 3.500.000 €. Es entspricht dem Grundsatz der Vergleichbarkeit, die Abschreibungen im Jahr 01 bei den Herstellungskosten der Vorräte zu erfassen und sie den Erlösen im Jahr 02 als Aufwand gegenzurechnen.

630 Hinsichtlich der **Gruppe II** der Aufwendungen der vorstehenden Tabelle folgt aus dem handelsrechtlichen Wahlrecht, die genannten Gemeinkosten als Herstellungskosten anzusetzen, kein Ansatzgebot für die Steuerbilanz. Es handelt sich nicht um eine Regelung der Bilanzierung, bei der sich aus einem handelsrechtlichen Aktivierungswahlrecht ein steuerrechtliches Aktivierungsgebot ergibt (→Rdn. 166 f.), sondern um eine Regelung der Bewertung. Hier ist auf Grund des Bewertungsvorbehalts in § 5 Abs. 6 EStG steuerlich eine eigenständige Regelung möglich.

Nach den Verwaltungsanweisungen gilt das handelsrechtliche Bewertungswahlrecht für die Einbeziehung dieser Gemeinkosten auch für die Steuerbilanz. Allerdings besteht insoweit eine Bindung der Steuerbilanz an die Handelsbilanz, als das Wahlrecht in der Steuerbilanz, die genannten Gemeinkosten als Herstellungskosten anzusetzen, nur übereinstimmend mit dem Ansatz in der Handelsbilanz ausgeübt werden kann (→Rdn. 545).[292]

---

291 Leffson, GoB, S. 315 ff., 329.
292 R 33 Abs. 4 Satz 1 EStR.

Vertriebskosten

Vertriebskosten rechnen weder handelsrechtlich (§ 255 Abs. 2 Satz 6 HGB) noch steuerrechtlich[293] zu den Herstellungskosten.

631

2.4.5 Zinsen für Fremdkapital

§ 255 Abs. 3 HGB
Zinsen für Fremdkapital gehören nicht zu den Herstellungskosten. Zinsen für Fremdkapital, das zur Finanzierung der Herstellung eines Vermögensgegenstandes verwendet wird, dürfen angesetzt werden, soweit sie auf den Zeitraum der Herstellung entfallen; in diesem Falle gelten sie als Herstellungskosten des Vermögensgegenstandes.

Handelsbilanz

Zinsen für Fremdkapital sind wie alle Finanzierungskosten Entgelt für einen Kredit und damit **nicht Anschaffungs- oder Herstellungskosten** der mit dem Kredit finanzierten Anschaffung oder Herstellung eines Vermögensgegenstandes.[294] § 255 Abs. 3 Satz 1 HGB, wonach Zinsen für Fremdkapital nicht zu den Herstellungskosten gehören, ist daher nur eine Klarstellung.

632

Kreditzinsen dürfen unter bestimmten Voraussetzungen als Herstellungskosten aktiviert werden. Steuerrechtlich besteht unter den gleichen Voraussetzungen ein Aktivierungswahlrecht. Für seine Ausübung ist eine entsprechende Behandlung in der Handelsbilanz erforderlich.[295]

Voraussetzungen für die Aktivierung der Kreditzinsen

1. Fremdkapital zur Finanzierung der Herstellung eines Vermögensgegenstands verwendet.
2. Zinsen entfallen auf den Zeitraum der Herstellung des Vermögensgegenstands.

In der Praxis werden Fremdkapitalzinsen im Wesentlichen in Branchen mit langfristiger Fertigung bei hohem Einsatz von Fremdkapital

---

293 H 33 (Herstellungskosten) EStH.
294 BFH, Urt. v. 24.5.1968 VI R 6/67, BStBl 1968 II S. 574.
295 R 33 Abs. 4 Satz 1 EStR.

aktiviert, z. B. Flugzeugbau, Werften, Unternehmen der Wohnungswirtschaft.[296]

633 **Handelsrechtlich** ist das Aktivierungswahlrecht eine **Bilanzierungshilfe**, der Gesetzentwurf der Bundesregierung spricht von „Bewertungshilfe", deren Inanspruchnahme dem Bilanzierenden völlig freigestellt ist.[297]
Werden die Fremdkapitalzinsen aktiviert, so werden sie als Herstellungskosten des hergestellten Vermögensgegenstandes fingiert. Die Aktivierungsmöglichkeit von Fremdkapitalzinsen als Herstellungskosten gab es zuerst nach einer Regelung in Abschnitt 33 EStR. Um eine übereinstimmende Bewertung in der Handelsbilanz zu ermöglichen, wurde eine entsprechende Regelung in § 255 Abs. 4 HGB formuliert.

Steuerbilanz

634 Die **steuerrechtliche Aktivierung** der Zinsen als Herstellungskosten ist von dem Ansatz in der Handelsbilanz abhängig. Auf der anderen Seite fragt es sich, ob ein Ansatz in der Handelsbilanz zwingend die Aktivierung in der Steuerbilanz zur Folge hat. Das ist zu verneinen. Eine als Bilanzierungshilfe gegebene Fiktion schafft keine Bindung für die Steuerbilanz.[298]
Wird daher das Aktivierungswahlrecht in der Handelsbilanz ausgeübt, kann gleichwohl in der Steuerbilanz die Aktivierung der Zinsen für Fremdkapital als Herstellungskosten unterbleiben. Nur für die Aktivierung als Herstellungskosten ist die gleich lautende Aktivierung in der Handelsbilanz Voraussetzung. Die Nichtaktivierung in der Steuerbilanz ist nicht an eine entsprechende Bewertung in der Handelsbilanz gebunden.

2.4.6 Vorsteuer

635 In Rechnung gestellte Vorsteuer gehört, soweit sie bei der Umsatzsteuer abgezogen werden kann, nicht zu den Herstellungskosten des Wirtschaftsguts, auf dessen Herstellung sie entfällt (§ 9b Abs. 1 Satz 1 UStG).

---

296 Ellrott/Schmidt-Wendt, in: Beck Bil-Komm. § 255 Rdn. 507.
297 Regierungsentwurf, Begründung S. 88.
298 Schmidt/Weber-Grellet EStG § 5 Rz. 32.

Wird der Vorsteuerabzug nachträglich nach § 15a UStG **berichtigt**, so ändern sich hierdurch die Herstellungskosten nicht. Mehrbeträge sind als Betriebseinnahmen, Minderbeträge als Betriebsausgaben zu behandeln (§ 9b Abs. 2 EStG). 636

Ist der Vorsteuerbetrag umsatzsteuerrechtlich zum Teil abziehbar und zum Teil nicht abziehbar, so galt bis zum Veranlagungszeitraum 2000 nach § 9b Abs. 1 Satz 2 EStG eine **Vereinfachungsregel**. Der nicht abziehbare Teil brauchte den Herstellungskosten des Wirtschaftsguts, auf dessen Herstellung er entfiel, nicht zugerechnet zu werden, wenn er 637

- 25 % des Vorsteuerbetrags und 260 € nicht überstieg oder
- wenn die zum Ausschluss vom Vorsteuerabzug führenden Umsätze nicht mehr als 3 % des Gesamtumsatzes betrugen.

Voraussetzung für die Anwendung der Vereinfachungsregelung war, dass ein an das Unternehmen gelieferter Gegenstand teilweise zur Ausführung von Umsätzen, die den Vorsteuerabzug ausschließen, teilweise zur Ausführung von Umsätzen, die zum Vorsteuerabzug berechtigen, verwendet wurde.[299] Da diese Regelung in der Praxis nur geringe Bedeutung hatte, wurde sie durch das StÄndG 2001 mit Wirkung ab Veranlagungszeitraum 2001 aufgehoben.

Bei **Gebäuden** ist zu beachten, dass diese aus verschiedenen Wirtschaftsgütern bestehen können. 638

Beispiel

Ein gewerblicher Unternehmer nutzt ein zu seinem Betriebsvermögen gehörendes Gebäude teils für eigenbetriebliche Zwecke und teils vermietet er es zu Wohnzwecken. Das Haus besteht hier aus den selbstständigen Wirtschaftsgütern „eigenbetrieblich genutzter Gebäudeteil" und „zu fremden Wohnzwecken genutzter Gebäudeteil". Die Vorsteuern sind diesen verschiedenen Wirtschaftsgütern zuzurechnen. Die auf den vermieteten Teil entfallenden Vorsteuern rechnen voll zu den Herstellungskosten.

§ 9b EStG regelt die Folgen, die einkommensteuerrechtlich an den Vorsteuerabzug zu knüpfen sind, insbesondere, wie die Vorsteuer

---

299 Schmidt/Weber-Grellet EStG § 9b Rz. 12.

beim Ansatz der Anschaffungs- oder Herstellungskosten eines Wirtschaftsguts zu behandeln sind. Was ein Wirtschaftsgut ist, richtet sich daher nach den Vorschriften des Einkommensteuerrechts. Hiernach besteht ein Gebäude aus verschiedenen Wirtschaftsgütern, je nachdem in welchem Nutzungszusammenhang die Gebäudeteile stehen.[300] Daher müssen die bei der Herstellung des Gebäudes angefallenen Vorsteuerbeträge zunächst den steuerrechtlich selbstständigen Gebäudeteilen zugeordnet werden. Die danach auf das Wirtschaftsgut „zu fremden Wohnzwecken genutzter Gebäudeteil" entfallenden Vorsteuerbeträge sind nach § 15 Abs. 2 UStG in voller Höhe vom Abzug ausgeschlossen. Die Anwendung von § 9b Abs. 1 Satz 2 EStG kam daher schon deshalb nicht in Betracht.[301]

2.4.7 Bauaufwendungen

Kleinmaßnahmen

639 Ob bei einem Gebäude im Rahmen einer Baumaßnahme Herstellungsaufwand vorliegt, ist im Allgemeinen nur bei verhältnismäßig großen Aufwendungen zu prüfen. Betragen die Aufwendungen für die einzelne Baumaßnahme nicht mehr als 2.100 € (Rechnungsbetrag ohne Umsatzsteuer) je Gebäude, so ist nach den Verwaltungsanweisungen der Aufwand auf Antrag als Erhaltungsaufwand zu behandeln. Das gilt aber nicht, wenn es sich um Aufwendungen zur endgültigen Fertigstellung eines neu errichteten Gebäudes handelt.[302]

Gebäude und Gebäudeteile

640 **Gebäude** sind für die Bewertung grundsätzlich als Einheit zu behandeln. Dabei ist zu berücksichtigen, dass es selbstständige und unselbstständige Gebäudeteile gibt.

- **Unselbstständige Gebäudeteile** sind einheitlich mit dem Gebäude zu bewerten.
- **Selbstständige Gebäudeteile** sind aber eigenständige Wirtschaftsgüter oder Vermögensgegenstände. Sie sind gesondert zu erfassen

---

300 R 13 Abs. 4 EStR.
301 Hessisches Finanzgericht, Urteil vom 29.4.1982 XI 86/77, rechtskräftig, EFG 1983 S. 121; R 86 Abs. 2 Satz 4 EStR.
302 R 157 Abs. 3 Sätze 2 und 3 EStR.

und zu bewerten, gleichgültig, ob sie von vornherein bei der Errichtung eines Neubaus eingebaut werden oder ob sie nachträglich errichtet werden. Die Bauaufwendungen sind von vornherein auf die einzelnen Gebäudeteile aufzuteilen.

Zur Bilanzierung der Gebäudeteile →Rdn. 211 ff.

Fall

U errichtet ein Wohn- und Geschäftshaus. Im Kellergeschoss, Erdgeschoss und ersten Obergeschoss befindet sich ein Kaufhaus. Einige Abteilungen sind durch hölzerne Zwischenwände abgeteilt. Die Wände sind teilweise holzvertäfelt. Unterhalb der Gebäudedecken sind im Kaufhausteil Zwischendecken angebracht. Die einzelnen Stockwerke im Kaufhausteil werden durch Rolltreppen und einen Lastenaufzug verbunden. Im Erdgeschoss befindet sich eine Schaufensteranlage. Im zweiten Obergeschoss befinden sich eine Arzt- und eine Zahnarztpraxis, deren Räume U vermietet hat. Im dritten und vierten Obergeschoss befinden sich Wohnungen, die fremdvermietet sind. U betreibt das Kaufhaus selbst. Eine der fremdvermieteten Wohnungen bewohnt ein Arbeitnehmer des U. Das Gebäude hat einen Personenaufzug. Wie sind die Herstellungskosten des Gebäudes anzusetzen?

Lösung

Soweit selbstständige Gebäudeteile entstanden sind, sind diese als eigenständige Vermögensgegenstände zu erfassen: Das sind

a) der eigenbetrieblich genutzte Gebäudeteil einschließlich der Wohnung des Arbeitnehmers;

b) der Ladeneinbau, bestehend aus den Einbauten, die statisch für das Gebäude unwesentlich sind: Zwischenwände, Holzvertäfelungen, Zwischendecken und Rolltreppen;

c) die Schaufensteranlage;

d) der Lastenaufzug;

e) der fremdbetrieblich genutzte Gebäudeteil: zweites Obergeschoss;

f) der zu fremden Wohnzwecken genutzte Gebäudeteil: drittes und viertes Obergeschoss außer der Wohnung des Arbeitnehmers.

Der Personenaufzug ist ein unselbstständiger Gebäudeteil. Die Herstellungskosten sind beim Gebäude zu erfassen.

641 Zur Frage, inwieweit die einzelnen Grundstücksteile zum Betriebsvermögen gehören und deshalb bilanziert werden, →Rdn. 19 ff.

Aufstockungen

642 Bei einer **Aufstockung** wird ein Gebäude um ein weiteres Stockwerk erweitert. Handelt es sich dabei um einen grundlegenden Umbau des bisherigen Gebäudes, so entsteht ein neues Wirtschaftsgut, das aus alten und neuen Teilen besteht. Anderenfalls sind die Aufstockungsaufwendungen als nachträgliche Herstellungskosten beim bisherigen Gebäude zu aktivieren.

Eine Aufstockung eines Gebäudes ist nicht ohne weiteres ein grundlegender Umbau, auch wenn hierdurch die Bausubstanz erheblich vermehrt worden ist.

Beispiel

U errichtete vor 20 Jahren auf seinem Grundstück eine Gaststätte. Die Herstellungskosten betrugen umgerechnet 200.000 €. Im Jahr 01 stockt er die Gaststätte um ein Stockwerk auf und richtet hierin Fremdenzimmer ein. Die Baumaßnahme ist im November beendet. Die Aufwendungen haben 350.000 € betragen.

Das Gaststättengebäude war bereits vor der Aufstockung fertig gestellt. Die Aufstockung ist lediglich eine Ergänzung des Gebäudes. Die zusätzlichen Baumaßnahmen gehen in der wirtschaftlichen Einheit des Gesamtgebäudes auf. Das aufgestockte Gebäude ist also, wirtschaftlich gesehen, kein Neubau.[303] Es handelt sich um nachträgliche Herstellungskosten beim bisherigen Gebäude. Auf der anderen Seite dienen die Fremdenzimmer wie die Gaststätte der eigenbetrieblichen Nutzung und sind daher in ihrer Gesamtheit für sich gesehen kein selbstständiger Gebäudeteil neben dem Gaststättenteil.

---

303 BFH, Urteil v. 20.2.1975 IV R 241/69, BStBl 1975 II S. 412.

Grundlegender Umbau

Ein **grundlegender Umbau** zu einem neuen Wirtschaftsgut ist gegeben, wenn das bisherige Wirtschaftsgut im Wesen geändert und so tiefgreifend umgestaltet oder in einem solchen Ausmaß erweitert wird, dass die eingefügten neuen Teile der Gesamtsache das Gepräge geben und die verwendeten Altteile bedeutungs- und wertmäßig untergeordnet erscheinen.[304]

Aus Vereinfachungsgründen kann von der Herstellung eines neuen Gebäudes ausgegangen werden, wenn der Bauaufwand zuzüglich des Werts der Eigenleistung nach überschlägiger Berechnung den Verkehrswert des bisherigen Wirtschaftsguts übersteigt.[305] Es besteht in diesem Fall daher ein Wahlrecht, ob von nachträglichen Herstellungsarbeiten an einem vorhandenen Gebäude oder von der Herstellung eines anderen Gebäudes auszugehen ist. Dieses Wahlrecht kann nicht nur vom Bauherrn ausgeübt werden, sondern auch vom Erwerber eines vom Veräußerer sanierten Gebäudes und vom Erwerber eines teilsanierten Gebäudes bei anschließender Fertigstellung.[306]

643

Anbauten

Bei **Anbauten** ist zu unterscheiden, ob eine Verschachtelung oder keine Verschachtelung zwischen dem bisherigen Gebäude und dem Anbau vorliegt.

644

Anbauten			
Verschachtelung		Keine Verschachtelung	
Neubauteile geben dem Gebäude das Gepräge.	Neubauteile geben dem Gebäude nicht das Gepräge.	Anbau dient dem Gebäude derart, dass es ohne ihn unvollständig ist.	Anbau dient dem Gebäude nicht oder nicht in dem Maße, dass es ohne ihn unvollständig wäre.

---

304 H 43 (Nachträgliche Anschaffungs- oder Herstellungskosten) EStH.
305 R 43 Abs. 5 Satz 2 EStR.
306 OFD Frankfurt a.M., Rdvfg. v. 17.9.1998 – S 2190 A – 23 – St II 24, BB 1999 S. 152.

Anbauten		
Verschachtelung		Keine Verschachtelung
Es ist ein neues Wirtschaftsgut aus Alt- und Neubauteilen entstanden.	Die Aufwendungen sind als nachträgliche Herstellungskosten zum Gebäude zu aktivieren.	Der Anbau ist ein neues selbstständiges Wirtschaftsgut.

645 Nach der Rechtsprechung des BFH führt erst eine Mehrzahl baulicher Verbindungen zu einer Verschachtelung und damit zur Entstehung eines einheitlichen Gebäudes.[307] Die Verbindungen müssen derartig sein, dass sie bei einem etwaigen Verkauf des Anbaus nicht ohne erhebliche Bauaufwendungen voneinander getrennt werden können.[308]

646 Hat der Anbau eigene Fundamente, eigene Mauern und einen eigenen Eingang, können eine gemeinsame Versorgung von Gebäude und Anbau mit Energie, Wärme und Wasser, Verbindungstüren zwischen Gebäude und Anbau sowie das Hinüberreichen einzelner Zimmer vom Gebäude in den Anbau eine Verschachtelung nicht begründen. Fehlt es aber an einer ausreichenden baulichen Verschachtelung, so bildet der Anbau ein selbstständiges Wirtschaftsgut. Auf die Wert- und Größenverhältnisse der Alt- und Neubauteile kommt es dann nicht mehr an.[309]

647 Ein nicht mit dem Gebäude verschachtelter Anbau ist Teil des Gebäudes, wenn das Gebäude ohne den Anbau unvollständig wäre.

Beispiel

Unternehmer U baut an ein Miethaus, dessen Wohnungen er an eigene Arbeitnehmer vermietet hat, Garagen an. Die Garagen stehen zum Gebäude in einem engen Nutzungs- und Funktionszusammenhang und vervollständigen es daher. Die Bauaufwendungen sind nachträgliche Herstellungskosten des Gebäudes.

---

307 BFH, Urt. v. 9.8.1973 V R 41/73, BStBl 1973 II S. 874.
308 BFH, Urt. v. 20.10.1965 VI 62/65 U, BStBl 1966 III S. 86.
309 BFH, Urt. v. 5.12.1974 V R 30/74, BStBl 1975 II S. 344.

Substanzvermehrung

Auch Aufwendungen zur **Vergrößerung der nutzbaren Fläche** können als Herstellungskosten aktiviert werden. Es reicht auch eine geringfügige Vergrößerung der Nutzfläche aus.

648

Beispiele

Vergrößerung der Nutzfläche durch eine Dachgaube, einen Balkon, eine Terrasse über die ganze Gebäudeseite. Ersatz eines Flachdaches durch ein Satteldach, wodurch erstmals ausbaufähiger Dachraum geschaffen wird.

Was zur nutzbaren Fläche gehört und wie diese ermittelt wird, richtet sich nach §§ 43 und 44 der II. Berechnungsverordnung. Hiernach wird die Grundfläche entweder nach den Fertigmaßen oder den Rohbaumaßen ermittelt. Die Wahl ist freigestellt. Sie ist dann aber für alle späteren Berechnungen maßgebend.[310]

Ein Gebäude kann in seiner **Substanz vermehrt** werden, ohne dass zugleich seine nutzbare Fläche vergrößert wird.

649

Beispiel

Zusätzliche Trennwände werden eingesetzt. Eine Außentreppe wird errichtet. Eine Alarmanlage wird eingebaut. Eine Sonnenmarkise wird angebracht. Einbau eines Kachelofens oder eines Kamins.

In diesen Fällen sind die Aufwendungen als nachträgliche Herstellungskosten zu aktivieren.

Erfüllt aber der neue Gebäudebestandteil oder die neue Anlage die Funktion des bisherigen Gebäudebestandteils in vergleichbarer Weise, handelt es sich um Erhaltungsaufwand (→Rdn. 613 f.).

Das ist auch der Fall, wenn der neue Gebäudebestandteil nicht wie der bisherige beschaffen ist oder die Anlage technisch nicht in der gleichen Weise wirkt wie die ersetzte, sondern nur dem technischen Fortschritt entsprechend modernisiert worden ist.

---

310 BMF, Schr. v. 16.12.1996 IV B 3 – S 2211 – 69/96, BStBl 1996 I S. 1442.

Beispiele

Eine zusätzliche Fassadenverkleidung wird zu Wärme- oder Schallschutzzwecken angebracht.[311] Eine Heizungsanlage von Einzelöfen wird auf eine Zentralheizung umgestellt.[312] Ein Flachdach wird durch ein Satteldach ersetzt, wodurch lediglich der Raum erhöht wird, ohne die nutzbare Fläche und damit die Nutzungsmöglichkeiten zu erweitern.[313] Ein bereits vorhandenes Fenster wird lediglich vergrößert. Wände werden versetzt.

650 Auch wenn eine neuer Gebäudebestandteil lediglich deshalb dem Gebäude hinzugefügt wird, um bereits eingetretene Schäden zu beseitigen oder einen konkret drohenden Schaden abzuwenden, erfüllt er die Funktion des bisherigen Gebäudeteils in vergleichbarer Weise. Hierdurch wird messbar zwar die Substanz vermehrt. Wirtschaftlich wird dadurch aber lediglich die Substanz erhalten.

Beispiel

Eine Betonschale wird zur Trockenlegung der durchfeuchteten Fundamente angebracht.[314] Wohnungszugänge oder eine Dachterrasse werden mit einem Glasdach zum Schutz vor weiteren Wasserschäden überdacht.[315]

Wesentliche Verbesserungen

651 Nicht jede **Verbesserungsmaßnahme** an einem Gebäude führt zu Herstellungsaufwand, der zu aktivieren ist. Es muss sich vielmehr um über den ursprünglichen Zustand hinausgehende wesentliche Verbesserungen handeln.

Werden **Baumaßnahmen an einem Gebäude** durchgeführt, so ist darauf abzustellen, ob das Gebäude selbst über seinen ursprünglichen Zustand hinaus wesentlich verbessert wird (→Rdn. 612).

---

311 BFH, Urt. v. 13.3.1979 VIII R 83/77, BStBl 1979 II S. 435.
312 BFH, Urt. v. 24.7.1979 VIII R 162/78, BStBl 1980 II S. 7.
313 BFH, Urt. v. 13.12.1984 VIII R 273/81, BStBl 1985 II S. 394.
314 BMF, Schr. v. 16.12.1996 IV B 3 – S 2211 – 69/96, BStBl 1996 I S. 1442, Abschnitt I. 2.3 entgegen BFH, Urt. v. 10.5.1995 IX R 62/94, BStBl 1996 II S. 639.
315 BFH, Urt. v. 24.2.1981 VIII R 122/79, BStBl 1981 II S. 468.

Wird lediglich eine **Anlage** im Gebäude deutlich verbessert, so ist das in der Regel keine wesentliche Verbesserung des Gebäudes insgesamt. Ist daher die Anlage ein unselbstständiger Gebäudeteil (→Rdn. 202 ff.), so sind die Bauaufwendungen laufende Aufwendungen und damit sofort als Betriebsausgaben abzusetzen. Ist aber die Anlage ein selbstständiger Gebäudeteil und damit ein selbstständiges Wirtschaftsgut, so wird die Anlage als selbstständiges Wirtschaftsgut wesentlich verbessert. Die Aufwendungen sind daher als nachträgliche Herstellungskosten der Anlage zu aktivieren.

652

Beispiele

a) Unternehmer U ersetzt in seinem Bürogebäude die Kohleöfen durch eine Zentralheizung. Eine Heizung in einem Bürogebäude ist ein unselbstständiger Gebäudeteil. Zwar ist eine Zentralheizung gegenüber einer Ofenheizung eine wesentliche Verbesserung. Sie erfüllt aber für das Gebäude die gleiche Funktion wie die Ofenheizung. Die Verwendungs- und Nutzungsmöglichkeit des Gebäudes wird durch sie nicht deutlich geändert. Der Einbau der Zentralheizung anstelle der Ofenheizung ist keine wesentliche Verbesserung des Gebäudes. Die Aufwendungen hierfür sind keine Herstellungskosten, sondern Erhaltungsaufwendungen.[316]

b) In einem Lagergebäude wird der Lastenaufzug ersetzt. Ein Lastenaufzug ist eine Betriebsvorrichtung und damit ein selbstständiger Gebäudeteil. Der alte Lastenaufzug ist mit seinem Buchwert auszubuchen. Der neue Lastenaufzug wird mit seinen Anschaffungskosten bilanziert.

Ist ein Gebäude so abgenutzt, dass es unbrauchbar geworden ist, man also von einem **Vollverschleiß** sprechen kann, so wird praktisch mit Instandsetzungs- und Modernisierungsarbeiten ein neues Gebäude unter Verwendung der übrigen noch nutzbaren Teile des alten Gebäudes hergestellt.

653

Soweit die Gebäudesubstanz abgebrochen wird, sind der hierauf entfallende Buchwert und die Abbruchkosten sofort absetzbare Betriebsausgaben. Der auf den bestehen bleibenden Teil des Hauses entfallende Buchwert geht zusätzlich in die Herstellungskosten des neuen

---

316 BFH, Urt. v. 24.7.1979 VIII R 162/78, BStBl 1980 II S. 7.

Gebäudes ein. Nach Errichtung des Hauses sind die Gesamtaufwendungen Herstellungskosten eines neuen Gebäudes.[317]

654 Führen **Instandsetzungs- oder Modernisierungsmaßnahmen** zu einer über den ursprünglichen Zustand hinausgehenden wesentlichen Verbesserung des Gebäudes, so sind sie als Herstellungskosten zu aktivieren.

Hierbei ist der Zustand des Gebäudes zu vergleichen
- nach den Instandsetzungs- oder Modernisierungsmaßnahmen und
- im Zeitpunkt der Herstellung oder Anschaffung durch den Unternehmer oder im Fall des unentgeltlichen Erwerbs durch seinen Rechtsvorgänger.

Durch anderweitige Herstellungs- oder Anschaffungskosten, Absetzungen für außergewöhnliche Abnutzung nach § 7 Abs. 4 Satz 3 in Verbindung mit § 7 Abs. 1 Satz 5 EStG, Teilwertabschreibungen, Entnahmen aus einem Betriebsvermögen oder Einlagen in ein Betriebsvermögen wird die AfA-Bemessungsgrundlage verändert. Für die Bestimmung des ursprünglichen Zustandes kommt es daher auf den Zustand nach diesen genannten Veränderungen der AfA-Bemessungsgrundlage an.

655 Eine wesentliche Verbesserung ist eine Baumaßnahme zur Instandsetzung oder Modernisierung eines Gebäudes erst dann, wenn sie
- über eine zeitgemäße substanzerhaltende Erneuerung hinausgeht,
- den Gebrauchswert des Gebäudes insgesamt deutlich erhöht und
- für die Zukunft eine erweiterte Nutzungsmöglichkeit schafft.[318]

---

317 BMF, Schr. v. 16.12.1996 IV B 3 – S 2211 – 69/96, BStBl 1996 I S. 1442.
318 BMF, Schr. v. 16.12.1996 IV B 3 – S 2211 – 69/96, BStBl 1996 I S. 1442, Abschnitt I. 3.2.

Gebäudeverbesserungen	
Substanzerhaltende Erneuerung: Erhaltungsaufwand	Gebrauchswerterhöhung: Herstellungskosten
Der ordnungsgemäße Zustand eines Gebäudes wird erhalten oder in zeitgemäßer Form wiederhergestellt durch - Ersetzung einzelner Bestandteile des Gebäudes oder - Instandsetzungs- oder Modernisierungsmaßnahmen an dem Gebäude als Ganzem.	- Der Wohnstandard des Gebäudes ist maßgeblich gesteigert z. B. durch Verwendung außergewöhnlich hochwertiger Materialien oder eine besondere bauliche Gestaltung, wodurch eine andere Wohnungskategorie erreicht wird. - Die Gesamtnutzungsdauer des Gebäudes wird deutlich verlängert durch Veränderung der die Lebensdauer des Gebäudes bestimmenden Substanz, z. B. der tragenden Wände, Decken oder Fundamente. - Deutlicher Anstieg der erzielbaren Miete nach der Baumaßnahme, die aber nicht lediglich auf zeitgemäßen bestanderhaltenden Erneuerungen beruht.

Herstellungskosten können **mit Erhaltungsaufwendungen zusammentreffen**. Dann ist zu entscheiden, inwieweit zu aktivierende Herstellungskosten und sofort abziehbare Erhaltungsaufwendungen vorliegen.

656

Herstellungskosten/Erhaltungsaufwendungen	
Umfassende Instandsetzungs- und Modernisierungsmaßnahme	Bündel von Einzelmaßnahmen
Es werden durchgeführt - sowohl Arbeiten zur Erweiterung des Gebäudes oder über eine zeitgemäße substanzerhaltende Erneuerung hinausgehende Maßnahmen - als auch Erhaltungsmaßnahmen.	- Einzelmaßnahmen sind je für sich genommen teils Herstellungsmaßnahmen und teils Erhaltungsmaßnahmen und - stehen in engem räumlichen, zeitlichen und sachlichen Zusammenhang.
Aufteilung der Aufwendungen ggf. im Wege der Schätzung in Herstellungskosten und Erhaltungsaufwendungen.	Die Aufwendungen sind insgesamt Herstellungskosten.

657　Ein **sachlicher Zusammenhang** (rechte Spalte der Übersicht) ist zwischen Herstellungs- und Erhaltungsaufwendungen gegeben, wenn die Erhaltungsarbeiten Vorbedingung für die Herstellungsarbeiten sind oder durch bestimmte Herstellungsarbeiten veranlasst worden sind.

Beispiel

Ein Gebäude soll erweitert werden. Zuvor müssen Erhaltungsmaßnahmen an den Fundamenten durchgeführt werden. Die Erhaltungsarbeiten sind Vorbedingung für die Herstellungsarbeiten und daher Herstellungskosten.

658　Ein sachlicher Zusammenhang wird nicht dadurch gelöst, dass die Arbeiten in verschiedenen Stockwerken des Gebäudes ausgeführt werden.

Beispiel

Im Dachgeschoss eines mehrstöckigen Gebäudes werden erstmals Bäder eingebaut. Deshalb werden Fallrohre durch die unteren Stockwerke durchgeführt. Hierdurch entstehen in den Badezimmern der unteren Stockwerke Schäden. Die Aufwendungen zur Beseitigung dieser Schäden wurden durch die Herstellungsarbeiten veranlasst und sind daher Herstellungskosten. Werden gleichzeitig auch die übrigen Badezimmer neu verfliest, sind diese Aufwendungen nicht durch die Herstellungsarbeiten veranlasst und bleiben daher Erhaltungsaufwendungen.

Anschaffungsnaher Aufwand

659　Werden Bauaufwendungen nach der Anschaffung eines Gebäudes ausgeführt, so kommt eine Aktivierung als **anschaffungsnaher Aufwand** in Betracht. Die Aufwendungen können beim Erwerber als Herstellungskosten zu aktivieren sein, auch wenn sie, wären sie beim Veräußerer angefallen, sofort als Erhaltungsaufwendungen abziehbar gewesen wären. Anschaffung ist das obligatorische Rechtsgeschäft. Es ist also nicht auf die Eintragung im Grundbuch abzustellen.[319]

---

[319] BFH, Urt. v. 6.2.1979 VIII R 105/75, BStBl 1979 II S. 509.

Es ist zu unterscheiden[320]:
- Herstellungsarbeiten (→Rdn. 607 ff., 642 ff.), z. B. Ausbauten: Aufwendungen sind Herstellungskosten.
- Laufender Erhaltungsaufwand, der jährlich üblicherweise anfällt (→Rdn. 613 f.): Abzug als Betriebsausgaben.
- Aufwendungen zur Beseitigung versteckter Mängel: Abzug als Betriebsausgaben.
- Instandsetzungsaufwendungen: Prüfen, ob sie als anschaffungsnaher Aufwand zu aktivieren sind.

660

Instandsetzungsaufwendungen		
In den ersten 3 Jahren nach Anschaffung		Später als 3 Jahre nach Anschaffung
Nettobetrag bis 15 % der Anschaffungskosten des Gebäudes	Nettobetrag höher als 15 % der Anschaffungskosten des Gebäudes	
In der Regel nicht prüfen, ob als Herstellungskosten zu aktivieren.	Prüfen, ob als Herstellungskosten zu aktivieren.	Im Allgemeinen kein Zusammenhang mit der Anschaffung.

661

Für die Höhe der Instandsetzungsaufwendungen ist maßgebend der Rechnungsbetrag ohne Umsatzsteuer. Innerhalb des Dreijahreszeitraums sind die Veranlagungen nach § 165 Abs. 1 AO vorläufig durchzuführen, solange in diesem Zeitraum die Instandsetzungsaufwendungen 15 % der Anschaffungskosten des Gebäudes nicht übersteigen.

662

Werden Instandsetzungsaufwendungen innerhalb von 3 Jahren nach Abschluss des Kaufvertrags[321] in Höhe von mehr als 15 % der Anschaffungskosten des Gebäudes nachgeholt, sind diese nicht schon automatisch als Herstellungskosten zu aktivieren. Vielmehr handelt es sich hier um eine so genannte **Aufgriffsgrenze**, die eine Prüfung veranlasst, ob die Aufwendungen nach den allgemeinen Grundsätzen Herstellungskosten sind.

663

---

320 R 157 Abs. 4 EStR.
321 Schmidt/Glanegger EStG § 6 Rz. 112.

Diese Merkmale zur Abgrenzung von Erhaltungs- und Herstellungsaufwand bei Gebäuden gelten bei selbstständigen Gebäudeteilen entsprechend.[322]

664 In einem beim BFH anhängigen Fall, dem ein ähnlicher Sachverhalt wie im folgenden Beispiel zu Grunde liegt, ist der BMF zum Verfahrensbeitritt aufgefordert worden.

Beispiel

U kauft im Jahr 34 ein im Jahr 01 errichtetes gemischt genutztes Mietwohngrundstück mit Ladenlokal. Vom Kaufpreis entfielen umgerechnet 150.000 € Anschaffungskosten auf das Gebäude. U ließ in den Jahren 01 bis 04 für insgesamt umgerechnet 65.000 € Isolierglasfenster einbauen, die Ofenheizungen gegen Etagenheizungen umtauschen und die Bäder modernisieren. Die Mieteinnahmen betrugen vor den Baumaßnahmen monatlich 900 € und nachher monatlich 1.800 € (umgerechnet). Nach den Umbaumaßnahmen betrug der Verkehrswert des Gebäudes nach einem Bausachverständigengutachten umgerechnet 200.000 €.

In diesem Verfahren ist u. a. darüber zu entscheiden, ob bei im Verhältnis zum Kaufpreis hohen Modernisierungsaufwendungen im Anschluss an den Erwerb eines Gebäudes in der Regel Herstellungsaufwand vorliegt. Bei anderer Beurteilung des anschaffungsnahen Instandhaltungsaufwands als es in Rdn. 660 ff. dargestellt worden ist würde der BFH von der Verwaltungspraxis und auch von seiner eigenen langjährigen Rechtsprechung abweichen.[323]

In einem anderen Fall entschied der BFH, es bestünden ernstliche Zweifel an der Rechtmäßigkeit eines Einkommensteuerbescheids, welche die Aussetzung der Vollziehung rechtfertigten (§ 69 Abs. 3 Satz 1 i. V. m. Abs. 2 Satz 2 FGO). In dem Einkommensteuerbescheid waren Modernisierungs- und Renovierungsaufwendungen im Anschluss an die Anschaffung eines Gebäudes unter dem Gesichtspunkt des anschaffungsnahen Aufwands als Herstellungsaufwand behandelt worden. Die ernstlichen Zweifel sah der BFH wegen der Unsicherheit als gegeben an, nach welchen Kriterien der anschaffungsnahe Her-

---

322 R 157 Abs. 6 EStR.
323 BFH, Beschl. v. 21.11.2000 IX R 39/97, BStBl 2001 II S. 244.

stellungsaufwand zu bestimmen ist und ob er selbst an diesem Begriff festhalten werde.[324]
Die Finanzverwaltung entschied daher, dass bis zum Vorliegen einer höchstrichterlichen Entscheidung zu einem der anhängigen Verfahren Rechtsbehelfsverfahren zum Ruhen zu bringen sind (§ 393 Abs. 2 AO) und keine Bedenken bestünden, in vergleichbaren Fällen auf Antrag Aussetzung der Vollziehung gem. § 361 Abs. 2 AO, ggf. gegen Sicherheitsleistung, zu gewähren.[325]

2.5 Testfragen zur Bewertung der Vermögensgegenstände

Nr.	Frage	Rdn.
192.	Mit welchen Werten sind Vermögensgegenstände höchstens in der Handelsbilanz anzusetzen?	527 ff.
193.	Mit welchen Werten sind Vermögensgegenstände höchstens in der Steuerbilanz anzusetzen?	536 ff.
194.	Welche Abschreibungsgebote gibt es handelsrechtlich?	539
195.	Welche Abschreibungsgebote gibt es steuerrechtlich?	540 ff.
196.	Welche Abschreibungswahlrechte gibt es handelsrechtlich?	543
197.	Welche Abschreibungswahlrechte gibt es steuerrechtlich?	544
198.	Was ist auf Grund des Maßgeblichkeitsgrundsatzes Voraussetzung für die Geltendmachung eines steuerrechtlichen Bewertungswahlrechts?	545
199.	Wie ist die Beibehaltung eines niedrigeren Werts nach einer Abschreibung bzw. die Zuschreibung auf den später gestiegenen höheren Wert handelsrechtlich geregelt?	546 f.
200.	Wie ist die Beibehaltung eines niedrigeren Werts nach einer Abschreibung bzw. die Zuschreibung auf den später gestiegenen höheren Wert steuerrechtlich geregelt?	548 ff.
201.	Was versteht man unter „Anschaffung"?	553
202.	Welche Aufwendungen gehören zu den Anschaffungskosten?	554
203.	Gehört die Vorsteuer zu den Anschaffungskosten?	560 ff.

---

324 BFH, Beschl. v. 21.2.2001 X S 10/00 (NV), BFH/NV 2001 S. 780.
325 OFD Magdeburg, Vfg. v. 9.10.2001 – S 0622 – 29 – St 311, DB 2001 S. 2374.

J Bewertung

Nr.	Frage	Rdn.
204.	Was bedeutet „Erwerb" im Rahmen der Anschaffung?	568
205.	Wann ist ein Vermögensgegenstand im Rahmen der Anschaffung betriebsbereit?	571 ff.
206.	Was sind Einzelkosten, was sind Gemeinkosten. Warum ist ihre Abgrenzung für die Anschaffungskosten wichtig?	575 ff.
207.	Wie ist die Behandlung der Zuschüsse geregelt?	590 ff.
208.	Bei welchen Tatbeständen gibt es Sacheinlagen?	599
209.	Wie werden Sacheinlagen handelsrechtlich behandelt?	600
210.	Wie werden Sacheinlagen steuerrechtlich behandelt?	601 ff.
211.	Was sind Herstellungskosten?	607
212.	Was sind die Mittel, durch die Vermögensgegenstände/Wirtschaftsgüter hergestellt werden?	608 f.
213.	Was ist Herstellung im engeren Sinne?	610
214.	Was ist Erweiterung eines Vermögensgegenstands?	611
215.	Was ist „wesentliche Verbesserung" eines Vermögensgegenstands?	612
216.	Wie werden die Herstellungskosten gegenüber den Erhaltungsaufwendungen abgegrenzt?	613
217.	Welche Aufwendungen gehören zu den Herstellungseinzelkosten?	615
218.	Besteht für die Herstellungseinzelkosten Aktivierungswahlrecht oder Aktivierungsgebot, a) in Handelsbilanz? b) in Steuerbilanz?	615
219.	Was sind Materialkosten?	616
220.	Was sind Fertigungskosten?	617
221.	Was sind Sonderkosten der Fertigung?	618
222.	Welche zwei Gruppen der Herstellungsgemeinkosten werden unterschieden?	619
223.	Besteht hierfür handelsrechtlich ein Aktivierungswahlrecht oder ein Aktivierungsgebot?	619
224.	Inwieweit sind diese Herstellungsgemeinkosten aktivierbar?	620, 623

Abschreibung der Anlagegegenstände **J**

Nr.	Frage	Rdn.
225.	Was sind echte und was unechte Leerkosten und wie ist deren Aktivierung handelsrechtlich und steuerrechtlich geregelt?	622
226.	Gehören Teilwertabschreibungen, Bewertungsfreiheiten, Sonderabschreibungen und erhöhte Abschreibungen der Maschinen und der Fertigungsgebäude zu den Herstellungskosten der Erzeugnisse?	624 f.
227.	Welche Unterschiede bestehen in Handels- und Steuerbilanz hinsichtlich des Aktivierungsgebots oder des Aktivierungswahlrechts einzelner Herstellungsgemeinkosten?	628 ff.
228.	Gehören die Vertriebskosten zu den Herstellungskosten?	631
229.	Gehören die Finanzierungskosten zu den Herstellungskosten?	632 ff.
230.	Gehört die Vorsteuer zu den Herstellungskosten?	635 ff.
231.	Wie werden Bauaufwendungen behandelt?	639 ff.

3 Abschreibung der Anlagegegenstände

3.1 Planmäßige Abschreibung der Anlagegegenstände

3.1.1 Planmäßigkeit

§ 253 Abs. 2 Satz 1 und 2 HGB
Bei Vermögensgegenständen des Anlagevermögens, deren Nutzung zeitlich begrenzt ist, sind die Anschaffungs- oder Herstellungskosten um planmäßige Abschreibungen zu vermindern. Der Plan muss die Anschaffungs- oder Herstellungskosten auf die Geschäftsjahre verteilen, in denen der Vermögensgegenstand voraussichtlich genutzt werden kann.

665

Planmäßige Abschreibung	
Vermögensgegenstände	abnutzbare Anlagegegenstände (→Rdn. 182 ff.)
Ausgangswert	Anschaffungs- oder Herstellungskosten (→Rdn. 553 ff., 607 ff.)
Abschreibungszeitraum	Geschäftsjahre, in denen der Vermögensgegenstand voraussichtlich genutzt werden kann (→Rdn. 682 ff.)
Abschreibungsart	planmäßig (→Rdn. 666 ff.)
Gebot/Wahlrecht	Abschreibungsgebot

666 **Planmäßige Verteilung** der Anschaffungs- oder Herstellungskosten auf die Geschäftsjahre, in denen der Vermögensgegenstand voraussichtlich genutzt werden kann, bedeutet: Im ersten Jahr der Nutzung werden festgelegt:
1. Voraussichtliche Nutzungsdauer (→Rdn. 682 ff.)
2. Abschreibungsmethode (→Rdn. 687 ff.)

Bei der planmäßigen Abschreibung kommt es nicht in erster Linie darauf an, die Vermögensgegenstände zu den Bilanzstichtagen mit den richtigen Werten auszuweisen, sondern die Anschaffungs- oder Herstellungskosten auf die Jahre der voraussichtlichen Nutzung zu verteilen. Es soll also der Aufwand periodisiert werden. Die planmäßige Abschreibung bezweckt somit, die einzelnen Geschäftsjahre erfolgsmäßig gegeneinander abzugrenzen. Nach dem Grundsatz der **Bewertungsstetigkeit** (→Rdn. 523 ff.) ist der ursprüngliche Abschreibungsplan nur dann zu korrigieren, wenn dafür anzuerkennende Gründe vorliegen.[326]

3.1.2 Bemessungsgrundlage

Anschaffungs- oder Herstellungskosten

667 Bemessungsgrundlage und damit Ausgangswert für die Abschreibungen im Handelsrecht und die Absetzungen für Abnutzung im Steuerrecht ist der Betrag der **Anschaffungs- oder Herstellungskosten**. Für deren Ermittlung gelten die Ausführungen bei den Rdn. 553 ff. für die

---

326 ADS, HGB § 253 Rdn. 418 ff.

Anschaffungskosten und bei den Rdn. 607 ff. für die Herstellungskosten.

An deren Stelle tretender Wert

Alternativ kann in der Steuerbilanz der „**an deren Stelle tretende Wert**" Ausgangswert sein. Hierunter wird der Einlagewert oder der Wert anlässlich einer Betriebseröffnung oder einer Neubewertung (z. B. Währungsreform 1948 oder Wiedervereinigung 1990) verstanden.[327] 668

§ 6 Abs. 1 Nr. 1 Satz 1 EStR
Wirtschaftsgüter des Anlagevermögens, die der Abnutzung unterliegen, sind mit den Anschaffungs- oder Herstellungskosten oder dem an deren Stelle tretenden Wert, vermindert um die Absetzungen für Abnutzung, erhöhte Absetzungen, Sonderabschreibungen, Abzüge nach § 6b und ähnliche Abzüge, anzusetzen.

Einlagewert

Wird ein Wirtschaftsgut aus dem außerbetrieblichen Bereich dem Unternehmen zugeführt, so wird es mit dem **Einlagewert** angesetzt (→Rdn. 599 ff.). 669

Es sind zunächst die Ausführungen zum **Höchstwert** von Sacheinlagen in Rdn. 600 ff. zu beachten. 670

Abschreibungsverbrauch

Außerdem sind steuerrechtlich die folgenden neuen Regelungen für den **Abschreibungsverbrauch** zu befolgen. 671

§ 7 Abs. 1 Satz 4 EStG
Bei Wirtschaftsgütern, die nach einer Verwendung zur Erzielung von Einkünften im Sinne des § 2 Abs. 1 Nr. 4 bis 7 in ein Betriebsvermögen eingelegt worden sind, mindern sich die Anschaffungs- oder Herstellungskosten um die Absetzungen für Abnutzung oder Substanzverringerung, Sonderabschreibungen oder erhöhte Absetzungen, die bis zum Zeitpunkt der Einlage vorgenommen worden sind.

---

327 BT-Drucks. 14/443, S. 22.

Bewertung

Wird **nach dem 31.12.1998**
- ein abnutzbares Wirtschaftsgut in ein Betriebsvermögen eingelegt,
- wurde dieses vorher zur Erzielung von Einkünften aus nichtselbstständiger Arbeit, Kapitalvermögen, Vermietung und Verpachtung oder von sonstigen Einkünften verwendet und
- wurden hierbei Absetzungen für Abnutzung oder Substanzverringerung, Sonderabschreibungen oder erhöhte Absetzungen **tatsächlich vorgenommen**,

so sind die Anschaffungs- oder Herstellungskosten um diese Abschreibungen zu mindern (§ 7 Abs. 1 Satz 4 EStG).

672 Diese Regelung gilt auf Grund ausdrücklicher Verweisung hierauf in § 7 Abs. 4 Satz 1 Halbsatz 2 EStG auch für **Gebäude** und **Gebäudeteile**, die selbstständige unbewegliche Wirtschaftsgüter sind.

673 Gemeint ist hier, dass für die weiteren Absetzungen für Abnutzung oder Substanzverringerung an die Stelle des Teilwerts die damaligen Anschaffungs- oder Herstellungskosten abzüglich der bis zum Zeitpunkt der Einlage vorgenommenen Absetzungen für Abnutzung oder Substanzverringerung, Sonderabschreibungen oder erhöhten Absetzungen treten. Hierdurch soll vermieden werden, dass durch eine Einlage in ein Betriebsvermögen neues Abschreibungspotenzial geschaffen wird, ohne hierfür Kosten aufzuwenden.[328] Durch die frühere Verwendung des Anlagegegenstands zur Einkunftserzielung tritt also **Abschreibungsverbrauch** ein.

Abschreibungsverbrauch	
Wirtschaftsgut	Abnutzbarer Anlagegegenstand
Verwendung vor der Einlage	Zur Erzielung von ■ Einkünften aus nichtselbstständiger Arbeit ■ Einkünften aus Kapitalvermögen ■ Einkünften aus Vermietung und Verpachtung ■ sonstigen Einkünften im Sinne des § 22 EStG
Bemessungsgrundlage für die Abschreibungen	Damalige Anschaffungs- oder Herstellungskosten abzüglich der bis zum Zeitpunkt der Einlage vorgenommenen

---

328 BT-Drucks. 14/265, S. 173.

Abschreibung der Anlagegegenstände J

	■ Absetzungen für Abnutzung (AfA),
	■ Absetzungen für Substanzverringerung
	■ Sonderabschreibungen
	■ erhöhten Abschreibungen
Geltung	Einlagen nach dem 31.12.1998
§ 7 Abs. 1 Satz 4, § 52 Abs. 21 EStG	

Beispiel

Unternehmer U hat einen Gewerbebetrieb und ermittelt seinen Gewinn nach § 5 Abs. 1 EStG durch Betriebsvermögensvergleich. Er erwarb zum Privatvermögen ein Miethaus für 500.000 €, das nach den landesrechtlichen Vorschriften ein Baudenkmal war. Er wandte Herstellungskosten in Höhe von 800.000 € für Baumaßnahmen auf, die nach Art und Umfang zur Erhaltung des Gebäudes als Baudenkmal und zu seiner sinnvollen Nutzung erforderlich waren. Durch Vermietung der Wohnungen erzielte er Einkünfte aus Vermietung und Verpachtung. Von den Herstellungskosten schrieb U nach § 82i EStDV 80.000 € und von den Anschaffungskosten nach § 7 Abs. 4 EStG 10.000 € jährlich ab. Nach 10 Jahren betrug also der Restwert 400.000 €. U legte nun das Gebäudegrundstück mit dem Teilwert von 1 Mio. € als gewillkürtes Betriebsvermögen ein. Es soll hier nur vom Gebäude ausgegangen werden und der Grund und Boden außer Betracht bleiben.

Nach bisher geltendem Recht war die Einlage mit dem Teilwert zu bewerten. Eine Begrenzung nach § 6 Abs. 1 Nr. 5 Buchstabe a EStG in Höhe der Anschaffungs- oder Herstellungskosten, wie es in Rdn. 601 ff. ausgeführt wurde, greift nur ein, wenn das eingelegte Wirtschaftsgut innerhalb der letzten drei Jahre angeschafft oder hergestellt worden ist. Da die Frist im vorliegenden Beispiel verstrichen ist, hätte U nach bisherigem Recht ohne zusätzliche neue Aufwendungen erneut Abschreibungspotenzial nutzbar machen, im Beispiel vom Teilwert von 1 Mio. € abschreiben können. Nach neuem Recht kann er aber nur vom Restwert von 400.000 € abschreiben. Dieser Betrag tritt für die weiteren Abschreibungen an die Stelle des Teilwerts, ist also Bemessungsgrundlage für die künftigen Abschreibungen.

674 Es ist hier aber zweierlei zu unterscheiden:
1. Der **Einlagewert** bei der Zuführung
2. Die **Bemessungsgrundlage** für die Abschreibungen

Beispiel

Nach fünf weiteren Jahren verkauft U das Gebäude im vorstehenden Beispiel für 1,2 Mio. €. Auch hier soll der Grund und Boden außer Betracht bleiben.

Der Restwert von 400.000 € ist im vorstehenden Beispiel nur die Bemessungsgrundlage für die Abschreibungen. Hiervon schreibt U jedes Jahr linear 3 %[329] ab, also 12.000 €. Nach fünf Jahren sind also 60.000 € abgeschrieben und der Restwert beträgt noch 340.000 €. Das ist aber nicht der Buchwert, mit dem das Grundstück bei seinem Ausscheiden aus dem Betriebsvermögen anzusetzen ist. Wäre das zutreffend, müsste U die Differenz zwischen dem Veräußerungspreis von 1,2 Mio. € und dem Restwert von 340.000 €, also 860.000 €, als Veräußerungsgewinn ansetzen. Damit würde er stille Reserven versteuern, die zum großen Teil im Privatvermögen entstanden sind. U muss daher bei der Zuführung zum Betriebsvermögen die Einlage mit dem Teilwert von 1 Mio. € ansetzen. Abschreibungspotenzial ist aber nur der Restwert von 400.000 €. Der Buchwert des Gebäudes entwickelt sich also im vorstehenden Beispiel wie folgt:

	Bilanzansatz	Bemessungsgrundlage für die AfA	Afa-Volumen
Einlage Jahr 11	1.000.000 €	400.000 €	400.000 €
AfA 5 Jahre	60.000 €		60.000 €
31.12.16	940.000 €	400.000 €	340.000 €
Veräußerungspreis	1.200.000 €		
Veräußerungsgewinn	260.000 €		

---

329 Bei Herstellungsbeginn oder Kaufvertrag vor dem 1.1.2001 4 %.

3.1.3 Beginn der Abschreibung

Die Abschreibung **beginnt** 675
- bei angeschafften Anlagen im Zeitpunkt der Lieferung,
- bei hergestellten Anlagen im Zeitpunkt der Fertigstellung[330] und
- bei aus dem Privatvermögen zugeführten Wirtschaftsgütern im Zeitpunkt der Zuführung.

Geliefert ist, wenn die wirtschaftliche Verfügungsmacht auf den Erwerber übergegangen ist, d. h. dieser Eigenbesitzer geworden ist und Gefahr, Nutzen und Lasten auf ihn übergegangen sind. Liegt dieser Übergang im Schnittpunkt von zwei Zeiträumen, so ist das Wirtschaftsgut mit Beginn des zweiten Zeitraums geliefert.[331] 676

Wird ein Anlagegegenstand **montiert**, so kommt es darauf an: 677
- Ist Gegenstand des Kaufvertrags auch die Montage des Wirtschaftsguts durch den Verkäufer, so ist das Wirtschaftsgut erst mit Beendigung der Montage geliefert.[332]
- Wird die Montage durch den Käufer oder in dessen Auftrag durch einen Dritten durchgeführt, ist das Wirtschaftsgut bereits bei Übergang der wirtschaftlichen Verfügungsmacht auf den Käufer geliefert.[333]

Fertiggestellt ist, wenn die Herstellungsarbeiten so weit fortgeschritten sind, dass das Wirtschaftsgut bestimmungsgemäß genutzt werden kann.[334] 678

3.1.4 Abschreibung im Jahr der Anschaffung, Herstellung oder Einlage

Im Laufe des Jahres angeschaffte, hergestellte oder aus dem Privatvermögen zugeführte Anlagen werden im Jahr der Anschaffung, Herstellung oder Einlage grundsätzlich zeitanteilig abgeschrieben. Das gilt aber nicht für die degressive AfA der Gebäude und Gebäudeteile nach § 7 Abs. 5 EStG.[335] 679

---

330 BFH, Urt. v. 25.3.1977 V R 113/74, BStBl 1977 II S. 708.
331 H 44 (Lieferung) EStH.
332 R 44 Abs. 1 Satz 3 EStR.
333 R 44 Abs. 1 Satz 4 EStR.
334 H 44 (Fertigstellung) EStH.
335 R 44 Abs. 2 Sätze 1 und 6 EStR.

680 Aus Vereinfachungsgründen können bei **beweglichen Anlagen** abgesetzt werden
- in der ersten Jahreshälfte angeschafft oder hergestellt: die volle Jahres-AfA,
- in der zweiten Jahreshälfte angeschafft oder hergestellt: die halbe Jahres-AfA.

Diese Regelung gilt auch bei aus dem Privatvermögen in das Betriebsvermögen eingelegten Anlagen, wenn vor der Einlage AfA nicht zulässig waren.[336]

3.1.5 Abschreibung im Jahr der Veräußerung oder Entnahme

681 Im Jahr der Veräußerung oder Entnahme aus dem Betriebsvermögen darf nur der Teil des auf ein Jahr entfallenden AfA-Betrags abgesetzt werden, der dem Zeitraum zwischen dem Beginn des Jahres und der Veräußerung oder Entnahme entspricht.[337]

Für die beweglichen Anlagegegenstände gibt es daher im Jahr der Veräußerung oder Entnahme keine Vereinfachungsregel wie im Jahr der Anschaffung, Herstellung oder Einlage. Das wirkt sich aber nicht nachteilig für den Unternehmer aus. Soweit im letzten Jahr die Abschreibung nicht zum Zuge kommt, wirkt sich das Ausscheiden des Restbuchwerts des Anlagegegenstands als Aufwand aus. Das gilt aber nicht nur für die beweglichen, sondern für alle Anlagegegenstände im Jahr ihres Ausscheidens aus dem Betriebsvermögen.

3.1.6 Nutzungsdauer

682 **Betriebsgewöhnliche** oder **voraussichtliche Nutzungsdauer** ist die Anzahl von Jahren, in denen gleiche oder ähnliche Anlagen nach den bisherigen Erfahrungen in dem betreffenden Betrieb genutzt worden sind. Fehlen solche betriebsindividuellen Erfahrungen, so können die Erfahrungen zu Grunde gelegt werden, die mit gleichen oder ähnlichen Wirtschaftsgütern in Betrieben des gleichen Geschäftszweigs gemacht worden sind. Hierbei können die Abschreibungssätze aus veröffentlichten Abschreibungstabellen entnommen werden.

---

336 R 44 Abs. 2 Sätze 3 und 6, 2. Halbsatz EStR.
337 R 44 Abs. 9 EStR.

Bei zeitlich begrenzten **immateriellen Einzelwirtschaftsgütern** wird die Nutzungsdauer nach der Zeitdauer bemessen, für die sie bestehen oder eingeräumt worden sind. So erlischt ein Urheberrecht siebzig Jahre nach dem Tod des Urhebers (§ 64 Abs. 1 UrhG), ein Geschmacksmusterrecht nach drei oder höchstens 15 Jahren (§ 8 GeschmMG), ein Patent 20 Jahre nach der Anmeldung (§ 16 PatG). Jedoch kann die betriebsgewöhnliche Nutzungsdauer erheblich kürzer sein als diese gesetzlichen Fristen. Das ist insbesondere bei Patenten der Fall in Bereichen schnell fortschreitender Entwicklungen. Dann erscheint eine geschätzte Nutzungsdauer zwischen drei und fünf Jahren meist sachgerecht.[338]

683

Nach den Verwaltungsanweisungen soll aber bei erworbenen Patenten und Erfindungen grundsätzlich von einer Nutzungsdauer von acht Jahren ausgegangen werden, soweit nicht die vertraglichen Vereinbarungen über die Nutzung oder andere Umstände im Einzelfall eine längere oder kürzere Nutzung ergeben.[339]

3.1.7 Erinnerungswert

Es ist so abzuschreiben, dass die Anschaffungs- oder Herstellungskosten nach Ablauf der betriebsgewöhnlichen Nutzungsdauer voll abgeschrieben sind.[340] Befindet sich der Anlagegegenstand nach Ablauf des Abschreibungszeitraums noch im Betrieb, so wird er mit einem so genannten **Erinnerungswert** angesetzt. Mit dem Ansatz dieses Merkpostens wird dem Vollständigkeitsprinzip (→Rdn. 95 f.) Rechnung getragen.[341] Erinnerungswerte sind daher nach den Grundsätzen ordnungsmäßiger Buchführung auszuweisen.

684

Hierdurch wird sicher gestellt, dass ein voll abgeschriebener Anlagegegenstand nicht „unbemerkt" aus dem Betriebsvermögen ausscheiden kann. Wird ein abgeschriebener Anlagegegenstand verkauft oder entnommen, wird in Höhe des Veräußerungs- oder Entnahmewerts ein Ertrag erzielt. Es werden die so genannten stillen Reserven aufge-

685

---

338 Hyos/Schramm/Ring in: Beck Bil-Komm. § 253 Rdn. 320.
339 Koordinierter Länder-Erlass, FinMin. NRW vom 18.7.1977, S 2190 -17 - VB 1, BB 1977 S. 1028; OFD Frankfurt Vfg. v. 8.1.2001, S 2190 A - 22 - St II 21, StEK EStG § 7/359.
340 R 44 Abs. 3 Satz 1 EStR.
341 ADS § 246 Rdn. 77.

deckt. Wird ein Anlagegegenstand auf Null abgeschrieben, besteht die Möglichkeit, die stillen Reserven beim Ausscheiden aus dem Betriebsvermögen nicht zu erfassen. Das ist zwar bei zielgerechtem Handeln auch möglich, wenn der Anlagegegenstand mit dem Erinnerungswert angesetzt ist. Aber aus kaufmännischer Gepflogenheit soll der Posten den ordentlichen Kaufmann an das Vorhandenseins des Anlagegegenstands erinnern.

Bisher war es üblich, 1 DM als Erinnerungswert anzusetzen. Entsprechend können Anlagegegenstände auf 1 € abgeschrieben werden. Problematisch ist es nur, bestehende Erinnerungswerte von 1 DM in Erinnerungswerte von 1 € umzurechnen. Dann entstehen nicht realisierte Währungsgewinne. Diese werden zwar beim Ausscheiden dieser Anlagegegenstände aus dem Betriebsvermögen wieder ausgeglichen und können daher in unbedeutenden Fällen in Kauf genommen werden. Bestehen aber Erinnerungswerte in großer Anzahl, sollten diese zum genauen Umrechnungskurs auf Euro umgerechnet werden.

3.1.8 Schrottwert

686 Ein **Schrottwert** ist bei der Abschreibung nur dann zu berücksichtigen, wenn er im Vergleich zu den Anschaffungs- oder Herstellungskosten erheblich ist. Das ist im Allgemeinen nur bei Seeschiffen der Fall.[342] Dann werden beim Zugang des Wirtschaftsguts die Anschaffungs- oder Herstellungskosten zunächst um den Schrottwert gekürzt. Nur der Restbetrag an Anschaffungs- oder Herstellungskosten wird auf die Nutzungsdauer des Wirtschaftsguts abgeschrieben.[343]
Wird ein zu erwartender erheblicher Schrottwert nicht berücksichtigt, so wird beim Verkauf des voll abgeschriebenen Wirtschaftsguts ein hoher Veräußerungserlös und damit ein erheblicher sonstiger betrieblicher Ertrag erzielt, der die Vergleichbarkeit der Betriebsergebnisse des Unternehmens in aufeinander folgenden Wirtschaftsjahren stören kann. Wird ein Schrottwert berücksichtigt und beim Ausscheiden des Wirtschaftsguts als Aufwand gegengebucht, wird in dieser Höhe die Buchung eines sonstigen betrieblichen Ertrags vermieden.[344]

---

342 H 43 EStH.
343 Werndl in: Kirchhof/Söhn EStG § 7 Rdnr. B 33, B 34.
344 Adler/Düring/Schmaltz, 6. Aufl., HGB § 253 Rdn. 416.

3.1.9 Abschreibungsmethoden

Handelsbilanz

In der Praxis werden bei der planmäßigen Abschreibung folgende **Abschreibungsmethoden** am häufigsten angewendet:
- Lineare Abschreibung
- Degressive Abschreibung
- Leistungsmäßige Abschreibung
- Kombinationen aus degressiver und linearer Abschreibung.

687

Steuerbilanz

Steuerrechtlich sind die Abschreibungsmethoden der planmäßigen Abschreibung begrenzt. Hier sind die Vorschriften über die Bewertung und die Absetzung für Abnutzung oder Substanzverringerung zu befolgen (§ 5 Abs. 6 EStG). Nach diesem sog. **Bewertungsvorbehalt** ist, wenn steuerrechtlich Abschreibungen besonders geregelt sind, nach diesen Regeln in der Steuerbilanz abzuschreiben.

688

Der planmäßigen Abschreibung in der Handelsbilanz entspricht in der Steuerbilanz die Absetzung für Abnutzung (AfA). Während handelsrechtlich für die planmäßige Abschreibung der abnutzbaren Vermögensgegenstände des Anlagevermögens jede Abschreibungsmethode gewählt werden kann, die den Grundsätzen ordnungsmäßiger Buchführung entspricht, stehen steuerrechtlich nur bestimmte in den §§ 6 ff. EStG aufgeführte Abschreibungsmethoden zur Verfügung.

Abnutzbare Anlagegegenstände müssen abgeschrieben werden. Es besteht daher wie im Handelsrecht ein **Abschreibungsgebot**. Nicht alle abnutzbaren Anlagegegenstände können nach einer beliebigen der in den §§ 6 ff. EStG aufgeführten Abschreibungsmethoden abgeschrieben werden. Für bestimmte abnutzbare Anlagegegenstände gibt es nur jeweils hierfür geltende Abschreibungsmethoden. Es können auch für einen abnutzbaren Anlagegegenstand mehrere Abschreibungsmethoden zur Auswahl stehen.

689

Die **steuerrechtlichen Abschreibungsmethoden** für die jeweiligen abnutzbaren Anlagegegenstände ergeben sich aus der folgenden Übersicht.

690

Steuerrechtliche Abschreibungsmethoden für die planmäßige Abschreibung

Anlagegegenstände		Abschreibungsmethode	Vorschrift
Abnutzbare Anlagegegenstände außer Geschäfts- oder Firmenwerten, Gebäuden und Gebäudeteilen	Allgemein	Lineare AfA nach der betriebsgewöhnlichen Nutzungsdauer Abschreibungsgebot	§ 7 Abs. 1 Sätze 1 und 2 EStG
	Bewegliche	Abschreibung nach Maßgabe der Leistung Abschreibungswahlrecht	§ 7 Abs. 1 Satz 5 EStG
		Degressive AfA, höchstens ■ das Doppelte des Prozentsatzes der linearen AfA und höchstens 20 % bei Anschaffung oder Herstellung nach dem 31.12.2000 ■ das Dreifache des Prozentsatzes der linearen AfA und höchstens 30 % bei Anschaffung oder Herstellung vor dem 1.1.2001 Abschreibungswahlrecht	§ 7 Abs. 2 und 3, § 52 Abs. 21a EStG
	Bewegliche geringwertige	Sofortige Abschreibung Abschreibungswahlrecht	§ 6 Abs. 2 EStG
Geschäfts- oder Firmenwert		Lineare AfA auf eine fiktive Nutzungsdauer von 15 Jahren Abschreibungsgebot	§ 7 Abs. 1 Satz 3 EStG
Gebäude und selbstständige Gebäudeteile	Soweit sie zu einem Betriebsvermögen gehören und nicht Wohnzwecken dienen und für die der Bauantrag nach dem 31.3.1985 gestellt worden ist	Lineare AfA mit jährlich ■ 3 %, wenn nach dem 31.12.2000 ■ 4 %, wenn vor dem 1.1.2001 mit der Herstellung begonnen wurde (i. d. R. mit Stellung des Bauantrags) oder der obligatorische Vertrag abgeschlossen worden ist Abschreibungsgebot	§ 7 Abs. 4 Satz 1 Nr. 1, § 52 Abs. 21b EStG

Abschreibung der Anlagegegenstände

Steuerrechtliche Abschreibungsmethoden für die planmäßige Abschreibung

Anlagegegenstände	Abschreibungsmethode	Vorschrift
	Lineare AfA nach der Nutzungsdauer, wenn die tatsächliche Nutzungsdauer weniger beträgt als ■ 33 Jahre bei Herstellung oder Anschaffung nach dem 31.12.2000 ■ 25 Jahre bei Herstellung oder Anschaffung vor dem 1.1.2001 Abschreibungswahlrecht	§ 7 Abs. 4 Satz 2, § 52 Abs. 21b EStG
	Degressive AfA, wenn vor dem 1.1.1994 bei Herstellung der Bauantrag gestellt oder bei Anschaffung der obligatorische Vertrag geschlossen worden ist 4 × 10 % 3 × 5 % 18 × 2,5 % Abschreibungswahlrecht	§ 7 Abs. 5 Satz 1 Nr. 1 EStG
Soweit sie nicht zu einem Betriebsvermögen gehören oder zu einem Betriebsvermögen gehören, aber Wohnzwecken dienen	Lineare AfA bei Fertigstellung (1) vor dem 1.1.1925: 2,5 % (2) nach dem 31.12.1924: 2 % Abschreibungsgebot	§ 7 Abs. 4 Satz 1 Nr. 2 EStG
	Wenn die tatsächliche Nutzungsdauer weniger beträgt als bei (1): 40 Jahre bei (2): 50 Jahre lineare AfA nach der Nutzungsdauer Abschreibungswahlrecht	§ 7 Abs. 4 Satz 2 EStG

Steuerrechtliche Abschreibungsmethoden für die planmäßige Abschreibung		
Anlagegegenstände	Abschreibungsmethode	Vorschrift
Degressive AfA, wenn der Bauantrag bei Herstellung gestellt worden ist oder der obligatorische Vertrag bei Anschaffung geschlossen worden ist Abschreibungswahlrecht	vor dem 1.1.1995: 8 × 5 % 6 × 2,5 % 36 × 1,25 %	§ 7 Abs. 5 Satz 1 Nr. 2 EStG
	nach dem 28.2.1989 und vor dem 1.1.1996, soweit Wohnzwecken dienend: 4 × 7 % 6 × 5 % 6 × 2 % 24 × 1,25 %	§ 7 Abs. 5 Satz 1 Nr. 3 Buchst. a EStG
	nach dem 31.12.1995, soweit Wohnzwecken dienend: 8 × 5 % 6 × 2,5 % 36 × 1,25 %	§ 7 Abs. 5 Satz 1 Nr. 3 Buchst. 6 EStG

691 **Wohnzwecken** dienen Gebäude oder Gebäudeteile[345], wenn sie dazu bestimmt und geeignet sind, Menschen auf Dauer Aufenthalt und Unterkunft zu ermöglichen, auch wenn sie aus besonderen betrieblichen Gründen an Betriebsangehörige überlassen werden.

---

345 R 42a Abs. 1 EStR, H 42a (Wohnzwecke) EStH.

Beispiele

Wohnungen für den Hausmeister, für Fachpersonal, für Angehörige der Betriebsfeuerwehr und andere Personen, auch wenn diese aus betrieblichen Gründen unmittelbar im Werksgelände ständig einsatzbereit sein müssen.

Nicht Wohnzwecken dienen Gebäude oder Gebäudeteile, soweit sie zur vorübergehenden Beherbergung von Personen bestimmt sind oder wenn die Überlassung von Wohnräumen von den damit verbundenen Dienstleistungen überlagert wird.

Beispiele

Pensionen, Hotels, Ferienwohnungen, Altenheime, Kurheime Sanatorien.

Wie aus der vorstehenden Übersicht hervorgeht, gibt es **Methodenwahlrechte** in der Steuerbilanz
- für die **degressive Abschreibung** bei beweglichen Anlagegegenständen und Gebäuden/selbstständigen Gebäudeteilen und
- für die **Abschreibung nach Maßgabe der Leistung** bei beweglichen Anlagegegenständen.

Es ist zu entscheiden, ob sich aus § 5 Abs. 1 Satz 2 EStG ergibt, dass eine Methodenwahl in der Steuerbilanz eine übereinstimmende Methodenwahl in der Handelsbilanz voraussetzt, und im Falle der Bejahung dieser Frage, ob dann in der Handelsbilanz auch hinsichtlich der Abschreibungssätze und Abschreibungsbeträge gleich lautend verfahren werden muss.

692

Nach § 5 Abs. 1 Satz 2 EStG sind steuerrechtliche Wahlrechte in Übereinstimmung mit der handelsrechtlichen Jahresbilanz auszuüben. Hieraus folgt für die Bewertung zunächst, dass die Ausübung nur steuerrechtlich zulässiger Bewertungswahlrechte eine gleich lautende Bewertung in der Handelsbilanz voraussetzt (→Rdn. 545). Zu denken ist hierbei vor allem an steuerrechtliche erhöhte Abschreibungen und Sonderabschreibungen, die deckungsgleich auch mit den handelsrechtlichen Abschreibungssätzen und Abschreibungsbeträgen auszuüben sind.

693

Hinsichtlich der Abschreibungsmethoden wäre es auch denkbar, wenn nur die Methodenwahl übereinstimmen müsste. Unter dieser Prämisse müsste handelsrechtlich lediglich eine im Einklang mit den Grundsätzen ordnungsmäßiger Buchführung stehende Abschreibungsmethode gewählt werden. Dann könnte steuerrechtlich nach der entsprechenden gesetzlich zugelassenen Abschreibungsmethode abgeschrieben werden.

Beispiel

> Zum gewillkürten Betriebsvermögen gehört ein Mietwohnhaus, dessen Wohnungen an Arbeitnehmer vermietet sind. Der Unternehmer will steuerlich die höchstmögliche AfA ansetzen und degressiv nach § 7 Abs. 5 EStG jährlich mit 5 % der Herstellungskosten abschreiben. Handelsrechtlich wählt er eine degressive Abschreibung, die mit den Grundsätzen ordnungsmäßiger Buchführung übereinstimmt, setzt aber dabei in der Handelsbilanz nicht die Abschreibungssätze von § 7 Abs.5 EStG an.

Dass die Methodenwahl in der Handelsbilanz für die degressive AfA von beweglichen Wirtschaftsgütern maßgebend ist, hat der BFH in seinem Urteil vom 24.1.1990 entschieden.[346] Zur Maßgeblichkeit der Wahl der degressiven Methode in der Handelsbilanz für die Gebäudeabschreibung in der Steuerbilanz gibt es keine steuerrechtliche Rechtsprechung. Aber nach den Verwaltungsanweisungen ist für die steuerliche Geltendmachung der degressiven Gebäudeabschreibung erforderlich, dass in der Handelsbilanz genau die Abschreibungssätze von § 7 Abs. 5 EStG gewählt werden, andernfalls steuerlich Gebäude linear abzuschreiben sind.[347] Es reicht hiernach also für die Abschreibung nach § 7 Abs. 5 EStG bei der steuerlichen Gewinnermittlung z. B. nicht aus, wenn ein Gebäude im handelsrechtlichen Jahresabschluss geometrisch-degressiv abgeschrieben wird.[348]

694 Wird daher in der Handelsbilanz eine nicht mit den Sätzen von § 7 Abs. 5 EStG genau übereinstimmende degressive AfA gewählt, erkennt die Finanzverwaltung die degressive Abschreibung in der Steu-

---

346 BFH, Urt. v. 24.1.1990 I R 17/89, BStBl 1990 II S. 681.
347 BMF, Schreiben vom 30.12.1994 IV B 2 S 2139, BB 1995 S. 196.
348 OFD Frankfurt a.M., Vfg. v. 28.12.1994 S 2196 A - 22 - St II 23, BB 1995 S. 672.

erbilanz nicht an. Das hat zur Folge, dass steuerlich nur linear abgeschrieben werden kann.

Diese Folgerung, die sich aus den Verwaltungsanweisungen für die Gebäudeabschreibung ergibt, würde auch auf die degressive Abschreibung der beweglichen Anlagegegenstände zutreffen. Wählt daher ein Unternehmer z. B. in der Handelsbilanz die digitale degressive Abschreibung, wäre für die Steuerbilanz nicht die Methodenwahl für die degressive Abschreibung nach § 7 Abs. 2 EStG eröffnet. Der Unternehmer könnte in seiner Steuerbilanz nur linear abschreiben.

3.1.10 Lineare Abschreibung

Allgemeines

Bei der linearen Abschreibung werden die Anschaffungs- oder Herstellungskosten gleichmäßig auf die Jahre der Nutzung als Aufwendungen oder Betriebsausgaben verteilt. Der Abschreibungszeitraum bemisst sich nach der betriebsgewöhnlichen Nutzungsdauer (→Rdn. 682). 695

Steuerliche Sonderregelungen

Wie sich aber aus der Übersicht in Rdn. 690 ergibt, bestehen für bestimmte Anlagegegenstände steuerrechtliche Sonderregelungen:
- Der Geschäfts- oder Firmenwert ist auf eine gesetzlich fingierte Nutzungsdauer von 15 Jahren abzuschreiben.
- Für Gebäude und selbstständige Gebäudeteile gibt es bestimmte feste Abschreibungssätze, bei denen je nach Gebäudeart von entsprechenden Nutzungszeiträumen ausgegangen wird. Werden diese unterschritten, kann abweichend auf die entsprechende Nutzungsdauer abgeschrieben werden.

Für die lineare Abschreibung besteht wie im Handelsrecht auch nach § 7 EStG ein **Abschreibungsgebot**. Hieraus ergibt sich auch ein **Mindestabschreibungsgebot**. Das bedeutet für die besonders geregelten Abschreibungen für den Geschäfts- oder Firmenwert und die Gebäude und selbstständigen Gebäudeteile, dass steuerlich die gesetzlichen Abschreibungssätze auch dann maßgebend sind, wenn in der Han- 696 delsbilanz auf einen hiervon abweichenden Nutzungszeitraum abgeschrieben wird.

Beispiel

Unternehmer U will handelsrechtlich einen möglichst hohen Gewinn ausweisen, da er seiner Bank eine positive Bilanz vorlegen will. Steuerlich will er aber einen möglichst geringen Gewinn ausweisen, um die entsprechende Ertragsteuerbelastung zu erreichen. Er schreibt daher handelsrechtlich seine Betriebsgebäude auf eine zutreffende Nutzungsdauer von 50 Jahren ab. Steuerrechtlich muss er sie aber mit 3 % und damit auf 33 Jahre abschreiben.

Abschreibungsbetrag und Abschreibungssatz

697 Abgesehen von den steuerrechtlich festen Regelungen für Geschäfts- und Firmenwerte sowie Gebäude und selbstständige Gebäudeteile ergibt sich der jährliche **Abschreibungsbetrag**, indem die Anschaffungs- oder Herstellungskosten durch die Zahl der Jahre der betriebsgewöhnlichen Nutzungsdauer geteilt werden.

$$\text{AfA-Betrag} = \frac{\text{Anschaffungs- oder Herstellungskosten}}{\text{Zahl der Jahre der betriebsgewöhnlichen Nutzungsdauer}}$$

698 Der **Abschreibungssatz** ist der Prozentsatz des Abschreibungsbetrages von den Anschaffungs- oder Herstellungskosten bei der linearen AfA. Er ergibt sich:

$$\text{Abschreibungssatz} = \frac{100\ \%}{\text{Zahl der Jahre der betriebsgewöhnlichen Nutzungsdauer}}$$

Beispiel

Ein Pkw wird im Januar für 30.000 € angeschafft. Die betriebsgewöhnliche Nutzungsdauer nach der AfA-Tabelle der Finanzverwaltung beträgt 6 Jahre.

Abschreibungsbetrag: 30.000 € : 6 = 5.000 €.

Abschreibungssatz: 100 % : 6 = 16,67 %

699 Wie in der Tabelle in Rdn. 690 dargestellt wurde, gibt es für **Gebäude** und selbstständige **Gebäudeteile** steuerrechtlich feste lineare Abschreibungssätze. Abweichend davon dürfen sie auf kürzere Nut-

zungszeiträume linear abgeschrieben werden, wenn die technischen oder wirtschaftlichen Umstände dafür sprechen, dass die tatsächliche Nutzungsdauer kürzer als die sich nach den festen Abschreibungssätzen ergebende ist.[349]

3.1.11 Degressive Abschreibung

Begriff und Arten

Degressive Abschreibung bedeutet, dass die Abschreibungsbeträge von Jahr zu Jahr fallen. Daher spricht man auch von einer Abschreibung in **fallenden Jahresbeträgen**. Es handelt sich um eine planmäßige Abschreibung. Daher müssen sich die Abschreibungen nach einem Abschreibungsplan richten. 700

Die wichtigsten degressiven Abschreibungen sind 701
- geometrisch-degressive Abschreibung,
- arithmetisch-degressive Abschreibung,
- Absetzung in fallenden Staffelsätzen.

Bei der **geometrisch-degressiven Abschreibung** wird die Abschreibung nach einem gleich bleibenden Prozentsatz vom jeweiligen Restbuchwert bemessen. Diese Abschreibung ist in bestimmten Höchstgrenzen für bewegliche Anlagegegenstände auch steuerrechtlich zulässig (→Rdn. 710 ff.). Die Abschreibungen laufen theoretisch erst im Unendlichen aus. Die Anlagegegenstände dürfen aber nur während ihrer Nutzungsdauer abgeschrieben werden. Im letzten Jahr der ist daher der Restbuchwert voll, wird der Vermögensgegenstand noch betrieblich genutzt, auf den Erinnerungswert abzuschreiben. Daraus folgt also im letzten Jahr des Abschreibungszeitraums ein verhältnismäßig hoher Abschreibungsbetrag. Aus diesem Grunde ist es zweckmäßig, von einem bestimmten Zeitpunkt zur linearen Abschreibung zu wechseln (→hierzu die Ausführungen in Rdn. 711 ff.). 702

Bei der **arithmetisch-degressiven** Abschreibung in ihrer wichtigsten Form der sog. digitalen Abschreibung nimmt der jährliche Abschreibungsbetrag von Jahr zu Jahr um den gleichen Differenzbetrag ab. Im letzten Jahr der Nutzung ist der Abschreibungsbetrag gleich dem Differenzbetrag. Bei einer vierjährigen Nutzungsdauer ist daher z. B. 703

---

349 R 44 Abs. 3 Satz 2 EStR.

der Abschreibungsbetrag im ersten Jahr der Nutzung gleich dem vierfachen des Differenzbetrags, im zweiten Jahr gleich dem dreifachen, im dritten Jahr gleich dem zweifachen und im letzten Jahr gleich dem einfachen des Differenzbetrags. Es ergibt sich so eine gleichmäßige Abschreibungskurve. Dies Abschreibung ist handelsrechtlich zulässig, aber sie ist steuerrechtlich unzulässig. Wird sie handelsrechtlich angewendet, hat das steuerrechtlich zur Folge, dass in der Steuerbilanz der Anlagegegenstand nur linear abgeschrieben wird (→Rdn. 693 f.). Daher ist die arithmetisch-degressive Abschreibung auch handelsrechtlich bedeutungslos geworden.

Der jährliche Differenzbetrag ergibt sich, indem die Anschaffungs- oder Herstellungskosten des Anlagegegenstands durch die Summe der Nutzungsjahre dividiert wird.

Beispiel

Anschaffungskosten 40.000 €. Nutzungsdauer 4 Jahre. Differenzbetrag:

$$\text{Differenzbetrag} = \frac{40.000 \, €}{1+2+3+4} = \frac{40.000 \, €}{10} = 4.000 \, €$$

Abschreibungsbeträge:

1. Jahr: 4 × 4.000 € =	16.000 €
2. Jahr: 3 × 4.000 € =	12.000 €
3. Jahr: 2 × 4.000 € =	8.000 €
4. Jahr: 1 × 4.000 € =	4.000 €

704 Bei der Absetzung in fallenden Staffelsätzen wird die Nutzungsdauer des betreffenden Anlagegegenstands in gleich lange Teilabschnitte aufgeteilt. In jedem dieser Abschnitte, Staffeln, wird das Wirtschaftsgut mit dem gleichen Prozentsatz abgeschrieben. Allgemein ist diese Abschreibung steuerrechtlich nicht zulässig In gewissem Maße handelt es sich bei der degressiven Gebäude-AfA nach § 7 Abs. 5 EStG um eine Absetzung in fallenden Staffelsätzen.

Handelsbilanz

705 **Handelsrechtlich** ist jede degressive Abschreibung zulässig, die den Grundsätzen ordnungsmäßiger Buchführung entspricht. Grundsätz-

lich können alle abnutzbaren Anlagegegenstände degressiv abgeschrieben werden.
Es besteht ein Wahlrecht, an Stelle der linearen Abschreibung degressiv abzuschreiben.

Steuerbilanz

Steuerrechtlich dürfen als degressive Abschreibung nur gewählt werden
- für bewegliche **Anlagegegenstände** die Abschreibung nach § 7 Abs. 2 EStG und
- für **Gebäude** und **selbstständige Gebäudeteile** die Abschreibung mit den festen Beträgen nach § 7 Abs. 5 EStG und auch nur unter den dort näher bezeichneten Voraussetzungen.

Da **immaterielle Wirtschaftsgüter** nicht zu den beweglichen Wirtschaftsgütern rechnen[350], dürfen sie nicht degressiv nach § 7 Abs. 2 EStG abgeschrieben werden.

Für **Geschäfts- oder Firmenwerte**, zeitlich begrenzte **immaterielle Einzelrechte** und abnutzbare **unbewegliche Wirtschaftsgüter** des Anlagevermögens, die nicht Gebäude oder selbständige Gebäudeteile sind, können die AfA steuerrechtlich nur linear bemessen werden.

Handelsrechtlich und steuerrechtlich besteht ein **Abschreibungswahlrecht**. Voraussetzung für die Wahl der Methode der degressiven Abschreibung in der Steuerbilanz ist eine degressive Abschreibung in der Handelsbilanz (§ 5 Abs. 1 Satz 2 EStG).

Nach der strengen Beurteilung der Finanzverwaltung (→Rdn. 693 f.) setzt eine Wahl der degressiven Abschreibung in der Steuerbilanz eine auch betragsmäßige **Übereinstimmung** der Methodenwahl in der Handelsbilanz voraus. Daher sind die steuerrechtlichen degressiven Abschreibungsmethoden praktisch auch für die Handelsbilanz bestimmend, wenn steuerrechtlich degressiv abgeschrieben werden soll.

Steuerrechtlich gibt es für die **beweglichen Anlagegegenstände** nur die geometrisch degressive Abschreibung, die zudem noch der Höhe nach begrenzt ist (§ 7 Abs. 2 EStG). Die Absetzung für Abnutzung wird hier nach einem unveränderlichen Prozentsatz vom jeweiligen Buchwert vorgenommen. Der dabei anzuwendende Prozentsatz darf

---

350 H 42 (Bewegliche Wirtschaftsgüter) EStH.

höchstens das Doppelte, bei Anschaffung oder Herstellung vor dem 1.1.2001 das Dreifache, des bei der linearen Abschreibung in Betracht kommenden Abschreibungssatzes betragen und 20 %, bei Anschaffung oder Herstellung vor dem 1.1.2001 30 %, nicht übersteigen (§ 7 Abs. 2 EStG).

Abschreibungssatz nach § 7 Abs. 2 EStG

$$\text{Abschreibungssatz} = \frac{100\,\%}{\text{Zahl der Jahre der betriebsgewöhnlichen Nutzungsdauer}} \times 2$$

höchstens 20 %

Abgeschrieben wird mit diesem Abschreibungssatz vom jeweiligen Buchwert auf die betriebsgewöhnliche Nutzungsdauer.

711 Der **Übergang** von der degressiven Abschreibung zur linearen Abschreibung ist zulässig. Vom Zeitpunkt des Übergangs an bemisst sich die lineare Abschreibung nach dem dann noch vorhandenen Restwert und der Restnutzungsdauer des Anlagegegenstands (§ 7 Abs. 3 EStG). Zweckmäßig wird in dem Jahr von der degressiven zur linearen Abschreibung übergegangen, in dem die lineare Abschreibung höher ist als die fortgesetzte degressive Abschreibung. Daher wird zweckmäßigerweise eine Vergleichsrechnung zwischen degressiver und fortgeführter linearer AfA durchgeführt, um den günstigsten Zeitpunkt für den Übergang zu erreichen.

Beispiel

Ein Pkw wird am 2.1.01 für 30.000 € angeschafft. Die betriebsgewöhnliche Nutzungsdauer beträgt 6 Jahre.

Abschreibungssatz = 100 % : 6 × 2 = 33,33 %

höchstens 20 %

20 % von 30.000 € = 6.000 €.

Abschreibung:

	Buchwert	degressive AfA	lineare AfA
2.1.01	30.000		
AfA 01		20 % × 30.000 = 6.000	30.000 : 6 = 5.000
31.12.01	24.000		
AfA 02		20 % × 24.000 = 4.800	24.000 : 5 = 4.800

Abschreibung der Anlagegegenstände J

31.12.02	19.200		
AfA 03		20 % × 19.200 = 3.840	19.200 : 4 = 4800
31.12.03	14.400		
AfA 04			14.400 : 3 = 4.800
31.12.04	9.600		
AfA 05			9.600 : 2 = 4.800
31.12.05	4.800		
AfA 06			4.800 : 1 = 4.800
31.12.06	1		

Im Jahr 03 ist die degressive AfA niedriger als es die lineare AfA wäre, wenn der Buchwert zum 31.12.02 linear auf die Restnutzungsdauer verteilt würde. Daher geht der Unternehmer zweckmäßigerweise im Jahr 03 zur linearen AfA über. Im Jahr 06, dem letzten Jahr der Nutzungsdauer, wird der Anlagegegenstand auf den Erinnerungswert von 1 € abgeschrieben und verbleibt mit diesem Wert bis zu seinem Ausscheiden aus dem Betrieb in der Buchführung.

Um den günstigsten Übergangszeitpunkt zu finden, sollte zu jedem Bilanzstichtag eine Vergleichsrechnung durchgeführt werden, ob bei Verteilung des Restbuchwerts auf die Restnutzungsdauer die lineare AfA höher ist als die degressive AfA.

Der günstigste Übergangszeitpunkt ergibt sich aus folgender Tabelle[351]:

Übergangszeitpunkt									
Nutzungsdauer in Jahren	5	6	7	8	10	12	14	18	20
Übergang im ... Jahr	2.	3.	4.	5.	7.	7.	9.	11.	12.

Degressive Abschreibungen sind für bewegliche Anlagegegenstände steuerrechtlich nur zulässig, wenn die Anlagegegenstände in ein laufend zu führendes **Verzeichnis** mit folgenden Angaben aufgenommen werden (§ 7 Abs. 2 Satz 3, § 7a Abs. 8 EStG):
- Tag der Anschaffung oder Herstellung
- Anschaffungs- oder Herstellungskosten
- betriebsgewöhnliche Nutzungsdauer
- Höhe der jährlichen Absetzungen

712

---

[351] In Steuerdatenbanken, z. B. in „Haufe Steuer Office", gibt es AfA-Rechner, die den günstigsten Übergangszeitpunkt automatisch berechnen.

Das Verzeichnis braucht nicht geführt zu werden, wenn sich diese Angaben aus der Buchführung ergeben.

713 Werden bewegliche abnutzbare Anlagen degressiv abgeschrieben, sind **Absetzungen für außergewöhnliche technische oder wirtschaftliche Abnutzung** nicht zulässig (§ 7 Abs. 2 Satz 4 EStG). Liegen die Voraussetzungen für eine solche Abschreibung vor, ist daher zunächst zur linearen Abschreibung überzugehen, bevor wegen außergewöhnlicher technischer oder wirtschaftlicher Abnutzung abgeschrieben werden kann.

714 Für Gebäude und selbstständige Gebäudeteile ist steuerrechtlich nur die degressive Gebäude-AfA nach § 7 Abs. 5 EStG zulässig (→Tabelle in Rdn. 690).

3.1.12 Abschreibung nach Maßgabe der Leistung

715 **Handelsrechtlich** entspricht die Abschreibung nach Maßgabe der Leistung, auch leistungsabhängige Abschreibung oder Leistungsabschreibung genannt, den Grundsätzen ordnungsmäßiger Buchführung. Es werden lediglich Aufzeichnungen vorausgesetzt, welche die leistungsbedingten Abschreibungen dokumentieren.[352]

716 **Steuerrechtlich** ist die leistungsabhängige Abschreibung besonders gesetzlich geregelt.

§ 7 Abs. 1 Satz 5 EStG
Bei beweglichen Wirtschaftsgütern des Anlagevermögens, bei denen es wirtschaftlich begründet ist, die Absetzung für Abnutzung nach Maßgabe der Leistung des Wirtschaftsguts vorzunehmen, kann der Steuerpflichtige dieses Verfahren statt der Absetzung für Abnutzung in gleichen Jahresbeträgen anwenden, wenn er den auf das einzelne Jahr entfallenden Umfang der Leistung nachweist.

Leistungsabhängig können hiernach nur **bewegliche Anlagegegenstände** abgeschrieben werden. Die Abschreibung kann wahlweise anstelle der linearen Absetzung für Abnutzung vorgenommen werden. Es müssen aber bestimmte Voraussetzungen erfüllt sein:

- Wirtschaftliche Begründetheit und

---

352 ADS, HGB § 253 Rdn. 386, 404 ff.

- Nachweis des auf das einzelne Jahr entfallenden Umfangs der Leistung.

Es besteht nach dem Gesetzeswortlaut für die Abschreibung nach Maßgabe der Leistung ein **Abschreibungswahlrecht**. Voraussetzung für die Ausübung in der Steuerbilanz ist eine entsprechende Methodenwahl in der Handelsbilanz (→Rdn. 693 f.). Die Leistungsabschreibung kann „statt der linearen Abschreibung" gewählt werden. Die lineare Abschreibung ist also mindestens vorzunehmen. Das folgt auch aus dem Abschreibungsgebot für die lineare Abschreibung (→Rdn. 696). 717

Für die leistungsgemäßen Abschreibungen bestehen daher steuerrechtlich folgende **Voraussetzungen:** 718
- beweglicher Anlagegegenstand
- mindestens lineare Abschreibung
- wirtschaftliche Begründung der Leistungsabschreibung
- Nachweis des auf das einzelne Jahr entfallenden Umfangs der Leistung
- gleich lautende Abschreibung in der Handelsbilanz

Leistungsgemäße Abschreibungen sind bei solchen beweglichen Anlagegegenständen **wirtschaftlich begründet**, deren Leistung erheblich schwankt und deren Verschleiß sich deshalb von Jahr zu Jahr wesentlich unterscheidet.[353] 719

Beispiel

Ein betrieblicher Pkw ist für 30.000 € angeschafft worden. Die voraussichtliche Gesamtfahrleistung wird 150.000 km betragen. Die Nutzung beträgt in den einzelnen Jahren:

Jahr 01: 50.000 km = 50 : 150 × 100 = 33,33 % der Gesamtleistung. Abschreibungsbetrag 30.000 € × 33,33 % = 10.000 €.

Jahr 02: 30.000 km = 30 : 150 × 100 = 20 % der Gesamtleistung. Abschreibungsbetrag 30.000 € × 20 % = 6.000 €.

Jahr 03: 70.000 km = 70 : 150 × 100 = 46,67 % der Gesamtleistung. Abschreibungsbetrag 30.000 € × 46,67 % = 14.000 €.

---

[353] R 44 Abs. 5 Satz 2 EStR.

720 Bei der Abschreibung nach Maßgabe der Leistung müssen folgende Größen bekannt sein:
- Anschaffungs- oder Herstellungskosten
- Gesamtleistung der Anlage
- Leistung der Anlage im einzelnen Geschäftsjahr

Die **Anschaffungs- oder Herstellungskosten** ergeben sich aus der Buchführung.

Die **Gesamtleistung der Anlage** ist anhand der betrieblichen oder branchenmäßigen Erfahrungen zu ermitteln, notfalls zu schätzen.

Die **Leistung der Anlage im einzelnen Geschäftsjahr** ist nachzuweisen. Das kann bei einer Spezialmaschine durch ein die Anzahl der Arbeitsvorgänge registrierendes Zählwerk, bei einem Kraftfahrzeug durch den Kilometerzähler geschehen.[354]

721 War die Wahl der Abschreibung nach Maßgabe der Leistung wirtschaftlich begründet, so kann diese Abschreibungsmethode auch nach Wegfall der wirtschaftlichen Gründe beibehalten werden.[355]

3.1.13 Wechsel der Abschreibungsmethoden

Bewegliche Anlagegegenstände

722 Bei **beweglichen Anlagegegenständen** ist steuerrechtlich ein Übergang von der
- degressiven zur linearen Abschreibung zulässig (§ 7 Abs. 3 Satz 1 EStG),
- linearen zur degressiven Abschreibung unzulässig (§ 7 Abs. 3 Satz 3 EStG),
- Abschreibung nach Maßgabe der Leistung zur linearen Abschreibung zulässig, da die lineare Abschreibung die Regel ist,
- Abschreibung nach Maßgabe der Leistung zur degressiven Abschreibung unzulässig.[356]
- linearen oder degressiven Abschreibung zur Abschreibung nach Maßgabe der Leistung zulässig, wenn das wirtschaftlich begründet ist.

---

354 R 44 Abs. 5 Sätze 3 und 4 EStR.
355 Schmidt/Drenseck EStG § 7 Rz. 121.
356 Herrmann/Heuer/Raupach, EStG § 7 Anm. 203.

Methodenwechsel		
Von	Zu	
	linear	degressiv	leistungsmäßig
linear		unzulässig	zulässig
degressiv	zulässig		zulässig
leistungsmäßig	zulässig	unzulässig	

Auch im Jahr der Veräußerung oder Aufgabe des Betriebs ist der Wechsel der Abschreibungsmethode zulässig. Das kann für den Übergang von der degressiven zur linearen AfA günstig sein, wenn die lineare AfA höher als die degressive ist. Denn hierdurch wirkt sich die höhere AfA beim laufenden Gewinn aus. Der Buchwert des Anlagegenstands wird zwar gemindert und dadurch bei seinem Ausscheiden aus dem Betriebsvermögen der Veräußerungs- oder Aufgabegewinn erhöht. Da dieser steuerbegünstigt ist, werden hierdurch Steuern gespart. 723

Nach dem Methodenwechsel bemisst sich die AfA nach dem Restbuchwert und der Restnutzungsdauer.[357] 724

Gebäude

Erfüllt ein **Gebäude** in einem auf das Jahr der Anschaffung oder Herstellung folgenden Jahr die Voraussetzungen als **Wirtschaftsgebäude** (§ 7 Abs. 4 Satz 1 Nr. 1 EStG) 725
- erstmals, so ist die weitere AfA nach § 7 Abs. 4 Satz 1 Nr. 1 EStG zu bemessen,
- nicht mehr, ist die weitere AfA nach § 7 Abs. 4 Satz 1 Nr. 2 Buchst. a EStG vorzunehmen.[358]

Dient ein bisher nach § 7 Abs. 5 Satz 1 Nr. 3 abgeschriebener **Mietwohnneubau** nicht mehr Wohnzwecken, ist er fortan nach § 7 Abs. 4 Satz 1 Nr. 2 Buchst. a EStG abzuschreiben.[359] 726

---

357 Schmidt/Drenseck EStG § 7 Rz. 140.
358 R 44 Abs. 8 Satz 1 Nr. 1 und 2, Satz 2 EStR.
359 R 44 Abs. 8 Satz 1 Nr. 3, Satz 2 EStR.

727 Ein **Wechsel** von der linearen zur degressiven oder von der degressiven zur linearen Gebäude-AfA ist unzulässig. Ebenso darf nicht zwischen den degressiven Abschreibungsverfahren gewechselt werden.[360]

3.1.14 Abschreibung nachträglicher Herstellungskosten

728 Nachträgliche Herstellungskosten werden im Laufe eines Wirtschaftsjahrs aufgewendet. Sie sind im Jahr ihrer Entstehung bei der Bemessung der AfA so zu berücksichtigen, als wären sie zu Beginn des Jahres aufgewendet worden.[361] Die Aufwendungen werden daher dem Buchwert des Wirtschaftsguts am Schluss des vorangegangenen Wirtschaftsjahrs hinzugerechnet.

729 Bei nachträglichen Herstellungskosten kommt es darauf an, ob hierdurch
- ein anderes Wirtschaftsgut entsteht oder
- ob diese Aufwendungen dem Buchwert des Wirtschaftsguts hinzuzufügen sind.

Diese Frage ist anhand der Ausführungen in Rdn. 639 ff. zu klären.

Abschreibung nachträglicher Herstellungskosten[362]		
Nr.	Fall	Bemessungsgrundlage	Weitere AfA
1	Anderes Wirtschaftsgut[363]	Buchwert oder Restwert des bisherigen Wirtschaftsguts am Schluss des Vorjahrs + nachträgliche Herstellungskosten	Je nachdem, welches neue Wirtschaftsgut entstanden ist: 1. § 7 Abs. 1 EStG 2. § 7 Abs. 2 EStG 3. § 7 Abs. 4 Satz 2 EStG 4. § 7 Abs. 4 Satz 1 EStG 5. § 7 Abs. 5 EStG Zu 1. bis 3.: Nutzungsdauer wird neu bestimmt. Zu 4.: Fester Abschreibungs-

---

360 H 44 (Wechsel der AfA-Methode bei Gebäuden) EStH.
361 R 44 Abs. 11 Satz 3 EStR.
362 R 44 Abs. 11 EStR.

Abschreibung nachträglicher Herstellungskosten[362]

Nr.	Fall	Bemessungsgrundlage	Weitere AfA satz
			Zu 5.: Nur zulässig, wenn ein Neubau entstanden ist
2	§ 7 Abs. 1 EStG	Buchwert am Schluss des Vorjahrs + nachträgliche Herstellungskosten	Restnutzungsdauer ist unter Berücksichtigung des Zustands des Wirtschaftsguts im Zeitpunkt der Beendigung der nachträglichen Herstellungsarbeiten neu zu schätzen.
3	§ 7 Abs. 2 EStG		
4	§ 7 Abs. 4 Satz 2 EStG		
			Im Fall der Nr. 4 kann aus Vereinfachungsgründen die weitere AfA nach dem bisher angewandten Prozentsatz bemessen werden.
5	§ 7 Abs. 4 Satz 1 EStG	Ursprüngliche Anschaffungs- oder Herstellungskosten + nachträgliche Herstellungskosten	AfA-Satz nach § 7 Abs. 4 Satz 1 EStG. Wird so nicht die volle Abschreibung innerhalb der tatsächlichen Nutzungsdauer erreicht, kann die AfA vom Zeitpunkt der Beendigung der nachträglichen Herstellungskosten an nach der Restnutzungsdauer des Gebäudes bemessen werden.[364]

---

363 R 43 Abs. 5 EStR.
364 H 44 (Nachträgliche Anschaffungs- oder Herstellungskosten) EStH.

Abschreibung nachträglicher Herstellungskosten		
Nr.	Fall	Bemessungsgrundlage	Weitere AfA
6	§ 7 Abs. 5 EStG	Ursprüngliche Anschaffungs- oder Herstellungskosten + nachträgliche Herstellungskosten	AfA-Satz nach § 7 Abs. 5 EStG. Der nach Ablauf des in § 7 Abs. 5 EStG vorgesehenen Abschreibungszeitraums verbleibende Restwert ist mit den festen Abschreibungssätzen von § 7 Abs. 4 Satz 1 abzuschreiben.[365]

Beispiele

Zu Nr. 3: Im Jahr 01 wird ein bewegliches Wirtschaftsgut mit einer betriebsgewöhnlichen Nutzungsdauer von 12 Jahren angeschafft. Im Jahr 06 werden nachträgliche Herstellungskosten in Höhe von 6.000 € aufgewendet. Der Buchwert Ende 05 beträgt 4.000 €.

Restwert Ende 05	4.000 €
nachträgliche Herstellungskosten in 06	+ 6.000 €
Bemessungsgrundlage ab 06	10.000 €

Die Restnutzungsdauer wird auf 8 Jahre geschätzt.
AfA = 100 % : 8 = 12,5 % x 2 = 25 %, höchstens 20 %
AfA für 06 = 10.000 € x 20 % = 2.000 €.

Zu Nr. 5: Zu Beginn des Jahres 01 wird ein Betriebsgebäude für 300.000 € angeschafft und mit 3 % jährlich abgeschrieben. Im Jahr 24 werden nachträgliche Herstellungskosten in Höhe von 200.000 € aufgewendet.

Anschaffungskosten	300.000 €	300.000 €
AfA 01 bis 23: 3 % x 300.000 € x 23 =	- 207.000 €	
31.12.23	93.000 €	
nachtr. Herstellungskosten 24	+ 200.000 €	+ 200.000 €
Buchwert 1.1.24	293.000 €	
Bemessungsgrundlage ab 24		500.000 €

AfA ab 24: 3 % von 500.000 € = 15.000 €
293.000 € : 15.000 € = 19,53.

---

[365] BFH, Urt. v. 20.1.1987 IX R 103/83, BStBl 1987 II S. 491.

Die Restabschreibungsdauer beträgt also rd. 20 Jahre. Zuzüglich zu der bisherigen Abschreibungsdauer von 23 Jahren beträgt daher die Gesamtabschreibungsdauer 43 Jahre. Bei Betriebsgebäuden wird von einer Gesamtnutzungsdauer von 33 Jahren ausgegangen (s. § 7 Abs. 4 Satz 2 EStG). Hat sich die Nutzungsdauer durch die nachträglichen Herstellungskosten nicht verlängert, kann der Buchwert zum 1.1.24 auf die Restnutzungsdauer von 10 Jahren abgeschrieben werden, also mit jährlich 293.000 € : 10 = 29.300 €.

Zu Nr. 6: Im Jahr 01 wird ein Wohnzwecken dienendes zum Betriebsvermögen gehörendes Gebäude für 200.000 € hergestellt und nach § 7 Abs. 5 Satz 1 Nr. 3 Buchst. b abgeschrieben. Im Jahr 06 werden nachträgliche Herstellungskosten in Höhe von 90.000 € aufgewendet.

Herstellungskosten	200.000 €	200.000 €
AfA 01 bis 05: 5 × 5 % × 200.000 €	- 50.000 €	
31.12.05	150.000 €	
Herstellungskosten 06	+ 90.000 €	+ 90000 €
1.1.06	240.000 €	
Bemessungsgrundlage ab 1.1.06		290.000 €
AfA 06 bis 08: 3 × 5 % × 290.000 €	- 43.500 €	
31.12.08	196.500 €	
AfA 09 bis 14: 6 × 2,5 % × 290.000 €	- 43.500 €	
31.12.14	153.000 €	
AfA 15 bis 50: 36 × 1,25 % × 290.000 €	130.500 €	
Restbetrag nach 50 Jahren	22.500 €	

AfA ab 51: 290.000 € × 2 % = 5.800 €

Fall

A errichtete vor 20 Jahren auf seinem Grundstück eine Gaststätte. Die Herstellungskosten betrugen 200.000 €. Von Mai bis November des Jahres 01 werden folgende Baumaßnahmen durchgeführt: Anbau eines Saales mit eigenem Eingang für 500.000 € Herstellungskosten. Der Anbau ist an die Heizungsanlage der Gaststätte angeschlossen. Er ist durch Zwischentüren mit dem Gaststättengebäude verbunden.

Die Gaststätte wird um ein Stockwerk aufgestockt. Hierin werden Fremdenzimmer eingerichtet. Die hierauf entfallenden Herstellungskosten betragen 250.000 €. Die Gaststätte wurde bisher mit 2 % nach § 7 Abs. 4 Satz 1 Nr. 2 Buchst. a EStG abgeschrieben. Anfang 01 betrug der Buchwert

160.000 €. A betreibt das Unternehmen selbst. Er ermittelt den Gewinn durch Betriebsvermögensvergleich. Den Bauantrag hat er nach dem 31.12.1993 und vor dem 1.1.2001 gestellt. A möchte möglichst hoch abschreiben.

Lösung

Der Anbau ist mit dem bisherigen Gebäude nicht baulich verflochten. Er ist daher ein selbstständiges Gebäude. Er muss, da es sich um ein Wirtschaftsgebäude handelt, nach § 7 Abs. 4 Nr. 1 EStG mit 4 % linear abgeschrieben werden. Eine degressive Abschreibung nach § 7 Abs. 5 EStG scheidet aus, da der Bauantrag nicht vor dem 1.1. 1994 gestellt worden ist. Die Aufstockung eines Gaststättengebäudes und dessen Ausbau zu Fremdenzimmern wird von der Rechtssprechung des BFH nicht als ein so grundlegender Umbau angesehen, dass das aufgestockte Gebäude wirtschaftlich als Neubau angesehen werden kann (→Rdn. 642).

Die Fremdenzimmer dienen, ebenso wie die Gaststätte, der eigenbetrieblichen Nutzung. Die Aufstockung stellt daher auch keinen eigenständigen Gebäudeteil dar. Es handelt sich um sonstigen nachträglichen Herstellungsaufwand. Sie dienen nicht Wohnzwecken (→Rdn. 691), sodass insoweit auch keine degressive Abschreibung nach § 7 Abs. 5 Satz 1 Nr. 3 EStG in Betracht kommt.

Ursprüngliche Anschaffungs- oder Herstellungskosten	200.000 €
nachträgliche Anschaffungs- oder Herst.-Kosten	+250.000 €
Bemessungsgrundlage	450.000 €

Abschreibungsbetrag: 450.000 € × 2 % = 9.000 €
Neuer Buchwert: 160.000 € + 250.000 € = 410.000 €
Restliche Abschreibungsdauer: 410.000 : 9.000 = 45,6 Jahre

Unter Berücksichtigung der bisherigen Abschreibungsdauer von 20 Jahren ergibt das also eine Gesamt-Abschreibungsdauer von über 65 Jahren. Bei der Abschreibung nach § 7 Abs. 4 Satz 1 Nr. 2 Buchst. a EStG wird von einer Nutzungsdauer der Gebäude von 50 Jahren ausgegangen. Durch die Aufstockung ändert sich die Nutzungsdauer des Gebäudes nicht. Bei der Abschreibung des Gebäudes mit einem Abschreibungsbetrag von jährlich 9.000 € wird also das Gebäude innerhalb der voraussichtlichen Nutzungsdauer von 50 Jahren nicht voll abgeschrieben. Daher kann die künftige AfA nach der Restnutzungsdauer des Gebäudes bemessen werden.

Buchwert zu Beginn des Jahres	160.000 €
nachträgliche Herstellungskosten	+250.000 €
neue AfA-Bemessungsgrundlage	410.000 €

Die restliche Nutzungsdauer wird auf 30 Jahre geschätzt. Abschreibungsbetrag: 410.000 € : 30 = 13.667 €.

3.1.15 Unterlassene oder überhöhte Abschreibungen

Wurden AfA unterlassen, um dadurch **unberechtigte Steuervorteile** zu erlangen, dürfen sie nicht nachgeholt werden.[366] Die Abschreibungen werden unter Durchbrechung des Bilanzenzusammenhangs erfolgsneutral vom Buchwert abgesetzt. Von diesem niedrigeren Buchwert wird in der Folgezeit abgeschrieben. Teilwertabschreibungen können erst dann erfolgen, wenn der Teilwert niedriger als der erfolgsneutral fortgeführte Buchwert ist.[367]

730

Wurden AfA aus **außersteuerlichen Gründen**, aus **Versehen** oder wegen **fehlerhafter Bemessung der Nutzungsdauer** unterlassen oder wurden **AfA überhöht** vorgenommen, so sind die folgenden Regelungen anzuwenden.

731

---

366 BFH, Urt. v. 3.7.1980 IV R 31/77, BStBl 1981 II S. 255.
367 Schmidt/Drenseck, EStG § 7 Rz. 7.

AfA unterlassen aus außersteuerlichen Gründen, aus Versehen oder wegen fehlerhafter Bemessung der Nutzungsdauer oder überhöht vorgenommen		
AfA-Vorschrift	AfA unterlassen	AfA überhöht vorgenommen
§ 7 Abs. 1 EStG § 7 Abs. 2 EStG § 7 Abs. 4 Satz 2 EStG	Nachholung in der Weise zulässig, dass die noch nicht abgesetzten Anschaffungs- oder Herstellungskosten, also der Buchwert, entsprechend der bei dem Wirtschaftsgut angewandten Absetzungsmethode auf die noch verbleibende Restnutzungsdauer verteilt werden.[368]	Überhöht vorgenommene AfA auf ein Wirtschaftsgut des Anlagevermögens sind nicht in der ersten noch offenen Schlussbilanz zu korrigieren. Bemessungsgrundlage der AfA für die Restnutzungsdauer bleiben bei einem Gebäude die ungekürzten Anschaffungs- oder Herstellungskosten.[369] Bei anderen Wirtschaftsgütern sind die noch nicht abgesetzten Anschaffungs- oder Herstellungskosten nach der bisher angewandten Absetzungsmethode zu verteilen.[370]
§ 7 Abs. 4 Satz 1 EStG	Hat sich die tatsächliche Nutzungsdauer des Gebäudes nicht geändert, so sind weiterhin die gesetzlich vorgeschriebenen Prozentsätze anzusetzen, sodass sich ein anderer Abschreibungszeitraum als von 25, 40 oder 50 Jahren ergibt.[371]	
§ 7 Abs. 5 EStG	Keine Nachholung möglich. - Beträge, die nicht bis zum Ablauf des in § 7 Abs. 5 EStG vorgesehenen Zeitraums abgesetzt werden können, sind in den Folgejahren nach § 7 Abs. 4 EStG abzusetzen.[372]	Weitere AfA ist während des verbleibenden Abschreibungszeitraums weiterhin von den ungekürzten Anschaffungs- oder Herstellungskosten vorzunehmen.[373]

---

368 BFH, Urt. v. 11.12.1987 III R 266/83, BFHE 152, 128, BStBl 1988 II S. 335.
369 BFH, Urt. v. 4.5.1993 VIII R 14/90, BStBl 1993 II S. 661.
370 R 44 Abs. 10 EStR.
371 H 44 (unterlassene oder überhöhte AfA) EStH.
372 BFH, Urt. v. 20.1.1987 IX R 103/83, BStBl 1987 II S. 491.
373 BFH, Urt. v. 4.5.1993 VIII R 14/90, BStBl 1993 II S. 661.

3.2 Außerplanmäßige Abschreibung der Anlagegegenstände

3.2.1 Handelsrechtliche außerplanmäßige Abschreibung

Vermögensgegenstände
§ 253 Abs. 2 Satz 3 HGB
Ohne Rücksicht darauf, ob ihre Nutzung zeitlich begrenzt ist, können bei Vermögensgegenständen des Anlagevermögens außerplanmäßige Abschreibungen vorgenommen werden, um die Vermögensgegenstände mit dem niedrigeren Wert anzusetzen, der ihnen am Abschlussstichtag beizulegen ist; sie sind vorzunehmen bei einer voraussichtlich dauernden Wertminderung.

	Außerplanmäßige Abschreibung	
Vermögensgegenstände	▪ abnutzbare Anlagegegenstände ▪ nicht abnutzbare Anlagegegenstände	
Wertansatz	niedrigerer den Vermögensgegenständen am Abschlussstichtag beizulegender Wert	
Gebot/Wahlrecht	vorübergehende Wertminderung	voraussichtlich dauernde Wertminderung
	Abschreibungswahlrecht	Abschreibungsgebot

732

- **Planmäßige Abschreibungen** sind nur bei abnutzbaren Anlagegegenständen zulässig. Sie dienen der periodengerechten Verteilung der Anschaffungs- oder Herstellungskosten der Anlagegegenstände auf die Geschäftsjahre der voraussichtlichen Nutzung (→Rdn. 666).
- **Außerplanmäßige Abschreibungen** sind zulässig für abnutzbare und nicht abnutzbare Anlagegegenstände.
  - Bei abnutzbaren Anlagegegenständen werden hierdurch Wertverluste berücksichtigt, die über die planmäßigen Abschreibungen hinausgehen.
  - Bei den nicht abnutzbaren Anlagegegenständen können allein hierdurch Wertminderungen berücksichtigt werden.

733 Außerplanmäßig können **alle Vermögensgegenstände des Anlagevermögens**, also auch die Finanzanlagen, abgeschrieben werden. Hinsichtlich der Einschränkung für Kapitalgesellschaften →Rdn. 1168. Während die planmäßige Abschreibung die Aufgabe hat, die einzelnen Geschäftsjahre erfolgsmäßig gegeneinander abzugrenzen, soll durch die außerplanmäßige Abschreibung verhütet werden, dass die Vermögensgegenstände mit zu hohen Bilanzansätzen ausgewiesen werden.

Vergleichswerte

734 Der niedrigere Wert kommt in Betracht, wenn der **Vergleichswert** höher ist. Vergleichswerte sind
- bei abnutzbaren Anlagegegenständen die Anschaffungs- oder Herstellungskosten vermindert um planmäßige Abschreibungen, um in früheren Jahren bereits verrechnete außerplanmäßige Abschreibungen und steuerrechtliche Sonderabschreibungen,
- bei anderen Anlagegegenständen die Anschaffungs- oder Herstellungskosten vermindert um frühere außerplanmäßige Abschreibungen und um steuerrechtliche Sonderabschreibungen.

Es wird also zunächst der Buchwert der Schlussbilanz des Vorjahrs um die planmäßigen Abschreibungen und Sonderabschreibungen des abgelaufenen Geschäftsjahrs gekürzt. Erst dann wird außerplanmäßig abgeschrieben.[374]

735 Der niedrigere Wert ergibt sich aus **Hilfswerten:**
- Wiederbeschaffungswert ist der Höchstwert,
- Einzelveräußerungswert ist der Tiefstwert.

Lässt sich ein Wiederbeschaffungszeitwert ermitteln, z. B. bei gebrauchten Pkw anhand der Gebrauchtwagenlisten, ist als Höchstwert hiervon auszugehen. Sonst muss vom Wiederbeschaffungsneuwert ausgegangen werden.

---

374 ADS, HGB § 253 Rdn. 453.

Abschreibung der Anlagegegenstände **J**

Fall
Eine Maschine wurde am 5.2.01 für 20.000 € angeschafft. Die voraussichtliche Nutzungsdauer beträgt 5 Jahre. Am 31.12.03 kostet die gleiche Maschine nur noch 15.000 €. Wie hoch ist der niedrigere Wert (Berechnung ausgehend vom Wiederbeschaffungsneuwert)?

Lösung	
Anschaffungskosten	20.000 €
abzüglich AfA 01 bis 03 (3 × 4.000 €)	12.000 €
Buchwert 31.12.03	8.000 €
Wiederbeschaffungsneuwert am 31.12.03	15.000 €
abzüglich AfA 01 bis 03 (3 × 3.000 €)	9.000 €
Wiederbeschaffungswert = niedrigerer Wert	6.000 €

Der **Einzelveräußerungswert** kommt als niedrigerer Wert nur dann in Betracht, wenn die baldige Veräußerung beabsichtigt ist oder eine Anlage stillliegt und in absehbarer Zeit mit einer Inbetriebnahme nicht zu rechnen ist. Niedrigerer Wert ist in diesem Fall der geschätzte Verkaufserlös abzüglich Ausbau-, Abbruch- und Demontagekosten.[375]

736

Gemildertes Niederstwertprinzip

Bei einer vorübergehenden Wertminderung besteht ein Abschreibungswahlrecht. Nur bei einer voraussichtlich dauernden Wertminderung besteht ein Abschreibungsgebot. Man spricht hier von einem „gemilderten Niederstwertprinzip" im Unterschied zur Abschreibung auf den niedrigeren Wert bei den Umlaufgegenständen, die bei jeder Wertminderung auf den niedrigeren Wert abgeschrieben werden müssen, für die daher ein sog. strenges Niederstwertprinzip besteht.

737

Voraussichtlich dauernde Wertminderung

„Vorübergehend" und „voraussichtlich dauernd" sind Zeiträume, die nicht gesetzlich definiert sind. Der Inhalt dieser Maßstäbe ist daher durch Auslegung zu ermitteln.

738

---

375 ADS, HGB § 253 Rdn. 460 ff.

Im Gesetz wird das Merkmal „vorübergehend" nicht verwendet. Es wird bei der Erörterung der Frage, ob eine voraussichtlich dauernde Wertminderung gegeben ist, dem Merkmal „voraussichtlich dauernd" vom Schrifttum gegenübergestellt.

„Voraussichtlich" hat im Zusammenhang mit „dauernd" nichts mit hellseherischen Fähigkeiten zu tun. Dieses Merkmal wird in Absatz 2 von § 253 HGB für die abnutzbaren Anlagegegenstände gebraucht. Diese sind auf die Geschäftsjahre planmäßig abzuschreiben, in denen sie „voraussichtlich" genutzt werden können. Das HGB geht bei der planmäßigen Abschreibung der abnutzbaren Anlagegegenstände von einer „voraussichtlichen Nutzungsdauer" aus im Unterschied zur „betriebsgewöhnlichen Nutzungsdauer", die der Abschreibung dieser Wirtschaftsgüter im Einkommensteuerrecht zu Grunde gelegt wird.

739 Wenn es in dem folgenden Satz von § 253 Abs. 2 HGB heißt, dass ohne Rücksicht darauf, ob ihre Nutzung zeitlich begrenzt ist, außerplanmäßige Abschreibungen auf den niedrigeren am Abschlussstichtag beizulegenden Wert vorgenommen werden können, so ist aus dem Zusammenhang zu schließen, dass der Gesetzgeber hierbei in erster Linie an die abnutzbaren Anlagegegenstände gedacht hat. Handelsrechtlich sollen sie auch dann auf den niedrigeren Wert abgeschrieben werden können, wenn ihre Nutzung ohnehin zeitlich begrenzt ist und daher die durch besondere Umstände eingetretene Wertminderung auch durch planmäßige Abschreibung im Nutzungszeitraum erreicht wird. Nur wenn es sich um eine „voraussichtlich" dauernde Wertminderung handelt, besteht ein Abschreibungsgebot. Im Zusammenhang gesehen bezieht sich dieses „voraussichtlich" wieder auf die Nutzungsdauer und damit eigentlich nur auf die abnutzbaren Anlagegegenstände.

740 § 253 Abs. 2 Satz 3 HGB entspricht der früheren Vorschrift des § 154 Abs. 2 Satz 1 Nr. 1 AktG.[376] Nach der Begründung des Rechtsausschusses zu § 154 Abs. 2 Satz 1 Nr. 1 AktG a. F. sollte mit dieser Vorschrift eine Streitfrage zum vorher geltenden Recht entschieden werden. In Annäherung an das für Umlaufvermögen geltende Niederstwertprinzip sollte hierdurch bei einer voraussichtlich dauernden Wertminderung eine Sonderabschreibung vorgeschrieben werden. Eine „voraus-

---

[376] Ausschussbericht, S. 100.

sichtlich dauernde Wertminderung" sollte nach dem Bericht des Rechtsausschusses vorliegen, wenn der Zeitwert den Wert, der sich aus planmäßigen Abschreibungen ergibt, während eines erheblichen Teils der Restnutzungsdauer nicht erreichen wird.[377] In diesem Fall hat auch der BFH in seiner Rechtsprechung ein Abschreibungsgebot auf den niedrigeren Teilwert angenommen.[378]

Abnutzbare Anlagegegenstände werden durch planmäßige Abschreibungen laufend während ihrer Nutzungsdauer in ihren Wertausweisen gemindert. Auf die Dauer ihrer Betriebszugehörigkeit weicht ihr Stichtagswert vom tatsächlichen Wert nicht wesentlich ab. Bei voraussichtlich kurzfristigen (vorübergehenden) Unterschreitungen der sich bei der planmäßigen Abschreibung ergebenden Buchwerte sollen daher die Unternehmen nicht gezwungen sein, die tatsächlichen Werte anzusetzen und damit den Abschreibungsplan zu berichtigen. „Vorübergehend" ist nach dieser Auffassung eine Wertminderung, wenn die zum Abschlussstichtag eingetretene Wertminderung voraussichtlich weniger als die halbe Restnutzungsdauer bestehen wird. Das Merkmal „vorübergehend" ist daher restriktiv auszulegen.[379]

741

Der Unterschied zwischen vorübergehender und dauernder Wertminderung wird am folgenden Beispiel dargestellt.

742

Beispiel

Ein abnutzbarer Anlagegegenstand wird am 2.1.01 angeschafft. Die Anschaffungskosten haben 50.000 € betragen. Die Nutzungsdauer beträgt 10 Jahre. Der Anlagegegenstand wird linear abgeschrieben. Durch ein Ereignis im Dezember 02 wird der Wert des Anlagegegenstands um 10.000 € gemindert.

---

377 Kropff, AktG, S. 245.
378 BFH, Urt. v. 27.11.1974 I R 123/73, BStBl 1975 II S. 294.
379 Hoyos/Schramm/Ring in Beck Bil-Komm. § 253 HGB Rdn. 295.

J Bewertung

Planmäßige und außerplanmäßige Abschreibung

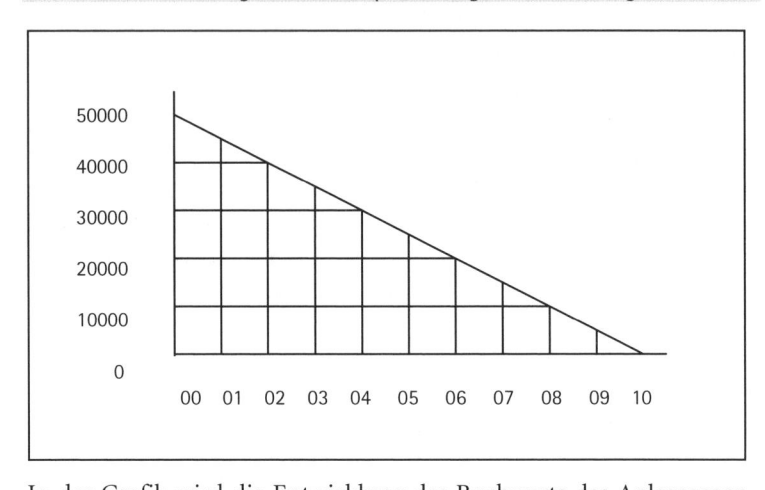

50000	
40000	
30000	
20000	
10000	
0	00 01 02 03 04 05 06 07 08 09 10

In der Grafik wird die Entwicklung des Buchwerts des Anlagegegenstands im Laufe der Jahre 01 bis zum Ende der Abschreibung 31.12.10 dargestellt. Die Zahlen 00, 01 usw. auf der waagerechten x-Achse stellen die Abschlussstichtage der Jahre 00, 01 usw. dar. Durch das den Wert des Anlagegegenstands mindernde Ereignis im Dezember 02 beträgt der niedrigere Wert des Anlagegegenstands zum Bilanzstichtag 31.12.02 30.000 €. Die lineare Abschreibungskurve trifft diesen Wert am 31.12.04. Die Restnutzungsdauer vom 31.12.02 bis 31.12.10 beträgt acht Jahre. Nach Ablauf der Zeitdauer vom 31.12.02 bis zum 31.12.04, also nach zwei Jahren oder einem Viertel der Restnutzungsdauer, erreicht der sich aus planmäßigen Abschreibungen ergebende Wert den Wert auf Grund der außerplanmäßigen Abschreibung. Ein Viertel der Restnutzungsdauer ist nicht ein erheblicher Teil der Restnutzungsdauer. Damit wäre die Wertminderung vorübergehend und es bestünde ein Abschreibungswahlrecht. Hätte die Wertminderung 25.000 € betragen, würde die Kurve der planmäßigen Abschreibung den Wert auf Grund außerplanmäßiger Abschreibung am 31.12.07 kreuzen. Der Zeitraum, in dem der sich aus planmäßigen Abschreibungen ergebende Wert den niedrigeren Wert auf Grund außerplanmäßiger Abschreibung nicht erreicht, betrüge dann fünf Jahre, also 5/8 der Restnutzungsdauer. Im überwiegenden Teil der Restnutzungsdauer wäre damit der Buchwert des Anlagegegenstands zu hoch ausgewiesen und nach der mitgeteilten Definition (→Rdn. 742) nicht mehr von einer „vorübergehenden" Wertminderung auszugehen. Es besteht daher ein Abschreibungsgebot.

Bei **nicht abnutzbaren Anlagegegenständen** ist die Nutzungsdauer nicht begrenzt. Handelte es sich im vorstehenden Beispiel um einen nicht abnutzbaren Anlagegegenstand, würde dessen Wert nicht durch die laufende Nutzung gemindert. Die „Abnutzungskurve" liefe in der vorstehenden Grafik parallel zur x-Achse. Sie würde daher den sich aus außerplanmäßiger Abschreibung ergebenden Wert nie erreichen. Die auf dem Ereignis, das zur außerplanmäßigen Abschreibung geführt hat, beruhende Wertminderung bestünde daher während der gesamten Dauer der Zugehörigkeit des Anlagegegenstands zum Betriebsvermögen. Es läge daher eine voraussichtlich dauernde Wertminderung vor.

743

Wertminderungen nicht abnutzbarer Anlagegegenstände werden nicht auf einen bestimmten Zeitraum begrenzt, wie es bei den abnutzbaren Anlagegegenständen durch die planmäßige Abschreibung geschieht. Werden sie nicht durch Wertaufholungen ausgeglichen, bleiben sie während der gesamten Zeit der Betriebszugehörigkeit des Anlagegegenstands bestehen. Bei Wertminderungen nicht abnutzbarer Anlagegegenstände ist daher in der Regel von einer voraussichtlich dauernden Wertminderung auszugehen.

Der Wert von **Beteiligungen**, die zu den Finanzanlagen gehören (→Rdn. 237 ff.), richtet sich bei aus börsennotierten Aktien bestehenden Beteiligungen auch nach dem Kurswert dieser Aktien. Dieser wird realisiert, wenn die Beteiligung veräußert wird. Eine Beteiligung soll aber dem Unternehmen auf Dauer dienen. Daher darf der Kurswert nur dann bei der Wertbestimmung maßgebend berücksichtigt werden, wenn am Bilanzstichtag die Veräußerung geplant ist. Ergibt sich unter dieser Voraussetzung aus dem Kurswert ein unter dem Buchwert liegender Wert der Beteiligung, wird diese im folgenden Geschäftsjahr veräußert und besteht die Wertminderung bis zur Veräußerung fort, handelt es sich um eine für die restliche Nutzungsdauer fortdauernde Wertminderung. In diesem Fall ist die Wertminderung von Dauer. Es besteht daher ein Abschreibungsgebot.

744

Im Übrigen können sich für Beteiligungen Wertminderungen auf Grund negativer Ergebniseinflüsse ergeben. Ob diese auf Dauer den Wert einer Beteiligung mindern, ist im Einzelfall zu beurteilen.[380]

3.2.2 Steuerrechtliche außerplanmäßige Abschreibung

Arten

745 Im Steuerrecht gibt es als außerplanmäßige Abschreibungen
- die Abschreibung für **außergewöhnliche technische und wirtschaftliche** Abnutzung für abnutzbare Anlagegegenstände (§ 7 Abs. 1 Satz 6 EStG) und
- die Teilwertabschreibung
  a) für abnutzbare Anlagegegenstände (§ 6 Abs. 1 Nr. 1 Satz 2 EStG) und
  b) für nicht abnutzbare Anlagegegenstände (§ 6 Abs. 1 Nr. 2 Satz 2 EStG).

Abschreibungswahlrecht

746 Für die Abschreibung für außergewöhnliche technische und wirtschaftliche Abnutzung und für die Teilwertabschreibung besteht ein **Abschreibungswahlrecht**. Da steuerrechtliche Wahlrechte bei der Gewinnermittlung in Übereinstimmung mit der handelsrechtlichen Jahresbilanz auszuüben sind (§ 5 Abs. 1 Satz 2 EStG), ist eine Abschreibung für außergewöhnliche technische und wirtschaftliche Abnutzung und eine Teilwertabschreibung grundsätzlich von einem übereinstimmenden Ansatz in der Handelsbilanz abhängig.

Maßgeblichkeitsgrundsatz und Bewertungsvorbehalt

747 Das gilt aber nur für den Fall, dass handelsrechtlich ebenfalls ein Abschreibungswahlrecht besteht. Ist handelsrechtlich die Abschreibung geboten und in der Handelsbilanz nicht abgeschrieben, ist die Handelsbilanz unrichtig. Eine unrichtige Handelsbilanz ist für die Steuerbilanz nicht bindend. Dann ist steuerrechtlich maßgebend, was handelsrechtlich zutreffend auszuweisen ist.

---

380 Vgl. Hoyos/Gutike in: Beck Bil-Komm. § 253 Rdn. 401 ff.

Nach dem Bewertungsvorbehalt (§ 5 Abs. 6 EStG) sind aber zusätzlich die steuerlichen Abschreibungsvorschriften zu beachten (→Rdn. 540 ff., 544 f.). 748

Die Teilwertabschreibung ist nach dem Steuerentlastungsgesetz 1999/2000/2002 für Wirtschaftsjahre, die nach dem 31.12.1998 enden, nur noch auf Grund einer voraussichtlich dauernden Wertminderung zulässig (§ 6 Abs. 1 Nr. 1 Satz 2, Nr. 2 Satz 2 EStG). 749

Zusammenhang zwischen Handels- und Steuerbilanz

Hieraus ergibt sich folgender Zusammenhang zwischen Handels- und Steuerbilanz für die außerplanmäßigen Abschreibungen: 750

Außerplanmäßige Abschreibungen		
	Handelsbilanz	Steuerbilanz
Abnutzbare Anlagegegenstände	vorübergehende Wertminderung	
	Ansatz des niedrigeren Werts	▪ Absetzung für außergewöhnliche technische oder wirtschaftliche Abnutzung ▪ Teilwertabschreibung nicht zulässig
	Kein Ansatz des niedrigeren Werts	▪ Keine Absetzung für außergewöhnliche technische oder wirtschaftliche Abnutzung ▪ Teilwertabschreibung nicht zulässig
	voraussichtlich dauernde Wertminderung	
	Ansatz des niedrigeren Werts	▪ Absetzung für außergewöhnliche technische oder wirtschaftliche Abnutzung ▪ Teilwertabschreibung (Unrichtiger Ansatz in der Handelsbilanz ist für die Steuerbilanz nicht bindend. Wenn in der Handelsbilanz nicht abgeschrieben worden ist, muss gleichwohl in der Steuerbilanz abgeschrieben werden.)
	Kein Ansatz des niedrigeren Werts (Handelsbilanz unrichtig)	

Außerplanmäßige Abschreibungen		
	Handelsbilanz	Steuerbilanz
Nicht abnutzbare Anlagegegenstände	vorübergehende Wertminderung	
	Ansatz des niedrigeren Werts	▪ Teilwertabschreibung nicht zulässig
	Kein Ansatz des niedrigeren Werts	
	voraussichtlich dauernde Wertminderung	
	Ansatz des niedrigeren Werts	▪ Teilwertabschreibung
	Kein Ansatz des niedrigeren Werts (Bilanzansatz unrichtig)	▪ Teilwertabschreibung (unrichtiger Ansatz in der Handelsbilanz ist für die Steuerbilanz nicht bindend)

751   Nach der Begründung zum Steuerentlastungsgesetz 1999/2000/2002[381] ist der Begriff der **voraussichtlich dauernden Wertminderung** dem Handelsrecht entliehen (§ 253 Abs. 2 HGB). Der Gesetzgeber geht also davon aus, dass dieser Begriff so wie im Handelsrecht auszulegen ist. Steuerrechtlich gelten daher die vorstehend in Rdn. 738 ff. hierzu mitgeteilten Auslegungsmaßstäbe. In einem Schreiben des BMF[382] an die Obersten Finanzbehörden der Länder sind Ausführungen zur Auslegung enthalten. Sie werden bei der Besprechung der Teilwertabschreibung mitgeteilt (→Rdn. 774 ff.).

3.2.3 Absetzung für außergewöhnliche technische oder wirtschaftliche Abnutzung

Voraussetzungen

752   Die steuerrechtlich in § 7 Abs. 1 Satz 6 EStG geregelte Absetzung für außergewöhnliche technische oder wirtschaftliche Abnutzung ist eine außerplanmäßige Abschreibung. Sie ist daher auch handelsrechtlich zulässig.

---

381 BT-Drucks. 14/443, 22.
382 BMF, Schr. v. 25.2.2000 IV C 2 – S 2171b – 14/00, DStR 2000, S. 470; BStBl 2000 I S. 372.

Absetzung für außergewöhnliche technische oder wirtschaftliche Abnutzung setzt eine Ursachen-Folge-Kette voraus.

753

Absetzung für außergewöhnliche technische oder wirtschaftliche Abnutzung	
Ursache	Besonderes Ereignis bewirkt ▪ technischen Verschleiß oder ▪ wirtschaftlichen Wertverlust
Folge	▪ Verminderung des Werts oder ▪ Verkürzung der Nutzungsdauer

Ursache für die außergewöhnliche Abnutzung muss ein **besonderes Ereignis** sein, z. B. Brand, Hochwasser, Erdbeben, Unfall, Überholung durch Neuentwicklungen. Hierdurch muss ein über die normale Abnutzung hinausgehender technischer Verschleiß oder wirtschaftlicher Wertverlust eingetreten sein. Folge ist eine Verminderung des Wertes des Anlagegegenstands oder eine Verkürzung seiner Nutzungsdauer.

754

Abnutzbare Anlagegegenstände

Dieser Abschreibung unterliegen nur **abnutzbare** Anlagegegenstände. Bei **beweglichen Wirtschaftsgütern**, die **degressiv abgeschrieben** werden, sind Absetzungen für außergewöhnliche technische oder wirtschaftliche Abnutzung nicht zulässig (§ 7 Abs. 2 Satz 4 EStG). Es ist aber ein Übergang von der degressiven zur linearen Abschreibung möglich (§ 7 Abs. 3 Satz 1 EStG). Soll daher bei einem beweglichen Anlagegegenstand, der degressiv abgeschrieben wird, eine Absetzung für außergewöhnliche technische oder wirtschaftliche Abnutzung vorgenommen werden, so ist zuvor zur linearen Abschreibung überzugehen.

755

Für **Gebäude** und **Gebäudeteile**, die selbstständige unbewegliche Wirtschaftsgüter sind, dürfen außergewöhnliche technische und wirtschaftliche Abnutzungen auch vorgenommen werden, wenn sie **degressiv** nach § 7 Abs. 5 EStG abgeschrieben werden.[383]

756

---

383 R 44 Abs. 13, Satz 2 EStR.

Abbruch von Gebäuden oder Gebäudeteilen

757 Wird ein Gebäude oder ein Gebäudeteil abgerissen, so ist zu entscheiden, wie der abgebrochene Gebäuderestwert und die Abbruchkosten zu behandeln sind. Es kommen infrage:
- Außerplanmäßige Abschreibung des Gebäuderestwerts in Form der Absetzung für außergewöhnliche technische oder wirtschaftliche Abnutzung
- Behandlung der Abbruchkosten als Aufwendungen bzw. Betriebsausgaben
- Aktivierung des Gebäuderestwerts und der Abbruchkosten als zusätzliche Herstellungskosten eines neu errichteten Gebäudes oder Gebäudeteils
- Aktivierung des Gebäuderestwerts und der Abbruchkosten als Anschaffungskosten des Grund und Bodens

758 Die Entscheidung hängt davon ab, ob das abgerissene Gebäude
1. bereits zum Betriebsvermögen des Unternehmers gehört hat,
2. zum Privatvermögen des Unternehmers gehört hat und von ihm zum Zweck des Abbruchs in das Betriebsvermögen eingelegt worden ist,
3. vom Unternehmer in der Absicht erworben worden ist, es als Gebäude zu nutzen,
4. vom Unternehmer in der Absicht erworben worden ist, es abzureißen,
5. vom Unternehmer in der Absicht erworben worden ist, es teilweise zu nutzen und teilweise abzureißen.

759 In den ersten beiden Fällen handelt es sich um ein vom Unternehmer hergestelltes Gebäude.

Abschreibung der Anlagegegenstände **J**

Fälle 1 und 2:

Vom Unternehmer hergestelltes Gebäude	
Im Betriebsvermögen hergestellt und später abgerissen	Im Privatvermögen hergestellt und zum Zweck des Abbruchs und der Errichtung eines betrieblichen Gebäudes dem Betriebsvermögen zugeführt
Buchwert: Absetzung für außergewöhnliche technische oder wirtschaftliche Abnutzung	Buchwert und Abbruchkosten zusätzliche Herstellungskosten des Gebäudes
Abbruchkosten: Aufwand bzw. Betriebsausgaben	
H 33a (Abbruchkosten) EStH	

In den Fällen 3 und 4 wurde das Gebäude vom Unternehmer erworben und dann abgerissen.

Fälle 3 und 4:

Erworbenes Gebäude			
	Vom Unternehmer erworbenes Gebäude, um es		
zu nutzen	abzureißen		
(1)	(2)	(3)	(4)
	Das Gebäude war technisch oder wirtschaftlich		
	nicht verbraucht		verbraucht
	Neues Wirtschaftsgut hergestellt	Kein neues Wirtschaftsgut hergestellt	
■ Anschaffungskosten für das Gebäude und ■ Abbruchkosten Aufwendungen bzw. Betriebsausgaben	zusätzliche Herstellungskosten des Wirtschaftsguts	zusätzliche Anschaffungskosten des Grund und Bodens	Anschaffungskosten für Grund und Boden
H 33a (Abbruchkosten) EStH			

Bei einem erworbenen Gebäude kann der Unternehmer die Absicht haben, es teilweise zu nutzen und im übrigen abzureißen und Teile neu zu bauen. Es handelt sich hier um eine Kombination aus den Alternativen (1) und (2) der vorstehenden Tabelle.

760

Fall 5:

In Teilabbruchabsicht erworbenes Gebäude			
Ein Teil, dessen Abbruch nicht geplant war, wird abgerissen		Ein Teil, dessen Abbruch geplant war, wird abgerissen	
Für den Neubau nicht erforderlich	Für den Neubau erforderlich		
Restbuchwert und Abbruchkosten Aufwendungen bzw. Betriebsausgaben	Restbuchwert und Abbruchkosten insoweit Herstellungskosten	Restbuchwert und Abbruchkosten Herstellungskosten für den Neubau	
Anteile sind ggf. durch Schätzung zu ermitteln			
BFH, Urt. v. 15.10.1996 IX R 2/93, BStBl 1997 II S. 325.			

761 Ob der Erwerber eines Gebäudes beim Erwerb die Absicht hat, das Gebäude zu nutzen oder abzubrechen, ist nicht erkennbar. Darum wird vom äußeren **Anschein** ausgegangen.

Anscheinsbeweis	
Beginn des Abbruchs des Gebäudes	
innerhalb von drei Jahren nach dem Abschluss des obligatorischen Rechtsgeschäfts	später als drei Jahre nach dem Abschluss des obligatorischen Rechtsgeschäfts
Beweis des ersten Anscheins spricht für Abbruchabsicht.	Beweis des ersten Anscheins spricht gegen Abbruchabsicht.
Gegenbeweis möglich, z. B. Abbruch auf Grund ungewöhnlichen Geschehensablaufs	Ausnahmen möglich, z. B. Arrondierungskäufe
H 33a (Abbruchkosten) EStH	

762 Im Ergebnis werden also die Herstellungskosten eines neu errichteten Gebäudes oder Gebäudeteils um den Buchwert und die Abbruchkosten eines in Abbruchabsicht erworbenen oder in das Betriebsvermögen eingelegten Gebäudes erhöht. Lässt aber der Veräußerer vor dem Verkauf das Gebäude abreißen, sind nach der Rechtsprechung des BFH Restbuchwert und Abbruchkosten sofort abziehbarer Aufwand, weil sie unmittelbar mit dem abgebrochenen Gebäude verbunden sind und mit diesem untergehen. Veräußert werde daher ein Grundstück ohne Gebäude[384].

---

384 BFH, Urt. v. 17.2.1991 XI R 14/87, BStBl 1991 II S. 628.

Wenn dann der Erwerber ein neues Gebäude errichtet, entsteht ein neues Wirtschaftsgut. Es ist hier also im Ergebnis von drei Wirtschaftsgütern auszugehen: dem alten und vom Veräußerer abgebrochenen Gebäude, dem an den Erwerber veräußerten Grund und Boden und dem vom Erwerber neu errichteten Gebäude. Das Altgebäude wird auf Grund des Abbruchs abgeschrieben. Erwirbt der Erwerber ein bebautes Grundstück in Abbruchabsicht und werden der Buchwert des abgebrochenen Gebäudes und die Abbruchkosten zu den Herstellungskosten des neu errichteten Gebäudes gerechnet, so wird der Buchwert des alten Gebäudes mit dem neuen Gebäude verschmolzen. Das ist im Ergebnis ein Verstoß gegen den Grundsatz der Einzelbewertung, gegen die Grundsätze ordnungsmäßiger Buchführung. Handelsrechtlich darf so nicht bewertet werden[385]. Der sog. steuerliche Bewertungsvorbehalt rechtfertigt bei der steuerlichen Gewinnermittlung keine uneingeschränkte abweichende Bewertung vom Handelsrecht. Grundsätzlich ist nach § 5 Abs. 1 Satz 1 EStG in der Steuerbilanz das Betriebsvermögen anzusetzen, das nach den handelsrechtlichen Grundsätzen ordnungsmäßiger Buchführung auszuweisen ist. Es gilt daher in der Steuerbilanz wie in der Handelsbilanz der Grundsatz der Einzelbewertung.

Nur wenn steuerrechtliche Vorschriften die Bewertung abweichend vom Handelsrecht regeln, sind diese bei der steuerlichen Gewinnermittlung zu befolgen (§ 5 Abs. 6 EStG). Es bestehen aber keine steuerlichen Vorschriften, die eine Abweichung vom Grundsatz der Einzelbewertung zulassen. Daher ist es auch in der Steuerbilanz nicht zulässig, den Buchwert eines anschaffungsnah abgebrochenen Gebäudes und die Abbruchkosten den Herstellungskosten eines an seiner Stelle neu errichteten Gebäudes hinzuzurechnen.

Die Problematik ist vergleichbar mit derjenigen der anschaffungsnahen Aufwendungen. Die hierzu zu erwartende Entscheidung des BFH (→Rdn. 664) wird sich daher auch auf die steuerliche Behandlung des anschaffungsnahen Gebäudeabbruchs auswirken.

763

---

385 Ellrott/Schmidt-Wendt in Beck Bil-Komm. § 255 Rdn. 373 f.

Weitere Abschreibungen nach Absetzung für außergewöhnliche technische oder wirtschaftliche Abnutzung

764 Die weiteren Abschreibungen nach einer Absetzung für außergewöhnliche technische oder wirtschaftliche Abnutzung:
- Bei **beweglichen und anderen abnutzbaren Wirtschaftsgütern** außer Gebäuden wird der verbleibende Restbuchwert auf die verkürzte Restnutzungsdauer abgeschrieben.
- Bei **Gebäuden** und selbstständigen **Gebäudeteilen** bemessen sich die Absetzungen für Abnutzung von dem folgenden Wirtschaftsjahr an nach den Anschaffungs- oder Herstellungskosten des Gebäudes abzüglich des Betrags der Absetzung für außergewöhnliche technische oder wirtschaftliche Abnutzung (§ 11c Abs. 2 EStDV). Von dieser Bemessungsgrundlage ist mit dem AfA-Satz von § 7 Abs. 4 oder 5 EStG abzuschreiben.

Fall

U hat im Januar 01 ein Betriebsgebäude errichtet und hierfür 400.000 € Herstellungskosten aufgewendet. Er nutzt es eigenbetrieblich. Im Jahr 04 ließ er das Dachgeschoss abreißen und ein weiteres Stockwerk errichten. Der Abbruch rechtfertigt eine Abschreibung für außergewöhnliche technische oder wirtschaftliche Abnutzung (AfaA) von 15 % bezogen auf das ganze Gebäude. Die Herstellungskosten im Jahr 04 betrugen 200.000 €. U vermietete die neu gewonnenen Räume ab Bezugsfertigkeit Anfang Oktober 04. Der Mieter nutzt sie für eigene gewerbliche Zwecke.

Alle Bauanträge sind nach dem 31.12.1995 und vor dem 1.1.2001 gestellt.

U setzt die höchstmögliche AfA an. Die Kontenentwicklung ist darzustellen.

Lösung

Altbauteil:

Herstellungskosten Januar 01		400.000 €
AfA nach § 7 Abs. 4 Satz 1 Nr. 1		
01 bis 03: 3 × 4 % von 400.000 €	48.000 €	
04: 9/12 × 4 % von 400.000 €	12.000 €	60.000 €
Buchwert zum 30.9.04		340.000 €

AfaA 15 % von 340.000 €	51.000 €
Restbuchwert	289.000 €
AfA für Okt. – Dez. 04: 3/12 × 4 % von 289.000 €	2.890 €
31.12.04	286.110 €

Die neu errichteten vermieteten Räume stellen einen selbstständigen Gebäudeteil dar. Da für sie der Bauantrag nach dem 31.12.1995 gestellt worden ist und sie nicht Wohnzwecken dienen, kommt für sie nicht die AfA nach § 7 Abs. 5 EStG in Betracht. U kann den Gebäudeteil als gewillkürtes Betriebsvermögen ausweisen. Da er nicht Wohnzwecken dient, kann U ihn nach § 7 Abs. 4 Nr. 1 EStG abschreiben. Für eine Verkürzung der Nutzungsdauer ist nichts vorgetragen worden, sodass nicht die AfA nach § 7 Abs. 4 Satz 2 EStG infrage kommt.

Neubauteil:

Herstellungskosten Okt. 04	200.000 €
AfA Okt. bis Dez. 04: 3/12 × 4 % von 200.000 €	2.000 €
31.12.04	198.000 €

3.2.4 Teilwertabschreibung

Teilwert

§ 6 Abs. 1 Nr. 1 Satz 3 EStG
Teilwert ist der Betrag, den ein Erwerber des ganzen Betriebs im Rahmen des Gesamtkaufpreises für das einzelne Wirtschaftsgut ansetzen würde; dabei ist davon auszugehen, dass der Erwerber den Betrieb fortführt.

Bei der Ermittlung des Teilwerts wird von der **Fiktion** ausgegangen: 765

1. Der ganze Betrieb wird veräußert.
2. Der gedachte Erwerber führt den Betrieb ebenso wie der gedachte Veräußerer; er tritt also an dessen Stelle.
3. Ein Gesamtpreis wird gezahlt, der anteilig auf die einzelnen Wirtschaftsgüter verteilt wird.

Bewertet wird das einzelne Wirtschaftsgut. Daher gilt der Grundsatz der **Einzelbewertung** (→Rdn. 508 ff.). 766

Es wird von der Fortführung des Betriebs ausgegangen. Hier ist also der Grundsatz des **Going-Concern-Concept** (§ 252 Abs. 1 Nr. 2 HGB) maßgebend (→Rdn. 507). Daher können die Maßstäbe, die zur Ermittlung des Teilwerts führen, auch der Ermittlung des handels- 767 rechtlichen niedrigeren Werts dienen.[386] Die einzelnen Wirtschaftsgüter werden als Teile eines lebenden Betriebs bewertet.

768 Es wird davon ausgegangen, dass ein gedachter Veräußerer und ein gedachter Erwerber einen Gesamtpreis für das Unternehmen aushandeln und in diesem Rahmen für das einzelne zu bewertende Wirtschaftsgut einen Teilbetrag ansetzen. In diesen Preis bringen also Veräußerer und Erwerber ihre Preisvorstellungen ein und setzen sie in einem kaufmännisch vertretbaren Rahmen durch. So ist der Teilwert ein **objektiver**, von den einseitigen Preisvorstellungen eines der Vertragspartner losgelöster Wert.[387] Subjektive Umstände, die in der Person des Unternehmers oder eines bestimmten Interessenten für den Betrieb liegen, insbesondere über- oder unterdurchschnittliche kaufmännische Fähigkeiten des Unternehmers, sind für die Ermittlung des Teilwerts unerheblich.[388]

Ausgangswert

§ 6 Abs. 1 Nr. 1 Satz 1 EStG
Wirtschaftsgüter des Anlagevermögens, die der Abnutzung unterliegen, sind mit den Anschaffungs- oder Herstellungskosten oder dem an deren Stelle tretenden Wert, vermindert um die Absetzungen für Abnutzung, erhöhte Absetzungen, Sonderabschreibungen, Abzüge nach § 6b und ähnliche Abzüge, anzusetzen.

§ 6 Abs. 1 Nr. 2 Satz 1 EStG
Andere als die in Nummer 1 bezeichneten Wirtschaftsgüter des Betriebs (Grund und Boden, Beteiligungen, Umlaufvermögen) sind mit den Anschaffungs- oder Herstellungskosten oder dem an deren Stelle tretenden Wert, vermindert um Abzüge nach § 6b und ähnliche Abzüge, anzusetzen.

769 Ausgangswert für die Teilwertabschreibung sind die
- Anschaffungskosten (→Rdn. 553 ff.) oder
- Herstellungskosten (→Rdn. 607 ff.) oder
- der an deren Stelle tretende Wert.

---

386 ADS, HGB § 253 Rdn. 471.
387 BFH, Urt. v. 7.12.1978 I R 142/76, BStBl 1979 II S. 729.
388 BFH, Urt. v. 17.1.1978 VIII R 31/75, BStBl 1978 II S. 335.

Mit „**der an deren Stelle tretenden Wert**" ist der Einlagewert oder der Wert anlässlich einer Betriebseröffnung oder einer Neubewertung (z. B. Währungsreform 1948 oder Wiedervereinigung 1990) gemeint.   770

Der Ausgangswert kann außer durch Absetzungen für Abnutzung nach § 7 EStG auch durch erhöhte Absetzungen, Sonderabschreibungen und andere Abzugsbeträge, z. B. nach § 6b EStG oder nach R 35 EStR, gemindert werden. Hierdurch soll deutlich werden, dass eine Teilwertabschreibung erst in Betracht kommt, wenn der Teilwert niedriger als dieser Buchwert ist.[389]   771

Teilwertabschreibung

§ 6 Abs. 1 Nr. 1 Satz 2 EStG
Ist der Teilwert (Nr. 1 Satz 3) auf Grund einer voraussichtlich dauernden Wertminderung niedriger, so kann dieser angesetzt werden.

Eine Teilwertabschreibung kommt erst dann infrage, wenn der niedrigere Teilwert den Ausgangswert (→Rdn. 769 ff.) unterschreitet, also   772

- bei **abnutzbaren Anlagegegenständen** die Anschaffungs- oder Herstellungskosten oder den an deren Stelle tretenden Wert, vermindert um die Absetzungen für Abnutzung, erhöhte Absetzungen, Sonderabschreibungen, Abzüge nach § 6b und ähnliche Abzüge (§ 6 Abs. 1 Nr. 1 Satz 1 EStG),
- bei **anderen Wirtschaftsgütern** des Betriebs und damit auch bei nicht abnutzbaren Anlagegegenständen und Finanzanlagen die Anschaffungs- oder Herstellungskosten oder den an deren Stelle tretenden Wert, vermindert um Abzüge nach § 6b und ähnliche Abzüge (§ 6 Abs. 1 Nr. 2 Satz 1 EStG).

Es sind also zwei Werte miteinander zu vergleichen: Der vorstehend in Rdn. 769 ff. für abnutzbare Anlagegegenstände oder andere Wirtschaftsgüter genannte Wert und der Teilwert (→Rdn. 765 ff.). Ist der Teilwert geringer als der Vergleichswert und handelt es sich dabei um eine voraussichtlich dauernde Wertminderung, so darf (Abschreibungswahlrecht) der niedrigere Teilwert angesetzt werden.   773

---

389 BT-Drucks. 14/443 S. 22.

Voraussichtlich dauernde Wertminderung

774 Der Begriff „voraussichtlich dauernde Wertminderung" ist für die Teilwertabschreibung in der Steuerbilanz wie im Handelsrecht zu verwenden. In der Begründung zum Entwurf des Steuerentlastungsgesetzes 1999/2000/2002 wird ausdrücklich hervorgehoben, dass dieser Begriff dem Handelsrecht (§ 253 Abs. 2 HGB) entliehen ist.[390] „Voraussichtlich dauernd" ist also so auszulegen, wie es in Rdn. 738 ff. geschehen ist.

775 Liegt in diesem Sinne eine voraussichtlich dauernde Wertminderung vor, so besteht handelsrechtlich für abnutzbare und nicht abnutzbare Anlagegegenstände ein Abschreibungsgebot. Da gleichzeitig steuerlich ein **Abschreibungswahlrecht** besteht, setzt sich das handelsrechtliche Abschreibungsgebot dagegen durch (→Rdn. 552). Bei einer voraussichtlich dauernden Wertminderung sind also abnutzbare und nicht abnutzbare Anlagegegenstände außerplanmäßig abzuschreiben, handelsrechtlich auf den niedrigeren Wert, steuerrechtlich auf den niedrigeren Teilwert.

776 In einem BMF-Schreiben[391] wird allgemein eine „voraussichtlich dauernde Wertminderung" dann angenommen, wenn die Wertminderung voraussichtlich nachhaltig ist und mit ihr aus der Sicht am Bilanzstichtag auf Grund objektiver Anzeichen ernsthaft zu rechnen ist. Eine nachhaltige Wertminderung liegt hiernach vor, wenn der Wert des Wirtschaftsguts die Bewertungsobergrenze während eines erheblichen Teils der voraussichtlichen Verweildauer im Unternehmen nicht erreichen wird.

777 Für das **abnutzbare Anlagevermögen** kommt das BMF-Schreiben zu einer mit der handelsrechtlichen Auffassung (→Rdn. 738 ff.) übereinstimmenden Auslegung. Von einer dauernden Wertminderung ist hiernach auszugehen, wenn der Wert des Wirtschaftsguts zum Bilanzstichtag mindestens für die halbe Restnutzungsdauer unter dem planmäßigen Restbuchwert liegt. Hierbei ist die verbleibende Nutzungsdauer für Gebäude nach § 7 Abs. 4 und 5 EStG und für andere

---

390 BT-Drucks. 14/443 S. 22.
391 BMF, Schr. v. 25.2.2000 IV C 2 – S 2171b – 14/00, DStR 2000, S. 470; BStBl 2000 I S. 372.

Wirtschaftsgüter grundsätzlich nach den amtlichen AfA-Tabellen zu bestimmen.

Für das **nicht abnutzbare Anlagevermögen** soll nach dem BMF-Schreiben grundsätzlich darauf abgestellt werden, ob die Gründe für eine niedrigere Bewertung voraussichtlich anhalten werden. Kursschwankungen von börsennotierten Wirtschaftsgütern des Anlagevermögens seien z. B. nur eine vorübergehende Wertminderung. Für andere Wirtschaftsgüter gibt das BMF-Schreiben folgende Lösungsvorschläge:

778

Fall

Die Anschaffungskosten eines Betriebsgrundstücks haben 200.000 € betragen. Auf Grund von Altlasten beträgt der Teilwert 10.000 €.

Lösung

Eine Rückstellung wegen ungewisser Verbindlichkeit ist nicht zulässig, da die Umweltbehörde die Beseitigung der Altlast erst fordern wird, wenn die derzeitige Nutzung des Grundstücks geändert wird. Daher ist aus der Sicht am Bilanzstichtag auch nicht mit einer baldigen Beseitigung der Altlast zu rechnen. Es liegt daher eine voraussichtlich dauernde Wertminderung vor. Wird die Altlast später beseitigt und erhöht sich deshalb der Wert des Grundstücks, ist auf den hierdurch erreichten Wert bis höchstens zu den Anschaffungskosten zuzuschreiben.

Fall

U hat festverzinsliche Wertpapiere mit einer Restlaufzeit von 4 Jahren zum Wert von 102 % als Daueranlage im Betriebsvermögen erworben. Sie werden bei Fälligkeit zum Wert von 100 % eingelöst. Wegen nachhaltiger Änderung des Zinsniveaus unterschreitet der Börsenkurs den Einlösebetrag zum Bilanzstichtag. Zum Bilanzstichtag ist daher der Einlösebetrag nur 98 %.

Bewertung

> Lösung

Eine Teilwertabschreibung ist nur auf 100 % zulässig. Bei Fälligkeit der Papiere werden sie zu diesem Nennwert eingelöst. Der niedrigere Börsenkurs am Bilanzstichtag ist daher aus dieser Sicht nicht von Dauer.

> Fall

U hat betrieblich Aktien der X-AG zum Preis von 100 € pro Stück als langfristige Kapitalanlage erworben.

a) Der Kurs der Aktien schwankt zwischen 70 € und 100 €. Zum 31.12.01 beträgt der Börsenpreis 90 €.

b) Im Jahr 03 gerät die AG in Zahlungsschwierigkeiten und es droht ein Insolvenzverfahren. Der Aktienkurs bricht daraufhin auf 20 € ein. Es wird ein Sanierungsplan für die AG aufgestellt. Sie erhält einen Liquiditätskredit. Daraufhin erholt sich der Aktienkurs auf 40 €. Bis zum 31.12.03 schwankt er zwischen 35 € und 40 €. Am 31.12.03 beträgt er 38 €.

> Lösung

Zu a): Der durch die Kursschwankungen verursachte niedrigere Börsenpreis am 31.12.01 ist nur eine vorübergehende Wertminderung. Eine Teilwertabschreibung ist nicht zulässig.

Zu b): Der Kurseinbruch in Folge der finanziellen Schwierigkeiten ist eine Wertminderung aus besonderem Anlass und keine bloße Kursschwankung. Daher ist eine Teilwertabschreibung zulässig. Hierbei ist auch die Kurserholung zu berücksichtigen. Der niedrigere Börsenpreis zum Bilanzstichtag 31.12.03 folgt aus den Kursschwankungen und ist daher nur vorübergehend. Die Aktien können daher auf den Teilwert von 40 € das Stück abgeschrieben werden.

Teilwertvermutungen

779 Unter dem Gesichtspunkt der Betriebszugehörigkeit ist eine Teilwertabschreibung so lange ausgeschlossen, wie das Wirtschaftsgut noch seine Aufgabe im Rahmen des Betriebes erfüllt. Deshalb besteht eine **widerlegbare Vermutung** dafür, dass der Teilwert entspricht

- bei nicht abnutzbaren Anlagegegenständen den Anschaffungs- oder Herstellungskosten,

- bei abnutzbaren Anlagegegenständen den Anschaffungs- oder Herstellungskosten vermindert um die Absetzungen für Abnutzung.

Die Teilwertvermutung wird **widerlegt**, indem Tatsachen vorgetragen und glaubhaft gemacht werden, die den ausgewiesenen Wert des Wirtschaftsguts unter Berücksichtigung seiner Funktion im Betrieb als zu hoch erscheinen lassen. Das ist der Fall, wenn
- kein vernünftiger Kaufmann unter den besonderen Umständen so gehandelt hätte (Fehlmaßnahme)
- oder die Wiederbeschaffungskosten für ein gleichwertiges Wirtschaftsgut nachhaltig gesunken sind
- oder eine außerplanmäßige Abschreibung in Betracht kommt
- oder das Wirtschaftsgut auf absehbare Zeit nicht mehr genutzt werden kann.

Fehlmaßnahme

Eine **Fehlmaßnahme** ist die Anschaffung oder die Herstellung eines Wirtschaftsguts, wenn ihr wirtschaftlicher Nutzen bei objektiver Betrachtung deutlich hinter dem für den Erwerb oder die Herstellung getätigten Aufwand zurückbleibt und demgemäß dieser Aufwand so unwirtschaftlich war, dass er von einem gedachten Erwerber des gesamten Betriebs im Kaufpreis nicht honoriert würde.[392]
Es kann sich um mangelhafte, überflüssige oder auch um überdimensionierte Anlagen handeln. Eine Teilwertabschreibung ist auch bei einer guten Ertragslage des Betriebs gerechtfertigt. Denn ein gedachter Erwerber des Betriebs würde unter zwei vergleichbar rentablen Betrieben den vorziehen, der nicht mit den mangelhaften, überflüssigen oder überdimensionierten Anlagegütern belastet ist.

Beispiel

Ein Bauunternehmen erwarb im Jahr 01 einen Turmdrehkran zur Herstellung von mehrstöckigen Mehrfamilienhäusern. Im Jahr 03 trat eine Rezession ein, sodass das Unternehmen nur noch Aufträge zur Herstellung von Einfamilienhäusern erhielt. Hierzu konnte es zwar

---

392 BFH, Urt. v. 20.5.1988 III R 151/86, BStBl 1989 II S. 269.

den Turmdrehkran ebenfalls verwenden. Es hätte aber auch ein kleinerer und billigerer Kran ausgereicht.

Wenn die Nutzungseinschränkung nachhaltig ist, entspricht der Teilwert den Wiederbeschaffungskosten für ein dem betrieblichen Bedarf genügendes kleineres Wirtschaftsgut. Die Nutzungseinschränkung ist nachhaltig, wenn das Wirtschaftsgut mit hoher Wahrscheinlichkeit mindestens für den weitaus überwiegenden Teil seiner technischen Restnutzungsdauer nicht mehr wirtschaftlich sinnvoll eingesetzt werden kann. Es ist so weit abzuschreiben, dass nur noch die Abschreibungen des kleineren Wirtschaftsguts erwirtschaftet werden müssen. Hierbei darf jedoch der Einzelveräußerungspreis des Wirtschaftsguts als untere Grenze des Teilwerts nicht unterschritten werden.[393]

Erforderlichkeit erheblicher Baumaßnahmen

782   Werden im Laufe der Errichtung eines Betriebsgebäudes **erhebliche über das übliche Maß hinausgehende Baumaßnahmen erforderlich**, so kommt es darauf an, in welchem Stadium sich der Bau befindet.

Beispiel

U erwirbt ein Grundstück und will dort ein Betriebsgebäude errichten. Vorher führt er Probebohrungen durch. Sie ergeben, dass wegen der Bodenbeschaffenheit erheblich höhere Fundamentierungsaufwendungen als üblich erforderlich werden. Der Unternehmer führt die Baumaßnahme aus.

Nach Durchführung der Probebohrungen konnte sich der Unternehmer frei entscheiden, das Bauprojekt mit den voraussichtlich höheren Kosten an der geplanten Stelle durchzuführen. Die Errichtung des Gebäudes ist somit kaufmännisch sinnvoll. Die **Mehraufwendungen für die Fundamentierung** sind daher zusätzliche Herstellungskosten des Gebäudes und nicht unter dem Gesichtspunkt der Teilwertabschreibung als Aufwand zu behandeln.[394]
Hätten aber die Probebohrungen ergeben, die Errichtung des Gebäudes an der geplanten Stelle sei unproblematisch, und sich erst später

---

393   BFH, Urt. v. 17.9.1987 III R 201-202/84, BB 1988 S. 732; BStBl 1988 II S. 488.
394   BFH, Urt. v. 11.1.1966 I 99/63, BStBl 1966 III S. 310.

Abschreibung der Anlagegegenstände

unvorhergesehene und kostenaufwändige Maßnahmen als erforderlich gezeigt, um das Bauvorhaben durchführen zu können, käme in Höhe des Mehraufwands eine Teilwertabschreibung infrage. Das wäre der Fall, wenn man sagen könnte: Hätte der Kaufmann die Schwierigkeiten vorher gekannt, hätte er das Bauvorhaben aufgegeben.[395]

Schnellbaukosten

Für Schnellbaukosten (Mehraufwendungen zur schnelleren Errichtung eines Gebäudes, als es üblich ist) ist dann eine Teilwertabschreibung zulässig, wenn sie aus dem branchenüblichen Rahmen fallen und ausschließlich im Hinblick auf die frühere Inbetriebnahme des Gebäudes aufgewendet worden sind.[396]

783

Veränderung der wirtschaftlichen Umstände

Sinken des Baukostenindex ist kein Grund für eine Teilwertabschreibung.[397] Ebenso nicht ein **Sinken des allgemeinen Mietniveaus** für Büro- und Geschäftshäuser.[398]

784

Sind die **Produktions- und Ertragsverhältnisse** auf die Dauer gesehen so stark rückläufig, dass die Stilllegung des Betriebs beschlossen wird, so können die technischen Betriebsanlagen auf den niedrigeren Teilwert abgeschrieben werden, nicht aber die Gebäude, wenn der Betrieb am Bilanzstichtag noch fortgeführt wird. Gebäude verlieren bei notleidend werdenden Betrieben am wenigsten an Wert.[399]

785

AfA nach einer Teilwertabschreibung

Nach einer Teilwertabschreibung sind die Absetzungen für Abnutzung von dem dann noch vorhandenen Restbuchwert vorzunehmen. Wird gleichzeitig die Nutzungsdauer verkürzt, wird auch der Abschreibungssatz erhöht. Die degressive AfA ist auch nach einer Teilwertabschreibung zulässig. Bei einem Gebäude wird die ursprüngliche Bemessungsgrundlage um den Betrag der Teilwertabschreibung ge-

786

---

395 BFH, Urt. v. 13.4.1965 I 131/62, HFR 1965 S. 425.
396 BFH, Urt. v. 26.8.1958 I 80/57, BStBl 1958 III S. 420.
397 BFH, Urt. v. 14.2.1956 I 239/54 U, BStBl 1956 III S. 102.
398 BFH, Urt. v. 11.7.1961 I 311/60 S, BStBl 1961 III S. 462.
399 BFH, Urt. v. 22.3.1973 IV R 46/69, BStBl 1973 II S. 581.

mindert. Von diesem Betrag wird mit dem bisherigen AfA-Satz abgeschrieben, auch bei Abschreibung nach § 7 Abs. 5 EStG.[400]

3.3 Testfragen zur Abschreibung der Anlagegegenstände

Nr.	Frage	Rdn.
232.	Welche Vermögensgegenstände werden planmäßig abgeschrieben?	665
233.	Was ist Bemessungsgrundlage für die planmäßigen Abschreibungen?	667 ff.
234.	Was ist steuerrechtlich bei einer Einlage zu beachten?	669 ff.
235.	Wann beginnt die planmäßige Abschreibung?	675 ff.
236.	Wie wird die Abschreibung bemessen bei im Laufe des Jahres angeschafften, hergestellten oder eingelegten Anlagegegenständen?	679 f.
237.	Auf welche Dauer wird planmäßig abgeschrieben?	682 f.
238.	Bis auf welchen Wert wird planmäßig abgeschrieben?	684 ff.
239.	Was sind die häufigsten Methoden der planmäßigen Abschreibung?	687
240.	Welche Abschreibungsmethoden gibt es steuerrechtlich?	688 ff.
241.	Was sind die Merkmale der linearen Abschreibung?	695
242.	Besteht für die lineare Abschreibung ein Abschreibungswahlrecht oder ein Abschreibungsgebot?	665, 689
243.	Wie ergibt sich der Abschreibungsbetrag bei der linearen Abschreibung?	697
244.	Wie ergibt sich der Abschreibungssatz bei der linearen Abschreibung?	698
245.	Was sind die Merkmale der degressiven Abschreibung?	700.
246.	Wie ist die degressive Abschreibung handelsrechtlich und steuerrechtlich geregelt?	701 ff.
247.	Gibt es für die degressive Abschreibung ein Wahlrecht oder ein Abschreibungsgebot?	709
248.	Was sind die Merkmale und Voraussetzungen der Abschreibung nach Maßgabe der Leistung?	715 f.

---

400 Schmidt/Drenseck, § 7 EStG Rz. 94 f.

Abschreibung der Anlagegegenstände J

Nr.	Frage	Rdn.
249.	Besteht für die Abschreibung nach Maßgabe der Leistung ein Abschreibungswahlrecht oder ein Abschreibungsgebot?	717
250.	Von welchen Abschreibungsmethoden zu welchen Abschreibungsmethoden darf gewechselt werden?	722 ff.
251.	Wie werden nachträgliche Herstellungskosten abgeschrieben?	728 ff.
252.	Was geschieht mit unterlassenen oder überhöhten Abschreibungen?	730 f.
253.	Wie werden Vermögensgegenstände handelsrechtlich außerplanmäßig abgeschrieben?	732 ff.
254.	Wann liegt handelsrechtlich eine voraussichtlich dauernde Wertminderung vor?	738 ff.
255.	Welche außerplanmäßigen Abschreibungen gibt es steuerrechtlich?	745
256.	Wie hängt die außerplanmäßige Abschreibung in der steuerlichen Gewinnermittlung mit der handelsrechtlichen außerplanmäßigen Abschreibung zusammen?	750
257.	Was sind die Voraussetzungen für eine Absetzung für außergewöhnliche technische oder wirtschaftliche Abnutzung?	752 f.
258.	Bei welchen Wirtschaftsgütern ist steuerrechtlich eine Absetzung für außergewöhnliche technische oder wirtschaftliche Abnutzung zulässig?	755 ff.
259.	Wie wird der Abbruch eines Gebäudes oder Gebäudeteils behandelt?	757 ff.
260.	Wie erfolgen die weiteren planmäßigen Abschreibungen nach einer Absetzung für außergewöhnliche technische oder wirtschaftliche Abnutzung?	764
261.	Wie ist der Teilwert zu definieren?	765 ff.
262.	Was ist der Ausgangswert bei der Teilwertabschreibung?	769 ff.
263.	Bei Unterschreiten welchen Werts kommt erst eine Teilwertabschreibung infrage?	772
264.	Besteht für eine Teilwertabschreibung ein Abschreibungswahlrecht oder ein Abschreibungsgebot?	775
265.	Wann kommt steuerrechtlich in nach dem 31.12.1998 endenden Wirtschaftsjahren eine Teilwertabschreibung infrage?	774
266.	Welche Teilwertvermutungen gibt es?	779
267.	Wie werden die Teilwertvermutungen widerlegt?	780

Nr.	Frage	Rdn.
268.	Wann ist die Anschaffung oder Herstellung eines Wirtschaftsguts eine Fehlmaßnahme?	781
269.	Wann kommen für Mehraufwendungen für die Fundamentierung eines Gebäudes Teilwertabschreibungen in Betracht?	782
270.	Ist für Schnellbaukosten eine Teilwertabschreibung zulässig?	783
271.	Begründen das Sinken des Baukostenindex oder das Sinken des allgemeinen Mietniveaus für Büro- und Geschäftshäuser eine Teilwertabschreibung?	784
272.	Welche Wirkung hat ein nachhaltiger Rückgang der Produktion auf den Teilwert der Anlagen?	785
273.	Wie werden die AfA nach einer Teilwertabschreibung vorgenommen?	786

4 Bewertung des Geschäfts- oder Firmenwerts

4.1 Handelsrecht

4.1.1 Ausgangswert für die Abschreibung

787 Handelsrechtlich ist die Bewertung des Geschäfts- oder Firmenwerts besonders in § 255 Abs. 4 HGB geregelt. In dieser Vorschrift sind sowohl die Bilanzierung als auch die Bewertung behandelt.
Wie bereits zur Bilanzierung des Geschäfts- oder Firmenwerts ausgeführt wurde (→Rdn. 466), ist der Geschäfts- oder Firmenwert ein immaterieller Gegenstand. Ausgangsgröße für die Bewertung sind wie bei den immateriellen Vermögensgegenständen die Anschaffungskosten; von diesen aber nur der Rest, der nach Verteilung des Gesamtkaufpreises auf die übrigen erworbenen Vermögensgegenstände verbleibt (→Rdn. 474).

788 Der verbleibende Restbetrag „darf" aktiviert werden. Ausgangswert für die Abschreibung sind also nicht unbedingt die gesamten verblei-

benden Anschaffungskosten. Es darf auch ein Teil davon unaktiviert bleiben, also sofort als Aufwand behandelt werden. Im Unterschied zu den immateriellen Vermögensgegenständen, die nur entweder ganz oder überhaupt nicht aktiviert werden dürfen, kann also beim Geschäfts- oder Firmenwert auch die **teilweise Aktivierung** der Anschaffungskosten als Ausgangswert für die Abschreibungen gewählt werden.

4.1.2 Abschreibung

§ 255 Abs. 4 Satz 2 und 3 HGB
Der Betrag ist in jedem folgenden Geschäftsjahr zu mindestens einem Viertel durch Abschreibungen zu tilgen. Die Abschreibung des Geschäfts- oder Firmenwerts kann aber auch planmäßig auf die Geschäftsjahre verteilt werden, in denen er voraussichtlich genutzt wird.

Der beim Erwerb eines Unternehmens als Geschäfts- oder Firmenwert aktivierte Betrag „ist" abzuschreiben. Es besteht also ein **Abschreibungsgebot**. Für die Abschreibung stehen zwei Möglichkeiten zur Auswahl:

- Abschreibung des aktivierten Betrags in jedem folgenden Geschäftsjahr zu mindestens einem Viertel (§ 255 Abs. 4 Satz 2 HGB),
- planmäßige Abschreibung in den Geschäftsjahren, in denen der Geschäfts- oder Firmenwert voraussichtlich genutzt wird (§ 255 Abs. 4 Satz 3 HGB).

789

4.1.3 Mindestabschreibung

Der aktivierte Betrag ist in jedem der nach der Anschaffung folgenden Jahre zu mindestens einem Viertel durch Abschreibungen zu tilgen. Es können also in jedem folgenden Geschäftsjahr höhere, aber nicht niedrigere Abschreibungen vorgenommen werden.
Im Zugangsjahr ist nach dem Gesetzeswortlaut zwar eine Abschreibung nicht zulässig. Dieselbe Wirkung wie eine Abschreibung tritt ein, wenn im Zugangsjahr der für den Geschäfts- oder Firmenwert verbleibende Restbetrag der Anschaffungskosten nicht voll aktiviert wird. Daher wird es mit Recht für zulässig angesehen, wenn auch im

790

791

Zugangsjahr bereits abgeschrieben wird.[401] Nur muss dann das Mindestabschreibungsgebot in den folgenden Geschäftsjahren beachtet werden. D.h. in jedem der folgenden Geschäftsjahre ist mindestens ein Viertel des nach der Abschreibung im Zugangsjahr verbleibenden Betrags abzuschreiben.

792 Es handelt sich hierbei nicht um eine planmäßige Abschreibung. Diese wird in § 255 Abs. 4 Satz 3 HGB geregelt. Abgeschrieben wird nicht in jedem folgenden Geschäftsjahr zu einem Viertel, sondern „mindestens zu einem Viertel". Es können also auch höhere Anteile des aktivierten Betrags abgeschrieben werden. Es muss nicht der aktivierte Betrag auf vier Jahre verteilt werden. Abschreibungen können in vier, drei oder zwei Jahren vorgenommen werden. Es kann auch der im Jahr der Anschaffung aktivierte Betrag voll im folgenden Geschäftsjahr abgeschrieben werden. Die Abschreibungsbeträge können schwanken. Nur darf nach dem Gesetzeswortlaut der Anteil von einem Viertel des aktivierten Betrags nicht unterschritten werden. Es können also z. B. folgende Abschreibungen erfolgen: 1/4, 1/4, 1/4, 1/4 oder 1/4, 1/2, 1/4 oder 3/4, 1/4 oder 1/4, 3/8, 3/8.

793 Der Grund für diese eigenartige Regelung wird an folgendem Beispiel klar.

Beispiel

Unternehmer U errichtet in A ein Handelsgeschäft. In B kauft er ein selbstständiges Unternehmen, das in etwa den gleichen Substanzwert und die gleiche Personalstruktur wie das Unternehmen in A hat. U hat beim Kauf des Unternehmens in B für den Geschäfts- oder Firmenwert 200.000 € aufgewendet. Im Unternehmen in A werden in den ersten Jahren Verluste erwirtschaftet. Erst dann werden angemessene Gewinne erzielt. Im Unternehmen in B liegen die Betriebsergebnisse von vornherein in einer Höhe, wie sie von einem gut auf dem Markt eingeführten Unternehmen zu erwarten sind.

794 Bucht der Unternehmer U den Mehrbetrag beim Kauf des Unternehmens in B sofort als Aufwand, so hat er im Jahr der Anschaffung ein vergleichbar schlechtes Betriebsergebnis. In den folgenden Geschäftsjahren erzielt er Geschäftsergebnisse, die von einem schon län-

---

401 ADS, HGB § 255 Rdn. 279.

gere Zeit auf dem Markt eingeführten Unternehmen zu erwarten sind. Da U bereits im Geschäftsjahr des Erwerbs des Unternehmens den vollen für den Geschäfts- oder Firmenwert aufgewendeten Anschaffungsbetrag als Aufwand gebucht hat, kann er den höheren auf dem erworbenen Geschäfts- oder Firmenwert beruhenden Geschäftsergebnissen keine Aufwendungen gegenrechnen. Aktiviert daher U den für den Geschäfts- oder Firmenwert aufgewendeten Betrag ganz oder teilweise und schreibt er ihn in den folgenden Geschäftsjahren ab, glättet er hierdurch die Geschäftsergebnisse.

So gesehen ist die Aktivierbarkeit des Geschäfts- oder Firmenwerts verbunden mit der Mindestabschreibung eine Bilanzierungs- und Bewertungshilfe, die es dem Unternehmen ermöglicht, im Jahr des Erwerbs nicht ein schlechtes Geschäftsergebnis oder gar einen Verlust ausweisen zu müssen. 795

Demgegenüber kann nicht eingewendet werden, eine Bilanzierungshilfe scheide aus, weil es hier nicht wie bei der Aktivierung von Ingangsetzungsaufwendungen (→Rdn. 1147) eine Ausschüttungssperre gebe. Die Ausschüttungssperre ist im Falle der Aktivierung von Ingangsetzungsaufwendungen angebracht, weil es sich hier um Aufwand des abgelaufenen Geschäftsjahrs handelt, dem kein Mehrwert gegenübersteht, der ausgeschüttet werden könnte. Ein erworbener Geschäfts- oder Firmenwert stellt hingegen eine Chance dar, in einer gewissen Anzahl von Geschäftsjahren höhere Gewinne zu erzielen als in einem neu gegründeten Unternehmen. Es besteht also ein Mehrwert, der ausgeschüttet werden kann.

4.1.4 Planmäßige Abschreibung

Nach § 255 Abs. 4 Satz 3 HGB kann der Geschäfts- oder Firmenwert auch planmäßig auf die Geschäftsjahre verteilt werden, in denen er voraussichtlich genutzt wird. 796

Im Zuge der Einführung des Bilanzrichtlinien-Gesetzes schlug der Rechtsausschuss vor, das Einkommensteuergesetz dahin gehend zu ändern, die Abschreibung des Geschäfts- oder Firmenwerts auch bei der Gewinnermittlung für die Besteuerung zuzulassen. Vorher war der Geschäfts- oder Firmenwert in § 6 Abs. 1 Nr. 2 EStG aufgeführt und wurde damit steuerlich als nicht abnutzbares Wirtschaftsgut behandelt. Durch die Streichung der Worte „Geschäfts- oder Firmenwert" in § 6 Abs. 1 Nr. 2 EStG und die Regelung einer linearen Abschreibung auf 15 Jahre in § 7 Abs. 1 Satz 3 EStG wurde so der Geschäfts- oder Firmenwert steuerlich zu einem abnutzbaren Wirtschaftsgut (→Rdn. 800 ff.).

797 Um den Kaufleuten zu ermöglichen, die neue Regelung im Einkommensteuergesetz auch in der Handelsbilanz zu verwenden, wurde durch § 255 Abs. 4 Satz 3 HGB bestimmt, dass die Abschreibung des Geschäfts- oder Firmenwerts auch planmäßig auf die Geschäftsjahre verteilt werden kann, in denen er voraussichtlich genutzt wird.[402]
Zu beachten ist, dass handelsrechtlich nicht die Nutzungsdauer auf 15 Jahre gesetzlich festgelegt ist, wie es im Steuerrecht geschehen ist. Hier ist von der voraussichtlichen Nutzungsdauer auszugehen, die zu schätzen ist. Sie kann entsprechend der steuerlich festgelegten Nutzungsdauer bei 15 Jahren liegen, aber auch kürzer sein.[403]

4.1.5 Außerplanmäßige Abschreibung

798 Ob handelsrechtlich auch eine außerplanmäßige Abschreibung in Betracht kommt, ist praktisch nicht von Bedeutung. Da hier die Mindestabschreibung möglich ist, kann jederzeit ein noch aktivierter Restbetrag abgeschrieben werden, auch wenn zunächst planmäßig abgeschrieben wurde.
Nach dem Grundsatz der Bewertungsstetigkeit (→Rdn. 523 ff.) sollen zwar die auf den vorhergehenden Jahresabschluss angewendeten Bewertungsmethoden beibehalten werden (§ 252 Abs. 1 Nr. 6 HGB). Hier ist aber die Besonderheit zu beachten, dass die planmäßige Abschreibung handelsrechtlich nur zugelassen worden ist, um eine vergleichbare Abschreibung wie im Steuerrecht zu ermöglichen. Hierdurch ändert sich aber nichts daran, dass handelsrechtlich die Mindestabschreibung der Normalfall ist. Daher muss es den Kaufleuten möglich sein, jederzeit auf Normalabschreibung umzustellen.

799 Der Wechsel der Abschreibungsmethode von der planmäßigen Abschreibung zur Mindestabschreibung oder Vollabschreibung ist als Ausnahmefall i. S. von § 252 Abs. 2 HGB als zulässig anzusehen, wäh-

---

402 Ausschussbericht, S. 101.
403 Ellrott/Schmidt-Wendt in: Beck Bil-Komm. § 255 Rdn. 520 ff.

rend umgekehrt der Wechsel von der Mindestabschreibung zur planmäßigen Abschreibung einer besonderen Begründung bedarf.[404]

4.2 Steuerrecht

4.2.1 Abschreibung
Artikel 10 Abs. 15 Bilanzrichtlinien-Gesetz
1. § 6 Einkommensteuergesetz wird wie folgt geändert:
a) Absatz 1 wird wie folgt geändert:
bb) In Nummer 2 Satz 1 werden die Worte „Geschäfts- oder Firmenwert" gestrichen.
2. § 7 Abs. 1 Einkommensteuergesetz wird wie folgt geändert:
3) Nach Satz 2 wird folgender Satz 3 eingefügt:
„Als betriebsgewöhnliche Nutzungsdauer des Geschäfts- oder Firmenwerts eines Gewerbebetriebs oder eines Betriebs der Land- und Forstwirtschaft gilt ein Zeitraum von fünfzehn Jahren."

Durch die Streichung der Worte „Geschäfts- oder Firmenwert" in § 6 Abs. 1 Nr. 2 Satz 1 EStG a. F. und die Regelung der Absetzung für Abnutzung des Geschäfts- oder Firmenwerts in § 7 Abs. 1 Satz 3 EStG ist der Geschäfts- oder Firmenwert durch das Bilanzrichtlinien-Gesetz steuerrechtlich zum **abnutzbaren Wirtschaftsgut** geworden.

800

Steuerrechtlich wird daher der Geschäfts- oder Firmenwert als abnutzbarer Anlagegegenstand behandelt. Das ändert aber nichts daran, dass er ebenso wie handelsrechtlich nicht besonders verkehrsfähig ist und ebenso wie dort bei dem Erwerb eines Unternehmens nur als Restgröße aktiviert und nur hiervon abgeschrieben wird. Im Unterschied zum Handelsrecht muss steuerlich aber der volle Restbetrag aktiviert und der Abschreibung zu Grunde gelegt werden.

4.2.2 Lineare Abschreibung
Die betriebsgewöhnliche Nutzungsdauer des Geschäfts- oder Firmenwerts wird steuerrechtlich auf 15 Jahre fingiert (§ 7 Abs. 1 Satz 3 EStG). Der beim entgeltlichen Erwerb eines Unternehmens für den

801

---

404 Ellrott/Schmidt-Wendt in: Beck Bil.-Komm. § 255 Rdn. 519.

Geschäfts- oder Firmenwert verbleibende Restbetrag ist also linear auf 15 Jahre abzuschreiben. Die AfA dürfen auch dann nicht nach einer kürzeren Nutzungsdauer bemessen werden, wenn im Einzelfall Erkenntnisse dafür vorliegen, dass die tatsächliche Nutzungsdauer kürzer als 15 Jahre sein wird, beispielsweise bei so genannten personenbezogenen Betrieben, bei denen der Unternehmenswert so eng mit der Person des Betriebsinhabers verbunden ist, dass nach dessen Ausscheiden mit einer kürzeren Nutzungsdauer des erworbenen Geschäfts- oder Firmenwerts zu rechnen ist.[405]

802 Als immaterielles Wirtschaftsgut gehört der Geschäfts- oder Firmenwert nicht zu den beweglichen Wirtschaftsgütern des Anlagevermögens. Er kann daher nur linear (in gleichen Jahresbeträgen), nicht aber degressiv (in fallenden Jahresbeträgen) oder nach Maßgabe der Leistung abgeschrieben werden.[406]

803 Der Ertrag einer **freiberuflichen Praxis** wird in aller Regel nicht durch den Einsatz materieller Mittel, sondern durch die persönliche Leistung des Inhabers erzielt. Der Praxiswert beruht daher auf der Leistung des Inhabers und seinem Vertrauensverhältnis zu den Mandanten. Sein Fortbestand ist eng mit der Person des Praxisinhabers verbunden.

Beispiel

> Steuerberater F erwirbt von Steuerberater X, der aus Altersgründen aus dem Berufsleben ausscheiden will, dessen Praxis und zahlt im Rahmen des Gesamtkaufpreises für den Praxiswert 100.000 €. F aktiviert den Praxiswert und schreibt ihn auf drei bis fünf Jahre ab.

Aus seiner Personenbezogenheit folgt, dass der Praxiswert abnimmt, wenn der Praxisinhaber ausscheidet. Der Übernehmer der Praxis baut durch eigene Leistung und durch Schaffung eines neuen Vertrauensverhältnisses zu den Mandanten einen neuen Praxiswert auf. Ein entgeltlich erworbener Praxiswert ist daher **in drei bis fünf Jahren abzuschreiben**.[407]

---

405 BMF, Schr. v. 20.11.1986 IV B 2 - S 2172 - 13/86, BStBl 1986 I S. 532
406 R 42 Abs. 1 Nr. 2 EStR; H 42 (Bewegliche Wirtschaftsgüter) EStH.
407 BMF, Schr. v. 15.1.1995 IV B 2 – S 2172 – 15/94, BStBl 1995 I S. 14.

Bei einem Zusammenschluss zu einer **Sozietät** mit demjenigen, der den Praxiswert geschaffen hat, lässt der BFH[408] in Abänderung seiner früheren Rechtsprechung typisierend eine Abschreibung auf eine doppelt so lange Nutzungsdauer wie bei dem Erwerb einer Einzelpraxis zu. Nach den Verwaltungsanweisungen[409] soll es nicht beanstandet werden, wenn für den anlässlich der Gründung einer Sozietät aufgedeckten Praxiswert eine betriebsgewöhnliche Nutzungsdauer von sechs bis zehn Jahren angenommen wird. Das soll auch entsprechend für den Erwerb eines Praxiswerts durch eine Wirtschaftsprüfer- oder Steuerberater-GmbH gelten.

804

Beispiel

Steuerberater F nimmt den Steuerberater A als Sozius auf. A zahlt an F für den erworbenen Anteil am Praxiswert 100.000 €. A kann den erworbenen Anteil am Praxiswert auf sechs bis zehn Jahre abschreiben.

4.2.3 Teilwertabschreibung

Der Geschäfts- oder Firmenwert kann mit dem niedrigeren Teilwert angesetzt werden (§ 6 Abs. 1 Nr. 1 Satz 2 EStG). Nach der Rechtsprechung des BFH[410] und den Verwaltungsanweisungen[411] ist hierbei die so genannte Einheitstheorie zu beachten. Hiernach ist ein entgeltlich erworbener Geschäfts- oder Firmenwert ein einheitliches Wirtschaftsgut, das aus erworbenen und selbst geschaffenen Komponenten besteht. Sinken die erworbenen Komponenten im Wert, so kommt eine Teilwertabschreibung noch nicht in Betracht, wenn dieser Wertverlust durch eine Wertsteigerung der selbst geschaffenen Komponenten ausgeglichen wird. Eine Teilwertabschreibung kommt erst dann infrage, wenn der Teilwert des Geschäfts- oder Firmenwerts insgesamt, also einschließlich der selbst geschaffenen Komponenten, unter den Buchwert gesunken ist.[412]

805

---

408 BFH, Urt. v. 24.2.1994 IV R 33/93, BStBl 1994 II S. 590.
409 FN 407.
410 BFH, Urt. v. 13.4.1983 I R 63/79, BStBl 1982 II S. 667.
411 FN 405.
412 So auch Schmidt/Glanegger EStG § 6 Rz. 242.

806 Demgegenüber wird die Auffassung vertreten, eine Saldierung der Wertverluste im erworbenen Geschäftswertanteil mit Wertzunahmen im selbst geschaffenen Geschäftswertanteil sei wegen Verstoßes gegen § 5 Abs. 2 EStG nicht zulässig.[413]

807 Der Geschäfts- oder Firmenwert wird mit seinen Anschaffungskosten aktiviert. Diese sind daher Bemessungsgrundlage für die planmäßige Abschreibung nach § 7 Abs. 1 Satz 3 EStG. Die Teilwertabschreibung tritt alternativ zur Abschreibung nach § 7 Abs. 1 Satz 3 EStG hinzu. Daher können für sie auch nur die Anschaffungskosten die Bemessungsgrundlage sein. Wertausgleiche durch selbst geschaffene Teile des Geschäfts- oder Firmenwerts bei der Bemessung des Teilwerts würden bedeuten, dass bei der Teilwertabschreibung Herstellungskosten berücksichtigt würden. Dann hätten aber die planmäßige Abschreibung nach § 7 Abs. 1 Satz 3 EStG und die Teilwertabschreibung unterschiedliche Bemessungsgrundlagen. Das ist nicht zulässig. Daher darf nach der Änderung der §§ 6 und 7 EStG durch das Bilanzrichtlinien-Gesetz die Einheitstheorie bei der Teilwertabschreibung des Geschäfts- oder Firmenwerts nicht mehr berücksichtigt werden.[414]

808 Wurde beim Erwerb eines Unternehmens ein Geschäfts- oder Firmenwert aktiviert, so wird er abgeschrieben, wenn die Erträge des Unternehmens nachhaltig zurückgehen.

Für die Ermittlung des Teilwerts werden folgende Größen benötigt (→Rdn. 463):

1. Nachhaltig erzielbarer Gewinn: Aus den Gewinnen der letzten fünf Jahre wird der Durchschnitt errechnet.
2. Unternehmerlohn: Vergütung, die fremden Dritten in der Position des Unternehmers üblicherweise gezahlt würde.
3. Kapitalisierungszinsfuß: Üblicher Zinssatz für sichere, langfristige Kapitalanlagen zuzüglich Risikozuschlag.

> **Fall**
>
> E erwirbt im Jahr 00 ein Handelsunternehmen und zahlt für den Geschäfts- oder Firmenwert 750.000 €. In den Jahren 01 bis 05 schreibt er

---

413 Ellrott/Schmidt-Wendt in: Beck Bil-Komm. § 255 Rdn. 526.
414 Schneeloch, BB 1987 S. 2414.

Bewertung des Geschäfts- oder Firmenwerts

den Geschäfts- oder Firmenwert linear mit je 1/15 ab. Es betragen: Unternehmerlohn 80.000 €, Verzinsung 10 %, Substanzwert 1.200.000 €.

Der Geschäfts- oder Firmenwert beträgt am Schluss des Jahres 05:
Buchwert 31.12.00   750.000 €
lineare AfA 750000 × 1/15 = 50.000 €
AfA 01 bis 05: 50.000 × 5 =   -250.000 €
Buchwert 31.12.05   500.000 €

In den Jahren 01 bis 05 erzielt E folgende Betriebsergebnisse:

Jahr 01	600.000,00 €
Jahr 02	300.000,00 €
Jahr 03	220.000,00 €
Jahr 04	50.000,00 €
Jahr 05	30.000,00 €
insgesamt	1.200.000,00 €

Kann E zum 31.12.05 auf den Geschäfts- oder Firmenwert eine Teilwertabschreibung durchführen?

Lösung

Durchschnittsgewinn 1.200.000 € : 5 = 240.000 €.
Geschäfts- oder Firmenwert = (Ertragswert - Substanzwert) : 2
Ertragswert   = (Durchschnittsgewinn - Unternehmerlohn) × 100 : Zinsfuß
     = (240.000 € - 80.000 €) × 100 : 10
     = 1.600.000 €
Geschäftswert   = (1.600.000 € - 1.200.000 €) : 2
     = 200.000 €
Buchwert Geschäftswert 31.12.05   500.000 €
Teilwert Geschäftswert 31.12.05   200.000 €

Teilwertabschreibung   300.000 €

Da der Geschäfts- oder Firmenwert steuerrechtlich ein abnutzbarer Anlagegegenstand ist, ist die Wertminderung von Dauer, wenn der niedrigere Teilwert wenigstens während der halben Restnutzungsdauer besteht (→Rdn. 740). Zum 31.12.05 beträgt der Teilwert 200.000 €. Bei einer fortgeführten linearen Abschreibung würde der Buchwert am 31.12.11 200.000 € betragen. Vom 31.12.05 bis zum 31.12.15 beträgt die Restnutzungsdauer 10 Jahre. Am 31.12.11, nach sechs Jahren oder 6/10 der Restnutzungsdauer erreicht erst der Buchwert wieder den Teilwert. Die Wertminderung besteht damit voraussichtlich von Dauer. Da handelsrechtlich in diesem Fall ein Abschreibungsgebot besteht, ist steuerrechtlich zum 31.12.05 der Geschäfts- oder Firmenwert auf den niedrigeren Teilwert abzuschreiben.

4.3 Testfragen zum Geschäfts- oder Firmenwert

Nr.	Frage	Rdn.
274.	Was ist Bemessungsgrundlage für die Abschreibung des Geschäfts- oder Firmenwerts?	787
275.	Wie ist die Abschreibung des Geschäfts- oder Firmenwerts handelsrechtlich geregelt?	789 ff.
276.	Wie ist die Abschreibung des Geschäfts- oder Firmenwerts steuerrechtlich geregelt?	800 ff.
277.	Wie wird der Praxiswert abgeschrieben?	803 f.
278.	Kann ein Geschäfts- oder Firmenwert auf den niedrigeren Teilwert abgeschrieben werden?	805 ff.
279.	Wie wird der Teilwert eines Geschäfts- oder Firmenwerts ermittelt?	808

5 Bewertung der Umlaufgegenstände

5.1 Handelsrecht

5.1.1 Wertansätze

§ 253 Abs. 3 HGB

[1]Bei Vermögensgegenständen des Umlaufvermögens sind Abschreibungen vorzunehmen, um diese mit einem niedrigen Wert anzusetzen, der sich aus einem Börsen- oder Marktpreis am Abschlussstichtag ergibt. [2]Ist ein Börsen- oder Marktpreis nicht festzustellen und übersteigen die Anschaffungs- oder Herstellungskosten den Wert, der den Vermögensgegenständen am Abschlussstichtag beizulegen ist, so ist auf diesen Wert abzuschreiben. [3]Außerdem dürfen Abschreibungen vorgenommen werden,

soweit diese nach vernünftiger kaufmännischer Beurteilung notwendig sind, um zu verhindern, dass in der nächsten Zukunft der Wertansatz dieser Vermögensgegenstände auf Grund von Wertschwankungen geändert werden muss.

		Wertansätze der Umlaufgegenstände in der Handelsbilanz	
I		Anschaffungs- oder Herstellungskosten	Gebot
II	1	Niedrigerer Wert als I, der sich aus einem Börsen- oder Marktpreis am Abschlussstichtag ergibt	Gebot
	2	Niedrigerer Wert als I, der den Vermögensgegenständen am Abschlussstichtag beizulegen ist, wenn Wert zu II 1 nicht festzustellen ist	Gebot
III		Niedrigerer Wert als I und II, soweit dieser nach vernünftiger kaufmännischer Beurteilung notwendig ist, um in der nächsten Zukunft Änderungen des Wertansatzes auf Grund von Wertschwankungen zu verhindern	Wahlrecht

809

Ausgangswert und Obergrenze der Bewertung sind die Anschaffungs- oder Herstellungskosten (Wert I). Ist der Zeitwert am Abschlussstichtag niedriger, so ist dieser anzusetzen. Der Zeitwert kann sich aus einem Börsen- oder Marktpreis ergeben (Wert II 1), oder er kann den Umlaufgegenständen auf Grund anderer Umstände beizulegen sein (Wert II 2). Vom Wert I oder II ist am Abschlussstichtag der niedrigste Wert anzusetzen. Für den Ansatz des niedersten dieser beiden Werte besteht also ein Ansatzgebot.

Dieses sog. **Niederstwertprinzip** ist immer anzuwenden im Gegensatz zu der Bewertung der Anlagegegenstände, die nur bei einer voraussichtlich dauernden Wertminderung mit dem niedrigeren Wert angesetzt werden müssen (→Rdn. 732). Daher spricht man bei den Umlaufgegenständen auch vom sog. strengen Niederstwertprinzip.

810

Das Niederstwertprinzip ist Ausfluss des **Imparitätsprinzips** (→Rdn. 110 ff.)und beruht damit auf den Grundsätzen ordnungsmäßiger Buchführung. Es gilt daher gem. § 5 Abs. 1 Satz 1 EStG auch für die Steuerbilanz. Bisher wurde der niedrigere Teilwert im Steuerrecht als Äquivalent zum niedrigeren Wert in der Handelsbilanz angesehen, sodass sich das handelsrechtliche Abschreibungsgebot bestimmend auf die Steuerbilanz auswirkte. Zunehmend wird aber der steuer-

811

rechtliche Teilwert als ein eigenständiger Wert in der Steuerbilanz aufgefasst, sodass die Bewertung in der Steuerbilanz sich auf Grund des Bewertungsvorbehalts nach § 5 Abs. 6 EStG gegenüber der handelsrechtlichen Bewertung immer mehr verselbstständigt.

812 Unter diesem niedrigeren Wert, dessen Ansatz geboten ist, dürfen Umlaufgegenstände angesetzt werden, um Änderungen der Wertansätze auf Grund von **Wertschwankungen** zu vermeiden. In diesem Fall besteht handelsrechtlich ein Abschreibungswahlrecht.

5.1.2 Börsenpreis, Marktpreis, beizulegender Wert

813 Liegt der aus einem **Börsen- oder Marktpreis** sich ergebende Wert oder, falls ein Börsen- oder Marktpreis nicht festzustellen ist, der am Abschlussstichtag den Vermögensgegenständen **beizulegende Wert** unter den Anschaffungs- oder Herstellungskosten, so ist auf diesen niedrigeren Wert abzuschreiben (§ 253 Abs. 3 Sätze 1 und 2 HGB). Es besteht also handelsrechtlich ein **Abschreibungsgebot**.

814 **Börsenpreis** ist der an einer amtlich anerkannten Börse festgestellte Preis. **Marktpreis** ist der Preis, der an einem Handelsplatz oder in einem Handelsbezirk für Vorräte einer bestimmten Gattung von durchschnittlicher Art und Güte zu einem bestimmten Zeitpunkt oder in einem bestimmten Zeitabschnitt im Durchschnitt gezahlt wird. Voraussetzung für einen Börsenpreis und für einen Marktpreis ist, dass tatsächlich Umsätze stattgefunden haben. Es genügt also nicht ein reiner Geld- oder Briefkurs.[415]

815 Bestimmte **Rohstoffe** werden an Rohstoffbörsen gehandelt. Für sie gibt es Börsenpreise.

816 Marktpreise gibt es für **Roh-, Hilfs- und Betriebsstoffe** und für **Waren**. Für sie sind die Verhältnisse auf dem Beschaffungsmarkt maßgebend. Für Waren sind außerdem wertbestimmend die Verhältnisse auf dem Absatzmarkt.

Ist ein Börsen- oder Marktpreis nicht festzustellen, so kommt als niedrigerer Wert der Wert in Betracht, der den Vermögensgegenständen am Abschlussstichtag beizulegen ist.

---

415 ADS, HGB § 253 Rdn. 509.

Bewertung der Umlaufgegenstände J

Für **Erzeugnisse** gibt es keinen Börsenpreis. Allenfalls haben gleichartige Massenerzeugnisse einen Marktpreis. I. d. R. ist der am Abschlussstichtag beizulegende Wert anzusetzen, wenn dieser niedriger ist als die Herstellungskosten. Auszugehen ist von den Verhältnissen des Absatzmarktes.

817

Wertbestimmung			
Beschaffungsmarkt		Absatzmarkt	
Börsen- oder Marktpreis	Beizulegender Wert	Börsen- oder Marktpreis	Beizulegender Wert
▪ Rohstoffe ▪ Hilfsstoffe ▪ Betriebsstoffe ▪ Waren ▪ Wertpapiere		▪ Waren ▪ gleichartige Massenerzeugnisse ▪ Wertpapiere	▪ Waren ▪ Erzeugnisse ▪ Wertpapiere

818

Handelsrechtlich werden vor allem die Vorräte nach dem Grundsatz der **verlustfreien Bewertung** angesetzt. Hiernach soll beim Verkauf der Vermögensgegenstände nach dem Abschlussstichtag kein Verlust mehr ausgewiesen werden. Es werden voraussichtlich beim Verkauf sich ergebende Verluste in die abgeschlossene Periode vorweggenommen.

819

Bei dieser verlustfreien Bewertung werden fertige Erzeugnisse und Waren **retrograd** wie folgt bewertet:

Retrograde Bewertung
Verkaufserlös abzüglich folgender noch anfallender anteiliger Kosten:
▪ Erlösschmälerungen ▪ Verpackungskosten und Ausgangsfrachten ▪ allgemeine Vertriebskosten ▪ Verwaltungskosten ▪ Kapitalmarktkosten

Es werden hierbei die Vollkosten angesetzt, also die Einzelkosten und sowohl die fixen als auch die variablen Gemeinkosten. Ein Gewinnzuschlag soll hierbei nicht berücksichtigt werden.[416]

---

416 Ellrott/Scherer in: Beck Bil-Komm. § 253 Rdn. 521 ff.

5.1.3 Niedrigerer Wert zur Vermeidung von Änderungen wegen Wertschwankungen

820 Die Abschreibungen zur Berücksichtigung von **Wertschwankungen der nächsten Zukunft** (§ 253 Abs. 3 Satz 3 HGB) werden „außerdem" vorgenommen. Sie kommen daher erst dann in Betracht, wenn die Abschreibungen, für die ein Bewertungsgebot besteht, also die in Rdn. 813 ff. genannten Abschreibungen, durchgeführt worden sind.
Bei dieser Abschreibung handelt es sich um ein erweitertes Niederstwertprinzip ohne Abschreibungszwang. Hierdurch soll über die Stichtagsbewertung hinaus künftigen Verlusten, deren Ursachen erst in Ereignissen nach dem Abschlussstichtag liegen, die aber den Wert bereits vorhandener Vermögensgegenstände berühren können, Rechnung getragen werden.[417]

821 Wertschwankungen in der nächsten Zukunft umfassen einen Zeitraum von etwa zwei Jahren.[418] Sie werden im Rahmen vernünftiger kaufmännischer Beurteilung berücksichtigt, wenn das nicht willkürlich geschieht.[419] Es werden künftige Wertminderungen erfasst, die im Rahmen des Niederstwertprinzips einzubeziehen sind.[420]
Auch Ersatzbeschaffungen in dem zweijährigen Beurteilungszeitraum sind in die Beurteilung künftiger Wertschwankungen einzubeziehen. Die Abschreibung wird aber auf die Menge des am Abschlussstichtag vorhandenen Bestandes begrenzt.[421]

5.1.4 Lifo- und Fifo-Verfahren und Durchschnittsbewertung
§ 256 Satz 1 HGB
Soweit es den Grundsätzen ordnungsmäßiger Buchführung entspricht, kann für den Wertansatz gleichartiger Vermögensgegenstände des Vorratsvermögens unterstellt werden, dass die zuerst oder dass die zuletzt angeschafften oder hergestellten Vermögensgegenstände zuerst oder in einer sonstigen bestimmten Folge verbraucht oder veräußert worden sind.

---

417 ADS, HGB § 253 Rdn. 545.
418 ADS, HGB § 253 Rdn. 558.
419 ADS, HGB § 253 Rdn. 559.
420 ADS, HGB § 253 Rdn. 550.
421 Ellrott/Scherer in: Beck Bil-Komm. § 253 Rdn. 623 f.

Gleichartige Vorratsgegenstände

Gleichartige Vorratsgegenstände sind 822
- Rohstoffe, Hilfsstoffe, Betriebsstoffe, Erzeugnisse und Waren,
- die gattungs- oder funktionsgleich sind (→Rdn. 44).

Bei der Beurteilung der Gleichartigkeit kommt es auf die kaufmännischen Gepflogenheiten und die allgemeine Verkehrsanschauung an. Insbesondere ist die marktübliche Einteilung in Produktklassen unter Beachtung der Unternehmensstruktur wichtig. Wirtschaftsgüter mit erheblichen Qualitätsunterschieden sind nicht gleichartig. Erhebliche Preisunterschiede sind Anzeichen für Qualitätsunterschiede und sprechen damit gegen Gleichartigkeit[422].

Diese Gegenstände werden im Verkehr i. d. R. nach Maß, Zahl oder 823 Gewicht bestimmt (vertretbare Vermögensgegenstände). Oft schwanken hierfür die Einstandspreise im Laufe des Jahres. Sie werden aber nicht nach Einstandspreisen, sondern nach Art oder Funktion gelagert. Dann lassen sich die Bestände dieser Vorräte wohl nach Menge und Gewicht, nicht aber nach ihrem genauen Wert bestimmen.

Beispiel

Der Mineralölgroßhändler M kauft von Raffinerien Heizöl und verkauft es an Einzelhändler und an Endverbraucher. Im Laufe des Jahres hat er folgende Posten eingekauft:

Datum	Menge in l	Preis je l in €	Gesamtpreis in €
10.02.	10.000.000	0,38	3.800.000
15.05.	6.000.000	0,45	2.700.000
20.07.	8.000.000	0,33	2.640.000
05.09.	4.000.000	0,48	1.920.000
15.11.	12.000.000	0,55	6.600.000
10.12.	14.000.000	0,58	8.120.000
	54.000.000		25.780.000

---

422 R 36a Abs. 3 Sätze 2 bis 4 i.V. mit R 36 Abs. 4 Satz 3 EStR.

Am 31.12. sind 6.580.200 l in den Tanks. Der Endbestand des Vorjahres betrug 5.960.600 l zu 0,65 € = 3.874.390 €

Da in dem Beispielfall die Einkaufspreise im Laufe des Jahres geschwankt haben und laufend Öl-Mengen aus den Tanks verkauft worden sind, lässt sich nicht mehr feststellen, aus welchen Einkäufen sich der Endbestand zusammensetzt. Der Einstandspreis für das Öl, das am 31.12. noch in den Tanks ist, muss also geschätzt werden. Das kann nach der Durchschnitts-, der Lifo-, der Fifo- oder nach einer anderen Methode geschehen. Die genannten Methoden sind die gebräuchlichsten. Sie werden daher hier besprochen.

Durchschnittsbewertung

824 Bei der **Durchschnittsbewertung** werden die Anschaffungskosten der im Laufe des Geschäftsjahrs erworbenen und gegebenenfalls der zu Beginn des Geschäftsjahrs vorhandenen Vermögensgegenstände nach dem gewogenen Mittel ermittelt. Hiernach errechnet sich der Literpreis im vorstehenden Beispiel:

	Menge in l	€
Gesamteinkauf	54.000.000	25.780.000
Endbestand des Vorjahrs	5.960.600	3.874.390
	59.960.600	29.654.390

Durchschnittswert pro Liter Heizöl:
29.654.390 : 59960.600 = 0,495 €.
6.580.200 l × 0,495 € = 3.257.199 €

Fifo-Verfahren

825 Beim **Fifo-Verfahren** (fifo = first in, first out) wird bei der Bewertung davon ausgegangen, dass die zuerst angeschafften oder hergestellten Vermögensgegenstände zuerst verbraucht oder veräußert worden sind. Bei Anwendung dieses Verfahrens auf die Bewertung des Endbestands im vorstehenden Beispiel ist davon auszugehen, dass der Endbestand aus dem letzten Zugang stammt. Er wird also mit 0,58 € pro Liter bewertet:
6.580.200 l × 0,58 € = 3.816.516 €

Bewertung der Umlaufgegenstände J

Lifo-Verfahren

Beim **Lifo-Verfahren** (lifo = last in, first out) geht die Bewertung davon aus, dass die zuletzt angeschafften oder hergestellten Vermögensgegenstände zuerst verbraucht oder veräußert worden sind. Im vorstehenden Beispiel würde sich der Endbestand aus Öl des Anfangsbestandes und des ersten Zugangs zusammensetzen:

826

Menge in l	Einzelposten in €	€
5.960.600	0,65	3.874.390
10.000.000	0,38	3.800.000
15.960.600		7.674.390

7.674.390 : 15.960.600 = 0,481 €
Endbestand: 6.580.200 l × 0,481 € = 3.165.076 €

Unterschiede zwischen den Bewertungsverfahren

Bei der Bewertung nach den drei genannten Bewertungsmethoden wird also von folgenden Annahmen ausgegangen:

827

Zusammensetzung des Endbestands		
Durchschnittsmethode	Fifo-Methode	Lifo-Methode
Der Endbestand setzt sich zusammen aus Vorräten, die herrühren aus		
■ Anfangsbestand und ■ allen Zugängen	■ den letzten Zugängen	■ Anfangsbestand und ■ den ersten Zugängen

Wahl der Bewertungsmethode

Nach dem Gesetz kann die Verbrauchs- oder Veräußerungsfolge bei der Bewertung unterstellt, also **fingiert** werden. Die bei der Bewertung angenommene Verbrauchs- oder Veräußerungsfolge muss also nicht der Wirklichkeit entsprechen. Würde man das verlangen, wäre die Vorschrift überflüssig. Eine Verbrauchs- oder Veräußerungsfolge darf aber bei der Bewertung nicht unterstellt werden, wenn sie nach den tatsächlichen Verhältnissen im Betrieb nicht vorkommen kann. Das würde dem Grundsatz der Wahrheit (→Rdn. 86 f.) und damit den Grundsätzen ordnungsmäßiger Buchführung widersprechen.

828

> **Beispiel**
>
> Die Vorräte eines Unternehmens sind leicht verderblich. Sie werden daher so gelagert, dass die jeweils älteren Bestände zuerst verbraucht oder veräußert werden. Hier würde die Lifo-Methode den tatsächlichen Gegebenheiten widersprechen. Sie ist daher in diesem Fall unzulässig.

829 Die Vorschrift entspricht § 155 Abs. 1 Satz 3 AktG a. F. Nach der Begründung zu dieser Vorschrift sollten durch das Erfordernis, dass das Bewertungsverfahren den Grundsätzen ordnungsmäßiger Buchführung entsprechen muss, Missbräuche ausgeschlossen werden.[423] Die Bewertung, die sich auf Grund einer unterstellten Verbrauchs- oder Veräußerungsfolge ergibt, soll also durch die Grundsätze ordnungsmäßiger Buchführung korrigiert werden.

830 Werden Vorräte bei **steigenden Preisen**
- nach der Lifo-Methode bewertet, werden sie mit den früheren niedrigen Anschaffungs- oder Herstellungskosten angesetzt,
- nach der Fifo-Methode bewertet, werden sie mit den späteren höheren Preisen angesetzt.

---

423 Kropff, AktG S. 246.

Steigende Preise

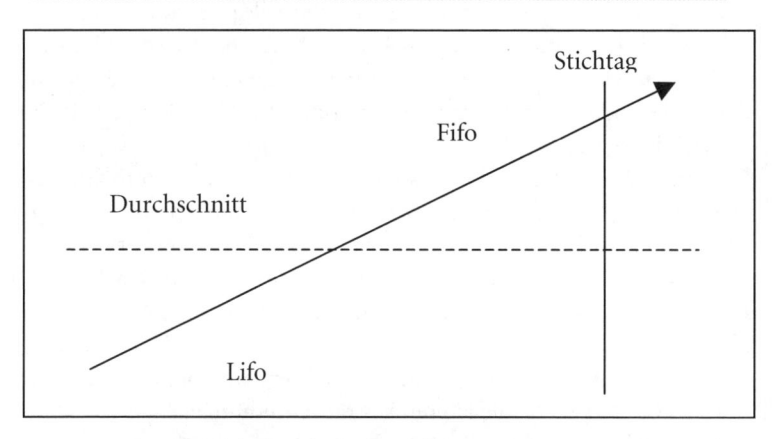

[Diagramm: Fifo steigend, Durchschnitt konstant, Lifo – alle treffen sich am Stichtag nicht; Fifo liegt oben, Lifo unten]

Werden Vorräte bei **fallenden Preisen**
- nach der Lifo-Methode bewertet, werden sie mit den früheren höheren Anschaffungs- oder Herstellungskosten angesetzt,
- nach der Fifo-Methode bewertet, werden sie mit den späteren niedrigen Preisen angesetzt.

Fallende Preise

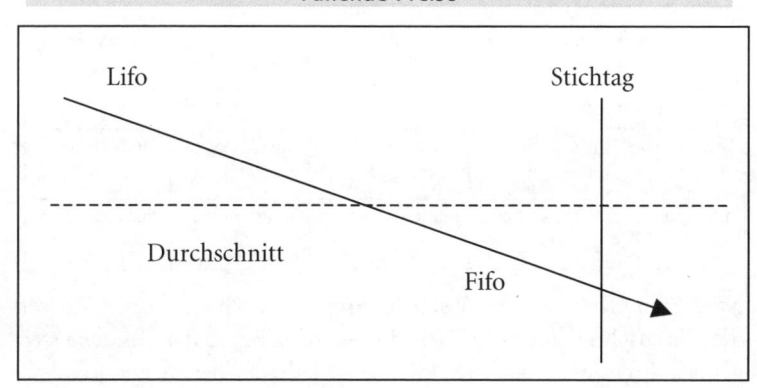

[Diagramm: Lifo fallend von oben, Durchschnitt konstant, Fifo unten am Stichtag]

Im Endbestand gleichartiger Vorratsgegenstände sind Vorräte aus Einkäufen zu verschieden hohen Einstandspreisen vorhanden. Das ist

831

nur dann ausgeschlossen, wenn die Bestände im Lager **jeweils restlos geleert** werden, ehe neue Vorräte eingekauft werden. Werden im eingangs geschilderten Beispiel die Tanks jeweils geleert, ehe neues Öl gekauft wird, ist am Bilanzstichtag nur Öl aus dem letzten Einkauf vorhanden. Dann würde die Bewertung der Bestände nach einer anderen Methode als nach der Fifo-Methode dem Grundsatz der Richtigkeit widersprechen.

832 Es kann sich auch aus den besonderen betrieblichen Verhältnissen ergeben, dass Vorräte nur zu bestimmten Einstandspreisen am Bilanzstichtag vorhanden sein können. Werden z. B. Rohstoffe stapelweise gelagert, so lagern die ältesten Vorräte unten in den Stapeln. Beim Verbrauch oder bei der Veräußerung werden die Vorräte von oben entnommen. Im Lager verbleiben also die älteren Vorräte. Handelt es sich um leicht verderbliche Vorräte wie im vorstehenden Beispiel, so werden zuerst die älteren Vorräte entnommen.

833 Liegen solche besonderen Umstände nicht vor und haben die Einstandspreise im Laufe des Geschäftsjahrs geschwankt, können im Endbestand Vorräte zu höheren oder zu niedrigeren Einstandspreisen in der Mehr- oder Minderzahl vorhanden sein. Es besteht also eine Bewertungsunsicherheit. Nach dem **Grundsatz der Vorsicht** (→Rdn. 123, 514 ff.) ist hier von der ungünstigsten Möglichkeit auszugehen. Es ist also eine Verbrauchs- oder Veräußerungsfolge zu unterstellen, die zu einer möglichst niedrigen Bewertung führt.

Bewertung bei schwankenden Einstandspreisen					
Steigende Preise			Fallende Preise		
Lifo-Methode	Fifo-Methode	Durchschnitts-Methode	Lifo-Methode	Fifo-Methode	
niedrigster Wert	höchster Wert	mittlerer Wert	höchster Wert	niedrigster Wert	

Nach dem Grundsatz der Vorsicht kommt bei schwankenden Preisen die Durchschnittsmethode nicht in Betracht. Bei in der Tendenz steigenden Preisen ist hiernach die Lifo-Methode, bei in der Tendenz fallenden Preisen die Fifo-Methode der Bewertung zu Grunde zu legen. Ob die Einstandspreise im Laufe des vergangenen Geschäftsjahrs eine steigende oder fallende Tendenz hatten, lässt sich aus den Eingangsrechnungen erkennen.

Es ist also festzuhalten: Bei gleichartigen Vorräten kann bei der Bewertung eine Verbrauchs- oder Veräußerungsfolge unterstellt werden, wenn das nicht den Gegebenheiten im Betrieb widerspricht. Dies muss im Rahmen der Grundsätze ordnungsmäßiger Buchführung geschehen. Hiernach kann bei schwankenden Einstandspreisen die Unterstellung einer bestimmten Verbrauchs- oder Veräußerungsfolge geboten sein. 834

5.1.5 Andere Bewertungserleichterungen

§ 256 Satz 2 HGB

§ 240 Abs. 3 und 4 ist auch auf den Jahresabschluss anwendbar.

Nach § 240 Abs. 3 HGB dürfen Sachanlagen und Roh-, Hilfs- und Betriebsstoffe unter bestimmten Umständen mit einem **Festwert** angesetzt werden (→Rdn. 32 ff.). 835

Nach § 240 Abs. 4 HGB ist es zulässig, gleichartige Vorratsgegenstände und annähernd gleichwertige bewegliche Vermögensgegenstände in einer **Gruppe** zusammenzufassen und mit dem gewogenen Durchschnittswert anzusetzen (→Rdn. 42 ff.). 836

Beide Bewertungsverfahren wurden bereits besprochen. Es wird auf diese Ausführungen verwiesen.

5.2 Steuerrecht

5.2.1 Wertansätze

Umlaufgegenstände werden steuerlich nach § 6 Abs. 1 Nr. 2 EStG (→Rdn. 536) bewertet. Hiernach kommen für sie folgende Wertansätze infrage: 837

Wertansätze der Umlaufgegenstände in der Steuerbilanz		
I.	■ Anschaffungs- oder Herstellungskosten oder ■ der an deren Stelle tretende Wert abzüglich Abzüge nach § 6b EStG oder ähnliche Abzüge	Gebot
II.	Auf Grund voraussichtlich dauernder Wertminderung niedrigerer Teilwert	Wahlrecht

838 Ausgangswerte für die Bewertung der Umlaufgegenstände sind die
- Anschaffungskosten (→Rdn. 553 ff.) oder
- Herstellungskosten (→Rdn. 607 ff.) oder
- der an deren Stelle tretende Wert (→Rdn. 536).

Hiervon sind Abzüge zu mindern, ehe eine Teilwertabschreibung in Betracht kommt. Bei den Umlaufgegenständen kommen als Abzüge solche in Betracht, die den in § 6b EStG behandelten Abzügen ähnlich sind. Das sind z. B. Abzüge nach R 35 EStR.

5.2.2 Teilwertabschreibung

Voraussetzungen

839 Ist der Teilwert der Umlaufgegenstände auf Grund einer voraussichtlich dauernden Wertminderung niedriger, so besteht steuerlich ein Wahlrecht, auf diesen niedrigeren Teilwert abzuschreiben.
Diese ab dem 31.12.1998 geltende Fassung wurde eingeführt durch das Steuerentlastungsgesetz 1999/2000/2002 vom 3.3.1999. In den Steuerbilanzen für vor dem 1.1.1999 endende Wirtschaftsjahre bestand in jedem Fall einer Wertminderung für die Wirtschaftsgüter des Umlaufvermögens ein Wahlrecht zur Abschreibung auf den niedrigeren Teilwert.

Voraussichtlich dauernde Wertminderung

840 Nach dem Bericht des Finanzausschusses[424] zum Entwurf dieses Gesetzes ist der Begriff „**dauernde Wertminderung**" dem Handelsrecht entliehen. In einem Klammerzusatz wird hierbei ausdrücklich auf § 253 Abs. 2 HGB verwiesen.

---

424 BT-Drucks. 14/443, Seite 22.

Handelsrechtlich wird der Begriff „voraussichtlich dauernde Wertminderung" nur für die Wirtschaftsgüter des Anlagevermögens verwendet. Eine voraussichtlich dauernde Wertminderung wird bei diesen Wirtschaftsgütern dann angenommen, wenn der Stichtagswert den Wert, der sich aus planmäßigen Abschreibungen ergibt, während eines erheblichen Teils der Restnutzungsdauer nicht erreichen wird. „Vorübergehend" ist deshalb eine Wertminderung, die weniger als die halbe Restnutzungsdauer besteht.[425]   841

Das Handelsrecht verwendet den Begriff „voraussichtlich dauernde Wertminderung" und als Gegensatz dazu den der „voraussichtlich vorübergehenden Wertminderung" also im Bereich der planmäßigen Abschreibung und wendet diese Merkmale daher auf abnutzbare Anlagegegenstände an.

Für Wirtschaftsgüter des Umlaufvermögens gibt es keine Nutzungsdauer. Sie dienen dem Unternehmen nicht im Wege der Nutzung wie die Wirtschaftsgüter des Anlagevermögens, sondern durch Verbrauch, Veräußerung oder Verwertung. Ihr Wesen ist die Einmalnutzung (→Rdn.171).   842

Gelingt es nicht, sie kurzfristig umzusetzen und verbleiben sie deshalb längere Zeit im Betriebsvermögen, so dienen sie auch dann nicht dem Unternehmen durch Mehrmalnutzung. Mit zunehmender Lagerdauer nimmt ihr Nutzen für das Unternehmen nicht zu. Im Gegenteil, ihr Nutzen ist für das Unternehmen umso größer, je kürzer ihr Aufenthalt im Unternehmen ist. Das ergibt sich aus dem Zusammenhang der Lagerumschlagshäufigkeit für die Bewertung der Waren. Je häufiger sich ein Warenlager im Jahr umsetzt, je kürzer also die durchschnittliche Verweildauer der Waren im Lager ist, desto weniger Gründe gibt es für ihre Abwertung.

Das Merkmal „dauernde Wertminderung" kann daher für Wirtschaftsgüter des Umlaufvermögens nicht so ausgelegt werden wie für die Wirtschaftsgüter des Anlagevermögens. Streng genommen passt es nicht für diese Wirtschaftsgüter. Das wird aus dem folgenden Beispiel deutlich.   843

---

425 Hoyos/Schramm/Ring in: Beck Bil-Komm. § 253 HGB Rdn. 295. S. auch die Ausführungen in Rdn. 738 ff.

Beispiel

Am 20.12.01 hat Unternehmer U Waren an seinen Schweizer Kunden S geliefert. Die Forderung lautet auf Schweizer Franken. Am 31.12.01 ist der Wechselkurs gesunken. Die Forderung wird am 5.1.02 beglichen. Der Wechselkurs zum 5.1.02 stimmt mit dem am 31.12.01 überein.

Soll in diesem Fall eine Teilwertabschreibung mangels dauernder Wertminderung ausgeschlossen sein, weil die Wertminderung nur einige Tage lang bestand, oder soll sie aus dem Grunde geboten sein, weil sie während der gesamten Restlaufzeit der Forderung bis zu ihrer Begleichung bestand?

Weil Wirtschaftsgüter des Umlaufvermögens zum Verbrauch oder zur Veräußerung bestimmt sind, kommt dem Zeitpunkt der Veräußerung oder Verwendung eine besondere Bedeutung zu. Hält die Minderung bis zum Zeitpunkt der Aufstellung der Bilanz oder bis zum diesem Zeitpunkt vorangegangenen Zeitpunkt des Verkaufs oder Verbrauchs an, so handelt es sich bei diesen Wirtschaftsgütern um eine Wertminderung, die voraussichtlich von Dauer ist.[426] Hiernach ist im Beispiel die Forderung auf den niedrigeren am Bilanzstichtag bestehenden Teilwert abzuschreiben.

844 Aus Wertschwankungen ist zu schließen, dass eine Wertminderung nicht von Dauer ist[427].

Fälle

1. U hat festverzinsliche Wertpapiere, die bei Fälligkeit zu 100 % eingelöst werden. Auf Grund einer Änderung des Zinsniveaus beträgt der Börsenkurs am Bilanzstichtag 98 % gegenüber dem Nennwert. Bis zum Zeitpunkt der Bilanzaufstellung hat sich der Börsenkurs auf 98,5 % erholt.

2. U hat Aktien zum Preis von 100 € pro Stück erworben. Zum Bilanzstichtag ist der Börsenpreis der Aktien auf 80 € pro Stück gesunken.

a) Bis zum Zeitpunkt der Bilanzaufstellung hat der Börsenkurs zwischen 70 und 90 € geschwankt.

---

426 BMF, Schr. v. 29.2.2000 IV C 2 – S 2171b – 14/00, DStR 2000, S. 470; BStBl 2000 I S. 372.
427 BMF, Schr. v. 29.2.2000, FN 426.

b) Bis zum Zeitpunkt der Bilanzaufstellung hat der Börsenkurs zwischen 70 und 110 € geschwankt.

c) Bis zum Zeitpunkt der Bilanzaufstellung hat der Börsenkurs zwischen 60 und 80 € geschwankt.

3. U hat eine Forderung aus einem Kredit im Nennwert von 100 an die Y-KG. Wegen unerwarteter Zahlungsausfälle ist die Y-KG im Laufe des Wirtschaftsjahrs notleidend geworden. Am Bilanzstichtag kann die Forderung des U deshalb nur in Höhe von 20 % bedient werden. Bis zum Zeitpunkt der Bilanzaufstellung stellt die Y-KG wider Erwarten eine Sicherheit in Höhe von 30 % der Forderung.

Lösungen

Zu 1: Grundsätzlich ist eine Teilwertabschreibung zum Bilanzstichtag zulässig. Allerdings sind die zusätzlichen Erkenntnisse bis zur Bilanzaufstellung zu berücksichtigen. Danach können die Wertpapiere mit einem Kurswert von 98,5 % des Nennwerts angesetzt werden.

Zu 2 a: Grundsätzlich ist eine Teilwertabschreibung zum Bilanzstichtag zulässig. Die Erkenntnisse bis zum Zeitpunkt der Bilanzaufstellung haben jedoch gezeigt, dass die ursprüngliche Wertminderung in Höhe von 20 € pro Stück nicht von Dauer war. Vielmehr ist eine voraussichtlich dauernde Wertminderung nur in Höhe von 10 € pro Stück gegeben, sodass eine Teilwertabschreibung nur in dieser Höhe vorgenommen werden kann. Die Aktien können demnach mit 90 € pro Stück angesetzt werden.

Zu 2 b: Die Erkenntnisse bis zum Zeitpunkt der Bilanzaufstellung haben gezeigt, dass die ursprüngliche Wertminderung in Höhe von 20 € pro Stück nicht von Dauer war. Vielmehr hat der Wert der Aktie bis zur Bilanzaufstellung die ursprünglichen Anschaffungskosten sogar noch überstiegen. Eine Teilwertabschreibung zum Bilanzstichtag ist daher nicht zulässig.

Zu 2 c: Eine Teilwertabschreibung zum Bilanzstichtag ist zulässig. Die Erkenntnisse bis zum Zeitpunkt der Bilanzaufstellung haben gezeigt, dass die ursprüngliche Wertminderung in Höhe von 20 € pro Stück von Dauer war. Aus diesem Grund kann eine Teilwertabschreibung in Höhe von 20 € pro Stück vorgenommen werden. Eine Teilwertabschreibung unter den Wert des Bilanzstichtags kommt allerdings nicht in Betracht. Die Aktien können somit mit 80 € pro Stück angesetzt werden.

Zu 3: Am Bilanzstichtag ist eine Teilwertabschreibung auf die Forderung in Höhe von 80 % zulässig, da mit hoher Wahrscheinlichkeit nur mit einem Zahlungseingang von 20 % gerechnet werden kann. Zwar gewinnt die Forderung bis zum Zeitpunkt der Bilanzaufstellung durch die Gestellung der

Sicherheit nachträglich an Wert. Das ist aber kein werterhellender sich auf den Bilanzstichtag beziehender Umstand, sondern ein nach dem Bilanzstichtag eingetretener wertbegründender Umstand (→Rdn. 518).

Maßgeblichkeit

845 Handelsrechtlich besteht nach § 253 Abs. 3 Sätze 1 und 2 HGB ein Gebot, den niedrigeren Wert anzusetzen, der sich aus einem Börsen- oder Marktpreis ergibt oder der den Umlaufgegenständen am Abschlussstichtag beizulegen ist (→Rdn. 809). Dieses sich aus dem Imparitätsprinzip ergebende Abwertungsgebot ist grundsätzlich auch für die Steuerbilanz maßgebend (§ 5 Abs. 1 Satz 1 EStG).
In den Steuerbilanzen für Wirtschaftsjahre, die nach dem 31.12.1998 enden, dürfen Wirtschaftsgüter des Umlaufvermögens wie auch die Anlagegegenstände nur bei einer voraussichtlich dauernden Wertminderung auf den niedrigeren Teilwert abgeschrieben werden. Das handelsrechtliche Abschreibungsgebot für Umlaufgegenstände im Falle eines niedrigeren Werts wirkt sich daher auf deren Teilwertabschreibung in der Steuerbilanz unterschiedlich aus, je nachdem, ob das Wirtschaftsjahr vor dem 1.1.1999 oder nach dem 31.12.1998 endet.

Teilwertabschreibung der Umlaufgegenstände	
Steuerbilanzen für Wirtschaftsjahre, die vor dem 1.1.1999 enden	Steuerbilanzen für Wirtschaftsjahre, die nach dem 31.12.1998 enden
Teilwertabschreibung nach dem Niederstwertprinzip bei jeder Wertminderung	Teilwertabschreibung entsprechend dem Niederstwertprinzip bei einer voraussichtlich dauernden Wertminderung
Abschreibungsgebot	Abschreibungsgebot

5.2.3 Retrograde Wertermittlung

846 Ist der Einkaufspreis von Vorräten am Bilanzstichtag unter die Anschaffungskosten gesunken, sind die **Wiederbeschaffungskosten** auch dann als Teilwert anzusetzen, wenn mit einem entsprechenden Rückgang der Verkaufspreise nicht gerechnet zu werden braucht.[428]

---

[428] R 36 Abs. 2 Satz 1 EStR.

In der Begründung des Berichts des Finanzausschusses zum Entwurf des Steuerentlastungsgesetzes 1999/2000/2002 heißt es ausdrücklich, dass die retrograde Wertermittlung für zum Absatz bestimmter Wirtschaftsgüter des Vorratsvermögens weiterhin zulässig bleibt.[429] Der niedrigere Teilwert kann daher ermittelt werden, indem von den erzielbaren Verkaufserlösen ausgehend auf die Wiederbeschaffungskosten zurückgerechnet wird.

Wirtschaftsgüter des Vorratsvermögens können durch Lagerung, Änderung des modischen Geschmacks oder aus anderen Gründen im Wert gemindert sein. Sie werden daher zu Preisen verkauft, die unter den ursprünglich kalkulierten Verkaufspreisen liegen. Da der Unternehmer die Vorratsgegenstände beschafft, muss er bei der Ermittlung des Teilwerts von den Wiederbeschaffungskosten ausgehen. Er muss sich also fragen, zu welchem Preis er die mit den herabgesetzten Preisen verkauften Waren einkaufen müsste. Hierbei muss er berücksichtigen, dass er die noch anfallenden Aufwendungen decken und noch einen angemessenen Unternehmergewinn erzielen muss.[430]

847

Seine noch anfallenden Aufwendungen und seinen Unternehmergewinn berücksichtigt der Unternehmer durch den Kalkulationsaufschlag auf den Einstandspreis. Der durchschnittliche Unternehmergewinn ergibt sich als Rohgewinnaufschlagsatz aus den Posten „wirtschaftlicher Umsatz" oder „Umsatzerlöse" und „Wareneinsatz" der Gewinn- und Verlustrechnung als Ergebnis folgender Berechnungen:

848

Rohgewinn = wirtschaftlicher Umsatz − Wareneinsatz

$$\text{Rohgewinnaufschlagssatz} = \frac{\text{Rohgewinn} \times 100}{\text{Wareneinsatz}}$$

> **Beispiel**
>
> Unternehmer U hat im Januar 02 einen Posten Waren mit Preisabschlag verkauft. Er hatte die Einzelstücke zu je 100 € eingekauft. Die erzielten Verkaufspreise im Januar 02 betrugen 125 €. Aus der Gewinn- und Verlustrechnung des Jahres 01 ergeben sich:

---

429 BT-Drucks. 14/443, Seite 23.
430 R 36 Abs. 2 Satz 3 EStR.

	€
wirtschaftlicher Umsatz	580.650
Wareneinsatz	-414.780
Rohgewinn	165.870

$$\text{Rohgewinnaufschlagssatz} = \frac{165.870 \text{ €} \times 100}{414.780 \text{ €}}$$

$$= 40\ \%$$

$$= 0{,}4$$

Der Teilwert zum Absatz bestimmter Vorräte ist nach folgender Formel zu ermitteln[431]:

$$X = \frac{Z}{(1+Y)}$$

Hierbei bedeuten:
X der zu suchende Teilwert
Y der Rohgewinnaufschlagsatz als Dezimalzahl
Z der Verkaufserlös.

Hiernach ergibt sich für die Einzelstücke des Warenpostens im vorstehenden Beispiel folgender Teilwert:

$$X = \frac{125}{1+0{,}4}$$

$$X = \frac{125}{1{,}4}$$

$$X = 89{,}29$$

Der Teilwert der Einzelstücke des Warenpostens beträgt also 89,29 €. Obwohl der Verkaufserlös mit 125 € die Wiederbeschaffungskosten von 100 € deckt und hier sogar übertrifft, ist der niedrigere Teilwert von 89,29 € anzusetzen, wenn es sich um eine voraussichtlich dauernde Wertminderung handelt. Davon ist hier auszugehen. Denn bis zum Ausscheiden der Waren aus dem Betrieb, also während der vollen Dauer ihrer restlichen Betriebszugehörigkeit, hat die Wertminderung angehalten.

---

[431] R 36 Abs. 2 Satz 6 EStR.

5.2.4 Nachweis

Unternehmer müssen einen niedrigeren Teilwert für steuerliche Zwecke nachweisen. Dazu müssen Unterlagen vorgelegt werden, die aus den Verhältnissen des Betriebs gewonnen sind und die eine sachgemäße Schätzung des Teilwerts ermöglichen. In der Regel sind die tatsächlich erzielten Verkaufspreise für die im Wert geminderten Wirtschaftsgüter in der Weise und in einer so großen Anzahl von Fällen nachzuweisen, dass sich daraus ein repräsentativer Querschnitt für die zu bewertenden Wirtschaftsgüter ergibt und allgemeine Schlussfolgerungen gezogen werden können.[432]

849

Die Unternehmer müssen daher zum Nachweis der niedrigeren Teilwerte von Schlussverkaufswaren Preisminderungslisten führen, in denen die ursprünglich kalkulierten und ausgezeichneten Warenverkaufspreise und daneben die herabgesetzten Verkaufspreise, zu denen die Waren tatsächlich verkauft worden sind, aufgezeichnet werden. Handelt es sich hierbei um eine Vielzahl von Einzelstücken, lässt sich nur ein repräsentativer Abschlag errechnen. Handelt es sich aber um eine überschaubare Zahl von höherwertigen Gegenständen, sind die einzelnen Teilwerte zu errechnen. Die Preisherabzeichnungslisten sollten unter Angabe des Aufstellungsdatums von den Personen unterzeichnet werden, welche die Listen aufgestellt haben.

850

5.2.5 Teilfertige Bauten

Bauunternehmer bewerten **teilfertige Bauten**, die sie für fremde Auftraggeber ausgeführt haben, mit den Herstellungskosten. Da die teilfertigen Bauwerke auf fremdem Grund und Boden errichtet worden sind, gehören sie als wesentliche Bestandteile dem Grundstückseigentümer (§§ 93, 94 BGB). Bauunternehmer bilanzieren daher die teilfertigen Bauten nicht als unfertige Erzeugnisse im Vorratsvermögen, sondern als Forderungen.
Bewertet werden die teilfertigen Bauten mit den Herstellungskosten. Ist ihr Wert niedriger, ist handelsrechtlich der niedrigere Wert anzusetzen. Ist die Wertminderung von Dauer, kann steuerrechtlich der niedrigere Teilwert angesetzt werden. Da gleichzeitig handelsrechtlich ein Abschreibungsgebot besteht, ist steuerrechtlich nach dem Maß-

851

---

[432] R 33 Abs. 2 Satz 10 EStR.

geblichkeitsgrundsatz der niedrigere Teilwert auszuweisen (→Rdn. 845).

852 Nach den Verwaltungsanweisungen[433] sind teilfertige Bauten mit dem niedrigeren Wert zu bewerten, wenn fest steht, dass der auf die teilfertigen Bauten entfallende Anteil der vereinbarten Vergütung am Bilanzstichtag unter den bisher angefallenen Herstellungskosten liegt und diese Wertminderung voraussichtlich von Dauer ist. Bei der Bewertung kann retrograd vom voraussichtlichen Veräußerungserlös zurück gerechnet werden (→Rdn. 846 ff.).

Beispiel

Bauunternehmer B hat für Unternehmer U eine Halle zu errichten, die am 31.12.01 zu 40 % fertiggestellt ist. Vereinbart ist eine Vergütung in Höhe von 400.000 € zuzüglich USt. Für U bestehen am 31.12.01 erhebliche Zahlungsschwierigkeiten. Auf Grund außergerichtlichen Vergleichs begleicht er die zum 31.12.01 bestehenden Verpflichtungen nur in Höhe von 60 %. Aus der Gewinn- und Verlustrechnung ergibt sich ein Rohgewinnaufschlagsatz von 0,2. Die Herstellungskosten für die teilfertige Halle belaufen sich am 31.12.01 auf 130.000 €.

Da die Halle zu 40 % fertiggestellt ist, entfallen hierauf 40 % der vereinbarten Vergütung. Nach dem außergerichtlichen Vergleich wird B hiervon 60 % erhalten. Die zu erwartende Vergütung beträgt daher 400.000 € × 40 % × 60 % = 96.000 €. Der Teilwert beläuft sich auf

X = 96.000 € : 1,2 = 80.000 €.

B schreibt daher von den Herstellungskosten der Halle 50.000 € ab auf den niedrigeren Teilwert von 80.000 €.

853 Der Herstellung liegt ein gegenseitiger Vertrag zu Grunde. Der Bauunternehmer ist zur Lieferung des fertigen Bauwerks, der Auftraggeber zur Entrichtung der vereinbarten Vergütung verpflichtet. Steht für den Bilanzstichtag fest, dass der Erlös nicht die Selbstkosten deckt, ist in Höhe der Differenz handelsrechtlich eine Rückstellung für drohende Verluste aus schwebenden Geschäften auszuweisen (→Rdn. 331 ff.). Wurden die teilfertigen Bauten auf den niedrigeren Wert abgeschrieben, dürfen nur die um diesen Wert geminderten

---

433 BMF, Schr. v. 14.11.2000 IV A 6 – S 2174 – 5/00, BStBl 2000 I S. 1514.

drohenden Verluste in der Rückstellung bilanziert werden. Steuerrechtlich darf dieser Mehrbetrag in Bilanzen für nach dem 31.12.1996 endende Wirtschaftsjahre nicht mehr zurückgestellt werden (§ 52 Abs. 13 i. d. F. des Steuerentlastungsgesetzes 1999/2000/2002).

5.2.6 Unfertige Erzeugnisse und fertige Erzeugnisse

Der niedrigere Teilwert der Bestände von **unfertigen und fertigen Erzeugnissen**, die zur Erfüllung eines schwebenden Geschäfts vorrätig gehalten werden, kann sowohl auf Basis des Beschaffungsmarkts als auch des Absatzmarkts ermittelt werden. Auf Grund des sog. doppelten Niedrigstwertprinzips ist der jeweils niedrigere von beiden Werten anzusetzen. 854

Bei der Bewertung ist der dem Produktionsstand entsprechende, auf das einzelne Wirtschaftsgut entfallende anteilig realisierte Verlust durch eine Teilwertabschreibung zu berücksichtigen. Ein gedachter Erwerber würde für die einzelnen Wirtschaftsgüter nur den im Rahmen des Gesamtkaufpreises vereinbarten anteiligen Erlös, unter Abzug eines durchschnittlichen Unternehmergewinns, vergüten (→Rdn. 847). Deckt der voraussichtliche Veräußerungserlös nicht mehr die Selbstkosten zuzüglich eines durchschnittlichen Unternehmergewinns, sind die Herstellungskosten um den Fehlbetrag zu mindern.

Bei der Bewertung der unfertigen und fertigen Erzeugnisse ist der dem Produktionsstand entsprechende, auf das einzelne Wirtschaftsgut entfallende anteilig realisierte Verlust durch eine Teilwertabschreibung zu berücksichtigen. Das ergibt sich aus dem Teilwertbegriff. Der gedachte Erwerber würde für die einzelnen Wirtschaftsgüter nur den im Rahmen des Gesamtkaufpreises vereinbarten anteiligen Erlös, unter Abzug eines durchschnittlichen Unternehmergewinns, vergüten. In Höhe der durch den gedachten Erwerber nicht vergüteten, den anteiligen Erlös übersteigenden, Herstellungskosten hat sich der Verlust aus dem schwebenden Geschäft realisiert. 855

Aber der zukünftig bei Produktionsfortschritt bis zur Fertigstellung des Wirtschaftsguts bzw. bis zur Erfüllung des Gesamtgeschäfts noch anfallende Verlust ist dem Bereich des schwebenden Geschäfts und 856 damit der steuerlich nicht mehr bilanzierbaren Drohverlustrückstellung zuzuordnen[434].

857 Bei der Bewertung von zur Erfüllung eines schwebenden Geschäfts hergestellter unfertiger Erzeugnisse ist also zu unterscheiden:
- Soweit bereits unfertige oder fertige Erzeugnisse entstanden sind, kommt auch im Rahmen eines schwebenden Geschäfts die Berücksichtigung eines Verlustes, allerdings durch Teilwertabschreibung, infrage.
- Soweit es sich um den zukünftigen Produktionsfortschritt handelt fällt der damit zusammenhängende Verlust in den Bereich der steuerlich nicht mehr bilanzierbaren Drohverlustrückstellung.

5.2.7 Einzelbewertung und Durchschnittsbewertung

858 Grundsätzlich sind die Wirtschaftsgüter des Umlaufvermögens nach dem für die Bewertung aller Vermögensgegenstände geltenden Grundsatz der Einzelbewertung einzeln zu bewerten[435] (→Rdn. 508 ff.).

Für Vorräte kann die Einzelbewertung zu erheblichen Schwierigkeiten führen. Enthält das Vorratsvermögen Wirtschaftsgüter, die im Verkehr nach Maß, Zahl oder Gewicht bestimmt werden, das sind die so genannten vertretbaren Wirtschaftsgüter, sind die Anschaffungs- oder Herstellungskosten der einzelnen Gegenstände nicht mehr feststellbar, wenn sie im Laufe des Jahres geschwankt haben.

Beispiel

Unternehmer U hat im Laufe des Jahres zu verschiedenen Zeiten Heizöl für die betriebliche Heizungsanlage getankt. Die Heizölpreise haben geschwankt. U kann zwar anhand der Einkaufsrechnungen feststellen, wie hoch der Einkaufspreis einer einzelnen Lieferung war. Da er aber mit einem neuen Einkauf von Heizöl nie gewartet hat, bis der Tank vollkommen leer war, sondern immer wieder neu getankt hat, wenn die Preise günstig waren, besteht der Endbestand am Jahresende aus Einkäufen zu verschiedenen Einkaufspreisen. Die Anschaffungskosten sind daher nicht mehr feststellbar.

---

[434] BMF, Schr. v. 27.4.2001 – IV A 6 – S 2174 – 15/01, DB 2001 S. 2018.
[435] R 36 Abs. 3 Satz 1 EStR.

Für den Fall, dass die Einkaufspreise nicht mehr einwandfrei feststellbar sind, schlagen die Einkommensteuerrichtlinien als geeignete Schätzungsmethode die Durchschnittsbewertung (→Rdn. 824) vor. Das ist die Bewertung nach dem gewogenen Mittel der im Laufe des Wirtschaftsjahrs erworbenen und gegebenenfalls zu Beginn des Wirtschaftsjahrs vorhandenen Wirtschaftsgüter.[436]

859

5.2.8 Gruppenbewertung

Vorratsgegenstände, die gleichartig sind, können zu einer Gruppe zusammengefasst und mit dem gewogenen Durchschnittswert (→Rdn. 42 ff.,) angesetzt werden.[437]

860

5.2.9 Lifo-Verfahren
§ 6 Abs. 1 Nr. 2a EStG

Steuerpflichtige, die den Gewinn nach § 5 ermitteln, können für den Wertansatz gleichartiger Wirtschaftsgüter des Vorratsvermögens unterstellen, dass die zuletzt angeschafften oder hergestellten Wirtschaftsgüter zuerst verbraucht oder veräußert worden sind, soweit dies den handelsrechtlichen Grundsätzen ordnungsmäßiger Buchführung entspricht. Der Vorratsbestand am Schluss des Wirtschaftsjahrs, das der erstmaligen Anwendung der Bewertung nach Satz 1 vorangeht, gilt mit seinem Bilanzansatz als erster Zugang des neuen Wirtschaftsjahrs. Von der Verbrauchs- oder Veräußerungsfolge nach Satz 1 kann in den folgenden Wirtschaftsjahren nur mit Zustimmung des Finanzamts abgewichen werden.

In der Steuerbilanz ist von den Verfahren mit unterstellter Verbrauchs- oder Veräußerungsfolge (→Rdn. 822 ff.) nur das Lifo-Verfahren (→Rdn. 826) zulässig.[438]
Die Verbrauchs- oder Veräußerungsfolge wird wie im Handelsrecht unterstellt (fingiert), muss also nicht mit der tatsächlichen Verbrauchs- oder Veräußerungsfolge übereinstimmen. Die unterstellte Verbrauchs- oder Veräußerungsfolge darf aber nicht den Grundsätzen ordnungsmäßiger Buchführung widersprechen (→Rdn. 828 ff.).

861

---

436 R 36 Abs. 3 Sätze 2 und 3 EStR.
437 R 36 Abs. 4 EStR.
438 R 36a Abs. 1 EStR.

862 Bei der **erstmaligen Bewertung** nach der Lifo-Methode gilt der Vorratsbestand zum Schluss des vorangegangenen Wirtschaftsjahrs mit seinem Bilanzansatz als erster Zugang (§ 6 Abs. 1 Nr. 2a Satz 2 EStG). Durch diese gesetzliche Fiktion soll verhindert werden, dass der Vorratsbestand am Schluss des Wirtschaftsjahrs, das der erstmaligen Anwendung der Lifo-Methode vorangeht, nach seiner Zugangsfolge zurückverfolgt werden muss.

Nach den Verwaltungsanweisungen[439] sind für die Bewertung nach dem Lifo-Verfahren die permanente Lifo-Methode und die Perioden-Lifo-Methode zulässig.

863 Beim **permanenten Lifo** ist jeder Zu- und Abgang fortlaufend während des ganzen Jahres in den Büchern und Aufzeichnungen zu erfassen, und zwar mengen- und wertmäßig, und dabei nach der Methode „last in, first out" zu bewerten.

Beispiel

	Menge in kg	Anschaffungskosten je kg in €	Betrag in €
Anfangsbestand	200	5	1.000
Zugang 10.1.	100	7	700
Summe	300		1.700
Abgang 15.2.	- 100	7	- 700
	- 50	5	- 250
Summe	150	5	750
Zugang 10.9.	250	9	2.250
Summe	400		3.000
Abgang 15.11.	- 120	9	- 1.080
Endbestand 31.12.	280		1.920

Bei jedem Abgang wird nach der Methode „last in, first out" vorgegangen. Am 15.2. gingen im Beispiel 150 kg ab. Nach der Folge „last in, first out" ging zunächst der Zugang vom 10.1. ab, weil das der letzte Zugang war. Dieser umfasste aber nur 100 kg, sodass noch

---

[439] R 36a Abs. 4 EStR.

weitere 50 kg vom Anfangsbestand genommen werden mussten. So wird bei jedem Abgang vorgegangen. Es ergibt sich schließlich der Endbestand. Dieser ist als Anfangsbestand dem neuen Wirtschaftsjahr vorzutragen. Um aber auch hier zutreffend zunächst die letzten Zugänge bei den Abgängen erfassen zu können, muss der Endbestand vom 31.12. noch danach aufgeteilt werden, aus welchen Zugängen er besteht:

130 kg zu 9 € aus dem Zugang vom 10.9. und 150 kg zu 5 € aus dem Anfangsbestand.

Es gilt auch hier das Niederstwertprinzip. Daher ist der für den Endbestand errechnete Wert mit dem Wiederbeschaffungspreis zu vergleichen. Ist dieser niedriger, ist der Wiederbeschaffungspreis anzusetzen.

In der Praxis ist das **Perioden-Lifo** üblich. Hierbei wird jeweils der Jahresanfangsbestand und der Jahresendbestand mengenmäßig erfasst. Es sind drei Fälle zu unterscheiden:
a) Endbestand = Anfangsbestand
b) Endbestand > Anfangsbestand
c) Endbestand < Anfangsbestand

Entspricht der Endbestand mengenmäßig dem Anfangsbestand (Fall a), dann ist, wenn von der Folge „last in, first out" ausgegangen wird, jeder letzte Zugang im laufenden Jahr wieder abgegangen. Von den Zugängen des laufenden Jahres ist also nichts mehr vorhanden. Dann besteht der Endbestand nur aus Vorräten, die im Anfangsbestand ausgewiesen waren. Der Endbestand muss daher zum Wert des Anfangsbestandes bewertet werden.

Ist der Endbestand mengenmäßig größer als der Anfangsbestand (Fall b), ist der mengenmäßig dem Anfangsbestand entsprechende Teil des Endbestandes mit dem Wert des Anfangsbestandes anzusetzen. Bei dem Mehrbestand wird davon ausgegangen, dass er sich aus Zugängen des laufenden Jahres zusammensetzt. Geht man konsequent davon aus, dass bei den Zu- und Abgängen des abgelaufenen Jahrs nach der Methode „last in, first out" vorgegangen wurde, müsste sich der Mehrbestand aus Zugängen zu Anfang des Jahres zusammensetzen. Der Mehrbestand müsste daher mit den Anschaffungskosten der ersten Lagerzugänge des Wirtschaftsjahrs angesetzt werden. Es sind daher mengenmäßig die Lagerzugänge von Anfang des Jahres an zu erfassen, bis mengenmäßig der Mehrbestand erreicht ist. Die auf diese Zugänge entfallenden Anschaffungskosten sind der Wert, mit dem der Mehrbestand auszuweisen ist. Da das aber ein sehr kompliziertes Verfahren ist, kann der Mehrbestand auch mit den durchschnittlichen Anschaffungskosten aller Zugänge des Wirtschaftsjahrs angesetzt werden. Er kann mit den durchschnittlichen Anschaffungskosten des Wirtschaftsjahrs (Durchschnittsmethode) oder nach den letzten Anschaffungskosten des Wirtschaftsjahrs für eine Menge angesetzt werden, die dem Mehrbestand entspricht.

867 Ist der Endbestand mengenmäßig geringer als der Anfangsbestand (Fall c), sind bei der Verbrauchs- oder Veräußerungsfolge „last in, first out" nicht nur alle Zugänge des abgelaufenen Wirtschaftsjahrs, sondern auch noch der Anfangsbestand abgegangen. Der Endbestand setzt sich also aus Zugängen des Vorjahres zusammen. Da es aber schwierig ist, nach dem Lifo-Verfahren zurückzuverfolgen, aus welchen Zugängen des Vorjahres sich der Endbestand des abgelaufenen Jahrs zusammensetzt, können die durchschnittlichen Anschaffungskosten des Vorjahres zu Grunde gelegt werden.[440]

5.3 Testfragen zur Bewertung der Umlaufgegenstände

Nr.	Frage	Rdn.
280.	Welche Werte kommen für die Bewertung der Umlaufgegenstände in der Handelsbilanz infrage und bestehen für ihren Ansatz Gebote oder Wahlrechte?	809
281.	Was bedeutet „Niederstwertprinzip" und welcher Grundsatz ordnungsmäßiger Buchführung ist seine Grundlage?	810 f.
282.	Was bedeutet „verlustfreie Bewertung"?	819
283.	Was bedeuten das Lifo- und das Fifo-Verfahren und was die Durchschnittsbewertung?	822 ff.
284.	Welche Wertansätze kommen steuerrechtlich für Umlaufgegenstände infrage und besteht für sie ein Wahlrecht oder ein Gebot?	837

---

440 R 36a Abs. 4; ADS, HGB § 256 Rdn. 37 ff.

Abschreibungen im Rahmen vernünftiger kaufmännischer Beurteilung **J**

Nr.	Frage	Rdn.
285.	Wann kommt für Umlaufgegenstände steuerrechtlich eine Teilwertabschreibung infrage und besteht dann für sie ein Abschreibungswahlrecht oder ein Abschreibungsgebot?	839 ff.
286.	Kann steuerrechtlich bei der Bewertung der Vorräte der Wert retrograd ermittelt werden und wenn ja, wie geschieht das?	846 ff.
287.	Unter welchen Voraussetzungen ist steuerrechtlich bei Vorräten die Durchschnittsbewertung zulässig?	858 f.
288.	Welches Verfahren mit unterstellter Verbrauchs- oder Veräußerungsfolge ist steuerlich zulässig?	861 ff.

6 Abschreibungen im Rahmen vernünftiger kaufmännischer Beurteilung

6.1 Ziel der Abschreibung

§ 253 Abs. 4 HGB
Abschreibungen sind außerdem im Rahmen vernünftiger kaufmännischer Beurteilung zulässig.

Durch § 253 Abs. 4 HGB werden **handelsrechtlich** Abschreibungen der Anlagegegenstände und der Umlaufgegenstände zugelassen, die lediglich das Ziel haben, stille Rücklagen zu bilden. Die Abschreibungen werden also nicht von der Nutzungsdauer oder dem Wert des Vermögensgegenstandes begrenzt. Diese Merkmale kommen bereits bei den Abschreibungen nach Abs. 2 und 3 zum Tragen, also bei den

- planmäßigen Abschreibungen der abnutzbaren Anlagegegenstände (→Rdn. 665 ff.),
- außerplanmäßigen Abschreibungen der Anlagegegenstände (→Rdn. 732 ff.),
- Abschreibungen der Umlaufgegenstände auf den niedrigeren Wert (→Rdn. 809 ff.),

868

- Abschreibungen der Umlaufgegenstände, um Änderungen der Wertansätze auf Grund von Wertschwankungen zu verhindern (→Rdn. 820 f.).

869 Bei den Abschreibungen nach § 253 Abs. 4 HGB handelt es sich um Abschreibungen, die „außerdem" durchgeführt werden können. Sie kommen daher erst dann zum Zuge, wenn Abschreibungen nach anderen handelsrechtlichen Vorschriften nicht mehr möglich sind.

870 Da es sich um zusätzliche Abschreibungen handelt, kommen sie für alle Vermögensgegenstände infrage, also für Anlagegegenstände und Umlaufgegenstände. Die Regelung gilt nicht für Passivposten[441].

6.2 Vernünftige kaufmännische Beurteilung

871 Beschränkung ist allein die „vernünftige kaufmännische Beurteilung". Damit soll gegen eine willkürliche Anwendung ausreichend Vorsorge getroffen sein. Bei den Beratungen des Gesetzes erhobenen Bedenken wurde entgegengehalten, ein Verbot der Bildung zusätzlicher stiller Rücklagen über die Abschreibungen der Absätze 2 und 3 von § 253 HGB hinaus würde das geltende Recht für alle Kaufleute verschärfen.[442]

872 Die bewusste Bildung stiller Rücklagen wird von den Befürwortern mit dem Vorsichtsprinzip begründet. Dagegen werden aber im Schrifttum **erhebliche Bedenken** erhoben.[443] Die Gefahr bestehe vor allem in der Möglichkeit, stille Rücklagen unerkennbar auflösen zu können. So würden in Verlustjahren die Gläubiger über die wahre Situation getäuscht und z. B. zu weiteren Lieferantenkrediten veranlasst, die sie bei Kenntnis der tatsächlichen Ertragslage des Unternehmens nicht mehr gewährt hätten. Stille Rücklagen seien daher Verlustverschleierungspotenzial. Der Unternehmer selbst wiege sich in Sicherheit und könne im Bewusstsein der stillen Rücklagen seines Unternehmens zu risikoreichen und spekulativen Geschäften verleitet sein.

---

441 ADS § 253 HGB Rdn. 572.
442 Ausschussbericht, S. 101.
443 Leffson, GoB, S. 84 ff.

Diese Gefahren wurden vom Gesetzgeber erkannt. In der Begründung des Regierungsentwurfs wird hierzu ausgeführt[444], bei der Bildung stiller Rücklagen wirke sich nachteilig aus, dass eine ungünstige Entwicklung des Unternehmens durch Auflösung stiller Rücklagen bis zu deren Verbrauch verschleiert werde. Das könne dazu führen, dass notwendige Anpassungen an veränderte Verhältnisse, Finanzierungs- und Kapitalbeschaffungsmaßnahmen so spät eingeleitet werden, dass eine Sanierung nicht mehr möglich sei. Wenn dennoch die Bildung stiller Rücklagen gestattet werde, so geschehe das mit Rücksicht auf die bisherige Praxis, in die nicht weitgehender als unbedingt geboten eingegriffen werden solle.

873

Der Gesetzgeber hat also die Gefahr der bewussten Bildung stiller Rücklagen gekannt, als er sie gesetzlich ausdrücklich zuließ. Er wollte damit stille Rücklagen aber **nur in dem bisherigen Umfang** zulassen, soweit ihre Bildung vernünftiger kaufmännischer Beurteilung entspricht. Diese Möglichkeit ist auch nur Einzelunternehmen und Personengesellschaften eingeräumt. Kapitalgesellschaften ist sie verschlossen (§ 279 Abs. 1 HGB).

Was **vernünftige kaufmännische Beurteilung** ist, bleibt der Auslegung vorbehalten. Damit kann eine weitergehende Bildung stiller Rücklagen, als sie im Rahmen der Grundsätze ordnungsmäßiger Buchführung zulässig ist, nicht gemeint sein. Die Bildung stiller Rücklagen vermindert, ihre Auflösung erhöht den Periodenerfolg. Im Jahr ihrer Bildung erzielte Gewinne werden erst später, wenn sie aufgelöst werden, ausgewiesen. Damit verstößt die Bildung stiller Rücklagen grundsätzlich gegen das Prinzip der Periodenabgrenzung. Auf der anderen Seite werden aber durch die Bildung stiller Rücklagen Gewinnausschüttungen vermindert und damit das Haftungskapital erhöht. Das dient dem Gläubigerschutz. Dabei muss aber berücksichtigt werden, dass Gläubiger, Gesellschafter und Öffentlichkeit durch unbemerkte Auflösung stiller Rücklagen über die Ertragslage des Unternehmens getäuscht werden können. Das widerspricht den Grundsätzen der Bilanzwahrheit und der Bilanzklarheit. Die Bildung

874

---

444 Regierungsentwurf, S. 91.

stiller Rücklagen ist also nur im Rahmen einer kaufmännisch vorsichtigen Bewertung zulässig.[445]

6.3 Steuerbilanz

875 In der **Steuerbilanz** sind Abschreibungen nach § 253 Abs. 4 HGB nicht zulässig.[446]

7 Steuerrechtliche Abschreibungen

7.1 Handelsrechtliches Abschreibungswahlrecht

7.1.1 „Umgekehrte Maßgeblichkeit"

§ 254 Satz 1 HGB
Abschreibungen können auch vorgenommen werden, um Vermögensgegenstände des Anlage- oder Umlaufvermögens mit dem niedrigeren Wert anzusetzen, der auf einer nur steuerrechtlich zulässigen Abschreibung beruht.

876 **Handelsrechtlich** besteht hiernach
- ein Abschreibungswahlrecht,
- für Anlage- und Umlaufgegenstände,
- um sie mit dem auf einer „nur" steuerrechtlich zulässigen Abschreibung beruhenden niedrigeren Wert anzusetzen.

In der Handelsbilanz wird bei Ausübung dieses Abschreibungswahlrechts abgeschrieben, wie es nur steuerrechtlich zulässig ist. Daher spricht man hier auch von einer sog. umgekehrten Maßgeblichkeit. Hiermit ist gemeint, die Steuerbilanz sei für die Handelsbilanz maßgeblich.

---

445 Wöhe, Bilanzierung und Bilanzpolitik, S. 626 ff.
446 Hoyos/Schramm/Ring in: Beck Bil-Komm. § 253 Rdn. 661.

7.1.2 Steuerrechtliche Abhängigkeit von der Abschreibung in der Handelsbilanz

Im Steuerrecht werden erhöhte Abschreibungen und Sonderabschreibungen aus **steuerpolitischen Gründen**, meist zu Subventionszwecken, gewährt. Ihnen liegt also keine technische oder wirtschaftliche Abnutzung der zu bewertenden Vermögensgegenstände zu Grunde. Macht ein Unternehmen von solchen Abschreibungsmöglichkeiten in der Handelsbilanz keinen Gebrauch, so wird diese dadurch nicht unrichtig.

Für steuerrechtliche erhöhte Abschreibungen, Sonderabschreibungen oder Bewertungsfreiheiten bestehen **Wahlrechte**. Diese dürfen in der Steuerbilanz nur in Übereinstimmung mit der handelsrechtlichen Jahresbilanz ausgeübt werden (§ 5 Abs. 1 Satz 2 EStG).

Die Vergünstigungen können also in der Steuerbilanz nur dann ausgeübt werden, wenn in gleicher Weise auch in der Handelsbilanz bewertet wird. Da es sich um rein steuerrechtliche Vergünstigungen handelt, die nicht auf die handelsrechtlichen Wertmaßstäbe zurückgreifen, musste eine Sondervorschrift geschaffen werden, um in der Handelsbilanz diese Werte ansetzen zu können. Diese Sondervorschrift ist § 254 HGB. Sie hat also lediglich den **Zweck**, die Inanspruchnahme der steuerrechtlichen Vergünstigungen zu ermöglichen.

Das bedeutet aber nicht, dass die Handelsbilanz insoweit von der Steuerbilanz abhängig und die Steuerbilanz für die Handelsbilanz maßgeblich ist. Es soll vielmehr umgekehrt wegen der Maßgeblichkeit der Handelsbilanz für die Steuerbilanz ermöglicht werden, die Steuervergünstigungen voll auszunutzen.[447] Die hierfür allgemein gebrauchte Bezeichnung „umgekehrte Maßgeblichkeit" (→Rdn. 876), aus der sich für den unbefangenen Leser eine Maßgeblichkeit der Steuerbilanz für die Handelsbilanz ergibt, ist also irreführend.

7.2 Fälle steuerrechtlicher Abschreibungen

§ 254 HGB betrifft Abschreibungen, die „nur" steuerrechtlich zulässig sind. Der Anwendungsbereich dieser Vorschrift liegt daher außerhalb der handelsrechtlichen Abschreibungspflichten und Abschreibungs-

---

447 ADS, HGB § 254 Rdn. 2.

881   wahlrechte, also unterhalb der handelsrechtlich zulässigen Wertuntergrenze eines Vermögensgegenstands.[448]
Die Fälle nur steuerrechtlicher Abschreibungen werden immer mehr eingeschränkt. Für neu angeschaffte oder hergestellte Wirtschaftsgüter des Umlaufvermögens sind gegenwärtig keine solchen Abschreibungen mehr zulässig. Für Neuanschaffungen und Neuherstellungen von Anlagegegenständen gibt es nur noch folgende Fälle, die unter § 254 HGB fallen:
- Reinvestitionsbegünstigungen nach § 6b EStG
- Ersatzbeschaffungen nach R 35 EStR
- Sonderabschreibung nach § 7g EStG
- erhöhte Absetzungen bei Gebäuden in Sanierungsgebieten und städtebaulichen Entwicklungsbereichen nach § 7h EStG
- erhöhte Absetzungen bei Baudenkmalen nach § 7i EStG

7.3 Testfragen zu den steuerrechtlichen Abschreibungen

Nr.	Frage	Rdn.
289.	Wie sind die steuerrechtlichen Abschreibungen handelsrechtlich geregelt?	876
290.	Was ist der Grund für ihre Zulassung der steuerrechtlichen Abschreibungen im handelsrechtlichen Jahresabschluss?	877 f.
291.	Was sind die wichtigsten Fälle steuerrechtlicher Abschreibungen?	881

---

448 Clemm/Scherer in: Beck Bil-Komm. § 254 Rdn. 3 f.

8 Bewertung der Verbindlichkeiten

8.1 Wertansätze

8.1.1 Handelsrecht

§ 253 Abs. 1 Satz 2 HGB
Verbindlichkeiten sind zu ihrem Rückzahlungsbetrag ... anzusetzen.

Verbindlichkeiten sind **handelsrechtlich** mit ihrem Rückzahlungsbetrag anzusetzen (§ 253 Abs. 1 Satz 2 HGB). Da eine Rückzahlung nur bei Darlehen infrage kommt, der „Rückzahlungsbetrag" aber der für alle Verbindlichkeiten geltende Wertansatz ist, muss dieser Begriff ausgelegt werden. Es ist hierunter der Betrag zu verstehen, den der Schuldner zur Begleichung der Verbindlichkeit aufbringen muss, die geschuldete Leistung. Es ist also der Erfüllungsbetrag.[449]

Erfüllungsbetrag in diesem Sinne ist bei Verpflichtungen zu **Geldleistungen** grundsätzlich der Nennbetrag, bei Verpflichtungen zu **Sachleistungen** der voraussichtlich aufzuwendende Geldbetrag. In der Regel ist der Erfüllungsbetrag in einer Rechnung oder in dem zu Grunde liegenden Vertrag fixiert.[450]

8.1.2 Steuerrecht

§ 6 Abs. 1 Nr. 3 EStG
Verbindlichkeiten sind unter sinngemäßer Anwendung der Vorschriften der Nummer 2 anzusetzen und mit einem Zinssatz von 5,5 vom Hundert abzuzinsen. Ausgenommen von der Abzinsung sind Verbindlichkeiten, deren Laufzeit am Bilanzstichtag weniger als 12 Monate beträgt, und Verbindlichkeiten, die verzinslich sind oder auf einer Anzahlung oder Vorausleistung beruhen.

Bei sinngemäßer Anwendung der Vorschriften von § 6 Abs. 1 Nr. 2 EStG sind Verbindlichkeiten grundsätzlich mit den Anschaffungskosten zu bewerten. Das ist der Nennwert oder der Rückzahlungsbe-

---
449 Hüttemann, GoB, S. 62.
450 ADS, HGB § 253 Rdn. 72.

trag.[451] Hierunter ist ebenso wie im Handelsrecht der Erfüllungsbetrag zu verstehen.

885 Sinngemäße Anwendung von § 6 Abs. 1 Nr. 2 EStG bedeutet für die Verbindlichkeiten auch, dass sie am Bilanzstichtag mit einem höheren Teilwert angesetzt werden dürfen, wenn sie dann mit einem höheren Betrag als ihrem Nennwert zu erfüllen sind. Da für nach dem 31.12.1998 endende Wirtschaftsjahre das Wahlrecht, Wirtschaftsgüter mit einem niedrigeren Teilwert auszuweisen, nur noch bei einer voraussichtlich dauernden Wertminderung gilt und bei einem Fortfall der Wertminderung ein Wertaufholungsgebot besteht, ergibt sich für Verbindlichkeiten aus der sinngemäßen Anwendung grundsätzlich:

- Nur wenn die Werterhöhung voraussichtlich von Dauer ist, darf eine Verbindlichkeit mit dem höheren Erfüllungsbetrag angesetzt werden.
- Zu einem späteren Bilanzstichtag ist eine Verbindlichkeit wieder mit ihrem ursprünglichen Nennbetrag auszuweisen, es sei denn, der Unternehmer weist nach, dass die Verbindlichkeit zu einem höheren Betrag zu erfüllen ist.

886 In nach dem 31.12.1998 endenden Wirtschaftsjahren sind Verbindlichkeiten außerdem steuerlich mit einem Zinssatz von 5,5 % abzuzinsen. Ausgenommen von der Abzinsung sind Verbindlichkeiten, deren Laufzeit am Bilanzstichtag weniger als 12 Monate beträgt, und Verbindlichkeiten, die verzinslich sind oder auf einer Anzahlung oder Vorausleistung beruhen.

8.1.3 Unterschiede der Wertansätze in Handels- und Steuerbilanz

887 Es bestehen daher in Handels- und Steuerbilanz für den Wertansatz von Verbindlichkeiten folgende Unterschiede:

---

451 H 37 (Anschaffungskosten) EStH.

Handelsbilanzen	Wertansätze		
	Steuerbilanzen für vor dem 1.1.1999 endende Wirtschaftsjahre	Steuerbilanzen für nach dem 31.12.1998 endende Wirtschaftsjahre	
		Erfüllungsbetrag (Gebot)	
		Höherer Teilwert bei voraussichtlich dauernder Werterhöhung (Wahlrecht)	
Erfüllungsbetrag (Gebot)	Erfüllungsbetrag (Gebot)	Wertabschreibung auf den ursprünglichen Erfüllungsbetrag, wenn nicht ein höherer Teilwert nachgewiesen werden kann (Gebot)	
		Abzinsung 5,5 % (Gebot)	
		Ausnahmen: ■ Laufzeit am Bilanzstichtag weniger als 12 Monate ■ verzinsliche Verbindlichkeiten ■ Anzahlungen ■ Vorausleistungen	

8.2 Werterhöhung

8.2.1 Handelsbilanz

Der Erfüllungsbetrag kann sich gegenüber dem Betrag, der beim Entstehen der Verbindlichkeit gebucht worden ist, ändern, z. B. bei Währungsverbindlichkeiten und Sachleistungsverbindlichkeiten. Führen Umstände zu einem höheren Erfüllungsbetrag, ist der **höhere Erfül-**

888

lungsbetrag anzusetzen (Höchstwertprinzip). Das hat unabhängig davon zu geschehen, ob es sich um eine vorübergehende oder eine dauernde Erhöhung handelt.[452]

> **Beispiel**
>
> Eine Verbindlichkeit gegenüber einem Gläubiger außerhalb der am Euro teilnehmenden Staaten wurde bei der Entstehung gemäß § 244 HGB mit 100.000 € eingebucht. Am Abschlussstichtag beträgt der Erfüllungsbetrag 105.000 €. Nach dem Höchstwertprinzip ist die Verbindlichkeit mit dem höheren Wert in € in der Schlussbilanz auszuweisen, auch wenn davon auszugehen ist, dass die Werterhöhung, wie es üblicherweise bei Währungsschwankungen der Fall ist, vorübergehend sein wird.

889 Grundsätzlich ist das Prinzip der Einzelbewertung zu beachten. Es ist aber auch die Zusammenfassung in Gruppen (→Rdn. 47) und in diesem Rahmen eine **Durchschnittsbewertung** zulässig.[453]

8.2.2 Steuerbilanz

Ansatz zum höheren Teilwert

890 Für die Steuerbilanz folgt aus dem Gebot, dass § 6 Abs. 1 Nr. 2 EStG sinngemäß anzuwenden ist, die grundsätzliche Bewertung der Verbindlichkeiten mit den Anschaffungskosten oder wahlweise mit dem höheren Teilwert.[454] Das ist ebenfalls wie in der Handelsbilanz der Betrag, zu dem die Verbindlichkeit am Bilanzstichtag zu erfüllen ist, der Erfüllungsbetrag.

Ist eine Verbindlichkeit mit einem höheren Betrag als ihrem Nennbetrag zu erfüllen, so besteht handelsrechtlich zum Ansatz dieses höheren Erfüllungsbetrags ein Ansatzgebot (→Rdn. 888). Steuerrechtlich entspricht ihm der höhere Teilwert. In der Steuerbilanz besteht hierfür zwar ein Ansatzwahlrecht. Nach dem Maßgeblichkeitsgrundsatz ist aber das handelsrechtliche Ansatzgebot in der Steuerbilanz zu beachten (§ 5 Abs. 1 Satz 1 EStG).

---

452 ADS, HGB § 253 Rdn. 75.
453 Clemm/Erle in: Beck Bil-Komm. § 253 Rdn. 51.
454 BFH, Urt. v. 31.1.1980 IV R 126/76, BStBl 1980 II S. 491.

Auch in der Steuerbilanz ist die **Durchschnittsbewertung** zulässig.[455]	891

Nach dem 31.12.1998 endende Wirtschaftsjahre

Für **Abschlussstichtage von nach dem 31.12.1998 endenden Wirtschaftsjahren** ist für eine Teilwertabschreibung steuerrechtlich eine voraussichtlich dauernde Wertminderung erforderlich (§ 6 Abs. 1 Nr. 2 EStG). Entsprechend ist für Verbindlichkeiten erst bei einer voraussichtlich dauernden Werterhöhung ein höherer Wert auszuweisen (§ 6 Abs. 1 Nr. 3 EStG).[456]	892
Nach § 6 Abs. 1 Satz 3 EStG ist Nr. 2 dieser Vorschrift „sinngemäß" anzuwenden. Hieraus kann sich ergeben, dass für den Ansatz der Verbindlichkeiten zu einem höheren Wert das Merkmal „voraussichtlich dauernd" nicht erfüllt sein muss.	893
Teilwert einer Verbindlichkeit ist der Mehrbetrag, den der Erwerber des gesamten Betriebs zahlen würde, wenn die Verbindlichkeit nicht bestünde oder wenn er sie vom Verkäufer nicht zu übernehmen brauchte.[457] Es wird also bei der Bemessung des Teilwerts einer Verbindlichkeit auf den gedachten Erwerbs- oder Übergabezeitpunkt des Betriebs abgestellt. Es kommt nicht auf mögliche Wertänderungen der Verbindlichkeit nach diesem Zeitpunkt an, da bei der Teilwertbestimmung davon auszugehen ist, dass die Verbindlichkeit für den Erwerber nicht besteht. Im gedachten Erwerbszeitpunkt ist daher für die Teilwertbestimmung einer Verbindlichkeit unerheblich, ob die Werterhöhung voraussichtlich von Dauer ist.	894

> Beispiel
>
> Lieferant S in der Schweiz lieferte dem Unternehmer U am 15.10.01 eine Maschine. Die Verbindlichkeit belief sich in € umgerechnet auf brutto 116.000 €. Da der Umrechnungskurs der Schweizer Währung gegenüber dem € inzwischen gestiegen ist, beträgt die Verbindlichkeit zum 31.12.01 brutto 121.800 €. U begleicht die Rechnung des S am 15.1.02 zum dann maßgebenden Wechselkurs. Hiernach beläuft sich die Verbindlichkeit am 15.1.02 auf 119.000 €.

---

455 Schmidt/Glanegger EStG § 6 Rz. 386.
456 Strahl in: Korn, § 6 EStG Rz. 365.
457 BFH, Urt. v. 13.12.1972 IR 7-8/70, BStBl 1973 II S. 217.

Bestünde die Verbindlichkeit nicht, müsste ein Erwerber des gesamten Betriebs am 31.12.01 121.800 € mehr zahlen. Die Verbindlichkeit beträgt daher zum Abschlussstichtag 121.800 €.

895 Es ist nach dem Teilwertbegriff schwer vorstellbar, wie sich eine **dauernde Werterhöhung bei einer Verbindlichkeit** darstellen kann. Nach § 6 Abs. 1 Nr. 1 Satz 3 EStG ist Teilwert der Betrag, den ein Erwerber des ganzen Betriebs im Rahmen des Gesamtkaufpreises ansetzen würde. Bei einem Betriebserwerb wird ein Gesamtkaufpreis für den Erwerbszeitpunkt vereinbart. Hierbei werden auch die Verbindlichkeiten bewertet und zwar auf den Zeitpunkt des Erwerbs. Handelt es sich z. B. um ein Darlehen zu einem Zins, der über dem z. Z. des Erwerbs üblichen Marktzins liegt, oder handelt es sich um eine Währungsverbindlichkeit und ist der Wechselkurs beim Erwerb des Betriebs gegenüber dem zur Zeit der Entstehung der Verbindlichkeit ungünstiger, hat also die Verbindlichkeit einen höheren Wert, so wird der Erwerber auf einer Höherbewertung im Rahmen des Gesamtkaufpreises bestehen. Er wird sich bei der Bemessung des Gesamtkaufpreises nicht auf Argumente einlassen, das Zinsniveau könnte später wieder steigen und der Wechselkurs könnte wieder günstiger werden. Muss der Erwerber im vorstehenden Beispiel die Verbindlichkeit übernehmen, wird er daher 121.800 € und nicht 116.000 € oder 119.000 € weniger zahlen. Die Verbindlichkeit hat also einen Teilwert von 121.800 €. Dieser muss auch steuerlich angesetzt werden.

896 Nach der Begründung des Berichtes des Finanzausschusses zum Gesetzesentwurf ist der Begriff der dauernden Wertminderung dem Handelsrecht entliehen (§ 253 Abs. 2 HGB).[458] Wie dargestellt wurde (→Rdn. 738 ff.), ist der Begriff „voraussichtlich dauernde Wertminderung" im Rahmen der außerplanmäßigen Abschreibung handelsrechtlich nur für abnutzbare Anlagegegenstände bedeutsam, um bei ihnen zwischen dem Abschreibungswahlrecht bei voraussichtlich nicht dauernder Wertminderung und dem Abschreibungsgebot bei voraussichtlich dauernder Wertminderung zu unterscheiden. Bereits bei nicht abnutzbaren Anlagegegenständen und Umlaufgegenständen ist die Anwendung des Begriffs „voraussichtlich dauernde Wertmin-

---

458 BT-Drucks. 14/443 S. 22.

derung" problematisch. Für Verbindlichkeiten passt dieser Begriff überhaupt nicht. Bei sinngemäßer Anwendung von § 6 Abs. 1 Nr. 2 EStG ist daher das Merkmal „voraussichtlich dauernd" für die Bewertung von Verbindlichkeiten unerheblich.

Anzusetzen ist daher in der Steuerbilanz grundsätzlich der Erfüllungsbetrag am Bilanzstichtag in Übereinstimmung mit der Handelsbilanz. Ist in der Handelsbilanz ein höherer Wert anzusetzen, so ist in der Steuerbilanz entsprechend ein höherer Teilwert auszuweisen. 897

8.3 Zinsen

8.3.1 Unterverzinslichkeit und Unverzinslichkeit

Handelsbilanz

Handelsrechtlich ist eine Verbindlichkeit auch dann mit ihrem Erfüllungsbetrag auszuweisen, wenn die vereinbarten Zinsen unterhalb des marktüblichen Zinsniveaus liegen oder die Verbindlichkeit sogar unverzinslich ist. 898

Eine **Abzinsung** käme einer Vorwegnahme künftiger Erträge gleich und würde daher gegen das Realisationsprinzip (→Rdn. 97 ff.) verstoßen.[459] 899

Es ist aber zuvor zu prüfen, ob es sich nicht um **verdeckte Zinszahlungen** handelt. Das kann der Fall sein, wenn bei einem Schulddarlehen der Rückzahlungsbetrag über dem Auszahlungsbetrag liegt. Die Verbindlichkeit ist hier mit dem Nominalbetrag zu passivieren und der Unterschiedsbetrag wird als Damnum behandelt (→Rdn. 435 ff.). 900

Wird bei **Anschaffungsgeschäften** der Kaufpreis für längere Zeit zinslos gestundet, besteht eine widerlegbare Vermutung, dass im Kaufpreis verdeckt Zinsen enthalten sind. Die Vermutung ist widerlegt, wenn der Verkäufer im Hinblick auf den Abschluss anderer Geschäfte auf eine Verzinsung verzichtet hat, z. B. bei einem Bierlieferungsvertrag zwischen Brauerei und Wirt. Ist die Vermutung nicht widerlegt, ist die Verbindlichkeit mit dem Barwert einzubuchen, und sind in dieser Höhe Anschaffungskosten für die bezogenen Güter zu 901

---

459 Clemm/Erle in: Beck Bil-Komm. § 253 Rdn. 63.

buchen. Abzuzinsen ist mit dem marktüblichen Zinssatz. Hilfsweise kann aus Vereinfachungsgründen der Zinssatz von 5,5 % nach § 12 Abs. 3 BewG angesetzt werden.[460] Besteht die Verbindlichkeit länger als ein Jahr, ist sie in den Folgejahren durch die Buchung Zinsaufwand an Verbindlichkeit zu erhöhen.

902 So sind regelmäßig auch **Ratenkäufe** zu behandeln, wenn die insgesamt zu zahlenden Raten über dem üblichen Barzahlungspreis liegen. Als Erfüllungsbetrag der Verbindlichkeit und Anschaffungskosten der gekauften Gegenstände ist der Barwert anzusetzen.[461]

Steuerbilanz

903 **Verdeckte Zinszahlungen** sind in der Steuerbilanz ebenso wie in der Handelsbilanz zu behandeln (→Rdn. 900 ff.).

904 **Unverzinsliche** oder **unterverzinsliche** Verbindlichkeiten wurden in Jahresabschlüssen für Wirtschaftsjahre, die **vor dem 1.1.1999** endeten, ebenso behandelt wie in den Handelsbilanzen (→Rdn. 898 f.).

905 In Jahresabschlüssen für Wirtschaftsjahre, die **nach dem 31.12.1998** enden, sind unverzinsliche Verbindlichkeiten mit einem Zinssatz von 5,5 % abzuzinsen (§ 6 Abs. 1 Nr. 3 Satz 1 EStG). Das gilt auch für Verbindlichkeiten, die bereits zum Ende eines vor dem 1.1.1999 endenden Wirtschaftsjahrs angesetzt worden sind (§ 52 Abs. 16 Satz 7 EStG).

906 **Ausgenommen von der Abzinsung** in der Steuerbilanz sind
- Verbindlichkeiten, deren Laufzeit am Bilanzstichtag weniger als 12 Monate beträgt,
- Verbindlichkeiten, die verzinslich sind,
- auf einer Anzahlung oder Vorausleistung beruhende Verbindlichkeiten (§ 6 Abs. 1 Nr. 3 Satz 2 EStG),
- Verbindlichkeiten unter einer Auflage, nach der die Vorteile aus der Zinslosigkeit dem Schuldner nicht verbleiben[462], z. B. Wohnungsbaudarlehen mit Belegungsbindung oder Verpflichtung zu einer verbilligten Miete.

---

460 Schmidt/Glanegger EStG § 6 Rz. 398.
461 Clemm/Erle in: Beck Bil.-Komm. § 253 Rdn. 67.
462 BMF, Schr. v. 23.8.1999 IV C 2 – S 2175 – 25/99, DStR 1999 S. 1401, BStBl 1999 I S. 818.

Für die **12-Monats-Grenze** ist die Restlaufzeit einer Verbindlichkeit am Bilanzstichtag maßgebend.
Verzinslich ist eine Verbindlichkeit, wenn ein Zinssatz von mehr als 0 % vereinbart ist. Eine Vereinbarung eines Zinssatzes nahe 0 %, kann im Einzelfall als missbräuchliche Gestaltung i. S. von § 42 AO zu beurteilen sein.[463] Wann das der Fall ist, ist im Einzelfall zu entscheiden.
Unterverzinsliche Verbindlichkeiten bis zu einem Zinssatz nahe 0 % sind also nicht abzuzinsen, wenn kein Missbrauch i. S. von § 42 AO gegeben ist.

Zur Abzinsung einer Verbindlichkeit ist der Barwert am Bilanzstichtag festzustellen. Das geschieht nach folgender Formel:

$$K_0 = K_n \times \frac{1}{(1+i)^n}$$

Es bedeuten:
K_0 = Barwert am Bilanzstichtag
K_n = Rückzahlungsbetrag
i = Zinssatz als Dezimalzahl
n = Laufzeit

Beispiel

Das Geschäfts- und Wirtschaftsjahr des Unternehmers U stimmt mit dem Kalenderjahr überein. U hat im Januar 1998 ein zinsloses Darlehen über 200.000 € aufgenommen, das am 31.12.2001 zurückzuzahlen war. Verdeckte Zinszahlungen (→Rdn. 900 ff., 903) lagen nicht vor.

Buchung im Januar 1998:

→ Bank 200.000 €
 an Verbindlichkeit 200.000 €

Zum 31.12.1998 war die Verbindlichkeit in der Handelsbilanz und in der Steuerbilanz mit dem Erfüllungsbetrag von 200.000 € zu bilanzieren. Zum 31.12.1999 war aber das Darlehen in der Steuerbilanz auf den Barwert mit dem Zinssatz von 5,5 % abzuzinsen. Die Restlaufzeit bis zum 31.12.2001 betrug zwei Jahre.

---

463 Vgl. FN 462.

Barwert:

$$K_0 = K_n \times \frac{1}{(1+i)^n}$$

$$K_0 = 200.000 \times \frac{1}{(1+i)^2}$$

$$K_0 = 200.000 \times 0{,}898452$$

$$K_0 = 179.690$$

Die Differenz zwischen dem Erfüllungsbetrag und dem Barwert (20.310 €) ist die Abzinsung. Es handelt sich in der steuerlichen Gewinnermittlung um Ertrag. U bucht:

→ Verbindlichkeit	20.310 €
an Zinsertrag	20.310 €

908 Für den Gewinn, der sich aus der erstmaligen Anwendung von § 6 Abs. 1 Nr. 3 EStG in der Steuerbilanz ergibt, kann in Höhe von 9/10 eine den Gewinn mindernde **Rücklage** gebildet werden. Diese ist in den folgenden neun Wirtschaftsjahren jeweils mit mindestens 1/9 Gewinn erhöhend aufzulösen. Scheidet die Verbindlichkeit innerhalb dieses Zeitraums aus dem Betriebsvermögen aus, ist die Rücklage zum Ende des Wirtschaftsjahrs des Ausscheidens in vollem Umfang Gewinn erhöhend aufzulösen (§ 52 Abs. 16 Satz 8 EStG).

Für die Auflösung der Rücklage muss nicht die volle Laufzeit von neun Jahren verwendet werden. Die Rücklage muss auch nicht linear aufgelöst werden. Es müssen nur die Höchstdauer der Laufzeit und der Mindestsatz von 1/9 eingehalten werden. Bei der Auflösung kann also auch variiert werden.

Beispiel

Im vorstehenden Beispiel (→Rdn. 907) bildete U in seiner Steuerbilanz zum 31.12.1999 eine den steuerlichen Gewinn mindernde Rücklage in Höhe von 9/10 von 20.310 € = 18.279 €. Er buchte daher zum 31.12.1999:

→ Zinsertrag	18.279 €
an Rücklage	18.279 €

Bewertung der Verbindlichkeiten

In den folgenden Wirtschaftsjahren wird die Rücklage jeweils mit mindestens 1/9 = 2.031 € Gewinn erhöhend aufgelöst. Wenn dieser Satz gewählt wird, geschieht das durch die Buchung:

→ Rücklage 2.031 €
an Ertrag aus Auflösung Rücklage 2.031 €

Eine Verbindlichkeit ist zu jedem Bilanzstichtag in der Steuerbilanz abzuzinsen, solange die Restlaufzeit noch 12 Monate oder mehr beträgt. 909

Da das Darlehen im vorstehenden Beispiel am 31.12.2001 zurückzuzahlen war, betrug die Restlaufzeit am folgenden Bilanzstichtag, dem 31.12.2000, noch ein Jahr. Das Darlehen hatte daher am 31.12.2000 folgenden Barwert: 910

$K_0 = K_n \times \frac{1}{(1+i)^n}$

$K_0 = 200.000 \times \frac{1}{(1+0,055)^1}$

$K_0 = 200.000 \times \frac{1}{1,055}$

$K_0 = 189.573$

Zum 31.12.2001 war das Darlehen zurückzuzahlen. Die Restlaufzeit betrug daher 0 Jahre. Der Barwert beträgt daher zum 31.12.2001:

$K_0 = 200.000 \times \frac{1}{(1+i)^0}$

$K_0 = 200.000 \times \frac{1}{1}$

$K_0 = 200.000$

Hätte das Darlehen im Laufe des Jahres 2002 zurückgezahlt werden müssen, aber vom 31.12.2001 an gerechnet innerhalb von weniger als 12 Monaten, betrug die Restlaufzeit am 31.12.2001 weniger als 12 Monate. Dann entfiel ebenfalls am 31.12.2001 eine Abzinsung (→Rdn. 906). 911

Die Barwerte des Darlehens zu den Bilanzstichtagen und die Unterschiede zum jeweiligen Vorjahresstichtag betragen also: 912

Auszahlung im Januar 1998 200.000 €
Barwert 31.12.1998 200.000 €
Differenz = Abzinsung = Zinsertrag 20.310 €
Barwert 31.12.1999 179.690 €
Differenz = Zuführung zur Verbindlichkeit 9.883 €

Barwert 31.12.2000	189.573 €
Differenz = Zuführung zur Verbindlichkeit	10.427 €
Barwert 31.12.2001	200.000 €

913 Es werden also in dem Beispiel gebucht
zum 31.12.1999:
- → Verbindlichkeit 20.310 €
    an Zinsertrag 20.310 €
- → Zinsertrag 18.279 €
    an Rücklage 18.279 €
- → Rücklage 2.031 €
    an Ertrag aus Auflösung Rücklage 2.031 €

zum 31.12.2000:
- → Aufwand aus der Zuführung zur Verbindlichkeit 9.883 €
    an Verbindlichkeit 9.883 €
- → Rücklage 2.031 €
    an Ertrag aus Auflösung Rücklage 2.031 €

zum 31.12.2001:
- → Aufwand aus der Zuführung zur Verbindlichkeit 10.427 €
    an Verbindlichkeit 10.427 €
- → Rücklage 2.031 €
    an Ertrag aus Auflösung Rücklage 2.031 €

914 Die Rücklage hat sich entwickelt:

31.12.1999	18.279 €
Auflösung zum 31.12.2000	2.031 €
31.12.2000	16.248 €
Auflösung zum 31.12.2001	2.031 €
31.12.2001	14.217 €

915 Die Verbindlichkeit wird zum 31.12.2001 getilgt und scheidet daher zu diesem Zeitpunkt aus dem Betriebsvermögen aus. Deshalb ist die Rücklage zum 31.12.2001 Gewinn erhöhend aufzulösen:
- → Rücklage 14.217 €
    an Ertrag aus Auflösung Rücklage 14.217 €

916 Da die Restlaufzeit der Verbindlichkeit am 31.12.1999 nur zwei Jahre betrug, wäre es zweckmäßig gewesen, die Rücklage zum 31.12.1999 nur in Höhe von 2/3 auszuweisen und in den folgenden Jahren mit je 1/3 Gewinn erhöhend abzuschreiben. Dann wäre der Zinsertrag aus

der Abzinsung von 20.310 € auf drei Jahre zu je 6.770 € verteilt worden, was sich bei einer Steuerprogression im Ergebnis günstiger ausgewirkt hätte.

8.3.2 Überverzinslichkeit

Handelsbilanz

Liegen die Zinsen allgemein am Bilanzstichtag unter den für Verbindlichkeiten des Unternehmens vereinbarten Zinsen, so ist dem in der **Handelsbilanz** durch Ausweis einer Rückstellung für drohende Verluste aus schwebenden Geschäften Rechnung zu tragen. Handelsrechtlich wird der Wert der Verbindlichkeit nicht erhöht, da der Erfüllungsbetrag nicht höher wird, wenn das Marktzinsniveau sinkt.[464]

917

Beispiel

U hat ein Fälligkeitsdarlehen (→Rdn. 443) in Höhe von 100.000 € mit einer Laufzeit von fünf Jahren zu einem Zinssatz von 7 % aufgenommen. Am Bilanzstichtag würde U das Darlehen zu einem Zinssatz von 6 % aufnehmen können.

Am Bilanzstichtag hat die Verbindlichkeit des U den Barwert:

$K_0 = K_n \times \frac{1}{(1+i)^n}$

$K_0 = 100.000 \times \frac{1}{(1+0{,}07)^5}$

$K_0 = 100.000 \times \frac{1}{1{,}07^5}$

$K_0 = 100.000 \times \frac{1}{1{,}4026}$

$K_0 = 71.296$ €

Bei einem Zinssatz von 6 % beträgt der Barwert der Verbindlichkeit am Bilanzstichtag:

$K_0 = 100.000 \times \frac{1}{1{,}06^5}$

$K_0 = 100.000 \times \frac{1}{1{,}3382}$

$K_0 = 74.727$ €

---

464 Clemm/Erle in: Beck Bil-Komm. § 253 Rdn. 60.

Die Rückstellung ist in Höhe der Differenz zwischen dem Barwert bei tatsächlichen Zinsen und dem Barwert bei der am Bilanzstichtag möglichen Zinsbelastung auszuweisen. Mögliche Zinsbelastung sind die Zinsen, die der Schuldner am Bilanzstichtag bei der Neuaufnahme des Kredits zu zahlen hätte.[465] Im vorstehenden Beispiel beträgt daher die Rückstellung am Bilanzstichtag:
74.727 € − 71.296 € = 3.431 €

Steuerbilanz

918 In der Steuerbilanz sind für Wirtschaftsjahre, die nach dem 31.12.1996 enden, Drohverlustrückstellungen nicht mehr zulässig (→Rdn. 344).

919 Hier kommt aber der Ansatz der Verbindlichkeit zu einem höheren Teilwert infrage. Im vorstehenden Beispiel würde ein Erwerber des ganzen Betriebs den Wert der Verbindlichkeit im Rahmen des Gesamtkaufpreises berücksichtigen. Brauchte er die Verbindlichkeit nicht zu übernehmen, würde er sie durch eine normalverzinsliche Verbindlichkeit ersetzen. Er würde daher den Barwert der Differenz zwischen den vereinbarten und den marktüblichen Zinsen kaufpreismindernd berücksichtigen.[466] Daher ist in dem Beispiel (→Rdn. 917) die Verbindlichkeit um 3.431 € zuzuschreiben.

8.4 Wechselkursänderung

8.4.1 Währung außerhalb des Euro

920 Sinkt der Kurs einer nicht zum europäischen Währungssystem gehörenden Währung, so darf eine in dieser Währung abgeschlossene Verbindlichkeit nicht mit der Folge eines Gewinnzuwachses abgewertet werden. Das wäre ein Verstoß gegen das Realisationsprinzip.

921 Steigt aber der Wechselkurs, so ist nach dem Imparitätsprinzip der höhere Erfüllungsbetrag auszuweisen. Das folgt auch aus § 252 Abs. 1 Nr. 4 HGB und gilt auch für die Steuerbilanz.

---

465 Hüttemann, HdJ Abt. III/8 Rdn. 251.
466 Clemm/Erle in: Beck Bil-Komm. § 253 Rdn. 61.

Auf Grund der Änderung von § 6 Abs. 1 EStG durch das Steuerentlastungsgesetz vom 4.3.1999 muss es sich für den Ansatz in der Steuerbilanz eines nach dem 31.12.1998 endenden Wirtschaftsjahrs um eine voraussichtlich dauernde Wechselkurserhöhung handeln.[467]

922

8.4.2 Euro-Teilnehmerland

Verbindlichkeiten in der Währung eines Landes, das am europäischen Währungssystem teilnimmt, sind mit dem festgelegten Umrechnungskurs anzusetzen.

923

8.5 Skonto

Bei Lieferantenverbindlichkeiten wird i. d. R. bei Zahlung innerhalb einer bestimmten Frist ein **Skontoabzug** vom Lieferanten eingeräumt.

924

Beispiel

Unternehmer U kauft eine Maschine, die ihm am 01.12.01 geliefert wird. Er erhält folgende Rechnung:

Maschine	50.000 €
16 % USt	8.000 €
Gesamtbetrag	58.000 €

Zahlbar in 2 Monaten netto, binnen 2 Wochen 2 % Skonto
Nach Lieferung und Zugang der Rechnung wird gebucht:

→ Maschinenkonto	50.000 €
Vorsteuer	8.000 €
an Verbindlichkeiten	58.000 €

Lieferantenskonti mindern die Anschaffungskosten (→Rdn. 588).[468] Wird Skonto nicht in Anspruch genommen, so schreibt in dem Beispiel der Unternehmer von 50.000 € Anschaffungskosten ab. Wird innerhalb von 2 Wochen gezahlt und damit Skonto in Anspruch genommen, werden die Anschaffungskosten nachträglich gemindert. Es wird dann gebucht:

---

467 Zur Frage, ob nur eine voraussichtlich dauernde Werterhöhung bei der Bewertung der Verbindlichkeiten in den Steuerbilanzen nach dem 31.12.1998 endender Wirtschaftsjahre berücksichtigt werden darf, → Rdn. 892 ff.
468 BFH, Urt. v. 27.02.1991 I R 176/84, BStBl 1991 II S. 456.

→ Verbindlichkeiten 1.160 €
   an Maschinenkonto 1.000 €
   an Vorsteuer 160 €

925 Skonto kann aber für den Empfänger einer Lieferung auch als Entgelt für einen Lieferantenkredit angesehen werden.[469] Es wird dann im vorstehenden Beispiel gebucht:

→ Maschinenkonto 49.000 €
   Skontoaufwand 1.000 €
   Vorsteuer 8.000 €
   an Verbindlichkeiten 58.000 €

Da Skonto nach dieser Auffassung Entgelt für eine Kreditüberlassung ist und der Kredit bis zu dem Zeitpunkt läuft, an dem der Rechnungsbetrag zu zahlen ist, muss der Skontobetrag auf die Laufzeit des Kredits verteilt werden.

Der Kredit läuft im vorstehenden Beispiel vom 1.12.01 bis 31.1.02.

U bucht daher zum 31.12.01:

→ Rechnungsabgrenzungsposten 500 €
   an Skontoaufwand 500 €

Der Rechnungsabgrenzungsposten wird im folgenden Jahr über Aufwand aufgelöst. Auf diese Weise wird der Skontoaufwand nur über die verhältnismäßig kurze Laufzeit des Kredits verteilt und nicht als Teil der Anschaffungskosten des mit dem Kredit angeschafften Anlagegegenstands auf dessen Nutzungsdauer. Diese Buchung lohnt sich aber in der Praxis nur bei Anlagegegenständen. Bei kurzfristig umgesetzten Vorratsgegenständen wirkt sich i. d. R. die genaue Abgrenzung des Skontoaufwands nicht aus, da es sich meist nur um eine Verlagerung von einem Geschäftsjahr in das andere handelt. Lediglich bei erheblich schwankenden Lieferantenverbindlichkeiten ist eine genaue Abgrenzung angezeigt.

---

469 Hüttemann, HdJ Abt. III/8, Rdn. 255 ff.

8.6 Testfragen zur Bewertung der Verbindlichkeiten

Nr.	Frage	Rdn.
292.	Welche Wertansätze gibt es handels- und steuerrechtlich für die Verbindlichkeiten?	887
293.	Mit welchem Wert ist eine Verbindlichkeit handelsrechtlich anzusetzen, wenn der Rückzahlungsbetrag höher als der Nennbetrag ist?	888 f.
294.	Mit welchem Wert ist eine Verbindlichkeit steuerrechtlich anzusetzen, wenn der Rückzahlungsbetrag höher als der Nennbetrag ist?	890 ff.
295.	Wie wird eine Unterverzinslichkeit und Unverzinslichkeit einer Verbindlichkeit handelsrechtlich und steuerrechtlich berücksichtigt?	898 ff.
296.	Wie wird eine Überverzinslichkeit einer Verbindlichkeit handelsrechtlich und steuerrechtlich berücksichtigt?	917 ff.
297.	Wie werden Wechselkursänderungen bei den Verbindlichkeiten berücksichtigt?	920 ff.
298.	Wie wird Skonto bei den Verbindlichkeiten berücksichtigt?	924 f.

9 Bewertung der Rückstellungen

9.1 Bewertung in der Handelsbilanz

9.1.1 Wertmaßstab

§ 253 Abs. 1 Satz 2 HGB

... *Rückstellungen (sind) nur in Höhe des Betrags anzusetzen, der nach vernünftiger kaufmännischer Beurteilung notwendig ist; Rückstellungen dürfen nur abgezinst werden, soweit die ihnen zu Grunde liegenden Verbindlichkeiten einen Zinsanteil enthalten.*

Handelsrechtlich ist nach dieser Vorschrift eine Rückstellung nur mit dem Betrag anzusetzen, der nach vernünftiger kaufmännischer Beurteilung notwendig ist. Sie darf nur abgezinst werden, soweit die ihr zu Grunde liegenden Verbindlichkeiten einen Zinsanteil enthalten.

926

927 **Wertmaßstab** ist bei einer Rückstellung
- für eine ungewisse Verbindlichkeit (→Rdn. 275 ff.) der voraussichtliche Erfüllungsbetrag, der Betrag, den der Verpflichtete zur Erfüllung der dem Grunde und/oder der Höhe nach ungewissen Verpflichtung aufbringen muss;
- bei Rückstellungen für drohende Verluste aus schwebenden Geschäften (→Rdn. 331 ff.) der Verpflichtungsüberschuss.[470]

928 Die Höhe ist bei Rückstellungen für ungewisse Verbindlichkeiten i. d. R. zu schätzen. Bei Rückstellungen für drohende Verluste aus schwebenden Geschäften ergibt sie sich aus dem Verpflichtungsüberschuss, also der Differenz, um den der Wert der eigenen Verpflichtung den Wert der Gegenleistung übersteigt.[471]

Beispiel

Unternehmer U kauft am 20.12.01 5.000 kg Rohstoffe zum Preis von 8 € pro kg. Geliefert wird am 5.1.02. Am Bilanzstichtag (31.12.01) beträgt der Marktpreis für die Rohstoffe 7,50 € pro kg. U könnte daher die Rohstoffe am Bilanzstichtag für einen Preis kaufen, der pro kg 0,50 € unter dem Preis liegt, den er dem Lieferanten schuldet. Er schuldet daher, bezogen auf den Bilanzstichtag, eine Leistung, die um 2.500 € (5.000 kg × 0,50 €) wertmäßig über der Gegenleistung liegt. U droht daher ein Verlust in Höhe von 2.500 €.

Aus dem Beispiel ergibt sich auch: Der Verlust muss sich aus Sicht des bewertenden Unternehmers ergeben. Es kommt nicht auf den Wert der Leistung an, den sie für den Geschäftspartner hat. Aus Sicht des Käufers U sind die Rohstoffe objektiv auf Grund der Marktsituation am Bilanzstichtag um 0,50 € pro kg überbezahlt.

9.1.2 Vernünftige kaufmännische Beurteilung

929 Schätzmaßstab ist nach dem Gesetz die „vernünftige kaufmännische Beurteilung". Bei der Schätzung sind alle über die Verhältnisse am Bilanzstichtag vorhandenen Informationen zu berücksichtigen. Hierbei ergibt sich eine gewisse Bandbreite möglicher Inanspruchnahmen.

---

470 Clemm/Erle in: Beck Bil-Komm. § 253 Rdn. 151.
471 Clemm/Erle in: Beck Bil-Komm. § 253 Rdn. 152 f.

In diesem Rahmen ist gemäß § 252 Abs. 1 Nr. 4 HGB vorsichtig zu bewerten. Das bedeutet nicht, dass besonders pessimistisch bewertet werden muss. Es ist vielmehr der Betrag anzusetzen, für den die höchste Wahrscheinlichkeit spricht. Ist eine Verpflichtung dem Grunde nach ungewiss, aber der Höhe nach gewiss, so ist sie mit dem vollen Betrag anzusetzen.[472]

9.1.3 Ersatzansprüche

Ersatzansprüche, z. B. aus einer Haftpflichtversicherung, sind zu aktivieren, wenn sie rechtlich und wirtschaftlich entstanden sind. In diesem Fall würde eine Berücksichtigung bei der Bewertung der Rückstellung gegen das Verrechnungsverbot von § 246 Abs. 2 HGB verstoßen. 930

Sind sie noch nicht rechtlich und wirtschaftlich entstanden und daher nicht aktivierbar, werden sie bei der Bewertung der Rückstellung **wertmindernd berücksichtigt**, wenn sie

- in einem unmittelbaren Zusammenhang mit der drohenden Inanspruchnahme stehen,
- in rechtlich verbindlicher Weise der Entstehung oder Erfüllung der Verbindlichkeit nachfolgen und
- vollwertig sind, weil sie vom Rückgriffsschuldner nicht bestritten werden und dessen Bonität nicht zweifelhaft ist.[473]

9.1.4 Sach- und Dienstleistungsverpflichtungen

Rückstellungen für Sach- und Dienstleistungsverpflichtungen sind mit den Vollkosten, d. h. mit den Einzelkosten und den notwendigen Gemeinkosten, anzusetzen.[474] 931

9.1.5 Abzinsung

Eine Abzinsung von Rückstellungen ist nur zulässig, soweit die zu Grunde liegenden Verbindlichkeiten einen (verdeckten) Zinsanteil enthalten. Das setzt das Bestehen eines verdeckten Kreditgeschäfts voraus.[475] 932

---

472 Clemm/Erle in: Beck Bil-Komm. § 253 Rdn. 154 f.
473 BFH, Urt. v. 17.2.1993 X R 60/89, BStBl 1993 II S. 437.
474 BFH, Urt. v. 25.2.1986 VIII R 134/80, BStBl 1986 II S. 788.
475 BFH, Urt. v. 15.7.1998 I R 24/96, BStBl 1998 II S. 728.

Ein verdecktes Kreditgeschäft kann nur dann unterstellt werden, wenn der Gläubiger oder der Schuldner die Möglichkeit einer sofortigen Erfüllung zum Barwert hat oder eine entsprechende Vereinbarung hätte getroffen werden können.[476]

Beispiele

Verdeckte Kreditgeschäfte liegen vor bei Verpflichtungen zu Gratifikationen, Jubiläumszuwendungen, Sparprämien. Keine verdeckten Kreditgeschäfte bestehen bei ungewissen Sachleistungsverpflichtungen, Wiederauffüllungsverpflichtungen, Rekultivierungsverpflichtungen, Gewährleistungsverpflichtungen und Umweltschutzverpflichtungen.

9.2 Bewertung in der Steuerbilanz

9.2.1 Bewertung ab 1999

933 **Steuerrechtlich** wurden in § 6 Abs. 1 Nr. 3a EStG i. d. F. des Steuerentlastungsgesetzes 1999/2000/2002 für die Bewertung von Rückstellungen die nachfolgenden Grundsätze aufgestellt:
- Bei gleichartigen Verpflichtungen ist die Wahrscheinlichkeit der nur teilweisen Inanspruchnahme zu berücksichtigen.
- Bei Sachleistungsverpflichtungen sind die Einzelkosten und angemessene Teile der notwendigen Gemeinkosten zu berücksichtigen.
- Künftige mit der Erfüllung voraussichtlich verbundene Vorteile sind wertmindernd zu berücksichtigen.
- Wirtschaftlich durch den laufenden Betrieb verursachte Verpflichtungen sind zeitanteilig in gleichen Raten anzusammeln.
- Verpflichtungen zur Stilllegung eines Kernkraftwerks sind ab dem Zeitpunkt der erstmaligen Nutzung bis zum Zeitpunkt des Beginns der Stilllegung zeitanteilig in gleichen Raten anzusammeln.
- Alle Verpflichtungen mit Ausnahme solcher mit einer Laufzeit am Bilanzstichtag von weniger als 12 Monaten sind mit 5,5 % abzuzinsen.

---

476 Clemm/Erle in: Beck Bil-Komm. § 253 Rdn. 161.

Es heißt einleitend in § 6 Abs. 1 Nr. 3a EStG: „Rückstellungen sind höchstens insbesondere unter Berücksichtigung folgender Grundsätze anzusetzen". Nach der Gesetzesbegründung soll damit klargestellt werden, dass es sich bei den Grundsätzen nicht um eine abschließende Aufzählung handelt.
Durch die Grundsätze wird steuerlich die Höhe der Rückstellungen nach oben begrenzt. Ist eine Rückstellung in der Handelsbilanz zulässigerweise niedriger ausgewiesen, ist dieser Ausweis auch für die Steuerbilanz maßgebend.

934

Rückstellungen, die bereits zum Ende eines vor dem 1.1.1999 endenden Wirtschaftsjahrs gebildet worden sind, mussten bereits nach den Bestimmungen von § 6 Abs. 1 Nr. 3a EStG bewertet werden (§ 52 Abs. 16 Satz 9 EStG). In der Steuerbilanz des nach dem 31.12.1998 endenden Wirtschaftsjahrs hierdurch entstehende Wertherabsetzungen von Rückstellungen führten in diesem ersten Übergangsjahr zu Gewinnerhöhungen,

935

9.2.2 Gleichartige Verpflichtungen
§ 6 Abs. 1 Nr. 3a Buchst. a EStG
Bei Rückstellungen für gleichartige Verpflichtungen ist auf der Grundlage der Erfahrungen in der Vergangenheit aus der Abwicklung solcher Verpflichtungen die Wahrscheinlichkeit zu berücksichtigen, dass der Steuerpflichtige nur zu einem Teil der Summe dieser Verpflichtungen in Anspruch genommen wird.

Nach der Begründung zum Regierungsentwurf des Gesetzes soll mit dieser Vorschrift nur klargestellt werden, dass bei der Bewertung gleichartiger Rückstellungen die Erfahrungen zu berücksichtigen sind, die sich aus der Abwicklung der solchen Rückstellungen zu Grunde liegenden Geschäftsrisiken in der Vergangenheit ergeben.[477]
Die Vorschrift liegt auf der Linie der BFH-Rechtsprechung, wonach z. B. bei der Höhe der Rückstellung einer Bausparkasse für die Verpflichtung zur Rückzahlung der Abschlussgebühren an Bausparer, die auf die Zuteilung verzichten, die tatsächlichen Rückzahlungen in der Vergangenheit zu berücksichtigen sind.[478]

936

---

477 BT-Drucks. 14/265, S. 172.
478 BFH, Urt. v. 12.12.1990 I R 18/89, BStBl 1991 II S. 485.

Diese Grundsätze gelten auch für Gewährleistungen, die ohne rechtliche Verpflichtung erbracht werden.[479]

9.2.3 Sachleistungsverpflichtungen

§ 6 Abs. 1 Nr. 3a Buchst. b EStG
Rückstellungen für Sachleistungsverpflichtungen sind mit den Einzelkosten und den angemessenen Teilen der notwendigen Gemeinkosten zu bewerten.

937 Im Entwurf zum Steuerentlastungsgesetz fielen unter diese Bewertungsvorschrift alle Rückstellungen, die keine Geldleistungsverpflichtungen sind. Nach der Begründung hierzu waren damit die Rückstellungen für Sach- und Dienstleistungsverpflichtungen gemeint. Nach dem Wortlaut des Gesetzes gehören nur noch die Sachleistungsverpflichtungen dazu. Die Dienstleistungsverpflichtungen scheinen damit außen vor zu bleiben. Das ist aber nicht sicher. In der Rechtsprechung des BFH wurde nicht zwischen Dienst- und Sachleistungen unterschieden, sondern nur zwischen Geld- und Sachleistungen. Die Dienstleistungen wurden hierbei zu den Sachleistungen gerechnet.[480] Zu den Sachleistungsverpflichtungen rechnen daher auch die Verpflichtungen zu Dienstleistungen.[481] Insoweit besteht Übereinstimmung mit der Handelsbilanz (→Rdn. 931).

938 Einzelkosten und die angemessenen Teile der notwendigen Gemeinkosten rechnen auch zu den steuerlich in R 33 Abs. 1 und 2 EStR als Herstellungskosten bei der Bewertung von Wirtschaftsgütern in Betracht kommenden Aufwendungen (→Rdn. 615 ff., 619 ff.).

939 Hier ist der Wertverzehr des Anlagevermögens neben den notwendigen Gemeinkosten gesondert aufgeführt. § 6 Abs. 1 Nr. 3a Buchst. b führt den Wertverzehr des Anlagevermögens nicht auf. Hieraus wird geschlossen, dass diese Aufwendungen bei der Bewertung der Rückstellungen für Sachleistungen auszuscheiden sind.[482]

---

479 Schmidt/Glanegger EStG § 6 Rz. 400d.
480 BFH, Urt. v. 25.2.1986 VIII R 134/80, BStBl 1986 II S. 788.
481 Strahl in: Korn, § 6 EStG Rz 383.
482 Frotscher in Frotscher, EStG, § 5 Rz. 278.

Demgegenüber wird die Einbeziehung auch des Wertverzehrs des Anlagevermögens damit begründet, er müsse auch im Rahmen der Herstellungskosten berücksichtigt werden.[483]

940

Gegen die Einbeziehung des Wertverzehrs spricht, dass im Entwurf des Steuerentlastungsgesetzes nur von „variablen Kosten" die Rede war. Hierzu rechnen die Abschreibungen nicht. Das ergibt sich auch aus der Begründung zum Regierungsentwurf des Gesetzes in der aktuellen Fassung, in dem es ausdrücklich heißt, dass bei den „notwendigen Gemeinkosten" die Fixkosten, zu denen betriebswirtschaftlich die Abschreibungen gerechnet werden, als zeitraumbezogene Aufwendungen unberücksichtigt bleiben sollen[484].

941

9.2.4 Vorteile

§ 6 Abs. 1 Nr. 3a Buchst. c EStG
Künftige Vorteile, die mit der Erfüllung der Verpflichtung voraussichtlich verbunden sein werden, sind, soweit sie nicht als Forderung zu aktivieren sind, bei ihrer Bewertung wertmindernd zu berücksichtigen.

Bei künftigen Vorteilen, die mit der Erfüllung einer ungewissen Verpflichtung voraussichtlich verbunden sein werden, ist zu unterscheiden:

942

- Ist bereits hinsichtlich der Vorteile ein Anspruch realisiert, hat also der Unternehmer seine vertraglichen Verpflichtungen erfüllt, so ist eine Forderung zu aktivieren. Insoweit entfällt eine wertmindernde Berücksichtigung bei der Bewertung der Rückstellung.
- Sind mit der Erfüllung der Verpflichtung für den Unternehmer voraussichtlich Vorteile verbunden, sind diese bei der Bewertung der Rückstellung wertmindernd zu berücksichtigen.
- Besteht lediglich eine Möglichkeit künftiger Vorteile in Verbindung mit der Erfüllung der vertraglichen Verpflichtung, kann der Unternehmer diese Vorteile nicht wertmindernd berücksichtigen.

Beispiel

U ist durch Vertrag mit dem Grundstückseigentümer G berechtigt, 10 Jahre lang Kies aus dem Grundstück abzubauen. Er ist verpflichtet,

---

483 Strahl in: Korn, EStG § 6 Rz. 383.
484 BT-Drucks. 14/265, S. 173.

die entstehenden Gruben wieder aufzufüllen, zu planieren und mit Humus zu überdecken. U lässt die Gruben von Bauunternehmern mit deren Bauschutt auffüllen. Für das Abladen verlangt er Kippgebühren. U will zum 31.12.01 eine Rückstellung für die Auffüll- und Rekultivierungsverpflichtung ausweisen.

a) U hat noch keine Verträge mit Bauunternehmern über das Abladen von Bauschutt gegen Kippgebühren abgeschlossen.

U hat mit bestimmten Bauunternehmern Verträge über das Abladen von Bauschutt gegen Kippgebühren abgeschlossen.

943 Für die Auffüll- und Rekultivierungspflicht hat U eine Rückstellung wegen ungewisser Verbindlichkeit auszuweisen. Die künftigen Ausgaben des U werden nicht deshalb niedriger sein, weil er aus der Erlaubnis an Dritte, Schutt abzuladen, Einnahmen erzielt. Diese Einnahmen stehen zwar insoweit im Zusammenhang mit der Wiederauffüllverpflichtung, als die Verpflichtung von U in dem Umfange erlischt, in dem Schutt in die Gruben eingefüllt wird. Der Umstand, dass die Einnahmen aus den Kippgebühren die durch die Auffüllverpflichtung verursachten Ausgaben zum Teil oder ganz decken oder gar übersteigen, bewirkt jedoch nicht, dass U niedrigere oder gar keine Ausgaben entstehen. Abgesehen davon wäre eine Verrechnung der Auffüllverpflichtung mit künftigen Einnahmen aus Kippentgelten unvereinbar mit dem Verbot des Ausweises nicht realisierter Gewinne.[485]

944 Die Möglichkeit allein, auf Grund in der Zukunft zu schließender Verträge Einnahmen zu erzielen oder entsprechende Forderungen zu erlangen, ist nicht bilanzierungsfähig. Selbst wenn man davon ausgeht, dass U an den einzelnen Bilanzstichtagen mit hinreichender Wahrscheinlichkeit davon ausgehen konnte, dass er in der Folgezeit Kippgebühren einnehmen werde, die höher seien als der den jeweiligen Wirtschaftsjahren im Hinblick auf die Wiederauffüllung zuzuordnende Aufwand, ist die Sachlage nicht anders. Auch in diesem Falle handelt es sich nur um eine Aussicht, Einnahmen zu erzielen, die unter keinem denkbaren Gesichtspunkt bilanzierungsfähig und damit bewertbar im Sinne des § 6 EStG ist.[486]

---

[485] BFH, Urt. v. 27.5.1964 IV 352/62 U, BStBl 1964 III S. 478.
[486] BFH, Urt. v. 16.9.1970 I R 184/67, BStBl 1971 II S. 85.

In den Begründungen zum Gesetzentwurf[487] und zum Gesetz[488] wird die Frage, unter welcher Voraussetzung künftige Vorteile wertmindernd zu berücksichtigen sind, unterschiedlich beantwortet. Im Gesetzesentwurf heißt es, künftig von dritter Seite zu zahlende Kippentgelte seien zu berücksichtigen. In der Begründung zum Gesetz wird aber betont, nach der Formulierung des Gesetzes könne eine „Gegenrechnung" nicht vorgenommen werden, wenn am Bilanzstichtag nur die bloße Möglichkeit besteht, dass künftig wirtschaftliche Vorteile im Zusammenhang mit der Erfüllung der Verpflichtung eintreten könnten. Eine „Gegenrechnung" von künftigen Kippgebühren setze beispielsweise voraus, dass der Unternehmer am Bilanzstichtag im Hinblick auf die Rekultivierungsverpflichtung mit Dritten Verträge über das Abkippen von Verfüllmaterial abgeschlossen hat.

Der Gesetzgeber geht offensichtlich von den gleichen Grundsätzen aus, die auch der BFH-Rechtsprechung[489] zu Grunde liegen. Die Vorschrift ist daher eng im Sinne der bisherigen BFH-Rechtsprechung auszulegen.[490]

945

Im vorstehenden Beispiel besteht im Fall a) lediglich die Möglichkeit, dass die Aufwendungen des Unternehmers durch künftige Kippgebühren ausgeglichen oder gemindert werden. Diese Vorteile sind noch nicht wertmindernd bei der Bewertung der Rückstellung zu berücksichtigen. Im Fall b) sind aber bereits feste Verträge mit Bauunternehmern geschlossen. Deshalb sind für U mit der Erfüllung der Rekultivierungsverpflichtung voraussichtlich künftige Vorteile verbunden. Diese Vorteile sind wertmindernd zu berücksichtigen.

946

9.2.5 Ansammlungsrückstellungen
§ 6 Abs. 1 Nr. 3a Buchst. d Satz 1 EStG
Rückstellungen für Verpflichtungen, für deren Entstehen im wirtschaftlichen Sinne der laufende Betrieb ursächlich ist, sind zeitanteilig in gleichen Raten anzusammeln.

---

487 BT-Drucks. 14/265, S. 173.
488 BT-Drucks. 14/443, S. 23.
489 FN 485 und 486.
490 Vgl. auch Schmidt/Glanegger EStG § 6 Rz. 400 f.

947   Es kommt darauf an, dass für das Entstehen der Verpflichtung im wirtschaftlichen Sinne der laufende Betrieb ursächlich ist. Dann ist eine Rückstellung zeitanteilig in gleichen Raten anzusammeln. Nach der Begründung zum Gesetz rechnet hierzu z. B. eine Verpflichtung, ein betrieblich genutztes Gebäude nach zehn Jahren abzureißen. Wirtschaftlich gesehen seien diese zehn Jahre in ihrer Gesamtheit für das Entstehen der Verpflichtung ursächlich. Die Abbruchverpflichtung entstehe daher nicht sofort in vollem Umfang, sondern jährlich zu je einem Zehntel. Daher sei es gerechtfertigt, die Verpflichtung auf die Zeitspanne von zehn Jahren verteilt in gleichen Raten anzusammeln. Nur diese Art von Rückstellungen werde in § 6 Abs. 1 Nr. 3a Buchst. d Satz 1 EStG geregelt.[491]

948   Es kommt bei dieser Rückstellung auf das **wirtschaftliche** Entstehen der Verpflichtung durch den laufenden Betrieb an.

Beispiel

> U betreibt einen Steinbruch auf dem Grundstück des G. Er errichtet auf dem Grundstück Gebäude, in denen die Mahlwerke zum Zerkleinern der Steinbrocken betrieben werden, und andere Betriebsgebäude zum Unterstellen der Gerätschaften, zur Unterkunft der Steinbrucharbeiter und für andere mit dem Betrieb des Steinbruchs zusammenhängende Zwecke. Nach Ablauf des Ausbeutevertrags ist U verpflichtet, die Gebäude abzubrechen, die Trümmer abzufahren und das Grundstück einzuebnen.

Die Verpflichtung für den Abbruch ist wirtschaftlich durch den laufenden Betrieb begründet. Die Rückstellung für die **Abbruchkosten** stockt sich vom Beginn des Vertrags bis zum Ende seiner Laufzeit gleichmäßig auf. Sie bemisst sich nach den Kosten, die am jeweiligen Bilanzstichtag erforderlich wären. Der Mehrbetrag gegenüber der Rückstellung am vorhergehenden Bilanzstichtag ist auf die einzelnen Jahre bis zur Erfüllung der Abbruchverpflichtung zu verteilen.[492] Läuft im vorstehenden Beispiel am 31.12.01 der Ausbeutevertrag noch zehn Jahre lang, betrug die Rückstellung am 31.12.00 300.000 € und würde der Abbruch am 31.12.01 400.000 € betragen, so ist die Rückstellung

---

491 BT-Drucks. 14/443, S. 23.
492 BFH, Urt. v.19.2.1975 I R 28/73, BStBl 1975 II S. 480.

nicht bereits zum 31.12.01 um den Unterschiedsbetrag von 100.000 € zu erhöhen, sondern auf die Restlaufzeit des Ausbeutevertrags gleichmäßig jedes Jahr um 10.000 € aufzustocken. Es wird also der bei Beendigung des Vertragsverhältnisses einmalig anfallende Aufwand zum Abbruch und zur Entfernung gleichmäßig auf die Zeit bis zum Ende des Vertragsverhältnisses verteilt, wobei lediglich durch die Neubewertung der Abbruch- und Entfernungsverpflichtung zum jeweiligen Bilanzstichtag eine Änderung der auf das einzelne Wirtschaftsjahr entfallenden Zuführungsbeträge eintreten kann.

Von diesen Rückstellungen sind nach der Gesetzesbegründung Rückstellungen für Verpflichtungen zu unterscheiden, bei denen der Rückstellungsbetrag nicht nur im wirtschaftlichen Sinne, sondern **tatsächlich** in jedem Wirtschaftsjahr steigt, weil die Verpflichtung selbst von Jahr zu Jahr zunimmt.[493] Das ist z. B. bei der Verpflichtung zur Rekultivierung der Fall. Diese Rückstellungen fallen nicht unter die Vorschrift von § 6 Abs. 1 Nr. 3a Buchst. d Satz 1 EStG. Werden durch Abbau von Bodenschätzen Grundstücke ausgebeutet, so besteht auf Grund Gesetzes oder polizeilicher Vorschriften eine Verpflichtung des ausbeutenden Unternehmens, das Grundstück später wieder zu rekultivieren. Die Aufwendungen für die **Rekultivierung** sind in den Jahren, in denen der Abbau stattfindet, zurückzustellen. Der Betrag der Zuführung im einzelnen Jahr hängt tatsächlich von dem Umfang des Abbaus ab, schwankt daher in der Regel von Jahr zu Jahr. Diese Pflicht besteht sowohl für eigene als auch für fremde ausgebeutete Grundstücke.[494]

949

> **Beispiel**
>
> U betreibt auf dem Grundstück des G einen Steinbruchbetrieb. Er verarbeitet das gewonnene Gestein als Schotter für den Straßenbau. Nach Ablauf des Ausbeutevertrags ist er verpflichtet, den Abraum zu beseitigen, das Grundstück einzuebnen und Mutterboden wieder aufzufüllen. Der Abbau in den einzelnen Jahren schwankt der Höhe nach

---

493 BT-Drucks. 14/443 S. 23.
494 BFH, Urt. v. 26.1.1970 III R 150/67, BStBl 1971 II S. 82, v. 19.5.1983 IV R 205/79, BStBl 1983 II S. 670.

bedingt durch den Umfang der Straßenbauaufträge der Abnehmer des Schotters.

Für die Entstehung und Erhöhung der Rückstellung für die Verpflichtung zur Rekultivierung ist der laufende Betrieb des Unternehmens tatsächlich ursächlich. Nach den Verwaltungsanweisungen ist der Rückstellungsbetrag durch jährliche Zuführungsraten in den Wirtschaftsjahren des Abbaus des Grundstücks anzusammeln. Die Verpflichtung nimmt von Jahr zu Jahr nicht nur im wirtschaftlichen Sinne, sondern tatsächlich zu. Sie ist bezogen auf den am Bilanzstichtag tatsächlich entstandenen Verpflichtungsumfang zu bewerten. Dabei ist die Summe der in früheren Wirtschaftsjahren angesammelten Rückstellungsraten am jeweiligen Bilanzstichtag auf das Preisniveau dieses Stichtags anzuheben. Der jährliche Aufstockungsbetrag ist der Rückstellung in einem Einmalbetrag zuzuführen. Er wird hiernach also nicht gleichmäßig auf die einzelnen Jahre bis zur Erfüllung der Verbindlichkeit verteilt.[495]

9.2.6 Stilllegung eines Kernkraftwerkes
§ 6 Abs. 1 Nr. 3a Buchst. d Satz 2 EStG
Rückstellungen für die Verpflichtung, ein Kernkraftwerk stillzulegen, sind ab dem Zeitpunkt der erstmaligen Nutzung bis zum Zeitpunkt, in dem mit der Stilllegung begonnen werden muss, zeitanteilig in gleichen Raten anzusammeln; steht der Zeitpunkt der Stilllegung nicht fest, beträgt der Zeitraum für die Ansammlung 25 Jahre.

950 Rückstellungen für die Verpflichtung, ein Kernkraftwerk stillzulegen, sind ab dem Zeitpunkt der erstmaligen Nutzung bis zum Zeitpunkt, in dem mit der Stilllegung begonnen werden muss, in gleichen Raten anzusammeln. Steht der Zeitpunkt der Stilllegung nicht fest, beträgt der Zeitraum für die Ansammlung 25 Jahre.

951 Da die Kosten für die Stilllegung im Laufe der Zeit steigen werden, ist zu jedem Stichtag die Höhe der Verpflichtung neu zu bewerten. Der Unterschiedsbetrag zwischen dem Betrag, der zur Stilllegung am Bilanzstichtag erforderlich ist, und dem Betrag, der zur Stilllegung am vorangegangenen Bilanzstichtag hätte aufgewendet werden müssen,

---

495 R 38 EStR.

ist jeweils auf die Restlaufzeit gleichmäßig zu verteilen. Diese Bewertung ist auch in Bezug auf die Handelsbilanz unbedenklich. Auch die Laufzeit von 25 Jahren dürfte nicht zu lang bemessen sein, da die Laufzeit von Kernkraftwerken aus betriebswirtschaftlichen Gründen nicht kürzer sein wird.

Wird im Einzelfall oder generell infolge des sog. Atomausstiegs die tatsächliche Laufzeit kürzer, folgt bereits hieraus eine kürzere Ansammlungsdauer für die Stilllegungsrückstellung. In diesem Fall ist die Rückstellung entsprechend aufzustocken. Da die Restansammlungsdauer kürzer wird, sind die Aufwandsbuchungen in den verbleibenden Jahren höher.[496]

952

Die vorstehenden Regelungen zur Bildung von Rückstellungen für die Verpflichtung zur Stilllegung eines Kernkraftwerks gelten erstmals für das nach dem 31.12.1998 endende Wirtschaftsjahr. Vor dem 1.1.1999 gebildete Rückstellungen für diese Verpflichtung sind daher aufzulösen. Hiermit ist am Schluss des ersten nach dem 31.12.1998 endenden Wirtschaftsjahrs zu beginnen. Steht dann der Zeitpunkt der Stilllegung eines Kernkraftwerks noch nicht fest, sind bisher gebildete Rückstellungen bis zu dem Betrag Gewinn erhöhend aufzulösen, der sich ergibt, wenn die Rückstellung vom Zeitpunkt der erstmaligen Nutzung an auf 25 Jahre gleichmäßig verteilt wird (§ 52 Abs. 16 Satz 10 EStG).

953

9.2.7 Abzinsung

§ 6 Abs. 1 Nr. 3a Buchst. e EStG
Rückstellungen für Verpflichtungen sind mit einem Zinssatz von 5,5 vom Hundert abzuzinsen; Nummer 3 Satz 2 ist entsprechend anzuwenden. Für die Abzinsung von Rückstellungen für Sachleistungsverpflichtungen ist der Zeitraum bis zum Beginn der Erfüllung maßgebend. Für die Abzinsung von Rückstellungen für die Verpflichtung, ein Kernkraftwerk stillzulegen, ist der sich aus Buchstabe d Satz 2 ergebende Zeitraum maßgebend.

Rückstellungen für Verpflichtungen sind generell, ob es sich um Geldleistungs- oder Sachleistungsverpflichtungen handelt, mit einem Zinssatz von 5,5 % abzuzinsen. Bei Sachleistungsverpflichtungen ist hier-

954

---

496 Strahl in: Korn, EStG § 6 Rz. 386.

bei der Zeitraum bis zum Beginn der Erfüllung maßgebend. Steht bei Verpflichtungen zur Stilllegung eines Kernkraftwerks der Zeitpunkt der Stilllegung fest, ist der sich hieraus ergebende Zeitraum für die Verzinsung maßgebend, sonst sind 25 Jahre zu Grunde zu legen.

955 Für die **Abzinsung** sind die Vorschriften entsprechend anzuwenden, die für die Abzinsung von Verbindlichkeiten (→Rdn. 905 ff.) gelten (§ 6 Abs. 1 Nr. 3a Buchst. e Satz 1 EStG). Ausgenommen von der Verzinsung sind hiernach
- Rückstellungen, wenn ihre Laufzeit am Bilanzstichtag weniger als 12 Monate beträgt,
- Rückstellungen, die verzinslich sind und
- Rückstellungen, die auf einer Vorausleistung beruhen.

Der dritte Ausschlussgrund für die Abzinsung der Verbindlichkeiten, nämlich wenn diese auf einer Anzahlung oder Vorausleistung beruhen, kommt für Rückstellungen nur unter der Alternative in Betracht, dass die Rückstellungen auf einer Vorausleistung beruhen. Denn Rückstellungen auf der Grundlage von Anzahlungen sind nicht denkbar[497].

956 Es kommt auf die Laufzeit am Bilanzstichtag an, also auf die Restlaufzeit vom Stichtag an. Ist z. B. am 31.12.01 von einer Laufzeit von 18 Monaten auszugehen, so ist die Rückstellung zum 31.12.01 abzuzinsen, zum 31.12.02 aber nicht, da die dann noch bestehende Laufzeit weniger als 12 Monate beträgt.

957 Zur Abzinsung können die Grundsätze zur Bewertung von Kapitalschulden für Zwecke der Erbschaft- und Schenkungssteuer angewendet werden[498], die in den gleich lautenden Ländererlassen vom 15.9.1997 zu § 12 BewG bestimmt sind[499].

Beispiel

U passiviert zum 31.12.01 eine Rückstellung in Höhe von 100.000 €. Die Laufzeit beträgt noch voraussichtlich zwei Jahre. Nach Tabelle 1 zu § 12 Abs. 3 BewG beträgt der Vervielfältiger für die Abzinsung ei-

---

497 Korn/Strahl § 6 Rz 388.
498 Schmidt/Glanegger EStG § 6 Rz 408.
499 Gleich lautende Ländererlasse v. 15.9.1997, BStBl 1997 I S. 832, Haufe-Index 50594.

ner unverzinslichen Schuld, die nach zwei Jahren fällig ist, im Nennwert von 1 DM 0,898. Für 100.000 € beträgt die abgezinste Rückstellung zum 31.12.01 100.000 € × 0,898 = 89.800 €.

Die Abzinsung kann auch nach der in Rdn. 907 für die Abzinsung von Verbindlichkeiten genannten Formel berechnet werden. Hiernach ergibt sich im vorstehenden Beispiel folgender Barwert für die Rückstellung zum 31.12.01:

958

$K_0 = K_n \times \frac{1}{(1+i)^n}$

$K_0 = 100.000 \times \frac{1}{(1+0,055)^2}$

$K_0 = 100.000 \times \frac{1}{1,055^2}$

$K_0 = 100.000 \times \frac{1}{1,113}$

$K_0 = 89.847$ €

Der Barwert nach der vorstehenden Formel ist geringfügig höher als nach der Tabelle zu § 12 Abs. 3 BewG. Das liegt an den Auf- und Abrundungen in der Tabelle. Es ergibt sich also ein Abzinsungsbetrag von 100.000 € − 89.847 € = 10.153 €. Es handelt sich um Ertrag. U bucht:

➔ Rückstellung 10.155 €
    an Zinsertrag 10.155 €

Rückstellungen für **drohende Verluste** aus schwebenden Geschäften waren nach der BFH-Rechtsprechung nicht abzuzinsen, da der jeweilige Verpflichtungsüberhang nach Auffassung des BFH keinen Zinsanteil enthielt.[500] Nachdem die Finanzverwaltung diese Rechtsprechung zunächst nicht angewandt und eine Pflicht zur Abzinsung angenommen hatte[501], hielt sie an dieser Auffassung nicht mehr fest und hob den Nichtanwendungserlass wieder auf.[502] Da aber steuerlich keine Drohverlustrückstellungen mehr zulässig sind (→Rdn. 343 f.), hat diese Meinungsänderung der Finanzverwaltung keine praktische Bedeutung.

---

500 BFH, Urt. v. 7.10.1997 VIII R 84/94, BStBl 1998 II S. 331 u. v. 17.5.2000 I R 66/99 (NV), BFH/NV 2001 S. 155.
501 BMF, Schr. v. 17.8.1998 IV B 2 – S 2175 – 3/98, BStBl 1998 I S. 1045.
502 BMF, Schr. v. 1.3.2002 – IV A 6 – S 2175 – 4/02, DB 2002 S. 609.

9.3 Testfragen zur Bewertung der Rückstellungen

Nr.	Frage	Rdn.
299.	Mit welchem Betrag sind Rückstellungen in der Handelsbilanz anzusetzen?	926 ff.
300.	Wie werden Ersatzansprüche bei der Bewertung der Rückstellungen in der Handelsbilanz berücksichtigt?	930
301.	Mit welchem Wert werden Rückstellungen für Sach- und Dienstleistungsverpflichtungen handelsrechtlich angesetzt?	931
302.	Sind Rückstellungen handelsrechtlich abzuzinsen?	932
303.	Welche Grundsätze gelten ab 1999 für die Bewertung der Rückstellungen in der Steuerbilanz?	933
304.	Handelt es sich bei diesen Grundsätzen um eine abschließende Aufzählung?	934
305.	Gelten diese Bewertungsgrundsätze auch für Rückstellungen, die zum Ende eines vor dem 1.1.1999 endenden Wirtschaftsjahrs gebildet worden sind?	935
306.	Was ist bei der Bewertung gleichartiger Verpflichtungen zu berücksichtigen?	936
307.	Wie sind Rückstellungen für Verpflichtungen zu Sachleistungen steuerrechtlich zu bewerten?	937 ff.
308.	Wie werden künftige Vorteile bei der Bewertung der Rückstellungen in der Steuerbilanz berücksichtigt?	942 ff.
309.	Was sind Ansammlungsrückstellungen und wie sind sie steuerrechtlich zu bewerten?	947 ff.
310.	Wie ist die Abzinsung der Rückstellungen steuerrechtlich geregelt?	954 ff.

10 Wertbeibehaltung und Wertaufholung

10.1 Vermögensgegenstände

10.1.1 Handelsbilanz

Beibehaltungswahlrecht nach handelsrechtlicher Abschreibung auf den niedrigeren Wert
§ 253 Abs. 5 HGB
Ein niedrigerer Wertansatz nach Absatz 2 Satz 3, Absatz 3 oder 4 darf beibehalten werden, auch wenn die Gründe dafür nicht mehr bestehen.

Handelsrechtlich besteht ein Wahlrecht, einen niedrigeren Wertansatz beizubehalten, auch wenn die Gründe hierfür nicht mehr bestehen nach 959

- einer außerplanmäßigen Abschreibung eines Anlagegegenstands (§ 253 Abs. 2 Satz 3 HGB) →Rdn. 732 ff.,
- einer Abschreibung eines Umlaufgegenstands auf den niedrigeren Wert, der sich aus einem Börsen- oder Marktpreis ergibt (§ 253 Abs. 3 Satz 1 HGB) →Rdn. 813 ff.,
- einer Abschreibung eines Umlaufgegenstands auf den niedrigeren Wert, der mangels eines Börsen- oder Marktpreises am Abschlussstichtag beizulegen ist (§ 243 Abs. 4 Satz 2 HGB) →Rdn. 813 ff.,
- einer Abschreibung eines Umlaufgegenstands zur Verhinderung der Änderung des Wertansatzes infolge Wertschwankungen (§ 253 Abs. 3 Satz 3 HGB) →Rdn. 820 f.,
- einer Abschreibung im Rahmen vernünftiger kaufmännischer Beurteilung (§ 253 Abs. 4 HGB) →Rdn. 868 ff.

Fallen also die Gründe dieser Abschreibungen fort, so hat der Unternehmer ein Wahlrecht, den niedrigeren Wertansatz beizubehalten, auf den tatsächlichen höheren Wert oder auf einen Zwischenwert zuzuschreiben. Es besteht daher ein kombiniertes Beibehaltungs-/Zuschreibungswahlrecht. 960
Zu den Sonderregelungen für Kapitalgesellschaften →Rdn. 1171 ff.
Höchstwerte der Zuschreibung sind bei 961

- nicht abnutzbaren Anlagegegenständen und Umlaufgegenständen die Anschaffungs- (→Rdn. 553 ff.) oder Herstellungskosten (→Rdn. 607 ff.) und
- bei abnutzbaren Anlagegegenständen die Anschaffungs- oder Herstellungskosten vermindert um die planmäßigen Abschreibungen (→Rdn. 665 ff.), die sich nach dem ursprünglichen Abschreibungsplan ergeben hätten.

Beispiel

Unternehmer U hat dem Schweizer Unternehmer S am 10.11.01 ein Fälligkeitsdarlehen in Höhe von 200.000 € gewährt. Auf Grund des gesunkenen Wechselkurses wies U das Darlehen zum 31.12.01 in Höhe von 190.000 € aus. Zum 31.12.02 ist der Wechselkurs gestiegen und die Darlehensforderung hat einen Wert von 205.000 €. U kann in seiner Handelsbilanz den Wert von 190.000 € beibehalten oder auf den Wert zuschreiben, den die Forderung bei ihrer Entstehung hatte, auf ihre Anschaffungskosten. Er darf aber nicht auf den Wert von 205.000 € zuschreiben, da die Zuschreibung der Höhe nach durch die Anschaffungs- oder Herstellungskosten begrenzt ist.

Beibehaltungswahlrecht nach steuerrechtlicher Abschreibung

§ 254 Satz 2 HGB

§ 253 Abs. 5 ist entsprechend anzuwenden.

962   Aus der entsprechenden Anwendung von § 253 Abs. 5 HGB folgt: Handelsrechtlich darf ein niedrigerer Wertansatz nach einer steuerrechtlichen Abschreibung (→Rdn. 876 ff.) beibehalten werden, auch wenn die Gründe dafür nicht mehr bestehen. Es darf also

- der auf der steuerrechtlichen Abschreibung beruhende niedrigere Wertansatz beibehalten,
- auf den höheren steuerrechtlich zulässigen Wert
- oder auf einen Zwischenwert zugeschrieben werden.

§ 254 Satz 2 in Verbindung mit § 253 Abs. 5 HGB hat also sowohl ein Beibehaltungswahlrecht als auch ein Zuschreibungswahlrecht zum Inhalt.

963   Fallen später die Voraussetzungen für eine steuerrechtliche Abschreibung fort, so ist in der Steuerbilanz entsprechend der Wert des Wirt-

schaftsguts zu erhöhen. Es besteht hier also ein Zuschreibungs- oder Wertaufholungsgebot.

Beispiel

Gewerbetreibender U schafft im Juni 01 eine fabrikneue Maschine, deren Nutzungsdauer fünf Jahre beträgt, für 100.000 € an. Er schreibt sie im Jahr 01 degressiv nach § 7 Abs. 2 EStG in Höhe von 20 % ab und nimmt nach § 7g EStG eine Sonderabschreibung in Höhe von 20 % in Anspruch. Die Voraussetzungen für die Inanspruchnahme der Sonderabschreibung und der degressiven AfA waren erfüllt. Im Januar 02 veräußert U die Maschine.

Voraussetzung für die Inanspruchnahme der erhöhten Abschreibung nach § 7g Abs. 2 Nr. 2 EStG ist, dass der bewegliche Anlagegegenstand ein Jahr lang in einer inländischen Betriebsstätte des begünstigten Betriebs verbleibt. Mit dem vorzeitigen Ausscheiden ist daher die erhöhte steuerrechtliche Abschreibung in der Steuerbilanz rückgängig zu machen.

Handelsrechtlich besteht hingegen das Wahlrecht, den niedrigeren Wert beizubehalten. Das steuerrechtliche Zuschreibungsgebot ist unabhängig vom Ansatz in der Handelsbilanz auszuüben. Die Handelsbilanz kann der Steuerbilanz angeglichen werden. Sie muss es aber nicht. Nach § 5 Abs. 1 Satz 2 EStG besteht nur bei Wahlrechten eine Bindung zwischen Handels- und Steuerbilanz. Ein steuerrechtliches Bewertungsgebot hat hingegen keinen zwingenden Einfluss auf die Handelsbilanz.

In der Handelsbilanz eines Einzelunternehmens oder einer Personengesellschaft kann ohne weiteres auf den höheren Wert, der ohne die steuerrechtliche Abschreibung bestehen würde, also maximal bis zur Höhe der Anschaffungs- oder Herstellungskosten abzüglich planmäßiger Abschreibungen, zugeschrieben werden. Hierdurch könnte das Unternehmen handelsrechtlich ein günstigeres Ergebnis ausweisen als steuerrechtlich, etwa um gegenüber der Bank seine Kreditwürdigkeit darzulegen.

> **Beispiel**
>
> Im Beispielfall in Rdn. 963 belässt U die Maschine innerhalb des Einjahreszeitraums in der Betriebsstätte. Nachdem er zunächst in der Handels- und in der Steuerbilanz die Abschreibung nach § 7g EStG im Jahr 01 vorgenommen und die Maschine um 20.000 € erhöht abgeschrieben hat, schreibt er in seiner Handelsbilanz im Jahr 02 diesen Betrag wieder zu.

Die Ausschüttungen werden auf Grund des handelsrechtlichen Jahresergebnisses bemessen. Der handelsrechtliche Mehrgewinn könnte also, obwohl er zum Teil auf einer aus steuerpolitischen Gründen gewährten Vergünstigung beruht, die nach dem Zweck des Gesetzes zu Investitionszwecken gewährt worden ist, ausgeschüttet werden. Abgesehen davon bliebe die Steuerersparnis im Privatbereich und stünde somit für private Ausgaben zur Verfügung.

966 Aus § 5 Abs. l Satz 2 EStG ergibt sich eine vollständige Bindung steuerlicher Wahlrechte in der Steuerbilanz an deren Ausübung in der Handelsbilanz. Daher können Beibehaltungs-/Zuschreibungswahlrechte nach steuerrechtlichen Abschreibungen in der Steuerbilanz nur in Übereinstimmung mit der Handelsbilanz ausgeübt werden. Soll also ein niedrigerer Wertansatz nach einer steuerrechtlichen Abschreibung in der Steuerbilanz beibehalten bleiben, so muss dieser Ansatz auch in der Handelsbilanz fortbestehen. Erfolgt in der Handelsbilanz eine Zuschreibung auf den tatsächlichen höheren Wert, hat das auch eine Zuschreibung in der Steuerbilanz zur Folge.

967 Wird daher in der Handelsbilanz eine steuerrechtliche Abschreibung durch Zuschreibung ganz oder teilweise rückgängig gemacht, hat das **in gleichem Umfang auch in der Steuerbilanz** zu geschehen. In dem Beispiel ist also auch in der Steuerbilanz die Zuschreibung vorzunehmen. Die Steuerersparnis auf Grund der steuerrechtlichen Abschreibung bleibt daher bei einem Einzelunternehmen oder einer Personengesellschaft nach handelsrechtlicher Zuschreibung nicht im Privatbereich zur außerbetrieblichen Verwendung. Die handelsrechtliche Zuschreibung führt in gleichem Umfang zu einer Zuschreibung in der Steuerbilanz und damit zu einer Steuernachzahlung entsprechend der früheren Steuerersparnis.

10.1.2 Steuerbilanz

§ 6 Abs. 1 Nr. 1 Satz 4 EStG
Wirtschaftsgüter, die bereits am Schluss des vorangegangenen Wirtschaftsjahrs zum Anlagevermögen des Steuerpflichtigen gehört haben, sind in den folgenden Wirtschaftsjahren gemäß Satz 1 anzusetzen, es sei denn, der Steuerpflichtige weist nach, dass ein niedrigerer Teilwert nach Satz 2 angesetzt werden kann.

§ 6 Abs. 1 Nr. 2 Satz 3 EStG
Nummer 1 Satz 4 gilt entsprechend.

§ 7 Abs. 1 Satz 6 EStG
Absetzungen für außergewöhnliche technische oder wirtschaftliche Abnutzung sind zulässig; soweit der Grund hierfür in späteren Wirtschaftsjahren entfällt, ist in den Fällen der Gewinnermittlung nach § 4 Abs. 1 oder nach § 5 eine entsprechende Zuschreibung vorzunehmen.

Vor dem 1.1.1999 endende Wirtschaftsjahre

Für Wirtschaftsjahre, die vor dem 1.1.1999 endeten, bestand in der Steuerbilanz wie in der Handelsbilanz ein Beibehaltungs-/Zuschreibungswahlrecht (→Rdn. 959). Nach dem Maßgeblichkeitsgrundsatz richtete sich der Ansatz in der Steuerbilanz nach dem Ansatz in der Handelsbilanz.

968

Nach dem 31.12.1998 endende Wirtschaftsjahre

In Wirtschaftjahren, die nach dem 31.12.1998 enden, besteht das in den vorstehenden Vorschriften geregelte strikte **Wertaufholungsgebot**.

969

Wertaufholungsgebot	
Geltung	Wirtschaftsjahre, die nach dem 31.12.1998 enden
Wirtschaftsgüter	Alle Wirtschaftsgüter, die am Schluss des vorangegangenen Wirtschaftsjahrs zum Betriebsvermögen gehört haben
Zuschreibung nach	▪ Teilwertabschreibung ▪ Absetzung für außergewöhnliche technische oder wirtschaftliche Abnutzung
Wert, auf den zugeschrieben wird	Abnutzbare Anlagegegenstände nach Teilwertabschreibung: ▪ Anschaffungs- oder Herstellungskosten oder ▪ der an deren Stelle tretende Wert vermindert um ▪ Absetzungen für Abnutzung, ▪ erhöhte Absetzungen, ▪ Sonderabschreibungen, ▪ Abzüge nach § 6b und ähnliche Abzüge (§ 6 Abs. 1 Nr. 1 Sätze 1 und 4 EStG) Nicht abnutzbare Anlagegegenstände, Beteiligungen und Umlaufgegenstände nach Teilwertabschreibung: ▪ Anschaffungs- oder Herstellungskosten oder ▪ der an deren Stelle tretende Wert vermindert um ▪ Abzüge nach § 6b und ähnliche Abzüge (§ 6 Abs. 1 Nr. 2 Sätze 1 und 3 EStG) Abnutzbare Anlagegegenstände nach Absetzung für außergewöhnliche technische oder wirtschaftliche Abnutzung: ▪ den Absetzungen für außergewöhnliche technische oder wirtschaftliche Abnutzung „entsprechende" Zuschreibung
Voraussetzung	▪ Nach Teilwertabschreibung: Immer, es sei denn, der Unternehmer weist nach, dass ein niedrigerer Teilwert angesetzt werden kann ▪ Nach Absetzung für außergewöhnliche technische oder wirtschaftliche Abnutzung: Wegfall des Grundes für die Abschreibung

970 Wie sich aus der vorstehenden Tabelle ergibt, sind nach Teilwertabschreibungen Höchstwerte für die Zuschreibungen die Anschaffungs- oder Herstellungskosten oder der an deren Stelle tretende Wert vermindert um

- bei abnutzbaren Anlagegegenständen: Absetzungen für Abnutzung, erhöhte Absetzungen, Sonderabschreibungen, Abzüge nach § 6b EStG und ähnliche Abzüge,
- bei anderen Wirtschaftsgütern: Abzüge nach § 6b und ähnliche Abzüge.

Das Fortbestehen der Voraussetzungen für eine Teilwertabschreibung ist zu jedem Abschlussstichtag vom Unternehmer **nachzuweisen**. Geschieht das nicht, wird ohne weiteres die Teilwertabschreibung rückgängig gemacht. Die Unternehmen müssen daher entsprechende Unterlagen schaffen und als Abschlussunterlagen aufbewahren. Den Unternehmer trifft daher die Feststellungslast.[503]

971

Das strikte Wertaufholungsgebot nach einer Teilwertabschreibung wird ergänzt durch das Gebot, **Absetzungen für außergewöhnliche technische oder wirtschaftliche Abnutzung** rückgängig zu machen, soweit der Grund hierfür in späteren Wirtschaftsjahren entfällt (§ 7 Abs. 1 Satz 6 EStG). Hierdurch soll sichergestellt werden, dass eine bislang als Teilwertabschreibung geltend gemachte Wertminderung nicht über das Rechtsinstitut der Absetzung für außergewöhnliche technische oder wirtschaftliche Abnutzung aus dem Wertaufholungsgebot ausgenommen werden kann.[504] Allerdings wird diese Abschreibung nicht ohne weiteres rückgängig gemacht, wie es bei der Teilwertabschreibung geschieht. Aber auch hier sollten Unterlagen geschaffen und den Abschlussunterlagen beigefügt werden, aus denen sich das Fortbestehen des Grundes für die Abschreibung ergibt.

972

Höchstwert für die Wertaufholung

Wie in Rdn. 970 gezeigt wurde, kommt eine Teilwertabschreibung erst in Betracht, wenn die Anschaffungs- oder Herstellungskosten oder der an deren Stelle tretende Wert um Abnutzungen für Abnutzung, erhöhte Absetzungen, Sonderabschreibungen, Abzüge nach § 6b EStG oder ähnliche Abzüge gemindert sind. Daher kann auch eine Teilwertabschreibung nur bis zu diesem **Ausgangswert** durch Wertaufholung bzw. Zuschreibung rückgängig gemacht werden. Die Vergünstigungen durch erhöhte Absetzungen, Sonderabschreibun-

973

---

503 BT-Drucks. 14/443, S. 22.
504 BT-Drucks. 14/443, S. 25.

gen, Abzüge nach § 6b EStG oder ähnliche Abzüge bleiben also erhalten.

974 Nach Verwaltungsauffassung hat der Unternehmer diese Bewertungsobergrenze anhand geeigneter Unterlagen nachzuweisen. Er muss also insbesondere die historischen Anschaffungs- oder Herstellungskosten belegen. Kann er das nicht, gilt der Buchwert, der in der ältesten noch vorhandenen Bilanz als Anfangswert für das Wirtschaftsgut ausgewiesen wird, als Bewertungsobergrenze, es sei denn, die Finanzbehörde legt eine höhere Bewertungsobergrenze dar, z. B. auf Grund der dort vorhandenen Unterlagen.[505]

975 Für ältere Anlagegegenstände kann es schwierig sein, die historischen Anschaffungs- oder Herstellungskosten nachzuweisen. Sind die Aufbewahrungsfristen abgelaufen, können die Eingangsrechnungen zur Belegung der Anschaffungs- oder Herstellungskosten vernichtet sein. Meist werden aber Abschreibungsunterlagen noch vorhanden sein. Diese müssen als Nachweis ausreichen, denn die Unterlagen des Finanzamts, die letztendlich zum Nachweis dienen sollen, können auch nicht genauer sein, es sei denn, es handelt sich um Unterlagen zu Außenprüfungsberichten.

Steuermindernde Rücklage

976 Das Wertaufholungsgebot gilt in den nach dem 31.12.1998 endenden Wirtschaftsjahren auch dann, wenn in früheren Jahresabschlüssen nach den damals geltenden Gesetzen zutreffend auf den niedrigeren Teilwert abgeschrieben und dieser nach dem vormals geltenden Beibehaltungswahlrecht (→Rdn. 968) beibehalten worden ist. Daher entsteht in dem nach dem 31.12.1998 endenden Wirtschaftsjahr, dem sog. **Erstjahr**, aus Wertaufholungen früher zulässiger Teilwertabschreibungen ein Auflösungsgewinn.

§ 52 Abs. 16 Satz 3 EStG
In Höhe von vier Fünfteln des im Erstjahr durch die Anwendung des § 6 Abs. 1 Nr. 1 und 2 in der Fassung des Gesetzes vom 24. März 1999 (BGBl. I S. 402) entstehenden Gewinns kann im Erstjahr eine den steuerlichen Gewinn mindernde Rücklage gebildet werden, die in den dem

---

[505] BMF, Schr. v. 29.2.2000 IV C 2 – S 2171b – 14/00, DStR 2000, S. 470.

Erstjahr folgenden vier Wirtschaftsjahren jeweils mit mindestens einem Viertel Gewinn erhöhend aufzulösen ist (Auflösungszeitraum).

In Höhe von vier Fünfteln des in diesem Erstjahr durch die Wertaufholung nach der früheren Teilwertabschreibung entstehenden Gewinns kann nur im Erstjahr eine den steuerlichen Gewinn mindernde **Rücklage** gebildet werden. Die Rücklage kann also nicht in einem späteren Wirtschaftsjahr nachgeholt werden. 977

Für den Ansatz dieser Rücklage besteht ein **Wahlrecht**. Das bedeutet, die Rücklage kann im Erstjahr in voller Höhe oder auch teilweise ausgewiesen werden. In den folgenden Wirtschaftsjahren besteht ein Mindestauflösungsgebot für die Rücklage. Sie kann daher auch in höheren Beträgen, auch in schwankenden Beträgen, aufgelöst werden. Sie muss aber in jedem Jahr zu mindestens einem Viertel ihres im Erstjahr passivierten Betrags Gewinn erhöhend aufgelöst werden. Die Auflösungen dürfen nicht in einem dieser folgenden Jahre ausgesetzt werden. Der Auflösungszeitraum kann auch verkürzt werden. 978

Es handelt sich um ein steuerrechtliches Wahlrecht bei der Gewinnermittlung. Nach § 5 Abs. 1 Satz 2 EStG ist eine übereinstimmende Passivierung in der Handelsbilanz durch Ansatz eines Sonderpostens mit Rücklageanteil (→Rdn. 481 ff.) erforderlich. 979

Der Ansatz von Sonderposten mit Rücklageanteil in der Handelsbilanz wird deshalb für die Geltendmachung steuerrechtlicher Passivierungswahlrechte vorausgesetzt, weil sonst sich aus der Inanspruchnahme der steuerrechtlichen Wahlrechte ergebende Liquidität an den oder die Unternehmer ausgeschüttet würde (→Rdn. 483). Nach Verwaltungsanweisung ist daher die steuerliche Anerkennung der Rücklage nur dann vom Ausweis eines entsprechenden Sonderpostens mit Rücklageanteil in der Handelsbilanz abhängig, soweit auch in der Handelsbilanz durch Zuschreibung ein entsprechend höherer Gewinn ausgewiesen wird.[506]

§ 52 Abs. 16 Sätze 4 und 5 EStG 980
Scheidet ein der Regelung nach den Sätzen 1 bis 3 unterliegendes Wirtschaftsgut im Auflösungszeitraum ganz oder teilweise aus, ist im Wirtschaftsjahr des Ausscheidens der für das Wirtschaftsgut verbleibende Teil

---

[506] BMF, Schr. v. 25.2.2000 IV C 2 – S 2171b – 14/00, DStR 2000, S. 470; BStBl 2000 I S. 372.

der Rücklage nach Satz 3 in vollem Umfang oder teilweise Gewinn erhöhend aufzulösen. Soweit ein der Regelung nach den Sätzen 1 bis 3 unterliegendes Wirtschaftsgut im Auflösungszeitraum erneut auf den niedrigeren Teilwert abgeschrieben wird, ist der für das Wirtschaftsgut verbleibende Teil der Rücklage nach Satz 3 in Höhe der Abschreibung Gewinn erhöhend aufzulösen.

981 Wird in dem vierjährigen sog. **Auflösungszeitraum** ein Wirtschaftsgut, das von der Rücklage betroffen ist, veräußert, entnommen, erneut auf den niedrigeren Teilwert abgeschrieben oder scheidet es aus anderen Gründen aus dem Betriebsvermögen ganz oder teilweise aus, ist im Wirtschaftsjahr des Ausscheidens der für das Wirtschaftsgut verbliebene Teil der Rücklage bei einer Veräußerung oder Entnahme in vollem Umfang, bei einer erneuten Teilwertabschreibung in Höhe dieser Abschreibung, bei einem sonstigen vollen oder teilweisen Ausscheiden in Höhe des Ausscheidens Gewinn erhöhend aufzulösen.

Beispiel

Eine Forderung wurde zum 31.12.1998 auf den niedrigeren Teilwert abgeschrieben. Zum 31.12.1999 wurde sie auf ihren Nennwert zugeschrieben. In Höhe von 4/5 des durch die Zuschreibung entstandenen Gewinns wurde eine den steuerlichen Gewinn mindernde Rücklage zum 31.12.1999 passiviert. Im Jahr 2000 erfüllte der Schuldner die Forderung in voller Höhe. Die Rücklage war zum 31.12.2000 in voller Höhe Gewinn erhöhend aufzulösen.

982 Die Bildung der Rücklage und ihre Auflösung sind an das betreffende Wirtschaftsgut gebunden. Daher muss in der Buchführung der Zusammenhang der Rücklage mit dem jeweiligen Wirtschaftsgut verfolgbar sein.

983 Für die Rückgängigmachung einer Abschreibung für außergewöhnliche technische oder wirtschaftliche Abnutzung im Erstjahr ist eine solche Wertaufholungsrücklage nicht vorgesehen.

Fall

Das Geschäfts-/Wirtschaftsjahr des Unternehmers U stimmt mit dem Kalenderjahr überein. U stellte die Buchführung erst ab 1.1.2002 auf Euro um.

Wertbeibehaltung und Wertaufholung J

Im März 1996 hat U eine Maschine angeschafft. Die Anschaffungskosten haben 200.000 DM betragen. U hat von der Vereinfachungsregelung nach R 44 Abs. 2 Satz 3 EStR Gebrauch gemacht und in 1996 den vollen Jahresbetrag abgeschrieben. Die Nutzungsdauer hat er zutreffend mit 10 Jahren angesetzt. Zum 31.12.1997 wurde die Maschine auf den niedrigeren Teilwert abgeschrieben. Hierbei wurde berücksichtigt, dass wegen gesunkener Preise die Wiederbeschaffungskosten für eine vergleichbare Maschine zu diesem Stichtag 120.000 DM betragen hätten. U berechnete daher den Wert zum 31.12.1997 wie folgt:

Anschaffungskosten	200.000 DM
AfA 1996 und 1997 je 20.000 DM	40.000 DM
Buchwert 31.12.1997	160.000 DM
Wiederbeschaffungsneuwert	120.000 DM
AfA 1996 und 1997 je 12.000 DM	24.000 DM
Teilwert am 31.12.1997	96.000 DM
Teilwertabschreibung zum 31.12.1997	64.000 DM
AfA 1998 96.000 DM : 8 =	12.000 DM
Buchwert 31.12.1998	84.000 DM

Wie musste U zum 31.12.1999 in seiner Steuerbilanz bilanzieren?

Lösung

Zunächst ist zu entscheiden, ob es sich um eine voraussichtlich dauernde Wertminderung handelt. Voraussetzung ist, dass die zum Abschlussstichtag bestehende Wertminderung wenigstens während der halben Restnutzungsdauer bestehen wird (→Rdn. 777). Die Restnutzungsdauer ab dem 31.12.1997 betrug acht Jahre. Wäre die Maschine zum 31.12.1997 nicht auf den niedrigeren Teilwert von 96.000 DM abgeschrieben worden, wäre dieser Wert am 31.12.2001 unterschritten worden, denn bei fortgeführter AfA hätte dann der Buchwert 80.000 DM betragen. Bereits nach weniger als vier Jahren, nach weniger als der halben Restnutzungsdauer, erreichte der fortgeführte AfA-Wert bereits den niedrigeren Teilwert. Damit handelte es sich nicht um eine voraussichtlich dauernde Wertminderung. Die Abschreibung auf den niedrigeren Teilwert durfte zwar zum 31.12.1997 nach der damals bestehenden Rechtslage vorgenommen werden, wenn in der Handelsbilanz ebenso auf den niedrigeren Wert außerplanmäßig abgeschrieben worden ist. In der Handelsbilanz durfte auch am 31.12.1999 der niedrigere Wert beibehalten werden. In der Steuerbilanz zum 31.12.1999 bestanden hierfür aber nicht mehr die Voraussetzungen. Es war daher am 31.12.1999

auf den Wert von 120.000 DM zuzuschreiben, der sich nach der fortgeführten AfA ergab.
U musste daher zum 31.12.1999 in seiner Steuerbilanz auf den fortgeführten Buchwert von 84.000 DM auf 120.000 DM zuschreiben. In Höhe von 4/5 des hierdurch entstandenen Gewinns, also in Höhe von 36.000 DM × 4/5 = 28.800 DM, konnte er eine den steuerlichen Gewinn mindernde Rücklage bilden. Diese musste er in den folgenden vier Jahren in Höhe von mindestens ¼, also in Höhe von mindestens 7.200 DM, Gewinn erhöhend auflösen. Wenn U in seiner Handelsbilanz am 31.12.1999 den niedrigeren Wert beibehalten und weiterhin von diesem planmäßig abgeschrieben hat, war die Gewinn mindernde Rücklage in der Steuerbilanz nicht von dem Ansatz eines Sonderpostens mit Rücklageanteil in der Handelsbilanz abhängig. Hatte aber U in der Handelsbilanz wie in der Steuerbilanz zugeschrieben, musste er auch in der Handelsbilanz einen der Rücklage in der Steuerbilanz entsprechenden Sonderposten mit Rücklageanteil ansetzen. Sonst wäre dann die Rücklage in der Steuerbilanz nicht anzuerkennen gewesen.

10.2 Verbindlichkeiten

10.2.1 Handelsbilanz

984 Handelsrechtlich fehlt für Verbindlichkeiten eine dem § 253 Abs. 5 HGB entsprechende Vorschrift. Es gibt für sie also kein gesetzliches Beibehaltungs-/Zuschreibungswahlrecht wie bei den Vermögensgegenständen (→Rdn. 959 ff.).

Beispiel

Unternehmer U hat bei einer Schweizer Bank ein Fälligkeits-Darlehen in Schweizer Währung aufgenommen, das in Höhe von umgerechnet 100.000 € zurückzuzahlen ist. Er hatte das Darlehen in der Handelsbilanz zum 31.12.01 wegen gestiegenen Wechselkurses mit 105.000 € bewertet. Auf Grund des Wechselkurses zum 31.12.02 betrug der Wert des Darlehens zu diesem Stichtag 102.000 €.

In der Handelsbilanz war der höhere Wert der Verbindlichkeit zum 31.12.01 zu berücksichtigen (→Rdn. 888). Von diesem Wert durfte nicht auf den niedrigeren Kurswert zum 31.12.02 abgeschrieben werden. Allgemein dürfen Kursgewinne erst berücksichtigt werden, wenn sie realisiert sind.[507] Realisiert werden Kursgewinne von Verbindlichkeiten erst bei deren Begleichung. Das bedeutet, dass im vorstehenden Beispiel zum 31.12.02 der gegenüber dem vorherigen Bilanzansatz niedrigere Wert der Verbindlichkeit nicht ausgewiesen werden durfte, auch wenn dieser Wert noch über dem Erfüllungsbetrag bei Entstehung der Verbindlichkeit lag. Ergibt sich also zum Abschlussstichtag für eine Verbindlichkeit ein **niedrigerer Erfüllungsbetrag**, darf dieser nach dem Realisationsprinzip (→Rdn. 97 ff.) nicht ausgewiesen werden.

Im vorstehenden Beispiel muss daher der nach einer Höherbewertung ausgewiesene Betrag bei der Verbindlichkeit bestehen bleiben. Erst bei der Erfüllung der Verbindlichkeit zu Bedingungen, die günstiger sind als bei dem letzten Bilanzansatz, wirkt sich handelsrechtlich ein niedrigerer Wert einer Verbindlichkeit aus.

10.2.2 Steuerbilanz

Abschreibung auf den niedrigeren Wert

§ 6 Abs. 1 Nr. 1 Satz 4 EStG
Wirtschaftsgüter, die bereits am Schluss des vorangegangenen Wirtschaftsjahrs zum Anlagevermögen des Steuerpflichtigen gehört haben, sind in den folgenden Wirtschaftsjahren gemäß Satz 1 anzusetzen, es sei denn, der Steuerpflichtige weist nach, dass ein niedriger Teilwert nach Satz 2 angesetzt werden kann.

§ 6 Abs. 1 Nr. 2 Satz 3 EStG
Nummer 1 Satz 4 gilt entsprechend.

§ 6 Abs. 1 Nr. 3 Satz 1 EStG
Verbindlichkeiten sind unter sinngemäßer Anwendung der Vorschriften der Nummer 2 anzusetzen ...

Nach § 6 Abs. 1 Nr. 3 Satz 1 EStG ist Nr. 2 von § 6 Abs. 1 EStG sinngemäß auf Verbindlichkeiten anzuwenden. Satz 3 dieser Vorschrift verweist wiederum auf § 6 Abs. 1 Nr. 1 Satz 4 EStG. Hieraus folgt, dass Verbindlichkeiten mit dem Erfüllungsbetrag am Bilanzstichtag

---

507 ADS, HGB § 253 Rdn. 91.

anzusetzen sind, wenn sie in der Schlussbilanz des vorangegangenen Wirtschaftsjahrs mit einem höheren Wert angesetzt worden sind, es sei denn, ein höherer Teilwert wird nachgewiesen. Begrenzt wird die Abschreibung nach unten durch die Anschaffungskosten, den Erfüllungsbetrag bei Entstehung der Verbindlichkeit.

Unternehmer U muss daher die Verbindlichkeit im vorstehenden Beispiel (Rdn. 984) in seiner Steuerbilanz nach dem Wechselkurs zum 31.12.02 mit 102.000 € bewerten.

987 Verbindlichkeiten, die bereits am vorangegangenen Abschlussstichtag im Betriebsvermögen ausgewiesen waren und einen niedrigeren Wert als beim vorangegangenen Abschlussstichtag haben, sind daher zum Abschlussstichtag des abgelaufenen Wirtschaftsjahrs in der Steuerbilanz abweichend zur Handelsbilanz mit ihrem niedrigeren Teilwert auszuweisen. Hier wird das Realisationsprinzip in der Steuerbilanz auf Grund des Bewertungsvorbehalts (§ 5 Abs. 6 EStG) durchbrochen. U muss daher in seiner Handelsbilanz die Verbindlichkeit zum 31.12.02 mit 105.000 € und in seiner Steuerbilanz in Höhe von 102.000 € ausweisen

Steuermindernde Rücklage

988 § 6 Abs. 1 Nr. 3 EStG in der Fassung des Gesetzes vom 24. März 1999 (BGBl. I S. 402) ist auch für Verbindlichkeiten anzuwenden, die bereits zum Ende eines vor dem 1. Januar 1999 endenden Wirtschaftsjahrs angesetzt worden sind. Für den Gewinn, der sich aus der erstmaligen Anwendung dieser Vorschrift ergibt, kann in Höhe von neun Zehnteln eine den Gewinn mindernde Rücklage gebildet werden. Diese ist in den folgenden neun Wirtschaftsjahren jeweils mit mindestens einem Neuntel Gewinn erhöhend aufzulösen. Scheidet die Verbindlichkeit während dieses so genannten Auflösungszeitraums aus dem Betriebsvermögen aus, ist die Rücklage zum Ende des Wirtschaftsjahrs des Ausscheidens in vollem Umfang Gewinn erhöhend aufzulösen (§ 52 Abs. 16 Sätze 7 und 8 EStG).

Im Beispiel zu Rdn. 984 ergibt sich in der Steuerbilanz zum 31.12.02 ein Gewinn in Höhe von 3.000 €. Falls das Jahr 02 das erste nach dem 31.12.1998 endende Wirtschaftjahr war, konnte in Höhe von 9/10 dieses Gewinns, also in Höhe von 2.700 €, eine den steuerlichen Gewinn mindernde Rücklage in der Steuerbilanz passiviert werden.

Diese Rücklage durfte nur in diesem ersten Übergangsjahr, dem so genannten Erstjahr, gebildet werden.

Die Rücklage war in den folgenden neun Wirtschaftsjahren mit mindestens je 1/9 Gewinn erhöhend aufzulösen. Es handelt sich hier um ein Passivierungswahlrecht in der Steuerbilanz, das ebenfalls wie bei der entsprechenden Rücklage für Wirtschaftsgüter (→Rdn. 976 ff.) voll oder teilweise ausgeübt werden konnte. Das Mindestauflösungsgebot schließt auch hier die Möglichkeit ein, in höheren und schwankenden Beträgen aufzulösen.

Bei kurzen Restlaufzeiten war es zweckmäßig, die Auflösung der Rücklage gleichmäßig auf die Restlaufzeit zu verteilen, also nicht die mögliche Laufzeit von neun Jahren auszunutzen, um am Ende der Laufzeit eine unverhältnismäßig hohe ertragswirksame Auflösung zu vermeiden.

Scheidet die Verbindlichkeit im Laufe des Auflösungszeitraums aus dem Betriebsvermögen aus, ist auch die Rücklage zum Ende des Wirtschaftsjahrs des Ausscheidens Gewinn erhöhend aufzulösen.

Nach den Verwaltungsanweisungen war Voraussetzung für die steuerrechtliche Anerkennung der Rücklage ebenso wie bei der erstmaligen Wertaufholung nach einer Teilwertabschreibung (→Rdn. 979) der Ausweis eines entsprechenden Sonderpostens mit Rücklageanteil in der Handelsbilanz, soweit auch in der Handelsbilanz durch Zuschreibung ein entsprechend höherer Gewinn ausgewiesen wurde.[508]

10.3 Rückstellungen

10.3.1 Handelsbilanz

Ebenso wie für Verbindlichkeiten (→Rdn. 984 f.) fehlt auch für Rückstellungen eine Vorschrift im Handelsrecht, welche die Beibehaltung oder Wertminderung regelt. Es gelten daher die allgemeinen Bewertungsgrundsätze (Rdn. 926 ff.).

Rückstellungen sind nur in Höhe des Betrags anzusetzen, der nach vernünftiger kaufmännischer Beurteilung notwendig ist (§ 253 Abs. 1

---

[508] BMF, Schr. v. 25.2.2000 IV C 2 – S 2171b – 14/00, DStR 2000, S. 470; BStBl 2000 I S. 372.

Satz 2 HGB). Bei Verbindlichkeitsrückstellungen ist es der voraussichtliche Erfüllungsbetrag, bei Drohverlustrückstellungen der jeweilige Verpflichtungsüberschuss. Ein niedrigerer Wertansatz als nach vernünftiger kaufmännischer Beurteilung geboten kann bei Aufwandsrückstellungen in Betracht kommen. Wenn sich nach diesen Maßstäben eine Wertminderung ergibt kann handelsrechtlich eine Abwertung der Rückstellung infrage kommen. Da aber ein genauer Wertmaßstab bei Rückstellungen ausgeschlossen ist und eine Bewertung immer nur in einer gewissen Bandbreite möglich ist, wird handelsrechtlich eher die Beibehaltung als eine Minderung der Höhe in Betracht kommen.

10.3.2 Steuerbilanz

994 Steuerrechtlich fehlt für Rückstellungen eine Vorschrift, die wie § 6 Abs. 1 Nr. 3 für Verbindlichkeiten unter Verweis auf § 6 Abs. 1 Nr. 2 Satz 3 eine Abwertung bei einer Wertminderung verlangt (→Rdn. 986 f.).

In der Praxis kommt eine Wertminderung am ehesten in Betracht, wenn die Wertmaßstäbe von § 6 Abs. 1 Nr. 3a EStG überschritten sind (→Rdn. 933 ff.).

10.3.3 Steuermindernde Rücklage

995 Wie in Rdn. 935 ausgeführt wurde, ist die durch das Steuerentlastungsgesetz 1999/2000/2002 neu eingeführte Vorschrift des § 6 Abs. 1 Nr. 3a EStG auch auf Rückstellungen anzuwenden, die bereits zum Ende eines vor dem 1.1.1999 endenden Wirtschaftsjahrs gebildet worden sind (§ 52 Abs. 16 Satz 8 EStG). Sind daher Rückstellungen mit einem höheren Betrag ausgewiesen, als es hiernach zulässig ist, sind sie insoweit in der Steuerbilanz Gewinn erhöhend aufzulösen.

Beispiel

Der Bilanzstichtag des Unternehmens U ist der 31.12. Zum 31.12.1998 wurde eine Rückstellung in Höhe von 800.000 € ausgewiesen. Nach neuem Recht ist sie um 200.000 € zu hoch bewertet. Zum 31.12.1999 war die Rückstellung insoweit in der Steuerbilanz Gewinn erhöhend aufzulösen:

→ Rückstellung 200.000 €
an Erträge aus der Auflösung von Rückstellungen 200.000 €

§ 52 Abs. 16 Satz 11 EStG
Satz 8 ist für die in Satz 9 genannten Rückstellungen entsprechend anzuwenden.

Für den Gewinn, der sich aus der Auflösung der Rückstellung ergibt, kann gemäß § 52 Abs. 16 Satz 11 i.V. m. Satz 8 EStG eine den Gewinn mindernde Rücklage in Höhe von 9/10 dieses Gewinns gebildet werden. Voraussetzung für den Ansatz der steuermindernden Rücklage ist nicht, dass in der Handelsbilanz ein Sonderposten mit Rücklageanteil ausgewiesen wird. Wenn aber handelsrechtlich die Rückstellung ebenfalls aufgelöst wird, hängt die steuerliche Anerkennung der steuermindernden Rücklage von dem Ansatz eines Sonderpostens in der Handelsbilanz ab.[509].

Im vorstehenden Beispiel werden daher 9/10 von 200.000 € = 180.000 € nur in der Steuerbilanz als Rücklage ausgewiesen. Zum Abschluss des Wirtschaftsjahrs 1999 wird in der Steuerbilanz gebucht:

→ Erträge aus der steuerlich niedrigeren Bewertung
von Rückstellungen 180.000 €
an Sonderposten mit Rücklageanteil
nach § 52 Abs. 16 EStG 180.000 €

Durch diese Buchung wird erreicht, dass der Ertrag aus der erstmaligen Auflösung der Rückstellung sich im Erstjahr nur in Höhe von einem Zehntel gewinnmäßig auswirkt.

Die Rücklage kann aber nur dem Gewinn gegenübergestellt werden, der sich aus der erstmaligen Anwendung von § 6 Abs. 1 Nr. 3a EStG ergibt, also nur in der Steuerbilanz des Wirtschaftsjahrs, das nach dem 31.1.1998 endet. Eine spätere Nachholung ist daher nicht zulässig. Die Rücklage ist in den folgenden neun Wirtschaftsjahren jeweils mit mindestens einem Neuntel Gewinn erhöhend aufzulösen (§ 52 Abs. 16 Satz 11 i. V. m. Satz 8 EStG).

Im vorstehenden Beispiel ist daher zum Abschluss der folgenden neun Wirtschaftsjahre jeweils ein Neuntel der Rücklage aufzulösen: 1/9 von 180.000 € = 20.000 €. Zum Abschluss des Wirtschaftsjahrs 2000 und

---

509 BMF, Schr. v. 25.2.2000 IV C 2 – S 2171b – 14/00, DStR 2000, S. 470; BStBl 2000 I S. 372.

der folgenden acht Wirtschaftsjahre, wenn die Auflösung der Rücklage gleichmäßig auf den Auflösungszeitraum verteilt wird, ist daher jeweils zu buchen:

➜ Sonderposten mit Rücklageanteil
nach § 52 Abs. 16 EStG 20.000 €
an Erträge aus der Auflösung von Sonderposten
mit Rücklageanteil nach § 52 Abs. 16 EStG 20.000 €

998 Entsprechend 52 Abs. 16 Satz 8 zweiter Halbsatz EStG ist die Rücklage Gewinn erhöhend aufzulösen, wenn die Rückstellung in dem neunjährigen Auflösungszeitraum aus dem Betriebsvermögen ausscheidet (§ 52 Abs. 16 Satz 11 EStG). Scheidet z. B. die Rückstellung im Jahr 2002 aus dem Betriebsvermögen aus, so ist zu buchen:

➜ Rückstellung 600.000 €
an Erträge aus der Auflösung von Rückstellungen 600.000 €
➜ Sonderposten mit Rücklageanteil nach
§ 52 Abs. 16 EStG 140.000 €
an Erträge aus der Auflösung von Sonderposten
mit Rücklageanteil nach § 52 Abs. 16 EStG 140.000 €

10.4 Testfragen zur Wertbeibehaltung und Wertaufholung

Nr.	Frage	Rdn.
311.	Wie ist die Wertbeibehaltung oder Zuschreibung handelsrechtlich geregelt?	959 f.
312.	Hat ein steuerrechtliches Zuschreibungsgebot Auswirkung auf die Handelsbilanz?	964
313.	Wie ist die Wertbeibehaltung oder Zuschreibung nach einer Teilwertabschreibung oder einer Abschreibung wegen außergewöhnlicher technischer oder wirtschaftlicher Abnutzung steuerrechtlich geregelt?	968 ff.
314.	Wer ist nachweispflichtig für die Wertbeibehaltung oder Zuschreibung?	971 f.
315.	Was ist der Höchstwert für die Wertaufholung in der Steuerbilanz und wer hat ihn nachzuweisen und wie geschieht das?	973 ff.

Wertbeibehaltung und Wertaufholung

Nr.	Frage	Rdn.
316.	Wie konnte die Besteuerung des durch die Wertaufholung entstandenen Gewinns im Erstjahr nach der Änderung von § 6 Abs. 1 EStG gemildert werden?	976 ff. 988 ff. 995 ff.
317.	Mit welchem Wert ist eine Verbindlichkeit handelsrechtlich anzusetzen, wenn der Rückzahlungsbetrag niedriger als der Nennbetrag ist?	984 f.
318.	Mit welchem Wert ist eine Verbindlichkeit steuerrechtlich anzusetzen, wenn der Rückzahlungsbetrag niedriger als der Nennbetrag ist?	986 f.

K Kapitalgesellschaften und bestimmte Personengesellschaften

1 Ergänzende Vorschriften

999 Die in den vorstehenden Ausführungen behandelten Vorschriften und Grundsätze des Ersten Abschnitts des Dritten Buchs des HGB (§§ 238 bis 263 HGB) gelten für alle Unternehmen. Für Kapitalgesellschaften (→Rdn. 1001 f., Abschnitt 2) und bestimmte Personengesellschaften (→Rdn. 1003 ff., Abschnitt 3) bilden sie gewissermaßen einen Allgemeinen Teil. Sie gelten in vollem Umfang auch für diese Unternehmen, es sei denn die ergänzenden Vorschriften enthalten abweichende Regelungen.

1000 Für Kapitalgesellschaften und bestimmte Personengesellschaften werden die allgemeinen Vorschriften um Bestimmungen ergänzt, die unmittelbar nur für diese Unternehmen gelten. Es handelt sich um Sondervorschriften

- zur Aufstellung des Jahresabschlusses,
- zur Gliederung von Bilanz und Gewinn- und Verlustrechnung,
- zu einzelnen Bilanzposten und Posten der Gewinn- und Verlustrechnung,
- zur Bewertung,
- zur Erläuterung der Bilanz und der Gewinn- und Verlustrechnung im Anhang,
- zum Lagebericht,
- zur Prüfung des Jahresabschlusses und des Lageberichts,
- zur Offenlegung von Jahresabschluss und Lagebericht.

Diese Vorschriften sind zusätzlich zu den in den bisherigen Ausführungen behandelten Bestimmungen des Ersten Abschnitts des Dritten Buchs des HGB (§§ 238 bis 263 HGB) zu beachten. Soweit gegenüber diesen Vorschriften abweichende Regelungen in den ergänzenden Bestimmungen des Zweiten Abschnitts (§§ 264 ff. HGB) enthalten sind, gelten für Kapitalgesellschaften und die bestimmten besonders genannten Personengesellschaften nur die speziellen Vorschriften.

2 Kapitalgesellschaften

Kapitalgesellschaften sind 1001
- die Aktiengesellschaft (AG),
- die Kommanditgesellschaft auf Aktien (KGaA) und
- die Gesellschaft mit beschränkter Haftung (GmbH).

Nur für diese Unternehmen gelten die „ergänzenden Vorschriften" unmittelbar. Hinsichtlich ihrer Geltung für bestimmte Personengesellschaften →Rdn. 1003 ff., Abschnitt 3.

Entsprechend sind die „ergänzenden Vorschriften" anzuwenden auf 1002
- unter das Publizitätsgesetz fallende Großunternehmen (§ 5 PublG),
- Kreditinstitute (§ 340a HGB),
- Versicherungsunternehmen (§ 341a HGB) und
- eingetragene Genossenschaften (§ 336 HGB).

3 Bestimmte Personengesellschaften

Für nach dem 31.12.1999 endende Geschäftsjahre gelten die ergän- 1003
zenden Vorschriften für Kapitalgesellschaften auch für offene Handelsgesellschaften und Kommanditgesellschaften, bei denen nicht wenigstens ein persönlich haftender Gesellschafter eine natürliche Person oder eine Personengesellschaft mit einer natürlichen Person als persönlich haftender Gesellschafter ist (§ 264a HGB). Hiervon sind unter weiteren besonderen Bedingungen die genannten Personengesellschaften befreit, wenn sie in den Konzernabschluss einer Komplementärgesellschaft oder eines anderen Mutterunternehmens einbezogen sind (§ 264b HGB).

K Kapitalgesellschaften und bestimmte Personengesellschaften

1004 Zum Kreis dieser Unternehmen gehören insbesondere die Personengesellschaften, bei denen lediglich eine oder mehrere Kapitalgesellschaften persönlich haftende Gesellschafter sind. Praktisch wird das insbesondere für Personengesellschaften in der Form der GmbH & Co KG. Mit dem neuen Recht wird auf der sog. GmbH & Co-Richtlinie beruhendes EU-Recht umgesetzt.

1005 Im Gesetz wird als Grundlage von den Kapitalgesellschaften ausgegangen. Die für diese geltenden besonderen Bestimmungen zur Rechnungslegung und Offenlegung sind nach § 264a Abs. 1 HGB auf die vorstehend genannten Personengesellschaften anzuwenden. Diese Gesellschaften werden also gesetzlich den Kapitalgesellschaften bei der Rechnungslegung und Offenlegung gleichgestellt.

4 Größenklassen

4.1 Bedeutung der Größenklassen

1006 Die Kapitalgesellschaften werden in **drei Größenklassen** eingeteilt (§ 267 HGB):
- kleine Kapitalgesellschaften,
- mittelgroße Kapitalgesellschaften,
- große Kapitalgesellschaften.

1007 Von der Zuordnung zu einer Größenklasse **hängen ab**
- die Aufstellungsfrist für den Jahresabschluss,
- die Gliederung für den Jahresabschluss,
- der Umfang der Pflichtangaben,
- die Prüfung des Jahresabschlusses und
- die Offenlegung des Jahresabschlusses.

4.2 Größenmerkmale

4.2.1 Schwellenwerte

Für die Einteilung in kleine, mittlere und große Gesellschaften ist maßgebend, ob bestimmte Größenmerkmale überschritten werden. Man spricht daher auch von **Schwellenwerten**.

1008

Gesellschaften			
Merkmale	kleine	mittelgroße	große
Nr. 1 Bilanzsumme abzüglich Fehlbetrag	bis 3,438 Mio. €	mehr als 3,438 Mio. € bis 13,75 Mio. €	mehr als 13,75 Mio. €
Nr. 2 Umsatzerlöse	bis 6,875 Mio. €	mehr als 6,875 Mio. € bis 27,5 Mio. €	mehr als 27,5 Mio. €
Nr. 3 Zahl der Arbeitnehmer im Jahresdurchschnitt	bis 50	51 bis 250	mehr als 250
Vorschrift	§ 267 Abs. 1 HGB	§ 267 Abs. 2 HGB	§ 267 Abs. 3 HGB

Die Rechtfolgen für der Merkmalsüber- bzw. -unterschreitung treten nur ein, wenn mindestens zwei der drei Merkmale an den Abschlussstichtagen von zwei aufeinander folgenden Geschäftsjahren über- oder unterschritten werden (§ 267 Abs. 4 Satz 1 HGB).

1009

Abgesehen davon gilt eine Gesellschaft stets als groß, wenn sie einen organisierten Markt im Sinne von § 2 Abs. 5 Wertpapierhandelsgesetz durch von ihr ausgegebene Wertpapiere in Anspruch nimmt oder die Zulassung zum Handel an einem organisierten Markt beantragt worden ist (§ 267 Abs. 3 HGB).

Ist das Unternehmen **neu gegründet** oder **umgewandelt**, kommt es bei der Eingruppierung auf das Vorliegen von zwei der hierfür maßgebenden Merkmale am ersten Abschlussstichtag nach der Neugründung oder Umwandlung an (§ 267 Abs. 4 Satz 2 HGB).

1010

Werden **später** die Merkmale an den Abschlussstichtagen von zwei aufeinander folgenden Geschäftsjahren
- **überschritten,** wird die Gesellschaft höhergestuft,
- **unterschritten,** wird die Gesellschaft herabgestuft.

4.2.2 Bilanzsumme abzüglich Fehlbetrag

1011 **Bilanzsumme** ist die Summe der Postenbeträge einer Bilanzseite. Auf der Passivseite ist es die Summe der Passivposten, also von Eigenkapital, Sonderposten mit Rücklageanteil, Rückstellungen, Verbindlichkeiten und passiven Rechnungsabgrenzungsposten.

1012 Das **Eigenkapital** wird bei einer Kapitalgesellschaft als „Gezeichnetes Kapital" (→Rdn. 1113 f.) auch dann in voller Höhe ausgewiesen, wenn von den Anteilseignern Beträge hierauf nicht eingezahlt sind. Der Gesamtbetrag dieser ausstehenden Beträge auf das Eigenkapital wird auf der Aktivseite als Posten „Ausstehende Einlagen", also praktisch als Forderung der Kapitalgesellschaft an ihre Anteilseigner, bilanziert.

1013 **Fehlbetrag** ist bei Kapitalgesellschaften das Minuskapital, das auf der Aktivseite als Überschuss der Passivposten über die Aktivposten ausgewiesen wird, wenn das Eigenkapital durch Verluste aufgebraucht ist. Dieser Posten erhält die Bezeichnung "Nicht durch Eigenkapital gedeckter Fehlbetrag" (§ 268 Abs. 3 HGB). Dieser Fehlbetrag ist bei der Größenbestimmung der Gesellschaft nach dem Merkmal Nr. 1 von der Bilanzsumme zu mindern.

1014 Bei den **gleichgestellten Personengesellschaften** werden anstelle des Postens „Gezeichnetes Kapital" die Kapitalanteile der persönlich haftenden Gesellschafter einzeln oder zusammengefasst angesetzt. Gesondert werden hiervon insgesamt die Einlagen der Kommanditisten ausgewiesen (§ 264c Abs. 2 Sätze 2 und 6 HGB).

Ein auf einen **persönlich haftenden Gesellschafter** entfallender Verlust wird von seinem Kapitalanteil abgeschrieben. Übersteigt der Verlust den Kapitalanteil, ist zu unterscheiden (§ 264c Abs. 2 Sätze 4 und 5 HGB):
- Soweit hinsichtlich des übersteigenden Betrages eine Einzahlungsverpflichtung des persönlich haftenden Gesellschafters besteht, ist ein Aktivposten unter der Bezeichnung „Einzahlungsverpflichtung persönlich haftender Gesellschafter" unter den Forderungen ge-

sondert auszuweisen. Dieser Betrag entspricht dem Posten „Ausstehende Einlagen" bei den Kapitalgesellschaften.

- Besteht keine Zahlungsverpflichtung, ist der Betrag als „Nicht durch Vermögenseinlagen gedeckter Verlustanteil persönlich haftender Gesellschafter" gemäß § 268 Abs. 3 auszuweisen. Dieser Betrag entspricht dem Posten "Nicht durch Eigenkapital gedeckter Fehlbetrag" bei den Kapitalgesellschaften.

Ein auf einen **Kommanditisten** entfallender Verlust wird ebenso von dessen Kapitalanteil abgeschrieben. Ebenso werden Entnahmen hiervon gemindert.

- Besteht hinsichtlich des den Kapitalanteil übersteigenden Betrages eine Einzahlungsverpflichtung des Kommanditisten, ist insoweit eine Forderung auszuweisen. Hierfür ist gesetzlich eine besondere Bezeichnung nicht vorgeschrieben. Aus Gründen der Klarheit sollte hierfür die Bezeichnung „Einzahlungsverpflichtung von Kommanditisten" gewählt werden.
- Soweit keine Einzahlungsverpflichtung des Kommanditisten besteht, verbleibt es bei einem „Fehlbetrag". Da die für Komplementäre geltenden Bestimmungen auf Kommanditisten entsprechend anzuwenden sind (§ 264c Abs. 2 Satz 6 HGB), sollte dieser Betrag die Bezeichnung „Nicht durch Vermögenseinlagen gedeckter Verlustanteil von Kommanditisten" erhalten. Auch dieser Betrag wird gesondert unter dieser Bezeichnung auf der Aktivseite gemäß § 268 Abs. 3 HGB ausgewiesen.

Einstufungsmerkmal Nr. 1		1015
	Bilanzsumme abzüglich	
bei Kapitalgesellschaften	Fehlbetrag	
bei gleichgestellten Personengesellschaften	Summe aus ■ „Nicht durch Vermögenseinlagen gedeckter Verlustanteil persönlich haftender Gesellschafter" und ■ „Nicht durch Vermögenseinlagen gedeckter Verlustanteil von Kommanditisten".	

4.2.3 Umsatzerlöse

§ 277 Abs. 1 HGB

Als Umsatzerlöse sind die Erlöse aus dem Verkauf und der Vermietung oder Verpachtung von für die gewöhnliche Geschäftstätigkeit der Kapitalgesellschaft typischen Erzeugnissen und Waren sowie aus von für die gewöhnliche Geschäftstätigkeit der Kapitalgesellschaft typischen Dienstleistungen nach Abzug von Erlösschmälerungen und der Umsatzsteuer auszuweisen.

1016 Umsatzerlöse sind die Erlöse aus folgenden für die gewöhnliche Geschäftstätigkeit des Unternehmens typischen Geschäften nach Abzug der Erlösschmälerungen und der Umsatzsteuer:
- Verkauf von Erzeugnissen und Waren
- Vermietung oder Verpachtung
- Dienstleistungen

Zu den Umsatzerlösen gehören daher nur Erträge aus den Umsätzen, die betriebstypische Leistungen an Dritte darstellen. Nicht hierzu gehören also die nicht betriebstypischen Nebengeschäfte, auch „Hilfsgeschäfte" genannt und die Innenumsätze.

Zu beachten ist, dass es für die Klassifizierung der Kapitalgesellschaft nicht auf die Umsatzerlöse des Geschäftsjahrs ankommt, sondern auf die der letzten 12 Monate vor dem maßgebenden Abschlussstichtag. Das ist von Bedeutung, wenn der Bilanzstichtag ein Rumpfgeschäftsjahr abschließt.

1017

Einstufungsmerkmal Nr. 2	
Umsatzerlöse	
Erlöse aus folgenden für die gewöhnliche Geschäftstätigkeit des Unternehmens typischen Geschäften: ■ Umsätze von Erzeugnissen und Waren ■ Vermietungen, Verpachtungen, Leasing ■ Dienstleistungen	
abzüglich	Erlösschmälerungen
	Umsatzsteuer

4.2.4 Zahl der Arbeitnehmer

Als Zahl der Arbeitnehmer im Jahresdurchschnitt gilt der vierte Teil der Summe der am 31. März, 30. Juni, 30. September und am 31. Dezember beschäftigten Arbeitnehmer einschließlich der im Ausland beschäftigten Arbeitnehmer und ausschließlich der in ihrer Berufsausbildung Beschäftigten (§ 267 Abs. 5 HGB). 1018

Außerplanmäßige und ihrer Art nach vorübergehende Leistungsunterbrechungen oder -verkürzungen, wie z. B. durch Krankheit, Streiks oder Kurzarbeit, sind nicht mindernd zu berücksichtigen.[510] 1019

Arbeitnehmer in diesem Sinne sind auch Heimarbeiter, Schwerbehinderte, in einem Probearbeitsverhältnis Beschäftigte, unselbstständige Handelsvertreter, wegen Wehrübungen kurzfristig Abwesende, Aushilfskräfte. Teilzeitbeschäftigte sind voll und nicht nur entsprechend ihrer vereinbarten durchschnittlichen Arbeitszeit zu rechnen, auch wenn ihre Tätigkeit nur geringfügig ist.[511] 1020

1021

Einstufungsmerkmal Nr. 3	
Zahl der Arbeitnehmer <ul><li>einschließlich der im Ausland beschäftigten Arbeitnehmer</li><li>ausschließlich der in ihrer Berufsausbildung Beschäftigten</li></ul> am 31. März	
+ am 30. Juni	-------
+ am 30.. September	-------
+ am 31. Dezember	-------
= Summe	
Durchschnittszahl = Summe : 4	

---

510 Budde/Karig in: Beck Bil-Komm. § 267 Rdn. 12.
511 Budde/Karig in: Beck Bil-Komm. § 267 Rdn. 10.

5 Aufstellungspflicht

§ 264 Abs. 1 HGB
Die gesetzlichen Vertreter einer Kapitalgesellschaft haben den Jahresabschluss (§ 242) um einen Anhang zu erweitern, der mit der Bilanz und der Gewinn- und Verlustrechnung eine Einheit bildet, sowie einen Lagebericht aufzustellen. Der Jahresabschluss und der Lagebericht sind von den gesetzlichen Vertretern in den ersten drei Monaten des Geschäftsjahrs für das vergangene Geschäftsjahr aufzustellen. Kleine Kapitalgesellschaften (§ 267 Abs. 1) brauchen den Lagebericht nicht aufzustellen; sie dürfen den Jahresabschluss auch später aufstellen, wenn dies einem ordnungsgemäßen Geschäftsgang entspricht, jedoch innerhalb der ersten sechs Monate des Geschäftsjahres.

1022 Der **Jahresabschluss** einer Kapitalgesellschaft oder Personengesellschaft i. S. von § 264a HGB besteht aus
- Bilanz,
- Gewinn- und Verlustrechnung und
- Anhang.

Außerdem ist von mittelgroßen und großen Gesellschaften ein **Lagebericht** aufzustellen.

1023

Aufstellungsfrist	
Große und mittelgroße Gesellschaften	Kleine Gesellschaften
Aufstellung innerhalb der ersten drei Monate des nach dem Abschlussstichtag folgenden Geschäftsjahrs	Auch später als drei Monate nach dem Abschlussstichtag, wenn das einem ordnungsgemäßen Geschäftsgang entspricht, spätestens aber innerhalb der ersten sechs Monate des nach dem Abschlussstichtag folgenden Geschäftsjahrs

1024 Zur Aufstellung sind die **gesetzlichen Vertreter** verpflichtet. Das sind bei
- AG der Vorstand (§ 78 Abs. 1 AktG),
- KGaA die persönlich haftenden Gesellschafter (§ 278 Abs. 2 AktG i. V. mit § 125 Abs. 1, § 161 Abs. 2 HGB),
- GmbH die Geschäftsführer (§ 35 Abs. 1 GmbHG),
- Kapitalgesellschaft & Co die Mitglieder des vertretungsberechtigten Organs oder die vertretungsberechtigten Gesellschafter (§ 264a

Abs. 2 HGB). Bei einer GmbH & Co KG sind das die Geschäftsführer der Komplementär-GmbH.

Die gesetzlichen Vertreter sind insgesamt verpflichtet, auch wenn intern einer der Vorstände, Geschäftsführer oder Gesellschafter verantwortlich ist.

6 True and fair view

Der Jahresabschluss der Kapitalgesellschaft hat nach § 264 Abs. 2 HGB
- unter Beachtung der Grundsätze ordnungsmäßiger Buchführung
- ein den tatsächlichen Verhältnissen entsprechendes Bild der
  - Vermögens-,
  - Finanz- und
  - Ertragslage
  der Kapitalgesellschaft zu vermitteln und
- führen besondere Umstände dazu, dass der Jahresabschluss ein den tatsächlichen Verhältnissen entsprechendes Bild nicht vermittelt, so sind im Anhang zusätzliche Angaben zu machen.

1025

6.1 Grundsätze ordnungsmäßiger Buchführung

Dass beim Jahresabschluss die **Grundsätze ordnungsmäßiger Buchführung** zu beachten sind, bestimmt bereits allgemein § 243 Abs. 1 HGB. Es wird auf die Ausführungen hierzu verwiesen (→Rdn. 82 ff.). Ferner sind beim Jahresabschluss der Kapitalgesellschaft auch die allgemeinen Anforderungen der **Klarheit** und **Übersichtlichkeit** zu beachten (→Rdn. 88 ff.).

1026

1027

6.2 Stille Reserven

Außerdem muss der Jahresabschluss der Kapitalgesellschaft ein **den tatsächlichen Verhältnissen entsprechendes Bild** der
- Vermögenslage,
- Finanzlage und

1028

- Ertragslage vermitteln. Das ist der Grundsatz des true and fair view. Nach § 149 Abs. 1 Satz 2 AktG a. F. musste der Jahresabschluss im Rahmen der Bewertungsvorschriften einen möglichst sicheren Einblick in die Vermögens- und Ertragslage der Gesellschaft geben. Diese Generalklausel gilt nunmehr für alle Kapitalgesellschaften und die ihnen gleich gestellten Personengesellschaften, in folgenden Punkten erweitert:
  - Es muss nicht nur ein „möglichst sicherer Einblick" gegeben werden, sondern ein „den tatsächlichen Verhältnissen entsprechendes Bild", also ein objektiv zutreffendes Bild.
  - Der Einblick muss nicht „im Rahmen der Bewertungsvorschriften" gegeben werden.
  - Es muss zusätzlich ein den tatsächlichen Verhältnissen entsprechendes Bild der Finanzlage vermittelt werden.

1029 Grund für die Formulierung in § 149 Abs. 1 Satz 2 AktG a. F. war: Die Bewertungsvorschriften des Aktiengesetzes ließen einen erheblichen Spielraum in der Wahl der Bewertungs- und Abschreibungsmethoden. Deshalb musste im Rahmen der Bewertungsvorschriften ein möglichst sicherer Einblick gegeben werden.[512]
Der Einblick sollte also nicht durch die Bewertungsvorschriften eingeschränkt sein, sondern der hierdurch gegebene Rahmen sollte nur so ausgeübt werden, dass der Einblick in die Vermögens- und Ertragslage nach Möglichkeit zutraf. Deshalb ergeben sich, soweit es die Vermögens- und Ertragslage betrifft, aus der jetzigen Formulierung für die Praxis keine grundsätzlichen Änderungen.[513]

1030 In der Möglichkeit, stille Reserven zu bilden, liegt eine erhebliche Gefahr. Sie besteht darin, dass eine ungünstige Entwicklung des Unternehmens durch Auflösung stiller Reserven bis zu deren Verbrauch nicht sichtbar wird. Bei Einzelunternehmen und Personengesellschaften kann das noch hingenommen werden, da Einzelkaufleute und Gesellschafter Zugang zu allen Unterlagen der Rechnungslegung haben und sich daher über den Umfang der stillen Reserven informieren können. Diese Möglichkeiten haben aber die Kapitaleigner von

---

512 Kropff, AktG, S. 219.
513 Regierungsentwurf, S. 76.

True and fair view K

Kapitalgesellschaften nicht. Daher darf bei Kapitalgesellschaften die Bildung stiller Rücklagen nur in dem Umfang zugelassen werden, der sich aus den allgemeinen Bewertungsgrundsätzen ergibt. Die Bildung stiller Reserven wird für Kapitalgesellschaften zusätzlich eingeschränkt durch

- das Verbot außerplanmäßiger Abschreibung von Anlagen bei vorübergehender Wertminderung mit Ausnahme der Finanzanlagen (§ 279 Abs. 1 Satz 2 i.V. mit § 253 Abs. 2 S. 3 HGB),
- das Verbot der Abschreibungen im Rahmen vernünftiger kaufmännischer Beurteilung (§ 279 Abs. 1 Satz 1 i.V. mit § 253 Abs. 4 HGB),
- die Zulässigkeit von steuerrechtlichen Abschreibungen in der Handelsbilanz nur zum Zweck ihrer steuerlichen Geltendmachung (§ 279 Abs. 2 HGB),
- das **Wertaufholungsgebot** nach Wegfall der Gründe für eine Abschreibung auf einen niedrigeren Wert nach § 253 Abs. 2 Satz 3 oder Abs. 3 HGB oder der Gründe für eine steuerrechtliche Abschreibung nach § 254 Satz 1 HGB (§ 280 HGB).

1031

Werden Vermögensgegenstände und Schulden im Rahmen der Bewertungsvorschriften so angesetzt, dass ihre Werte den Zeitwerten möglichst nahe kommen, so werden stille Reserven im möglichen Umfang vermieden. Damit wird ein den tatsächlichen Verhältnissen entsprechendes Bild der Vermögens- und Ertragslage in dem vom Gesetz geforderten Umfang vermittelt.

1032

6.3 Einblick in die Finanzlage

Dann ergibt sich aber noch nicht ein den tatsächlichen Verhältnissen entsprechendes Bild der **Finanzlage** der Gesellschaft, wie es außerdem gefordert wird. Die Finanzlage betrifft die Liquidität des Unternehmens. Den Gläubigern kommt es darauf an, dass ihre Forderungen bei Fälligkeit beglichen werden.

1033

Die Finanzlage eines Unternehmens ist hierfür ausreichend, wenn die vorhandenen Zahlungsmittel zu jedem Zeitpunkt so hoch sind, dass die notwendigen Auszahlungen vorgenommen werden können. Der Liquiditätsquotient muss also stets mindestens gleich 1 sein:

> **Liquiditätsquotient**
>
> $$\frac{\textit{vorhandene Zahlungsmittel}}{\textit{notwendige Auszahlungen}} \geq 1$$

1034 Langfristig beruht die Zahlungsfähigkeit auf dem regulären Geschäftsverkehr. Sie ist gesichert, wenn die Einnahmen hieraus die Ausgaben übersteigen und vorübergehende Liquiditätsengpässe durch Kreditaufnahme überbrückt werden können. Letztlich beruht die Finanzlage auf der Ertragslage. Die Ertragslage ergibt sich aus der Gewinn- und Verlustrechnung. Diese ist aber weitgehend vergangenheitsorientiert, während es für den Ausweis der Finanzlage in erster Linie darauf ankommt, dass die dem Unternehmen gewährten Kredite in Zukunft zurückgezahlt werden können. Daher muss zur Darstellung der Finanzlage die Gewinn- und Verlustrechnung durch prospektive Angaben ergänzt werden.[514] Das geschieht im Lagebericht.

7 Gliederung des Jahresabschlusses

7.1 Allgemeine Gliederungsgrundsätze

7.1.1 Beibehaltung der Gliederung
§ 265 Abs. 1 HGB
Die Form der Darstellung, insbesondere die Gliederung der aufeinander folgenden Bilanzen und Gewinn- und Verlustrechnungen, ist beizubehalten, soweit nicht in Ausnahmefällen wegen besonderer Umstände Abweichungen erforderlich sind. Die Abweichungen sind im Anhang anzugeben und zu begründen.

---

514 Leffson, GoB, S. 72 ff.

	Beibehaltung der Gliederung	1035
Grundsatz	Beibehaltung der Gliederung in aufeinander folgenden Geschäftsjahren der	
	▪ Bilanzen und ▪ Gewinn- und Verlustrechnungen.	
Ausnahme	Abweichende Gliederung wegen besonderer Umstände erforderlich.	
	Abweichungen sind im Anhang	
	▪ anzugeben und ▪ zu begründen.	

Wenn man wissen will, wie sich ein Unternehmen entwickelt, muss man seine einzelnen Jahresergebnisse miteinander **vergleichen**. Diese lassen sich nur dann miteinander vergleichen, wenn sie nach den gleichen Abschlussgrundsätzen und Abschlussmethoden ermittelt wurden und wenn in den aufeinander folgenden Bilanzen die gleichen Bewertungsgrundsätze angewendet worden sind. Die Jahresergebnisse müssen unter Beachtung dieser Voraussetzung vergleichbar sein. 1036

Werden Abweichungen der Jahresergebnisse festgestellt, so muss nach den Ursachen geforscht werden. Deshalb sind die Erfolgskomponenten, die Posten der Bilanzen und Gewinn- und Verlustrechnungen, in aufeinander folgenden Geschäftsjahren miteinander zu vergleichen. Das setzt voraus, dass die Abschlüsse Jahr um Jahr in der gleichen Weise **gegliedert** werden. Das Erfordernis der Beibehaltung der Gliederung ergibt sich daher bereits aus den allgemeinen Grundsätzen der Vergleichbarkeit und Stetigkeit.[515] Der Regierungsentwurf bezeichnet die Vorschrift folgerichtig als rechtsformunabhängigen Grundsatz ordnungsmäßiger Buchführung.[516] 1037

7.1.2 Angabe der entsprechenden Beträge des Vorjahres bei den einzelnen Posten

§ 265 Abs. 2 HGB
In der Bilanz sowie in der Gewinn- und Verlustrechnung ist zu jedem Posten der entsprechende Betrag des vorhergehenden Geschäftsjahrs anzugeben. Sind die Beträge nicht vergleichbar, so ist dies im Anhang anzu-

---

515 Leffson, GoB, S. 426 f.
516 Regierungsentwurf, S. 77.

geben und zu erläutern. Wird der Vorjahresbetrag angepasst, so ist auch dies im Anhang anzugeben und zu erläutern.

1038

Vergleichsbeträge	
Vergleichbarkeit der Posten	Angabe des entsprechenden Postens des vorhergehenden Geschäftsjahrs zu jedem ■ Bilanzposten und ■ Posten der Gewinn- und Verlustrechnung
Nichtvergleichbarkeit der Posten	Angabe und Erläuterung im Anhang ■ der Nichtvergleichbarkeit und ■ der Anpassung eines Vorjahresbetrages

Wenn bei jedem Posten der Bilanz und der Gewinn- und Verlustrechnung der entsprechende Posten des Vorjahres angegeben wird, ist der Vergleich mit den Vorjahresangaben leichter. Ebenso wie die Beibehaltung der Gliederung schafft also die Angabe der Vergleichsbeträge des Vorjahres eine **bessere Vergleichsmöglichkeit**.[517]

7.1.3 Vermerk der Mitzugehörigkeit zu anderen Posten

§ 265 Abs. 3 Satz 1 HGB

Fällt ein Vermögensgegenstand oder eine Schuld unter mehrere Posten der Bilanz, so ist die Mitzugehörigkeit zu anderen Posten bei dem Posten, unter dem der Ausweis erfolgt ist, zu vermerken oder im Anhang anzugeben, wenn dies zur Aufstellung eines klaren und übersichtlichen Jahresabschlusses erforderlich ist.

1039

Kommen für den Ausweis eines Vermögensgegenstandes oder einer Schuld mehrere Bilanzposten in Betracht, so ist der Vermögensgegenstand oder die Schuld unter der Postenbezeichnung auszuweisen, die am ehesten zutrifft. Die Mitzugehörigkeit zu einem anderen Posten ist nur dann zu vermerken oder im Anhang anzugeben, wenn dies zur Aufstellung eines klaren und übersichtlichen Jahresabschlusses erforderlich ist.

---

517 Regierungsentwurf, S. 77.

Mitzugehörigkeitsvermerk		
Von mehreren in Betracht kommenden Bilanzposten		
trifft einer besonders zu	trifft keiner besonders zu	
	Aus Gründen der Klarheit und der Übersichtlichkeit ist ein Vermerk der Mitzugehörigkeit zu einem anderen Bilanzposten	
	nicht erforderlich	erforderlich
Ausweis unter diesem Bilanzposten	Ausweis unter einem der in Betracht kommenden Bilanzposten	
Kein Mitzugehörigkeitsvermerk bei einem anderen Posten	Kein Mitzugehörigkeitsvermerk bei einem anderen Posten	Mitzugehörigkeitsvermerk bei dem anderen in Betracht kommenden Posten oder Angabe im Anhang

7.1.4 Ausweis eigener Anteile

§ 265 Abs. 3 Satz 2 HGB

Eigene Anteile dürfen unabhängig von ihrer Zweckbestimmung nur unter dem dafür vorgesehenen Posten im Umlaufvermögen ausgewiesen werden.

Eigene Anteile dürfen nur unter dieser Bezeichnung als Posten III. 2. des Bilanzgliederungsschemas im Umlaufvermögen ausgewiesen werden. Kommt also ein anderer Bilanzposten in Betracht, so dürfen die Anteile nicht unter dem anderen Bilanzposten bilanziert werden, und zwar auch dann nicht, wenn die Mitzugehörigkeit vermerkt oder im Anhang angegeben wird.

Eigene Anteile sind vom Standpunkt des Gläubigerschutzes unsichere Werte. Es ist daher eine Einordnung in die nach dem strengen Niederstwertprinzip zu bewertenden Vermögensgegenstände des Umlaufvermögens zweckmäßig.[518]

1040

---

518 Wöhe, Bilanzierung und Bilanzpolitik, S. 331.

7.1.5 Gliederung bei mehreren Geschäftszweigen

§ 265 Abs. 4 HGB
Sind mehrere Geschäftszweige vorhanden und bedingt dies die Gliederung des Jahresabschlusses nach verschiedenen Gliederungsvorschriften, so ist der Jahresabschluss nach der für einen Geschäftszweig vorgeschriebenen Gliederung aufzustellen und nach der für die anderen Geschäftszweige vorgeschriebenen Gliederung zu ergänzen. Die Ergänzung ist im Anhang anzugeben und zu begründen.

1041 Wegen ihrer Besonderheiten kann es erforderlich sein, dass bestimmte Geschäftszweige ihre Jahresabschlüsse abweichend von den allgemeinen Gliederungsbestimmungen gliedern. Daher ist der Bundesminister der Justiz ermächtigt, im Einvernehmen mit dem Bundesminister der Finanzen und dem Bundesminister der Wirtschaft und Technologie durch Rechtsverordnung für die Gliederung des Jahresabschlusses Formblätter oder andere Vorschriften zu erlassen (§ 330 HGB).

Die Unternehmen der Geschäftszweige, für deren Jahresabschlüsse besondere Gliederungen vorgeschrieben sind, gliedern ihre Jahresabschlüsse voneinander und von den gesetzlichen Gliederungsschemata abweichend. Formblätter gibt es z. B. für die Gliederung der Jahresabschlüsse der Kreditinstitute, Verkehrsunternehmen, Hypothekenbanken, Schiffspfandbriefbanken, Versicherungsunternehmen und Wohnungsunternehmen.

1042 Hat eine Kapitalgesellschaft mehrere Geschäftszweige und bedingen diese Geschäftszweige eine Gliederung des Jahresabschlusses nach verschiedenen Gliederungsvorschriften, so ist der Jahresabschluss

- nach der für einen Geschäftszweig vorgeschriebenen Gliederung aufzustellen und
- nach der für die anderen Geschäftszweige vorgeschriebenen Gliederung zu ergänzen, was im Anhang anzugeben und zu begründen ist.

Beispiel

Eine Kapitalgesellschaft betreibt ein Versandkaufhaus und ein Bankgeschäft. Die Gliederung des Jahresabschlusses kommt nach den gesetzlichen Gliederungsbestimmungen und nach dem Formblatt für Kreditinstitute in Betracht.

Die Gesellschaft kann sich unter den für ihre verschiedenen Geschäftszweige infrage kommenden Gliederungen nicht eine nach freiem Belieben aussuchen. Es ist nach dem Gebot des § 243 Abs. 2 HGB das Gliederungsschema zu Grunde zu legen, das unter Berücksichtigung der Besonderheiten der Geschäftszweige den klarsten und übersichtlichsten Abschluss ermöglicht. Der nach diesem Schema aufgestellte Jahresabschluss ist nach der für die anderen Geschäftszweige vorgeschriebenen Gliederung zu ergänzen.[519]

1043

7.1.6 Abweichende Gliederungen

Die gesetzlichen Gliederungen sind **Mindestgliederungen**. Es können Posten

- **weiter untergliedert** werden (§ 265 Abs. 5 Satz 1 HGB),
- um **neue Posten** ergänzt werden, wenn ihr Inhalt nicht von einem gesetzlich vorgeschriebenen Posten gedeckt wird (§ 265 Abs. 5 Satz 2 HGB),
- **geändert** werden (nur die mit arabischen Zahlen versehenen Posten), wenn das wegen Besonderheiten der Kapitalgesellschaft zur Aufstellung eines klaren und übersichtlichen Jahresabschlusses erforderlich ist (§ 265 Abs. 6 HGB),
- **zusammengefasst** ausgewiesen werden (nur die mit arabischen Zahlen versehenen Posten), wenn sie unerhebliche Beträge enthalten oder dadurch die Darstellung klarer wird (§ 265 Abs. 7 HGB).

1044

Grundsätzlich sind die Gliederungsschemata einzuhalten. Sonst können die Ziele nicht erreicht werden, die mit der Festlegung von Gliederungsschemata verfolgt werden. Eine weitere Untergliederung ist zulässig, soweit nicht die Klarheit durch ein Zuviel an Information beeinträchtigt wird.[520]

---

519 Kropff, in: Geßler u. a., AktG, § 161 Tz. 11 f.
520 Kropff, in: Geßler u. a., AktG, Vor § 151 Tz. 12.

Posten können an Besonderheiten des Unternehmens angepasst werden, um eine unternehmensspezifische Aussage in den Jahresabschlüssen zu ermöglichen.[521]

7.1.7 Leerposten

§ 265 Abs. 8 HGB

Ein Posten der Bilanz oder der Gewinn- und Verlustrechnung, der keinen Betrag ausweist, braucht nicht aufgeführt zu werden, es sei denn, dass im vorhergehenden Geschäftsjahr unter diesem Posten ein Betrag ausgewiesen wurde.

1045 Weist ein Posten der Bilanz oder der Gewinn- und Verlustrechnung des abgelaufenen Geschäftsjahrs keinen Betrag aus und wurde unter diesem Posten im vorhergehenden Geschäftsjahr

- ein Betrag ausgewiesen, so muss ein Leerposten ausgewiesen werden,
- kein Betrag ausgewiesen, so kann ein Leerposten ausgewiesen werden.

Bei den einzelnen Posten müssen die entsprechenden Beträge des Vorjahres angegeben werden (§ 265 Abs. 2 HGB). Deshalb dürfen Posten, unter denen kein Betrag ausgewiesen wird, nicht weggelassen werden, wenn im vorhergehenden Geschäftsjahr ein Betrag ausgewiesen wurde. Ein Posten, der nur einen **geringfügigen Betrag** ausweist, ist kein Leerposten. Denn manchmal sind gerade geringfügige Beträge aufschlussreich.[522]

7.2 Bilanz

7.2.1 Gliederungsschema

1046 Die Bilanz ist in **Kontoform** aufzustellen (§ 266 Abs. 1 Satz 1 HGB). Es ist folgendes Gliederungsschema zu Grunde zu legen (§ 266 Abs. 2 und 3 HGB):

---

521 Regierungsentwurf, S. 77.
522 Kropff, in: Geßler u. a., AktG, Vor § 151 Tz. 15.

Gliederungsschema

Aktivseite

A. Anlagevermögen:

  I. Immaterielle Vermögensgegenstände:

  1. Konzessionen, gewerbliche Schutzrechte und ähnliche Rechte und Werte sowie Lizenzen an solchen Rechten und Werten;

  2. Geschäfts- oder Firmenwert;

  3. geleistete Anzahlungen;

  II. Sachanlagen:

  1. Grundstücke, grundstücksgleiche Rechte und Bauten einschließlich der Bauten auf fremden Grundstücken;

  2. technische Anlagen und Maschinen;

  3. andere Anlagen, Betriebs- und Geschäftsausstattung;

  4. geleistete Anzahlungen und Anlagen im Bau;

  III. Finanzanlagen:

  1. Anteile an verbundenen Unternehmen;

  2. Ausleihungen an verbundene Unternehmen;

  3. Beteiligungen;

  4. Ausleihungen an Unternehmen, mit denen ein Beteiligungsverhältnis besteht;

  5. Wertpapiere des Anlagevermögens;

  6. sonstige Ausleihungen.

B. Umlaufvermögen:

    I. Vorräte:
1. Roh-, Hilfs- und Betriebsstoffe;
2. unfertige Erzeugnisse, unfertige Leistungen;
3. fertige Erzeugnisse und Waren;
4. geleistete Anzahlungen;

    II. Forderungen und sonstige Vermögensgegenstände:
1. Forderungen aus Lieferungen und Leistungen;
2. Forderungen gegen verbundene Unternehmen;
3. Forderungen gegen Unternehmen, mit denen ein Beteiligungsverhältnis besteht;
4. sonstige Vermögensgegenstände;

    III. Wertpapiere:
1. Anteile an verbundenen Unternehmen;
2. eigene Anteile;
3. sonstige Wertpapiere;

    IV. Kassenbestand, Bundesbankguthaben, Guthaben bei Kreditinstituten und Schecks.

C. Rechnungsabgrenzungsposten.

Passivseite

A. Eigenkapital:

    I. Gezeichnetes Kapital;

    II. Kapitalrücklage;

    III. Gewinnrücklagen:
1. gesetzliche Rücklage;
2. Rücklage für eigene Anteile;
3. satzungsmäßige Rücklagen;
4. andere Gewinnrücklagen;

    IV. Gewinnvortrag/Verlustvortrag;

    V. Jahresüberschuss/Jahresfehlbetrag.

B. Rückstellungen:
  1. Rückstellungen für Pensionen und ähnliche Verpflichtungen;
  2. Steuerrückstellungen;
  3. sonstige Rückstellungen.
C. Verbindlichkeiten:
  1. Anleihen, davon konvertibel;
  2. Verbindlichkeiten gegenüber Kreditinstituten;
  3. erhaltene Anzahlungen auf Bestellungen;
  4. Verbindlichkeiten aus Lieferungen und Leistungen;
  5. Verbindlichkeiten aus der Annahme gezogener Wechsel und der Ausstellung eigener Wechsel;
  6. Verbindlichkeiten gegenüber verbundenen Unternehmen;
  7. Verbindlichkeiten gegenüber Unternehmen, mit denen ein Beteiligungsverhältnis besteht;
  8. sonstige Verbindlichkeiten, davon aus Steuern, davon im Rahmen der sozialen Sicherheit.
D. Rechnungsabgrenzungsposten.

Die in dem Gliederungsschema genannten Posten sind **gesondert** und in der vorgeschriebenen **Reihenfolge** auszuweisen (§ 266 Abs. 1 Satz 2 HBG).

Kleine Kapitalgesellschaften (→Rdn. 1008) brauchen in ihrer Bilanz die in dem vorstehenden Bilanzschema (→Rdn. 1046) mit arabischen Ziffern bezeichneten Posten nicht gesondert auszuweisen (§ 266 Abs. 1 Satz 3 HGB). Aber auch kleine Kapitalgesellschaften müssen die Posten in der Bilanz hinreichend aufgliedern (§ 247 Abs. 1 HGB). Es kann daher nicht pauschal auf den Ausweis aller in dem gesetzlichen Gliederungsschema mit arabischen Ziffern bezeichneten Posten verzichtet werden. 1047

Nach dem Grundsatz der Klarheit darf Nichtzusammengehörendes nicht in einem Posten ausgewiesen werden (→Rdn. 88 ff.). Hieraus kann sich für kleine Kapitalgesellschaften eine weitergehende Untergliederung ergeben. 1048

7.2.2 Sonderposten

1049 Außerdem kommen noch folgende **Sonderposten** in Betracht, die in der Bilanz auszuweisen sind, wenn die Voraussetzungen dafür vorliegen:

Sonderposten	
Aktivseite	Passivseite
▪ Ausstehende Einlagen auf das gezeichnete Kapital Ausweis vor dem Anlagevermögen (§ 272 Abs. I HGB) ▪ Aufwendungen für die Ingangsetzung und Erweiterung des Geschäftsbetriebs Ausweis vor dem Anlagevermögen und Erläuterung im Anhang (§ 269 HGB) ▪ Nicht durch Eigenkapital gedeckter Fehlbetrag (§ 268 Abs. 3 HGB) Ausweis am Schluss der Aktivseite ▪ Damnum oder Disagio (§ 250 Abs. 3 HGB) Ausweis unter den Rechnungsabgrenzungsposten als gesonderter Posten oder Angabe im Anhang (§ 268 Abs. 6 HGB); hiervon sind kleine Kapitalgesellschaften befreit (§ 274a Nr. 4 HGB) ▪ Abgrenzungsposten für voraussichtliche Steuerentlastung nachfolgender Geschäftsjahre Ausweis unter den Rechnungsabgrenzungsposten und Erläuterung im Anhang (§ 274 Abs. 2 HGB)	▪ Sonderposten mit Rücklageanteil (§ 247 Abs. 3 HGB) Ausweis vor den Rückstellungen unter Angabe der Vorschriften, nach denen die Bildung geschehen ist, in der Bilanz oder im Anhang § 273 Abs. 1 HGB) ▪ erhaltene Anzahlungen auf Bestellungen Gesonderter Ausweis unter den Verbindlichkeiten, soweit Anzahlungen auf Vorräte nicht von dem Posten „Vorräte" offen abgesetzt werden (§ 268 Abs. 5 Satz 2 HGB) ▪ Rückstellung für latente Steuern Ausweis unter den Rückstellungen (§ 274 Abs. I HGB)

7.2.3 Anlagenspiegel

§ 268 Abs. 2 HGB

In der Bilanz oder im Anhang ist die Entwicklung der einzelnen Posten des Anlagevermögens und des Postens „Aufwendungen für die Ingangsetzung und Erweiterung des Geschäftsbetriebs" darzustellen. Dabei sind, ausgehend von den gesamten Anschaffungs- und Herstellungskosten, die Zugänge, Abgänge, Umbuchungen und Zuschreibungen des Geschäftsjahrs sowie die Abschreibungen in ihrer gesamten Höhe gesondert auf-

zuführen. Die Abschreibungen des Geschäftsjahrs sind entweder in der Bilanz bei dem betreffenden Posten zu vermerken oder im Anhang in einer der Gliederung des Anlagevermögens entsprechenden Aufgliederung anzugeben.

In einem so genannten **Anlagenspiegel**, auch **Anlagengitter** genannt, ist die Entwicklung in der Bilanz oder im Anhang darzustellen
- des Postens „Aufwendungen für die Ingangsetzung des Geschäftsbetriebs" und
- jedes Postens des Anlagevermögens.

Kleine Kapitalgesellschaften brauchen keinen Anlagenspiegel aufzustellen (§ 274a Nr. 1 HGB).

Ein Anlagenspiegel wird nach folgendem **Muster** aufgestellt:

1050

1051

Anlagenspiegel/Anlagengitter									
Posten	Anschaffungs- oder Herstellungskosten	Zugänge	Abgänge	Umbuchungen	Zuschreibungen	Abschreibungen	Abschreibungen	Buchwert zum Schluss des Geschäftsjahres	Buchwert des Vorjahres
	gesamte Höhe (historisch)	des Geschäftsjahres			gesamte Höhe (historisch)	des Geschäftsjahres			
1	2	3	4	5	6	7	8	9	10

Die Entwicklungsbeträge sind **bei den einzelnen Posten,** also horizontal daneben, aufzuführen. Das nennt man die „horizontale Gliederung" der Bilanz. So wird die Entwicklung des Postens „Aufwendungen für die Ingangsetzung und Erweiterung des Geschäftsbetriebs" (→Rdn. 1140 ff.) und jedes einzelnen Anlagepostens von der Anfangsbilanz des Geschäftsjahrs bis zu seiner Schlussbilanz dargestellt. Es wird somit nicht nur das Vermögen im Augenblick des Bilanzstichtags dargestellt. Es werden auch seine mengen- und wertmäßigen Veränderungen ausgewiesen. Die Aussage der Bilanz wird also wesentlich erweitert und verbessert.

1052

1053 Die Darstellung jedes einzelnen Postens geht aus von seinen **gesamten Anschaffungs- und Herstellungskosten.** Gesamte Anschaffungs- und Herstellungskosten ist die Summe aller Anschaffungs- und Herstellungskosten eines bestimmten Postens vom Zeitpunkt seines erstmaligen Auftretens im Betriebsvermögen bis zum Bilanzstichtag der Schlussbilanz des Vorjahres.

> **Fall**
>
> Der Bilanzposten „technische Anlagen und Maschinen" der U-GmbH enthält drei Maschinen:
>
> Maschine 1: Angeschafft im Januar des Jahres 01 für 40.000 €. Abschreibung 10 % linear.
>
> Maschine 2: Angeschafft im Januar des Jahres 02 für 24.000 €. Abschreibung 12,5 % linear. Da die Maschine nur zu einem geringen Teil ausgelastet war, wurde sie im Jahr 02 in Höhe von 10.000 € zuzüglich zur linearen Abschreibung außerplanmäßig abgeschrieben. Im Jahr 03 stellt sich heraus, dass die Gründe für die außerplanmäßige Abschreibung nicht gegeben waren.
>
> Maschine 3: Angeschafft im Januar des Jahres 03 für 10.000 €. Abschreibung 20 % linear.
>
> Die Maschinen sollen in einer Gliederung im Anhang für das Jahr 03 dargestellt werden. Dann soll der Posten „technische Anlagen und Maschinen" zunächst im Anhang und dann in der Schlussbilanz des Jahres 03 dargestellt werden.

Gliederung des Jahresabschlusses K

Lösung

Darstellung im Anhang zum Jahresabschluss des Jahres 03:

Posten	Ansch.K.	Zugänge	Abgänge	Zuschreibungen	Abschreibungen insgesamt	Abschreibungen des Geschäftsjahres	Wert zum 31.12.03
Maschine 1	40.000				12.000	4.000	28.000
Maschine 2	24.000			10.000	16.000	3.000	18.000
Maschine 3		10.000			2.000	2.000	8.000
Maschinen	64.000	10.000		10.000	30.000	9.000	54.000

Abschreibungen:

Maschine 1: 01, 02, 03 je 10 % von 40.000 €		12.000 €
Maschine 2: 02, 03 je 12,5 % von 24.000 €	6.000 €	
+ außerplanm. Abschr. in 02	10.000 €	16.000 €
Maschine 3: 03 20 % von 10.000 €		2.000 €
Insgesamt		30.000 €

In der Bilanz des Jahres 03 wird der Posten „technische Anlagen und Maschinen" wie folgt dargestellt:

	Anschaffungskosten	Zugänge	Zuschreibungen	Abschreibungen	Bilanzwert
Maschinen	64.000	10.000	10.000	30.000	54.000

Vermerk: Abschreibungen des Geschäftsjahrs: 9.000

Zu- und Abgänge sowie **Zu- und Abschreibungen** sind Veränderungen der Bilanzposten. 1054

Veränderungen der Bilanzposten			
Zugänge	Abgänge	Zuschreibungen	Abschreibungen
mengenmäßige Veränderungen		wertmäßige Veränderungen	

Zugänge werden mit den Anschaffungs- oder Herstellungskosten des Geschäftsjahrs, Abgänge hingegen mit den Anschaffungs- oder Herstellungskosten des damaligen Zugangs erfasst. Mit den Abgängen sind auch die hiermit noch zusammenhängenden kumulierten Abschreibungen auszubuchen.

1055 **Zuschreibungen** sind werterhöhende Korrekturen. Es werden also Abschreibungen rückgängig gemacht. Die Zuschreibungen des abgelaufenen Geschäftsjahrs werden in der Anfangsbilanz des folgenden Geschäftsjahrs mit den kumulierten Abschreibungen saldiert.[523]

1056 **Umbuchungen** werden mit den historischen Anschaffungs- oder Herstellungskosten bei dem einen Posten addiert und bei dem anderen Posten subtrahiert. Ebenso werden die kumulierten Abschreibungen des umgebuchten Gegenstandes zum einen Posten addiert und beim anderen Posten subtrahiert.

1057 Die Anschaffungskosten vermehrt um die Zugänge des abgelaufenen Jahres ergeben den Gesamtbetrag der **Investitionen**. Für die Maschinen macht das in der vorstehenden Aufgabe 74.000 € aus.

1058 Der Gesamtbetrag der Abschreibungen saldiert um die Zuschreibungen des abgelaufenen Geschäftsjahrs ergibt die Gesamtsumme der **Abschreibungen** des Bilanzpostens. Das sind in der vorstehenden Aufgabe 20.000 €.

1059 Setzt man den Gesamtbetrag der Abschreibungen ins Verhältnis zum Gesamtbetrag der Investitionen des Anlagenpostens, so erfährt man, zu welchem Prozentsatz die unter den Bilanzposten fallenden Anlagegegenstände im Durchschnitt abgeschrieben sind:

$$\frac{20.000 \times 100}{74.000} = 27\%$$

Aus dem Verhältnis der Abschreibungen des Geschäftsjahrs zu den Anschaffungs- und Herstellungskosten insgesamt ergibt sich der Pro-

---

[523] Ausschussbericht, S. 105.

zentsatz, mit dem die unter den Bilanzposten fallenden Anlagegegenstände im Durchschnitt abgeschrieben werden:

$$\frac{9.000 \times 100}{74.000} = 12\%$$

Aus der ersten Prozentzahl folgt, ob die Anlagegegenstände verhältnismäßig neu oder verhältnismäßig alt sind. Die zweite Prozentzahl sagt aus, ob das Unternehmen sich bei seiner Abschreibung im Rahmen der Erfahrungssätze der betreffenden Branche hält. Ist z. B. der Abschreibungssatz im Vergleich zu den allgemeinen Erfahrungen wesentlich zu gering, so ist davon auszugehen, dass das Unternehmen sich in wirtschaftlichen und finanziellen Schwierigkeiten befindet. Durch die horizontale Gliederung gewinnt also die Bilanz an Aussagekraft.

7.2.4 Bilanzvermerke und gesonderte Bilanzausweise

Restlaufzeiten

Sind Forderungen später als ein Jahr nach dem Bilanzstichtag fällig, fließen die Zahlungen erst spät in das Betriebsvermögen. Umgekehrt müssen innerhalb eines Jahres fällige Verbindlichkeiten kurzfristig beglichen werden. Bei am Bilanzstichtag langen Restlaufzeiten von Forderungen und kurzen Restlaufzeiten von Verbindlichkeiten wird daher die **Liquidität** eines Unternehmens belastet.
Daher ist bei jedem gesondert ausgewiesenen Bilanzposten zum Bilanzstichtag der Betrag zu vermerken
- bei Forderungen mit Restlaufzeit von mehr als einem Jahr (§ 268 Abs. 4 Satz 1 HGB),
- bei Verbindlichkeiten mit Restlaufzeit bis zu einem Jahr (§ 268 Abs. 5 Satz 1 HGB).

1060

Antizipative Posten

Durch antizipative Posten werden Erträge oder Aufwendungen für nach dem Abschlussstichtag zufließende Einnahmen oder abfließende Ausgaben in das Geschäftsjahr vor dem Abschlussstichtag vorweggenommen, antizipiert (→Rdn. 410).

1061

1062 Unter dem Posten „**sonstige Vermögensgegenstände**" ausgewiesene größere Beträge sind im Anhang zu erläutern, wenn sie erst nach dem Abschlussstichtag rechtlich entstehen (§ 268 Abs. 4 Satz 2 HGB). Es ist zu unterscheiden zwischen antizipativen Posten, die vor dem Abschlussstichtag
- rechtlich entstanden, aber noch nicht fällig sind,
- rechtlich noch nicht entstanden sind.

1063 Zur ersten Gruppe gehören z. B. Ansprüche aus Miet- oder Pachtverträgen, bei denen ein Teil der Laufzeit bereits vor dem Abschlussstichtag liegt, bei denen der Anspruch auf Miet- oder Pachtzahlung aber erst nach dem Abschlussstichtag fällig ist. Hier sind bereits nach dem Realisationsprinzip Forderungen als „sonstige Vermögensgegenstände" auszuweisen. Hierfür besteht keine Erläuterungspflicht im Anhang.

Beispiel

U hat Geschäftsräume in einem zum Betriebsvermögen gehörenden Gebäude an M vermietet. Die Miete ist vierteljährlich jeweils zum Ablauf eines Vierteljahrs fällig. Für das Vierteljahr November 01 bis Januar 02 hat M die Miete mit Ablauf des Januar 02 zu zahlen. U bucht zum 31.12.01:

→ Sonstige Vermögensgegenstände
   an Mietertrag

1064 Unter den „sonstigen Vermögensgegenständen" ausgewiesene Beträge, die noch nicht rechtlich entstanden sind, sind im Anhang zu erläutern, wenn es sich um größere Beträge handelt.

Beispiele

Erst mit Ablauf des Kalenderjahrs entstehende Steuererstattungsansprüche, z. B. auf Körperschaftsteuererstattung. Ansprüche auf Vorsteuererstattung, für die am Abschlussstichtag noch keine Rechnungen vorliegen. Umsatzprämien, auf die kein Rechtsanspruch besteht. Dividendenansprüche, für die der Ausschüttungsbeschluss erst nach dem Bilanzstichtag erfolgt. Falls sich aber der Dividendenanspruch gegen ein verbundenes Unternehmen richtet, ist er als Forderung gegen verbundene Unternehmen auszuweisen.

Auf der anderen Seite besteht auch für nicht rechtlich entstandene **Verbindlichkeiten** eine Erläuterungspflicht im Anhang, wenn es sich um Beträge handelt, die einen größeren Umfang haben (§ 268 Abs. 5 Satz 3 HGB). Im Gegensatz zur Aktivseite sind solche Posten aber höchst selten. Passive Antizipativa sind i. d. R. rechtlich entstandene Verbindlichkeiten. Sie sind daher als solche auszuweisen und nicht besonders im Anhang zu erläutern. Infrage kommt etwa eine auf faktischem Zwang beruhende Verlustübernahme, wenn der Betrag des zu übernehmenden Verlustes feststeht.[524]

1065

Kleine Kapitalgesellschaften sind von der Pflicht, diese Posten im Anhang zu erläutern, befreit (§ 274 a Nr. 2 und 3 HGB).

1066

Erhaltene Anzahlungen

Erhaltene Anzahlungen sind Vorleistungen des Bestellers, die dieser zurückfordern kann, wenn die Gesellschaft die ihr obliegende Leistung nicht erbringt. Ihnen liegt ein schwebendes Geschäft zu Grunde, das sich auf Lieferungen oder Leistungen bezieht, denen Umsatzerlöse entsprechen.

1067

> **Beispiel**
>
> M ist Hersteller von Spezialmaschinen. B bestellt bei M eine Maschine für 100.000 € zuzüglich USt und leistet eine Anzahlung in Höhe von 40.000 €. Zwischen M und B besteht ein gegenseitiger Vertrag, der von keiner Seite erfüllt und daher ein schwebendes Geschäft ist. Es bezieht sich auf eine Lieferung des Anzahlungsempfängers M, die bei ihm zu Umsatzerlösen führt. Es handelt sich daher für M um eine Anzahlung.

Sind es **Anzahlungen auf Bestellungen,**
- sind sie unter den Verbindlichkeiten gesondert auszuweisen,
- oder sie können, soweit es Anzahlungen auf Vorräte sind, von dem Posten „Vorräte" offen abgesetzt werden (§ 268 Abs. 5 Satz 2 HGB).

1068

Grundsätzlich ist die Verrechnung eines Aktivpostens mit einem Passivposten nicht zulässig (§ 246 Abs. 2 HGB). Erhaltene Anzahlun-

---

524 Clemm/Erle in: Beck Bil-Komm. § 268 Rdn. 108.

gen können daher nicht mit den Vorräten verrechnet werden, deren Bestellung die Anzahlung betrifft. Erhaltene Anzahlungen können aber offen in einer Vorspalte der Bilanz von dem Posten „Vorräte" abgesetzt werden. Voraussetzung ist hierfür nicht, dass der Bestellung, für welche die Anzahlung geleistet wurde, bestimmte Vorräte zugeordnet werden können. Durch die offene Absetzung darf lediglich die Summe der in der Bilanz ausgewiesenen Vorräte nicht negativ werden.[525]

Beispiel

Ein Bauunternehmen errichtet ein Hochhaus. Am Bilanzstichtag ist der Bau teilfertig. Er ist in Höhe von 800.000 € unter teilfertige Bauten zu aktivieren. Das Unternehmen hat hierauf 300.000 € an Anzahlungen erhalten. Insofern ist noch nicht abgerechnet worden. Bilanzierungsmöglichkeiten:

Aktiva
Unfertige Erzeugnisse 800.000 €
./. Anzahlungen 300.000 € 500.000 €

oder

Aktiva
Unfertige Erzeugnisse 800.000 €
Passiva

Anzahlungen 300.000 €

1069 Werden die erhaltenen Anzahlungen von den Vorräten abgesetzt, ist um diesen Betrag die Bilanzsumme kleiner. Das kann für die Einteilung der Gesellschaft als kleine, mittlere oder große entscheidend sein (→Rdn. 1008 ff.).

1070 Die erhaltenen Anzahlungen unterliegen bei Zahlungseingang der Umsatzsteuer (§ 13 Abs. 1 Nr. 1 a Satz 4 UStG). Für die Buchung der Umsatzsteuer gibt es die Möglichkeiten:

---

525 Clemm/Erle in: Beck Bil-Komm. § 266 Rdn. 225.

a) Nettoausweis der erhaltenen Anzahlungen
Der Umsatzsteueranteil der Anzahlungen wird unter den sonstigen Verbindlichkeiten passiviert. Im vorstehenden Beispiel wird daher gebucht:
→ Bank 300.000 €
  an erhaltene Anzahlungen 259.621 €
  an Umsatzsteuer 41.379 €

b) Bruttoausweis der erhaltenen Anzahlungen
Die Anzahlungen werden einschließlich Umsatzsteuer ausgewiesen. Die abgeführte Umsatzsteuer wird unter den Rechnungsabgrenzungsposten aktiviert (→Rdn. 431 ff.). Im vorstehenden Beispiel wird daher gebucht:
→ Bank 300.000 €
  an erhaltene Anzahlungen 300.000 €
→ Umsatzsteueraufwand 41.379 €
  an Umsatzsteuerverbindlichkeit 41.379 €
→ Rechnungsabgrenzungsposten 41.379 €
  an Umsatzsteueraufwand 41.379 €

In der Praxis werden bei der Alternative b) die Umsatzsteuerbuchungen zusammengefasst:
→ Rechnungsabgrenzungsposten 41.379 €
  an Umsatzsteuerverbindlichkeit 41.379 €

Damnum

Ein unter den Rechnungsabgrenzungsposten aktiviertes **Damnum** (→Rdn. 435 ff.) ist in der Bilanz gesondert auszuweisen oder im Anhang anzugeben (§ 268 Abs. 6 HGB). Das Damnum darf also nicht im allgemeinen Rechnungsabgrenzungsposten auf der Aktivseite aufgehen, sondern muss gesondert hiervon bilanziert werden. Anderenfalls ist es im Anhang anzugeben. 1071

Kleine Kapitalgesellschaften sind von dieser Verpflichtung befreit (§ 274a Nr. 4 HGB). 1072

Eventualverbindlichkeiten

1073 Nach § 251 HGB können die unter der Bilanz zu vermerkenden **Eventualverbindlichkeiten** von Einzelkaufleuten und Personengesellschaften auch in einem Betrag angegeben werden (→Rdn. 496 ff.). Kapitalgesellschaften müssen die Eventualverbindlichkeiten nach den einzelnen Haftungsverhältnissen gesondert unter der Bilanz oder im Anhang angeben. Dabei sind auch die gewährten Pfandrechte und sonstigen Sicherheiten aufzuführen. Eventualverbindlichkeiten gegenüber verbundenen Unternehmen sind gesondert anzugeben (§ 268 Abs. 7 HGB).

7.3 Gewinn- und Verlustrechnung

§ 275 Abs. 1 HGB
Die Gewinn- und Verlustrechnung ist in Staffelform nach dem Gesamtkostenverfahren oder dem Umsatzkostenverfahren aufzustellen. Dabei sind die in Absatz 2 oder 3 bezeichneten Posten in der angegebenen Reihenfolge gesondert auszuweisen.

1074 Die Gewinn- und Verlustrechnung ist aufzustellen
- in Staffelform,
- nach dem Gesamtkostenverfahren oder
- dem Umsatzkostenverfahren.

1075 Stellt man beide Verfahren nebeneinander, so ergibt sich folgender Vergleich:

Gliederung der GuV	
Gesamtkostenverfahren	Umsatzkostenverfahren
1. Umsatzerlöse	1. Umsatzerlöse
2. Erhöhung oder Verminderung des Bestands an fertigen und unfertigen Erzeugnissen	2. Herstellungskosten der zur Erzielung der Umsatzerlöse erbrachten Leistungen
3. andere aktivierte Eigenleistungen	3. Bruttoergebnis vom Umsatz
4. sonstige betriebliche Erträge	4. Vertriebskosten
	5. allgemeine Verwaltungskosten
	6. sonstige betriebliche Erträge

Gliederung des Jahresabschlusses K

5. Materialaufwand:
   a) Aufwendungen für Roh-, Hilfs- und Betriebsstoffe und für bezogene Waren
   b) Aufwendungen für bezogene Leistungen
6. Personalaufwand:
   a) Löhne und Gehälter
   b) soziale Abgaben und Aufwendungen für Altersversorgung und für Unterstützung, davon für Altersversorgung
7. Abschreibungen:
   a) auf immaterielle Vermögensgegenstände des Anlagevermögens und Sachanlagen sowie auf aktivierte Aufwendungen für die Ingangsetzung und Erweiterung des Geschäftsbetriebs
   b) auf Vermögensgegenstände des Umlaufvermögens, soweit diese die in der Kapitalgesellschaft üblichen Abschreibungen überschreiten

8. sonstige betriebliche Aufwendungen	7. sonstige betriebliche Aufwendungen
9. Erträge aus Beteiligungen, davon aus verbundenen Unternehmen	8. Erträge aus Beteiligungen, davon aus verbundenen Unternehmen
10. Erträge aus anderen Wertpapieren und Ausleihungen des Finanzanlagevermögens, davon aus verbundenen Unternehmen	9. Erträge aus anderen Wertpapieren und Ausleihungen des Finanzanlagevermögens, davon aus verbundenen Unternehmen
11. sonstige Zinsen und ähnliche Erträge, davon aus verbundenen Unternehmen	10. sonstige Zinsen und ähnliche Erträge, davon aus verbundenen Unternehmen
12. Abschreibungen auf Finanzanlagen und auf Wertpapiere des Umlaufvermögens	11. Abschreibungen auf Finanzanlagen und auf Wertpapiere des Umlaufvermögens
13. Zinsen und ähnliche Aufwendungen, davon an verbundene Unternehmen	12. Zinsen und ähnliche Aufwendungen, davon an verbundene Unternehmen
14. Ergebnis der gewöhnlichen Geschäftstätigkeit	13. Ergebnis der gewöhnlichen Geschäftstätigkeit
15. außerordentliche Erträge	14. außerordentliche Erträge
16. außerordentliche Aufwendungen	15. außerordentliche Aufwendungen
	16. außerordentliches Ergebnis

17. außerordentliches Ergebnis	17. Steuern vom Einkommen und vom Ertrag
18. Steuern vom Einkommen und vom Ertrag	18. sonstige Steuern
19. sonstige Steuern	19. Jahresüberschuss/Jahresfehlbetrag
20. Jahresüberschuss/Jahresfehlbetrag	

Wie aus der Gegenüberstellung der beiden Abschlussverfahren hervorgeht, **stimmen von den Posten überein:**

Gesamtkostenverfahren:	Umsatzkostenverfahren:
Posten 1	Posten 1
Posten 4	Posten 6
Posten 8 bis 20	Posten 7 bis 19

Die übrigen Posten sind daher offensichtlich durch die Besonderheiten der beiden Abschlussverfahren bedingt.

7.3.1 Gesamtkostenverfahren

1076 Mit der Produktion der Erzeugnisse, welche die Gesellschaft umsetzt, hängen die **Materialkonten** zusammen. Sie werden wie folgt abgeschlossen:

Gliederung des Jahresabschlusses K

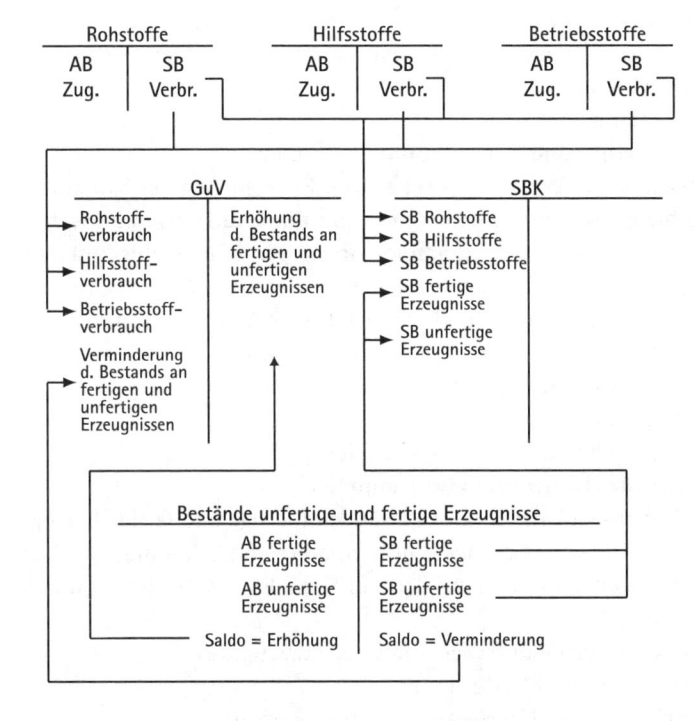

```
   Rohstoffe              Hilfsstoffe           Betriebsstoffe
 AB    │   SB           AB    │   SB          AB    │   SB
 Zug.  │  Verbr.        Zug.  │  Verbr.       Zug.  │  Verbr.
```

```
              GuV                              SBK
  Rohstoff-        Erhöhung              SB Rohstoffe
  verbrauch        d. Bestands an        SB Hilfsstoffe
  Hilfsstoff-      fertigen und          SB Betriebsstoffe
  verbrauch        unfertigen            SB fertige
  Betriebsstoff-   Erzeugnissen          Erzeugnisse
  verbrauch                              SB unfertige
  Verminderung                           Erzeugnisse
  d. Bestands an
  fertigen und
  unfertigen
  Erzeugnissen
```

```
     Bestände unfertige und fertige Erzeugnisse
         AB fertige          SB fertige
         Erzeugnisse         Erzeugnisse
         AB unfertige        SB unfertige
         Erzeugnisse         Erzeugnisse
         Saldo = Erhöhung    Saldo = Verminderung
```

Zeichenerklärung: AB   = Anfangsbestand
                   SB   = Schlussbestand
                   Zug. = Zugänge
                   Verbr. = Verbrauch
                   GuV   = Gewinn- und Verlustkonto
                   SBK   = Schlussbilanzkonto

Auf den Konten **Rohstoffe, Hilfsstoffe** und **Betriebsstoffe** werden die Schlussbestände der Vorjahresbilanz als Anfangsbestände vorgetragen. Die Einkäufe werden als Zugänge im Soll gebucht. Die Schlussbestände werden durch Inventur ermittelt und durch die Buchung

→ Schlussbilanzkonto
   an Materialkonto

auf das Schlussbilanzkonto übernommen.

Die verbleibenden Salden auf den Materialkonten stellen die Gesamtbeträge zu Einstandspreisen der Roh-, Hilfs- und Betriebsstoffe dar,

1077

1078

die bei der Produktion der Erzeugnisse verbraucht worden sind. Es sind also die Materialaufwendungen. Sie werden durch die Buchung

➔ Gewinn- und Verlustkonto
   an Materialkonto

auf das **Gewinn- und Verlustkonto** übernommen.

1079 Die Bestände an fertigen und unfertigen Erzeugnissen der Vorjahresschlussbilanz werden auf dem Konto „**Bestände unfertige und fertige Erzeugnisse**" als Anfangsbestände vorgetragen. Die Schlussbestände an fertigen und unfertigen Erzeugnissen des Geschäftsjahrs werden durch Inventur ermittelt und auf der Haben-Seite des Kontos „Bestände unfertige und fertige Erzeugnisse" gebucht. Die Schlussbestände werden durch die Buchung

➔ Schlussbilanzkonto
   an Konto Bestände unfertige und fertige Erzeugnisse

auf das **Schlussbilanzkonto** übernommen.

1080 Ist die Haben-Seite des Kontos Bestände unfertige und fertige Erzeugnisse höher als seine Soll-Seite, liegt eine Bestandserhöhung vor. Der Saldo des Kontos ist dann auf der Soll-Seite. Er wird als Ertrag durch die Buchung

➔ Konto Bestände unfertige und fertige Erzeugnisse
   an Gewinn- und Verlustkonto

auf das **Gewinn- und Verlustkonto** übernommen.

Ist umgekehrt die Soll-Seite des Kontos Bestände unfertige und fertige Erzeugnisse höher als die Haben-Seite, liegt eine Bestandsverminderung vor. Der Saldo wird dann als Aufwandsposten auf das Gewinn- und Verlustkonto übernommen durch die Buchung

➔ Gewinn- und Verlustkonto
   an Konto Bestände unfertige und fertige Erzeugnisse.

1081 In der **Gewinn- und Verlustrechnung** und in der **Bilanz** werden die Posten des Gewinn- und Verlustkontos und des Schlussbilanzkontos, die vorstehend besprochen wurden, wie folgt aufgeführt:

Gliederung des Jahresabschlusses **K**

Gewinn- und Verlustrechnung

2. Erhöhung des Bestands an fertigen und unfertigen Erzeugnissen   + _____

    Verminderung des Bestands an fertigen und unfertigen Erzeugnissen   ./. _____

5. Materialaufwand
    a) Aufwendungen für Roh-, Hilfs- und Betriebsstoffe   ./. _____

Bilanz

    B   Umlaufvermögen

        I.   Vorräte

           1. Roh- Hilfs- und Betriebsstoffe   _____

           2. unfertige Erzeugnisse   _____

           3. fertige Erzeugnisse   _____

Für die Herstellung der Erzeugnisse sind ferner aufgewendet worden: 1082
- **die** Fertigungskosten, insbesondere die Fertigungslöhne und
- Teile der Fertigungsgemeinkosten.

Die Posten „Personalaufwand" und „Abschreibungen" der Gewinn- und Verlustrechnung hängen also auch mit der Fertigung der Erzeugnisse zusammen. Beim Abschluss nach dem Gesamtkostenverfahren werden die Beträge voll in der Gewinn- und Verlustrechnung ausgewiesen. Aus der Betriebsabrechnung ergibt sich dann, inwieweit diese Aufwendungen in die Produktion geflossen sind.

Fall

Rohstoffe: Anfangsbestand 85.700 €, Zugänge 4.513.000 €, Schlussbestand 91.026 €.

Hilfsstoffe: Anfangsbestand 4.800 €, Zugänge 15.000 €, Schlussbestand 4.200 €.

Betriebsstoffe: Anfangsbestand 2.500 €, Zugänge 8.800 €, Schlussbestand 3.500 €.

Unfertige Erzeugnisse: Anfangsbestand 13.756 €, Schlussbestand 8.739 €.

Fertige Erzeugnisse: Anfangsbestand 15.327 €, Schlussbestand 15.232 €.

K Kapitalgesellschaften und bestimmte Personengesellschaften

	Gesamtbetrag	laut Betriebsabrechnungsbogen für Produktion
Fertigungslöhne	120.000 €	120.000 €
Hilfslöhne	15.000 €	10.000 €
Gehälter	20.000 €	8.000 €
Abschreibungen Fabrikgebäude und Maschinen	28.400 €	28.400 €

Es sollen die Konten abgeschlossen und die Posten in der Gewinn- und Verlustrechnung sowie in der Bilanz ausgewiesen werden. Die Gewinn- und Verlustrechnung soll nach dem Gesamtkostenverfahren aufgestellt werden.

Lösung

Rohstoffe			Hilfsstoffe			Betriebsstoffe		
85700	SB	91026	4800	SB	4200	2500	SB	3500
4513000	GuV	4507674	15000	GuV	15600	8800	GuV	7800
4598700		4598700	19800		19800	11300		11300

Bestände unf. u. fert. Erzeugnisse			GuV			SBK		
13756	SB	8739	RoSt	4507674		RoSt	91026	
15327	SB	15232	HiSt	15600		HiSt	4200	
	GuV	5112	BetrSt	7800		BetrSt.	3500	
29083		29083	BestV	5112		unfErz	8739	
						feErz	15232	

Gewinn- und Verlustrechnung

2.	Verminderung des Bestands an fertigen und unfertigen Erzeugnissen		5.112 €
5.	Materialaufwand		
	a) Aufwendungen für Roh-, Hilfs- und Betriebsstoffe		4.531.074 €
6.	Personalaufwand		155.000 €
7.	Abschreibungen		28.400 €

Bilanz

B. Umlaufvermögen
  I. Vorräte:
     1. Roh-, Hilfs- und Betriebsstoffe   98.726 €
     2. unfertige Erzeugnisse   8.739 €
     3. fertige Erzeugnisse   15.232 €

7.3.2 Umsatzkostenverfahren

Das Umsatzkostenverfahren ist zwar in Deutschland wenig üblich. Es ist aber weltweit gebräuchlicher als das Gesamtkostenverfahren. Es wurde daher zugelassen, um den deutschen Unternehmen zu ermöglichen, ihre Gewinn- und Verlustrechnungen in einer international vergleichbaren Form aufzustellen.[526]

1083

Beim Umsatzkostenverfahren werden als Aufwendungen die **Herstellungskosten der zur Erzielung der Umsatzerlöse erbrachten Leistungen** ausgewiesen. Beim Fertigungsbetrieb sind das die verkauften Erzeugnisse zu Herstellungskosten. Der Aufwandsposten ist dem Wareneinsatz im Handelsbetrieb vergleichbar.

1084

Um diesen Aufwandsposten zu ermitteln, müssen von den Materialkonten, den Lohn- und Gehaltskonten und den Abschreibungskonten sowie den übrigen Konten, auf denen Fertigungsgemeinkosten erfasst sind, die Beträge gesammelt werden, die in die Produktion der verkauften Erzeugnisse gegangen sind. Das Sammelkonto hierfür ist das **Herstellungskonto**.

1085

Vom **Materialaufwand** sind die verbrauchten Roh-, Hilfs- und Betriebsstoffe in die Produktion gegangen. Ferner gehören zu den Produktionskosten die Aufwendungen, die außer Materialaufwand bei den Vorräten zu den **Herstellungskosten** rechnen.

1086

Der Anfangsbestand an **unfertigen Erzeugnissen** ist im Laufe des Geschäftsjahrs zu Fertigerzeugnissen weiterverarbeitet und verkauft worden. Ebenso sind die Anfangsbestände an **Fertigerzeugnissen** verkauft worden. Es sind nicht verkauft worden die Endbestände an fertigen und unfertigen Erzeugnissen.

1087

Auf dem Herstellungskonto werden daher ausgewiesen:

1088

---

526 Ausschussbericht, S. 107.

K Kapitalgesellschaften und bestimmte Personengesellschaften

Soll	Herstellungskonto	Haben
1. Anfangsbestand unfertige Erzeugnisse	8. Schlussbestand unfertige Erzeugnisse	
2. Anfangsbestand fertige Erzeugnisse	9. Schlussbestand fertige Erzeugnisse	
3. Verbrauch an Roh-, Hilfs- und Betriebsstoffen	10. Saldo	
4. Fertigungslöhne		
5. Sonderkosten der Fertigung		
6. Angemessene Teile der notwendigen Materialgemeinkosten, der notwendigen Fertigungsgemeinkosten und der Abschreibungen des Anlagevermögens, soweit sie durch die Fertigung veranlasst sind und auf den Zeitraum der Herstellung entfallen		
7. Kosten der allgemeinen Verwaltung, Aufwendungen für soziale Einrichtungen, freiwillige soziale Leistungen und betriebliche Altersversorgung, soweit sie auf den Zeitraum der Herstellung entfallen		

1089 Die Posten 6 und 7 werden nur insoweit ausgewiesen, als das Unternehmen von seinem Aktivierungswahlrecht Gebrauch macht (→Rdn. 628). Von den hierzu rechnenden Aufwendungen dürfen nur die bei den Herstellungskosten erfasst werden, die in die Produktion gegangen sind. Das wird anhand einer **Betriebsabrechnung** ermittelt.

> Fall
>
> Der in Rdn. 1082 mitgeteilte Fall soll nach dem Umsatzkostenverfahren abgeschlossen werden. Zuvor sind die Aufwendungen, die in die Herstellung gegangen sind, auf dem Herstellungskonto zu sammeln.

Lösung

Herstellungskonto			
Anfangsbestand unfertige Erzeugnisse	13756	Schlussbestand unfertige Erzeugnisse	8739
Anfangsbestand fertige Erzeugnisse	15327	Schlussbestand fertige Erzeugnisse	15232
Verbrauch an Roh-, Hilfs- und Betriebsstoffen	4531074	Saldo = Herstellungskosten der zur Erzielung der Umsatzerlöse erbrachten Leistungen	4702586
Fertigungslöhne	120000		
Hilfslöhne	10000		
Gehälter	8000		
Abschreibungen	28400		
	4726557		4726557

7.3.3 Umsatzerlöse

Das Gesetz rechnet zu den Umsatzerlösen die Erlöse abzüglich Erlösschmälerungen und Umsatzsteuer aus folgenden für die gewöhnliche Geschäftstätigkeit des Unternehmens typischen Tätigkeiten (§ 277 Abs. 1 HGB):

- Verkauf von Erzeugnissen und Waren,
- Vermietungen und Verpachtungen und
- Dienstleistungen.

Jedes Unternehmen hat eine Hauptgeschäftstätigkeit, eine für das Unternehmen typische Tätigkeit. Maßgebend ist hierfür die betriebswirtschaftliche Charakterisierung. Sie wird am jeweiligen Geschäftszweig gemessen. Die Erlöse aus diesen Umsätzen sind die Umsatzerlöse. Ein anderer Ausdruck hierfür ist „wirtschaftlicher Umsatz".

1090

Beispiel

Handelsunternehmen verkaufen branchenspezifische Waren. Fertigungsunternehmen verkaufen ihre Erzeugnisse. Autovermieter vermieten Kraftfahrzeuge. Leasingunternehmen verleasen Pkw, Datenverarbeitungs-, Telefonanlagen usw. Hotels, Restaurants, Steuerberater, Rechtsanwälte, Ärzte und Architekten gewähren bestimmte Dienstleistungen.

Die Summe der Erlöse aus allen zur Haupttätigkeit des Unternehmens gehörenden Umsatzgeschäften ist der Saldo auf dem Erlöskonto. Dieser Saldo wird beim Jahresabschluss auf das Gewinn- und Verlustkonto übernommen durch die Buchung:

→ Erlöskonto
   an Gewinn- und Verlustkonto

Dieser Posten des Gewinn- und Verlustkontos erscheint als Posten „Umsatzerlöse" in der Gewinn- und Verlustrechnung.

1091 Die **Umsatzerlöse** sind also wie folgt zu ermitteln:

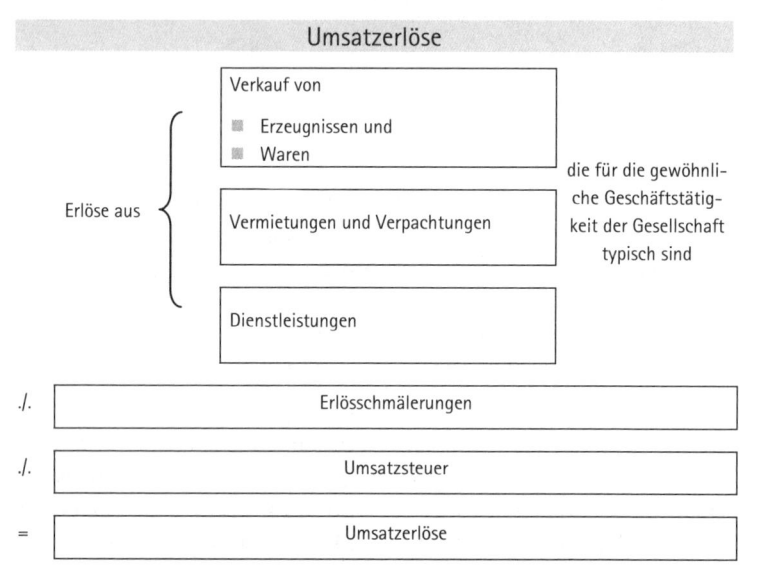

	Umsatzerlöse	
Erlöse aus	Verkauf von ■ Erzeugnissen und ■ Waren	die für die gewöhnliche Geschäftstätigkeit der Gesellschaft typisch sind
	Vermietungen und Verpachtungen	
	Dienstleistungen	
./.	Erlösschmälerungen	
./.	Umsatzsteuer	
=	Umsatzerlöse	

1092 **Erlösschmälerungen** sind
- Preisnachlässe an Kunden und
- zurückgewährte Entgelte an Kunden.

Diese Beträge wurden schon nach § 158 Abs. 2 AktG a. F. abgezogen. Dass die Umsatzsteuer nicht zu den Umsatzerlösen rechnet, wird durch § 277 Abs. 1 HGB lediglich klargestellt. Der als Posten „Umsatzerlöse" ausgewiesene Betrag ist der wirtschaftliche Umsatz.

1093 In der Gewinn- und Verlustrechnung der Kapitalgesellschaft wird somit der **wirtschaftliche Umsatz** brutto ausgewiesen, also nicht der

Gliederung des Jahresabschlusses K

Rohgewinn. Es wird der **Bruttoabschluss** angewendet, nicht der **Nettoabschluss**.

Beispiel

Handelsunternehmen H:

Warenanfangsbestand (AB)	820.000 €
Zugänge (Zug)	2.330.000 €
Warenendbestand (SB)	790.000 €
Preisnachlässe an Kunden	64.800 €
zurückgewährte Entgelte an Kunden (ZE)	85.200 €
Umsatz (U)	3.240.000 €

```
           Wareneinkauf
  AB    820000  | SB    790000
  Zug  2330000  | 1)   2360000
       3150000  |      3150000
```

Bruttoabschluss

```
          Erlöse                          GuV
  PN   64800  | U   3240000    1)  2360000 | 2)  3090000
  ZE   85200  |
  2)  3090000 |
      3240000 |    3240000
```

1) GuV an Wareneinkauf   2.360.000 €

2) Erlöse an GuV   3.090.000 €

Auf der Soll-Seite des Gewinn- und Verlustkontos steht der Wareneinsatz, auf der Haben-Seite der wirtschaftliche Umsatz oder der Posten „Umsatzerlöse".

531

Nettoabschluss

Erlöse				GuV		
PN	64800	U	3240000		2)	730000
ZE	85200					
1)	2360000					
2)	730000					
	3240000		3240000			

1) Erlöse an Wareneinkauf   2.360.000 €

2) Erlöse an GuV   730.000 €

Der Wareneinsatz wird auf der Soll-Seite des Erlöskontos gegengebucht. Der Saldo des Erlöskontos ist der Rohgewinn. Er wird auf der Haben-Seite des GuV-Kontos gegengebucht.

1094   Beim Bruttoabschluss ergibt sich der Rohgewinn als Differenz zwischen den GuV-Posten „Umsatzerlöse" und „Wareneinsatz": 3.090.000 € − 2.360.000 € = 730.000 €. Hier lässt sich anhand der Zahlen der Gewinn- und Verlustrechnung auch der **Rohgewinnsatz** errechnen.

$$\text{Rohgewinnsatz} = \frac{\text{Rohgewinn} \times 100}{\text{wirtschaftlicher Umsatz}}$$

$$\text{Rohgewinnsatz} = \frac{730.000 \times 100}{309.0000}$$

Rohgewinnsatz = 23,62 %

1095   Bestehen Erfahrungssätze für den betreffenden Geschäftszweig, so kann man den Rohgewinnsatz des Unternehmens mit den Erfahrungssätzen vergleichen. So lässt sich feststellen, ob das Unternehmen mit seinen Betriebsergebnissen über oder unter dem Branchendurchschnitt liegt oder sich im Durchschnitt der Ergebnisse des Geschäftszweigs hält. Es ist also ein so genannter **äußerer Betriebsvergleich** möglich. Das lässt der Nettoabschluss nicht zu, da in der Gewinn- und Verlustrechnung der wirtschaftliche Umsatz nicht ausgewiesen wird.

Der Rohgewinn hängt vom Wert des Warenbestandes ab. Wird z. B. der Warenbestand um 20 % höher bewertet, im Beispiel also um 158.000 €, so sinkt der Wareneinsatz um diesen Betrag. Der Rohgewinn wird also entsprechend höher ausgewiesen. Beim Ausweis des Rohgewinns nach dem Nettoabschluss können also ungünstige Betriebsergebnisse durch entsprechende Bewertung des Warenbestandes verschleiert werden.

Beim **Fertigungsunternehmen** kann das erreicht werden durch entsprechende Bewertung der Vorräte (Roh-, Hilfs- und Betriebsstoffe, fertige und unfertige Erzeugnisse).

Der **wirtschaftliche Umsatz**, der Posten „**Umsatzerlöse**", ist aber durch Bewertungsmanipulationen nicht beeinflussbar. Will man den Trend der geschäftlichen Entwicklung eines Unternehmens feststellen, vergleicht man die Umsatzerlöse der aufeinander folgenden Geschäftsjahre. Der Posten „Umsatzerlöse" ist daher von großem Informationswert.

1096

Kleinere Unternehmen sind oft daran interessiert, ihre geschäftliche Entwicklung nicht zu offenbaren. Einzelunternehmen und Personengesellschaften können das durch den Nettoabschluss erreichen. Kapitalgesellschaften müssen aber den Bruttoabschluss anwenden. Daher dürfen kleine und mittelgroße Kapitalgesellschaften in der Gewinn- und Verlustrechnung Posten unter einem Posten „**Rohergebnis**" zusammenfassen (§ 276 Satz 1 HGB).

1097

Rohergebnis			
Gesamtkostenverfahren		Umsatzkostenverfahren	
	Umsatzerlöse		Umsatzerlöse
+	Erhöhung des Bestands fertiger und unfertiger Erzeugnisse	./.	Herstellungskosten der zur Erzielung der Umsatzerlöse erbrachten Leistungen
./.	Verminderung des Bestands fertiger und unfertiger Erzeugnisse	=	Bruttoergebnis vom Umsatz
		+	sonstige betriebliche Erträge
+	andere aktivierte Eigenleistungen	=	Rohergebnis
+	sonstige betriebliche Erträge		
./.	Materialaufwand		
=	Rohergebnis		

7.3.4 Sonstige und außerordentliche Erträge und Aufwendungen

1098 In der Gewinn- und Verlustrechnung wird unterschieden zwischen
- **sonstigen** betrieblichen Erträgen (Gesamtkostenverfahren Nr. 4, Umsatzkostenverfahren Nr. 6) und Aufwendungen (Gesamtkostenverfahren Nr. 8, Umsatzkostenverfahren Nr. 7) auf der einen Seite und
- außerordentlichen Erträgen (Gesamtkostenverfahren Nr. 15, Umsatzkostenverfahren Nr. 14) und Aufwendungen (Gesamtkostenverfahren Nr. 16, Umsatzkostenverfahren Nr. 15) auf der anderen Seite.

Sonstige Erträge und Aufwendungen

1099 Sonstige Erträge und Aufwendungen gehen zwar auch aus der gewöhnlichen Geschäftstätigkeit des Unternehmens hervor. Sie sind aber nicht wie die Umsatzerlöse und die hiermit zusammenhängenden Aufwendungen für die gewöhnliche Geschäftstätigkeit typisch.

Beispiel

Typische Geschäftstätigkeit eines Handelsunternehmens sind Warenverkäufe. Die Erlöse aus Warenverkäufen sind Umsatzerlöse. Die Lohnaufwendungen für die Verkäufer sind Aufwendungen, die mit der typischen Geschäftstätigkeit zusammenhängen. Der Verkauf des betrieblich genutzten Pkw im Zusammenhang mit dem Neukauf eines betrieblich genutzten Pkw rechnet zwar auch zur gewöhnlichen Geschäftstätigkeit, aber beim Unternehmen, das mit Waren handelt, nicht zur typischen Geschäftstätigkeit.

1100 Zu den **sonstigen Erträgen und Aufwendungen** rechnen:
- Erträge aus dem Abgang von Gegenständen des Anlagevermögens und aus Zuschreibungen zu Gegenständen des Anlagevermögens
- Erträge aus der Herabsetzung der Pauschalwertberichtigung zu Forderungen
- Erträge aus der Auflösung von Rückstellungen
- Verluste aus Wertminderungen oder dem Abgang von Gegenständen des Umlaufvermögens außer Vorräten und Einstellungen in die Pauschalwertberichtigung

- Verluste aus dem Abgang von Gegenständen des Anlagevermögens
- Erträge aus der Auflösung des Sonderpostens mit Rücklageanteil
- Einstellungen in den Sonderposten mit Rücklageanteil

Außerordentliche Erträge und Aufwendungen

Außerordentliche Erträge und Aufwendungen sind solche Erträge und Aufwendungen, die außerhalb der gewöhnlichen Geschäftstätigkeit der Kapitalgesellschaft anfallen (§ 277 Abs. 4 Satz 1 HGB). „Gewöhnliche Geschäftstätigkeit" bezieht sich auf das gesamte Unternehmen. Es muss sich um Erträge und Aufwendungen handeln, die nicht mit einer gewissen Regelmäßigkeit anfallen, bei denen also nicht mit einer Wiederholung in absehbarer Zeit zu rechnen ist. 1101

Zu den außerordentlichen Erträge und Aufwendungen rechnen z. B.: 1102
- Verluste oder Gewinne aus dem Verkauf von bedeutenden Grundstücken und Beteiligungen,
- Verluste oder Gewinne aus dem Verkauf eines Betriebs oder eines wesentlichen Betriebsteils,
- Verluste aus der Stillegung von Betriebsteilen,
- Verluste oder Gewinne aus außergewöhnlichen Schadensfällen.[527]

Erträge und Aufwendungen, die zu den sonstigen Erträgen und Aufwendungen rechnen (→Rdn. 1099), dürfen hier nicht ausgewiesen werden.

7.3.5 Bestandsveränderungen
§ 277 Abs. 2 HGB
Als Bestandsveränderungen sind sowohl Änderungen der Menge als auch solche des Wertes zu berücksichtigen; Abschreibungen jedoch nur, soweit diese die in der Kapitalgesellschaft sonst üblichen Abschreibungen nicht überschreiten.

---

[527] Förschle in: Beck Bil-Komm. § 275 Rdn. 222.

1103

Bestandsveränderungen			
Menge		Wert	
Vermehrung	Verminderung	Erhöhung	Ermäßigung durch übliche Abschreibung

1104 Die Vorschrift betrifft nur das **Gesamtkostenverfahren**.[528] Wie in Rdn. 1076 ff. ausgeführt wurde, werden die Bestände an unfertigen und fertigen Erzeugnissen auf das Konto „Bestände unfertige und fertige Erzeugnisse" übertragen. Die Schlussbestände der Vorjahresbilanz werden auf der Sollseite, die Schlussbestände des Geschäftsjahrs auf der Habenseite dieses Kontos gebucht. Der Saldo des Kontos ist die Bestandsveränderung.

1105 Die **Bestandsveränderung** ist also die Differenz zwischen den Schlussbeständen und den Anfangsbeständen der fertigen und der unfertigen Erzeugnisse. Diese werden mengen- und wertmäßig aufgenommen. Die Veränderungen der Bestände beruhen also auf einer Änderung der Menge und des Wertes dieser Vorräte. Der Wert der unfertigen und fertigen Erzeugnisse ergibt sich aus ihrer Bewertung. Sie ist nach den für die Bewertung der Umlaufgegenstände maßgebenden Vorschriften, soweit sie für die Kapitalgesellschaften in Betracht kommen, vorzunehmen.

1106 In der Gewinn- und Verlustrechnung nach dem Gesamtkostenverfahren werden alle im Geschäftsjahr anfallenden Aufwendungen ungekürzt ausgewiesen, also auch die mit den Umsätzen zusammenhängenden Aufwendungen. Wenn alle im Geschäftsjahr hergestellten Erzeugnisse verkauft worden sind, ist der Saldo zwischen den Umsatzerlösen und den mit den Umsätzen zusammenhängenden Aufwendungen der Ertrag aus der für das Unternehmen typischen gewöhnlichen Geschäftstätigkeit.

---

528 Ausschussbericht, S. 108.

Beispiel

Umsatzerlöse		800.000 €
Materialkosten	400.000 €	
Fertigungskosten	200.000 €	
Materialgemeinkosten	70.000 €	
Fertigungsgemeinkosten	30.000 €	-700.000 €
Überschuss aus Verkäufen		100.000 €

In der Regel werden aber nicht alle Erzeugnisse in dem Geschäftsjahr verkauft, in dem sie hergestellt worden sind. Bleibt zum Schluss des Geschäftsjahrs ein Bestand übrig, so wird dieser bei der Inventur aufgenommen, bewertet und als Endbestand auf der Aktivseite der Bilanz ausgewiesen. Hierdurch wird bewirkt, dass die hierin aufgegangenen Aufwendungen neutralisiert, von den Aufwendungen des abgelaufenen Geschäftsjahrs gekürzt werden. Der Bestand wird dem folgenden Geschäftsjahr als Anfangsbestand vorgetragen und in diesem Jahr verkauft. So gehen die Herstellungskosten der im Endbestand aufgeführten Erzeugnisse als Aufwand in das folgende Geschäftsjahr hinüber.

1107

Beispiel

In dem vorstehenden Beispiel betragen die Herstellungskosten der fertigen und unfertigen Erzeugnisse zum Schluss des Geschäftsjahrs 50.000 €. Dann sind die Aufwendungen auf den Konten, auf denen Material- und Fertigungskosten, Material- und Fertigungsgemeinkosten gebucht worden sind, um die bei den Erzeugnissen aktivierten Herstellungskosten zu mindern. Im Beispiel wäre daher zu buchen:

Umsatzerlöse		800.000 €
Materialkosten	400.000 €	
Fertigungskosten	200.000 €	
Materialgemeinkosten	70.000 €	
Fertigungsgemeinkosten	30.000 €	
	700.000 €	
	- 50.000 €	- 650.000 €
Überschuss aus Verkäufen		150.000 €

Um die mit der Fertigung zusammenhängenden Aufwandsposten in der zutreffenden Höhe auszuweisen, müssten die bei den Erlösen aktivierten Aufwendungen auf jedem einzelnen Aufwandskonto gekürzt werden. Da aber alle Aufwandskonten ungekürzt in den Posten der Gewinn- und Verlustrechnung ausgewiesen werden sollen, werden die in die Herstellungskosten der Erzeugnisse eingegangenen Aufwendungen als Erträge hinzugerechnet. Das bedeutet im Ausgangsbeispiel:

Beispiel

Umsatzerlöse		800.000 €
Materialkosten	400.000 €	
Fertigungskosten	200.000 €	
Materialgemeinkosten	70.000 €	
Fertigungsgemeinkosten	30.000 €	-700.000 €
		100.000 €
Herstellungskosten der Erzeugnisse		+ 50.000 €
Überschuss aus Verkäufen		150.000 €

1108 Der Endbestand an Erzeugnissen wird im folgenden Geschäftsjahr Anfangsbestand und im Laufe dieses Geschäftsjahrs verkauft. Er erhöht damit die den Umsatzerlösen dieses Geschäftsjahrs gegenzurechnenden Aufwendungen. Da das bei der Gewinn- und Verlustrechnung nach dem Gesamtkostenverfahren in jedem Geschäftsjahr geschieht, ist allgemein festzuhalten:
In der Gewinn- und Verlustrechnung werden Bestände der Erzeugnisse behandelt:
- Endbestände als Ertrag,
- Anfangsbestände als Aufwand.

1109 Ist der Endbestand an Erzeugnissen höher als der Anfangsbestand, ist der Unterschied eine Bestandserhöhung. Ist der Anfangsbestand höher als der Endbestand, ist der Unterschied eine Bestandsminderung. Nur diese Unterschiede werden als Geschäftserfolg in der Gewinn- und Verlustrechnung ausgewiesen:
- Bestandserhöhungen als Ertrag,
- Bestandsminderungen als Aufwand.

Für die Aufstellung der Gewinn- und Verlustrechnung nach dem Gesamtkostenverfahren sind also zunächst die Bestände an fertigen und unfertigen Erzeugnissen durch Inventur aufzunehmen und zu bewerten. Die so ermittelten Bestände an fertigen und unfertigen Erzeugnissen werden auf den Bestandskonten „fertige Erzeugnisse" und „unfertige Erzeugnisse" im Haben gebucht. Sie werden auf der Aktivseite der Bilanz ausgewiesen.

1110

Die Endbestände an fertigen und unfertigen Erzeugnissen des vorangegangenen Geschäftsjahrs werden als Anfangsbestände auf den Konten „fertige Erzeugnisse" und „unfertige Erzeugnisse" im Soll gebucht. Die Salden dieser Konten ergeben die Bestandsveränderungen. Sie werden auf den Konten „Bestandsveränderungen fertige Erzeugnisse" und „Bestandsveränderungen unfertige Erzeugnisse" gebucht.

Als Bestandsveränderungen sind sowohl Änderungen der Menge als auch solche des Wertes zu berücksichtigen. **Abschreibungen** werden jedoch nur insoweit als Bestandsminderungen erfasst, als sie die sonst üblichen Abschreibungen nicht überschreiten (§ 277 Abs. 2 HGB). Übliche Abschreibungen sind solche, die regelmäßig auf Grund von Wertschwankungen, Ungängigkeit, Überalterung, gesunkenen Wiederbeschaffungskosten u. Ä. vorkommen und keine außergewöhnlich hohen Beträge darstellen.

1111

Soweit Abschreibungen auf Umlaufgegenstände und damit auch auf fertige und unfertige Erzeugnisse die im Unternehmen üblichen Abschreibungen überschreiten, werden sie im Posten 7b der nach § 275 Abs. 2 HGB zu gliedernden Gewinn- und Verlustrechnung ausgewiesen.

Beispiele

> Beispiele für nicht übliche Abschreibungen sind: Erhebliche Abschreibungen auf fertige und unfertige Erzeugnisse auf Grund von Interventionen durch die lebensmittelrechtliche Aufsichtsbehörde (Glykolweine bei Großkellereien), Abschreibungen von im Bau befindlichen Großanlagen wegen technischer Defekte u. Ä.[529]

---

529 Westermann, in: Beck HdR, B 331 Rdn. 54 f.

8 Eigenkapital

8.1 Bestandteile des Eigenkapitals

1112 Bei Kapitalgesellschaften hat das Eigenkapital folgende Bestandteile (§ 266 Abs. 3 HGB):
- Gezeichnetes Kapital
- Kapitalrücklage
- Gewinnrücklagen
- Gewinnvortrag bzw. Verlustvortrag
- Jahresüberschuss bzw. Jahresfehlbetrag

8.2 Gezeichnetes Kapital

1113 Das gezeichnete Kapital ist das Kapital, auf das die Haftung der Gesellschafter für die Verbindlichkeiten der Kapitalgesellschaft beschränkt ist (§ 272 Abs. 1 Satz 1 HGB).
Bei einer Kapitalgesellschaft haftet die Gesellschaft den Gläubigern mit ihrem Gesellschaftsvermögen. Die Gesellschafter haften mit ihrer Einlage. Das bedeutet, sie können ihre Einlage verlieren, wenn die Kapitalgesellschaft in Haftung genommen wird. Unmittelbar haftet also die Gesellschaft. Soweit Einlagen nicht eingezahlt oder an Gesellschafter zurückgezahlt worden sind, haften die betreffenden Gesellschafter auch mit ihrem Privatvermögen. Aber auch dann entsteht keine unmittelbare Verpflichtung gegenüber den Gläubigern, sondern nur der Gesellschaft gegenüber.[530]

1114 Bei GmbH heißt das gezeichnete Kapital „Stammkapital", bei AG und KGaA „Grundkapital". Seine Höhe ist der Gesamtbetrag der von den Gesellschaftern übernommenen – gezeichneten – Anteile. Es bleibt unverändert, bis die Gesellschafterversammlung oder Hauptversammlung eine Erhöhung oder Verminderung beschließt.

---

[530] Morck in: Koller/Roth/Morck, HGB § 272 Rdn. 2.

8.3 Ausstehende Einlagen

Ist das gezeichnete Kapital nicht voll eingezahlt, ist in Höhe des Differenzbetrages der Korrektivposten **„ausstehende Einlagen auf das gezeichnete Kapital"** auf der Aktivseite vor dem Anlagevermögen gesondert auszuweisen. Soweit ausstehende Einlagen eingefordert sind, ist das zu vermerken (§ 272 Abs. 1 Satz 2 HGB). Diesen Ausweis bezeichnet man auch als Bruttomethode.

1115

Beispiel

Das gezeichnete Kapital der X-GmbH beträgt 500.000 €. Davon sind eingezahlt 300.000 €. Nicht eingezahlt ist also ein Betrag in Höhe von 200.000 €. Davon sind eingefordert 80.000 €.

Bruttomethode (§ 272 Abs. 1 Satz 2 HGB)

(Zahlenangaben in TSD €)

Aktiva			Passiva	
Ausstehende Einlagen		200	A. Eigenkapital	
davon eingefordert	80		I. Gezeichnetes Kapital	500
A. Anlagevermögen				

Die nicht eingeforderten ausstehenden Einlagen dürfen auch von dem Posten „Gezeichnetes Kapital" offen abgesetzt werden. Dann ist der verbleibende Betrag als Posten **„Eingefordertes Kapital"** in der Hauptspalte der Passivseite auszuweisen. Außerdem ist der eingeforderte, aber noch nicht eingezahlte Betrag unter den Forderungen gesondert auszuweisen und als Posten „eingeforderte ausstehende Einlagen" zu bezeichnen (§ 272 Abs. 1 Satz 3 HGB). Dieser Ausweis wird als Nettomethode bezeichnet. Im vorstehenden Beispiel werden dann die Posten in der Bilanz wie folgt ausgewiesen:

1116

Nettomethode (§ 372 Abs. 1 Satz 3 HGB)

(Zahlenangaben in TSD €)

Aktiva			Passiva	
B. Umlaufvermögen		A. Eigenkapital		
II. Forderungen und sonstige Vermögensgegenstände		I. Gezeichnetes Kapital	500	
4. Eingefordertes, noch nicht eingezahltes Kapital	80	− Nicht eingeforderte ausstehende Einlagen	120	
		= Eingefordertes Kapital		380

Bei der Nettomethode ist die Bilanzsumme geringer als bei der Bruttomethode. Das kann sich auf die Größenklasse der Kapitalgesellschaft (→Rdn. 1006 ff.) auswirken.

8.4 Kapitalrücklage

1117 Bei der Ausgabe von Anteilen, Bezugsanteilen, Schuldverschreibungen für Wandlungsrechte und Optionsrechte zum Erwerb von Anteilen werden oft Beträge gezahlt, welche die Nennbeträge übersteigen. Diese **Agiobeträge** sind der Kapitalrücklage zuzuführen (§ 272 Abs. 2 Nr. 1 und 2 HGB).

1118 Außerdem leisten Teilhaber **Zuzahlungen** für Vorzugsanteile und andere Zuzahlungen in das Eigenkapital. Auch diese Beträge sind in der Kapitalrücklage auszuweisen (§ 272 Abs. 2 Nr. 3 und 4 HGB).

1119 Die Kapitalrücklage setzt sich also zusammen aus
- der Summe der Agiobeträge bei der Ausgabe von
  - Anteilen,
  - Bezugsanteilen,
  - Schuldverschreibungen für Wandlungsrechte,
  - Optionsrechten zum Erwerb von Anteilen und
- den Zuzahlungen für Vorzugsanteile und anderen Zuzahlungen der Gesellschafter.

Die in die Kapitalrücklage einzustellenden Beträge sind nicht durch Geschäfte der Gesellschaft erwirtschaftet, sondern sie wurden der Gesellschaft von den Gesellschaftern zugeführt. Hierbei haben sie das Aktivvermögen der Gesellschaft erhöht. Sie dürfen aber weder das Betriebsergebnis erhöhen, weil sie nicht auf Geschäftsvorfällen beruhen, noch dürfen sie an die Gesellschafter ausgeschüttet werden. Beides wird durch Zuführung zur Kapitalrücklage verhindert. Einstellungen in die Kapitalrücklage und deren Auflösung sind bereits bei der Aufstellung der Bilanz vorzunehmen (§ 270 Abs. 1 Satz 1 HGB).

1120

8.5 Gewinnrücklagen

8.5.1 Zuführung zu den Gewinnrücklagen

Als Gewinnrücklagen dürfen nur Beträge ausgewiesen werden, die im Geschäftsjahr oder in einem früheren Geschäftsjahr aus dem Geschäftsergebnis gebildet worden sind (§ 272 Abs. 3 Satz 1 HGB). Die in Gewinnrücklagen eingestellten Beträge wurden im Betrieb erwirtschaftet. Es sind Teile des Gewinns. Die Zuführung zur Gewinnrücklage ist also Gewinnverwendung.

1121

Nach dem Bilanzschema von § 266 Abs. 3 HGB sind als Gewinnrücklagen folgende Posten vorgesehen:

1122

- Gesetzliche Rücklage
- Rücklage für eigene Anteile
- Satzungsmäßige Rücklagen
- Andere Gewinnrücklagen

Nur mittelgroße und große Kapitalgesellschaften haben diese Einzelposten der Gewinnrücklagen zu bilanzieren. Kleine Kapitalgesellschaften brauchen die Gewinnrücklagen nur in einem Posten auszuweisen (§ 266 Abs. 1 Sätze 2 und 3 HGB).

8.5.2 Gesetzliche Rücklage

Zur Bildung einer gesetzlichen Rücklage sind Aktiengesellschaften und Kommanditgesellschaften auf Aktien verpflichtet. Die gesetzliche Rücklage wird hier gebildet aus dem Jahresüberschuss (§ 150 Abs. 1

1123

und 2 AktG). Sie dient im Rahmen von § 150 Abs. 3 und 4 AktG dem Ausgleich eines Jahresfehlbetrags, dem Ausgleich eines Verlustvortrags und der Kapitalerhöhung aus Gesellschaftsmitteln.

8.5.3 Rücklage für eigene Anteile

1124 Eigene Anteile dürfen Aktiengesellschaften nur unter den Voraussetzungen von § 71 Abs. 1 AktG und GmbH nur im Rahmen von § 33 GmbHG und nur aus freien Mitteln erwerben, also aus dem Jahresüberschuss, einem Gewinnvortrag oder aus Gewinnrücklagen, die nicht durch Gesetz oder Satzung gebunden sind. Sie sind im Umlaufvermögen unter dem dafür vorgesehenen Posten auszuweisen (§ 265 Abs. 3 Satz 2 HGB, →Rdn. 259, 1040).

1125 In Höhe der eigenen Anteile ist eine „Rücklage für eigene Anteile" zu bilanzieren (§ 272 Abs. 4 HGB). Hierdurch wird sichergestellt, dass die Gesellschaft nicht Anteile von Gesellschaftern erwirbt und dabei gezeichnetes Kapital (Grund- oder Stammkapital) auflöst oder beim Erwerb eigener Anteile offene Rücklagen auflöst, für die satzungsmäßige Bindungen bestehen oder Zweckbestimmungen gelten. In Höhe der eigenen Anteile darf nicht an Gesellschafter ausgeschüttet werden. Deshalb darf die Rücklage nur aufgelöst werden, soweit die eigenen Anteile ausgegeben, veräußert oder eingezogen werden oder soweit die eigenen Anteile nach § 253 Abs. 3 HGB mit ihrem niedrigeren Wert ausgewiesen werden (§ 272 Abs. 4 Satz 2 HGB).

8.5.4 Satzungsmäßige Rücklagen

1126 Satzungsmäßige Rücklagen sind Gewinnrücklagen, die nach der Satzung unter bestimmten Voraussetzungen gebildet werden müssen. Hierzu rechnen nicht Rücklagen, die auf Grund einer Ermächtigung in der Satzung gebildet werden können. Die Rücklagen nach § 58 Abs. 2 AktG sind also keine satzungsmäßigen Rücklagen. Sie rechnen zu den anderen Gewinnrücklagen.

8.5.5 Andere Gewinnrücklagen

1127 Andere Gewinnrücklagen sind alle Gewinnrücklagen, die nicht zu den gesetzlichen Rücklagen, satzungsmäßigen Rücklagen und den Rücklagen für eigene Anteile rechnen.

Eigenkapital **K**

8.6 Verwendung des Jahresergebnisses

8.6.1 Jahresüberschuss/Jahresfehlbetrag

Das Jahresergebnis bei einer Kapitalgesellschaft ist der **Jahresüber-** 1128
schuss oder ein **Jahresfehlbetrag**. Es ist der Unterschied zwischen den
Aufwendungen und Erträgen der Gewinn- und Verlustrechnung. Die
entsprechenden Größen beim Einzelunternehmen oder der Personengesellschaft sind der Reingewinn und der Reinverlust oder auch kurz:
der Gewinn und der Verlust.

Wird die Bilanz vor der Verwendung des Jahresergebnisses aufgestellt, 1129
wird als letzter Posten des Eigenkapitals auf der Passivseite der Jahresüberschuss oder der Jahresfehlbetrag ausgewiesen. Der Bilanzposten
„Jahresüberschuss" wird der Passivseite hinzugerechnet, der Bilanzposten „Jahresfehlbetrag" wird vom Eigenkapital abgesetzt.

Ein Jahresüberschuss kann verwendet werden 1130
- zur Aufstockung der Gewinnrücklage,
- zum Ausgleich mit einem Verlustvortrag aus dem Vorjahr,
- zur Ausschüttung oder
- zum Vortrag in das folgende Geschäftsjahr (Gewinnvortrag).

Das **gesetzliche Gliederungsschema** sieht vor, dass in der Bilanz das 1131
Jahresergebnis ausgewiesen wird:
Passivseite
A. Eigenkapital
V. Jahresüberschuss/Jahresfehlbetrag
Es wird hiernach also das Jahresergebnis vor seiner Verwendung ausgewiesen.

Einzelunternehmen und **Personengesellschaften** ermitteln ihren Ge- 1132
winn durch Betriebsvermögensvergleich nach der Formel:
  Endkapital
./. Anfangskapital
+ Entnahmen
./. Einlagen
= Gewinn

Haben im Laufe des Geschäftsjahrs keine Entnahmen und Einlagen
stattgefunden, so ist die Differenz zwischen Endkapital und Anfangskapital der Gewinn.

> **Beispiel**
>
> Bei einem Einzelunternehmen bzw. einer Personengesellschaft fanden in den Jahren 01 und 02 keine Entnahmen und Einlagen statt und haben Endkapital, Anfangskapital und Gewinn in den Jahren 01 und 02 betragen:
>
> | | Jahr 01 | Jahr 02 |
> |---|---|---|
> | Endkapital | 800.000 € | 1.000.000 € |
> | Anfangskapital | 500.000 € | 800.000 € |
> | Gewinn | 300.000 € | 200.000 € |

1133 **Kapitalgesellschaften** haben die Besonderheit gegenüber Einzelunternehmen und Personengesellschaften, dass das Kapital unterteilt wird (→Rdn. 1112 ff.). Zum Teil sind die Teilgrößen unveränderlich oder nur wenig veränderlich. So ändert sich die Größe „Gezeichnetes Kapital" nur dann, wenn das Kapital aufgestockt oder herabgesetzt wird. Der Posten „Gewinnrücklage" ändert sich um die aus dem Jahresüberschuss eingestellten oder um die entnommenen Beträge.

> **Beispiel**
>
> Bei einer Kapitalgesellschaft sind in den Jahren 00, 01 und 02 die Posten gezeichnetes Kapital jeweils 300.000 € und Gewinnrücklage jeweils 100.000 €. Endkapital und Anfangskapital haben in den Jahren 01 und 02 die Beträge wie im vorstehenden Beispiel.

Das Anfangskapital des Jahres 01 ist das Endkapital des Jahres 00. In den Jahren 00 bis 02 ergibt sich folgende Kapitalentwicklung:

	Jahr 00	Jahr 01	Jahr 02
Gezeichnetes Kapital	300.000 €	300.000 €	300.000 €
Gewinnrücklage	100.000 €	100.000 €	100.000 €
Differenz	100.000 €	400.000 €	600.000 €
Endkapital	500.000 €	800.000 €	1.000.000 €

Die Differenz zwischen der Summe aus gezeichnetem Kapital und Gewinnrücklage zum Endkapital, ist der Gewinnvortrag. Die Differenz zwischen Endkapital und Anfangskapital ist der Jahresüberschuss. Das Eigenkapital wird daher in den Jahren 01 und 02 im vorstehenden Beispiel wie folgt ausgewiesen:

	Jahr 01	Jahr 02
I. Gezeichnetes Kapital	300.000 €	300.000 €
III. Gewinnrücklage	100.000 €	100.000 €
IV. Gewinnvortrag	100.000 €	400.000 €
V. Jahresüberschuss	<u>300.000 €</u>	<u>200.000 €</u>
A. Eigenkapital	800.000 €	1.000.000 €

8.6.2 Gewinnvortrag

Ein in der Bilanz des abgelaufenen Geschäftsjahrs ausgewiesener Gewinnvortrag ist Gewinn früherer Geschäftsjahre, der nicht ausgeschüttet worden ist und auch nicht bei früheren Jahresabschlüssen Gewinnrücklagen zugeführt worden ist.

1134

In der Regel werden den Gewinnrücklagen runde Beträge und zur Ausschüttung gewisse auf das gezeichnete Kapital bezogene Anteile verwendet. So verbleiben, meist geringe, Restbeträge. Sie werden „auf neue Rechnung" in das folgende Geschäftsjahr vorgetragen.

Der Gewinnvortrag aus früheren Geschäftsjahren steht zusammen mit dem Jahresüberschuss zur Verwendung zur Verfügung.

Wird die Bilanz vor Verwendung des Jahresergebnisses aufgestellt, wird der Gewinnvortrag als Posten im Eigenkapital ausgewiesen und dem Eigenkapital hinzugerechnet.

8.6.3 Verlustvortrag

Ein im Jahresabschluss für das abgelaufene Geschäftsjahr ausgewiesener Verlustvortrag ist Jahresfehlbetrag früherer Geschäftsjahre, der nicht durch aufgelöste Rücklagen ausgeglichen wurde.

1135

Wird die Bilanz vor Verwendung des Jahresergebnisses aufgestellt, wird der Verlustvortrag als Posten im Eigenkapital ausgewiesen und vom Eigenkapital abgesetzt. Insoweit steht in der Bilanz ein Minusbetrag.

8.6.4 Bilanzgewinn

1136 Der Bilanzgewinn ist der Betrag, der an die Anteilseigner ausgeschüttet werden soll.

1137 Zunächst wird der Jahresüberschuss des abgelaufenen Geschäftsjahrs um den Gewinnvortrag aus dem Vorjahr erhöht oder um den Verlustvortrag des Vorjahrs gemindert. Hiervon werden Vorwegzuweisungen zu Gewinnrücklagen gemindert. Bis hierher ist meist die Verwendung durch Satzung oder Gesetz vorgegeben. Aufgelöste Gewinnrücklagen werden hinzugeführt. Über den verbleibenden Betrag beschließt die Hauptversammlung der AG (§ 174 AktG) oder die Gesellschafterversammlung der GmbH (§§ 29 und 46 Nr. 1 GmbHG). Der Bilanzgewinn ergibt sich daher:

Jahresüberschuss
+ Gewinnvortrag aus dem Vorjahr
./. Verlustvortrag aus dem Vorjahr
./. Zuweisungen zu Gewinnrücklagen
+ Auflösungsbeträge aus Gewinnrücklagen
./. Gewinnvortrag in das folgende Geschäftsjahr
= Bilanzgewinn

1138 Wird daher die Bilanz nach Berücksichtigung der vollständigen oder teilweisen Verwendung des Jahresergebnisses aufgestellt, so werden nicht die Posten „Jahresüberschuss/Jahresfehlbetrag" und „Gewinnvortrag/Verlustvortrag" ausgewiesen. An deren Stelle tritt der Posten „Bilanzgewinn/Bilanzverlust". Ein Gewinn- oder Verlustvortrag ist in diesen Posten einzubeziehen und in der Bilanz oder im Anhang gesondert anzugeben (§ 268 Abs. 1 HGB). In der Praxis wird entsprechend die Gewinn- und Verlustrechnung erweitert, was für die AG gem. § 158 AktG vorgeschrieben ist.

8.6.5 Nicht durch Eigenkapital gedeckter Fehlbetrag

1139 Ist der Jahresfehlbetrag zuzüglich eines etwaigen Verlustvortrags höher als das Eigenkapital, ist der das Eigenkapital übersteigende Betrag als Posten „Nicht durch Eigenkapital gedeckter Fehlbetrag" auf der Aktivseite der Bilanz als letzter Bilanzposten auszuweisen.

K Besonderheiten bei der Bilanzierung

Fall

Das Eigenkapital der U-GmbH hat vor der Gewinnverwendung folgende Posten:

Gezeichnetes Kapital	1.000.000 €
Gewinnrücklage	500.000 €
Verlustvortrag	300.000 €
Jahresüberschuss	705.600 €

Es wird beschlossen, dass der Jahresüberschuss in Höhe von 10 % des gezeichneten Kapitals der Gewinnrücklage zugeführt werden soll, der Rest, abgerundet auf 10.000 €, soll ausgeschüttet werden.

Lösung

Zunächst ist der Jahresüberschuss um den Verlustvortrag zu mindern. Sonst müsste zur Ausschüttung die Gewinnrücklage aufgelöst werden. Es ist aber beschlossen worden, dass die Gewinnrücklage aufgestockt werden soll.

Jahresüberschuss	705.600 €
./. Verlustvortrag	300.000 €
	405.600 €
Zuführung zur Gewinnrücklage	100.000 €
	305.600 €
Vortrag auf neue Rechnung	5.600 €
Bilanzgewinn	300.000 €

9 Besonderheiten bei der Bilanzierung

9.1 Ingangsetzungs- und Erweiterungsaufwendungen

§ 269 HGB
Die Aufwendungen für die Ingangsetzung des Geschäftsbetriebs und dessen Erweiterung dürfen, soweit sie nicht bilanzierungsfähig sind, als Bilanzierungshilfe aktiviert werden; der Posten ist in der Bilanz unter der

Bezeichnung „Aufwendungen für die Ingangsetzung und Erweiterung des Geschäftsbetriebs" vor dem Anlagevermögen auszuweisen und im Anhang zu erläutern. Werden solche Aufwendungen in der Bilanz ausgewiesen, so dürfen Gewinne nur ausgeschüttet werden, wenn die nach der Ausschüttung verbleibenden jederzeit auflösbaren Gewinnrücklagen zuzüglich eines Gewinnvortrags und abzüglich eines Verlustvortrags dem angesetzten Betrag mindestens entsprechen.

§ 282 HGB
Für die Ingangsetzung und Erweiterung des Geschäftsbetriebs ausgewiesene Beträge sind in jedem folgenden Geschäftsjahr zu mindestens einem Viertel durch Abschreibungen zu tilgen.

9.1.1 Abgrenzungen

Aktivierbarkeit	
Gründung und Eigenkapitalbeschaffung	Ingangsetzung und Erweiterung
Aufwendungen	Aufwendungen
▪ für die Gründung und ▪ für die Beschaffung des Eigenkapitals dürfen nicht aktiviert werden. (§ 248 Abs. I HGB, →Rdn. 490 ff.)	▪ für die Ingangsetzung des Geschäftsbetriebs und ▪ für die Erweiterung des Geschäftsbetriebs dürfen aktiviert werden als Bilanzierungshilfe. (§ 269 Satz I HGB)

Für die **Gründungs- und Kapitalbeschaffungskosten** besteht ein Aktivierungsverbot. Für die **Aufwendungen zur Ingangsetzung und Erweiterung des Geschäftsbetriebs** besteht ein Aktivierungswahlrecht. Die Aufwendungen werden nicht aktiviert, weil ein Vermögensgegenstand geschaffen worden ist. Dann bestünde zudem nach dem Vollständigkeitsgrundsatz ein Aktivierungsgebot. Es wird dem Unternehmen mit der Aktivierbarkeit vielmehr eine Bilanzierungshilfe gewährt.[531]

---

531 Ballwieser in: Beck HdR, B 134 Rdn. 48.

	Abgrenzung
Gründungs- und Kapitalbeschaffungsaufwendungen	Ingangsetzungs- und Erweiterungsaufwendungen
	Geschäftsbetrieb
soll geschaffen werden.	ist geschaffen und soll ■ in Gang gesetzt oder ■ erweitert werden.

1141

9.1.2 Ingangsetzungsaufwendungen

Ingangsetzungsaufwendungen sind die Kosten der erstmaligen Ingangsetzung des Geschäftsbetriebes. Hierzu gehören alle Aufwendungen, die gemacht werden, um die Innen- und Außenorganisation des Unternehmens aufzubauen und den Betrieb in Gang zu setzen und auszuüben.

Es rechnen nicht nur Betriebsaufwendungen im engeren Sinn dazu, sondern auch die Kosten der Betriebs-, Verwaltungs- und Vertriebsorganisation. Aufwendungen für Werbung rechnen nur insoweit dazu, als sie Bestandteil des Aufbaus einer Vertriebsorganisation sind. Auch Aufwendungen für Einführungswerbung gehören dazu.[532]

1142

9.1.3 Erweiterungsaufwendungen

Erweiterungsaufwendungen können nur dann aktiviert werden, wenn sie den Geschäftsbetrieb betreffen. Einführungswerbung für ein neues Produkt und Aufwendungen zur Erweiterung der Absatzorganisation beziehen sich zunächst nur auf das Produktions- und Absatzprogramm und nicht auf den Geschäftsbetrieb insgesamt. Sie sind also nicht ohne weiteres aktivierbar. Werden aber im Zusammenhang mit diesen Aufwendungen neue Betriebszweige aufgenommen, sind es Aufwendungen für die Erweiterung des Geschäftsbetriebs.[533]

1143

---

532 ADS, HGB § 269 Rdn. 12.
533 Ordelheide/Hartle, GmbHR 1986 S. 9 ff., 15 ff.

> **Beispiele**
>
> Aufwendungen, die durch die Aufnahme neuer Produkte oder Geschäftszweige, durch wesentliche Kapazitätserweiterungen wie Errichtung eines Zweigwerks oder die Übernahme anderer Unternehmen, durch die Erweiterung der Vertriebsorganisation verursacht worden sind.

9.1.4 Grund für die Aktivierbarkeit

1144 Ingangsetzungs- und Erweiterungsaufwendungen sind in der Regel erheblich. In der Regel entsprechen ihnen im Geschäftsjahr ihres Anfalls noch keine positiven Betriebsergebnisse. Daher hat das Unternehmen in diesem Geschäftsjahr meist einen Ertragseinbruch. Oft muss sogar ein Verlust ausgewiesen werden.

Durch die Möglichkeit der Aktivierung der Ingangsetzungskosten soll verhindert werden, dass die Anlaufkosten in der schwierigen Anlaufzeit als Aufwand verrechnet werden müssen, sodass, da ihnen ausreichende Erträge in der Regel nicht gegenüberstehen, ein Verlust ausgewiesen werden müsste.[534]

Auch bei Betriebserweiterungen fallen i. d. R. erhebliche Aufwendungen an, denen zunächst entsprechende Erträge nicht gegenüberstehen. Die Gründe für die Aktivierung der Aufwendungen für die Erweiterung des Geschäftsbetriebs sind also denen für die Aktivierbarkeit der Ingangsetzungskosten gleich.

In den späteren Jahren, in denen sich der Ingangsetzungs- oder Erweiterungsaufwand positiv auf das Unternehmen auswirkt, indem es erhöhte Erträge erbringt, können Abschreibungen gegengerechnet werden. So besteht die Möglichkeit, ein ausgeglichenes Betriebsergebnis auszuweisen.

---

534 Kropff, in: Geßler u. a., AktG, § 153 Tz. 59 f.

9.1.5 Behandlung bei Aktivierung

Behandlung bei Aktivierung		1145
Bilanzierung	Bilanzierungswahlrecht als Bilanzierungshilfe	
Gliederung	Ausweis auf der Aktivseite der Bilanz vor dem Anlagevermögen unter der Bezeichnung „Aufwendungen für die Ingangsetzung und Erweiterung des Geschäftsbetriebs" Entwicklung im Anlagenspiegel (→Rdn. 1050 ff.)	
Bewertung	Abschreibung in jedem folgenden Geschäftsjahr zu mindestens einem Viertel	
Anhang	Erläuterung des Postens	
Ausschüttungssperre	Gewinnausschüttungen nur, wenn nach der Ausschüttung die Gewinnrücklagen zuzüglich Gewinnvortrag abzüglich Verlustvortrag mindestens dem aktivierten Betrag entsprechen	

Werden Aufwendungen für die Ingangsetzung und Erweiterung des Geschäftsbetriebs aktiviert, müssen sie ab dem folgenden Geschäftsjahr **zu mindestens einem Viertel abgeschrieben** werden. Das ist keine lineare Abschreibung. Es kann also z. B. abgeschrieben werden 3/8, 2/8, 3/8 oder 4/8, 2/8, 2/8. Es darf aber z. B. nicht abgeschrieben werden 4/8, 3/8, 1/8. Die Mindestabschreibung von einem Viertel ist auch dann geboten, wenn in den ersten Jahren mehr abgeschrieben worden ist.

1146

Es ist auch zulässig, nicht den ganzen Betrag der Ingangsetzungs- oder Erweiterungsaufwendungen im Jahr ihres Anfalls zu aktivieren. Denn es handelt sich um ein Aktivierungswahlrecht. Im Ergebnis kommt eine Teilaktivierung im Erstjahr einer Vollaktivierung verbunden mit einer Abschreibung gleich.

9.1.6 Ausschüttungssperre

Durch Aufwendungen zur Ingangsetzung und Erweiterung des Geschäftsbetriebs werden **keine Vermögensgegenstände** geschaffen. Würden in dem Maße, in denen ihre Aktivierung das Eigenkapital erhöht, Ausschüttungen zugelassen, so könnten die Gläubigerinteressen gefährdet werden. Das wird verhindert, indem Gewinnausschüttungen nur zugelassen werden, wenn die auflösbaren Gewinn-

1147

rücklagen zuzüglich Gewinnvortrag abzüglich Verlustvortrag nach der Ausschüttung mindestens dem aktivierten Betrag entsprechen. Aus dieser Ausschüttungssperre folgt auch, dass es sich bei dem Bilanzposten um eine **Bilanzierungshilfe** und nicht um einen Vermögensgegenstand handelt. Aus dem Aktivierungswahlrecht ergibt sich nicht auf Grund des allgemeinen Grundsatzes, dass ein handelsrechtliches Aktivierungswahlrecht ein steuerrechtliches Aktivierungsgebot nach sich zieht, eine Aktivierungspflicht für die Ingangsetzungs- und Erweiterungsaufwendungen in der Steuerbilanz. Ein solcher Zusammenhang besteht nur, wenn in der Handelsbilanz ein Aktivierungswahlrecht für einen Vermögensgegenstand gegeben ist (→Rdn. 169 f.).

9.1.7 Steuerbilanz

1148 Durch die Möglichkeit der Aktivierung für die Anlauf- oder Erweiterungsphase eines Unternehmens soll lediglich eine sonst eventuell eintretende Überschuldung vermieden werden können.[535] Das ist ein rein handelsrechtlicher Aktivierungsgrund.

Selbst eine Aktivierung in der Handelsbilanz bedingt nicht eine Aktivierung in der Steuerbilanz,[536] ja sie ermöglicht nicht einmal eine Aktivierung in der Steuerbilanz. Mit anderen Worten: Ingangsetzungs- und Erweiterungsaufwendungen dürfen in der Steuerbilanz nicht aktiviert werden.

9.2 Latente Steuern

9.2.1 Bilanzierung nur in der Handelsbilanz

1149 Steuerabgrenzungen für latente Steuern kommen für Kapitalgesellschaften infrage
- auf der Aktivseite der Bilanz als Bilanzierungshilfe,
- auf der Passivseite der Bilanz als Rückstellung für ungewisse Verbindlichkeiten.

---

535 Regierungsentwurf, S. 80.
536 Schmidt/Weber-Grellet EStG § 5 Rz. 270.

Bei der Frage, ob eine Steuerabgrenzung für latente Steuern in Betracht kommt, ist von der Handelsbilanz auszugehen. Nur in ihr wird die Bilanzierungshilfe aktiviert oder die Rückstellung für ungewisse Verbindlichkeiten passiviert. In beiden Fällen richtet sich der Steueraufwand nach dem Ergebnis der Steuerbilanz.

1150

- Ist der Gewinn in der Steuerbilanz höher als der Handelsbilanzgewinn, dann ist der im handelsrechtlichen Jahresabschluss auszuweisende Steueraufwand höher, als er dem Handelsbilanzgewinn entspricht. In diesem Fall kommt, wenn die weiteren in Rdn. 1151 ff. mitgeteilten Voraussetzungen erfüllt sind, die Aktivierung einer Bilanzierungshilfe in Betracht.

- Ist umgekehrt der Handelsbilanzgewinn höher als der Gewinn in der Steuerbilanz, dann ist der Steueraufwand in der Handelsbilanz niedriger, als er dem Handelsbilanzgewinn entsprechen würde. Hier ist unter den in Rdn. 1157 ff. mitgeteilten Voraussetzungen eine Rückstellung auszuweisen.

9.2.2 Aktive Steuerabgrenzung
§ 274 Abs. 2 HGB

Ist der dem Geschäftsjahr und früheren Geschäftsjahren zuzurechnende Steueraufwand zu hoch, weil der nach den steuerrechtlichen Vorschriften zu versteuernde Gewinn höher als das handelsrechtliche Ergebnis ist, und gleicht sich der zu hohe Steueraufwand des Geschäftsjahrs und früherer Geschäftsjahre in späteren Geschäftsjahren voraussichtlich aus, so darf in Höhe der voraussichtlichen Steuerentlastung nachfolgender Geschäftsjahre ein Abgrenzungsposten als Bilanzierungshilfe auf der Aktivseite der Bilanz gebildet werden. Dieser Posten ist unter entsprechender Bezeichnung gesondert auszuweisen und im Anhang zu erläutern. Wird ein solcher Posten ausgewiesen, so dürfen Gewinne nur ausgeschüttet werden, wenn die nach der Ausschüttung verbleibenden jederzeit auflösbaren Gewinnrücklagen zuzüglich eines Gewinnvortrags und abzüglich eines Verlustvortrags dem angesetzten Betrag mindestens entsprechen. Der Betrag ist aufzulösen, sobald die Steuerentlastung eintritt oder mit ihr voraussichtlich nicht mehr zu rechnen ist.

Voraussetzungen

1151 Eine aktive Steuerabgrenzung kommt in der Handelsbilanz in Betracht, wenn der Gewinn in der Steuerbilanz höher als in der Handelsbilanz ist. Es müssen aber noch weitere Voraussetzungen erfüllt sein.

Beispiel

> Bei Aufnahme eines Schulddarlehens (Fälligkeitsdarlehen, Laufzeit 5 Jahre, Gutschrift auf dem Bankkonto am 3.1.01) wurde ein Damnum in Höhe von 10.000 € einbehalten. Die X-GmbH hat das Damnum in der Handelsbilanz nicht aktiviert, sondern sofort über Aufwand gebucht. In der Steuerbilanz hat sie es gemäß § 5 Abs. 5 Satz 1 EStG aktiviert und linear auf die Laufzeit des Darlehens mit jährlich 2.000 € abgeschrieben. Die Ertragsteuerbelastung beträgt 30 %.

Jahr	Steuerbilanz	Handelsbilanz
01	– 2.000 €	– 10.000 €
02	– 2.000 €	
03	– 2.000 €	
04	– 2.000 €	
05	– 2.000 €	

Im Jahr 01 ist der Steuerbilanzgewinn 8.000 € höher als der Handelsbilanzgewinn. Hierauf entfällt eine Steuerbelastung in Höhe von 2.400 € (8.000 € × 30 %). Bezogen auf den Handelsbilanzgewinn ist also der Steueraufwand um 2.400 € zu hoch.

In den Jahren 02 bis 05 ist der Steuerbilanzgewinn jeweils 2.000 € niedriger als der Handelsbilanzgewinn. Hierauf entfällt eine Steuerentlastung von jährlich 600 € (2.000 € × 30 %). Bezogen auf den Handelsbilanzgewinn ist also in den Jahren 02 bis 05 der Steueraufwand jährlich um 600 € zu niedrig.

Der auf den Handelsbilanzgewinn bezogene zu hohe Steueraufwand im Jahr 01 gleicht sich somit in den Jahren 02 bis 05 wieder aus. Daher kann in der Handelsbilanz einer Kapitalgesellschaft ein Aktivposten als Bilanzierungshilfe gebildet werden.

Aktivposten
Voraussetzungen: 1. Der nach steuerrechtlichen Vorschriften zu versteuernde Gewinn ist höher als der handelsrechtliche Gewinn. 2. Bezogen auf den handelsrechtlichen Gewinn ist der Steueraufwand zu hoch. 3. Der zu hohe Steueraufwand gleicht sich in späteren Geschäftsjahren wieder aus.
Folge: ■ Aktivierungswahlrecht: In Höhe der voraussichtlichen Steuerentlastung nachfolgender Geschäftsjahre ■ Aktivierung eines Abgrenzungspostens als Bilanzierungshilfe

Bilanzierungshilfe

Der Handelsbilanzgewinn ist nicht nur um die Differenz zum Steuerbilanzgewinn gemindert. Er wird zusätzlich durch den bezogen auf den Handelsbilanzgewinn zu hohen Steueraufwand belastet. Die Kapitalgesellschaft weist eine um die zusätzliche Steuerbelastung geminderte Ertragskraft aus, was ihre Position bei Finanzierungsverhandlungen schwächen kann. Das könnte Kapitalgesellschaften davon abhalten, handelsrechtliche Wahlrechte in gravierenden Fällen zu Lasten des Handelsbilanzgewinns auszuüben, in dem Beispielsfall also in der Handelsbilanz die Nichtaktivierung des Damnums zu wählen. Deshalb wird Kapitalgesellschaften in der Handelsbilanz eine **Bilanzierungshilfe** in Gestalt eines Aktivierungswahlrechts gewährt.[537]

1152

Der Abgrenzungsposten ist unter entsprechender Bezeichnung gesondert auszuweisen und im Anhang zu erläutern (§ 274 Abs. 2 Satz 2 HGB). Kleine Kapitalgesellschaften sind von dieser Erläuterungspflicht befreit (§ 274a Nr. 5 HGB).

1153

Ausschüttungssperre

Die Bilanzierungshilfe soll es der Kapitalgesellschaft nur möglich machen, ein um die zusätzliche Steuerbelastung bereinigtes Handelsbilanzergebnis auszuweisen. Die Bilanzierungshilfe darf nicht für Ge-

1154

---

537 Ausschussbericht, S. 107.

winnausschüttungen verwendet werden. Deshalb dürfen Gewinne nur ausgeschüttet werden, wenn die nach der Ausschüttung verbleibenden jederzeit auflösbaren Gewinnrücklagen zuzüglich eines Gewinnvortrags und abzüglich eines Verlustvortrags dem angesetzten Betrag mindestens entsprechen (§ 274 Abs. 2 Satz 3 HGB). Es besteht also insoweit eine **Ausschüttungssperre**.

Ausschüttungssperre
Gewinnausschüttungen nur, soweit
Gewinnrücklagen
+ Gewinnvortrag
./. Verlustvortrag
≥ Abgrenzungsposten

Auflösung des Aktivpostens

1155 Der aktivierte Betrag ist aufzulösen, sobald die Steuerentlastung eintritt oder mit ihr voraussichtlich nicht mehr zu rechnen ist (§ 274 Abs. 2 Satz 4 HGB). Im Beispielsfall entwickelt sich daher der Abgrenzungsposten auf der Aktivseite:

31.12.01	2.400 €
31.12.02	1.800 €
31.12.03	1.200 €
31.12.04	600 €
31.12.05	0 €

Fälle aktiver Steuerabgrenzung

1156 Die wichtigsten Fälle, in denen der Handelsbilanzgewinn niedriger ist als der Gewinn in der Steuerbilanz und in denen daher ein Aktivposten zur Abgrenzung latenter Steuern in der Handelsbilanz infrage kommt, sind:
- Nichtaktivierung eines Damnums in der Handelsbilanz;
- Nichtaktivierung des Geschäfts- oder Firmenwerts in der Handelsbilanz;
- Aktivierung des Geschäfts- oder Firmenwerts in der Handelsbilanz und Abschreibung in den folgenden Geschäftsjahren zu mindes-

tens je einem Viertel, Abschreibung in der Steuerbilanz auf 15 Jahre linear;
- Bewertung der Vorräte bei steigenden Preisen in der Handelsbilanz: Lifo-Methode, in der Steuerbilanz: Durchschnittsmethode;
- Bewertung der Vorräte bei fallenden Preisen in der Handelsbilanz: Fifo-Methode, in der Steuerbilanz: Durchschnittsmethode oder Lifo-Methode;
- Bewertung der Erzeugnisse in der Handelsbilanz: nur mit den Herstellungseinzelkosten, in der Steuerbilanz: mit Herstellungseinzelkosten und Herstellungsgemeinkosten;
- Bewertung der Umlaufgegenstände in der Handelsbilanz: Niedrigerer Wert, um Wertschwankungen zu verhindern, weitere Abschreibungen im Rahmen vernünftiger kaufmännischer Beurteilung, in der Steuerbilanz: Teilwert;
- Wertaufholung in der Steuerbilanz nach Teilwertabschreibung Beibehaltung in der Handelsbilanz nach Abschreibung auf den niedrigeren Wert;
- Rückstellungen für unterlassene Instandhaltung in der Handelsbilanz für im folgenden Jahr nachgeholte Aufwendungen, in der Steuerbilanz nur für die in den ersten drei Monaten des folgenden Jahrs nachgeholten Aufwendungen;
- Rückstellungen für drohende Verluste in der Handelsbilanz, nicht aber in der Steuerbilanz;
- Abzinsung von Verbindlichkeiten und Rückstellungen in der Steuerbilanz, nicht aber in der Handelsbilanz.

9.2.3 Passive Steuerabgrenzung

§ 274 Abs. 1 HGB

Ist der dem Geschäftsjahr und früheren Geschäftsjahren zuzurechnende Steueraufwand zu niedrig, weil der nach den steuerrechtlichen Vorschriften zu versteuernde Gewinn niedriger als das handelsrechtliche Ergebnis ist, und gleicht sich der zu niedrige Steueraufwand des Geschäftsjahrs und früherer Geschäftsjahre in späteren Geschäftsjahren voraussichtlich aus, so ist in Höhe der voraussichtlichen Steuerbelastung nachfolgender Geschäftsjahre eine Rückstellung nach § 249 Abs. 1 Satz 1 zu bilden und in der Bilanz oder im Anhang gesondert anzugeben. Die Rückstellung ist aufzulösen, sobald die höhere Steuerbelastung eintritt oder mit ihr voraussichtlich nicht mehr zu rechnen ist.

Voraussetzungen

1157 Der Handelsbilanzgewinn kann auch höher als der Steuerbilanzgewinn sein. Da sich der Steueraufwand nach dem steuerrechtlichen Ergebnis richtet, ist der in der Handelsbilanz ausgewiesene Steueraufwand, bezogen auf den Handelsbilanzgewinn, zu niedrig.

Beispiel

Die X-GmbH errichtet im Januar 01 ein Betriebsgebäude mit 1 Mio. € Herstellungskosten. Die Nutzungsdauer beträgt 50 Jahre. Daher wird das Gebäude im handelsrechtlichen Jahresabschluss linear jährlich mit 2 % abgeschrieben. In der Steuerbilanz wird das Gebäude, wie es nach § 7 Abs. 4 Nr. 1 EStG vorgeschrieben ist, linear jährlich mit 3 % abgeschrieben. Die Ertragsteuerbelastung beträgt 30 %.

Abschreibung im Jahr 01:

Handelsbilanz	1.000.000 € x 2 %	20.000 €
Steuerbilanz	1.000.000 € x 3 %	30.000 €
Unterschied		10.000 €

In dem Beispielfall ist der nach den steuerrechtlichen Vorschriften zu versteuernde Gewinn im Jahr 01 um 10.000 € niedriger als das handelsrechtliche Ergebnis. Bezogen auf den Handelsgewinn ist der Steueraufwand bei einer Ertragssteuerbelastung von 30 % 3.000 € zu niedrig.

1158 Nach § 274 Abs. 1 HGB ist dieser Fall wie folgt geregelt:

Besonderheiten bei der Bilanzierung

Passivposten
Voraussetzungen:
1. Der nach steuerrechtlichen Vorschriften zu versteuernde Gewinn ist niedriger als das handelsrechtliche Ergebnis.
2. In Bezug auf das handelsrechtliche Ergebnis ist der Steueraufwand zu niedrig.
3. Der zu niedrige Steueraufwand gleicht sich in späteren Geschäftsjahren aus.
Folge:
Passivierungsgebot: In Höhe der voraussichtlichen Steuerbelastung nachfolgender Geschäftsjahre ist in der Handelsbilanz eine Rückstellung für ungewisse Verbindlichkeiten zu bilanzieren.

In den folgenden 32 Jahren ist im vorstehenden Beispiel jeweils der Gewinn in der Steuerbilanz um denselben Betrag wie im Jahr 01 niedriger als der Handelsbilanzgewinn. Hierauf bezogen ist also der Steueraufwand in diesen Jahren je um 3.000 € zu niedrig.

Nach insgesamt 33 Jahren Nutzungsdauer ist das Gebäude in der Steuerbilanz abgeschrieben, fallen also in der Steuerbilanz keine Abschreibungen mehr an. In der Handelsbilanz wird das Gebäude aber noch weitere 17 Jahre lang mit je 20.000 € abgeschrieben. Ab dem 34. Jahr gleicht sich daher der in den früheren Jahren zu niedrige Steueraufwand wieder aus, ist also der Steueraufwand, bezogen auf das Ergebnis in der Handelsbilanz, in jedem Jahr um 3.000 € zu hoch. In der Handelsbilanz ist daher eine Rückstellung ab dem Jahr 01 auszuweisen.[538]

Die Rückstellung wird im vorstehenden Beispiel in der Handelsbilanz in den ersten 33 Jahren der Nutzungsdauer um je 3.000 € über Aufwand aufgestockt und in den folgenden 17 Jahren auf diese Zeit linear über Ertrag aufgelöst. Das geschieht nur in der Handelsbilanz, nicht in der Steuerbilanz.

Passivierungsgebot

Wie es in der Begründung zum Regierungsentwurf des Bilanzrichtlinien-Gesetzes heißt, kommt der Pflicht, für latente Steuern Rückstel-

1159

---

538 ADS, HGB § 274 Rdn. 37.

lungen zu bilden, nur klarstellende Bedeutung zu.[539] § 274 Abs. 1 HGB ist daher nur eine Klarstellung, dass für die dort genannten Gründe Rückstellungen für ungewisse Verbindlichkeiten zu bilden sind.[540]

Fälle passiver Steuerabgrenzung

1160 Fälle von passiven Abgrenzungsposten sind selten. Das liegt an der grundsätzlichen Maßgeblichkeit der Handelsbilanz für die Steuerbilanz und daran, dass steuerrechtliche Wahlrechte bei der Gewinnermittlung nur in Übereinstimmung mit der handelsrechtlichen Jahresbilanz auszuüben sind (§ 5 Abs. 1 Satz 2 EStG).
Wichtigste Gründe für Passivposten gemäß § 274 Abs. 1 HGB sind:
- Aktivierung von Ingangsetzungskosten in der Handelsbilanz,
- Bewertung der Vorräte bei steigenden Preisen in der Handelsbilanz nach der Fifo-Methode und in der Steuerbilanz nach der Durchschnittsmethode,
- zwingende steuerliche Abschreibung für Wirtschaftsgebäude mit 3 % nach § 7 Abs. 4 Satz 1 EStG, während handelsrechtlich ein Mindestabschreibungssatz nicht vorgeschrieben ist und im handelsrechtlichen Abschluss geringer abgeschrieben wird,
- Rückstellung für Zuwendungen eines Trägerunternehmens an eine Unterstützungskasse, die spätestens einen Monat nach Aufstellung oder Feststellung der Handelsbilanz erfolgen (§ 4d Abs. 2 Satz 2 EStG).

Passive Steuerabgrenzung bei Ingangsetzungs- und Erweiterungsaufwendungen

1161 Kapitalgesellschaften dürfen Aufwendungen für die Ingangsetzung und Erweiterung des Geschäftsbetriebs als Bilanzierungshilfe aktivieren (§ 269 HGB). Da eine Bilanzierungshilfe kein Vermögensgegenstand und daher nicht als Wirtschaftsgut in der Steuerbilanz aktivierbar ist, wird nur das handelsrechtliche Ergebnis erhöht. Daher ist der steuerliche Gewinn entsprechend niedriger als das handelsrechtliche Ergebnis.

---

539 Regierungsentwurf, S. 84.
540 Rau/Schmidt, BB 1988 S. 170.

Der in der Handelsbilanz aktivierte Posten ist dort in jedem folgenden Geschäftsjahr zu mindestens einem Viertel durch Abschreibungen zu tilgen (§ 282 HGB). Der handelsrechtliche Gewinn nimmt also zeitbezogen in den folgenden Geschäftsjahren ab. Deshalb wird die Auffassung vertreten, es sei gemäß § 264 Abs. 1 HGB eine passive Steuerabgrenzung zu bilanzieren.[541]

Gegen den Ansatz eines passiven Steuerabgrenzungspostens im Fall der Aktivierung von Ingangsetzungs- und Erweiterungsaufwendungen wird eingewendet, damit werde der Zweck des § 269 HGB durchkreuzt. Durch die Bildung einer Rückstellung werde etwa 60 % des aktivierten Betrages sogleich wieder passiviert, Damit sei die Bilanzierungshilfe des § 269 HGB nur zu etwa 2/5 ihres Betrags wirksam.[542] Bei einer Aktivierung von Ingangsetzungs- und Erweiterungsaufwendungen in der Handelsbilanz ist zwar das handelsrechtliche Ergebnis höher als der steuerliche Gewinn. Damit ist der Steueraufwand, bezogen auf das Ergebnis der Handelsbilanz zu niedrig. Der zu niedrige Steueraufwand gleicht sich aber später nicht aus. Lediglich der Handelsbilanzgewinn sinkt infolge Abschreibung der Ingangsetzungskosten. Das hat aber keinen Einfluss auf die Steuern, da die Ingangsetzungs- und Erweiterungsaufwendungen nur in der Handelsbilanz bilanziert und abgeschrieben werden. Bezogen auf diesen Posten gleicht sich der Steueraufwand in den folgenden Geschäftsjahren nicht aus. Die Besteuerung ist hiervon unabhängig. Daher wird auch die Auffassung vertreten, im Fall der Aktivierung von Ingangsetzungs- und Erweiterungsaufwendungen in der Handelsbilanz sei nicht ein Fall einer zeitlichen, sondern einer dauernden Differenz zwischen handelsrechtlichem und steuerrechtlichem Ergebnis gegeben, sodass bereits aus diesem Grunde ein passiver Ausgleichsposten ausscheide.[543]

1162

---

541 Harms/Küting, BB 1982 S. 840, BB 1985 S. 99 f.; Schedlbauer, DB 1985 S. 2470.
542 Weyand, DB 1986 S. 1185 ff., 1187.
543 Siegel, DStR 1986 S. 587 ff., 590.

K Kapitalgesellschaften und bestimmte Personengesellschaften

9.3 Sonderposten mit Rücklageanteil

1163 Die Ausübung **steuerrechtlicher Passivierungswahlrechte** setzt in der Regel voraus, dass in der Handelsbilanz in gleicher Weise passiviert worden ist (§ 5 Abs. 1 Satz 2 EStG). Um von der steuerlichen Vergünstigung Gebrauch machen zu können, ist daher eine handelsrechtliche Passivierungsmöglichkeit erforderlich. Deshalb können in der Handelsbilanz die „**Sonderposten mit Rücklageanteil**" gebildet werden (→Rdn. 481 ff.).

1164 Die Passivierung ist auch für Kapitalgesellschaften möglich, soweit das Steuerrecht die Anerkennung des Wertansatzes bei der steuerrechtlichen Gewinnermittlung davon abhängig macht, dass der Sonderposten in der Handelsbilanz gebildet wird (§ 273 HGB). Das ist in der Regel so.

1165 Die Sonderposten mit Rücklageanteil sind bereits bei der Aufstellung der Bilanz zu bilden und aufzulösen (§ 270 Abs. 1 Satz 2 HGB).

1166 Sonderposten mit Rücklageanteil können auch als Wertberichtigungsposten bei der steuerrechtlichen Abschreibung eingesetzt werden (→Rdn. 1170).

10 Besonderheiten bei der Bewertung

10.1 Abschreibungen

10.1.1 Abschreibungen im Rahmen vernünftiger kaufmännischer Beurteilung

§ 279 Abs. 1 Satz 1 HGB
§ 253 Abs. 4 ist nicht anzuwenden.

1167 Zusätzliche Abschreibungen der Vermögensgegenstände im Rahmen vernünftiger kaufmännischer Beurteilung (→Rdn. 868 ff.) sind für Kapitalgesellschaften und unter § 264a HGB fallende Personengesellschaften nicht zulässig.

Besonderheiten bei der Bewertung

10.1.2 Außerplanmäßige Abschreibung
§ 279 Abs. 1 Satz 2 HGB

§ 253 Abs. 2 Satz 3 darf, wenn es sich nicht um eine voraussichtlich dauernde Wertminderung handelt, nur auf Vermögensgegenstände, die Finanzanlagen sind, angewendet werden.

Kapitalgesellschaften und unter § 264a HGB fallende Personengesellschaften dürfen bei einer vorübergehenden Wertminderung (→Rdn. 736) nur Finanzanlagen, nicht aber Sachanlagen oder immaterielle Anlagegegenstände, außerplanmäßig abschreiben. 1168

Die außerplanmäßigen Abschreibungen sind in der Gewinn- und Verlustrechnung gesondert ausweisen oder im Anhang anzugeben (§ 277 Abs. 3 Satz 1 HGB).

10.1.3 Steuerrechtliche Abschreibungen

Steuerrechtliche Abschreibungen nach § 254 HGB dürfen Kapitalgesellschaften nur insoweit vornehmen, als das Steuerrecht ihre Anerkennung bei der steuerrechtlichen Gewinnermittlung davon abhängig macht, dass sie sich aus der Handelsbilanz ergeben (§ 279 Abs. 2 HGB). Bei der steuerrechtlichen Gewinnermittlung aller Unternehmen werden steuerrechtliche Sonderabschreibungen, erhöhte Abschreibungen oder Bewertungsfreiheiten nur berücksichtigt, wenn entsprechend in der Handelsbilanz abgeschrieben worden ist (→Rdn. 878). Wollen daher Kapitalgesellschaften und unter § 264a HGB fallende Personengesellschaften in ihrer Steuerbilanz Sonderabschreibungen, erhöhte Abschreibungen oder Bewertungsfreiheiten geltend machen, dürfen sie zu diesem Zweck in ihrer Handelsbilanz gleich lautend abschreiben. 1169

Die steuerrechtlichen Abschreibungen können auch einem Sonderposten mit Rücklageanteil (→Rdn. 1163) zugeführt werden. In der Bilanz oder im Anhang sind die zu Grunde liegenden steuerlichen Vorschriften anzugeben. Die Zuführung ist rückgängig zu machen nach Maßgabe der steuerrechtlichen Vorschriften oder dann, wenn der betreffende Vermögensgegenstand aus dem Vermögen ausscheidet oder die steuerrechtliche Wertberichtigung durch handelsrechtliche Abschreibungen ersetzt wird (§ 281 Abs. 1 HGB). 1170

Der Sonderposten mit Rücklageanteil hat hier die Funktion eines Wertberichtigungspostens. Es wird hierin der Unterschiedsbetrag zwischen der Abschreibung nach § 253 HGB und der Abschreibung nach § 254 HGB ausgewiesen. Bei dieser Abschreibungsmethode werden also die Beträge, die allein auf der steuerrechtlichen Abschreibung beruhen, indirekt gebucht. Der Posten erhält in der Bilanz die Bezeichnung „Wertberichtigung auf Grund steuerrechtlicher Sonderabschreibungen".

Beispiel

Eine GmbH, deren Betriebsvermögen im Geschäfts-/Wirtschaftsjahr 00 nicht mehr als 204.517 € beträgt, schafft im Februar des Jahres 01 eine Maschine für 80.000 € an. Die Maschine hat eine Nutzungsdauer von 8 Jahren und wird mit 20 % degressiv abgeschrieben. Ferner wird die Sonderabschreibung nach § 7g Abs. 1 EStG in Höhe von 20 % der Anschaffungs- oder Herstellungskosten in Anspruch genommen. Die Abschreibungen der Maschine können im Jahr 01 gebucht werden

entweder

→ Abschreibungen	32.000 €
an Maschinen	32.000 €

oder

→ Abschreibungen	16.000 €
an Maschinen	16.000 €
→ sonstige betriebliche Aufwendungen	16.000 €
an Sonderposten mit Rücklageanteil	16.000 €

Bei der zweiten Alternative wird der Anlagegegenstand nur durch die Normalabschreibung, hier die degressive AfA in Höhe von 20 %, gemindert. Es wird der Einfluss der steuerlichen Abschreibungen offen gelegt. Diese Abschreibungsmethode wird auch Bruttomethode genannt im Unterschied zur Nettomethode, bei der die Abschreibungen wie bei der ersten Alternative des Beispiels insgesamt vom Anlagegegenstand gemindert werden.

10.2 Wertaufholung

§ 280 HGB

(1) Wird bei einem Vermögensgegenstand eine Abschreibung nach § 253 Abs. 2 Satz 3 oder Abs. 3 oder § 254 Satz 1 vorgenommen und stellt sich in einem späteren Geschäftsjahr heraus, dass die Gründe dafür nicht mehr bestehen, so ist der Betrag dieser Abschreibung im Umfang der Werterhöhung unter Berücksichtigung der Abschreibungen, die inzwischen vorzunehmen gewesen wären, zuzuschreiben. § 253 Abs. 5, § 254 Satz 2 sind insoweit nicht anzuwenden.

(2) Von der Zuschreibung nach Absatz 1 kann abgesehen werden, wenn der niedrigere Wertansatz bei der steuerrechtlichen Gewinnermittlung beibehalten werden kann und wenn Voraussetzung für die Beibehaltung ist, dass der niedrigere Wertansatz auch in der Bilanz beibehalten wird.

(3) Im Anhang ist der Betrag der im Geschäftsjahr aus steuerrechtlichen Gründen unterlassenen Zuschreibungen anzugeben und hinreichend zu begründen.

10.2.1 Wertaufholungsgebot

Für Kapitalgesellschaften und unter § 264a HGB fallende Personengesellschaften besteht ein Wertaufholungsgebot nach 1171
- außerplanmäßiger Abschreibung eines Anlagegegenstands,
- Abschreibung eines Umlaufgegenstands auf einen niedrigeren Wert,
- steuerrechtlicher Abschreibung.

Sobald die Gründe hierfür nicht mehr bestehen, ist auf den tatsächlichen höheren Wert zuzuschreiben. Es besteht daher für diese Unternehmen nicht ein Beibehaltungswahlrecht wie für Personenunternehmen (→Rdn. 959 ff.).
Aber planmäßige Abschreibungen, die vorzunehmen waren, sind beizubehalten.

10.2.2 Ausnahmen vom Wertaufholungsgebot

Von der Wertaufholung darf abgesehen werden, wenn der niedrigere Wertansatz bei der steuerlichen Gewinnermittlung beibehalten werden kann und wenn Voraussetzung hierfür die Beibehaltung in der Handelsbilanz ist (§ 280 Abs. 2 HGB). 1172

Teilwertabschreibung

1173 Nach einer Teilwertabschreibung, die einer Abschreibung auf den niedrigeren Wert entspricht, besteht in Bilanzen für nach dem 31.12.1998 endende Wirtschaftsjahre in der Steuerbilanz ein striktes Wertaufholungsgebot (→Rdn. 548 ff., 969 ff.). Daher können Kapitalgesellschaften und unter § 264a HGB fallende Personengesellschaften insoweit nicht von der Zuschreibung absehen, müssen also auf den höheren Wert zuschreiben, wie es allgemein nach § 280 Abs. 1 HGB vorgeschrieben ist.

Steuerrechtliche Abschreibungen

1174 Steuerrechtliche Abschreibungen sind in der Steuerbilanz von einer gleich lautenden Abschreibung in der Handelsbilanz abhängig (§ 5 Abs. 1 Satz 2 EStG), →Rdn. 877.

1175 Bestehen die steuerrechtlichen Voraussetzungen für die steuerrechtliche Abschreibung nicht mehr, so ist in der Steuerbilanz der Wert des Wirtschaftsguts entsprechend zu erhöhen (→Rdn. 963). In der Handelsbilanz darf zwar die steuerrechtliche Abschreibung beibehalten werden (→Rdn. 962). Das hat aber keinen Einfluss auf die Steuerbilanz. Fallen daher die Gründe für eine steuerrechtliche Abschreibung fort, so kann der niedrigere Wertansatz bei der steuerrechtlichen Gewinnermittlung auch dann nicht beibehalten werden, wenn der niedrigere Wertansatz in der Handelsbilanz beibehalten wird.

Der handelsrechtliche Wertansatz hat daher keine Bedeutung für die Steuerbilanz, wenn die steuerrechtlichen Voraussetzungen für die steuerrechtliche Abschreibung nicht mehr gegeben sind. Die Voraussetzungen von § 280 Abs. 2 HGB sind dann nicht erfüllt. Nach Wegfall der Voraussetzungen für eine steuerrechtliche Abschreibung ist daher in der Handelsbilanz einer Kapitalgesellschaft und einer unter § 264a HGB fallenden Personengesellschaften auf den höheren Wert zuzuschreiben.

11 Testfragen zum Jahresabschluss der Kapitalgesellschaften

Nr.	Frage	Rdn.
319.	In welche Größenklassen werden die Kapitalgesellschaften eingeteilt?	1006
320.	Wofür spielt die Einteilung der Kapitalgesellschaften in bestimmte Größenklassen eine Rolle?	1007
321.	Wie wird eine Gesellschaft bei ihrer Gründung oder einer Umwandlung eingestuft und wann wird sie später höhergestuft und herabgestuft?	1010
322.	Aus welchen Teilen besteht der Jahresabschluss einer Kapitalgesellschaft und was muss außerdem aufgestellt werden?	1022
323.	Welche Aufstellungsfristen gelten für die Jahresabschlüsse und Lageberichte von Kapitalgesellschaften?	1023
324.	Was ergibt sich nach dem Gesetz aus dem Grundsatz des true and fair view für die Jahresabschlüsse der Kapitalgesellschaften?	1025 ff.
325.	Welche allgemeinen Gliederungsgrundsätze sind bei den Jahresabschlüssen der Kapitalgesellschaften zu beachten?	1035 ff.
326.	In welcher Form ist die Bilanz der Kapitalgesellschaft aufzustellen?	1046
327.	Was wird im Anlagenspiegel dargestellt und welche Form hat er?	1050 ff.
328.	Was sind Zugänge, Abgänge, Zuschreibungen, Abschreibungen und Umbuchungen?	1054 ff.
329.	Durch welche Vermerke bei den Forderungen und den Verbindlichkeiten wird die Liquidität besonders dargestellt?	1060
330.	Welche Erläuterungspflicht besteht für antizipative Posten?	1061 ff.
331.	Welche Bilanzierungsmöglichkeiten gibt es für erhaltene Anzahlungen auf Bestellungen von Vorräten?	1067 ff.
332.	Wie müssen Kapitalgesellschaften ein Damnum ausweisen?	1071 f.
333.	Wie müssen Kapitalgesellschaften die Eventualverbindlichkeiten angeben?	1073
334.	In welcher Form und nach welchen Verfahren ist die Gewinn- und Verlustrechnung der Kapitalgesellschaft aufzustellen?	1074

Nr.	Frage	Rdn.
335.	Wie werden die Vorratskonten beim Gesamtkostenverfahren über Gewinn- und Verlustkonto abgeschlossen und welche Beträge werden in die Gewinn- und Verlustrechnung übernommen?	1076 ff.
336.	Welche Bedeutung hat das Umsatzkostenverfahren in den Abschlüssen deutscher Kapitalgesellschaften?	1083
337.	Was beinhaltet der Posten „Umsatzerlöse"?	1090
338.	Was gehört zu den Erlösschmälerungen?	1092
339.	Welcher Abschluss wird in der Gewinn- und Verlustrechnung der Kapitalgesellschaft angewendet?	1093
340.	Was ist für die Kapitalgesellschaft der Nachteil des Bruttoabschlusses gegenüber dem Nettoabschluss?	1094 ff.
341.	Was sind „sonstige" und was „außerordentliche" Erträge und Aufwendungen?	1098 ff.
342.	Was sind „Bestandsveränderungen"?	1103 ff.
343.	Aus welchen Bestandteilen besteht das Eigenkapital bei den Kapitalgesellschaften?	1112
344.	Was ist das gezeichnete Kapital?	1113 f.
345.	Was sind „ausstehende Einlagen"?	1115 f.
346.	Was ist die „Kapitalrücklage"?	1117 ff.
347.	Welche Beträge dürfen den Gewinnrücklagen zugeführt werden und welche Einzelposten gehören dazu?	1121 f.
348.	Was ist die „gesetzliche Rücklage"?	1123
349.	Was ist die „Rücklage für eigene Anteile"?	1124 f.
350.	Was sind „satzungsmäßige Rücklagen"?	1126
351.	Was gehört zu den „anderen Gewinnrücklagen"	1127
352.	Was ist der „Jahresüberschuss" und der „Jahresfehlbetrag"?	1128
353.	Wozu kann der Jahresüberschuss verwendet werden?	1130
354.	Was ist der „Gewinnvortrag"?	1134
355.	Was ist der „Verlustvortrag"?	1135
356.	Was ist der „Bilanzgewinn"?	1136 ff.

Testfragen zum Jahresabschluss der Kapitalgesellschaften

Nr.	Frage	Rdn.
357.	Was ist der „nicht durch Eigenkapital gedeckte Fehlbetrag"?	1139
358.	Wie unterscheiden sich die Ingangsetzungs- und Erweiterungsaufwendungen von den Gründungs- und Kapitalbeschaffungsaufwendungen?	1140
359.	Was sind Ingangsetzungsaufwendungen?	1142
360.	Worauf müssen sich die Erweiterungsaufwendungen beziehen?	1143
361.	Was ist der Grund für die Aktivierbarkeit der Ingangsetzungs- und Erweiterungsaufwendungen?	1144
362.	Wie ist die Aktivierung und Abschreibung der Ingangsetzungs- und Erweiterungsaufwendungen in der Handelsbilanz geregelt und welche Bedeutung haben sie in der Steuerbilanz?	1145 ff.
363.	Welche Formen latenter Steuern gibt es?	1149
364.	Was sind die Voraussetzungen aktiver latenter Steuern und besteht für sie ein Bilanzierungswahlrecht oder ein Bilanzierungsgebot?	1151 f.
365.	Was sind die Voraussetzungen passiver latenter Steuern und besteht für sie ein Bilanzierungswahlrecht oder ein Bilanzierungsgebot?	1157 ff.
366.	Welche Besonderheiten bestehen für Sonderposten mit Rücklageanteil in den Bilanzen von Kapitalgesellschaften?	1163 f.
367.	Welche Besonderheiten bestehen hinsichtlich der Bewertung bei Kapitalgesellschaften?	1167 ff.
368.	Wie ist die Wertaufholung für den Jahresabschluss der Kapitalgesellschaften geregelt?	1171 ff.

Literaturverzeichnis

ADS	Adler/Düring/Schmaltz, Rechnungslegung und Prüfung der Unternehmen, Kommentar zum HGB, AktG, GmbHG, PublG nach den Vorschriften des Bilanzrichtlinien-Gesetzes, 6. Auflage, Stuttgart 1998
Ausschussbericht	Bericht der Abgeordneten Helmrich, Kleinert (Hannover) und Stiegler, Bundesratsdrucksache 10/4268 vom 18.11.1985
Baumbach/Hopt	Baumbach/Hopt, Kommentar zum Handelsgesetzbuch, 29. Auflage, München 1995
Beck Bil-Komm.	Beck'scher Bilanz-Kommentar, Handels- und Steuerrecht §§ 238 bis 339 HGB, 4. Auflage, München 1999
Beck HdR	Beck'sches Handbuch der Rechnungslegung, Loseblatt, München
Breutigam/ Blersch/Goetsch	Insolvenzrecht, Kommentar der InsO und der InsVV, Loseblatt, Stand Juni 2001, Berlin
Frotscher	Frotscher, EStG, Kommentar zum Einkommensteuergesetz, 6. Auflage, Freiburg 1998 ff.
Fülling, GoB für Vorräte	Fülling, F., Grundsätze ordnungsmäßiger Bilanzierung für Vorräte, Düsseldorf 1976
Geßler u. a.	Geßler, E./Hefermehl, W. /Eckardt, K./Kropff, B., Aktiengesetz, Band III, München 1973, 1974
HdJ	Handbuch des Jahresabschlusses in Einzeldarstellungen, Köln 1984/99
HK-HGB	Heidelberger Kommentar zum Handelsgesetzbuch, 5. Auflage, Heidelberg 1999
Husemann, GoB	Husemann, K.-H., Grundsätze ordnungsmäßiger Bilanzierung für Anlagegegenstände, 2. Auflage, Düsseldorf 1976

Hüttemann, GoB für Verbindlichkeiten	Hüttemann, U., Grundsätze ordnungsmäßiger Bilanzierung für Verbindlichkeiten, 2. Auflage, Düsseldorf 1976
Koller/Roth/ Morck	Handelsgesetzbuch, Kommentar von Koller, I, Roth, W.-H., Morck, W., 2. Auflage, München 1999
Korn	Einkommensteuergesetz, Kommentar, herausgegeben von Carlé, D./Korn, K./Stahl, R./Strahl, M., 1. Auflage, Bonn, Berlin 2000
Kropff, AktG	Kropff, B., Aktiengesetz, Textausgabe des Aktiengesetzes vom 6.9.1965 und des Einführungsgesetzes zum Aktiengesetz mit Begründung des Regierungsentwurfs, Düsseldorf 1965
Leffson, GoB	Leffson, U., Die Grundsätze ordnungsmäßiger Buchführung, 7. Auflage, Düsseldorf 1987
Lüdenbach	Lüdenbach, N., International Accounting Standards, Freiburg/Berlin/München 2001
Regierungsentwurf	Regierungsentwurf zum Bilanzrichtlinien-Gesetz, Bundesratsdrucksache 257/83 vom 3.6.1983
Schmidt/ Bearbeiter	Schmidt, L., Einkommensteuergesetz, 20. Auflage, München 2001
Vogel/Schwarz	Vogel, A./Schwarz, B., Kommentar zum Umsatzsteuergesetz, 11. Auflage, Freiburg 1998
Tipke/Kruse	Tipke, K./Kruse, W., Abgabenordnung - Finanzgerichtsordnung, Kommentar, 16. Auflage, Köln 1996
Wöhe, G.	Bilanzierung und Bilanzpolitik, 8. Auflage, München 1992

Stichwortverzeichnis

Abbruch von Gebäuden oder
   Gebäudeteilen 378
Abgänge 513
Abnutzbare und nicht abnutzbare
   Anlagen 102
Abschreibung
   Immaterielle Wirtschaftsgüter
   341
Abschreibung der
   Anlagegegenstände 333
   Abschreibung nach Maßgabe
      der Leistung 356
   Abschreibungsmethoden 343
   Abschreibungsverbrauch 335
   Absetzung für außergewöhn-
      liche technische oder wirt-
      schaftliche Abnutzung 376
   An deren Stelle tretender Wert
      335
   Außerplanmäßige
      Abschreibung 367
   Beginn der Abschreibung 339
   Bemessungsgrundlage 334
   Degressive Abschreibung 351
   Erinnerungswert 341
   Jahr der Anschaffung, Herstel-
      lung oder Einlage 339
   Jahr der Veräußerung oder
      Entnahme 340
   Lineare Abschreibung 349
   Nachträgliche
      Herstellungskosten 360
   Planmäßige Abschreibung 333
   Schrottwert 342
   Teilwertabschreibung 383

Unterlassene oder überhöhte
   Abschreibungen 365
   Wechsel der Abschreibungs-
      methoden 358
Abschreibung nach Maßgabe der
   Leistung 356
Abschreibung nachträglicher
   Herstellungskosten 360
Abschreibungen 513
Abschreibungen im Rahmen
   vernünftiger kaufmännischer
   Beurteilung 431
Abschreibungsmethoden 343
Abschreibungssatz 350
Absetzung für außergewöhnliche
   technische oder wirtschaftliche
   Abnutzung 376
AfA nach einer
   Teilwertabschreibung 391
Aktive Steuerabgrenzung 555
Aktivierung 82
   Immaterielle
      Anlagegegenstände 101
Aktivkonten 83
Anbauten 321
Andere Gewinnrücklagen 544
Anlagegegenstände
   Betriebsvorrichtungen 104
   Gebäude 105
Anlagegegenstände, abnutzbare
   und nicht abnutzbare 102
Anlagegegenstände, bewegliche
   und unbewegliche 103
Anlagegegenstände, immaterielle
   98

Stichwortverzeichnis

Anlagegenstände, materielle 101
Anlagen im Bau 125
Anlagen innerhalb eines Bauwerks 116
Anlagengitter 511
Anlagenspiegel 510
Anlagevermögen
 Begriff 95
 Bilanzierung 95
 Unterschied zum Umlaufvermögen 95
Annuitätsdarlehen 225
Ansammlungsrückstellungen 461
Anschaffungskosten 281
 Bonus 296
 Einlagen 300
 Einzelkosten 291
 Nebenkosten 292
 Preisminderungen 295
 Sacheinlagen 300
 Skonto 296
 Verdeckte Einlage 304
 Vorsteuer 284
 Vorsteuerberichtigung 284
 Zuschuss 297
Anschaffungskosten, nachträgliche 294
Anschaffungsnaher Aufwand 328
Anschaffungspreisprinzip 66
Anschaffungszeitpunkt 288
Antizipative Posten 515
Anzahlungen auf Anlagen 125
Anzahlungen auf Bestellungen 517
Anzahlungen auf Vorräte, geleistete 130
Arbeitnehmer
 Zahl 495
Auflösung von Rückstellungen 188
Aufnahme der Anlagegenstände 43

Aufnahme des Betriebsvermögens 27
Aufstellungsfrist 76
Aufstockungen 320
Äußerer Betriebsvergleich 532
Außerordentliche Erträge und Aufwendungen 535
Außerplanmäßige Abschreibung der Anlagegenstände 367
Ausstehende Einlagen 541
Bäder und Wascheinrichtungen 117
Bauaufwendungen 318
Be- und Entwässerungsanlagen 118
Beizulegender Wert 406
Beleuchtungsanlagen 118
Bestandskonten 82
Bestandsveränderungen 535
Bestandsverzeichnis 43
Betriebsbereitschaft
 Anschaffungskosten 289
Betriebsstoffe 36, 37, 38, 40, 52, 128, 129
Betriebsvergleich, äußerer 532
Betriebsvermögen 28
 Abgrenzung zum Privatvermögen 30
 Gemischt genutzte Wirtschaftsgüter 30
 Gewillkürtes Betriebsvermögen 29
 Grundstücke 31
 Notwendiges Betriebsvermögen 29
 Notwendiges Privatvermögen 29
 Personengesellschaften 34
Betriebsvorrichtungen 104, 122
Bewegliche Anlagegenstände 103

575

Stichwortverzeichnis

Bewegliche und unbewegliche
  Anlagegegenstände 103
Bewertung 259
  Abschreibung der
    Anlagegegenstände 333
  Abschreibungsgebote 273
  Abschreibungswahlrechte und
    sonstige Bewertungs-
    wahlrechte 275
  Allgemeine
    Bewertungsgrundsätze 259
  Anschaffungskosten 281
  Beibehaltung der
    Bewertungsmethoden 265
  Beibehaltung/Zuschreibung
    276
  Berücksichtigung von
    Aufwendungen und
    Erträgen 264
  Bewertungszusammenhang
    266
  Einzelbewertung 260
  Formelle Bilanzkontinuität
    259
  Going-Concern-Concept 260
  Herstellungskosten 305
  Realisationsprinzip 264
  Rückstellungen 453
  Vermögensgegenstände 267
  Vorsichtsgrundsatz 261
  Wertansätze 272, 278
  Wertaufhellung 263
  Wertobergrenzen 272
Bewertung der
  Umlaufgegenstände
  Börsenpreis, Marktpreis,
    beizulegender Wert 406
  Einzel- und Durchschnitts-
    bewertung 426
  Lifo- und Fifo-Verfahren und
    Durchschnittsbewertung
    408
  Retrograde Wertermittlung
    420
  Steuerbilanz 415
  Teilwertabschreibung 416
  Vermeidung von
    Wertschwankungen 408
  Wertansätze in der
    Handelsbilanz 404
Bewertung der Verbindlichkeiten
  437
Bewertung der Vermögens-
  gegenstände 267
Bewertungserleichterungen 415
Bewertungsmethoden
  Beibehaltung 265
Bewertungsvorbehalt 343
Bewertungszusammenhang 266
Bilanzgewinn 548
Bilanzgliederung
  Kapitalgesellschaften 506
Bilanzierung 82
  Aktivierung 82
  Anlagen im Bau 125
  Anlagevermögen 95
  Anzahlungen auf Anlagen 125
  Anzahlungen auf Vorräte 130
  Bilanzierungsgebote und
    Bilanzierungsverbote 86
  Bilanzierungshilfen 92
  Bilanzierungswahlrechte 84,
    90
  Finanzanlagen 126
  Flüssige Mittel 134
  Forderungen 132
  Geschäfts- oder Firmenwert
    232
  Handels- und Steuerbilanz 86
  Passivierung 82
  Rückstellungen 137
  Sonderposten mit
    Rücklageanteil 92
  Sonstige
    Vermögensgegenstände 133

Verbindlichkeiten 192
Vermögensgegenstände 95
Verrechnungsverbot 85
Vollständigkeit 84
Vorräte 128
Wertpapiere des
   Umlaufvermögens 134
Bilanzierung des
   Umlaufvermögens 128
Bilanzierungsgebote 86, 88
Bilanzierungshilfen 92
Bilanzierungsverbote 86, 89
Bilanzierungswahlrechte 90
Bilanzkonten 82
Bilanzvermerke
   Kapitalgesellschaften 515
Bonus 295
Börsenpreis 406
Bruttoabschluss 531

Damnum 218
   Kapitalgesellschaften 519
Degressive Abschreibung 351
Disagio 218
Drohende Verluste 68
Drohende Verluste aus
   schwebenden Geschäften
   Rückstellungen 166
Drohender Verlust 168
Drohverlustrückstellungen 166
Durchschnittsbewertung 410
Durchschnittswert 42

Eigenbetrieblich genutzter
   Gebäudeteil 123
Eigene Wohnzwecke 123
Eigenkapital
   Bestandteile 540
   Kapitalgesellschaften 540
Einkaufskommissionär 28
Einlage
   Immaterielles Wirtschaftsgut
   100

Einlagerungsinventur 50
Einrede, aufschiebende bei
   Verbindlichkeiten 193
Einrede, zerstörende bei
   Verbindlichkeiten 192
Einreden 192
Einzelbewertung 260
Einzelkosten 291
   Begriff 291
Entgeltlicher Erwerb 98
Entsorgungsverpflichtungen der
   Betreiber von Kernkraftwerken
   161
Ergänzungsbilanz 35
Erhaltene Anzahlungen 517
Erhaltungsaufwendungen 306
Erlösschmälerungen 530
Erweiterungsaufwendungen 551
Eventualverbindlichkeiten 139,
   253
   Kapitalgesellschaften 520

Fahrstühle 118
Fehlmaßnahme 389
Fertige Erzeugnisse 128, 407, 536
Fertigungskosten 308
Festwert 36
Fifo-Verfahren 410
Finanzanlagen 126
Firmenwert
   Bilanzierung 232
Flüssige Mittel 134
Förderbänder 118
Forderungen 132
   Bilanzierung 132
Formelle Bilanzkontinuität 259
Frachtführer 27
Fremdbetrieblich genutzter
   Gebäudeteil 123
Fremde Währung 283
Fremde Wohnzwecke 123
Fundamente 117

Gaststätteneinbauten 121
Gebäude 105
Gebäude und Gebäudeteile 318
Gebäudeteile 118
  Mietereinbauten 121
  Modischer Geschmack 121
  Scheinbestandteile 120
Gebäudeteile, selbstständige 119
Gebäudeteile, sonstige
  selbstständige 123
Gegenseitige Verträge 132
Gegenstände der gleichen Art 45
Gemeinkosten
  Begriff 291
Gemischt genutzte
  Wirtschaftsgüter 30
Geringwertige Anlagegegenstände
  45
Gesamtanlagen 44
Gesamthandsvermögen 34
Gesamtkostenverfahren
  Kapitalgesellschaften 522
Geschäfts- oder Firmenwert
  Abschreibung 395
  Aktivierbarkeit 233
  Außerplanmäßige
    Abschreibung 398
  Berechnung 235
  Bewertung 394
  Bilanzierung 232, 238
  Lineare Abschreibung 399
  Planmäßige Abschreibung 397
  Steuerrechtliche Abschreibung
    399
  Teilwertabschreibung 401
  Verkehrsfähigkeit 232
Geschlossene Anlage 44
Gesetzliche Rücklage 543
Gewährleistungen 180
Gewährleistungsrückstellungen
  180
Gewillkürtes Betriebsvermögen
  29

Gewinnrücklagen 543
Gewinnvortrag 547
Gezeichnetes Kapital 540
Gleichartig 41
Gleichartige Vorratsgegenstände
  409
Gliederung der Bilanz 256
  GoB für die Gliederung 256
  Mindestgliederung 257
Gliederung der Gewinn- und
  Verlustrechnung
  Kapitalgesellschaften 520
Going-Concern-Concept 260
Größenklassen der
  Kapitalgesellschaften 490
Grundsatz der Wahrheit 61
Grundsätze ordnungsmäßiger
  Buchführung
  Aufgabe 59
  Bilanzierung und Bewertung
    60
  Imparitätsprinzip 68
  Klarheit 61
  Periodenabgrenzung 71
  Realisationsprinzip 65
  Stetigkeit 74
  Steuerbilanz 60
  Vollständigkeit 64
  Vorsicht 75
Grundsätze ordnungsmäßiger
  Buchführung für den
  Jahresabschluss 59
Grundstücke
  Betriebsvermögen 31
Gründungs- und
  Kapitalbeschaffungskosten
  250
Gründungskosten 251
Gruppen 40
  Zusammenfassung in 40
Gruppenbewertung 427

Stichwortverzeichnis

Heizungs-, Warmwasser- und
 Klimaanlagen 117
Herstellungsgemeinkosten 309
Herstellungskosten 305
 Anbau 321
 Anschaffungsnaher Aufwand
  328
 Aufstockungen 320
 Bauaufwendungen 318
 Einzelkosten 307
 Erhaltungsaufwendungen 306
 Fertigungskosten 308
 Gebäudeteile 318
 Gemeinkosten 308
 Materialkosten 308
 Sonderkosten der Fertigung
  308
 Substanzvermehrung 323
 Teilwertabschreibungen 311
 Umbau 321
 Vorsteuer 316
 Wesentliche Verbesserungen
  324
 Zinsen für Fremdkapital 315
Herstellungskosten/Erhaltungs-
 aufwendungen 327
Hilfsstoffe 37, 38, 40, 52, 128,
 129

Immaterielle Anlagegegenstände
 98
Imparitätsprinzip 68
Ingangsetzungs- und Erweite-
 rungsaufwendungen 549
Ingangsetzungsaufwendungen
 551
Instandsetzungsaufwendungen
 329
Inventar 25
Inventur 25
 Anlagegegenstände 43
 Aufnahme 27
 Einlagerungsinventur 50

Festwert 36
Geringwertige
 Anlagegegenstände 45
Gleichartige Gegenstände 45
Gruppenzusammenfassung 40
Permanente Inventur 48
Stichprobeninventur 46
Stichtage 25
Zeitverschobene Inventur 51
Inventuraufnahmetag 26
Inventurstichtag 26

Jahresabschluss 57
 Aufstellungsfrist 76
 Eröffnungsbilanz 57
 Geschäftserfolg 58
 Grundsätze ordnungsmäßiger
  Buchführung 59
 Schlussbilanz 58
 Sprache 78
 Unterschrift 79
 Währung 78
Jahresfehlbetrag 545
Jahresüberschuss 545
Jubiläumsverpflichtungen 153
Kapitalbeschaffungskosten 252
Kapitalgesellschaften 489
 Abschreibungen im Rahmen
  vernünftiger kaufmänni-
  scher Beurteilung 564
 Abweichende Gliederungen
  505
 Andere Gewinnrücklagen 544
 Anlagenspiegel 510
 Aufstellungsfrist 496
 Aufstellungspflicht für den
  Jahresabschluss 496
 Außerplanmäßige
  Abschreibung 565
 Ausstehende Einlagen 541
 Beibehaltung der Gliederung
  500

579

Besonderheiten bei der
  Bewertung 564
Bilanzgewinn 548
Bilanzgliederung 506
Bilanzvermerke und
  gesonderte Bilanzausweise
  515
Damnum 519
Eigene Anteile 503
Eigenkapital 540
Ergänzende Vorschriften 488
Erhaltene Anzahlungen 517
Eventualverbindlichkeiten 520
Gesamtkostenverfahren 522
Gesetzliche Rücklage 543
Gewinn- und Verlustrechnung
  520
Gewinnrücklagen 543
Gewinnvortrag 547
Gezeichnetes Kapital 540
Gliederung bei mehreren
  Geschäftszweigen 504
Gliederung der Bilanz 506
Gliederung der Gewinn- und
  Verlustrechnung 520
Gliederung des
  Jahresabschlusses 500
Gliederungsgrundsätze 500
Größenklassen 490
Ingangsetzungs- und Erweite-
  rungsaufwendungen 549
Jahresabschluss 490
Jahresüberschuss/Jahresfehl-
  betrag 545
Kapitalrücklage 542
Latente Steuern 554
Leerposten 506
Mitzugehörigkeitsvermerk
  502
Nicht durch Eigenkapital
  gedeckter Fehlbetrag 548

Personengesellschaften, die
  den - gleichbehandelt
  werden 489
Rücklage für eigene Anteile
  544
Satzungsmäßige Rücklagen
  544
Sonderposten 510
Sonderposten mit
  Rücklageanteil 564
Steuerrechtliche
  Abschreibungen 565
True and fair view 497
Umsatzerlöse 494
Umsatzkostenverfahren 527
Verlustvortrag 547
Vorjahresbeträge 501
Wertaufholung 567

Kapitalrücklage 542
Kernkraftwerke
  Rückstellungen 161
Klarheit
  Grundsatz der 61

Ladeneinbauten 121
Lagerhalter 27
Latente Steuern 554
  Aktive Steuerabgrenzung 555
  Auflösung des Aktivpostens
    558
  Ausschüttungssperre 557
  Bilanzierungshilfe 557
  Ingangsetzungs- und Erweite-
    rungsaufwendungen 562
  Passive Steuerabgrenzung 559
Leerkosten 310
Leerposten 506
Lieferungen und Leistungen 132
Lifo- und Fifo-Verfahren und
  Durchschnittsbewertung 408
Lifo-Verfahren 411, 427
Lineare Abschreibung 349

Stichwortverzeichnis

Marktpreis 406
Maßgeblichkeitsgrundsatz 87
Materialkosten 308
Materielle Anlagegegenstände 101
Methodenwechsel 359
Mietereinbauten 121
Mieterumbauten 122
Modischer Geschmack 121

Nettoabschluss 531
Nicht durch Eigenkapital gedeckter Fehlbetrag 548
Niederstwertprinzip 405
Notwendiges Betriebsvermögen 29
Notwendiges Privatvermögen 29
Nutzungsdauer 340

Passive Steuerabgrenzung 559
Passivierung 82
Passivkonten 83
Patentverletzungen 152
Pensionsrückstellungen 162
Periodenabgrenzung
  Grundsatz der 71
Permanente Inventur 48
Personengesellschaften
  Betriebsvermögen 34
Personengesellschaften, die den Kapitalgesellschaften gleichbehandelt werden 489
Planmäßige Abschreibung 334
Planmäßige Abschreibung der Anlagegegenstände 333
Praxiswert 244

Rabatt 296
Realisationsprinzip 65, 264
Rechnungsabgrenzungsposten 202
  Antizipative Posten 204
  Begriff 202

Damnum/Disagio 218
Steuern 213
Transitorische Posten 203
Umsatzsteuer auf empfangene Anzahlungen 215
Zölle und Verbrauchsteuern 214
Rechnungsabgrenzungsposten, gesetzliche 205
Rechnungsabgrenzungsposten, transitorische im engeren Sinne 206
Restlaufzeiten 515
Retrograde Bewertung 407
Retrograde Ermittlung 283
Retrograde Wertermittlung 420
Richtigkeit 61
Roh-, Hilfs- und Betriebsstoffe 37
Rohergebnis 533
Rohgewinnsatz 532
Rohstoffe 37, 38, 39, 40, 52, 128, 129, 131, 132, 292
Rollende oder schwimmende Ware 28
Rolltreppen 118
Rücklage für eigene Anteile 544
Rücklage, gesetzliche 543
Rücklagen 137
Rücklagen, satzungsmäßige 544
Rücklagen, steuerfreie 245
Rückstellungen
  Abzinsung 455, 465
  Ansammlungsrückstellungen 461
  Anschaffungs- oder Herstellungskosten 160
  Anschaffungs- oder Herstellungskosten für ein Wirtschaftsgut 153
  Auflösung 188
  Aufwendungen 174
  Begriff 137

581

Bewertung 453
Bewertung in der Steuerbilanz 456
Bilanzierung 137
Drohende Verluste aus schwebenden Geschäften 166
Entsorgungsverpflichtungen 161
Ersatzansprüche 455
Gleichartige Verpflichtungen 457
Jubiläumsverpflichtungen 153
Kernkraftwerksstilllegung 464
Künftige Einnahmen 151
Patentverletzungen 152
Pensionsverpflichtungen 162
Rückstellungsgründe 140
Sach- und Dienstleistungsverpflichtungen 455
Sachleistungsverpflichtungen 458
Sonstige Aufwendungen 178
Steuermindernde Rücklage 484
Steuerrechtliche Sondervorschriften 151
Ungewisse Verbindlichkeiten 140
Unterlassene Abraumbeseitigung 177
Unterlassene Instandhaltung 175
Vorteile 459

Sachanlagen 37
Satzungsmäßige Rücklagen 544
Schalterhallen von Kreditinstituten 121
Schaufensteranlagen 121
Scheinbestandteile 120
Schnellbaukosten 391
Schrottwert 342

Schwebendes Geschäft 65, 133, 166
Schwund, Verdunsten, Verderb, leichte Zerbrechlichkeit 54
Selbstständige Gebäudeteile 119
Skonto 295
  Verbindlichkeiten 451
Sonderbetriebsvermögen 35
  Verbindlichkeiten 197
Sonderbilanz 35
Sonderposten mit Rücklageanteil 92, 138, 244
  Auflösung 249
  Bilanzierung 244
  Funktion 246
  Kapitalgesellschaften 564
Sonstige Erträge und Aufwendungen 534
Sonstige Mietereinbauten 121
Sonstige selbstständige Gebäudeteile 123
Sonstige Verbindlichkeiten 199
Sonstige Vermögensgegenstände 133
Spediteur 27
Sprache und Währung
  Jahresabschluss 78
Stammkapital 540
Stetigkeit
  Grundsatz der 74
Steuermindernde Rücklage
  Rückstellungen 484
  Verbindlichkeiten 482
Steuerrechtliche Abschreibungen 434
Steuerrechtliche außerplanmäßige Abschreibung 374
Stichprobeninventur 46
Stichtage 25
  Inventuren 25
Substanzvermehrung 323

Teilwert 383
Teilwertabschreibung 383, 385
  Umlaufgegenstände 416, 420
Teilwertvermutungen 388
True and fair view 497

Umbau 321
Umbuchungen 514
Umgekehrte Maßgeblichkeit 435
Umlaufgegenstände *siehe*
  Bewertung der
  Umlaufgegenstände
  Begriff 95
  Bewertung 404
  Niederstwertprinzip 405
Umlaufvermögen
  Bilanzierung 128
  Unterschied zum
    Anlagevermögen 95
Umsatzerlöse 494, 529
Umsatzkostenverfahren 527
Unfertige Erzeugnisse 128
Ungewisse Verbindlichkeiten 140
Unselbstständige Gebäudeteile 119
Unterlassene oder überhöhte
  Abschreibungen 365
Unterschrift
  Jahresabschluss 79

Verbindlichkeiten 139
  Abgrenzungen 197
  Abzinsung 443
  Aufschiebende Bedingung 194
  Aufschiebende Einrede 193
  Betriebsvermögen 195
  Bewertung 437
  Bilanzierung 192, 195
  Einreden 192
  Gliederung 198
  Handelsbilanz 480
  Kapitalgesellschaft 196

Lieferungen und Leistungen 198
Personengesellschaft 196
Skonto 451
Sonderbetriebsvermögen 197
Sonstige Verbindlichkeiten 199
Steuerbilanz 481
Steuermindernde Rücklage 482
Überverzinslichkeit 449
Unterverzinslichkeit 443
Voraussetzungen 192
Wechselkursänderung 450
Wertansätze in der
  Handelsbilanz 437
Wertansätze in der
  Steuerbilanz 437
Werterhöhung 439
Wertminderungen 480
Verlustfreie Bewertung 407
Verlustvortrag 547
Verrechnungsverbot 85
Verstärkungen 117
Vertretbare Vermögens-
  gegenstände 409
Vertriebskosten 315
Verwendung des
  Jahresergebnisses 545
Vollständigkeit 64, 84
Vollständigkeitsgrundsatz für den
  Jahresabschluss 84
Voraussichtlich dauernde
  Wertminderung 369
Vorführgegenstände 95
Vorräte 128
Vorratsgegenstände 40
Vorsicht
  Grundsatz der 75
Vorsichtige Bewertung 261
Vorsteuer 284
  Anschaffungskosten 284
  Herstellungskosten 316

Stichwortverzeichnis

Wahrheitsgrundsatz 61
Wände innerhalb von Bauwerken 117
Waren 40, 66, 128, 130, 284, 295, 407, 421, 494
Wechsel der Abschreibungsmethoden 358
Wertansätze der Umlaufgegenstände in der Steuerbilanz 416
Wertaufhellung 263
Wertaufholung Steuermindernde Rücklage 476
Wertbeibehaltung und Wertaufholung Rückstellungen 483
Verbindlichkeiten 480

Vermögensgegenstände 469
Wertbeibehaltung und Wertaufholung der Vermögensgegenstände 469
Wertpapiere des Umlaufvermögens 134
Wertschwankungen 408
Wesentliche Verbesserungen 324
Willkürfreiheit 61
Wirtschaftlicher Umsatz 530
Wirtschaftliches Eigentum 27

Zeitverschobene Inventur 51
Zinsen für Fremdkapital 315
Zugänge 513
Zuschreibungen 513
Zuschuss 297